यौन मनोविज्ञान

AF521059

यौन मनोविज्ञान

'PSYCHOLOGY OF SEX' का हिन्दी अनुवाद

हेवलॉक एलिस

राजपाल

अनुवाद

मन्मथनाथ गुप्त

स्थापित 1912
100 वर्षों की
श्रेष्ठ प्रकाशन परम्परा
राजपाल

₹ 375

ISBN : 9788170289838

संस्करण : 2025
© राजपाल एण्ड सन्ज़

YAUN MANOVIGYAN (Psychology of Sex)

by Havelock Ellis

मुद्रक : शिव शक्ति प्रिंटर्स, दिल्ली

राजपाल एण्ड सन्ज़

1590, मदरसा रोड, कश्मीरी गेट, दिल्ली–110006

फोन : 011–23869812, 23865483, 23867791

e-mail : sales@rajpalpublishing.com

www.rajpalpublishing.com

www.facebook.com/rajpalandsons

भूमिका

मेरी सात जिल्दोंवाली पुस्तक 'सेक्स के मनोविज्ञान के संबंध में अध्ययन'[1] के पाठकों ने अक्सर मुझसे यह कहा है कि यौन मनोविज्ञान की संक्षिप्त भूमिका के रूप में एक छोटी-सी पुस्तक की आवश्यकता है। यह कहा जाता है कि साधारण डाक्टर तथा डाक्टरी के छात्रों पर यों ही पुस्तकों का बहुत बड़ा बोझ लदा रहता है, इसलिए उनके लिए एक ऐसे अतिरिक्त विषय पर जो अनिवार्य नहीं है, लम्बे-चौड़े ग्रन्थ को पढ़ना सम्भव नहीं है। मानसिक तथा सामाजिक दृष्टि से यौन विषय सम्बन्धी ज्ञान सबके द्वारा महत्त्वपूर्ण और केन्द्रीय स्वीकृत हो चुका है अत: यदि आज का डाक्टर इस सम्बन्ध में ज्ञान नहीं रखता तो वह ज्ञान जबरदस्ती उसे प्राप्त करना पड़ता है। उसके पूर्ववर्तियों की तरह अब परम्परागत रूप में न तो उसे इस विषय के अस्तित्व की ही अवज्ञा करने की जरूरत है और न उसे डरने की आवश्यकता है कि यदि उसने इसे स्वीकार किया तो वह गुस्ताख या अशोभन समझा जाएगा। इसके अलावा साधारण शरीर-विज्ञान तथा रोग-विज्ञान के सम्बन्ध में ज्ञान रखना ही आज बहुत यथेष्ट समझा जाएगा।

मेरे अपने विचार इन विचारों से मेल खाते हैं। मैंने बल्कि यह अनुभव किया कि इस बिन्दु पर चिकित्साशास्त्र-सम्बन्धी शिक्षा में एक ऐसी शून्यता दृष्टिगोचर होती है जो बिल्कुल ही शोचनीय है। जब मैं अर्ध-शताब्दी पूर्व डाक्टरी पढ़ रहा था तो उस समय सेक्स के मनोवैज्ञानिक पहलुओं का कोई पता नहीं था। स्त्रीरोग-सम्बन्धी मेरे शिक्षकों के निकट स्वास्थ्य या रोग में सेक्स की प्रक्रियाएं बिल्कुल ही भौतिक थीं। वे लोग अपनी शिक्षा में एक ही ऐसी बात कहते थे जिसे किसी रूप में मनोवैज्ञानिक कहा जा सकता है। वह यह कि वे गर्भनिरोध के विषय में बहुत कड़ी चेतावनी देते रहते थे। यह बात मुझे इसलिए याद है कि यह अपनी तरह की एक ही बात थी। यह समझा जा सकता है कि तब से बहुत प्रगति हुई है। पर यह प्रगति यत्र-तत्र ही हुई है। पर मेरे सामने ऐसा कोई प्रमाण नहीं है जिससे मैं यह कह सकूँ कि किसी देश में प्रगति बहुत विस्तृत रूप से या स्पष्ट हुई है। पचीस साल से कुछ कम समय हुआ जब फ्रेंकिल ने यह कहा था कि अधिकांश स्त्रीरोगवेत्ता व्यावहारिक रूप से यौनता के सम्बन्ध में बहुत कम ज्ञान रखते हैं, और वान डि वेल्डे का कहना है कि अधिकांश लोगों के लिए यह अब भी सही है, यद्यपि उसके कुछ सम्मानजनक अपवाद हैं। चिकित्साशास्त्र के आज के छात्रों से मुझे ऐसा मालूम होता है कि उन्हें सेक्स की मानसिक भौतिक प्रक्रियाओं में

---

1. 'Studies in the Psychology of Sex'

असंतुलन की प्रवृत्ति तथा उनकी सफाई के सम्बन्ध में कोई शिक्षा नहीं दी जाती। चिकित्साशास्त्र के हमारे विद्यालयों में अभी पुराने संस्कारों का बोलबाला है, और अधिकांश रूप में आज डाक्टरी के छात्रों के साथ उसी प्रकार के अवाञ्छनीय सम्मान के साथ काम लिया जाता है जैसा कि एक शताब्दी पहले के स्कूली लड़कों के साथ किया जाता था, जिन्हें कई बार वनस्पतिशास्त्र जैसे यौन विषय में शिक्षा देना कुरुचिपूर्ण समझा जाता था।

बड़ी उधेड़बुन के बाद मैंने यह लघु ग्रन्थ प्रस्तुत किया है, जो इस समय पाठकों के सामने प्रस्तुत है। यह शायद बताने की जरूरत नहीं है कि न तो यह दावा है कि इस पुस्तक के कारण पहले की मेरी बृहत्तर पुस्तक अनावश्यक हो गई और उसकी कोई जरूरत नहीं रही और न ही यह कहा जा सकता है कि मेरे बृहत्तर ग्रन्थ बल्कि ग्रन्थों का यह कोई संक्षिप्त संस्करण है। कई बार यह कहा गया है कि उन बड़ी जिल्दों में सेक्स के रोगग्रस्त पहलू पर ही विचार किया गया है। यह एक गलती है। मैं बल्कि यह दावा कर सकता हूँ कि मेरे अध्ययन में पहले के इस विषय के अध्ययनों के मुकाबले में यह विशेषता है कि सेक्स के स्वाभाविक और स्वस्थ लक्षणों पर ही अधिक ध्यान दिया गया है। इस पुस्तक में भी वही दृष्टिकोण कायम रखा गया है, यद्यपि मुझे जो तजुर्बा प्राप्त हुआ है वह आंशिक रूप से अस्वस्थ लोगों से प्राप्त हुआ है। (जो बहुत दूर-दूर से आए हुए थे), फिर भी मेरा ज्ञान मुख्यतः स्वस्थ और स्वाभाविक पुरुषों और स्त्रियों और उनके दैनिक जीवन में उठने वाली समस्याओं के ज्ञान पर आधारित है। इसी के साथ मैंने बराबर यह दिखाना चाहा है कि स्वस्थ और अस्वस्थ लोगों में कोई स्पष्ट सीमा रेखा नहीं है। सभी स्वस्थ लोग किसी न किसी दिशा में कुछ न कुछ अस्वस्थ होते हैं और सभी अस्वस्थ व्यक्ति स्वस्थ व्यक्तियों के द्वारा अनुभूत मौलिक आवेगों के द्वारा ही परिचालित होते हैं।

यह सही तौर पर कहा गया है कि "वैज्ञानिक जिज्ञासा का लक्ष्य प्रयोगात्मक रूप से द्रष्टव्य लक्षणों का गाणितिक प्रतीकवाद की सहायता से स्पष्टीकरण है।" पर हम इस क्षेत्र में इस लक्ष्य से बहुत दूर हैं। इस क्षेत्र में हम पहले सोपान पर हैं, पर यह सोपान बहुत ही आवश्यक और लाभजनक है क्योंकि इसमें यौन मनोविज्ञान को प्राकृतिक इतिहास का एक विभाग माना गया है।

इसलिए मैं इस बात के लिए कोई सफाई नहीं देना चाहता कि यह पुस्तक संक्षिप्त होने के साथ ही सरल है। इस रूप में यह चिकित्साशास्त्र के पाठकों और छात्रों तक अधिक अच्छी तरह पहुंच सकती है, जिनके लिए यह मुख्यतः लिखी गई है। कुछ ऐसी मोटी बातें हैं जिनका ज्ञान सबको होना चाहिए। जो लोग इसके आगे जाना और उन समस्याओं पर पूरी जानकारी प्राप्त करना चाहते हैं जो हमारे सामने पड़ी हैं, मैंने उनके लिए मार्गदर्शन किया है, और यह तो स्पष्ट ही है कि इस प्रकार के आरम्भिक लघु ग्रन्थ में उन बातों पर पूर्ण रूप से विचार नहीं हो सकता।

ये समस्याएं बहुत विस्तृत हैं। एक प्रमुख जर्मन स्त्रीरोग विशेषज्ञ मैक्सहर्श ने अभी हाल ही में यौन विज्ञान के सम्बन्ध में कहा है कि यह आरोग्यशास्त्र की

अधिकांश शाखाओं से इस अर्थ में भिन्न है कि इसकी कोई स्पष्ट सीमाएं नहीं हैं। इसके केन्द्रबिन्दु से न केवल किरणें चिकित्साशास्त्र के सारे विभागों में फैलती हैं, बल्कि वे बहुत-से पड़ोसी इलाकों में भी पहुंचती हैं और इनमें से कुछ ऐसी हैं जिनका चिकित्साशास्त्र से कोई सम्बन्ध नहीं है। इसका सम्बन्ध सारी मानवीय संस्कृति से है। परम्परा और रीति-नीति का उद्भव भी इन्हीं से होता है। इस पर सदाचार तथा धर्म का असर पड़ता है। इस संबंध में हम सर जान रोज ब्रेडफ्रोर्ड के उस मन्तव्य को याद रख सकते हैं कि विस्तृत अर्थ में चिकित्साशास्त्र मनुष्य का प्राकृतिक इतिहास है।

मैं यह और बताऊंगा कि ऐसे बहुत से लोग हैं जो मुझे पथ-प्रदर्शक के रूप में स्वीकार करने से पहले यह जानने की इच्छा रखेंगे कि मनोविश्लेषण के प्रति मेरा रुख क्या है। क्योंकि यह वह सिद्धान्त है जिस पर अभी तक नहीं तो कुछ दिन पहले तक यौन मनोविज्ञान से संबद्ध प्रश्नों पर इतने वाद-विवाद रहे हैं। इसलिए मैं बिना किसी मीन-मेख के फौरन बता दूं, जैसा कि इस पुस्तक से यथासमय स्पष्ट हो जाएगा कि पहले से ही मेरा रुख सहानुभूतिपूर्ण रहा, यद्यपि यह सहानुभूति इतनी नहीं रही कि मैं उस सिद्धान्त का अनुगामी समझा जाऊं। 'अध्ययन' नामक पुस्तक की पहली जिल्द 1898 में प्रकाशित हुई थी। अंग्रेजी में वह पहली पुस्तक थी जिसमें फ्रायड के अध्ययनों का प्रारम्भिक परिणाम बताया गया था, बाद को फायड ने जो शोध किए उनके प्रति भी मेरा वही रुख रहा कि मैं हमेशा मित्रतापूर्ण रहा, पर अक्सर आलोचना भी कर लेता था। जो लोग भी यह पुस्तक पढ़ें, मैं उनसे यह विनती करूंगा कि वे फ्रायड की 'मनोविश्लेषण पर प्रारम्भिक व्याख्यान' पुस्तक अवश्य पढ़ें क्योंकि वह एक जिल्द में प्राप्त मनोविश्लेषण-सम्बन्धी साहित्य में न केवल सबसे प्रामाणिक है, बल्कि शायद सबसे अच्छी पुस्तक भी है। जो लोग साधारण सिद्धान्त के विरुद्ध भी हैं, वे भी इसमें ज्ञान और अभिज्ञतापूर्ण बातें पाएंगे। यदि इससे भी छोटी पुस्तक पढ़नी हो तो अर्नेस्ट जोन की मनोविश्लेषण-सम्बन्धी छोटी पुस्तक पढ़ी जाए, जो बहुत योग्यता के साथ लिखी गई है। हिली, ब्रोनेर और बावर्स ने 'मनोविश्लेषण का रूप तथा अर्थ' नाम से एक सरल तथा पक्षपातहीन वर्णन लिखा है। फ्रायड मनोविश्लेषण के क्षेत्र में गुरु हैं, पर जिन लोगों ने इन्हें छोड़कर अपना मार्ग ग्रहण किया है उनकी भी हम सर्वथा अवज्ञा नहीं कर सकते। उनमें अनगिनत पहलुओं से पूर्ण मनुष्य के मन के किसी न किसी पहलू पर अच्छी जानकारी है और मनमाना उंच्छवृत्तिवाद छोड़कर भी हम प्रत्येक में से वह ठोस बात ले सकते हैं जो इनमें प्राप्त है।

प्रत्येक विभाग के अन्त में सहायक पुस्तकों की जो सूची दी गई है वे सब की सब अंग्रेजी की हैं। कई महत्त्वपूर्ण ग्रन्थ केवल दूसरी भाषाओं में विशेषकर जर्मन में ही उपलब्ध हैं। जो पाठक दूसरी भाषाओं का ज्ञान रखते हैं, उन्हें इस पुस्तक में दिए हुए हवालों से उन भाषाओं के सेक्स-सम्बन्धी साहित्य का पता पाने में कठिनाई नहीं होगी।

—हेवलॉक एलिस

1938 के संस्करण की भूमिका

इस संक्षिप्त ग्रंथ के प्रकाशन के बाद बहुत थोड़ा ही समय गुज़रा है। इस बीच में जो नई बातें हुई हैं, उनसे ग्रन्थ में किसी गम्भीर परिवर्तन की आवश्यकता नहीं जान पड़ती। सच तो यह है कि हम यह आशा ही नहीं कर सकते कि सेक्स के मनोवैज्ञानिक पहलू में उस प्रकार की द्रुत उन्नति होगी जैसे जीव-विज्ञान, रसायनशास्त्र या प्रजनन-विद्या के क्षेत्र में हो सकती है। इसलिए मैं यहां केवल इस बात पर अपनी खुशी जाहिर करने तक ही अपने कर्तव्य को सीमित रखूंगा कि इंगलैंड तथा संयुक्त राज्य अमेरिका के चिकित्सकों तथा साधारण पाठकों में इस पुस्तक का हार्दिक स्वागत हुआ है।

मनोविश्लेषण के विभिन्न मत-मतान्तरों में यौन समस्या के सम्बन्ध में बहुत ही भिन्न दृष्टिकोण दिखाई पड़ते हैं, फिर भी उन सबने हमारी पुस्तक का बिना किसी प्रकार के मतभेद के स्वागत किया है, यह बहुत ही हर्ष की बात है। विभिन्न मत-मतान्तरों के सम्बन्ध में मेरा यह रुख रहा है कि जिस मत में जो भी बात मूल्यवान् हो, वह ले ली जाए। परस्पर विरुद्ध विचारसरणियों के प्रतिपादकों को यह रुख बहुत पसन्द नहीं आएगा। फिर भी उन्होंने इस पुस्तक का स्वागत किया, यह बहुत ही बड़ी बात है। स्वनामधन्य स्वर्गीय डाक्टर एडेर ने फ्रायडीय मत के मुखपत्र 'इंटरनेशनल जरनल ऑफ साइकोएनालेसिस' में इस पुस्तक की बहुत ज़ोर से प्रशंसा की और सभी प्रधान विषयों पर लगभग पूर्ण सहमति प्रकट की। दूसरी तरफ ऐडलेरीय मत का मुखपत्र 'इंटरनेशनल जनरल ऑफ इनडिविजुअल साइकालाजी' में मेरे ग्रन्थ की जो आलोचना प्रकाशित हुई, उसमें वैज्ञानिक वस्तुवादिता के साथ-साथ सहानुभतिपूर्ण अन्तर्दृष्टि की प्रशंसा की गई। हां, आलोचक ने इस सम्बन्ध में मेरी मौलिक गलती बताई कि मैंने चलते हुए उस प्राचीन कहावत को उद्धृत किया था कि मनुष्य वही है जो उसका सेक्स है, जबकि मेरे आलोचक के अनुसार मुझे कहना यह चाहिए था कि मनुष्य का सेक्स वही है जो वह है। मैं यह बता दूं कि इस प्रकार कहने में मुझे कोई आपत्ति नहीं। चाहे किसी प्रकार से भी बात कही जाए, असली वक्तव्य यह है कि मनुष्य का यौन स्वभाव उसका अन्तरंग और अनिवार्य भाग है, और किसी भी प्रकार उसके प्रति उदासीनता नहीं बरती जा सकती।

जबकि हमारे आलोचकों के विरोधी मन्तव्य भी इतने निर्दोष हैं, तो मुझे ऐसा अनुभव हो रहा है कि मैं पूर्ण विश्वास के साथ यह लघु ग्रंथ पेश कर सकता हूं जो मेरे मतानुसार जीवन की एक अत्यन्त महत्वपूर्ण दिशा के अध्ययन का भूमिकात्मक पथ-प्रदर्शक है।

—हेवलॉक एलिस

विषय-सूची

अध्याय-1

विषय-प्रवेश

आजकल यौन मनोविज्ञान के प्रति, चाहे वह सही दिमागवाले लोगों का मनोविज्ञान हो, चाहे विकृत मस्तिष्क लोगों का, साथ ही यौन आरोग्यशास्त्र के प्रति साधारण लोगों में जो दिलचस्पी और आकर्षण देखा जाता है, वह वर्तमान शताब्दी से पहले अकल्पनीय था। आज के युवक को अक्सर यौन विषय-सम्बन्धी साहित्य की बहुत अच्छी जानकारी होती है। आजकल की युवती भी जिज्ञासा की भावना से इन विषयों का परिचय बिना किसी झिझक अथवा लज्जा के दिखावे के प्राप्त करती है। उसकी दादी को अपने ज़माने में इस प्रकार की जानकारी अत्यन्त दूषित जान पड़ती। अभी-अभी कुछ साल पहले तक अक्सर यौन-विषयक वैज्ञानिक शोध-कार्य को यदि कुरुचिपूर्ण नहीं तो हर हालत में अहितकर प्रवृत्ति का द्योतक माना जाता था। पर अब हवा बिल्कुल बदल गई है और वर्तमान समय में यौन मनोविज्ञान के शोधकर्ताओं और यौन आरोग्यशास्त्र के प्रचारकों को वैयक्तिक और सामाजिक नैतिकवादियों से ही बहुत अधिक समर्थन मिलता है।

कुछ समय पहले तक डाक्टर और चिकित्सक इस आन्दोलन के विस्तार में सक्रिय भाग नहीं लेते थे। यद्यपि यह सच है कि लगभग एक शताब्दी पूर्व पहले-पहल जर्मनी और आस्ट्रिया और बाद को चलकर अन्य देशों के डाक्टर ही इस क्षेत्र में अग्रदूत बन गए, पर ये लोग अपने सहव्यवसायियों द्वारा संदेह की दृष्टि से देखे जाते थे। पहले यौन मनोविज्ञान तथा यौन आरोग्यशास्त्र डाक्टरी प्रशिक्षण का कोई अंग स्वीकृति नहीं था। सचमुच देखा जाए तो यौन शरीर-विज्ञान (Physiology) के विषय में भी यही बात सत्य है। बीस साल से कुछ समय पूर्व ही एफ. एच. ए. मार्शल द्वारा लिखित यौन शरीर-विज्ञान की जो पहली पुस्तक प्रकाशित हुई थी, उसे वास्तव में वैज्ञानिक और व्यापक कहा जा सकता है।

जिस तरह कालेजों में पढ़ाई जाने वाली पाठ्य-पुस्तकों में यौन शरीर-रचना और यौन शरीरशास्त्र की उपेक्षा की जाती रही, ठीक उसी तरह चिकित्साशास्त्र के ग्रन्थों में यौन मनोविज्ञान की उपेक्षा की गई, मानो यह कार्य प्राणि-जीवन का कोई अंग ही न हो। इसका नतीजा यह होता रहा कि इन विषयों पर जानकारी, जो कई-क्षेत्रों में बीमारी को ठीक-ठाक समझने के लिए बहुत ही आवश्यक है, डाक्टरों की अपेक्षा मरीज़ों को अधिक

रही। डाक्टर प्रायः इस दिशा में झूठी परम्पराओं और बाबा आदम के ज़माने के पूर्वाग्रहों के शिकार होते थे। कुछ लोग तो इन विषयों पर चुप्पी साधे रखने के लिए धर्म और नैतिकता का भी पल्ला पकड़ते हैं। ऐसे लोग यह भूल जाते हैं कि चर्च के ही महान् नेता ने अपने कट्टर दृष्टिकोण के बावजूद यह कहा था कि जिसकी सृष्टि करते समय विधाता को लज्जा नहीं आई, उसके सम्बन्ध में कहने में हमें लज्जा अनुभव क्यों हो ?

यौन विकृति के मामले में, जिसका उल्लेख अक्सर भय के साथ विच्युतियों (Perversions) के रूप में किया जाता था, इस अज्ञान का परिणाम अधिक गंभीर हो सकता है। जहां तक यौन गड़बड़ियों का प्रश्न है, अनेक बार मरीज़ यह शिकायत करते मिलते हैं कि डाक्टर या तो उनकी विशेष कठिनाइयों को समझते ही नहीं अथवा उन्हें वे महत्वहीन कहकर उड़ा देते हैं या फिर उनके साथ पापी, दुष्ट और शायद घृणा का पात्र मानकर व्यवहार करते हैं। इसमें सन्देह नहीं कि डाक्टर के विषय में मरीज़ की इस प्रकार की चेतना के कारण बहुत से डाक्टर, यहां तक कि बहुत अनुभवी डाक्टर भी, फतवा देते हैं कि यौन गड़बड़ियां अत्यन्त विरल हैं और मुश्किल से ही उनके साथ वास्ता पड़ता है।

यह निःसंदेह दावा किया जा सकता है कि इस प्रकार अस्पष्ट ढंग से ही सही एक तगड़ी स्वाभाविकता के आदर्श का झंडा बुलन्द रखकर और आदर्श से किसी तरह च्युत होने के विषय में सुनने से भी इन्कार कर डाक्टर अपने मरीज़ को सही रास्ते पर चलने की उत्तेजना और प्रेरणा देता है। पर यहां यह बता दिया जाए कि इस दिशा में मानसिक स्वास्थ्य शारीरिक स्वास्थ्य से भिन्न नहीं है। रोगी को उसका स्वास्थ्य फिर से लौटाने के लिए उसकी विकृत दशा की सही और बुद्धिमत्तापूर्ण जानकारी अत्यन्त आवश्यक है। जब तक हमें यह मालूम न हो कि मरीज़ इस समय किस स्थिति में है, तब तक हम उसका इलाज कैसे कर सकते हैं? इसके अलावा मानसिक स्वास्थ्य के क्षेत्र में शारीरिक स्वास्थ्य की अपेक्षा एक बड़ी सीमा तक स्वाभाविक परिस्थितियों का दायरा बहुत व्यापक होता है। इसके अलावा हमें यह निश्चित करने के लिए, कि व्यक्ति-विशेष की सामान्य अवस्था का स्वरूप क्या है, उसकी मानसिक तथा यौन बनावट किस तरह की है, यह भली भांति जानना चाहिए। नहीं तो हम उसे ऐसे रास्ते पर ले जा सकते हैं जो दूसरों के लिए तो सही हो, पर उसके लिए वास्तव में अहितकर तथा विकृत हो।

मानसिक तथा यौन विकृतियों के विषय में आमतौर पर सूत्र-रूप में दी जाने वाली परम्परागत सलाहें इन आधारों पर ही अधिकांश रूप में निशाने पर न बैठने वाली, यहां तक कि हानिकारक सिद्ध होती हैं। उदाहरण के लिए यौन रूप से विकृत मस्तिष्क लोगों को विवाह के लिए जो सलाह दी जाती है, उस पर यह बात लागू होती है। निश्चित रूप से कई क्षेत्रों में यह सलाह बहुत उपयुक्त होती है। पर संपूर्ण रूप से जानकारी प्राप्त किए बिना और व्यक्ति की ठीक-ठीक स्थिति जाने बगैर सलाह देना खतरे से खाली नहीं है। सच तो यह है कि यह चेतावनी मनोयौन क्षेत्र में दी जानेवाली सभी सलाहों पर खरी उतरती है। यौन जीवन संपूर्ण व्यक्ति में परिव्याप्त होता है और

मनुष्य की यौन बनावट उसकी सामान्य बनावट का एक अंग है।

इस उक्ति में बहुत-कुछ सचाई है कि मनुष्य वही है जो उसका सेक्स है। जब तक इस बात को ध्यान में न रखा जाए, यौन जीवन के पथ-प्रदर्शन और नियंत्रण के बारे में कोई भी उपयोगी सलाह नहीं दी जा सकती। सच तो यह है कि कोई भी मनुष्य अपनी प्रकृति को समझने में गलती कर सकता है। संभव है कि बात केवल इतनी हो कि वह केवल प्रत्येक युवसुलभ[1] एक सामयिक सोपान से गुजर रहा हो, जिससे होकर वह अन्ततः स्वस्थ और स्थायी परिस्थिति में पहुंचेगा। वह किसी बेजा प्रतिक्रिया के कारण अपने स्वभाव की किसी गौण मनोवृत्ति को प्रमुख मनोवृत्ति के रूप में समझने की गलती कर सकता है, क्योंकि हम सब विविध मनोवृत्तियों से बने हैं, और यौन रूप से स्वस्थ मनुष्य वह है जो अक्सर किन्हीं असामान्य अथवा विकृत मनोवृत्तियों पर नियंत्रण रखता है। तथापि मुख्य रूप से किसी मनुष्य की यौन बनावट व्यापक गहराई तक गई हुई और एक बड़ी हद तक सामंजस्य-युक्त होती है। साथ ही हमें बनावट संबंधी, अर्थात् व्यक्ति को जो बात जन्म से ही मिली है, और जो उसकी बनावट का अंग है अर्जित यानी जिसे व्यक्ति वातावरण के प्रभाव से ग्रहण करता है, के बीच व्यवधान निर्धारित करते समय सतर्क रहना चाहिए। हमें यह मानना पड़ेगा कि एक ओर तो अर्जित की जड़ें उससे अधिक गहरी हैं जितनी गहरी कभी समझी जाती थीं, और दूसरी ओर गठनात्मक अर्थात् बनावट-संबंधी तत्त्व इतना सूक्ष्म और अस्पष्ट होता है कि वह पकड़ में नहीं आता।

लोग अक्सर भूल जाते हैं कि अधिकांश रूप में दोनों प्रकार के तत्त्व सम्मिलित रहते हैं। अनुकूल जमीन पाकर ही जीवाणु सक्रिय होते हैं। दूसरे क्षेत्रों के समान यहां भी अकेले बीज या अकेली ज़मीन के कारण नहीं, बल्कि दोनों के संयोग से ही परिणाम निकलता है। यहां तक कि एक ही परिवार के बच्चों में भी मेंडेल द्वारा प्रतिपादित उत्तराधिकार सिद्धांत अलग-अलग प्रकार के बीजों को सक्रिय बना देते हैं। लंदन के बाल-निर्देशन क्लीनिक के संचालक ने हाल में बतलाया है कि किस प्रकार एक ही बात पर जोर देने से एक बच्चा चोर और दूसरा असामान्य रूप में झेंपू हो जाता है।

इस ज्ञान का नतीजा यह होता है कि डाक्टर सोच-समझकर भी मनोयौन विषयों पर जो सलाह देता है, उसकी सीमाएं मालूम हो जाती हैं, यहां तक कि वह जो निर्देश देता है, उसकी भी सीमाएं बंध जाती हैं। सिर्फ पोषक वृत्ति से ही यौन मनोवृत्ति की तुलना की जा सकती है, पर पोषक वृत्ति की अपेक्षा यौन मनोवृत्ति पर उपचार का स्वास्थ्यदायक प्रभाव बहुत कम क्यों होता है, इसका एक और भी कारण है। निश्चित रूप से यौन मनोवृत्ति अपनी सीमाओं के भीतर, जितना लोग मानने को तैयार हैं, उससे कहीं बड़ी हद तक यदि चाहा जाए तो निर्देशित और नियंत्रित की जा सकती है। पर यौन मनोवृत्ति पोषक वृत्ति की अपेक्षा बहुत बड़े अंश में धर्म, नैतिकता और सामाजिक

---

1. 'युवसुलभ' से युवक-सुलभ और युवती-सुलभ दोनों—अभिप्रेत हैं। आगे इस पुस्तक में 'युव' शब्द का इसी रूप में प्रयोग किया जाएगा। **—अनुवादक**

रूढ़ियों अथवा प्रथाओं के परंपरागत प्रभावों के कारण कुछ दिशाओं में ही फैल पाती है, कुछ रास्ते तो उसके लिए बिल्कुल ही बंद रहते हैं। कुछ डाक्टर ऐसे भी हैं जिनका कथन है कि प्रभावों की उपेक्षा करनी चाहिए। उनका तर्क है कि सामाजिक प्रथाओं अथवा नैतिकता से डाक्टर का कोई सरोकार नहीं है। उसे तो मान्यताओं अथवा नैतिकता के उपदेशों की परवाह किए बगैर ही यह देखना है कि उसके मरीज़ के लिए क्या अच्छा है और क्या बुरा, और उसी के अनुसार मरीज़ को सलाह देनी है। जो भी हो, इस कार्य-प्रणाली में दूरदर्शिता का अभाव है। इससे अनेक भद्दी स्थितियां और गड़बड़ियां पैदा हो जाती हैं। कई बार उत्पन्न गड़बड़ियां उस बुराई से कहीं अधिक बुरी होती हैं जिनका वह इलाज करना चाहता था। बात यह है कि पोषक वृत्ति से यौन मनोवृत्ति इस अर्थ में भिन्न है कि उसकी स्वाभाविक तृप्ति के लिए एक अन्य व्यक्ति को भी सम्मिलित होना पड़ता है। इसलिए वह प्रत्यक्ष रूप से सामाजिक और नैतिक दायरे में आ जाती है। किसी को भी यह अधिकार नहीं है, और न किसी को सलाह ही दी जा सकती है कि वह अपना भला किसी ऐसी कार्य-प्रणाली से करे जिससे दूसरों का नुकसान हो

यदि सचमुच कहा जाए तो व्यापक और बुद्धि-संगत आधार पर मरीज़ की भलाई किसी ऐसी कार्य-प्रणाली से नहीं हो सकती, जिससे उसके निकट संपर्क में रहने या आनेवाले व्यक्तियों को हानि उठानी पड़े अथवा उसके विश्वास और विवेकों का हनन हो। कोई भी बुद्धिमान् डाक्टर इन विचारों की उपेक्षा नहीं कर सकता, भले ही वह यह संकल्प क्यों न कर चुका हो कि उसके द्वारा दी जानेवाली सलाह केवल रूढ़ियों पर आधारित नहीं होगी। ये विचार वास्तविक और बहुत ही महत्त्वपूर्ण हैं और परंपरागत सामाजिक अट्टालिका से ग्रथित हैं, जिसमें हम सब रहते हैं। अनगिनत मामले ऐसे भी हैं जिनमें इन बातों के कारण डाक्टर के लिए अपनी मनोयौन चिकित्सा-प्रणाली निर्धारित करते समय विशुद्ध रूप से प्राणिशास्त्र द्वारा बताई हुई दिशाओं का अनुसरण करना असंभव हो जाता है। अक्सर चिकित्सक को यह अनुभव होता है कि उसके समक्ष प्रस्तुत दशाएं व्यापक रूप से किन्हीं ऐसे उपकरणों के कारण हुई हैं जिन पर उसे कोई नियंत्रण प्राप्त नहीं है। ठीक इसी तरह का अनुभव उसे तब होता है जब वह मरीज़ों के लिए कुछ नहीं कर पाता जिनकी बीमारी सीमा से बाहर श्रम करने और अपर्याप्त पुष्टि के कारण है और यह अपर्याप्त पुष्टि भी कैसी कि जो उनकी सामाजिक परिस्थितियों में अपरिहार्य है।

साथ ही यह बतला देना वांछनीय है कि जहां मरीज़ की नैतिक स्थिति की उपेक्षा नहीं की जा सकती, वहां नैतिक स्थिति को सर्वथा दृढ़ और अपरिवर्तनीय समझना भूल होगी। सदाचार शाश्वत नहीं, बल्कि निरंतर परिवर्तनशील है। कई ऐसी बातें जो आज नैतिक समझी जाती हैं और सब परिस्थितियों में जिन्हें करने की छूट है, वे ही आज से पचास साल पहले अनैतिक समझी जाती थीं और तब उन्हें करने की खुले रूप से छूट नहीं थी। नैतिक स्थिति में होनेवाले परिवर्तन के अनुसार आज प्रख्यात डाक्टर, अपने पूर्ण उत्तरदायित्व को समझकर, यौन विषयों पर जो सलाह प्रकाशित करते हैं, उसे वे

आज से कुछ पहले निजी तौर पर भी देने का साहस नहीं कर सकते थे। समाज-कल्याण-कार्यों में अपने द्वारा किए जाने वाले महान् योगदान के प्रति जागरूक डाक्टर जनता का चिकित्सा-सम्बन्धी सलाहकार होने की हैसियत से, सदाचार के इस परिवर्तन में हिस्सा बंटाता है। किन्तु उसे सदैव मरीज़ की विशेष स्थिति को ध्यान में रखना चाहिए।

ऊपर की बातों से यह निष्कर्ष निकालना एक गम्भीर भूल होगी कि यौन मनोरोग दुरारोग्य समझे जाएं, अथवा यह समझा जाए कि वे एक ऐसे क्षेत्र में आते हैं जिनके बारे में डाक्टर को सोचना नहीं चाहिए। इसके विपरीत यौन मनोरोग वाले मामले ठीक मानसिक क्षेत्र के होने के कारण, अप्रत्यक्ष रूप से पड़नेवाले प्रभावों से भी प्रभावित हो सकते हैं। इन अप्रत्यक्ष प्रभावों का रोग के शारीरिक पहलुओं पर, जैसे हद से ज्यादा परिश्रम, पुष्टि की अल्पता आदि पर, जो डाक्टर की पहुंच के बाहर होते हैं, कोई प्रभाव नहीं पड़ता। अनेक अवसरों पर डाक्टर को यह देखकर बड़ा आश्चर्य होता है कि ऐसे मामलों में, जिन्हें वह निराशापूर्ण समझता था, मरीज़ों को फायदा रहा और उन्होंने बड़ी सचाई के साथ उसके प्रति कृतज्ञता प्रकट की। ऐसा सदैव डाक्टर द्वारा दिए गए सुझाव के परिणामस्वरूप नहीं होता है, बल्कि विपरीत गुणयुक्त और समान रूप से स्वाभाविक प्रक्रिया के परिणामस्वरूप होता है। फ्रायड ने इसी को प्रारम्भ से ही अपनी मनो-विश्लेषण-पद्धति का आधार बनाया था, यानी चेतना के दमित तत्त्वों को सतह पर लाना और दमन द्वारा उत्पन्न तनाव को दूर करना।

डाक्टर आत्मदोष-स्वीकरण की इस प्रक्रिया में अपनी बुद्धि और सहानुभूति के द्वारा केवल रुचि ही नहीं, सक्रिय भाग लेता रहता है और एक विकृत अवस्था दूर हो जाती है। भले ही इतना यौन स्वास्थ्य बनाने के लिए पर्याप्त न हो, परन्तु आत्मदोष-स्वीकरण निश्चित रूप से उसे कम हानिकारक बना देता है, साथ ही यह संपूर्ण मानसिक जीवन को कुछ अंश तक उचित रूप से संतुलित कर देता है। आत्मदोष-स्वीकरण और दोषक्षालन की यह धार्मिक प्रक्रिया कैथोलिक धर्म में बहुत कुछ विकसित है।[1] यह पद्धति उसी मनोवैज्ञानिक आधार पर टिकी है और निःसन्देह इससे हितकारी परिणाम निकलते हैं। यह ध्यान देने योग्य है कि बहुत-से व्यक्ति यह सन्देह करते हैं कि उन्हें अपने डाक्टर से बुद्धिमत्तापूर्ण सहानुभूति नहीं मिलेगी, इस कारण वे यौन गड़बड़ियों से आत्मदोष-स्वीकृति के ज़रिये छुटकारा पाने के लिए अपने पादरी के पास, चाहे वह छोटा-बड़ा कैसा भी क्यों न हो, जाते हैं, क्योंकि पादरी का काम ही यह है कि शरण में आए हुए को ढाढ़स बंधाए। धार्मिक कार्यों से, यहां तक कि सम्मोहन और इसी प्रकार सुझाव आदि देने से अलग, मनोरोग-चिकित्सा-प्रणाली का एक महत्वपूर्ण क्षेत्र है, जो सही तौर पर डाक्टरी के ही अन्तर्गत है और विलक्षण तौर से यौन मनोवैज्ञानिक क्षेत्र में सहायक होता है। यह

1. लेखक को बौद्धधर्म का पता नहीं था, यह स्पष्ट है।—**अनुवादक**

फ्रायड की ही विशेष गरिमा है कि (चाहे उनका सिद्धान्त स्वयं उन्हीं के हाथों में तथा दूसरों के हाथों में पड़कर जो भी रूप ग्रहण कर चुका हो।) उन्होंने बहुत पहले ही मनोरोग-चिकित्सा के इस विशेष क्षेत्र को जान लिया और चित्रकला तथा मूर्ति-कला से अपनाई गई इस उपमा में पहचाना कि मनोवैज्ञानिक चिकित्सा केवल रोगी के मन के अन्दर कुछ डालकर ही नहीं बल्कि कुछ बाहर निकालकर अनावश्यक रोकथाम और दमन को दूर कर अपना कार्य कर सकती है और इस तरह मानसिक ताने-बाने के स्वस्थ संबंधों को लौटा सकती है।

सहायक पुस्तक सूची

एफ. एच. ए. मार्शल– Physiology of Reproduction.

एस. फ्रायड– Introductory Lectures on Psycho-Analysis.

अध्याय-2

सेक्स का जीव-विज्ञान

सेक्स का भौतिक आधार

प्रजनन जीवित शरीरों का आदिम और अत्यंत महत्त्वपूर्ण अंगों का आधारभूत कार्य है। उसका यन्त्र बहुत अधिक जटिल है और अभी तक पूर्ण रूप से समझ में नहीं आ पाया है। वह आवश्यक रूप से सेक्स से संबद्ध नहीं है और न सेक्स आवश्यक रूप से प्रजनन से ही संबंधित है। तथापि यौन यंत्र तथा उसके साथ संबंधित गौण यौन लक्षणों का पूर्ण विकास शरीर के साधारण विकास के समान युग्मकों अथवा प्रजनन-कोशों (Chromosome)—स्त्री द्वारा प्रदत्त डिम्बाणु और पुरुष द्वारा प्रदत्त शुक्राणु की अक्षुण्णता पर निर्भर है। सारी प्रजनन-क्रिया एक दिन की क्रिया नहीं बल्कि यह प्रक्रिया उर्वरित अण्डे को जन्म देने तथा बाद में चलकर उस उर्वरित अण्डे के विकास के दौरान में बराबर चालू रहती है और उस पर यह कार्य निर्भर रहता है। श्रेष्ठ से श्रेष्ट अधिकारी व्यक्ति भी यौन प्रवृत्ति की व्याख्या करने में हिचकिचा जाते हैं, तथापि हर हालत में प्रारम्भ से ही वह पहले-पहल अपेक्षाकृत अस्पष्ट गोनाड कोश के जनक क्रोमोसोमों की बनावट से संबंधित होता है। कोश-विभाजन की प्रक्रिया के दौरान में उसके नाभि-कणों में निहित 'क्रोमटन' नामक पदार्थ अपने ही आप साफ-साफ शलाका के आकार वाले तन्तुओं की एक निश्चित संख्या में विभक्त हो जाता है। ये ही क्रोमोसोम हैं जो एक क्रम में बंधे होते हैं और प्रत्येक प्राणी में क्रोमोसोम की यह संख्या स्थिर रहती है। वे मानव की सभी वंश-जातियों में, चाहे पुरुष हो अथवा स्त्री, समान होते हैं। फर्क केवल इतना होता है कि पुरुष के क्रोमोसोम, जिन्हें 'एक्स-वाई' की संज्ञा दी गई है, डाइगैमेटिक होते हैं और अपने अपेक्षाकृत लघु आकार के कारण विशिष्ट हैं। स्तन-पान कराने वाले जीवों में साधारण तौर पर (पक्षियों में यह बिल्कुल विरुद्ध गुणयुक्त है) पुरुष 'एक्स'-धारी और बिना 'एक्स'-धारी अथवा 'वाई'-धारी, इन दोनों प्रकार के युग्मकों की सम्पुष्टि करता है, जबकि स्त्री केवल एक युग्मक की ही सम्पुष्टि करती है। कोई भी एक्स-धारी डिम्ब एक्स-धारी शुक्राणु द्वारा उर्वरित होकर एक्स-एक्स और स्त्री युग्मक बन सकता है अथवा वाई-धारी शुक्राणु से उर्वरित होकर एक्स-वाई शुक्राणु को उर्वरित होकर एक्स-वाई अथवा पुरुष-युग्मक बन सकता है। इस प्रकार हम सम्पूर्ण प्रक्रिया के

(जिसे इवान्स और स्वेज़ी की दीर्घ और व्यापक गवेषणाओं ने स्पष्ट कर दिया है) प्रारंभ बिन्दु पर पहुंच जाते हैं। मेंडेलीय प्रणाली पर चलनेवाली इस प्रक्रिया के व्यापक ब्यौरे में जाने का यहां अवसर नहीं है। मेंडेल द्वारा प्रतिपादित उत्तराधिकार की प्रक्रियाएं निम्नतर जीवों की अपेक्षा, जिनमें पहले-पहल उनका अध्ययन किया गया था, मनुष्यों के क्षेत्र में बहुत अधिक परिवर्तित और जटिल हैं।

इससे यही निष्कर्ष निकलता है कि सामान्य रूप से गर्भाधान के समय ही प्राणी का पुरुषत्व या स्त्रीत्व निर्धारित हो जाता है, और इससे गर्भावस्था के दौरान में पुरुष या स्त्री बनाने की विविध युक्तियां एक ओर धरी रहती हैं। क्र्यू के शब्दों में यह निश्चित रूप से कहा जा सकता है कि प्रत्येक उर्वरित डिम्ब में, चाहे वह क्रोमोसोमों की बनावट की दृष्टि से एक्स-एक्स हो, अथवा एक्स-वाई, विकास की रुझान के भौतिक आधार होते हैं, जिनसे प्रत्येक विकासमान व्यक्ति अन्ततोगत्वा पुरुष अथवा स्त्री के रूप में विकसित होता है।

ज्ञान के इस क्षेत्र में हाल में, विशेषकर वर्तमान शती में, जो उन्नति हुई है उसकी ओर भी ध्यान देना आवश्यक है, क्योंकि यौन मनोविज्ञान से उसका घनिष्ठ संबंध है।

प्रारंभ से ही हम इसे एक स्वीकृत तथ्य के रूप में मानकर चलते हैं कि जिस शरीर में ऐसे ग्रंथि-समूह (Glands) की प्रधानता होती है जिसका केन्द्र अंडकोष है, तो उस शरीर को धारण करनेवाला पुरुष होता है; और जिस शरीर में ऐसे ग्रंथि-समूह की प्रधानता होती है। जिसका केन्द्र डिम्बकोष होता है, उसको धारण करनेवाली स्त्री होती है। इस प्रकार सामान्य रूप से यौन क्षेत्र के प्राथमिक लक्षण सुनिश्चित हो जाते हैं। उनके साथ ही बनावट के अनुरूप यौन अवयवों का विकास भी संबंधित है। अंतिम तौर पर दोयम दर्जे के व्यक्त लक्षणों की पूर्ण प्राप्ति के साथ, जिनके साथ सोयम दर्जे के यौन लक्षणों के रूप में कई अप्रकट भेद संबद्ध होते हैं, यौन परिपक्वता आ जाती है। इन सब प्रक्रियाओं में बहुत-कुछ विविधता हो सकती है। यौन ग्रंथियां तथा दोयम दर्जे के यौन लक्षण एक मध्यवर्ती यौन टाइप की ओर जा सकते हैं जो शारीरिक और मानसिक किसी एक प्रकार से अथवा दोनों प्रकार से विपरीत लिंग के निकट हो सकते हैं।

इस प्रकार पुरुषत्व और स्त्रीत्व के निरीक्षित सहअस्तित्व का पता 'हार्मोन्स' नामक एक रासायनिक द्रव्य के आंतरिक क्षरण से लगता है। यह क्षरण शरीर की विविध क्षरण-ग्रंथियों में से निकलकर रक्त में मिलता रहता है। लिंगों का सहअस्तित्व वर्णित क्षरण के उत्तेजक प्रभाव अथवा ऐसे प्रभाव की त्रुटि से उत्पन्न होता है। अतिक्षरण, अल्पक्षरण अथवा अव्यवस्थित क्षरण के कारण शारीरिक संतुलन, मानसिक झुकाव और सामर्थ्य में तब्दीली हो सकती है, यहाँ तक कि कार्यरूपेण यौन परिवर्तन भी हो सकता है। किसी एक प्रक्रिया में त्रुटि होने पर दूसरों के संतुलन में गड़बड़ी पैदा हो सकती है। हमारा लक्ष्य तो अनेक क्षरण-ग्रंथियों का सामंजस्ययुक्त समन्वय करना है। इस प्रकार होनेवाले जटिल संबंधों की व्याख्या करने की दिशा में अनेक देशों में काफी अध्ययन हो रहा है। अनवरत रूप से नए तथ्य और नए दृष्टिकोण सामने आ रहे हैं, और अब 'पिट्यूटरी' नाम की एक श्लैष्मिक ग्रंथि के आगे की ओर वाले भाग के साथ ही

मूत्राशय के निकट स्थित 'अड्रेनल' नामक ग्रंथियों के, सक्रियता प्रदान करनेवाले प्रभाव को अत्यधिक महत्त्व दिया जाता है। जैसा कि ब्लेयर बेल बहुत पहले से मानते आए हैं, डिम्बकोष अथवा अण्डकोष को पिट्यूटरी और थायरायड ग्रंथियों जैसे अवयवों की शृंखला की एक कड़ी-मात्र मान लेना पड़ता है। कई बातों में इसके परिणाम अभी तक अनिश्चित हैं। किन्तु यौन मनोविज्ञान के अध्ययन के लिए यह आवश्यक है कि इस दिशा में शरीर-विज्ञान तथा प्राणि-संबंधी रासायनिक विज्ञान के क्षेत्रों की गवेषणाओं की कुछ जानकारी प्राप्त कर ली जाए। फिर भी इस स्थल पर उनकी विवेचना करना उपयुक्त नहीं होगा। ये विज्ञान दिन-प्रतिदिन विकसित हो रहे हैं, और चिकित्सा-संबंधी पत्र-पत्रिकाओं में तथा प्राणि-संबंधी रासायनिक विज्ञान के साहित्य में उनकी प्रगति का विवरण मिल सकता है।

यहाँ पर उल्लिखित बातों की सर्वेक्षणात्मक झलक के रूप में यह जान लेना पर्याप्त है कि इस दिशा में जो व्यापक परिवर्तन हुआ है, वह यह है कि पहले जहाँ हम स्नायु-प्रणाली को इन प्रक्रियाओं में सक्रिय घटक मानते थे, वहाँ अब हम रासायनिक क्षरण-प्रणाली को अधिक सक्रिय मानते हैं। यह कभी-कभी स्नायु-प्रणाली के अंतर्गत होती है, पर कई बार स्नायु-प्रणाली से पृथक् भी होती है। कभी-कभी तो स्नायु के केंद्र स्वयं रासायनिक नियमन के अधीन होते हैं।

यदि हम लैंगडन ब्राउन का अनुसरण करें तो हम यह कह सकते हैं कि क्षरण-प्रणाली (Secretion) उन आदिम रासायनिक यंत्रों के विस्तार हैं जो स्नायु-प्रणाली के विकसित होने के पहले प्राणियों में कार्यशील थे। शरीर के क्षरण-द्रव्य-नियमन की आदिमता का यह दिलचस्प सबूत है कि समस्त हार्मोनों के वाहक शरीर के अति प्राचीन यहाँ तक कि इस समय अनुपयोगी पिट्यूटरी और पिनियल जैसी शरीर की प्रणालियों से शुरू होते हैं। इसी के साथ हमें यह भी ध्यान में रखना है, जैसाकि कुछ साल पहले बोक ने जोर देकर कहा था, कि हार्मोनों के प्रभाव से होनेवाला उद्दीपन और मंदता विशेष मानवीय गुणों के विकास को विचित्र रूप से प्रभावित करते हैं। यहाँ तक कि यह उद्दीपन और मंदता, जैसाकि अभी हाल में कीथ ने बतलाया है, विदिध नस्ली चारित्रिक विशेषताओं को भी प्रभावित करते हैं। जब स्नायु-प्रणाली को एक स्वरूप प्राप्त होने, यहां तक कि प्रधानता मिलने लगी, तो स्नायु-प्रणाली में तथा पहले से विद्यमान रासायनिक यंत्रों के साथ उसका गठबंधन, विशेष रूप से उसकी निम्नतम सतह में यानी पाकयंत्रीय स्नायु-प्रणाली में, जो सहानुभूतिशील और लगभग सहानुभूतिशील (या वेगस-स्नायु का प्रसारित रूप) में विभाज्य है, होने लगा। सहानुभूतिशील प्रणाली का झुकाव बिखराहट की ओर है, साथ ही सक्रिय है। वह पिट्यूटरी, थायरायड और अड्रेनलों से संबंधित है। लगभग सहानुभूतिशील प्रणाली, जिसे अधिकांशतः पुष्टिप्रद और निष्क्रिय माना जा सकता है, पैंक्रियाज तथा परोक्ष रूप से पैरा-थायरायडों से संबंधित होती है। ये प्रणालियाँ परस्पर-विरोधी हैं और कहा जाता है कि जीवन की लय-ताल उनके इस संतलुन पर निर्भर रहती है। गोनाड विशेषतः सहानुभूतिशील क्षरण-ग्रंथियों पर क्रिया-प्रतिक्रिया करते

हैं। यद्यपि पिनियल और थाइमस सच्चे अर्थ में क्षरण-ग्रंथियाँ नहीं हैं (क्योंकि इनसे किसी तरह का क्षरण नहीं होता) तथापि वे प्रमुख रूप से यौन परिपक्वता में मंदता और दैहिक विकास पर अनुकूल प्रभाव डालकर क्षरण-प्रणाली को प्रभावित करती है।

पिट्यूटरी को अब क्षरण-संबंधी वाद्यवृंद के निर्देशक की संज्ञा दी जाती है। प्राचीन शरीरशास्त्री ऊपर-स्थित मस्तिष्क से एक वृंत द्वारा संबंधित इस लघु अवयव को लघु मस्तिष्क मानते थे। यह धारणा अब बिलकुल ही ऊलजलूल समझी जाती हो, ऐसी बात नहीं। हार्वे कुशिंग का कथन है—'यहाँ इस अच्छी तरह छिपे हुए स्थान में आदिम जीवन-क्रम का प्रधान स्रोत मौजूद है। वह जीवन-क्रम जो वर्धक, भावुक और प्रजनक है, इसी पर मनुष्य ने थोड़ी-बहुत सफलता के साथ विधि-निषेधों की अंतस्त्वचिका चढ़ा दी है।' इवांस और सिंपसन ने उसके कुछ कोशों के साथ वृद्धि और यौन विकास के संबंधों को खोज निकाला है।

थायरायड, जिसे प्रजनन-ग्रंथि की संज्ञा दी गई है, सभी प्रकार की रचनात्मक यानी कलात्मक और बौद्धिक कार्यकारिता के लिए आवश्यक है। यदि सचमुच ऐसा न भी हो, जैसाकि दावा किया जाता है, तो भी वह प्रजनन के लिए तो आवश्यक है ही। उसका निर्यास 'थायरोक्साइन' (जिसे संश्लेषणात्मक रूप से तैयार किया जा सकता है) सामान्य पुष्टि पर धीरे-धीरे क्रमिक प्रभाव डालता है।

सुप्रारेनल्स से स्रवित 'अड्रेनालिन' (जिसे भी संश्लेषणात्मक रूप से तैयार किया जा सकता है) का हृदय, रक्तवाहिनियों, यकृत, लाला-ग्रंथियों, अंतड़ियों, पुतलियों और तिल्ली पर अपेक्षाकृत द्रुत प्रभाव पड़ता है। जहाँ अड्रेनालिन का इतना व्यापक प्रभाव होता है, वहां उसका खुद का क्षरण, जैसाकि टुर्नाड ने बतलाया है, घनिष्ठ रूप से स्नायु-प्रणाली पर निर्भर रहता है।

क्षरण-अवयव एक-दूसरे को प्रभावित कर सकते हैं। थायरायड हटा देने पर पिट्यूटरी का विस्तार हो सकता है, यद्यपि युवावस्था में किसी जानवर से पिट्यूटरी हटा देने पर थायरायड अवरुद्ध हो सकता है। थायरायड सुप्रारेनल्स को उद्दीप्त करता है, जो यकृत्कोशों को रक्त में 'ग्लाइकोजेन' छोड़ने के लिए उत्तेजना देता है। इससे पैंक्रियाज या अग्न्याशय को इंसुलिन के क्षरण में वृद्धि करने की उत्तेजना मिलती है। फिर ऐसा लगता है कि पिट्यूटरी का प्राक्भाग तीन हार्मोनों को उत्पन्न करता है। एक हार्मोन से वृद्धि अथवा विकास होता है। दूसरे से डिम्बकोषों को उत्तेजना मिलता है, जिससे 'एस्ट्रिन' पैदा करनेवाली ग्राफियन पुटिकाएँ (Follicles) परिपक्व होती हैं। यहाँ बता दिया जाए कि इस प्रकार उत्पन्न एस्ट्रिन से उर्वरित डिम्बाणु को ग्रहण करने के लिए गर्भाशय में परिवर्तनों का सूत्रपात होता है। तीसरे हार्मोन से डिम्ब को अच्छी तरह जमाने के लिए गर्भाशय-संबंधी अन्य परिवर्तन होते हैं। इनमें से दूसरा हार्मोन विशेष रूप से व्यावहारिक महत्त्व का है, क्योंकि गर्भावस्था है या नहीं, यह जानने के लिए किए जानेवाले 'जोण्डेक-ऐशहाईम' नामक परीक्षण का आधार मूत्र में उसकी मौजूदगी है।

आंतरिक क्षरणों और रासायनिक औषधियों की क्रियाओं में बहुत सादृश्य है। शार्पे शाफेर चाहते हैं कि हार्मोन संज्ञा का प्रयोग उत्तेजना प्रदान करनेवाले प्रकार तक ही

सीमित कर दिया जाए, और जिन प्रकारों से प्रतिकूल निषेधात्मक प्रभाव पड़ता है, उन्हें 'शालोन' (Chalones) संज्ञा दी जाए। वे इन दोनों प्रकारों का संयुक्त नाम 'आटाकोइड' (Autacoids) देते हैं, जिससे यह सार्थकता व्यक्त होती है कि वे स्वयं शरीर द्वारा उत्पन्न रासायनिक औषधियों के समान तत्त्व हैं।

अब यह देखा जा सकता है कि हमें शरीर-संबंधी व्यापारों की व्याख्या रासायनिक पदार्थों और साथ ही स्नायु-नियमन की शब्दावली में करनी होगी। हम यह भी देख सकते हैं कि ये दोनों प्रकार की परिभाषाएँ—स्नायु-संबंधी होने की अपेक्षा रासायनिक शायद कुछ अधिक हैं और वे मानसिक व्यापारों के दूसरे तट पर स्थित हैं। हमें यह मानना पड़ता है कि शरीर में एक बड़ी संख्या में अत्यंत सूक्ष्म किंतु अत्यंत शक्तिशाली तत्त्व विद्यमान हैं, जैसे विविध हार्मोन और विटामिन, साथ ही उनसे निष्पन्न सीरम और वैक्सिन, जिन्हें उचित रूप से जीव-वैज्ञानिक रासायनिक औषधियों की संज्ञा दी जा सकती है। ज्यों-ज्यों उनके संबंध में ज्ञान का उत्तरोत्तर विस्तार होता जाता है, त्यों-त्यों उनका महत्त्व और भी अधिक बढ़ता हुआ दिखलाई देता है। पर इस कारण मनोविज्ञान में प्राणि-रासायनिक विज्ञान-संबंधी परिभाषाएँ ले आना हमारे लिए उचित नहीं होगा। बहुत पहले से ही यह स्पष्टतया समझा जाने लगा है कि मनोविज्ञान में शरीर-रसशास्त्रीय (Histological) परिभाषाओं को प्रचलित करना गलत था। इस क्षेत्र में प्राणि-रासायनिक (Biochemical) परिभाषाओं का प्रचलन भी उतना ही गलत होगा। मनोवेग मनोवेग ही रहेगा, चाहे उसकी उत्पत्ति में शारीरिक दृष्टि से हार्मोन अथवा शालोन ने हिस्सा क्यों न बँटाया हो।

सहायक पुस्तक-सूची

एफ. ए. ई. क्र्यू—The Genetics of Sexuality in Animals, also article 'Sex' in Rose's Outline of Modern Knowledge.

ए. लिप्शुट्ज—The Internal Secretions of the Sex Glands.

जोसेफ नीडहम—Chemical Embryology, 3 Vols.

एफ. एच. ए. मार्शल—The Physiology of Reproduction.

एच. एम. इवान्स तथा ओलिव स्वेज़ी—'The Chromosomes in Man', Memoirs of the University of California, Vol. IX, 1929.

डब्ल्यू. ब्लेयर बैल—'Conservative Gynaecological Surgery', British Medical Journal, 18th April, 1901.

लैंगडन ब्राउन—'Endocrines and Associated Psycho-neuroses' British Medical Journal, 6th Feb. 1932.

जे. एच. बर्न—Recent Advances in Materia Medica (the biochemical drugs) 1931.

सर ई. शार्पे शाफर—'Endocrine Physiology', British Medical Journal, 22nd Aug. 1931.

यौन आवेग की प्रकृति

उन नितांत शरीर-संबंधी प्राणिक कार्यकलाप के पहलू से हटकर, जिनसे यौन विकास होता है, मानसिक क्रियाओं में अभिव्यक्त यौन विषयक जीवविज्ञानीय प्रक्रिया पर व्यापक दृष्टि डाल लेना आवश्यक है, क्योंकि इस प्रसंग में हम उसी विषय पर विचार करने जा रहे हैं।

यह सच है कि यौन प्रक्रिया के मानसिक पहलू के संबंध में कोई सर्वमान्य सिद्धांत नहीं है। प्राचीन विश्वासों के अनुसार यौन आवेग निष्कासन की आवश्यकता की अभिव्यक्ति-मात्र है, जिसकी तुलना मलाशय तथा मूत्राशय में अनुभव किए जाने वाले समय-समय पर उठनेवाले आवेग से की जा सकती है। वह दृष्टिकोण गलत और गुमराहकुन था। पुरुष-वीर्य 'निष्कासन के लिए निर्दिष्ट' मलवत् पदार्थ नहीं है और स्त्री में तो यौन-इच्छा के साथ निष्कासन की भावना का संबंध ढूंढ़ना बहुत मुश्किल है। इससे अधिक मान्य तो वह सिद्धांत है जो कभी-कभी इस रूप में सामने रखा जाता है कि यौन आवेग प्रजनन का सहजात है। पर यदि नितांत सच कहा जाए तो ऐसा कोई सहजात नहीं है और न वह द्विलैंगिक शरीर-प्रणालियों के लिए आवश्यक ही है। बस ज़रूरत केवल ऐसी संचालक वृत्ति की है जिससे पुरुष और स्त्री इस तरह एक साथ आ जाएं कि उर्वरीकरण सुनिश्चित हो जाए। यदि यह एक बार हो गया तो फिर संतान का भविष्य वात्सल्य-मूलक सहजात द्वारा प्रस्तुत उद्दीपकों द्वारा सुनिश्चित हो जाता है; प्रजनन के सहजात की आवश्यकता नहीं पड़ती।

अध्यापक मेक्डूगल द्वारा रचित 'सामाजिक मनोविज्ञान की भूमिका'[1] में, जो अपने विषय पर शायद सबसे लोकप्रिय ग्रंथ रहा था, प्रजनन के सहजात के उल्लेख-भर के अलावा यौन विषय पर कुछ भी नहीं था; पर 1914 में पुस्तक के आठवें संस्करण के प्रकाशित होने तक यौन सहजात पर एक पूरक अध्याय ही जोड़ दिया गया। इसमें उसकी व्याख्या एक जटिल अंतर्निहित, अंतरंग रूप से संगठित मनोशारीरिक आवेग के रूप में की गई है, जिसके तीन भाग होते हैं, जो हरेक पूर्ण मानसिक अथवा मनोशारीरिक प्रक्रिया में पाए जाते हैं जिन्हें वे संज्ञानमय, प्रभावमय तथा चेष्टामय कहते हैं। स्नायु के कार्यों और बनावट की दृष्टि से हम इन तीन भागों को क्रमशः 'संदेशवाहक' या 'संवेदनात्मक', 'केंद्रीय' और 'केंद्राभिसारी' अथवा 'क्रियाशील' कह सकते हैं। वे बतलाते हैं कि संज्ञान में उन वस्तुओं के, जिनमें प्राणी की जाति-विशेष की भलाई का तकाजा रहता है, अवलोकन अथवा अवलोकन द्वारा प्रभेद करने का अंतर्निहित झुकाव

1. 'Introduction to Social Psychology.'

सन्निहित रहता है। उदाहरणस्वरूप भिन्नलिंग सहप्राणी को पहचान जाने की शक्ति ऐसी ही शक्ति होती है। फिर यही शक्ति उच्चतर प्राणियों में यौन कार्य में पूर्ण संयोजन सुनिश्चित करने के लिए इस पहचान के साथ-साथ एक के बाद एक प्रतिक्रियाओं की एक शृंखला की शक्ति में परिणत होती है।

मेक्डूगल की परिभाषा, जैसा कि वे स्वयं कहते हैं, ऐसी है जिसे वे सब प्रकार के सहजात पर लागू करना चाहते हैं। वे सहजात की परिभाषा मन की जन्मजात, अन्तर्निहित, स्वाभाविक प्रवृत्तियों के रूप में देते हैं, जो किसी विशेष प्राणि-वर्ग के समस्त सदस्यों में सामान्य रूप से पाया जाता है। तथ्यतः यह एक साधारणीकृत वक्तव्य है। इसमें हमें यह समझने में लगभग कुछ भी मदद नहीं मिल सकती है कि भिन्नलिंग प्राणियों के पास आने और संयोग की प्रक्रिया क्या है।

यह प्रवृत्ति है कि सहजात शब्द के प्रयोग से यथासंभव बचा जाए। इसे मैंने स्वयं एक बड़ी हद तक माना है, पर पियरों (Pieron) तथा दूसरे कई लोग इसे प्रयोग में रखना चाहते हैं। यहाँ तक कि सहजात शब्द का प्रयोग ही अवांछनीय हो सकता है जैसा कि बोन (Bohn) ने कहा है कि इस शब्द का इतिहास गड़बड़ियों से पूर्ण रहा है और इस बात पर पूर्ण मतैक्य नहीं रहा कि इसका प्रयोग किस अर्थ में किया जाए। यद्यपि सहजात को साधारण प्रयोजन के लिए हरबर्ट स्पेंसर की परिभाषा के अनुसार यौगिक प्रतिक्रियात्मक कार्य (Compound reflex action) माना जा सकता है, पर यह प्रश्न उठता है कि क्या उसके साथ-साथ जो चेतना रहती है वह गौण है?

यह भी कहा जा सकता है कि न केवल ऐसे जीव-वैज्ञानिक मनोवैज्ञानिक, जो लोब (Lob) से प्रभावित हैं, बल्कि सामान्य रूप से प्रायः सभी ऐसे लोग कांदिलाक की स्थिति में लौटना और 'सहजात' शब्द का प्रयोग ही बंद करना चाहते हैं। इन अनुसंधानकर्ताओं का कहना है कि हमारा काम सामने आनेवाली स्वयंगतिक मानसिक प्रक्रियाओं का विश्लेषण करना है, न कि एक ऐसे शब्द को प्रयुक्त कर, जिसके इतने विविध और दुर्भाग्यपूर्ण अर्थ होते हों, अपनी कठिनाइयों में वृद्धि करना है। इसलिए हम सहजात तथा निश्चित रूप से प्रजनन का सहजात, यह बड़ा-सा भारी-भरकम नाम देकर यौन विषय पर तर्क करना छोड़ सकते हैं। कारण यह है कि किसी आवेग का विश्लेषण उसके द्वारा परोक्ष रूप में हो सकने वाले परिणाम को बतलाकर नहीं किया जा सकता। यहाँ हमारा उद्देश्य तो यौन आवेग और उसके विश्लेषण-मात्र से है।

जब सन् 1897 में मोल ने इस आवेग की बनावट के संबंध में अपने सिद्धांत सामने रखे, तब उसके विश्लेषण को उच्चतर आधार मिला। मोल की समझ के अनुसार इसके दो भाग हैं :

एक वह जो जननेंद्रियों में स्थानीय कार्य के लिए आवेग उत्पन्न करता है, जैसे कि पुरुष में वीर्य का स्खलन, जिसकी तुलना मूत्राशय के खाली होने से की जा सकती है।

दूसरा भाग वह है जो प्रत्येक जोड़ीदार में एक-दूसरे से निकट शारीरिक और मानसिक संपर्क जोड़ने के लिए आवेग उत्पन्न करता है।

प्रथम भाग को मोल 'स्खलन' की संज्ञा देते हैं और दूसरे को वे 'पूर्वराग' या 'प्राक्क्रीड़ा' की। इन दोनों भागों का अनुसरण करते हुए हम यौन ग्रंथियों तक पहुँचते हैं। एक भाग प्राथमिक है और दूसरा परवर्ती, किन्तु दोनों स्पष्ट रूप से भिन्न हैं और पृथक् रूप से विद्यमान रह सकते हैं। उनके संयोग से ही पूर्ण तथा स्वाभाविक यौन आवेग की सृष्टि होती है।

मोल के विश्लेषण में, वैज्ञानिक और व्यापक सिद्धांत के रूप में ग्रहणीय बहुत-कुछ है। इसके परिणामस्वरूप उसे बड़े पैमाने पर स्वीकार भी किया गया है। तो भी उसमें कुछ कठिनाइयाँ आ जाती हैं : उदाहरणार्थ जब स्त्रियों पर इस विश्लेषण को प्रयुक्त किया जाता है तो वह पुरुष की अपेक्षा कम संतोषजनक उतरता है। साथ ही जैसाकि राबर्ट मूलर, सेंट पाल तथा अन्य लोगों ने बतलाया है, इसमें यह गड़बड़ी है कि इससे यौन प्रक्रिया विभक्त हो जाती है। इस तथा दूसरी कठिनाइयों से बचने के लिए मैंने डार्विन द्वारा प्रतिपादित यौन निर्वाचन के सिद्धांत के कम से कम विवादग्रस्त भाग की सहायता से मोल के सिद्धांत में थोड़ा-बहुत संशोधन कर लिया है। यदि हम यौन प्रक्रिया को, जिस रूप में वह साधारणतया जानवरों और जंगली मनुष्यों में पाई जाती है, देखें, तो हमें जल्दी ही यह मानना पड़ेगा कि हम स्खलन से शुरुआत नहीं करते। स्खलन अथवा पूर्ण मैथुन हो सके इसके पहले स्फीति होनी चाहिए। घरेलू जानवरों और सभ्य मनुष्यों में तो यह एक सरल प्रक्रिया है। पर प्राकृतिक अवस्था में वह इतना सरल नहीं होता। उस हालत में इस अवस्था की प्राप्ति के लिए नर को बहुत सक्रियता और आत्मप्रदर्शन तथा मादा को दीर्घ साधना और ध्यान करना पड़ता है। इस प्रक्रिया में साथी द्वारा अदा किए गए हिस्से से दोनों में समान रूप से स्फीति की वृद्धि होती है। पूर्वराग या प्राक्क्रीड़ा का—चाहे वह शारीरिक हो अथवा मानसिक—लक्ष्य यौन स्फीति की वृद्धि है और उसे इस प्रक्रिया का एक हिस्सा माना जा सकता है।

यौन स्फीति की धीमी प्रक्रिया के दौरान में ही यौन निर्वाचन निश्चित होता है, प्रेम के दाने बंधते हैं (ऐसा ही कहते थे)—जैसाकि स्टेण्डहाल का कहना था और उत्तेजना के व्यक्तिगत प्रतीक—चाहे वे सही दिमाग के प्रतीक हों या विकृत मस्तिष्क के—निर्धारित होते हैं। यह मानना ही पड़ेगा कि स्खलन अथवा पूर्ण मैथुन इस सारे नाटक का लक्ष्य और पूर्णाहुति है; यह निश्चित रूप से एक शारीरिक प्रक्रिया है, पर वह प्रत्येक बिंदु पर अनिवार्य रूप से मन को स्पर्श करती रहती है। वस्तुतः इसी में यौन स्फीति की कुंजी है। जब तक हम बिलकुल सही रूप से यह न समझ लें कि पूर्ण मैथुन अथवा स्खलन के दौरान में कौन-सी बात होती है, तब तक हमारा किया हुआ यौन आवेग का मनोवैज्ञानिक विश्लेषण अनिवार्य रूप से अनिश्चित और अपर्याप्त रहेगा।

पूर्ण मैथुन अथवा स्खलन सामान्यतः यौन स्फीति से निकट-संबंध रखता है। स्फीति मानो ईंधन के ढेर पर ढेर लगाने की तरह है और पूर्ण मैथुन अथवा स्खलन तीव्र शिखा के साथ बल उठने के समान है, जिससे जीवन की मशाल प्रज्वलित होकर एक पीढ़ी से दूसरी पीढ़ी के हाथों पहुँचती रहती है। संपूर्ण प्रक्रिया दुहरी होती हुई भी इकहरी है और ठीक उस क्रिया के सदृश है जिसमें नींव बनाने के लिए मलवे को पहले

ऊपर उठाया जाता है और फिर उसके सिर पर भारी वजन पटककर उसे जमीन में धंसाया जाता है। यौन स्फीति में मानो शरीर में धीरे-धीरे चाबी भरी जाती है और बल इकट्ठा होता जाता है; स्खलन की प्रक्रिया में एकत्रित बल मुक्त हो जाता है और इस मुक्ति से शुक्राणुधारी शस्त्र लक्ष्य की ओर छूट जाते हैं। प्राक्क्रीड़ा, जैसे कि हम साधारणतया यौन स्फीति की प्रक्रिया को प्राक्क्रीड़ा कहते हैं, स्त्री के पास पहले-पहले यौन दृष्टि से पुरुष का जाना है। यह अक्सर एक अत्यंत दीर्घ प्रक्रिया है। इस बात को हमेशा याद रखना जरूरी है कि मैथुन की प्रत्येक पुनरावृत्ति के दोनों पक्षों द्वारा सामान्यतया स्वस्थ और फलप्रद ढंग से संपन्न होने के लिए इस प्रकार की दुहरी प्रक्रिया आवश्यक है; मैथुन के पहले संक्षिप्त ही सही, पर प्राक्क्रीड़ा अवश्य ही होनी चाहिए।

यह संक्षिप्त प्राक्क्रीड़ा, जिससे मैथुनिक कार्य में यौन स्फीति की प्राप्ति अथवा वृद्धि होती है, प्रधान रूप से स्पर्शात्मक होती है। ज्यों-ज्यों इंद्रियगत उत्तेजना के प्रभाव में स्फीति चरमोत्कर्ष की ओर चलकर स्खलन में परिवर्तित हो जाती है, त्यों-त्यों शारीरिक गतिविधि अधिकाधिक रूप से यौन अंगों में आकर सिमटती जाती है। जो प्रक्रिया पहले प्रधान रूप से स्नायविक और मानसिक थी, अब और अधिक तथा प्रधान रूप से रक्तप्रवाहगत हो जाती है। त्वचा का प्राचीन यौन संबंध उभर आता है और धरातल पर विविध प्रकार से निविड़ता के चिह्न स्पष्ट दिखाई देने लगते हैं। चेहरा लाल पड़ने लगता है और ठीक यही बात प्रजनन-अंगों में भी दिखाई पड़ती है। यह कहा गया है कि शिश्न का खड़ा होना उसका लज्जा से लाल पड़ जाना है। फर्क इतना है कि प्रजनन-अंगों में बढ़े हुए रक्तप्रवाह को एक निश्चित और विशिष्ट कार्य—पुरुष-अंग का कड़ा पड़ना, ताकि वह स्त्री-अंग में प्रवेश करने योग्य हो सके—संपन्न करना है। इसके परिणामस्वरूप शिश्न में एक विशेष प्रकार के रक्त-प्रवाह-यंत्र का विकास हुआ, जिसकी खास पेशियाँ और तंतु होते हैं, जिन्हें 'उन्नायक तंतु' की संज्ञा दी गई है।

सिर्फ पुरुष को ही उन्नायक तंतु मिले हों, जो स्फीति की प्रक्रिया में सघन रूप से भर और फूल जाते हैं, ऐसा नहीं है। स्त्री के भी बाह्य जननेंद्रिय प्रदेश में उन्नायक तंतु हैं। उन तंतुओं में भी रक्त भर जाता है और उनमें भी वे परिवर्तन दिखाई देते हैं जो पुरुष में होते हैं, यद्यपि वे खुले तौर पर देखने में नहीं आते। वनमानुषों, उदाहरणार्थ गुरिल्लों में यौन उत्तेजना के समय बड़ा-सा भगांकुर और भगोष्ठ प्रमुख रूप से दिखाई देने लगते हैं। किन्तु नारियों में भगांकुर के कम विकास और उनके साथ कामाद्रि तथा बृहत् भगोष्ठों के रूप में विशिष्ट मानवीय विकास के कारण—उत्तेजनात्मक यौन तनाव व्यावहारिक रूप से बाहर से दिखाई नहीं देता, यद्यपि स्त्री-अंग के स्पंजी और लचीले तनाव को छूकर उत्तेजना मालूम की जा सकती है। स्त्री की संपूर्ण प्रजनन-नलिका, जिसमें गर्भाशय भी सम्मिलित है, रक्त-वाहिनियों से परिपूर्ण है और यौन उत्तेजना के समय उसमें बहुत अधिक तनाव की सामर्थ्य होती है।

नारी में इंद्रिय-स्फीति की प्रक्रिया के साथ ही एक तरल पदार्थ प्रचुरता से निकलता है, जिससे योनि के प्रवेशद्वार के आसपास स्थित भाग के समस्त हिस्से विशेष रूप से भीग जाते हैं। यह कमोबेश एक गंधहीन श्लैष्मिक द्रव्य है जो साधारण

परिस्थितियों में धीरे-धीरे और संबद्ध अंगों को अनजान में तर कर देता है। खैर, जैसाकि प्रायः कहा जाता है, योनिमुख के समीप स्थित ग्रंथियों से, जो प्रसव के समय क्षरण-क्रिया के योग्य रहती हैं, एक द्रवपदार्थ का वास्तविक स्खलन भी होता है। जब कभी अधिक स्फीति की उपलब्धि हो जाती है, तब पूर्ण मैथुन शुरू होने के पूर्व इस प्रकार जो द्रवपदार्थ बाहर निकलता है, वह योनि-नलिका के प्रवेशद्वार को तैलसिक्त करने का महत्वपूर्ण कार्य संपन्न करता है और इस भांति पुरुष-अंग की प्रवेश-क्रिया को आसान बना देता है। इसी तरह की क्रिया प्रसव के समय उस वक्त होती है जब भ्रूण के सिर के बाहर निकलते समय ये अंग फैल जाते हैं। यौन स्फीति में श्लैष्मिक प्रवाह का होना हमेशा इस बात की सूचना देता है कि यह प्रक्रिया सक्रिय रूप से केंद्रीय यौन अंगों को प्रभावित कर रही है और अत्यंत आनंदकारी सुखद मनोवेग मौजूद हैं। इसलिए प्रेमकला में यह बात अत्यंत महत्त्वपूर्ण है।

जब स्त्री और पुरुष में पूर्ण उत्तेजन हो जाता है, तो मैथुन के लिए आवश्यक शर्तें पूरी हो चुकीं, ऐसा समझना चाहिए। इस अवसर पर यदि स्त्री अक्षतयोनि हुई तो सतीच्छद झिल्ली की समस्या सामने आती है। प्राचीनकाल में तंतुओं से निर्मित यह अंग—जिसे अर्थपूर्ण ढंग से सतीच्छद की संज्ञा दी गई है—स्त्री की यौन स्थिति निश्चित करने में अक्सर विशेष महत्त्वपूर्ण माना जाता था। उसकी मौजूदगी से ही किसी अविवाहित नारी का नैतिक चरित्र निश्चित होता था। यदि यह बात छोड़ भी दी जाए कि इस समय आमतौर पर यह माना नहीं जाता है कि किसी स्त्री के गुणावगुण शरीर-रचना के एक ब्यौरे के आधार पर निर्भर हैं, और भी दूसरे कारण हैं जिनसे इस झिल्ली की अब वह स्थिति नहीं मानी जा सकती। इस झिल्ली के आकार-प्रकार में प्राकृतिक विविधता होती है। विभिन्न दुर्घटनाओं (साथ ही कुमारी-अवस्था में हस्तमैथुन) से वह नष्ट हो सकती है। इसके विपरीत वह कई क्षेत्रों में मैथुन के बाद वेश्याओं तक में भी अव्याहत रह सकती है।

प्रथम मैथुन में झिल्ली के फटने से पीड़ा और असुविधा हो सकती है। कुछ अवसरों पर झिल्ली की मजबूती के कारण लिंग-प्रवेश-क्रिया में कठिनाई होती है। तब थोड़ी-सी चीर-फाड़ जरूरी हो जाती है। स्त्री स्वतः धीरे-धीरे अपनी उंगली से दबाव डालकर भी बिना चीर-फाड़ के इसे भंग कर सकती है। यह भी एक अच्छा तरीका है और उचित रूप से इसकी सलाह दी जाती है। कुछ जातियों में माताएँ बालिकाओं की योनि में कम उम्र से ही उंगली डाला करती हैं। ऐसा कुछ तो इस अंग को साफ रखने की दृष्टि से और कुछ आगामी वर्षों में मैथुन को सुविधाजनक बनाने की दृष्टि से किया जाता है। इस रीति के समर्थन में बहुत कुछ कहा जा सकता है।

सभी जानवरों में, यहाँ तक कि जो जानवर मनुष्य के निकटतम है, नर मादा के पीछे से मैथुन करता है। सामान्य विधि में पुरुष नारी के सामने होता है। सामने से मैथुन करना विशेष रूप से मानवीय विधि मानी जा सकती है, फिर भी कई बार उसमें परिवर्तन भी होते हैं। इसके अलावा मनुष्यों में जानवरों-जैसे तरीके भी हैं, जिन्हें कई जातियों ने राष्ट्रीय रिवाजों के रूप में अपना लिया है और इसलिए ये प्रकार-भेद की सामान्य परिधि में आते हैं।

अब एक नया तत्त्व—माँसपेशी के कार्य सामने आते हैं। पेशी-कार्य ज्यादातर अनैच्छिक होता है। इस कार्य के शुरू होने पर जब ऐच्छिक पेशियाँ भी काबू में नहीं रहतीं, तब पूर्ण मैथुन की खास प्रक्रिया चालू होने लगती है। इसलिए महान् प्रयत्न न किया जाए तो मैथुन में पूर्ण रूप से इच्छाशक्तियुक्त कार्य लगभग समाप्त हो जाता है। जब योनि के घर्षण से शिश्न को प्राप्त होने वाली उत्तेजना के प्रभाव से मूत्रमार्ग में आए हुए वीर्य का तनाव मेरुदंड के निम्न भाग में स्थित निष्कासक केंद्रों के साथ ही ऐसा मालूम होता है कि निम्न पाकाशय के स्नायु-जाल को जगा देता है और मूत्र-मार्ग के आसपास स्थित गाँठों से भरी छिद्रबहुल पेशी तालयुक्त ढंग से सिकुड़ती-प्रसारित होती है, तब समझना चाहिए कि हम निर्णायक क्षण की ओर अग्रसर हो रहे हैं। इस सोपान में पूर्ण मुक्ति होती है।

मैथुन का कार्य प्रत्यक्ष अथवा अप्रत्यक्ष रूप से दो वर्गों में रखा जा सकता है : पहला रक्तप्रवाह और श्वास-प्रश्वास-संबंधी और दूसरा शरीर-परिचालन-संबंधी; यद्यपि इस बात का ध्यान रखा जाए कि वास्तव में ये दोनों कार्य विभाज्य नहीं हैं। मैथुन में श्वास उथला और द्रुत हो जाता है और कुछ हद तक रुक जाता है। श्वास के इस तरह रुकने से रक्तप्रवाह तेज हो जाता है और इस तरह वह साधारण तौर पर शरीर में तथा विशेष तौर पर उन्नयन-तंतुओं में रक्तचाप बढ़ाकर शोणितप्रवाह-केंद्रों को उत्तेजित करने में सहायता देता है। बढ़ा हुआ रक्तचाप मैथुन की अवस्था का सबसे अधिक गोचर लक्षण है। पुसेप के अनुसार जानवर में मैथुन के समय मस्तिष्क और रक्त-प्रणाली दोनों के संकुचन-प्रसारण में द्रुत परिवर्तन होता है। हृदय की धड़कन पहले ही अपेक्षा प्रबल और द्रुत हो जाती है। ऊपर की धमनियाँ अधिक दिखलाई देने लगती हैं और संगम-स्थल अधिक लाल हो जाते हैं। क्षरण-ग्रंथियों में कार्यशीलता की ओर प्रवृत्ति दिखाई पड़ती हैं। त्वचा की सामान्य क्रियाशीलता बढ़ती है तथा महकवाले क्षरण के साथ प्रचुर मात्रा में पसीना आता है। लाला-क्षरण भी होता है। जिस तरह स्त्री में प्रचुर मात्रा में क्षरण होता है, उसी तरह पुरुष में यौन उत्तेजना के परवर्ती सोपान में श्लेष्मा का क्षरण होता है जो बूँदों के रूप में मूत्र-मार्ग के छिद्र में प्रकट होता है। यह द्रव्य 'कौपर' और लित्रे नामक छोटी ग्रंथियों से आता है, जो मूत्र-मार्ग में खुलती हैं। पुराने धर्माचार्यों ने इसे डिस्टिलाटियों (चुआने) की संज्ञा दी थी। वे यह जान चुके थे कि उसका वीर्य से भिन्न अस्तित्व तथा सार्थकता है और वह इस बात का सूचक है कि मन में कामवासना घनीभूत हो चुकी है। क्लासिक युग में भी लोगों को यह मालूम था। पर बाद को अक्सर उस क्षरण को वीर्य समझने का भ्रम होने लगा था, जिससे जल्दी घबरा जानेवाले लोगों को कभी-कभी अनावश्यक चिंता हो जाती थी। कामोद्रेक होने पर मूत्राशय में भी क्षरण की मात्रा बढ़ जाती है और शायद समस्त शरीर में ग्रंथि-क्षरण बढ़ जाता है।

मैथुन की चरम परिणति परिचालक प्रणाली की क्रियात्मकता में होती है। यह क्रियात्मकता मैथुन का आवश्यक अंग है क्योंकि उसके बिना जीवाणु-कोष को परिणामकारी रूप से गर्भद्वार के निकट लाकर गर्भाशय में प्रविष्ट नहीं कराया जा सकता

था। यह सामान्य क्रिया है, साथ ही विशेष क्रिया भी है। इस समय कमोबेश अनियंत्रित, अनैच्छिक संचालन की ओर प्रवृत्ति होती है, यद्यपि नियंत्रित (ऐच्छिक) मांसपेशियों की शक्ति में कोई वृद्धि नहीं होती, बल्कि यथार्थतः वह घट जाती है। अनियंत्रित मांसपेशियों की विकीर्ण क्रियात्मकता की प्रवृत्ति को वीर्यपात या पूर्ण मैथुन से संबंधित मूत्राशय के संकुचन के उदाहरण से समझाया जा सकता है। स्त्री-पुरुष दोनों में ऐसा होता है, पर पुरुषों में मूत्राशय के खाली होने में लिंग का उन्नयन यांत्रिक रूप से बाधक हो जाता है। स्त्रियों में पेशाब करने की सिर्फ इच्छा ही नहीं होती, बल्कि कई अवसरों पर वे मूत्र-त्याग भी कर देती हैं। काँपने, गला रुंधने, छींकने, अधोवायु के बाहर निकलने तथा इसी तरह की दूसरी बातों की ओर, जो कभी-कभी मैथुन के साथ जुड़ी रहती हैं, ये सब बातें इसी तरह शरीर की परिस्खलन-संबंधी गड़बड़ियों के विकीरण से होती हैं।

विशिष्ट रूप से यौन मांसपेशियों का संचालन इससे अधिक महत्त्वपूर्ण और अधिक उद्देश्यपूर्ण है, यद्यपि वह होता अनियंत्रित ही है। मैथुन के शुरू से ही पेशियों की यह क्रियात्मकता सामने आती है। यह क्रियात्मकता पुरुष में यथेष्ट स्पष्ट और सरल होती है। यह जरूरी होता है कि वीर्यग्रंथियों से वीर्य निष्कासित हो और प्रोस्टेट क्षरण-द्रव्य से (जो समान रूप से आवश्यक होता है) संयुक्त होकर मूत्रमार्ग में से प्रवाहित होकर कुछ वेग के साथ मूत्रयंत्र के छिद्र से बाहर निकाल दिया जाए। सामान्य तौर पर योनि के संपर्क और घर्षण से प्राप्त उत्तेजना के प्रभाव के अतंर्गत यह प्रक्रिया श्वास की गंठीली तथा छिद्रयुक्त पेशी के तालयुक्त संकुचन-प्रसारण के परिणाम में होती जाती है और वीर्य कुछ झटके के साथ फव्वारे की तरह निकल पड़ता है।

विशिष्ट रूप से यौन पेशी की प्रक्रिया स्त्री में कम दिखलाई देती है और वह अधिक धुँधली, जटिल और अनिश्चित होती है। पूर्ण मैथुन के वास्तविक रूप से शुरू होने के पहले कुछ समय के अंतर पर योनि की दीवारों में तालयुक्त संकुचन-प्रसारण होने लगता है। मालूम होता है कि इस प्रक्रिया का उद्देश्य उन प्रक्रियाओं को, जो पुरुष-अंग में भी शुरू होनेवाली हैं, तत्काल उत्तेजित करना और उसके साथ तालमेल बिठाना है। ऐसा मालूम होता है कि यह तालयुक्त संकुचन-प्रसारण उस सतत होने वाली क्रिया का ही बढ़ा हुआ रूप है, जिसकी तुलना में मूत्राशय में होनेवाली सामान्य परंतु स्थायी संकुचन-प्रसारण-क्रिया से की जा सकती है। योनि का संकुचन-प्रसारण पूर्ण मैथुन के ऐन पहले अच्छी तरह मालूम होने लगता है और ऐसा मुख्यतः स्त्री-अंग के उस भाग का कार्य है जो पुरुष-अंग के गठीले तथा छिद्रयुक्त भाग से मिलते-जुलते कार्य के कारण होता है। यह स्थानिक मांसपेशी-प्रक्रिया का सिर्फ एक हिस्सा-भर है।

पूर्ण मैथुन के समय वीर्य को गर्भाशय में प्रविष्ट कराने के लिए स्त्री के यौन अंग सक्रिय भाग लेते हैं, यह एक प्राचीन विश्वास है। यह ग्रीक लोगों के उस विश्वास से मिलता-जुलता है कि गर्भाशय शरीर के अंदर एक जानवर की तरह है, पर वर्तमान समय में किए गए सूक्ष्म निरीक्षणों से सक्रिय भाग लेने की इस वास्तविकता की पुष्टि नहीं होती। जो भी निरीक्षण किए गए हैं, वे गर्भाशय के डाक्टरी परीक्षण के दौरान में आकस्मिक उत्पन्न यौन उत्तेजना और पूर्ण मैथुन के फलस्वरूप किए गए हैं। जहाँ तक

प्रमाण मिलते हैं, उनसे मालूम होता है कि स्त्रियों में घोड़ियों, कुतियों और दूसरे जानवरों के समान पूर्ण मैथुन के समय गर्भाशय अपेक्षाकृत छोटा, चौड़ा और कोमल हो जाता है और साथ ही वह बस्तिगह्वर में नीचे खिसक जाता है और उसका मुँह बार-बार खुलता और बंद होता रहता है।

यह संभावित जान पड़ता है कि गर्भाशय के उन्नयन, संकुचन और नीचे खिसकने और उसी के समय श्लेष्मा-निष्कासन के क्षण स्त्री में मैथुन की समाप्ति के निर्णायक क्षण होते हैं। इस समय गर्भाशय से अपेक्षाकृत पहले के कमजोर क्षरण से भिन्न गाढ़ी श्लेष्मा (जिसका पूर्ण मैथुन के पश्चात् स्त्रियों को कभी-कभी ज्ञान होता है) स्रवित होती है। कुछ अधिकारी विद्वान् यह मानते हैं कि क्षरणों के बाहर निकलने से ही स्त्रियों में मैथुन पूर्ण हो जाता है; पर दूसरे यह मानते हैं कि इसकी समाप्ति प्रजनन-अंगीय संकुचनों, विशेषकर गर्भद्वार के निकट गर्भाशय के संकुचन से होती है। मैथुन के अंतिम सोपान के समय श्लेष्मा से अनिश्चित रूप से बहुत समय पहले भी यौन भाग सिंचित हो सकते हैं। तालयुक्त संकुचन-प्रसारण भी कुछ समय पहले शुरू हो जाते हैं। पूर्ण मैथुन के अंतिम सोपान में इन दोनों कार्यों में से किसी में भी दृश्यमान वृद्धि नहीं होती। पुरुषों की अपेक्षा स्त्रियों में यह अपेक्षाकृत विशेष रूप से स्नायविक अभिव्यक्ति मालूम होती है। व्यक्ति की दृष्टि से यह क्षण तनाव से मुक्ति की भावना और अनुकूल विश्रान्ति के साथ प्रकट होता है। परंतु वस्तुगत दृष्टि से उस चरम क्षण की अक्सर परिभाषा करना इतना सरल नहीं होता और न अनिवार्य रूप से—जैसाकि पुरुषों में इसका झुकाव होता है—जल्दी-जल्दी संकुचन-प्रसारण होता है।

मैथुन में गर्भाशय द्वारा अदा किए गए सक्रिय हिस्से के संबंध में अब संदेह नहीं किया जा सकता, पर इसलिए जल्दबाजी में हम यह निष्कर्ष नहीं निकाल सकते कि शुक्राणुओं की सक्रिय गति नहीं होती। यदि यह गति सचमुच न भी हो, जैसाकि अनेक अधिकारी व्यक्ति विश्वास करते हैं कि शुक्राणु स्त्री-अंग में एक सप्ताह या उससे अधिक समय तक अपनी सक्रियता कायम रख सकते हैं। (यद्यपि इस संबंध में विवाद है) तो भी यह स्पष्ट है कि उन्हें अपनी शक्ति का उपयोग करने के लिए पर्याप्त समय मिलता है। यहाँ यह और कह दिया जाए कि शिश्न के वास्तविक प्रवेश के बिना यदि वीर्य केवल योनिमुख के समीप छोड़ दिया जाए, तो शुक्राणु केवल अपनी गति से डिम्बाणु तक पहुँच सकते हैं। पूर्ण मैथुन में सिर्फ गर्भाशय ही सक्रिय भाग नहीं लेता, बल्कि योनि भी सक्रिय हलचल में सम्मिलित रहती है, इसलिए यह संभव जान पड़ता है कि कुछ स्त्रियों में कई हालतों में गर्भ-धारण की आकांक्षा योनि के बहिर्मुख तक संचरित हो सकती है। कुछ लोगों का यह भी विश्वास है कि स्त्रियाँ, विशेषतः अपेक्षाकृत आदिम जातियों की स्त्रियाँ, योनि से वीर्य को बाहर निकालने में उसी आवेग का, जो प्रसव के समय शिशु को बाहर निकालने में सक्रिय होता है, सहारा ले सकती है और इस ढंग को गर्भनिरोध के लिए उपयोग में लाया जा सकता है। यौन उत्तेजना के दौरान में वीर्य और योनि की सम्मिलित क्रियाओं के कारण यह संभव है कि योनिद्वार पर त्यक्त होने पर भी, यहाँ तक कि

सतीच्छद झिल्ली के अक्षत रहने पर भी, वीर्य गर्भाशय में पहुँच जाए। इस तरह योनि के बाहर वीर्य-निक्षेप गर्भ-निरोध का उपयुक्त तरीका नहीं। परिणामस्वरूप जब पति को इस बात का पूर्ण विश्वास हो कि उसने अपनी स्त्री के साथ वास्तविक मैथुन नहीं किया, फिर भी गर्भ ठहर जाए, तो यह स्त्री के दुश्चरित्र होने का काफी सबूत नहीं है।

स्त्रियों में जब साधारण यौन उत्तेजना होती है तो मांसपेशियों की उत्तेजना जिस तरह से होती है, पूर्ण मैथुन के समय मांसपेशियों की उत्तेजना उससे कुछ भिन्न प्रकार से होती है। यह बात मामूली तरीके से जानी जा सकती है। पर स्त्रियों में पूर्ण मैथुन के समय मांसपेशियों की होनेवाली उत्तेजना बहुत जटिल और अस्पष्ट होती है। यह कहा जा सकता है कि पुरुष और स्त्री दोनों में पूर्ण मैथुन संकुचन-प्रसारण की एक शृंखला है, जिसके द्वारा धीरे-धीरे एकत्र की हुई स्नायविक शक्ति का भंडार परिक्षिप्त होता है। स्त्रियों में पुरुषों की ही तरह शक्ति की यह मुक्ति एक विशिष्ट लक्ष्य सामने रखकर चलती है—एक के लिंग से वीर्य का निष्कासन, दूसरी की योनि में उसका संचरण। दोनों कार्यों में ही मैथुन से आनंद और संतोष होता है। यौन क्षेत्र की मांसपेशियों की सक्रियता मैथुन का एक आवश्यक तत्त्व है।

यद्यपि मैथुन के समय पुरुष के चेहरे में शक्ति की अत्यधिकता और स्त्री में कमनीयता दिखाई देती है, तथापि पूर्ण मैथुन के शुरू होते ही चेहरा अव्यवस्थित हो जाता है। आँख की पुतलियाँ प्रसारित हो जाती हैं, नथुने फैल जाते हैं, मुख में लाला-क्षरण की प्रवृत्ति होती है और जीभ फिरने लगती है। ये बातें मिलकर यह सूचित करती हैं कि इंद्रियतृप्ति निकट आती जा रही है। यह महत्त्वपूर्ण है कि इस समय कुछ जानवरों में कान शाब्दिक अर्थ में खड़े हो जाते हैं। ऐसे समय कुछ लोगों में टूटे-फूटे और अर्थहीन शब्द बोलने की भी प्रवृत्ति होती है। आँख की पुतलियों के प्रसारित हो जाने के कारण किसी चीज को देखने की अनिच्छा होती है और मैथुन के दौरान में इस कारण आँखें अक्सर बंद कर ली जाती हैं। मालूम यह होता है कि यौन उत्तेजना के प्रारंभ में आंख की पेशियों की सौम्यता बढ़ जाती है। पलकों को ऊपर उठानेवाली पेशियाँ संकुचित हो जाती हैं और इसलिए आंखें बड़ी दिखलाई देने लगती हैं और उनकी गति और चमक बढ़ जाती है। पेशियों की सौम्यता के कारण दृष्टि में तिरछापन आ सकता है।

मैथुन की प्रक्रिया से होनेवाला अवयव-संबंधी जल्दी-जल्दी संकुचन-प्रसारण इतना गहरा होता है कि कभी-कभी मैथुन के पश्चात् गंभीर परिणाम हो जाते हैं। जानवरों में भी यह बात देखी गई है। मनुष्य-जाति में विशेषतः पुरुषों की तुलना में पूर्ण मैथुन की प्रक्रिया स्त्रियों में बहुत धीमी होती है, इसलिए उन्हें प्राकृतिक सुरक्षा प्राप्त रहती है, पर पुरुषों में मैथुन के फौरन बाद मृत्यु तक होने की, बल्कि बहुत-सी अन्य गड़बड़ियों तथा दुर्घटनाओं के होने की खबरें मिली हैं। ये नतीजे मुख्यतः रक्तवाहिनियों तथा मांसपेशियों की उत्तेजना (जो पूर्ण मैथुन की प्रक्रिया में सन्निहित होती है) के कारण होते हैं। प्रथम मैथुन के पश्चात् जवान पुरुषों में मूर्छा, वमन, अनियंत्रित मूत्रत्याग, मलत्याग आदि होना देखा जाता है। मिर्गी आने की बात भी अक्सर सुनी गई है।

कभी-कभी विविध अंग क्षतिग्रस्त हो जाते हैं, यहां तक कि तिल्ली फट जाती है। परिपक्व अवस्था के पुरुषों में कभी-कभी धमनियाँ रक्तचाप को सहन नहीं कर पातीं और पक्षाघात के साथ मस्तिष्क में रक्तपात हो जाता है। जवान पत्नियों अथवा वेश्याओं के साथ मैथुन की उत्तेजना से अधिक उम्र के पुरुषों की कभी-कभी मृत्यु भी हो गई है।

कुछ भी हो, ऐसे नतीजे अपवाद हैं। वे ऐसे लोगों में पाए जाते हैं जो असामान्य रूप से अनुभूतिशील हैं अथवा जो अदूरदर्शिता के कारण यौन स्वास्थ्य-विज्ञान के स्पष्ट नियमों का अतिक्रमण करते हैं। मैथुन इतनी अधिक स्वाभाविक प्रक्रिया है कि वह शरीर का इतना अंतरंग और अंतर्निहित कार्य है कि वह अक्सर—यहाँ तक कि शरीर अस्वस्थ रहने पर भी—हानिकर नहीं होता है। बहुधा अनुकूल स्थिति में उसका परिणाम पूर्ण रूप से लाभदायक होता है। सामान्यतः पुरुषों में इससे मांसपेशियों को विश्राम मिलने, रक्तचाप के कम होने से गहरे संतोष की भावना और एक मधुर आलस्य की भावना का उदय होता है, और अक्सर एक प्रबल और कष्टकर धुन से मानसिक मुक्ति मिलने का अनुभव होता है, साथ ही उत्तेजना के दीर्घकालीन तनाव से राहत मिलती है। उचित सुखद परिस्थितियों में मैथुन करने पर किसी प्रकार का दर्द, थकावट, खिन्नता अथवा मानसिक अस्थिरता नहीं होती। यदि कई बार मैथुन किया गया तो और बात है; नहीं तो स्त्रियों में आलस्य की प्रवृत्ति उतनी स्पष्ट नहीं होती। मैथुन से विश्रान्ति और आत्मसंतोष की अनुभूति होती है और अक्सर मुक्त और आनंददायक शक्ति प्राप्त होती है। संतोषजनक मैथुन के बाद स्त्रियाँ कई घंटों तक मादकता-जैसी अनुभव कर सकती हैं। उसकी कोई खराब प्रतिक्रिया कभी नहीं होती।

इस तरह हम देखते हैं कि उत्तेजना और पूर्ण मैथुन एक ही प्रक्रिया के दो सोपान हैं। यह प्रक्रिया प्रकृति की उस वृत्ति का प्रतिनिधित्व करती है जो उसने शरीरों को उस शक्ति से भरने के उद्देश्य से बनाई है, जो पूर्ण मैथुन की क्रिया में प्रजनन-कोशों को मुक्त करते और उनका संयोग होते समय निकल जाए। पूर्ण मैथुन से प्रजनन के परम लक्ष्य की पूर्ति होती है, पर जब इस लक्ष्य की कृत्रिम रूप से रोकथाम भी की जाती है, तब भी मैथुन समस्त शरीर में ऐसे परिवर्तन उत्पन्न करता है जो शारीरिक और मानसिक रूप से लाभदायक होते हैं।

सहायक पुस्तक-सूची

ए. मोल—The Sexual Life of the Child.

हैवलाक एलिस—'Analysis of the Sexual Impulse', Vol. III and 'The Mechanism of Detumescence', Vol. V of Studies in the Psychology of Sex.

वेन डि वेल्डे—Ideal Marriage; Fertility and Sterility in Marriage.

कामोत्तेजन के केंद्र

उक्त नाम अब शरीर के उन भागों को दिया जाता है जो प्राक्क्रीड़ा की प्रक्रिया में यौन रूप से अति अनुभूतिशील होते हैं। सामान्यतः सभी व्यक्तियों में कुछ अंग ऐसे होते हैं जो शरीर के दूसरे अंगों और भागों से यौन दृष्टि से संवेदनशील होते हैं; कई अंग तो ऐसे होते हैं जो विशेष अवसरों पर ही संवेदनशील हो जाते हैं। संवेदनशीलता की यह मात्रा परिस्थिति के अनुसार घट-बढ़ सकती है और स्वाभाविक रूप से उस समय सबसे अधिक रहती है जब पहले से ही उस दिशा में कोई रागात्मक प्रवृत्ति विद्यमान हो। प्रजनन-अंग का क्षेत्र, मुख तथा स्त्रियों में इनके अलावा स्तनाग्र सामान्यतः उत्तेजना के केंद्र कहे जाते हैं। कान, गर्दन के पिछले हिस्से का ऊपरी भाग, पुरुष के वक्षाग्र, कांख, उंगलियाँ, मलद्वार तथा जांघें, ये सभी उत्तेजना के साधारण केंद्र ही हैं।

कामोत्तेजन के केंद्र की धारणा 'सिम्पैथी' (सहानुभूति) की प्राचीन धारणा से उत्पन्न हुई। सबसे पहले चिकित्सा-विज्ञान के निदानशास्त्र में इसके संबंध में स्पष्ट रूप से कहा गया। चार्कट ने इन क्षेत्रों को मिरगी के संकुचन-प्रसारण वाले क्षेत्र बताया। ये क्षेत्र ऐसे थे जो पहले डिम्बाशय से संबंधित पाए गए। फिर बाद को इन्हें और भी फैला हुआ पाया गया। वे क्षेत्र ऐसे थे जिन पर दबाव डालने से मिरगीवाले संकुचन-प्रसारणयुक्त हमले या तो शुरू हो सकते थे या बंद हो सकते थे, फिर भी चार्कट ने इन क्षेत्रों को यौन आवेग से संबद्ध नहीं किया। सन् 1881 में पेरिस के शांबार ने दिखला दिया कि सामान्य दशा में विशेषकर स्त्रियों में त्वचा के ऊपरी हिस्से पर कुछ क्षेत्र ऐसे होते हैं जिनकी तुलना मिरगी के संकुचन-प्रसारण वाले केंद्रों से हो सकती है। इन्हें कामोत्तेजन के केंद्र कहा जा सकता है, और इन्हें कुछ दशाओं में हलकी और द्रुत उत्तेजना देने से न केवल कामोद्रेक हो सकता है, बल्कि पूर्ण मैथुन की तैयारी होती है और उसे दिशा मिलती है। बाद को चल कर फ़ेरे को यह बात मालूम हुई, जब उन्होंने चार्कट के मिरगी के संकुचन-प्रसारण वाले क्षेत्रों से उनकी तुलना की (स्मरण रहे कि शांबार इस बात का निरीक्षण करने से चूक गए थे) तो उन्होंने उनको कामोत्तेजन-केंद्र का नाम दिया और तब से यही नाम चालू हो गया। यह अब व्यापक रूप से माना जाता है कि स्वस्थ व्यक्ति में कामोत्तेजन के क्षेत्र वही होते हैं जो एक अस्वस्थ व्यक्ति में मिरगी के उद्भव के क्षेत्र बन जाते हैं और इस तरह दोनों में समरूपता ही नहीं, बल्कि उससे कुछ अधिक भी है। फ्रायड ने उनका गहराई से सूक्ष्म अध्ययन किया। उन्होंने जिजीविषा के प्रथम अथवा आत्ममैथुनीय सोपान का वर्णन करते हुए बताया कि उसमें यौन मनोवेग का कोई पात्र नहीं होता और इसलिए उसका उद्देश्य कामोत्तेजन के केंद्रों में ही अवरुद्ध हो जाता है और इसके विपरीत यौवनोद्गम के बाद वास्तविक यौन उद्देश्य प्रकट हो जाते हैं और इसलिए पहले के जीवन में प्राप्त आनंद का प्राक्भाग ही अब आगे के आनंद के लिए एक सीढ़ी बन जाता है।

इस तरह देखने पर ज्ञात होगा कि यौन उत्तेजना के क्षेत्र स्वाभाविक यौन जीवन के न्यायसंगत और महत्त्वपूर्ण भाग हैं। प्रेम की पूर्ण परितृप्ति कैसे प्राप्त हो, इसकी शिक्षा में

इस संबंध में ज्ञान अनिवार्य है। प्रत्येक स्त्री के अपने प्रकटीकृत या सुप्त उत्तेजना-क्षेत्र होते हैं और प्रेमी का यह कार्य है कि वह प्रेमक्रीड़ा के द्वारा उन क्षेत्रों का आविष्कार कर उन्हें विकसित करे जिससे कि अंतिम उत्तेजना की वह अवस्था पैदा की जा सके जो सही और स्वाभाविक रूप से यौन मिलन की प्रक्रिया की पहली मंजिल है।

प्रत्येक व्यक्ति का आवयविक गठन अलग-अलग है, यद्यपि सबका सांचा सामान्य होता है। व्यक्ति और व्यक्ति में इस प्रभेद के कारण ही प्रत्येक के लिए यौन निर्वाचन के घटक और होते हैं। स्पर्श-सुख को आधार रखकर यह बहुत आसानी से दिखाया जा सकता है कि व्यक्तियों में कामोत्तेजन के क्षेत्र अलग-अलग होते हैं।

सहायक पुस्तक-सूची

हैवलाक एलिस—'Erogenic Zones' in Studies in the Psychology of Sex, Vol. VII.

फ्रायड—Three Contributions to Sexual Theory.

प्रेमक्रीड़ा का जीव-विज्ञान

प्रेमक्रीड़ा सही मायनों में एक जीव-वैज्ञानिक प्रक्रिया है और प्राणि-जगत् में जहाँ भी स्त्रियों और पुरुषों का अस्तित्व है, प्रेमक्रीड़ा दृष्टिगोचर होती है। बात यह है कि यौन मिलन के लिए यौन उत्तेजना की पराकाष्ठा धीरे-धीरे प्राप्त होती है। यह उसी को प्राप्त करने की मानो प्रक्रिया है।

उभयलैंगिक स्लग नामक कीड़ों में भी प्रेमक्रीड़ा की बहुत लंबी-चौड़ी प्रक्रिया होती है। दोनों धीरे-धीरे पारस्परिक गतिपथ का अनुगमन करते हैं। वे एक-दूसरे के इर्द-गिर्द छाती के बल रेंगते हैं, एक-दूसरे के पीछे के हिस्से को मुँह से छूते हैं और उनमें से बहुत काफी परिणाम में आम क्षरित होता है। अन्ततोगत्वा वे जननेंद्रिय आगे बढ़ाते हैं और एक-दूसरे से बल खाकर लिपट जाते हैं। इस प्रकार कई बार सुंदर आकार बन जाता है, इंद्रधनुष की तरह रंग दिखाई पड़ता है और पूर्ण उत्तेजना या स्फीति पहुँच जाती है। यह एक ऐसी प्रक्रिया है जिसे हम सारी प्रकृति में देख सकते हैं, यहाँ तक कि सभ्यता के उच्चतम सोपानों में भी हम इसे मानसिक सतह पर देख सकते हैं।

प्रेमक्रीड़ा या रतिक्रीड़ा संसार के दूरतम भागों में पाई जानेवाली बहुत-सी चिड़ियों की किस्मों में प्रमुख रूप से पाई जाती है। इनका बड़े परिश्रम से अध्ययन किया गया है। चिड़ियों के मनोहर पंख, उनका गायन, आत्मप्रदर्शन, ठुमक-ठुमक कर चलना, नर्तन आदि सभी बातें, जैसाकि लगभग सभी अधिकारी विद्वान् मानते हैं, प्राथमिक रूप से रतिक्रीड़ा के ही अंग है। यह मानो एक तरीका है जिससे पुरुष अपने को आविष्कृत करता है और अपनी वांछित सहचरी में सहचर के लिए कामना उत्पन्न करता है और यौन मिलन के लिए उपयुक्त उत्तेजना उत्पन्न करता है। यही बात सारी सभ्यता में देखी

जा सकती है। हेग नगर के एक उच्च अधिवासी ने हिर्शफेल्ड से यह कहा कि महायुद्ध के जमाने में जब वहाँ अंग्रेज सेना रहा करती थी तो कई सौ डच लड़कियाँ अंग्रेज सैनिकों की मोहक तथा तेज चाल से मुग्ध होकर माँ बन गईं। उसका मतलब सैनिकों के विशेष तेज और हलके कदमों के आकर्षण से था।

सभ्यता की अवस्थाओं में आलस्य, विलासिता और अतिपुष्टि के कारण यौन उत्तेजना तुलनामूलक रूप से आसान है, और यौन स्फीति लगभग हर समय बनी रहती है, इसलिए रतिक्रीड़ा का महत्त्व घट गया है, फिर भी वह रहती है। हाँ, उसका रूप पहले के मुकाबले में कहीं विविध और सुकुमार और अक्सर मुख्य रूप से मानसिक हो जाता है।

रतिक्रीड़ा का इस जीव-वैज्ञानिक तथ्य के साथ संबंध है कि जानवरों तथा असभ्य मनुष्यों में और कुछ हद तक शायद सभ्य मनुष्यों में, विशेषकर स्त्रियों में, कामुकता विशेष-विशेष समय पर जोर मारती है और लगातार चालू नहीं रहती है। यदि ऐसा होता कि दोनों लिंगों के प्राणियों में उत्तेजक कारण पैदा होते ही हर समय फौरन प्रतिक्रिया हो सकती, तो रतिक्रीड़ा के लिए कम से कम अवसर होता, और लिंगस्फीति या योनिस्फीति की अवस्था प्राप्त करने में देर न होती। पर होता ऐसा है कि दीर्घ कालों तक यौन प्रवृत्ति सुप्त रहती है। रतिक्रीड़ा को प्रयास का वह मानसिक पहलू बताया जा सकता है जिससे वह सुप्त प्रवृत्ति जगाई जाती है।

अधिकांश उच्च प्राणियों में साल में एक या दो बार, वसंत या पतझड़ ऋतु में या दोनों में प्रजनन का मौसम आता है। असभ्य जातियों में भी इसी प्रकार के प्रजनन के मौसम होते हैं। यह देखा गया कि संसार के दूर-दूर के भागों में (जिनका आपस में कोई संबंध नहीं है) मदनोत्सव वसंत या फसल कटने पर या दोनों अवसरों पर मनाए जाते हैं। इन मौकों पर यौन मिलन होता है और शादियाँ हो जाती हैं। सभ्य देशों में भी किसी खास मौसम में यानी वसंत या कई बार पतझड़ ऋतु में गर्भाधान बहुतायत से होता है। वह आदिम युग के प्रजनन के मौसम का ही अवशिष्ट अंश है। दोनों क्षेत्रों में कारण एक ही है, चाहे वे कुछ भी हों। क्या कारण हो सकते हैं इस संबंध में मतैक्य नहीं है। डर्कहाइम आदि का कहना है कि यह तथा इस प्रकार की सभी बातों जैसे अपराध और आत्महत्या में विशेष समय पर तेजी आ जाना सामाजिक कारणों से उत्पन्न होता है; पर गेडेकेन आदि का कहना है कि सूर्य की रासायनिक किरणों का वसंत ऋतु में अधिक तेज होना ही असली कारण है। हेक्रैफ्ट आदि मानते हैं कि ऐसा गरमी से होता है, पर दूसरे लोग शायद ज्यादा सही तौर पर यह मानते हैं कि वसंत ऋतु के प्रारंभ में जो मद्धिम गरमी होती है, और शीत ऋतु के प्रारंभ में जो गुलाबी जाड़ा पड़ता है, वह इसका कारण है।

हाल के वर्षों में सभ्य जाति के पुरुषों में यौन वृत्ति में विशेष समय पर तेजी आने की बात पाई गई है। स्मरण रहे कि यह तेजी स्त्रियों के साथ संबंध के अलावा भी परिलक्षित होती है। ब्रह्मचर्य से रहनेवाले लोगों के स्वप्नदोष-संबंधी आंकड़ों से दिलचस्प तथ्य निकाले गए हैं। 1888 में जूलियस नेल्सन ने पहलेपहल पुरुषों में 28 दिन लम्बे मासिक यौन वृत्त की मौजूदगी के पक्ष में प्रमाण पेश किए। श्री पेरीकोस्ट ने दीर्घतर और व्यापकतर शोध के आधार पर यह नतीजा निकाला कि चांद्र ढंग का यानी

29॥ दिन का मासिक वृत्त मानने के पक्ष में कुछ तथ्य हैं, यद्यपि उन्होंने अपने तथ्यों से जो उपसंहार निकाले, उन पर अभी झगड़ा है। वान रोमर ने कुछ ऐसे तथ्य निकाले, जिससे वे इस नतीजे पर पहुँचे कि संभोग में जो इच्छाकृत वीर्यपात होता है, उसे अनिच्छाकृत वीर्यक्षरणों के साथ एक पंक्ति में लाया जा सकता है। उन्होंने यह दिखलाया कि एक अविवाहित व्यक्ति के द्वारा किए हुए संभोग एक मासिक वृत्त में आते हैं, जिनमें से जो दो सबसे बड़े संभोग होते हैं, वे पेरीकोस्ट के आंकड़ों के साथ मिल जाते हैं। उन्होंने यह भी दिखलाया कि पूर्णिमा के समय में मुख्य तगड़ा संभोग होता है और नम्बर दो तगड़ा संभोग शुक्लपक्ष के प्रारंभ में होता है। इसका अर्थ यह हुआ कि तगड़े यौन संभोग उन्हीं दिनों होते हैं जिन दिनों संसार के बहुत-से भागों में आदिम जातियों में यौन वृत्ति तेजी पर होती है, और मदनोत्सव हुआ करते हैं। इसकी चाहे कुछ भी व्याख्या की जाए, बात ऐसी ही है। यहाँ यह बता देना चाहिए कि यह उपसंहार अंतिम नहीं है, और मानरोफाक्स तथा दूसरों ने इनके आधारभूत तथ्यों पर संदेह प्रकट किया है।

अनिच्छाकृत यौनक्रिया का एक साप्ताहिक वृत्त निकाला जा सकता है जिसमें रविवार या रविवार से मिले हुए किसी दिन सबसे तेजी रहती है। ऐसा शायद सामाजिक कारणों से होता है। पर यह बात अनिच्छाकृत यौनक्रिया के वार्षिक वृत्त पर कही नहीं जा सकती, जिस संबंध में पहले-पहल 1898 में मैंने ही तथ्य पेश किए। इस संबंध में बाद को मैंने और प्रमाण दिए। इन प्रमाणों से यह स्पष्ट रूप से ज्ञात होता है कि साल में दो मौकों पर स्वतः स्फूर्त यौन क्रिया तेजी पर होती है, एक वसंत ऋतु और दूसरे पतझड़ में। यह अवसर पाया गया है कि पतझड़ में ही यौन वृत्ति सबसे ज्यादा जोर पकड़ती है।

इस समय स्त्रियों में अनिच्छाकृत क्रिया के वार्षिक वृत्त के अस्तित्व के संबंध में ब्योरेवार या व्यापक सबूत प्राप्त नहीं हैं। पर स्त्रियों में मासिक धर्म के अस्तित्व से यह तो प्रमाणित है कि उनमें विशेष समय पर यौन वृत्ति का जोर पकड़ना स्वाभाविक और स्पष्ट है। इस दृष्टि से स्त्रियाँ पुरुषों से कहीं अधिक गहराई तक आदिम हैं।

मासिक धर्म का प्रारंभ कैसे हुआ, इस पर बहुत विचार हुआ। ऐसा समझा जाता था कि निम्न दर्जे के ऐसे प्राणी जो ज्वार-भाटे के प्रभाव में रहते हैं, चंद्रमा की वृद्धि और घटत के अनुसार तेजी तथा मंदता दिखाएंगे, पर कार्य-क्षेत्र में ऐसा शायद ही पाया जाता हो। शेल मछलियाँ चंद्रमा से साधारणतः प्रभावित नहीं होतीं, पर स्वेज की खाड़ी में सामुद्रिक अर्चिन (urchins) चंद्रमा का अनुसरण करते हैं; यानी जब चंद्रमा बढ़ता है तब वे बढ़ते हैं, जब वह घटता है तब घटते हैं। उनका आकार अण्डों पर निर्भर है और वे पूर्णिमा के दिन बच्चे देते हैं। इसलिए यह स्पष्ट है कि प्राणिशास्त्र की दृष्टि से इतने दूर का प्रभाव कभी चौपायों तक प्रसारित नहीं हो सकता और दूसरी ओर देखिए तो स्तन्यपायी जानवरों में मासिक धर्म का वृत्त तब तक शुरू ही होता नहीं दीखता जब तक कि हम मनुष्य के नजदीक वाले उच्च वानरों में पहुँच नहीं जाते। ऐरेनियस ने यह सुझाव दिया है कि और मानरोफाक्स ने, जिसने विशेष रूप से इस विषय का अध्ययन किया है, इसे माना है कि मासिक धर्म का कारण

वैद्युतिक है। उन्होंने दिखलाया है कि वातावरण की बिजली एक तालयुक्त ढंग से परिवर्तित होती है, जो 27वें दिन में उच्चतम बिंदु पर पहुँच जाती है, उतने ही समय में चाँद पृथ्वी की परिक्रमा कर लेता है। उन्होंने जन्मों की रेखा में भी कुछ मामूली हद तक मासिक धर्म का नियम प्राप्त किया।

बंदरों में मासिक धर्म का प्रारंभ होने लगता है, इसके साथ-साथ उनमें आदिमतर मौसमी प्रभाव भी पाया जाता है। इसके माने यह हुए कि बंदरों में लगभग एक मास में मासिक धर्म होता है। साथ ही वे साल के कुछ ही भागों में प्रजनन करते हैं। इस प्रवृत्ति का कुछ अवशिष्ट भाग मनुष्य-जाति में भी मौजूद है।

प्राणियों में जिन दिनों मादा गरम हो जाती है, उन्हीं दिनों वह साधारणतः संभोग करने देती है। नारियों में मासिक धर्म के इर्द-गिर्द ही कामेच्छा प्रबलतम होती है, पर मनुष्यों में विशेषकर सभ्यता में कामेच्छा और भी व्याप्त है। पहले के अधिकांश अधिकारी विद्वान् यह मानते थे कि मासिक धर्म-रूपी संकट के बाद या पहले ही कामेच्छा प्रबल होती है, उदाहरणस्वरूप क्राफ्ट एबिंग यह मानते थे कि मासिक धर्म के बाद ही कामेच्छा प्रबल होती है। आटो ऐडलर का कहना था कि कामेच्छा मासिक धर्म के पहले, उसके दौरान में तथा उसके बाद ही बढ़ती है। कामसान का कहना था कि मासिक धर्म के बाद ही बल्कि स्त्राव के अंतिम दिनों में ही संभोग वांछनीय है तथा उन्हीं दिनों उसकी अधिक माँग होती है। गियो का कहना था कि मासिक धर्म के बाद के आठ दिन स्त्रियों में कामेच्छा प्रबल होती है। हैरी कैम्पबैल ने मजदूर-वर्ग की स्वस्थ स्त्रियों में कामेच्छा की वृद्धि पर इस तरह से जाँच की कि जब इन स्त्रियों के पति लंदन के एक अस्पताल में भर्ती होते थे तो कैम्पबैल उनसे अंतरंग बातचीत करते थे। इस प्रकार उन्हें पता लगा कि दो-तिहाई पत्नियों में कामेच्छा मासिक धर्म के पहले या उसके दौरान में या उसके बाद या तीनों मौकों पर बढ़ी हुई होती है।

अब हमारे सामने पहले से अच्छे आंकड़ों पर आधारित जांच के परिणाम हैं। डाक्टर कैथरायन डोविस ने दो हज़ार से अधिक स्त्रियों के यौन जीवन का अध्ययन करने के बाद यह नतीज़ा निकाला कि मासिक धर्म के दो दिन पहले और उसके बाद एक हफ्ते तक कामेच्छा प्रबलतम होती है। अधिकांश शोध करने वालों के विपरीत उन्हें यह मालूम हुआ कि कामेच्छा मासिक धर्म के पहले प्रबल होती है न कि बाद को। उनके अनुसार 69% मामलों में ऐसा ही होता है जबकि दूसरे अन्वेषकों के अनुसार मासिक धर्म के बाद 38% मामलों में कामेच्छा प्रबल होती है। डॉ. जी. बी. हैमिल्टन ने पढ़े-लिखे वर्ग की सौ विवाहित स्त्रियों का बहुत ध्यान से अध्ययन किया और वे इस नतीजे पर पहुंचे कि 25 स्त्रियों में मासिक धर्म के तुरन्त बाद, 14 में उसके तुरन्त पहले, 21 में पहले और तुरन्त बाद को, 11 में मासिक धर्म के दौरान में और तुरन्त पहले तथा तुरन्त बाद को कामेच्छा प्रबल होती थी। 19 स्त्रियों में कोई नियम नहीं पाया गया, बाकी 10 ने किसी प्रकार की सूचना नहीं दी।

स्त्रियों में जो लज्जा पाई जाती है वह प्राणियों में अत्यन्त आदिम रूप में यौन तेजी अथवा मन्दता पर निर्भर है और यौन मौसम के साथ मिलकर प्रेमक्रीड़ा का एक

अनिवार्य अंग है। इस लज्जा के सम्बन्ध में हम प्रारम्भिक तौर पर यह कह सकते हैं कि लज्जा मादा के द्वारा यौन प्रस्ताव का प्रत्याख्यान है, ऐसी मादा जो अभी तक गरम नहीं हुई है। यह लज्जा इस युग के बाद भी, यानी जब मादा गरम होने लगती है, तब भी रह जाती है और यौन प्रवृत्ति के साथ संयुक्त होकर (स्मरण रहे कि यह साल के अधिकांश समय में रहती है) नाज़ व नख़रा का रूप धारण कर लेती है। उस हालत में मादा एक बार नर के पास आती है और फिर चली जाती है या नर को बीच में रखकर वृत्ताकार दौड़ती रहती है। इस प्रकार से लज्जा प्राथमिक रूप से यौन प्रस्ताव का प्रत्याख्यान होने पर भी शीघ्र ही अन्य वृत्तियों के साथ संयुक्त हो जाती है और अन्ततोगत्वा मनुष्य में आकर इन उपादानों से बनी है—(1) आदिम मादा द्वारा यौन मिलन के प्रस्ताव को अस्वीकार करना। बात यह है कि अभी वह जीवन की उस परिपक्व हालत में नहीं पहुंची है जबकि वह पुरुष के प्रस्ताव को स्वीकार कर सकती है। (2) घृणा उत्पन्न करने का भय। यह भय प्राथमिक रूप से इस कारण उत्पन्न होता है कि यौन केन्द्र मलमूत्र के द्वारों से संबंध रखते हैं। (3) यौन बातों के जादूवाले प्रभाव का भय तथा इस भय पर आधारित आनुष्ठानिक तथा अन्य कर्तव्य कार्य। ये ही आगे चलकर शालीनता के सरल नियमों में परिवर्तित हो जाते हैं। ये नियम लज्जा के मानो प्रतीक और उनके अभिभावक हैं। (4) अलंकार तथा कपड़ों का विकास, जिनसे साथ ही लज्जा का पोषण होता है। लज्जा अपनी बारी में एक तरफ पुरुष की कामेच्छा का दमन करती है और दूसरी तरफ अलंकार तथा कपड़ों के विकास से स्त्री के नाज़ व नख़रे को, जिसका उद्देश्य पुरुष को प्रलुब्ध करना है, सहारा मिलता है। (5) सम्पत्ति के रूप में स्त्री के सम्बन्ध में धारणा। इस प्रकार से एक मनोवेग को शक्तिशाली समर्थन मिल जाता है जो पहले से ही और भी अधिक प्राकृतिक तथा आदिम तथ्यों पर निर्भर है।

इस प्रकार बनी होने के कारण लज्जा निम्नतम जंगली जातियों में भी बहुत शक्तिशाली वस्तु बन जाती है, यद्यपि उसके रूप बहुत भिन्न होते हैं। बर्बर मानव में भी यह शक्तिशाली रहती है। संस्कृति के किसी सोपान में भी लज्जा-प्रदर्शन के साथ कपड़ों का इस्तेमाल ज़रूरी नहीं होता। कुछ जंगली जातियां, जो स्वभाव से लगभग या सम्पूर्ण रूप से नंगी रहती हैं, अब भी लज्जा का प्रदर्शन करती हैं, जबकि आधुनिक जीवन में बिलकुल नंगा रहने की कई नई प्रथाएं चल रही हैं, जैसे नंगावाद, सूर्यस्नान, जनप्रिय जर्मन नंगावादी संस्कृति इत्यादि; पर इनमें भी लज्जा अव्याहत रहती है। फिर भी सभ्यता में इसकी शक्ति कुछ घट जाती है। यह कुछ हद तक एक अनुष्ठान के रूप में और कुछ हद तक शालीनता के एक अंग के रूप में रहती है, पर इसमें वह दुर्धर्ष शक्ति नहीं रह जाती जो निम्न कोटि की नस्लों में पाई जाती है। जो कुछ भी हो, लज्जा शुरू से लेकर आखिर तक प्रेम-क्रीड़ा का एक अनिवार्य भाग रहती है। लज्जा के संयम तथा विलम्बों के बिना पुरुष और स्त्री में यौन स्फीति उत्पन्न नहीं हो सकती और न स्त्री को इस बात का मौका मिल सकता है कि उसकी कृपा के भिखारियों के गुण खुल जाएं और इस प्रकार वह सबसे योग्य साथी को चुन लेने में समर्थ हो।

सहायक पुस्तक-सूची

हैवलाक एलिस—'Analysis of the Sexual Impulse,' in Vol. III. 'The Evolution of Modesty'; 'The Evolution of Modesty' and 'The Phenomenan of Sexual Periodicity' in Vol. I, Studies in the Psychology of Sex, and 'The Menstrual Curve of Sexual Impulse' in Vol. VII.

वालाशेक—Primitive Music.

कालिन स्कॉट—'Sex and Art', American Journal of Psychology, Vol, VII. No. 2.

हीप—'The Sexual Season of Mammals', Quarterly Journal of Microscopical Science, 1900, and 'The Proportion of the Sexes', Philosophical Translations of the Royal Society, Series B, Vol. 200; 1909.

वेस्टरमार्क—The History of Human Marriage, Vol. I

जे० आर० बेकर—Sex in Man and Animals.

जकरमैन—The Social Life of Monkeys and Apes.

मनरो फाक्स—Selene.

मोरिस पारमिले—Nudism in Modern Life.

तरजीहात्मक संभोग : यौन निर्वाचन के घटक

यौन स्फीति की प्रक्रिया परोक्ष या प्रत्यक्ष रूप से विभिन्न ज्ञानेन्द्रियों के ज़रिये से प्राप्त उत्तेजक प्रभावों या मन पर पड़ने वाली छापों से उत्पन्न होती है। मोल का कहना है कि इस प्रकार मन पर जो भौतिक तथा मानसिक छाप साधारण रूप से विभिन्न लिंग के व्यक्ति से प्राप्त होती है, उसी को 'पूर्वराग' कहते हैं। यौन निर्वाचन से एक ऐसे व्यक्ति का निर्वाचन सूचित होता है जिसने सबसे अधिक उपयुक्त रूप से मन पर तगड़ी छाप दी।

'यौन निर्वाचन' शब्द का प्रयोग करने पर शायद हम पर लांछन लगाया जाए कि हम डार्विन के विकासवाद सिद्धांत को उसके मौलिक रूप में मानते हैं, जबकि वह इस रूप में अक्सर माना नहीं जाता। हमें विशेषकर यह स्मरण रखना चाहिए कि ऐसा निर्वाचन प्राथमिक रूप से सौन्दर्यशास्त्र से सम्मत नहीं है। इस संबंध में सौंदर्य नहीं बल्कि अधिक ओजस्विता या बढ़कर सामने आने का गुण काम में आता है। वालेस ने डार्विन के यौन निर्वाचन-सिद्धांत की जो अपव्याख्या की है, उसे छोड़ भी दिया जाए तो भी यह सिद्धांत किस हद तक साधारण रूप से जंतुओं पर लागू है, यह बात जंतु-जीवन के बहुत-से सतर्क छात्रों के लिए भी अभी तक संदिग्ध रह गई है। दूसरे शब्दों में यह

संदिग्ध है कि किस हद तक यौन मिलन में इस प्रकार सहजात के अनुसार किया हुआ निर्वाचन (जहां तक कि वह निरीक्षण में आ सकता है) कुछ जैव विशेषताओं को जीव वैज्ञानिक रूप से आगे बढ़ा सकता है यानी कहां तक खूबियां संतानों में संचरित हो सकती हैं और किस हद तक वह दूसरे प्रकार की विशेषताओं के लिए रास्ता बंद कर सकता है और इस प्रकार उत्तराधिकार को अनुकूल दिशा में प्रभावित कर सकता है। हाल के वर्षों में उत्तराधिकार के मेंडेलीय घटकों के संबंध में ज्ञान बराबर बढ़ता गया है, उससे भी यौन निर्वाचन का प्रश्न धुंधला पड़ गया है। यहां हमारा संबंध तरजीहात्मक संभोग से है, उसमें नस्ली उत्तराधिकार से संबद्ध यौन निर्वाचन के प्रश्न को खुला छोड़ दिया जाता है। यह भी बहुधा देखा जाता है कि मैथुन के क्षेत्र में जिनको कम तरजीह दी जाती है वे उससे वंचित रह जाते हैं। यदि हम निम्न जंतुओं या निम्न स्तर पर स्थित मानव-जातियों को देखें, जो संभोग से एकदम वंचित रह जाते हों, तो हम देखते हैं कि ऐसे लोगों की संख्या बहुत थोड़ी है। पक्षियों में पूर्वराग अक्सर बहुत ही गंभीर, दीर्घ तथा अत्यंत श्रमसाध्य होता है। ऐसा होने पर भी यह स्पष्ट नहीं है कि उनमें डार्विनीय अर्थ में कोई निर्वाचन हुआ है। इलियट हावर्ड पक्षी-जीवन के एक बहुत ही निपुण अध्येता हैं। उन्होंने 'ब्रिटिश वार्बलर' संबंधी अपने महान् ग्रंथ में इस निर्वाचन के सिद्धांत को अस्वीकार नहीं किया है, फिर भी वे निर्वाचन के विस्तार तथा अर्थ के संबंध में बहुत ही कुंठा के साथ कुछ कहते हैं। पक्षी-जीवन के अन्य अधिकारी विद्वान् भी समान रूप से सावधान हैं और खुलकर कोई निर्णयात्मक बात नहीं कहते।

ऐसा संभव है कि बहुत दूर तक भूतकाल में मनुष्यों में तरजीहात्मक संभोग का बोलबाला रहा हो, और इस प्रकार कम तरजीह-प्राप्त लोगों की विशेषताएं बाद की पुश्तों में संचरित न हो सकी हों। बेबिलोनिया की स्त्रियों में यह प्रथा थी कि वे मिलिटा के मंदिर में देवदासी के रूप में कुछ दिन बिताती थीं। हमें यहां संस्कृति के उस अति आदिम सोपान से कोई मतलब नहीं है। फिर भी यह तथ्य अपनी जगह पर महत्त्वपूर्ण है। हेरोडोटस उन स्त्रियों के संबंध में यह बताते हैं कि जो स्त्रियां कम आकर्षक थीं, उन्हें किसी पुरुष के द्वारा निर्वाचित होने में तीन से चार साल तक प्रतीक्षा करनी पड़ती थी। निःसंदेह भूतकाल में भी यही अवस्था विवाह के क्षेत्र में भी अधिकांश रूप में रही है; पर ऐसा देखा गया है कि संस्कृति के निम्नतर सोपानों में स्थित सभी स्त्रियां देर या सवेर में गर्भवती हो जाती हैं। कुछ निरीक्षकों ने जंगली जातियों की सबसे कुरूप स्त्रियों के संबंध में भी यह बात पाई है। इसका मतलब यह हुआ कि निर्वाचित होने में देर होने पर कम तरजीह वाले चरित्र आगे की पुश्तों में उसी हद तक कम जा पाते हैं, फिर नस्ली आधारों पर निर्वाचन यानी नस्ल का उन्नयन सीमित ही रहता है।

यह कहा जा सकता है कि भविष्य में डार्विनीय अर्थ में यौन निर्वाचन और अधिक तथा द्रुत विकसित हो सकता है। हमारी सभ्यता के वर्तमान सोपान में बहुत-से पुरुष तथा स्त्रियां संभोग किए बिना रह जाते हैं। इनमें से बहुतेरे इस कारण रह जाते हैं कि वे अपने से भिन्न लिंग के प्राणियों में संभोग की इच्छा उत्पन्न नहीं कर पाते। यदि सभ्यता भविष्य में संभोग को उन बाहरी कारणों से मुक्त कर सके जिनके कारण

अनाकर्षक तथा अयोग्य लोग भी साथी या साथिन पा लेते हैं, और काम्यता के आदर्श संभोग के लिए आवश्यक हो जाएं, तो इस प्रकार निर्वाचन की जो प्रक्रिया चालू होगी, उसमें बहुत-से लोग संभोग के बिना रह जाएंगे। यह बात मानवीय विकास की एक परिचालिका शक्ति के रूप में हो जाएगी। हैमान ने कहा है, "यदि पुरुष यह चाहते हैं कि स्त्रियां अब से लंबी और कम भावुक हों, तो बहुत-सी लंबी और कम भावुक स्त्रियां मौजूद हैं, जिन्हें वे शादी के लिए चुन सकते हैं; पर ऐसी इच्छा का कोई असर होते-होते और इस इच्छा का पालन होते-होते बहुत दिन लग जाएंगे क्योंकि दूसरी बातों के आगे यह इच्छा दब जाती है।"

इसलिए इस समय जो परिस्थिति है, उसमें यह माना नहीं जा सकता कि डार्विनीय यौन निर्वाचन प्रकृति के हाथ में एक छेनी के रूप में है जिसके द्वारा वह बराबर नये ढंग के प्राणी उत्पन्न तथा प्रत्याख्यात ढंग के प्राणियों को खत्म कर रही है। जैसा कि हैमान ने सही ढंग पर कहा है, "कुछ दायरे के अंदर पुरुषों के विचारों के अनुसार स्त्रियों का टाइप तथा स्त्रियों के विचारों के अनुसार पुरुषों का टाइप बदलने की गुजांइश है, पर ये सीमाएं संकीर्ण और अनिश्चित हैं। हम इस समय यह नहीं कह सकते कि पुरुष या स्त्री में से कोई भी अपने से भिन्न लिंग के 'निर्वाचन' की प्रक्रिया से उत्पन्न निरवच्छिन्न टाइप है।"

यौन मनोविज्ञान के मौलिक तथ्यों का सामना करने के लिए इस प्रारंम्भिक और प्राथमिक बात को बहुत अच्छी तरह साफ कर देना चाहिए कि जब हम यौन निर्वाचन शब्द का प्रयोग कर रहे हैं, उस समय हमारा असली वक्तव्य तरजीहात्मक संभोग से है जो प्राक्क्रीड़ाकालीन विभिन्न प्रकार की इन्द्रियगत उत्तेजनाओं और आकर्षणों से संबद्ध है।

अभी तक बहुत-से लोग यह समझते हैं कि यौन साथी या साथिन के निर्वाचन में प्रतिद्वंद्वी प्रार्थियों या प्रार्थिनियों के बीच एक संघर्ष अन्तर्हित होता है, पर हम यह साफ कर दें कि प्राक्क्रीड़ा में यह उपादान हो ही, ऐसा जरूरी नहीं है। चाहे प्रतिद्वंद्वी हो या न हो, प्राक्क्रीड़ा उतनी ही हद तक स्पष्ट और जरूरी है, भले ही उसका रूप संक्षिप्त हो जाए। केवल यही नहीं, यौन जीवन के दौरान में प्राक्कीड़ा बराबर जरूरी होती है। तब तक यौन मिलन असरदार या सुखी ढंग से हो ही नहीं सकता, जब तक कि वह नित नई प्राक्क्रीड़ा के सर्वोच्च बिंदु के रूप में न हो। इसलिए हावर्ड जैसे अन्वेषक भी, जो जन्तुओं में यौन निर्वाचन के अर्थ के विषय में संदेह रखते हैं, उन दीर्घ तथा पूर्णांग उत्तेजनाओं के सिलसिले पर जोर देते हैं, जिसे प्राक्क्रीड़ा कहते हैं। प्राक्क्रीड़ा का संबंध यौन स्फीति तथा स्खलन या पूर्ण मैथुन से है, जो मानो यौन जीवन की नींव है।

प्राक्क्रीड़ा में स्पर्श, गंध, श्रवण और दृष्टि का संबंध होता है। कुछ अस्वाभाविक लोगों के क्षेत्र में भी स्वाद को उस हालत में इस सूची के अन्तर्गत करने की कोई जरूरत नहीं मालूम होती, जबकि हम स्वाद से उन स्वादाभासों को निकाल देते हैं, जो नासिका-गह्वर के ज़रिये प्राप्त गंध से उत्पन्न होते हैं। सच तो यह है कि इसमें से जिसे असल में स्वाद कहते हैं, उसे निकाल देना चाहिए, क्योंकि स्वाद उस दूसरी महान्

प्राथमिक शारीरिक आवश्यकता यानी पुष्टि की आवश्यकता का दास है। यदि स्वाद प्रजनन की प्राथमिक आवश्यकता के साथ संयुक्त हो जाता तो सहजात सही दिशा छोड़कर गलत दिशा अपनाता और उस हालत में प्रेमिक अपने साथी से यौन मिलन चाहने के बजाय उसे खा डालने की चेष्टा करता। बहुत कम जन्तु ऐसे होते हैं जो मैथुन के अपने साथियों को खा डालते हैं और जब ऐसा होता है तो स्त्री ही खा डालती है और वह भी ऐसा तभी करती है जबकि गर्भाधान हो चुका हो।

1. स्पर्श :

स्पर्श प्रेमक्रीड़ा का बहुत प्राथमिक और आदिम स्वरूप है। यदि देखा जाए तो मैथुन ही अनिवार्य रूप से प्रेमक्रीड़ा का एक ऐसा कार्य है जिसमें स्पर्श की प्रधानता रहती है। बच्चों में आलिंगन, चुंबन तथा बदन से बदन सटाना साधारण रूप से स्नेह के मुख्य चिह्न हैं, और विशेष रूप से यौन अनुभूति की अभिव्यक्तियां हैं। वे भी समान रूप से प्राप्त वयस्क प्रेमिक की औपादानिक इच्छा को व्यक्त करते हैं।

इस प्राथमिक आवेग में कोई खास या विशिष्ट बात नहीं है। चर्म की नींव पर ही सब प्रकार की इन्द्रियानुभूतियां विकसित हुई हैं और चूंकि यौन इन्द्रियानुभूति सब तरह की इन्द्रियानुभूतियों में प्राचीनतम है, इसलिए यह मुख्यतः तथा अनिवार्य रूप से साधारण स्पर्शानुभूति का ही एक सुधरा हुआ स्वरूप है। स्पर्शानुभूति के बहुत बड़े भाग का आदिम चरित्र, इसकी स्पष्टता, साथ ही सर्वमयता चर्म की अनुभूतियों की भावुक गंभीरता में वृद्धि करती है। इसलिए इन्द्रियानुभूतियों के सारे क्षेत्र में स्पर्श के क्षेत्र का बुद्धि से सबसे कम वास्ता है, पर दूसरी तरफ उसमें अत्यंत तगड़ी भावुकता की गुंजाइश रहती है। वे गुण, साथ ही यौन स्फीति और यौन स्खलन के यंत्र के साथ इनका अंतरंग तथा आदिम संबंध, स्पर्श को सबसे सुलभ, पर साथ ही सबसे शक्तिशाली, साधन बना देते हैं, जिसके द्वारा यौन मंडल में पहुंचा जा सकता है।

निम्नतर प्राणियों की प्रेमक्रीड़ा में, जैसा कि हम आशा कर सकते हैं, स्पर्श का अक्सर बहुत प्रमुख भाग होता है। केकड़ों तथा क्रेफिशों में स्पर्श से ही संभोग परिचालित होता है और मकड़ियों में तो यह साधारण रूप से प्रधान यौन अनुभूति है ही। ढोरों, हिरनों, घोड़ों, कुत्तों इत्यादि में लेहन प्रेमक्रीड़ा का एक महत्त्वपूर्ण भाग है। नैमैन ने हाथियों की प्रेमक्रीड़ा का अच्छी तरह निरीक्षण किया। उनका कहना है कि पहले हाथी अपनी सूंड को हथिनी पर फेरता है, फिर अगल-बगल खड़े होकर उनकी सूंडें एक-दूसरी को काटती हैं, फिर सूंड के अग्रभाग एक-दूसरे के मुंह में पहुंच जाते हैं। मनुष्य भी आवेग में इसी प्रकार का आचरण करते हैं। बहुत-से लोगों को, विशेषकर स्त्रियों को, जो अभी पूर्ण मैथुन की आदी नहीं हुई हैं, घनिष्ठ स्पर्श-सुख से ही पूरा यौन आनन्द मिल जाता है।

भाव-जीवन में स्पर्श का उपादान विशेष महत्व रखता है, स्त्रियों के यौन जीवन में उसका विशेष महत्त्व होता ही है। लिलियन मार्टिन ने छात्राओं में सौंदर्य-संबंधी आवेगों पर खोज की। उन्होंने यह नतीजा निकाला कि उनमें स्पर्श के आधारयुक्त भावों की प्रधानता है। पीयर्स क्लार्क ने मिरगी रोग से पीड़ित एक नौ साल की लड़की का

वर्णन किया है, जो केवल उन लोगों को पास आने देती थी जिनका स्पर्श उसे पसंद होता था। वह हाथ मिलाने या चुंबन के दौरान में जिसे जैसा पाती थी, उसी के अनुसार मनुष्यों को भले या बुरे वर्ग में विभाजित करती थी। जब लड़कियां बालिग होने लगती हैं, तब उनमें चुंबन कराने तथा हाथ आदि फिरवाने की इच्छा उत्पन्न होती है न कि संभोग की। सैजर तो यहां तक कह जाते हैं कि कई तरुणियों में जो सतीत्व का आलोक दिखाई देता है, वह इस कारण है कि लड़कियों में चर्म, श्लेष्मा-झिल्लियों तथा पेशियों में कामुकता तो रहती है, पर उसी मात्रा में जननेन्द्रिय में उस भावना का अभाव रहता है। यह विशेषता स्त्रियों के यौन जीवन के प्रारंभ में ही पाई जाती हो ऐसी बात नहीं बल्कि सदा, यहां तक कि पूर्ण मैथुन के समय भी, यह पाई जाती है। अठारहवीं सदी के एक अश्लील उपन्यास में हमें यह पढ़ने को मिलता है कि "यद्यपि वह बहुत झिझक रही थी और लड़ रही थी और यह चेष्टा कर रही थी कि अपने प्रेमी की बांहों से छूट जाए; पर यह स्पष्ट था कि इन बातों के करने में उसका उद्देश्य केवल यही था कि उसके साथ सम्पर्क के बिंदुओं को बढ़ाए।" एक कवयित्री रेने वीवियां ने लिखा है कि स्पर्श की अद्‌भुत तथा जटिल कला सुगंध के स्वप्नों और शब्दों के जादू की समता करती हैं। स्त्रियां सहजात बुद्धि से प्रेम में स्पर्श के महत्त्व को मानती हैं, इस बात से यह विचार पुष्ट होता है कि स्पर्श ही वास्तविक रूप से प्राथमिक तथा आदिम कामानुभूति है।

स्पर्श की नींव पर कई रोगग्रस्त सौंदर्य-संबंधी विकृतियां पुरुषों और स्त्रियों में पाई जाती हैं जैसे प्रेमिक या प्रेमिका के द्वारा छुए हुए ऊनी कपड़ों, मखमलों, रेशम आदि पर जान देना। ऐसी विकृतियों के कई बार सामाजिक महत्त्वपूर्ण परिणाम होते हैं। जैसे 'कामचौर्य' मुख्यतः स्त्रियों में पाया जाता है, दूसरी तरफ 'कामघर्षण' नामक विशेष विकृति पुरुषों में अधिक पाई जाती है। इसमें विकृति का रोगी पुरुष कपड़े पहनी हुई स्त्री से शरीर भिड़ाने की (आवश्यक रूप से जननेन्द्रियवाला भाग नहीं) चेष्टा करता है और ऐसा वह सार्वजनिक स्थानों में बिल्कुल अपरिचित स्त्रियों के साथ करता है। बहुत-सी स्त्रियों ने यह बताया है कि जब वे किसी रंगशाला यहां तक कि गिरजे की भीड़ में खड़ी होती हैं तो उन्हें यह असुखकर अनुभूति होती है कि कोई उनसे जानबूझकर शरीर भिड़ा रहा है। यह रोगग्रस्त विकृति डाक्टरी और साथ ही कानूनी दायरे में आ जाती है, पर ऐसे विकृत लोग संभव है कि बिलकुल सही दिमाग, पदस्थ और बुद्धिमान हों।

गुदगुदी की अनुभूति स्पर्शानुभूतिं की गौण उपज है। यह जन्म से पूर्व विकासमान प्रतिक्रियाओं पर निर्भर होने के साथ ही यौन व्यवहार से घनिष्ठ रूप से संयुक्त होती है। यह मानो यौन स्फीति की ही एक अठखेली है। इस पर हँसी स्खलन या पूर्ण मुक्ति की एक दूसरी अठखेली के रूप में प्रकट होती है जिससे अवांछित यौन आवेग बिखर जाता है जैसाकि अक्सर लजीली तथा यौन आवेग के संबंध में सज्ञान लड़कियों में देखा जाता है। गुदगुदी की वृत्ति ही मानो बाद को चलकर यौन स्फीति के गंभीरतर लक्षणों में परिणत होती है। गुदगुदी की वृत्ति किशोर अवस्था के बाद, जब साधारण रूप से यौन संबंध शुरू हो जाते हैं, खत्म हो जाती है।

गुदगुदी वृत्ति के संबंध में यह विचार कि वह चर्मगत लज्जा का एक रूप है जो बाद को चलकर नहीं रहेगी, यह केवल इसका एक पहलू है। यह निश्चित है कि गुदगुदी की वृत्ति का आरंभ-बिंदु यौनेतर है, और संभव है इससे रक्षात्मक प्रयोजन सिद्ध होते हों। जैसाकि लुई राबिंसन ने कहा है कि कम-उम्र प्राणियों में शरीर के उन्हीं अंशों में सबसे अधिक गुदगुदी होती है जो मर्मस्थल हैं और जिन्हें रक्षा की जरूरत है। पर यौन क्षेत्र में गुदगुदी और साथ ही इससे दूर यौन उत्तेजना की संभावनाओं से युक्त क्षेत्रों में गुदगुदी की वृत्ति भिन्न रूप से कार्य करती है और ऐसा इसलिए करती है, जैसा कि हेरिक ने बतलाया, कि एक के बाद एक उत्तेजनाएँ मानो जमा होती जाती हैं और फिर तो एकदम से पहाड़ से उतरते हुए विराट बर्फखंड की तरह अगौण कोषों की उत्तेजना धीरे-धीरे मुख्य कोषों को कर्मशक्ति से भर देती है। यह मानो यौन स्फीति की एक प्रक्रिया है, जो बढ़ते-बढ़ते पूर्ण यौन मुक्ति में समाप्त होती है। हाँ, यदि यह यौन क्षेत्र से बाहर है तो इसमें केवल मांसपेशियों की प्रतिक्रिया या हँसी उत्पन्न होती है, पर यौन क्षेत्र में इसकी प्रतिक्रियाएँ यौन होती हैं। सब तरह की प्राक्क्रीड़ा विशेषकर यौन आलिंगन का गुदगुदी वृत्ति से अंतरंग संबंध है। स्पिनोजा ने प्रेम की जो परिभाषा की थी उसका आधार यही है। उन्होंने कहा था कि प्रेम बाहरी कारणों से उत्पन्न समधर्मयुक्त गुदगुदी-मात्र है। गावर्स ने भी यही कहा था कि यौन मिलन प्राथमिक रूप से एक चार्मिक प्रतिक्रिया है।

यहाँ यह बता देना शायद अप्रासंगिक न हो कि यद्यपि अब गुदगुदी छोटी लड़कियां में ही यौन आनन्द-प्राप्ति के साधन के रूप में काम में आती है, फिर भी इसका सभ्य मनुष्यों के प्रेम-जीवन में बहुत कम महत्त्व रह गया है, पर कुछ जंगली जातियों में इसका अधिक महत्त्व है जैसा कभी यूरोप में भी था। कई जातियों में गुदगुदाने का मतलब ही प्रणय-निवेदन करना है। फीजियो (Fuegians) में यौन आलिंगन और गुदगुदी के लिए एक ही शब्द है। जर्मन भाषा में भगांकुर के लिए 'किट्त्सलर' यानी गुदगुदानेवाला शब्द आता है, इससे भी वे ही विचार व्यक्त होते हैं। रोमनों में प्रूरिटस शब्द कामुकता के माने में इस्तेमाल होता था और यह अर्थपूर्ण है कि स्थानीयकृत प्रूरिटस शरीर के ऐसे क्षेत्रों में पाए जाते हैं जो प्रारंभिक जीवन में आत्ममैथुनिक गुणयुक्त होते हैं और मासिक धर्म बंद होने के बाद फिर चालू होते हैं। बी. स्टाइन के कथनानुसार अठारहवीं सदी के रूस में रूस-सम्राज्ञी के दरबार में सरकारी पैर गुदगुदानेवाली होती थीं, जिनका काम ही यह होता था कि सम्राज्ञी के दरबार में सरकारी पैर गुदगुदानेवाली होती थीं, जिनका काम ही यह होता था कि सम्राज्ञी के पैर गुदगुदाएं, बेसिर-पैर की अल्हड़ कहानियां कहें और अश्लील गाने गाएं। उन्हें यह विशेष रियायत मिली हुई थी कि जब सम्राज्ञी अनाचारों से थक जातीं थी तो वे उसके नितंब दाबा करती थीं। अवश्य यह पद बहुत उच्च कुलोत्पन्न स्त्रियों के लिए सुरक्षित होता था। फ़ेरे ने यह बतलाया है कि इस प्रकार के कृत्य का शरीर-वैज्ञानिक आधार यह है कि थोड़ा गुदगुदाने से कर्मशक्ति बढ़ती है। यद्यपि इसकी अति अवसादजनक होती है।

एक महिला के इस कथन से गुदगुदी और यौन आवेग का संबंध स्पष्ट जाता है

कि यदि ऐसे समय जबकि वह यौन मिलन के लिए तैयार नहीं है उसके यौन क्षेत्र का स्पर्श किया जाए तो उसे गुदगुदी लगती है और जब उसमें यौन आवेग जगता है तो गुदगुदी नहीं लगती। इस प्रकार हम देखते हैं कि गुदगुदी एक तत्स्थानीय यौन अनुभूति है, और हम कह सकते हैं कि यौन अनुभूति गुदगुदी का ही बदला हुआ रूप है। यह अपने मौलिक रूप में एक संतरी की तरह है जो लोगों को दूर हटाती है, पर इसका दूसरा पहलू यह है कि यह आकर्षण के दरवाजे खोल देती है।

चर्म और यौन क्षेत्र का अंतरंग संबंध न केवल गुदगुदी से बल्कि चर्बी क्षरण करनेवाली उन ग्रंथियों के व्यवहार से भी व्यक्त होता है, जो पहले की केशग्रंथियों के अवशिष्ट भाग हैं और उस जमाने की याद दिलाती हैं जब मनुष्य का शरीर बालों से ढका हुआ था। यौवनोद्‌गम के साथ अथवा जब यौन पद्धति में कोई गड़बड़ी पैदा होती है तो ये ग्रंथियाँ केश उत्पन्न करने की चेष्टा करती हैं, जिससे मुहांसे उत्पन्न होते हैं, पर मासिक धर्म बंद हो जाने के बाद ही स्त्रियों में इनकी क्रिया के फलस्वरूप वास्तविक रूप से बाल निकल आते हैं।

इस प्रकार बाल तथा इसकी गड़बड़ियों का भी यौन पद्धति से संबंध है। साबुरो ने बताया था कि स्त्रियों में आंशिक गंजापन विशेष रूप से यौन परिपक्वता के साथ परिलक्षित होता है। इसके बाद फिर पचास साल की उम्र के लगभग यह लक्षण दिखाई पड़ता है, यद्यपि पुरुषों में उस प्रकार कोई बढ़ने-घटने की रेखा नहीं दीख पड़ती। मासिक धर्म के दमित होने के बाद भी, जैसे स्त्री-डिम्ब के निकाल दिए जाने के बाद या कभी-कभी गर्भिणी हो जाने पर भी, यह लक्षण दिखाई पड़ता है।

यौन मिलन स्वयं एक बड़ी हद तक विशेष ढंग की चार्मिक प्रतिक्रिया है। साधारणीकृत चार्मिक अनुभूतियों तथा यौन अनुभूति के महान् केंद्र के बीच कुछ गौण यौन केंद्र होते हैं, जिनमें ऐसे गुण उत्पन्न हो चुके हैं कि वे यौन उत्तेजनाओं के केंद्र के अंतर्भुक्त किए जा सकते हैं।

इन गौण केंद्रों में सबमें यह विशेषता है कि वे कोई न कोई शारीरिक प्रवेश-स्थल अथवा निष्कासन-स्थल हैं, यानी वे ऐसे स्थल हैं जहां चर्मश्लेष्मा-झिल्लियों में लय हो जाती है। और विकास के फलस्वरूप इनमें स्पर्शानुभूति बहुत ही सूक्ष्मीकृत हो गई है। शरीर की इन सरहदों के विषय में यह कहा जा सकता है कि यदि भिन्न लिंग के दूसरे व्यक्ति की उसी सरहद या उसी प्रकार की अन्य सरहदों के साथ वह संस्पर्श में आए और परिस्थितियां अन्यथा भी यौन स्फीति के अनुकूल हों तो कम से कम और कई बार अधिक से अधिक कामानुभूति उत्पन्न होगी। इन क्षेत्रों का एक-दूसरे के साथ संस्पर्श या यौन क्षेत्र के साथ संस्पर्श केंद्रीय यौन प्रतिक्रिया को इस घनिष्ठ रूप से उत्तेजित करता है कि स्नायविक कर्मशक्ति के लिए लहरें चालू हो जाती हैं और गौण यौन केंद्र तैयार हो जाते हैं।

यह स्मरण रखना चाहिए कि ये लक्षण अनिवार्य रूप से स्वाभाविक हैं। इनमें से कइयों के संबंध में च्युति या विच्युति (perversion) शब्द प्रयुक्त होता है। पर जहाँ तक कि वे यौन उत्तेजन में सहायक हैं, उन्हें स्वाभाविक श्रेणी का मानना पड़ेगा; वे भले

ही सौंदर्यशास्त्र की दृष्टि से पूरे न उतरते हों, पर यह दूसरी बात हुई। इसके अलावा यह भी याद रखना चाहिए कि यौन आवेग से प्रभावित होकर सौंदर्य-संबंधी मान्यताएँ बदल जाती हैं। प्रेमी की दृष्टि से बहुत-सी बातें सुंदर होती हैं, जो अप्रेमी की दृष्टि से सुंदर नहीं हैं और प्रेमी जिस हद तक अपने आवेग से विचलित होगा, उसी हद तक उसकी सौंदर्य-संबंधी मान्यताएँ बदल जाएंगी। अयौन दृष्टि से देखे जाने पर पूर्वराग के प्रारंभिक सोपान के सिवा यौन व्यवहार की सारी प्रक्रिया ही असुंदर प्रतीत हो सकती है।

शरीर के कामोत्तेजक भागों के जरिए से प्राप्त यौन उद्दीपन को काम में लाना स्वाभाविक कार्यों की श्रेणी में ही समझा जाएगा। इसका पता हम अन्य जीवों के व्यवहार से पा सकते हैं। पर जब इन कामोत्तेजक भागों में वांछित उद्दीपन उत्पन्न करने के अलावा उन्हीं के द्वारा पूर्ण परितृप्ति प्राप्त करने की चेष्टा की जाती है, तभी उनको विच्युति की श्रेणी में रखा जा सकता है। फिर भी वे उसी प्रकार के द्वयर्थक अर्थ में च्युति माने जाएँगे जैसे कि यौन मिलन के वे तरीके विच्युति माने जा सकते हैं जिनमें गर्भधारण के लिए रोके रखकर कार्य सिद्ध किया जाता है।

इस श्रेणी का सबसे मौजूं उदाहरण चुंबन का है। हमारे होंठों में चर्म और श्लैष्मिक झिल्ली के बीच एक बहुत ही अनुभूतिपूर्ण इलाका होता है जो कई दृष्टियों से योनि और योनिगह्वर के बीच के हिस्से के समतुल्य है, पर उसकी अनुभूति-संबंधी शक्ति में जब चाहें तब कहीं अधिक अनुभूतिपूर्ण अंग जिह्वा को सक्रिय रूप से चलाकर वृद्धि की जा सकती है। यदि इन स्थानों का घनिष्ठ और दीर्घ संपर्क हो और वह ऐसी परिस्थिति में हो कि उससे यौन उद्दीपन संभव हो तो उससे स्नायविक उत्तेजना की तगड़ी धारा चल निकलती है। यौन क्षेत्रों के प्रत्यक्ष भागयुक्त संपर्कों के बाद यौन क्षेत्र में स्नायविक शक्ति को परिचालित करने के लिए चुंबन से बढ़कर कोई साधन नहीं है। यह विशेषकर कथित कपोतवत् चुंबन में देखा जा सकता है जो प्राचीन तथा आधुनिक दोनों कालों के प्रेमियों में बहुत अधिक प्रचलित रहा है। फ्रांस के एक भाग में इसका एक रूप प्रचलित है, जिसे मारेशिनाज कहते हैं, जिसके संबंध में कुछ पुरोहित यही कहेंगे कि यह बहुत ही गर्हित पाप है। मनुष्य से निम्नतर कई तरह के प्राणियों में चुंबनवत् क्रियाएँ प्रचलित हैं, जैसे कि घोंघों तथा कीड़ों में सुओं का मिलाना, चिड़ियों का चोंचें मिलाना, कुत्तों के द्वारा चाटना तथा धीरे से काट लेना। इसी प्रकार कई प्राणियों में यौन मिलन के समय चुंबन के ढंग के व्यवहार देखे जा सकते हैं। मनुष्य-जाति में चुंबन में दो उपादान होते हैं : एक स्पार्शिक और दूसरा गांधिक। स्पार्शिक उपादान बहुत ही प्राचीन है और यूरोप में यही चुंबन का प्रमुख अंश है, पर गांधिक चुंबन यूरोपीय या भूमध्यसागरीय स्पार्शिक चुंबन से कहीं अधिक संसारव्यापी है। मंगोल जातियों में जाकर यह चुंबन अपने पूर्ण विकास में पहुँच जाता है।

चुंबन को प्राक्क्रीड़ा का विशिष्ट और स्वाभाविक यौन क्षेत्रीय तरीका माना जा सकता है, जिससे यौन उद्दीपन का लक्ष्य प्राप्त होता है, पर इसी क्षेत्र में कई और कम महत्त्वपूर्ण तरीके हैं। भिन्न लिंग के व्यक्तियों में किसी प्रकार का भी छिद्र या कुहरगत संपर्क यौन उद्दीपन बढ़ाने में चुंबन की तरह असरदार है, ऐसे सारे तरीके चुंबन के वर्ग में

ही आ जाते हैं। इसी प्रकार योनि-चुंबन और लिंग-चुंबन अस्वाभाविक नहीं माने जा सकते, क्योंकि वे अन्य प्राणियों में प्रचलित हैं तथा कई जंगली जातियों में पाए जाते हैं। प्राक्क्रीड़ा के स्वरूपों तथा उद्दीपन में सहायकों के रूप में वे स्वाभाविक हैं और वे कई बार पुरुषों और स्त्रियों के द्वारा यौन आनंद के संक्षिप्त स्वरूप समझे जाते हैं, यद्यपि उन्हें सौंदर्यशास्त्रसम्मत नहीं माना जा सकता। वे उद्दीपन में सहायक का रूप छोड़कर लक्ष्य बन सकते हैं, और इस प्रकार यौन मिलन की इच्छा का स्थान ले लेने के कारण वे च्युतियों के वर्ग में आ जाते हैं।

छिद्रवाले भागों में स्तनाग्र आ जाते हैं और स्पर्श-सुख द्वारा यौन उद्दीपन प्राप्त करने में उसका बहुत भारी महत्त्व है। यौन केंद्रों में छातियों को विशेष महत्त्व इसलिए मिला है कि वे प्राथमिक रूप से प्रेमिक के लिए नहीं, बल्कि बच्चे के लिए हैं। यह निस्संदेह एक मौलिक तथ्य है, जिस पर दूसरी कामोत्तेजक अनुभूतियाँ विकसित हुई हैं। प्रेमियों में जो ओष्ठ-संबंधी यौन अनुभूति का विकास हुआ है, वह बच्चे के होंठों का माँ के स्तनाग्र से मिलने की अनुभूति से हुआ है, इसमें संदेह नहीं।

यह आवश्यक है कि दुग्ध-क्षरण की इंद्रिय के रूप में छातियों तथा यौन अंगों के बीच का संपर्क अंतरंग हो, जिससे संतान का जन्म होने के बाद ही बच्चे के चूसनेवाले होंठों की माँग पर छातियाँ उपयुक्त रूप से काम करें। स्तनाग्र के लेहन से गर्भाशय का प्रतिक्रियात्मक संकोचन-प्रसारण खुद-ब-खुद होता है। रहा यह कि स्त्री के मन में क्या भावना उत्पन्न होती है जबकि बच्चा स्तन पीता है। इस संबंध में उन्नीसवीं सदी के प्रारंभ के विद्वान् कैबेनिस के पहले किसी ने यह नहीं लिखा कि उसमें कामुक भावनाएँ जगती हैं। उन्होंने ही यह लिखा कि कुछ माताओं ने उनसे कहा हैं कि बच्चों के दूध पीने से ऐसी भावनाएँ उत्पन्न होती हैं।[1] यह जान लेना आसान है कि यौन आवेग के साथ दूध पीनेवाले बच्चे का स्वाभाविक साहचर्य क्यों हुआ होगा। स्तन्यपायी वर्ग के शिशुओं की प्राणरक्षा के लिए यह आवश्यक है कि दूध पिलाने के कष्ट को सहने के लिए माताओं को सुखानुभूति के रूप में उपयुक्त क्षतिपूर्ति हो। बच्चे को दूध पिलाते समय दुग्ध-क्षरण के द्वारा तनाव से जो मुक्ति मिलती है, उसके अलावा उपयुक्त मात्रा में सुखानुभूति प्राप्त करने का सबसे अच्छा तरीका यही हो सकता है कि गर्भाधान तथा गर्भ के दौरान में स्तनों के साथ यौन क्षेत्र का जो संबंध प्रस्तुत हो गया है वह जारी रहे।

यहाँ यह बता दिया जाए कि यद्यपि स्तनाग्र और जननेंद्रिय के बीच संबंध इतना अंतरंग है, फिर भी यह बहुत ज्यादा नहीं है। कुर्डीनोव्स्की ने खरगोशों पर प्रयोगों के द्वारा पता लगाया कि अन्य छिद्रों के उत्तेजन से भी गर्भाशय का प्रबल संकुचन-प्रसारण होता है। शायद सारे तंतुजाल में कहीं भी उत्तेजना पैदा की जाए तो वह

1. मैं बता दूँ कि कैबेनिस के पहले 1764 में सी. बोने ने 'प्रकृति पर विचार' नामक अपनी पुस्तक में यह लिखा था कि शिशु के प्रति माता का जो स्वाभाविक प्रेम होता है, उसे आनंद के साथ-साथ मधुर भावना का सहारा मिलता है। उन्होंने कहा कि ऐसा हो सकता है, यह भले ही प्रमुख कारणों में न हो। स्तन्यपायी-वर्ग के प्राणियों के नीचे के प्राणियों के संबंध में उन्होंने कहा कि हमें इस बात पर विचार करना है कि माँ और बच्चे के पास रहने से दोनों में सुखकर पारस्परिक गर्मी बनी रहती है।

प्रतिक्रिया-वाहिनियों से होकर गर्भाशय में संकुचन उत्पन्न कर सकती है। यह उपसंहार इस आधार पर पेश किया गया है कि चर्म साधारणतः यौन दृष्टि से अनुभूतिशील है और शरीर में विभिन्न कामोद्दीपक क्षेत्र मौजूद हैं।

स्तनों के कामोद्दीपन-संबंधी गुण का महत्त्व इस बात से प्रतिष्ठित है कि इस पर कैथोलिक धर्मशास्त्रियों ने बहुत ध्यान दिया है। अठारहवीं सदी में स्तनस्पर्श पर बहुत भारी वाद-विवाद खड़ा हुआ था। प्रमुख जेसुइट धर्मशास्त्री, जो इन्क्विज़ीशन तथा आमतौर पर धर्मगुरु पोप के खिलाफ थे, यह मानते थे कि भिक्षुणियों के स्तन का स्पर्श करना, बशर्ते कि कोई बुरे विचार न हों, क्षमा-योग्य है। एक प्रायश्चित्त-संबंधी जेसुइट धर्मशास्त्र में यह कहा गया था कि इस प्रकार के अंतर्निहित रूप से निर्दोष कार्यों का निषेध करना धर्मद्रोह है और जानसन वादियों के उपयुक्त है।

2. गंध :

पहले गंध-संबंधी अनुभूति साधारण स्पर्शानुभूति से अलग स्पष्ट अस्तित्व नहीं रखती थी। गंधानुभूति धीरे-धीरे विशिष्ट बन गई और जब स्वाद की अनुभूति भी विकसित होने लगी तो एक प्रकार की रासायनिक अनुभूति बन गई। मेरुदंडवाले प्राणियों में गंधानुभूति सबसे अधिक विकसित अनुभूति हो गई। इससे दूर की ऐसी वस्तुओं की, जिनसे प्राणी का संबंध है, पहली सूचना प्राप्त होती है, यदि वह वस्तु पास हुई, साथ ही उससे संबंध है तो उसके संबंध में बहुत ही सही सूचना मिलती है। यह वह अनुभूति है जिसके आधार पर अधिकतर मानसिक क्रियाओं को चलाना पड़ता है और उनके भावावेग चेतना में पहुँच जाते हैं। सरीसृपों और उसके बाद के युग में स्तन्यपायियों के लिए सारे यौन साहचर्य न केवल मुख्य रूप से गांधिक हैं, बल्कि इस अनुभूति से मन पर जो छाप पड़ती है, वह बाकी सारी अनुभूतियों पर छा जाती है। प्राणी न केवल गांधिक उत्तेजनाओं से उपयुक्त यौन उद्दीपन प्राप्त करता है, बल्कि वे उत्तेजनाएँ इतनी प्रबल होती हैं कि अन्य अनुभूतियों की सारी गवाहियाँ अक्सर उनके सामने फीकी पड़ जाती हैं। यदि हम याद रखें कि मस्तिष्क में गांधिक इलाका बहुत फैला हुआ है, तो हमें इस बात पर कोई आश्चर्य नहीं होगा। एडिंगर और इलियट स्मिथ ने दिखलाया है कि मस्तिष्क का आवरण पहले-पहल गंध की अनुभूतियों को प्राप्त करनेवाले केंद्र से कुछ ही अधिक था और यह वह यंत्र था जिससे प्राणी का व्यवहार प्रभावित होता था। गंध की अनुभूतियाँ आवरण में सीधे-सीधे पहुँचती थीं, न कि मस्तिष्क के भीतरी प्रकोष्ठ से होकर। इस प्रकार मनोवैज्ञानिक दृष्टि से गंध को एक विशिष्ट स्थान मिला हुआ है। यह सारी उच्चतर मानसिक शक्तियों के जीवाणुओं का मानो प्रतिनिधित्व करती है और कम से कम यह वह सीमेंट है जिससे सब एक साथ बंधे रहते हैं। जल में रहनेवाले मेरुदंडवाले आदिम प्राणियों के, जो इन दिनों मनुष्य में मौजूद स्वाद के अधिक करीब तथा अन्य सारी अनुभूतियों से असरदार थे, सारे व्यवहार पर यह छाई रहती है और यह जीववैज्ञानिक दृष्टि से बहुत महत्त्व रखती है।

जब हम उच्चतर वानरों तथा मनुष्य में पहुँचते हैं तो सारी बात बदल चुकी है। अब भी सर्वत्र गंधानुभूति है और यह बहुत सुकुमार भी है, यद्यपि अब इसकी बराबर

अवहेलना की जाती है। इसके अलावा यह एक उपयोगी सहायक है। अक्सर जंगली मनुष्यों के संबंध में गलत या सही तरीके से यह कहा जाता है कि वे दुर्गंध के प्रति उदासीन होते हैं। फिर भी वे अक्सर गंधों और उनके प्रकारों के संबंध में बड़े सचेत होते हैं, हाँ ऐसा नहीं, मालूम होता कि उनमें गंध की अनुभूति सभ्य लोगों से अधिक विकसित है। मनुष्यों के, विशेषकर गरम देश के मनुष्यों के, भाव-जीवन पर महक का बड़ा महत्त्व है।

फिर भी व्यावहारिक जीवन तथा भाव-जीवन में कला तथा विज्ञान में साधारण परिस्थितियों में गंध अधिक से अधिक एक सहायक अनुभूति-मात्र है, और इस संबंध में अध्ययन करना तब तक बेकार समझा जाने लगा जब तक कि यूट्रेक्ट के ज्वार्देमाकेर ने 1888 में गंध-मापक का आविष्कार किया तथा बाद को गांधिक शरीरशास्त्र पर अपना ग्रंथ प्रकाशित किया। कुछ साल बाद ब्रूसेल्स के हेईनिंक्स ने गंध के विषय को और विकसित किया और उन्होंने यह कोशिश की कि गंध को पूर्ण रूप से भौतिक आधार पर स्थापित करें। उन्होंने गंध के लिए स्पेक्ट्रम या रश्मि-विश्लेषण की स्थापना की और एक वर्गीकरण तैयार किया जो तरंग की दीर्घता-संबंधी भेद-विषयक था। इस प्रकार से रासायनिक शक्ति के द्वारा नहीं बल्कि पारमाणविक स्पंदन-क्रिया के द्वारा गंध अपने मार्ग को क्रियाशील बनाती है पर जी. एच. पार्कर की तरह अन्य विद्वान् गंध को 'रासायनिक' अनुभूतियों में मुख्य स्थान देकर ही खुश हैं। 'रासायनिक' अनुभूतियों के अलावा 'यांत्रिक' अनुभूतियाँ हैं, जो दबाव या शब्द या आलोक से उत्तेजित होती हैं। रासायनिक अनुभूतियाँ आदिम जन-जीवन से चली आ रही हैं और यद्यपि उनमें गंध की प्रधानता है, फिर भी उनमें स्वाद आ जाता है। यह स्वाद जाकोबसन के नाम पर प्रचलित इंद्रिय से होकर आता है। यह इंद्रिय नाक में खुलती है। इसके अलावा यांत्रिक अनुभूति में एक साधारण रासायनिक अनुभूति आती है। इतना सब कह लेने पर भी यह मुश्किल से कहा जा सकता है कि हम इनमें से किसी विषय पर निश्चित उपसंहारों पर पहुँचे हैं।

गंधानुभूति अभी तक, जहाँ तक कि इस विषयक संदेशों का संबंध है, स्पर्श की तरह अस्पष्ट है, यद्यपि इसके साथ संबद्ध अनुभूतियाँ अक्सर बहुत ही भावावेगपूर्ण होती हैं। इन्हीं विशेषताओं के कारण, जो अस्पष्ट होते हुए भी विशिष्ट और बेकार होते हुए भी अंतरंग हैं, बहुत-से लेखकों ने गंध की अनुभूति को अन्य सब अनुभूतियों से कहीं बढ़कर कल्पना के क्षेत्र की अनुभूति बतलाया है। किसी भी अनुभूति में सुझाव उत्पन्न करने की, प्राचीन स्मृतियों को बहुत गहरे आवेग के साथ ताजा कर देने की शक्ति नहीं है, साथ ही यह उन अनुभूतियों में सर्वोपरि है, और मन पर ऐसी छाप देती है कि अनुभूति प्राप्त करने वाले व्यक्ति के साधारण रुख के साथ सामंजस्य रखकर उसकी भावुकता का रंग तथा गहराई बदल दे। इसी प्रकार से तरह-तरह की महकें भावुक जीवन को नियंत्रित करने की सामर्थ्य रखती हैं और साथ ही इसकी दासी बन सकती हैं। सभ्यता में आकर गंध के आदिम भावुक साहचर्य बिखरने लगते हैं, पर दूसरी तरफ गंधानुभूति की काल्पनिक दिशा और जोर पकड़ती है और इस क्षेत्र में वैयक्तिक झक्कीपन अपना कार्य दिखलाने लगता है।

महकें सारी स्नायविक पद्धति के लिए शक्तिशाली उत्तेजक हैं, जो दूसरे उत्तेजकों की तरह कर्मशक्ति बढ़ा देती हैं, पर यदि यही अत्यधिक या दीर्घकाल तक चालू रहे तो इससे स्नायविक थकान आ जाती है। इस प्रकार से यह सर्वमान्य-सा हो चुका है कि उड़ जानेवाले तेलों से युक्त मसाले आदि संकुचन-प्रसारण दूर करने वाले तथा बेहोशी लानेवाले होते हैं और उनसे हाज़मा, रक्त-प्रवाह तथा स्नायु-पद्धति उत्तेजित होती है। यदि ये अधिक मात्रा में लिए जाएँ तो अवसाद पैदा होता है। फ़ेरे ने डाइनमोमीटर तथा एर्गोग्राफ यंत्र से जो प्रयोग किए उनसे महकों के उत्तेजक गुणों के संबंध में बहुत रोशनी पड़ी है।

हम उस समय विशेष रूप से मनुष्य-जाति में महक के यौन गुणावगुण पर पहुँच जाते हैं, जब हम इस बात पर ध्यान देते हैं कि सभी पुरुषों तथा स्त्रियों की अपनी-अपनी विशेष महक होती है। सभी जातियों में यह बात विभिन्न ढंग से परिलक्षित होती है। हमारे पूर्वपुरुषों ने शारीरिक महकों के साथ यौन आवेगों के संबद्ध होने की बात जान ली थी और आज भी उसके साथ यौन वृत्ति के संबंध का होना मालूम है। इन दोनों क्षेत्रों के संबंध में एक बहुत अर्थपूर्ण तथ्य यह है कि, जैसाकि हिपोक्रेटिस ने बहुत पहले ही जान लिया था, यौवनारंभ के बाद ही शारीरिक महक में वयस्कता-प्राप्ति की विशेषता आती है। बच्चा, बालिग व्यक्ति, बूढ़ा सबकी अपनी-अपनी विशेष महक होती है और जैसाकि मोनिन ने बताया है कि कुछ दायरों के अंदर किसी व्यक्ति की शारीरिक महक से उसकी उम्र जानना संभव हो सकता है। पुरुषों तथा स्त्रियों दोनों में यौवनारंभ, किशोरावस्था तथा प्रथम यौवन में चर्म तथा शरीर से निकलनेवाली विभिन्न वस्तुओं जैसे मल, मूत्र, पसीना आदि की बू का क्रमिक विकास होता है जो बाल तथा शारीरिक रंग रूपी गौण यौन विकास के साथ सामंजस्य रखता है। वेन्तुरी ने तो यहां तक कहा कि शारीरिक महक दोयम दर्जे की यौन विशेषता है।

मानवीय यौन निर्वाचन में शायद ही कभी ऐसा होता हो कि गंध ही एकमात्र कारण हो जाए, इसलिए नहीं कि गंधानुभूति की छापें बेकार होती हैं बल्कि इसलिए कि सुखकर वैयक्तिक महक यथेष्ट रूप से शक्तिशाली नहीं होती और गंधेंद्रिय इतनी तीक्ष्ण नहीं होती कि वह आँख से देखी हुई बात पर हावी हो सके।

फिर भी बहुत-से लोगों को कुछ गंधें, विशेषकर वे गंधें, जिनका संबंध स्वस्थ और यौन रूप से वाञ्छनीय व्यक्ति से होता है, सुखकर प्रतीत होती हैं। कई बार प्रेमी से संबंध होने के कारण यह महक ऐसी हो जाती है जिसके सामने आत्मसमर्पण करना ही पड़ता है। उसकी शक्ति निःसंदेह इस तथ्य से और बढ़ जाती है कि कई महकें, विशेषकर शारीरिक महक, स्नायुओं को उत्तेजित करनेवाली होती है।

इस संबंध में लगभग कोई संदेह नहीं रह गया है कि स्त्री तथा पुरुष दोनों में नाक की गंधवाही श्लैष्मिक झिल्लियों तथा पूरे जननेंद्रिय यंत्र में एक अंतरंग संबंध मौजूद है, अक्सर उनमें एक सहानुभूतिपूर्ण क्रिया-प्रतिक्रिया भी दृष्टिगोचर होती है। जननेंद्रिय के क्षेत्र में पड़नेवाले प्रभाव अक्सर नाक को भी प्रभावित करते हैं और उसी प्रकार नाक पर पड़नेवाले प्रभाव भी खुद-ब-खुद जननेंद्रिय के क्षेत्र को प्रभावित करते हैं।

यह देखा गया है कि कई बिल्कुल सही-दिमाग लोगों पर गंध का अपवादात्मक रूप से अधिक मानसिक प्रभाव पड़ता है। अवश्य औसत लोगों में यह प्रभाव इस रूप में देखने में नहीं आता। बीने ने यौन पेटिसिज्म का अध्ययन करते हुए ऐसे अपवादात्मक लोगों को गंधप्रधान जीव करार दिया है, यद्यपि ऐसे लोगों की संख्या बहुत कम है और उनका महत्त्व भी कोई अधिक नहीं है। फिर भी ऐसे लोगों की संख्या की तुलना उन वर्गों की संख्या से की जा सकती है जो इसी प्रकार दृष्टि-प्रधान, श्रवण-प्रधान तथा मनोगति-प्रधान हैं। गंध-प्रधान स्वभाववाले व्यक्ति महकों पर ज्यादा ध्यान देंगे। वे दूसरे लोगों की तुलना में गंधात्मक सहधर्मिता से परिचालित अथवा विचलित होंगे। कीरनान ने गंधानुभूति से प्राप्त यौन परितृप्ति को 'गंधमैथुन' का नाम दिया था। कई स्त्रियाँ जो सही दिमागवाली समझी जा सकती हैं, विशेष महकों से, जैसे प्रिय व्यक्ति के शरीर की महक से जो कभी-कभी तम्बाकू से मिली हो सकती है या चमड़े की गंध से मिली हो सकती है (जो अंततोगत्वा शारीरिक महक ही है), यौन रूप से उत्तेजित हो सकती है, यहाँ तक कि उन्हें पूर्ण मैथुन भी हो सकता है। ऐसी स्त्रियाँ जब अपने प्रेमिक की शारीरिक महक को कल्पनात्मक ढंग से याद करती हैं तो वे उससे कई बार बिल्कुल अभिभूत हो जाती हैं।

साधारण सही दिमागवाले व्यक्तियों में भी वैयक्तिक महक यौन आकर्षण तथा विकर्षण का बहुत बड़ा भाग अदा करती है, इसी को कभी-कभी गंध-प्रधानतावाद कहा जाता है। पुरुष में गंध की अनुभूति तुलनात्मक रूप से कुंद है, इसलिए उस पर नियम के तौर पर गंधात्मक प्रभाव कम पड़ते हैं; हाँ, पूर्वराग के प्रारंभिक सोपान पार हो जाएँ तो परिस्थिति बदल सकती है। इस प्रकार मनुष्य में यौन आकर्षण के प्रसंग में गंध उतना महत्त्व नहीं रखती जितना कि वह निम्नतर प्राणियों में रखती है। यह सब कह लेने पर भी इसमें कोई संदेह नहीं कि निम्नतम से उच्चतम मनुष्य-जातियों में भी महक का यौन संबंधों पर प्रतिकूल या अनुकूल प्रभाव पड़ता रहता है। रसिक व्यक्ति को आकस्मिक रूप से या अन्यथा देर-सवेर में यह मालूम हो ही जाता है कि सबसे अंतरंग संबंध में अधिकांश लोगों के लिए महक या गंध बहुत भारी महत्त्व रखती है।

कीरनान ने बताया है कि सभ्य मनुष्य के यौन क्षेत्र में गंध के महत्त्व को कम करके आंका गया है। यह सही मालूम होता है, यद्यपि गुस्टावजागेर ने बिल्कुल दूसरे ध्रुव पर जाकर यह कहा है कि मनुष्यों में भी यौन सहजात बुद्धि बहुत-कुछ या बिल्कुल ही गंधात्मक मामला है, हमें इतनी दूर तक जाने की आवश्यकता नहीं।

मनुष्य-जाति में गंध का यौन महत्त्व न केवल निम्नतर प्राणियों से बहुत कम है, बल्कि उसमें तो गंधात्मक आकर्षण का केंद्रबिंदु यौन क्षेत्रों में हटकर शरीर के ऊपरी हिस्से में पहुँच गया है। इस दृष्टि से मनुष्य में गंधात्मक यौन आकर्षण दृष्टि के क्षेत्र में प्राप्त होने वाले आकर्षण से मिलता है क्योंकि भिन्नलिंगी व्यक्ति की आँखों में पुरुष या स्त्री की जननेंद्रियाँ सुंदर नहीं प्रतीत होतीं और कहीं भी उनका प्रदर्शन करना प्राक्क्रीड़ा का प्रथम सोपान नहीं माना जाता। यौन क्षेत्र को बहुत अच्छी तरह छिपाने की प्रथा ने इस परिवर्तन को लाने में अनुकूलता की है। इसलिए जब वैयक्तिक महक यौन आकर्षण का कारण-स्वरूप बनती है तो बगल (जो शरीर में महक का प्रधान केंद्र है)

चमड़ी और बालों के साथ कार्यशील होती है। इसके अलावा यह तथ्य भी अर्थपूर्ण है कि वह वैयक्तिक महक जो साधारण परिस्थितियों में संज्ञान यौन क्षेत्र के अंतर्गत है, और सच तो यह है कि सब तरह की वैयक्तिक महकें कई बार किसी प्रकार का आकर्षण उत्पन्न नहीं करतीं, बल्कि विपरीत परिणाम हो सकता है। हाँ, यदि कुछ हद तक कामोत्तेजन हो चुका है तो बात और है, पर उस हालत में भी इससे घृणा उत्पन्न हो सकती है और इस प्रकार संबंधों में बहुत गड़बड़ पैदा करने वाली बात हो सकती है। इसका अर्थ यह है कि मनुष्य-शरीर की गन्धात्मक अनुभूतियाँ इसकी स्पर्शात्मक अनुभूतियों से मिलती-जुलती हैं, न कि देखने की अनुभूति से। हम लोगों में गंध बौद्धिक कौतूहल की प्रधान अववाहिका नहीं रह गई। वैयक्तिक महकों का प्रभाव अंतरंग, भावुकतापूर्ण तथा कल्पना-प्रधान होता है। इसलिए जैसा कि जेम्स ने कहा है यदि पहले से सहानुभूति मौजूद नहीं है तो वैयक्तिक महकों से कामेच्छा की विपरीत इच्छा उत्पन्न हो सकती है।

ऐसा संभव मालूम होता है कि जंतुओं में, पुरुष तथा स्त्री दोनों, महकों से प्रभावित होते हैं, क्योंकि यद्यपि साधारणतः नरों के शरीरों के यौन क्षेत्र में विशेष गंध-संबंधी ग्रंथियाँ होती हैं (यदि ग्रंथियाँ हों तो), पर यौन मौसम में मादा में जो विचित्र गंध होती है वह नर को आकर्षित करने में कुछ कम असरदार नहीं है। यदि हम यौन आकर्षण की बात को छोड़कर साधारण रूप से इस बात पर विचार करें कि पुरुष और स्त्रियाँ किस हद तक गंध के द्वारा प्रभावित होते हैं तो इसमें कोई संदेह नहीं कि हमें यह मानना पड़ेगा कि स्त्रियाँ ही अधिक प्रभावित होती हैं। ग्रोस ने यह बात दिखाई कि बच्चों में भी लड़कियाँ सुगंधियों से लड़कों से कहीं अधिक दिलचस्पी रखती हैं और कई अन्वेषकों ने, विशेषकर गार्बिनि ने, अपने शोधों द्वारा यह बात साबित की है कि लड़कों की बनिस्बत लड़कियों में गंध पहचानने की वृत्ति अधिक तीव्र होती है। अमेरिका में ऐलिस थापर ने यह प्रदर्शित किया कि लड़कियाँ अपने राग-द्वेष में लड़कों की तुलना में गंध से अधिक प्रभावित होती हैं। मारी ने इससे भी आगे बढ़कर लड़कियों पर कुछ विस्तृत शोध किए, उन्होंने अपने शोधों में यौवनोद्‌गम के बाद की और उससे पहले की लड़कियों को लिया। इसके फलस्वरूप उन्होंने यह मत प्रतिपादित किया कि यौन जीवन आरंभ हो जाने के बाद लड़कियाँ महक के संबंध में अधिक अनुभूतिशीलता प्राप्त कर लेती हैं, यद्यपि उनकी दूसरी अनुभूतियाँ उस मात्रा में बढ़ती नहीं हैं। यह और बता दिया जाए कि कई स्त्रियों में गर्भिणी अवस्था में गंध-संबंधी अनुभूति अत्यधिक हो जाती है। वाशिडे के प्रयोगों ने यह प्रमाणित कर दिया कि बुढ़ापे के आक्रमण के बाद भी स्त्रियों में गंधानुभूति-संबंधी श्रेष्ठता कायम रहती है। कुल मिलाकर यह कहा जा सकता है जैसे कि वैन डे वेल्डे तथा अन्य स्त्री-रोग-विशेषज्ञ इस बात को मानते हैं कि स्त्रियाँ पुरुषों की तुलना में गंधानुभूतियों से कहीं अधिक और कहीं अधिक बार प्रभावित होती हैं।

बिलकुल भिन्न उद्‌गमों से आती हुई महकों में कई बार रासायनिक समता होती है और वे एक-सी मालूम होती हैं, इसलिए गंधद्रव्यों से वे ही यौन असर पैदा हो सकते हैं जो आदिम रूप में शरीर की महक से पैदा होते हैं। इवान ब्लाख ने यह कहा है कि आदिम रूप

से स्त्रियाँ शरीर की संभव महक को छिपाने के लिए नहीं, जैसाकि सभ्य स्त्रियाँ करती हैं, बल्कि स्वाभाविक महक को बढ़ाने और उसे तेज करने के लिए उनका इस्तेमाल करती थीं। यह बात सही मालूम होती है। यदि आदिम मनुष्य किसी स्त्री से इसीलिए कन्नी काट जाता था कि उसकी महक मामूली या इतनी कम है कि पहचान में नहीं आती या वह उससे उस प्रकार से हट जाता था जैसे एक पोलिनेशियन पुरुष सिडनी नगर की लेडियों से यह कहकर हट गया था कि इनमें कोई महक नहीं है; तो यह स्पष्ट है कि स्त्रियाँ इस संबंध में अपनी प्राकृतिक त्रुटि की पूर्ति करने की तथा अपनी गंध-संबंधी विशेषताओं को बढ़ाने की उसी प्रकार चेष्टा करती होंगी जैसे सभ्य स्त्रियाँ अपने शरीर की यौन भलाइयों या खूबियों को सामने रखने की कोशिश करती हैं। ब्लाख ने इसी दिशा में सुझाव रखा है कि अभी तक स्त्रियाँ जिन गंधों को चुनती रही हैं, वे सूक्ष्म नहीं बल्कि बहुत तेज, अत्यंत जांतविक गुण-संपन्न तथा अत्यंत यौन होतीं थी जैसे—कि मुश्क, कस्तूरी, सिविट और अम्बरग्रि। इनमें से विशिष्ट पदार्थ मुश्क है, जो लीनियस-वर्णित अमृतगंधी वस्तुओं के वर्ग में साथ आ जाता है। ज्वार्देमाकेर ने बताया है कि ये दोनों पदार्थ कैप्रिलवर्ग के साथ यौन महत्त्व रखते हैं और मुश्क की गंध वह गंध है जो मनुष्य के शरीर से बहुत मिलती है।

मनुष्य में गंधात्मक अनुभूतियों के वर्ग की विशेषता यह है कि उनसे एक अनुभूति का ह्रास सूचित होता है, जो मनुष्य के दूर के पूर्वपुरुषों में यौन आकर्षण का प्रधान मार्ग हुआ करता था। मनुष्य में और कुछ हद तक वानरों में दृष्टि ने गंधानुभूति का स्थान ले लिया है। फिर भी गंध से बराबर हमारे इर्द-गिर्द एक वातावरण बनता रहता है जिससे हम आकर्षित या विकर्षित होते हैं और सूक्ष्म रूप से हम उनकी अवहेलना नहीं करते बल्कि उनको संवारते हैं।

3. श्रवण :

हमारी जितनी भी मुख्य शारीरिक क्रियाएँ हैं, वे कुछ अंतर देकर नियमपूर्वक हुआ करती हैं और इसमें कुछ आश्चर्य नहीं कि हमारी शारीरिक पद्धति में लय अंतर्निहित है। नतीजा यह है कि जो भी बातें हमारे स्नायुओं और मांसपेशियों की नियमित गति-संबंधी प्रवृत्ति से मिलती-जुलती हैं या जिन बातों से भी हमारे अंदर की यह लय-संबंधी प्रवृत्ति विकसित और ऊँची होती है, उनका हम पर निश्चित रूप से एक उत्तेजक तथा उत्साहवर्धक प्रभाव पड़ता है। बीखेर और वुंड्ट का यह मत मानना संभव नहीं है कि पद्धतिगत रूप से किए जाने वाले काम के साथ जो आवाज कुछ अंतर से लगाई जाती है, उसी से या मुख्य रूप से उसी से संगीत की उत्पत्ति हुई है; पर लय चाहे सरल रूप में हो या संगीत के विकसित रूप में हो, मांसपेशियों की क्रिया के लिए एक उत्तेजक असर रखती है, इसमें संदेह नहीं। स्वीडिश भाषा वैज्ञानिक स्पेरबेर का यह मत बहुत-कुछ सही मालूम होता है कि यौन वृत्ति ही वह मुख्य स्रोत थी जिससे साधारण रूप से भाषा की उत्पत्ति हुई। उनका कहना है कि दो परिस्थितियाँ हैं जिनमें सहजातात्मक चीत्कार उठेगा और उसे जवाब भी मिलेगा; एक तो वह जबकि भूखा बच्चा चिल्लाता है और माँ उसे खिलाती है या पिलाती है; और दूसरे वह जबकि यौन रूप से उत्तेजित नर आवाज देता है और मादा उसका जवाब देती है। ऐतिहासिक रूप से दूसरी परिस्थिति पहले आई

नहीं पड़ते, उन क्षेत्रों में भी स्त्रियों पर संगीत का शरीर-वैज्ञानिक असर यौन उद्दीपन से बहुत कुछ मिलता-जुलता है। बहुत सही दिमागवाली पढ़ी-लिखी स्त्रियाँ भी संगीत से एक हद तक स्पष्ट रूप से उद्दीपित होती हैं, यद्यपि यह नहीं कहा जा सकता कि ऐसा वे एक ही तरह के संगीत से होती हैं। स्नायुविकृतिवाले लोगों में यह प्रभाव अक्सर अधिक स्पष्ट हो सकता है और कुछ रोगग्रस्त व्यक्तियों में जैसा कि वाशीडे और वुरपास का कहना है तब तक मैथुन हो ही नहीं सकता जब तक कि उसे संगीत के द्वारा सहारा न दिया जाए।

यह भी अर्थपूर्ण है कि यौवनोद्गम के साथ-साथ संगीत तथा इस प्रकार की अन्य कलाओं में स्पष्ट दिलचस्पी पैदा हो जाती है। पढ़े-लिखे वर्ग के युवाओं में और विशेषकर लड़कियों में यौवनोद्गम के समय कला के प्रति प्रबल अभिरुचि उत्पन्न होती है, जो कई महीनों तक या अधिक से अधिक साल-दो साल स्थायी होती है। एक निरीक्षण के अनुसार छः में पाँच लड़कियों में ऐसे समय संगीत के संबंध में आवेगपूर्ण प्रेम बढ़ जाता है। पंद्रह की उम्र के लगभग यह प्रेम सबसे अधिक होता है, और सोलह के बाद यह प्रेम तेजी से घटने लगता है।

4. दृष्टि :

बहुत बड़ी हद तक दृष्टि ने बाकी सब इंद्रियानुभूतियों पर धीरे-धीरे प्रधानता प्राप्त कर ली है और यही वह मुख्य धारा बन गई है जिसके ज़रिए से हमारे मन पर छाप पड़ती है। इसका क्षेत्र लगभग अनंत है और उसका प्रयोग सूक्ष्म तथा अंतरंग हो सकता है। यह वह आधार है जिस पर कई कलाओं का आवेदन निर्भर है, साथ ही यह वह अनुभूति है जिसपर हम मुख्यतः पुष्टि-ग्रहण के जान्तविक कार्य के लिए भरोसा करते हैं। इसलिए यह आश्चर्यजनक नहीं है कि यौन निर्वाचन की दृष्टि से दृष्टि ही सबसे बड़ी अनुभूति हो गई है। मनुष्यों में प्रेम सौंदर्य के निरंतर अवलोकन के रूप में हो गया है।

सौंदर्य-संबंधी धारणा की उत्पत्ति किस प्रकार हुई, यह सौंदर्यशास्त्र का विषय है न कि यौन मनोविज्ञान का। उसके साथ ही यह एक ऐसा प्रश्न है जिस पर सौंदर्यशास्त्रियों में मतभेद है। हम यहाँ पर इस पचड़े में नहीं पड़ेंगे कि यौन सौंदर्य-संबंधी हमारे आदर्शों का विकास सामान्यतर तथा मौलिकतर नियमों के प्रभाव के कारण हुआ है या नहीं और न हम इस झगड़े में पड़ेंगे कि सौंदर्य की जो अधिकतर सामान्य धारणाएँ हैं उनमें यौन आदर्श अंतर्निहित हैं या नहीं। व्यावहारिक रूप से परिस्थिति यह है कि जहाँ तक मनुष्य तथा उसके पूर्वपुरुषों का संबंध है, सौंदर्य के यौन और अयौन घटक पहले से ही एक-दूसरे में अंतःप्रविष्ट हैं। यौन रूप से सुंदर पात्र की मौलिक शरीर-वैज्ञानिक सामर्थ्य पर अच्छी प्रतिक्रिया हुई होगी, साथ ही सामान्य रूप से सुंदर वस्तु में वह चमत्कार प्राप्त हुआ होगा, जो विशेष रूप से यौन पात्र में मिलता है। इस प्रकार अनिवार्य रूप से क्रिया-प्रतिक्रिया हुई होगी जैसे कि हम यह देखते हैं कि प्रकृति में सर्वत्र मोहक गंध के यौन और अयौन प्रभाव अच्छेद्य रूप से मिले-जुले हैं। इसी प्रकार से कोई पात्र या वस्तु हमारी आँखों में सुंदर मालूम होती है, तो उसके भी उद्देश्य उसी प्रकार से मिले-जुले हैं। सुंदर व्यक्तियों के ब्योरेवार वर्णन में

पर अधिक होता है। इसका कारण यह है, जैसाकि राबर्ट मिलर ने कहा है, स्त्री की आवाज में शिशु-सुलभ गुण बने रहते हैं और इसलिए पुरुष की आवाज जिस प्रका विशिष्ट रूप से पुरुषोचित है, स्त्री की आवाज उसकी तुलना में कम स्त्रियोचित है।

बाल्यावस्था में प्रेम-संबंधी जो विचार होते हैं, पुरुष अक्सर उनका संबंध गात हुई या बजाती हुई स्त्री से स्थापित कर सकता है; पर साथ ही इन क्षेत्रों के संबंध में य बता दिया जाए कि यह आकर्षण रोमांटिक और भावुकतापूर्ण था और विशेष रूप कामात्मक नहीं था। इसके विपरीत वयस्क जीवन में वह संगीत जो हमें स्पष्ट रूप यौन आवेदनयुक्त मालूम पड़ता है, इस कारण ऐसा असर उत्पन्न करता है कि उस संबंध एक कहानी से रहा और अंशतः उसका असर इस कारण होता है कि सुननेवा बौद्धिक रूप से इस बात को हृदयंगम करता है कि स्वरकार ने आवेग को सौंदर्य भाषा में अनुवाद करने की कोशिश की है। संगीत का वास्तविक असर यौन नहीं हो और यह अच्छी तरह विश्वास किया जा सकता है कि सम्मोहित लोगों पर ट्रिस्टैन संगीत के यौन प्रभाव-संबंधों में जो प्रयोग किए गए, उनका परिणाम नकारात्मक रह पर ऐसा देखा गया है कि कम महत्त्वपूर्ण स्वरकारों विशेषकर मासने के संगीत में र आवेग की अभिव्यक्ति धार्मिक आवेग से अभिन्न है, यह कुछ अत्युक्ति है।

फ़ेरे ने अस्पताल में पड़े हुए एक युवक की बात लिखी है जो बहुत भयं आरथ्राइटिस रोग से पीड़ित था। वह यह शिकायत करता था कि अस्पताल के क की देख-रेख करने वाली एक अदृश्य लड़की थी। जब भी सुमधुर आवाज दरवाजे अंदर से उसे सुनाई पड़ती थी, तभी उसका शिश्न कष्टकर रूप से दंडायमान हो ज था। पर ऐसी बातें अक्सर देखने में नहीं आतीं या कम से कम साफ होकर स नहीं आतीं। मेरी अपनी खोजों से पता लगता है कि संगीत सुनने के फलस्वरूप कम पुरुषों पर स्पष्ट यौन असर पड़ता है।

जिन कारणों से ऐसा मालूम होता है कि पुरुष श्रवण के द्वारा यौन रू आकर्षित नहीं होते होंगे, उन्हीं कारणों से यह संभव मालूम होता है कि स्त्रियाँ यौन से आकर्षित होंगी। यौवनोद्‌गम पर पुरुष की आवाज भारी पड़ने लगती है, इसलिए पुरुष की एक गौण विशेषता बन जाती है। इसके साथ जब हम यह मिलाकर देख कि आमतौर पर स्तनपायी जानवरों में नर ही बहुत बोलता है, और सो भी मुख्यतः प्रजनन के मौसम में ही, तो इससे इस बात की संभावना पैदा हो जाती है कि सा रूप से स्तनपायी जानवरों की जिनमें मनुष्य भी है, स्त्रियों में पुरुष की आवाज के में वास्तविक या सुप्त यौन अनुभूतिशीलता होती है। सभ्यता में आकर अनुभूतिशीलता संगीत के प्रति आकर्षण में परिणत हो गई होगी। जैसा कि गोंकू कहा है, संगीत स्त्रियों के लिए प्रेम का भंडार है। यह ध्यान योग्य है कि स्त्रियों वे लिखे हुए उपन्यासों में नायक के स्वर तथा नायिका पर उसके भावुक असर का जिक्र रहता है। वास्तविक जीवन में तो स्त्रियाँ कई बार पुरुष की आवाज के कार में पड़ जाती हैं। ऐसा वे कई बार पुरुष को बिना देखे ही करती हैं। वाशीडे वुरपास ने दिखलाया है कि जिन क्षेत्रों में भी विशेष स्थानीय ढंग के यौन असर

नहीं पड़ते, उन क्षेत्रों में भी स्त्रियों पर संगीत का शरीर-वैज्ञानिक असर यौन उद्दीपन से बहुत कुछ मिलता-जुलता है। बहुत सही दिमागवाली पढ़ी-लिखी स्त्रियाँ भी संगीत से एक हद तक स्पष्ट रूप से उद्दीपित होती हैं, यद्यपि यह नहीं कहा जा सकता कि ऐसा वे एक ही तरह के संगीत से होती हैं। स्नायुविकृतिवाले लोगों में यह प्रभाव अक्सर अधिक स्पष्ट हो सकता है और कुछ रोगग्रस्त व्यक्तियों में जैसा कि वाशीडे और वुरपास का कहना है तब तक मैथुन हो ही नहीं सकता जब तक कि उसे संगीत के द्वारा सहारा न दिया जाए।

यह भी अर्थपूर्ण है कि यौवनोद्‌गम के साथ-साथ संगीत तथा इस प्रकार की अन्य कलाओं में स्पष्ट दिलचस्पी पैदा हो जाती है। पढ़े-लिखे वर्ग के युवाओं में और विशेषकर लड़कियों में यौवनोद्‌गम के समय कला के प्रति प्रबल अभिरुचि उत्पन्न होती है, जो कई महीनों तक या अधिक से अधिक साल-दो साल स्थायी होती है। एक निरीक्षण के अनुसार छः में पाँच लड़कियों में ऐसे समय संगीत के संबंध में आवेगपूर्ण प्रेम बढ़ जाता है। पंद्रह की उम्र के लगभग यह प्रेम सबसे अधिक होता है, और सोलह के बाद यह प्रेम तेजी से घटने लगता है।

4. दृष्टि :

बहुत बड़ी हद तक दृष्टि ने बाकी सब इंद्रियानुभूतियों पर धीरे-धीरे प्रधानता प्राप्त कर ली है और यही वह मुख्य धारा बन गई है जिसके ज़रिए से हमारे मन पर छाप पड़ती है। इसका क्षेत्र लगभग अनंत है और उसका प्रयोग सूक्ष्म तथा अंतरंग हो सकता है। यह वह आधार है जिस पर कई कलाओं का आवेदन निर्भर है, साथ ही यह वह अनुभूति है जिसपर हम मुख्यतः पुष्टि-ग्रहण के जान्तविक कार्य के लिए भरोसा करते हैं। इसलिए यह आश्चर्यजनक नहीं है कि यौन निर्वाचन की दृष्टि से दृष्टि ही सबसे बड़ी अनुभूति हो गई है। मनुष्यों में प्रेम सौंदर्य के निरंतर अवलोकन के रूप में हो गया है।

सौंदर्य-संबंधी धारणा की उत्पत्ति किस प्रकार हुई, यह सौंदर्यशास्त्र का विषय है न कि यौन मनोविज्ञान का। उसके साथ ही यह एक ऐसा प्रश्न है जिस पर सौंदर्यशास्त्रियों में मतभेद है। हम यहाँ पर इस पचड़े में नहीं पड़ेंगे कि यौन सौंदर्य-संबंधी हमारे आदर्शों का विकास सामान्यतर तथा मौलिकतर नियमों के प्रभाव के कारण हुआ है या नहीं और न हम इस झगड़े में पड़ेंगे कि सौंदर्य की जो अधिकतर सामान्य धारणाएँ हैं उनमें यौन आदर्श अंतर्निहित हैं या नहीं। व्यावहारिक रूप से परिस्थिति यह है कि जहाँ तक मनुष्य तथा उसके पूर्वपुरुषों का संबंध है, सौंदर्य के यौन और अयौन घटक पहले से ही एक-दूसरे में अंतःप्रविष्ट हैं। यौन रूप से सुंदर पात्र की मौलिक शरीर-वैज्ञानिक सामर्थ्य पर अच्छी प्रतिक्रिया हुई होगी, साथ ही सामान्य रूप से सुंदर वस्तु में वह चमत्कार प्राप्त हुआ होगा, जो विशेष रूप से यौन पात्र में मिलता है। इस प्रकार अनिवार्य रूप से क्रिया-प्रतिक्रिया हुई होगी जैसे कि हम यह देखते हैं कि प्रकृति में सर्वत्र मोहक गंध के यौन और अयौन प्रभाव अच्छेद्य रूप से मिले-जुले हैं। इसी प्रकार से कोई पात्र या वस्तु हमारी आँखों में सुंदर मालूम होती है, तो उसके भी उद्देश्य उसी प्रकार से मिले-जुले हैं। सुंदर व्यक्तियों के ब्योरेवार वर्णन में

पर अधिक होता है। इसका कारण यह है, जैसाकि राबर्ट मिलर ने कहा है, स्त्री की आवाज में शिशु-सुलभ गुण बने रहते हैं और इसलिए पुरुष की आवाज जिस प्रका विशिष्ट रूप से पुरुषोचित है, स्त्री की आवाज उसकी तुलना में कम स्त्रियोचित है।

बाल्यावस्था में प्रेम-संबंधी जो विचार होते हैं, पुरुष अक्सर उनका संबंध गात हुई या बजाती हुई स्त्री से स्थापित कर सकता है; पर साथ ही इन क्षेत्रों के संबंध में य बता दिया जाए कि यह आकर्षण रोमांटिक और भावुकतापूर्ण था और विशेष रूप कामात्मक नहीं था। इसके विपरीत वयस्क जीवन में वह संगीत जो हमें स्पष्ट रूप यौन आवेदनयुक्त मालूम पड़ता है, इस कारण ऐसा असर उत्पन्न करता है कि उसक संबंध एक कहानी से रहा और अंशतः उसका असर इस कारण होता है कि सुननेवा बौद्धिक रूप से इस बात को हृदयंगम करता है कि स्वरकार ने आवेग को सौंदर्य भाषा में अनुवाद करने की कोशिश की है। संगीत का वास्तविक असर यौन नहीं हो और यह अच्छी तरह विश्वास किया जा सकता है कि सम्मोहित लोगों पर ट्रिस्टैन संगीत के यौन प्रभाव-संबंधों में जो प्रयोग किए गए, उनका परिणाम नकारात्मक रह पर ऐसा देखा गया है कि कम महत्त्वपूर्ण स्वरकारों विशेषकर मासने के संगीत में य आवेग की अभिव्यक्ति धार्मिक आवेग से अभिन्न है, यह कुछ अत्युक्ति है।

फ़ेरे ने अस्पताल में पड़े हुए एक युवक की बात लिखी है जो बहुत भयं आरथ्राइटिस रोग से पीड़ित था। वह यह शिकायत करता था कि अस्पताल के क की देख-रेख करने वाली एक अदृश्य लड़की थी। जब भी सुमधुर आवाज दरवाजे अंदर से उसे सुनाई पड़ती थी, तभी उसका शिश्न कष्टकर रूप से दंडायमान हो ज था। पर ऐसी बातें अक्सर देखने में नहीं आतीं या कम से कम साफ होकर स नहीं आतीं। मेरी अपनी खोजों से पता लगता है कि संगीत सुनने के फलस्वरूप कम पुरुषों पर स्पष्ट यौन असर पड़ता है।

जिन कारणों से ऐसा मालूम होता है कि पुरुष श्रवण के द्वारा यौन रू आकर्षित नहीं होते होंगे, उन्हीं कारणों से यह संभव मालूम होता है कि स्त्रियाँ यौन से आकर्षित होंगी। यौवनोद्गम पर पुरुष की आवाज भारी पड़ने लगती है, इसलिए पुरुष की एक गौण विशेषता बन जाती है। इसके साथ जब हम यह मिलाकर देख कि आमतौर पर स्तनपायी जानवरों में नर ही बहुत बोलता है, और सो भी मुख्यतः प्रजनन के मौसम में ही, तो इससे इस बात की संभावना पैदा हो जाती है कि सा रूप से स्तनपायी जानवरों की जिनमें मनुष्य भी है, स्त्रियों में पुरुष की आवाज के में वास्तविक या सुप्त यौन अनुभूतिशीलता होती है। सभ्यता में आकर अनुभूतिशीलता संगीत के प्रति आकर्षण में परिणत हो गई होगी। जैसा कि गोंकू कहा है, संगीत स्त्रियों के लिए प्रेम का भंडार है। यह ध्यान योग्य है कि स्त्रियों वे लिखे हुए उपन्यासों में नायक के स्वर तथा नायिका पर उसके भावुक असर का जिक्र रहता है। वास्तविक जीवन में तो स्त्रियाँ कई बार पुरुष की आवाज के कार में पड़ जाती हैं। ऐसा वे कई बार पुरुष को बिना देखे ही करती हैं। वाशीडे वुरपास ने दिखलाया है कि जिन क्षेत्रों में भी विशेष स्थानीय ढंग के यौन असर

द्रष्टव्य उपादानों पर ही जोर दिया जाता है। सौंदर्य एक ऐश्वर्यशाली शब्द है, वह मन पर पड़ी हुई ऐसी जटिल छापों का मानो समन्वय है जो एक ही ज्ञानेंद्रिय के जरिए से प्राप्त हुई हैं।

यदि हम तुलनात्मक रूप से असभ्य लोगों में स्त्री के सौंदर्य के संबंध में जो आदर्श है, उसका सर्वेक्षण करें तो हमें यह दिलचस्प बात मालूम होगी कि इनमें बहुत-सी बातें ऐसी मिलेंगी जो सभ्य लोगों की सौंदर्य-संबंधी रुचि के अनुरूप होंगी। सच तो यह है उनमें से अधिकांश ऐसी हैं जो किसी भी प्रकार हमारे सौंदर्य-संबंधी विचारों या आदर्शों के प्रतिकूल नहीं पड़तीं। यहाँ तक कहा जा सकता है कि कुछ असभ्य जातियों के सौंदर्य-संबंधी आदर्श हमारे मध्ययुगीन पूर्वपुरुषों के आदर्शों से हमें कहीं अधिक भले मालूम होते हैं। आधुनिक यूरोपियन संस्कृति के संबंध में मान लिया जा सकता है कि वह सौंदर्यशास्त्रगत सौंदर्य के प्रति विशेष रूप से अनुभूतिशील है, फिर भी वह असभ्य जातियों की स्त्रियों में सौंदर्य देखता है। इससे यह सूचित होता है कि चाहे कितनी ही तरह के बदलने वाले प्रभाव पड़े हों, सौंदर्य एक बड़ी हद तक एक वस्तुगत मामला है। इस धारणा का समर्थन इस प्रकार से भी होता है कि निम्नतर जातियों के लोग कई बार अपनी जाति की स्त्रियों की तुलना में यूरोपीय स्त्रियों की प्रशंसा करते हैं।

यह शायद एक अर्थपूर्ण तथ्य है कि यही बात हमें सारे प्राणिजगत् में प्राप्त होती है। मनुष्य को प्रकृति में जो भी चीजें बहुत सुंदर मालूम होती हैं वे यौन प्रक्रिया तथा यौन सहजात से संबद्ध हैं, या उन पर निर्भर हैं। यही बात पौधों की दुनिया में भी दिखाई पड़ती है। प्राणिजगत् के अधिकांश में भी यही बात है और जैसा कि पुलटन ने इस तथ्य की ओर ध्यान दिलाते हुए कहा है, जिसकी ओर लोगों का ध्यान नहीं जाता और न लोग उसका मतलब लगा पाते हैं, कि मुर्गे का वह गाना या वह पंख जो मुर्गी में संभोग की इच्छा उत्पन्न करते हैं, वे ही अधिकांश क्षेत्रों में मनुष्य को भी प्रिय मालूम देते हैं।

पुरुष तथा स्त्री के सौंदर्य-संबंधी आदर्शों के निर्माण में यह बराबर अनिवार्य-सा रहा है कि मनुष्य-जाति के इतिहास के आदिकाल से यौन विशेषता को बहुत महत्त्व दिया जाता था। आदिम दृष्टिकोण से यौन रूप से वांछनीय तथा आकर्षक स्त्री वही है जिसकी यौन विशेषताएँ या तो प्राकृतिक रूप से प्रमुख हैं या कृत्रिम रूप से प्रमुख बनाई गई हैं, यानी सुंदर स्त्री वह है जो दृश्यमान रूप से संतान धारण करने तथा उन्हें स्तन पिलाने के लिए सबसे अधिक योग्यता रखती है। इसी प्रकार से एक स्त्री की दृष्टि में पुरुष के सौंदर्य में वे गुण हैं जो एक समर्थ साथी तथा रक्षक के गुण हैं। एक हद तक प्राथमिक यौन चरित्र इस प्रकार असभ्य जातियों में प्रशंसा के कारण बनते हैं। कई जातियों के आदिम और अक्सर यौन अर्थपूर्ण नृत्यों में स्त्रियों तथा पुरुषों के द्वारा यौन अंगों के प्रदर्शन को प्रमुखता दी जाती है। यूरोप में मध्ययुग तक पुरुषों के वस्त्र ऐसे होते थे जिनसे यौन अंगों को प्रमुखता मिलती थी। संसार के कई भागों में स्त्री के प्रजनन अंगों, भगोष्ठों तथा भगांकुर को कृत्रिम रूप से बढ़ाने का अभ्यास किया जाता था और इस प्रकार बढ़े हुए अंग महत्वपूर्ण माने जाते थे।

पर नग्न प्रजनन अंगों को आकर्षण के पात्रों के रूप में प्रदर्शन करना निम्न संस्कृति के लोगों में ही पाया जाता है, यद्यपि इस संबंध में यह स्मरण रखना चाहिए कि जापान के कामात्मक चित्रों में स्त्री तथा पुरुष दोनों के कामांगों को बहुत बढ़ा-चढ़ाकर दिखाया गया है। उससे कहीं अधिक फैला हुआ तो वह रिवाज है जिसके अनुसार यौन अंगों को सुंदर बनाने तथा उन्हें छद्मवेश पहनाने की कोशिश की जाती है। ऐसा गोदना गुदवाकर, तरह-तरह के अलंकारों से तथा अजीब कपड़े पहनकर किया जाता है। शारीरिक सौंदर्य के स्थान पर कपड़े के सुघड़पन को स्वीकार करने की प्रवृत्ति मनुष्य-जाति के इतिहास में बहुत पहले ही शुरू होती है और जैसा कि हम अच्छी तरह जानते हैं, सभ्यता में तो इसी का बोलबाला है। इसलिए हमारी आवश्यकताएँ और हमारे परंपरागत आदर्श एक-दूसरे से बिलकुल भिन्न हो गए हैं। हमारे कलाकार भी इस संबंध में उलझनग्रस्त तथा अज्ञ हैं। स्ट्राटस ने बार-बार दिखलाया है कि कलाकार लोग अपनी मासूमियत में त्रुटिग्रस्त मॉडेलों के विकृत अंगों तथा रोगग्रस्त विशेषताओं का चित्रण करते अघाते नहीं हैं।

असभ्य जातियों में सजावट तथा वस्त्र के प्रधान आदिम उद्देश्यों में एक उद्देश्य यह है कि शरीर के प्रति आकर्षित किया जाए न कि उससे छिपाया जाए और उसे अधिकतर आकर्षक बनाया जाए। इसके साथ ही हमें इस बात पर ध्यान देना चाहिए कि सजावट तथा अंगच्छेद आदि का उद्देश्य जादू-टोनामूलक माना जाता था, जिसके द्वारा खतरे से भरे हुए शारीरिक कार्यों की रक्षा की जाती थी तथा उन्हें अलग कर दिया जाता था। ये दोनों उद्देश्य बड़ी हद तक एक-दूसरे में अन्तःप्रविष्ट हैं। संस्कृति के उद्भव के आदिम युग में प्रजनन-अंग पवित्र रूप धारण करने लगते हैं, साथ ही यौन क्रियाएँ धार्मिक बन जाती हैं। आदिम मनुष्य ने ही इस बात को समझ लिया था कि प्रजनन, जो प्रकृति में सृजन की शक्ति है, बहुत महान् धारणा है और उसने तदनुसार सृजन के प्रधान प्रतीकों में प्रजनन-अंगों को स्थापित कर दिया। इस प्रकार इन्हें इतनी गंभीर पवित्रता मिल गई, जिसे यौन आकर्षण के उद्देश्य की दृष्टि से अनुकूल नहीं माना जा सकता। लिंगपूजा एक जगद्व्यापी प्रथा के रूप में पाई जाती है। यह उच्च संस्कृतिवाले लोगों में भी, जैसे रोमन साम्राज्य के समय के रोमनों में और आज के जापानियों में प्रचलित है।

प्राथमिक यौन विशेषताओं पर इस प्रकार से जो धार्मिक और जादू-टोना मूलक गुण आरोपित किए गए हैं, उनके अलावा भी कई और कारण हुए जिनसे उन्हें यौन आकर्षण के पात्रों के रूप में अधिक महत्त्व प्राप्त नहीं हुआ, और यदि हुआ तो वह ज्यादा दिन नहीं टिका। वे इस दृष्टि से अनावश्यक तथा असुविधाजनक हैं। जन्तुओं में भी ऐसा बहुत कम देखने में आता है कि प्राथमिक यौन विशेषताएँ विपरीत लिंग के सदस्य की आँखों में आकर्षक जान पड़ें, यद्यपि वे गंध की अनुभूति के कारण आकर्षक हैं। यौन क्षेत्र शरीर के मर्मस्थल होते हैं। विशेषकर मनुष्य में वे बहुत ही मर्मस्थल हैं, इसलिए यौन आकर्षण के रूप में उनका प्रदर्शन तथा उनका रक्षण एक-दूसरे के विरुद्ध पड़ते हैं। इसके विपरीत यह उद्देश्य शरीर के ऊपरी तथा अन्य प्रमुख भागों पर (जो यौन आकर्षण के प्रधान चिह्न स्वरूप हैं) केंद्रीभूत करने से अधिक असरदार तरीके से

होगी और इसलिए यौन वृत्ति ही शायद भाषा का प्रथम स्रोत है। सच तो यह है कि यह उस समय हुई होगी जबकि मेरुदंड-संबंधी विकास हुआ होगा।

फ़ेरे के प्रयोगों से यह साबित हो चुका है कि लय के अलावा केवल गाने की एक कड़ी भी शारीरिक उत्तेजना उत्पन्न कर सकती है। संगीत का मांसपेशियों के कार्य पर क्या प्रभाव होता है, इस पर बार-बार खोज की गई है। डाइनमोमीटर से छोटे प्रयोगों तथा एर्गोग्राफ के लंबे प्रयोगों से यह पता चला है कि इसका उत्साहप्रद प्रभाव होता है। एर्गोग्राफ यंत्र के द्वारा टरचानोफ को यह मालूम हुआ कि स्नायुविक रूप से अनुभूतिशील व्यक्तियों पर सजीव संगीत का यह असर होता है कि सामयिक रूप से थकावट या अवसाद दूर हो जाता है, यद्यपि नीचे के परदे पर मंद संगीत का विपरीत ही असर होता है। फ़ेरे को यह पता चला कि बेसुरेपन का प्रभाव अवसादजनक होता है, अधिकांश (पर सभी नहीं) ऊँचे परदे उत्साहवर्धक हैं और अधिकांश (पर सभी नहीं) नीचे परदे अवसादजनक होते हैं। थकावट या अवसाद के समय नीचे परदे ऊँचे परदों से अधिक उत्साहवर्धक होते हैं। सैडिज्म पर शोध करते हुए हमें शारीरिक अवसाद की स्थितियों में विभिन्न कष्टकर भावों के समय जिस उत्साहवर्धक प्रभाव का ज्ञान होता है, यह परिणाम भी दिलचस्प ढंग से उससे सामंजस्ययुक्त पाया गया है। मांसपेशियों की उच्चतर तथा निम्नतर क्रियाएँ यानी ऐच्छिक और अनैच्छिक क्रियाएँ संगीत के द्वारा उद्दीपित होती हैं।

स्नायविक और पेशी-पद्धति के इस उद्दीपन के साथ-साथ, जो प्रत्यक्ष या अप्रत्यक्ष दोनों तरह का हो सकता है, रक्तसंचार तथा श्वास-प्रश्वास पर भी असर पड़ता है। 1880 में रूसी शरीर-शास्त्री डोगियल ने जब से यह मालूम किया कि प्राणियों में इस प्रकार हृदय की शक्ति तथा द्रुतता बढ़ जाती है, तब से मनुष्यों और इतर प्राणियों पर बहुत तरह के प्रयोग किए गए हैं, जिनका उद्देश्य हृदय और फेफड़े पर संगीत का परिणाम ज्ञात करना था। इधर और जो शोध हुए हैं, उनसे यह स्पष्ट रूप से पता लगता है कि मनुष्य तथा दूसरे प्राणियों के रक्त-संचार तथा श्वासयंत्रों पर संगीत का स्पष्ट असर पड़ता है। पैट्रिज़ी ने एक ऐसे युवक पर प्रयोग किए जिसके सिर में बहुत भारी चोट लगने से खोपड़ी का काफी हिस्सा उड़ गया था। उस प्रयोग से यह साबित हुआ है कि मस्तिष्क के रक्त-संचार पर संगीत का बहुत स्पष्ट और प्रत्यक्ष असर पड़ता है। संगीत के उद्दीपन से मस्तिष्क के रक्तसंचार में फौरन वृद्धि होती है।

यह आश्चर्यजनक नहीं है कि संगीत का शरीर के विभिन्न अंतरंग हिस्सों, आंतों आदि तथा उनके कार्यों पर असर पड़ता है। इससे चर्म पर असर पड़ता है, जिससे पसीना बढ़ जाता है। इससे अश्रुपात की प्रवृत्ति पैदा हो सकती है। कभी-कभी इसके कारण पेशाब की इच्छा, यहाँ तक कि पेशाब हो सकता है। कुत्तों में यह दिखाया जा चुका है कि श्रवण-संबंधी उद्दीपन से आक्सीजन का खर्च बढ़ जाता है और कार्बनिक ऐसिड दूर हो जाता है। विभिन्न वर्गों के बहुत-से प्राणियों में विशेषकर कीड़ों और चिड़ियों में निस्संदेह रूप से यौन आकर्षण को अभी तक संगीत से सहारा मिलता है

और उसका विकास होता है। नर के गाने से मादा और मादा के गाने से नर यौन रूप से आकर्षित होते हैं। डार्विन ने इस मामले में बहुत विस्तृत आधार पर खोज की थी, पर इस प्रकार के विचारों पर संदेह प्रकट किया गया है और हडसन आदि कई लेखक हरबर्ट स्पेंसर के इस विचार को मानते हैं कि चिड़ियों का गाना शक्ति के अतिरेक के कारण होता और प्राक्क्रीड़ा तथा संगीत में जो संबंध दिखाई पड़ता है वह केवल काकतालीय है। अब यह विचार मान्य नहीं। संदेह नहीं कि संगीत की वास्तविक उत्पत्ति चाहे किसी बात से हुई हो, इसमें कोई संदेह नहीं कि संगीतनुमा शब्द और चिड़ियों में गाना प्राक्क्रीड़ा में बहुत बड़ा हिस्सा अदा करते हैं। साधारणतः ऐसा मालूम पड़ता है कि नर की स्वरलहरी से ही मादा आकृष्ट होती है, पर सरल और आदिम गानेवाले प्राणियों में, जैसे कुछ कीड़ों में मादा ही नर को आकृष्ट करती है। हमेशा किसी प्राणिवर्ग में नर या मादा में से संगीत की प्रतिभा होती है। इससे भी यही सूचित होता है कि इसके पीछे यौन आकर्षणवाला कारण है।

कई स्तन्यपायी प्राणिवर्ग में नर मुख्यतः और कई बार केवल प्रजनन के मौसम में ही वाणी के वरदान को काम में लाता है। उच्चतर वानरों में वाणी ही प्रेम-निवेदन का मुख्यतम साधन है, साथ ही उनके द्वारा उत्तेजना को प्रकाशित किया जाता है। डार्विन ने इस बात को बताया था और एक दूसरे दृष्टिकोण से फ़ेरे ने मानवीय यौन सहजात के लक्षणों का अध्ययन करते हुए यह बताया कि किसी ब्यौरेवार निरीक्षण में श्रवणशक्ति पर आधारित रोगग्रस्त यौन च्युतियों के अस्तित्व का उन्हें ज्ञान नहीं है।

केवल मनुष्य से निकट-संबंधयुक्त प्राणियों में ही नहीं, बल्कि स्वयं मनुष्य में भी यौवनोद्गम होने पर स्वर-यंत्र तथा आवाज में यौन पृथक्ता आ जाती है यानी पुरुष की आवाज़ स्त्री से विभिन्न रूप धारण करती है। यह विश्वास करना कोई कठिन नहीं है कि इस परिवर्तन का यौन निर्वाचन तथा यौन मनोविज्ञान पर प्रभाव पड़ता है। यौवनोद्गम पर स्वरयंत्र तथा आवाज़ की तंत्रियों में द्रुत विकास होता है, यानी वे पहले से बड़ी और मोटी हो जाती हैं और आवाज मोटी पड़ जाती है। लड़कियों में ये परिवर्तन बहुत मामूली रहते हैं पर लड़कों में ये परिवर्तन बहुत स्पष्ट होते हैं जिनके संबंध में यह कहा जाता है कि इनकी आवाज बैठ गई और फिर आवाज कम से कम एक सप्तक नीचे चली जाती है।—यौवनोद्गम पर स्त्री की आवाज 5 से 7 के अनुपात में बढ़ती है जबकि पुरुष की वृद्धि का अनुपात 5 से 10 का हो जाता है। इस परिवर्तन का कारण प्रत्यक्ष रूप से यौन का विकास है, इसका प्रमाण न केवल इससे मिलता है कि यौवनोद्गम के समय ही यह परिवर्तन होता है, बल्कि इस तथ्य से यह और भी प्रमाणित होता है कि यौवनोद्गम के पहले ही जिन नपुंसकों के अंडकोष निकाल लिए जाते हैं, उनकी आवाज बचकाना बनी रहती है।

यदि हम यह याद रखें कि हम यौन आवेदन के साधन के रूप में स्वर तथा सामान्य रूप से संगीत को बहुत अधिक महत्त्व देंगे। हम इस मामले में मोल के साथ सहमत हो सकते हैं कि कानों के जरिए से यौन उद्दीपन जितना समझा जाता है, उससे कहीं अधिक होता है; यद्यपि मैं यह मानता हूँ कि यह प्रभाव पुरुषों की तुलना में स्त्रियों

पर अधिक होता है। इसका कारण यह है, जैसाकि राबर्ट मिलर ने कहा है, स्त्री की आवाज में शिशु-सुलभ गुण बने रहते हैं और इसलिए पुरुष की आवाज जिस प्रकार विशिष्ट रूप से पुरुषोचित है, स्त्री की आवाज उसकी तुलना में कम स्त्रियोचित है।

बाल्यावस्था में प्रेम-संबंधी जो विचार होते हैं, पुरुष अक्सर उनका संबंध गाती हुई या बजाती हुई स्त्री से स्थापित कर सकता है; पर साथ ही इन क्षेत्रों के संबंध में यह बता दिया जाए कि यह आकर्षण रोमांटिक और भावुकतापूर्ण था और विशेष रूप से कामात्मक नहीं था। इसके विपरीत वयस्क जीवन में वह संगीत जो हमें स्पष्ट रूप से यौन आवेदनयुक्त मालूम पड़ता है, इस कारण ऐसा असर उत्पन्न करता है कि उसका संबंध एक कहानी से रहा और अंशतः उसका असर इस कारण होता है कि सुननेवाला बौद्धिक रूप से इस बात को हृदयंगम करता है कि स्वरकार ने आवेग को सौंदर्य की भाषा में अनुवाद करने की कोशिश की है। संगीत का वास्तविक असर यौन नहीं होता और यह अच्छी तरह विश्वास किया जा सकता है कि सम्मोहित लोगों पर ट्रिस्टैन के संगीत के यौन प्रभाव-संबंधों में जो प्रयोग किए गए, उनका परिणाम नकारात्मक रहा। पर ऐसा देखा गया है कि कम महत्त्वपूर्ण स्वरकारों विशेषकर मासने के संगीत में यौन आवेग की अभिव्यक्ति धार्मिक आवेग से अभिन्न है, यह कुछ अत्युक्ति है।

फ़ेरे ने अस्पताल में पड़े हुए एक युवक की बात लिखी है जो बहुत भयंकर आरथ्राइटिस रोग से पीड़ित था। वह यह शिकायत करता था कि अस्पताल के कपड़ों की देख-रेख करने वाली एक अदृश्य लड़की थी। जब भी सुमधुर आवाज दरवाजे के अंदर से उसे सुनाई पड़ती थी, तभी उसका शिश्न कष्टकर रूप से दंडायमान हो जाता था। पर ऐसी बातें अक्सर देखने में नहीं आतीं या कम से कम साफ होकर सामने नहीं आतीं। मेरी अपनी खोजों से पता लगता है कि संगीत सुनने के फलस्वरूप बहुत कम पुरुषों पर स्पष्ट यौन असर पड़ता है।

जिन कारणों से ऐसा मालूम होता है कि पुरुष श्रवण के द्वारा यौन रूप से आकर्षित नहीं होते होंगे, उन्हीं कारणों से यह संभव मालूम होता है कि स्त्रियाँ यौन रूप से आकर्षित होंगी। यौवनोद्‌गम पर पुरुष की आवाज भारी पड़ने लगती है, इसलिए यह पुरुष की एक गौण विशेषता बन जाती है। इसके साथ जब हम यह मिलाकर देखते हैं कि आमतौर पर स्तनपायी जानवरों में नर ही बहुत बोलता है, और सो भी मुख्यतः केवल प्रजनन के मौसम में ही, तो इससे इस बात की संभावना पैदा हो जाती है कि साधारण रूप से स्तनपायी जानवरों की जिनमें मनुष्य भी है, स्त्रियों में पुरुष की आवाज के संबंध में वास्तविक या सुप्त यौन अनुभूतिशीलता होती है। सभ्यता में आकर यही अनुभूतिशीलता संगीत के प्रति आकर्षण में परिणत हो गई होगी। जैसा कि गोंकूरतों ने कहा है, संगीत स्त्रियों के लिए प्रेम का भंडार है। यह ध्यान योग्य है कि स्त्रियों के द्वारा लिखे हुए उपन्यासों में नायक के स्वर तथा नायिका पर उसके भावुक असर का बहुत जिक्र रहता है। वास्तविक जीवन में तो स्त्रियाँ कई बार पुरुष की आवाज के कारण प्रेम में पड़ जाती हैं। ऐसा वे कई बार पुरुष को बिना देखे ही करती हैं। वाशीडे और वुरपास ने दिखलाया है कि जिन क्षेत्रों में भी विशेष स्थानीय ढंग के यौन असर दिखाई

नहीं पड़ते, उन क्षेत्रों में भी स्त्रियों पर संगीत का शरीर-वैज्ञानिक असर यौन उद्दीपन से बहुत कुछ मिलता-जुलता है। बहुत सही दिमागवाली पढ़ी-लिखी स्त्रियाँ भी संगीत से एक हद तक स्पष्ट रूप से उद्दीपित होती हैं, यद्यपि यह नहीं कहा जा सकता कि ऐसा वे एक ही तरह के संगीत से होती हैं। स्नायुविकृतिवाले लोगों में यह प्रभाव अक्सर अधिक स्पष्ट हो सकता है और कुछ रोगग्रस्त व्यक्तियों में जैसा कि वाशीडे और वुरपास का कहना है तब तक मैथुन हो ही नहीं सकता जब तक कि उसे संगीत के द्वारा सहारा न दिया जाए।

यह भी अर्थपूर्ण है कि यौवनोद्गम के साथ-साथ संगीत तथा इस प्रकार की अन्य कलाओं में स्पष्ट दिलचस्पी पैदा हो जाती है। पढ़े-लिखे वर्ग के युवाओं में और विशेषकर लड़कियों में यौवनोद्गम के समय कला के प्रति प्रबल अभिरुचि उत्पन्न होती है, जो कई महीनों तक या अधिक से अधिक साल-दो साल स्थायी होती है। एक निरीक्षण के अनुसार छः में पाँच लड़कियों में ऐसे समय संगीत के संबंध में आवेगपूर्ण प्रेम बढ़ जाता है। पंद्रह की उम्र के लगभग यह प्रेम सबसे अधिक होता है, और सोलह के बाद यह प्रेम तेजी से घटने लगता है।

4. दृष्टि :

बहुत बड़ी हद तक दृष्टि ने बाकी सब इंद्रियानुभूतियों पर धीरे-धीरे प्रधानता प्राप्त कर ली है और यही वह मुख्य धारा बन गई है जिसके ज़रिए से हमारे मन पर छाप पड़ती है। इसका क्षेत्र लगभग अनंत है और उसका प्रयोग सूक्ष्म तथा अंतरंग हो सकता है। यह वह आधार है जिस पर कई कलाओं का आवेदन निर्भर है, साथ ही यह वह अनुभूति है जिसपर हम मुख्यतः पुष्टि-ग्रहण के जान्तविक कार्य के लिए भरोसा करते हैं। इसलिए यह आश्चर्यजनक नहीं है कि यौन निर्वाचन की दृष्टि से दृष्टि ही सबसे बड़ी अनुभूति हो गई है। मनुष्यों में प्रेम सौंदर्य के निरंतर अवलोकन के रूप में हो गया है।

सौंदर्य-संबंधी धारणा की उत्पत्ति किस प्रकार हुई, यह सौंदर्यशास्त्र का विषय है न कि यौन मनोविज्ञान का। उसके साथ ही यह एक ऐसा प्रश्न है जिस पर सौंदर्यशास्त्रियों में मतभेद है। हम यहाँ पर इस पचड़े में नहीं पड़ेंगे कि यौन सौंदर्य-संबंधी हमारे आदर्शों का विकास सामान्यतर तथा मौलिकतर नियमों के प्रभाव के कारण हुआ है या नहीं और न हम इस झगड़े में पड़ेंगे कि सौंदर्य की जो अधिकतर सामान्य धारणाएँ हैं उनमें यौन आदर्श अंतर्निहित हैं या नहीं। व्यावहारिक रूप से परिस्थिति यह है कि जहाँ तक मनुष्य तथा उसके पूर्वपुरुषों का संबंध है, सौंदर्य के यौन और अयौन घटक पहले से ही एक-दूसरे में अंतःप्रविष्ट हैं। यौन रूप से सुंदर पात्र की मौलिक शरीर-वैज्ञानिक सामर्थ्य पर अच्छी प्रतिक्रिया हुई होगी, साथ ही सामान्य रूप से सुंदर वस्तु में वह चमत्कार प्राप्त हुआ होगा, जो विशेष रूप से यौन पात्र में मिलता है। इस प्रकार अनिवार्य रूप से क्रिया-प्रतिक्रिया हुई होगी जैसे कि हम यह देखते हैं कि प्रकृति में सर्वत्र मोहक गंध के यौन और अयौन प्रभाव अच्छेद्य रूप से मिले-जुले हैं। इसी प्रकार से कोई पात्र या वस्तु हमारी आँखों में सुंदर मालूम होती है, तो उसके भी उद्देश्य उसी प्रकार से मिले-जुले हैं। सुंदर व्यक्तियों के ब्योरेवार वर्णन में

सिद्ध होता है। यह तरीका भी ऐसा है जो लगभग सर्वत्र यहाँ तक कि निम्नतर जंतुओं में भी दृष्टिगोचर होता है।

इसी के साथ ही भले ही सौंदर्यशास्त्र की दृष्टि से यह सुंदर न जान पड़े, यह बहुत ही आवश्यक है कि पुरुष का अंतःप्रवेशक अंग तथा स्त्री की ग्रहणकारी प्रणाली अपनी आदिम विशेषताओं को कायम रखें। इसलिए उनमें यौन या प्राकृतिक निर्वाचन के द्वारा अधिक परिवर्तन की गुजांइश नहीं है, और इस प्रकार वे आदिम विशेषता को कायम रखने के लिए बाध्य हैं। भले ही वे कामातुरता की हालत में विपरीत लिंग के व्यक्ति के निकट यौन रूप से वांछनीय तथा आकर्षक जान पड़ें, पर वे सौंदर्यशास्त्र की दृष्टि से आसानी से सुंदर नहीं लग सकते। इसी कारण कलाकार की कृति में यौन अंगों के आकार घटे हुए दृष्टिगोचर होते हैं। आदर्श पुरुषोचित सौंदर्य का अंकन करते हुए सभ्य जगत् का कलाकार कभी दंडायमान शिश्न प्रदर्शित नहीं करता। मामूली तथा स्वाभाविक दशाओं में स्त्री के यौन क्षेत्र नंगी हालत में भी लगभग दिखाई नहीं पड़ते और इसलिए उसकी असुंदर विशेषता लुप्त हो जाती है। यही कारण है कि पुरुष के बजाय स्त्री के स्वरूप को ही सौंदर्यशास्त्र की दृष्टि से अवलोकन का पात्र माना गया है। इस विशेषता के अलावा हम पक्के सौंदर्यशास्त्रीय मानदंड से यह मानने के लिए मजबूर हैं कि पुरुष कम से कम स्त्री की तरह ही समान रूप से सुंदर होता है। इसके अलावा स्त्री अक्सर जल्दी से सुंदरता के सर्वोच्च बिंदु को पार कर जाती है।

प्रजनन-अंगों के प्रति दृष्टि आकर्षित करने के लिए जो तरीके अख्यितार किए गए थे संस्कृति के विकास के साथ वे तरीके जारी रखे गए, पर साथ ही एक विकास यह हुआ कि प्रजनन-अंगों के प्रति दृष्टि आकर्षित करने की बजाय उसे छिपाने का एक उद्देश्य भी जुड़ गया है। जैसा कि पहले ही बताया जा चुका है, शुरू से ही दोयम दर्जे के यौन अंगों की ओर ही आकर्षित करने का और यौन रूप से उद्दीपित करने का तरीका अधिकतर प्रचलित था। आज भी अत्यंत सभ्य देशों में अधिकांश लोगों के लिए दोयम दर्जे के यौन अंगों की ओर ध्यान दिलाना ही यौन आकर्षण का प्रचलित तरीका है। सुघड़ व्यक्तियों में दोयम दर्जे की यौन विशेषताएँ ही साधारणतः सुंदर रूप में आगे आती हैं।

यूरोप, एशिया और अफ्रीका के अधिकांश लोगों में दोयम दर्जे की जो यौन विशेषता सौंदर्य का सबसे महत्त्वपूर्ण अंग समझी जाती है, वह है स्त्रियों का सुपुष्टनितम्बिनी होना। यह एक विशेषता है जो पुरुष के सौन्दर्य से स्त्री के सौंदर्य को निश्चित रूप से अलग करके रख देती है। साथ ही हमें यह याद रखना चाहिए कि यह फर्क स्त्रियों के गर्भधारण के लिए आवश्यक है। पुष्ट नितंबवाली स्त्री यौन रूप से निर्वाचित होती है, इस तथ्य के पीछे प्राकृतिक निर्वाचन का नियम काम कर रहा है, यद्यपि विशुद्ध सौंदर्यशास्त्रीय सौंदर्य की दृष्टि से पुष्ट नितंब साधारण तौर पर ही अच्छा समझा जा सकता है। सौंदर्यशास्त्र के इस सूक्ष्म विचार को छोड़ दिया जाए तो लगभग हर जगह पुष्ट नितंब सौंदर्य का चिह्न माना जाता है। अत्यंत सूक्ष्म सौंदर्यप्रिय देशों में भी औसत आदमी की यही राय होगी। यदि इस पुष्टता की तुलना बंधे-सधे पुरुष-शरीर

से की जाए और इस प्रकार दोनों का संबंध जुड़ जाए, जैसा कि जुड़ा है, तो इसमें संदेह नहीं कि इस प्रकार स्वस्थ मातृत्व के लिए जो बातें जरूरी हैं, उन्हीं का समन्वय हुआ है और इस प्रकार यौन आकर्षण के लिए एक आदर्श आधार बन गया है। पुष्ट नितंबों के साथ वस्तिगह्वर का बड़ा होना जरूरी है, इसलिए इसमें ताज्जुब नहीं है कि उच्चतम मनुष्यजाति की यह भी विशेषता बन गई है कि जिन जातियों के लोगों के सिर सबसे बड़े हैं, उनमें वस्तिगह्वर भी सबसे बड़ा होना चाहिए।

इसे केवल एक आकस्मिक बात नहीं माना जा सकता कि काले रंग की जातियों में जिनमें वस्तिगह्वर सबसे छोटा होता है, कृत्रिम रूप से चर्बी जमा करने के तरीके से वस्तिगह्वर बड़ा करके दिखाने की चेष्टा की जाती है और ऊँची नस्लों के बड़े वस्तिगह्वर की प्रशंसा की जाती है। इस प्रकार से चर्म के नीचे स्त्रियों के नितंबों तथा जाँघ के ऊपरी हिस्सों की चर्बी को बहुत अधिकता से बढ़ाया जाता है और इस प्रकार से एक तरह का प्राकृतिक चर्बीयुक्त मांसल भाग बन जाता है। जिसे सचमुच ही चर्बी जमा करना कह सकते हैं, वह बुशमैन तथा हाटेन्टट जातियों की स्त्रियों में तथा जो लोग उनसे रक्त द्वारा संबंधित हैं, उनमें पाया जाता है। बहुत-सी अन्य अफ्रीकी जातियों में भी नितंबों का असाधारण विकास पाया जाता है। कई बार इस विशेषता के लिए प्रशंसा की भावना आमतौर से मोटी स्त्रियों के लिए दिखाई पड़ती है और इस संबंध में यह द्रष्टव्य है कि कुछ हद तक अधिक मोटाई दोयम दर्जे की स्त्री-सुलभ यौन विशेषता समझी जाती है। इस प्रकार की प्रशंसा-भावना अफ्रीका की कई काली जातियों में दृष्टिगोचर होती है। विकसित नितंब के साथ यौन सौंदर्य को संयुक्त करके देखने की प्रवृत्ति की एक विशेषता यह रही है (जो विशेषतः मध्ययुगीन यूरोप में प्रचलित थी) कि गर्भवती स्त्री को शारीरिक दृष्टि से सबसे सुंदर समझा जाता था।

स्त्री के वस्तिगह्वर के प्रति आकर्षण के बाद ही स्तनों के प्रति आकर्षण का नंबर आता है। सच तो यह है कि सभ्य जातियों में इनका नंबर कुछ ऊँचा ही है। यूरोपियनों में इस क्षेत्र का महत्त्व इतना अधिक है कि जिन दिनों शरीर का प्रदर्शन बिलकुल ही निषिद्ध था उन दिनों भी पूरे कपड़े पहने हुए यूरोपीय स्त्री को वक्षस्थल को कमोबेश अनावृत्त रखने की छूट थी। इसके विपरीत असभ्य जातियों के लोग शरीर के इस हिस्से के प्रति विशेष आकर्षित नहीं होते। कई असभ्य जातियों के लोग स्तनों के विकास को असुंदर समझते हैं और वे उनके उभार को चौरस कर देने के तरीके काम में लाते हैं। आधुनिक यूरोप में भी इसके पीछे जो भावना है, वह अज्ञात नहीं है। मध्ययुगीन यूरोप में तो दुबली-पतली स्त्री को आदर्श सुंदरी मानने का जो विचार था, वह उभारयुक्त स्तनों के विरुद्ध पड़ता था, इसलिए कपड़ों से उन्हें दबा देने का तरीका था। परंतु ऊँचे दर्जे की सभ्यता में यह भावना बिलकुल अज्ञात है, और सच तो यह है कि कई बर्बर जातियों में भी इस प्रकार के विचारों का पता नहीं मिलता। उभारयुक्त स्तनों और बृहत् वस्तिगह्वर के प्रति प्रशंसा इस बात से सूचित होती है कि प्राचीन युग के कारसेट के द्वारा कमर को कस दिया जाता था। यह प्रथा श्वेत जातियों में सर्वत्र पाई गई है, और यह दूसरी जातियों में भी अज्ञात नहीं है।

दोयम दर्जे की पुरुषोचित यौन विशेषताओं में दाढ़ी को गिना जा सकता है, यद्यपि उसका संबंध स्तन और नितंब की तरह संतानोत्पादन-क्रिया से नहीं है। दाढ़ी को एक विशुद्ध यौन अलंकार समझा जा सकता है, जिसकी तुलना जानवरों में नरों के केशर से की जा सकती है। संस्कृति के विभिन्न युगों में दाढ़ी बढ़ाने का रूप भिन्न रहा। दाढ़ी रखने की प्रथा बर्बर लोगों में विशेष रूप से पाई जाती है। वे इसे कई बार पवित्र भी मानते हैं। सभ्यता में आकर उसका यह अर्थ लुप्त हो गया और यौन अलंकार के रूप में इसका मूल्य या तो घट गया है या बिल्कुल ही नष्ट हो गया है। प्राचीन सभ्यताओं में भी यही बात थी। रोमनों के प्रथम युग में दाढ़ी और लम्बे बालों की प्रथा थी, पर बाद को चलकर यह प्रथा लुप्त हो गई जबकि भगसंधि का केशमोचन स्त्रियों में साधारण हो गया, और दाढ़ी गंभीरता और ज्ञान के प्रतीक के रूप में दार्शनिकों के लिए सुरक्षित रखी गई। ग्रीक मूर्तियों में स्त्रियों की भगसंधियों में अक्सर बाल नहीं हैं पर इससे वास्तविक जीवन का परिचय नहीं प्राप्त होता और अलंकारयुक्त पात्रों पर जो शिल्प-कार्य बना हुआ है, उनमें ग्रीक हेटेराइयों (देवदासी) की भगसंधि के बाल दिखाए गए हैं। ट्राय की हेलेन में भी, जो सौंदर्य की एक टाइप समझी जाती थी, यही बात दिखाई गई है। स्टोल ने विभिन्न जातियों में प्रचलित केश-संबंधी रिवाजों, विभिन्न युगों में एक ही जाति के केश-संबंधी व्यवहारों तथा केश को वे किस प्रकार मर्यादा देते हैं, इन बातों का विस्तारपूर्वक अध्ययन किया है और वे इस नतीजे पर पहुँचे कि इनमें बहुत फर्क है। कई बार तो केश पुरुषों के लिए सबसे अधिक सम्मान की वस्तु और स्त्रियों में चरम सौंदर्य के प्रतीक समझे जाते हैं, पुनः कई बार जहाँ तक संभव है उनका वर्जन किया जाता है, वे काटे जाते हैं, मुड़ाए जाते हैं और साफ किए जाते हैं।

इसका एक मुख्य कारण यह रहा है कि सेक्स के साथ केश-पद्धति का घनिष्ठ संबंध रहा है, साथ ही लोग यह भी महसूस करते रहे हैं कि वस्तिगह्वर तथा स्तनों की तरह केशों को अब कोई निश्चित जीव-वैज्ञानिक मूल्य प्राप्त नहीं है। इस प्रकार यह एक क्षेत्र है, जिसमें लोग अपनी इच्छा के अनुसार चाहे जैसे फैशन बना सकते हैं। धार्मिक यति-उपादान का असर प्राचीन मिस्र में भी केश रखने के प्रतिकूल ही रहा क्योंकि जैसा कि रेमी-द-गुर्मों ने कहा है, प्राणी के जीवन-स्वरूप की अनैतिकता विशेष रूप से केश रखाने की पद्धति में बसी हुई है। इस प्रकार से ईसाइयत का प्रभाव बालों के विरुद्ध होना अनिवार्य रहा। प्राचीनकाल में दाढ़ियों का विरोध चला, जिसकी निंदा भिक्षु लेखकों ने की है। इसके बाद लज्जा-स्थानवाले बालों के विरुद्ध मोर्चा तैयार हुआ, जिसका रूप विक्टोरियन युग में चलकर इस प्रकार हो गया कि चित्रों में इन बालों को दिखलाना गर्हित समझा जाने लगा। इस प्रकार जो बातें सभ्यता की अच्छी बातें समझी जाती थीं, धर्म ने उन्हीं में जोर पहुँचाया और अब हम देखते हैं कि पुरुषों में दाढ़ी बनाना और स्त्रियों में बगल तथा कई बार भगसंधि के बाल बनाना और साधारण तौर पर केश को कम महत्त्व देने की ओर प्रवृत्ति है।

फिर भी कुल मिलाकर हम ऐसा देखते हैं कि एक मौलिक प्रवृत्ति है जिसके अधीन संसार की विभिन्न जातियाँ, अपने बुद्धिमान सदस्यों के जरिए से सौंदर्य के एक

सामान्य आदर्श को मानकर चलती हैं, जिससे एक हद तक यह कहा जा सकता है कि सौंदर्य का एक वस्तुगत आधार है। सौंदर्य के मानवीय आदर्श विभिन्न देशों में परिवर्तित होते रहते हैं और सच तो यह है कि एक ही देश में विभिन्न युगों में परिवर्तित होते रहते हैं। ये परिवर्तन क्यों होते हैं जब इस पर विचार किया जाता है तो ऐसा मालूम होता है कि इसके पीछे एक यौन आवेग होता है, जो आवश्यक रूप से सौंदर्यशास्त्रीय नियमों के साथ सामंजस्ययुक्त नहीं होता। इस आदर्श का उद्देश्य किसी न किसी प्रमुख दोयम दर्जे की यौन विशेषता पर जोर देना या उसका दमन करना होता है।

एक प्रवृत्ति जो इससे भी अधिक हद तक सौंदर्य-संबंधी विशुद्ध शास्त्रीय आदर्शों के अनुशीलन के विपरीत पड़ती है, वह है राष्ट्रीय या वंशजातीय टाइप का प्रभाव। प्रत्येक वंशजाति के औसत पुरुष की आंखों में वही स्त्री साधारण रूप से सबसे सुंदर है जिसमें उसकी वंशजाति की टाइप मूर्त हो जाती है। कई बार अंगच्छेद यहाँ तक कि कुरूपीकरण भी अपनाया जाता है और उसका उद्देश्य यह होता है कि वंशजातीय टाइप को दूसरों से अलग करके दिखाया जाए। प्राच्य स्त्रियों की आँखें प्राकृतिक रूप से बड़ी और प्रमुख होती है, फिर इस विशेषता को कला से और भी बढ़ाया या बल दिया जाता है। ऐनू जाति के लोगों में बहुत ज्यादा बाल होते हैं और वे बालों को जितना सुंदर समझते हैं उतना और किसी चीज को नहीं समझते।

यौन रूप में ऐसे व्यक्तियों के प्रति आकर्षित होना कठिन है जो मौलिक रूप से वंशजातीय गठन की दृष्टि से हमसे भिन्न हैं। इसलिए अक्सर अपनी वंशजाति की विशेषताओं की प्रशंसा-भावना रखते-रखते हम ऐसी बातों को आदर्श समझने लगते हैं। जो शास्त्रीय सौंदर्य से बहुत दूर हैं। कड़े और गोल स्तन अवश्य ही सौंदर्य के एक अंग हैं, पर अफ्रीका की बहुत-सी काली जातियों में बहुत कम उम्र में ही स्तन झूल जाते हैं, इसलिए हम देखते हैं कि वहाँ कई बार झूला हुआ स्तन सुंदर समझा जाता है।

यौन सौंदर्य के विश्लेषण को पूर्णाङ्ग बनाने के लिए एक और बात पर विचार करना जरूरी है, वह है वैयक्तिक रुचि का प्रभाव। प्रत्येक पुरुष, कम से कम सभ्य पुरुष, कुछ संकीर्ण दायरों के अंदर अपने लिए स्त्री के सौंदर्य का एक आदर्श चित्र अपने मन में प्रस्तुत करता है। यह आदर्श आंशिक रूप से उसकी विशेष बनावट तथा उसकी मांगों पर निर्भर है और आंशिक रूप से उससे वास्तविक जगत् में जिन लोगों के साथ आकस्मिक रूप से स्नेह-संबंध हो गया, उन पर निर्भर करता है। इस घटक के अस्तित्व पर जोर देना आवश्यक है, सभ्य जगत् में यौन निर्वाचन पर विचार करते समय इस बात पर विचार करना ही पड़ेगा। पर इसमें कई प्रकार-भेद होते हैं, और मस्त प्रेमिकों में कई बार ऐसी विशेषताओं के प्रति प्रशंसा-भावना दृष्टिगोचर हो सकती है जो वास्तविक रूप से सुंदरता के विपरीत है। इस प्रकार हम रोगग्रस्त यौन विच्युतियों के क्षेत्र के पास आ जाते हैं।

इस प्रकार से हम सौंदर्य के आदर्श की बनावट के संबंध में एक और घटक को मानने के लिए मजबूर हैं जो शायद सभ्यता में ही पाया जाता है। वह है अस्वाभाविक, दूरगत तथा अद्भुत का प्रेम। यह आमतौर से कहा जाता है कि सौंदर्य में दुर्लभ

विशेषताओं की प्रशंसा की जाती है। पर यह बात संपूर्ण रूप से सत्य नहीं है। हाँ, जब प्रशंसित टाइप से कुछ इधर-उधर की टाइप से इसका मतलब होता है तो यह बात सत्य होती है। एक प्राचीन कहावत है कि जो असाधारण नहीं है, वह कुछ भी नहीं है। अधिकतर स्नायविक बेचैनी और सभ्यता की अनुभूतिशीलता के कारण यह प्रवृत्ति जोर पकड़ती है और अक्सर यह कलात्मक प्रतिभा के व्यक्तियों में भी पाई जाती है। सभ्यता के हर बड़े केंद्र में सौंदर्य का राष्ट्रीय आदर्श अद्भुत दिशाओं में पल्लवित होता रहता है और वैदेशिक आदर्शों तथा फैशनों को देशी आदर्शों तथा फैशनों के मुकाबले में तरजीह दी जाती है।

इस प्रकार से दृष्टिगत यौन आवेदन में सौंदर्य ही एकमात्र नहीं तो मुख्य उपादान होता है। संसार के सभी भागों में दृष्टिगत आवेदन को अच्छी मान्यता दी गई है और इसलिए प्रेम-निवेदन यानी उद्दीपन के प्रयास में दृष्टि पर ही तरह-तरह से चोट की जाती है, और साथ ही दोयम दर्जे के आवेदनों से इस हमले को तगड़ा बनाया जाता है।

इस प्रकार से यौन दृश्यों के द्वारा, यहाँ तक कि भिन्न लिंग के यौन अवयवों के प्रदर्शन द्वारा यौन उत्तेजना का उद्रेक किया जाता है। एक हद तक यह बिलकुल ही स्वाभाविक है। इस प्रकार के निर्लज्ज प्रदर्शन इस कारण किए जाते हैं कि नग्न शरीर को बहुत कड़े परंपरागत ढंग से गुप्त रखा जाता है। बड़े-बड़े सम्मानीय लोग अपनी जवानी में पर-स्त्रियों के शयनकक्ष में झांकते थे, इसी प्रकार से बहुत सम्मानित स्त्रियाँ पर-पुरुषों के शयनकक्ष के छिद्र से झांकती हैं, यद्यपि कोई भी इस बात को स्वीकार नहीं करना चाहेगा। मकान-मालकिनें तथा नौकरानियाँ ऐसे कमरों के छिद्रों से झाँका करती हैं जिनमें ऐसी जोड़ी होती है जिस पर वे प्रेमिक-प्रेमिका होने का संदेह करती हैं। जो लोग इस प्रकार से यौन दृश्य देखने का बेधड़क अनुशीलन करते रहते हैं, उन्हें आम तौर पर 'पीपर' या चोरी से झाँकनेवाला कहा जाता है। कई बार इस प्रकार की चेष्टा के कारण लोग पुलिस के चंगुल में पड़ जाते हैं, खासकर पेरिस में ऐसा होता है। मेरी जानी हुई कई स्त्रियों ने यह बताया है कि उन्होंने पेरिस के तीलरी बाग के सार्वजनिक स्थानों के अंदर से होकर स्काई लाइट के जरिए से पुरुषों को उन्हें चोरी से देखते देखा है।

इसका एक दूसरा रूप यह है कि लोग चित्रों से यौन रूप से आकर्षित होते हैं। ऐसे चित्र कामुकतापूर्ण या काममूलक दृश्य वाले ही हों, ऐसी बात नहीं। इसी प्रकार लोग मूर्त्तियों से भी यौन रूप से आकर्षित होते हैं। ऐसा एक तरफ उस मनोवैज्ञानिक कारण से होता है जिसे लोग 'पोर्नोग्राफी'[1] कहते हैं। यह शब्द गलत है क्योंकि इसके प्रचलित अर्थ के साथ चकलों का कोई विशेष संबंध नहीं होता। दूसरी तरफ ऐसा उस यौन विच्युति के कारण होता है जिसे पिगमैलियनवाद कहते हैं। पिगमैलियन एक मूर्तिकार था, जो अपनी बनाई हुई मूर्ति के इश्क में गिरफ्तार हो गया था। यौन दृश्यों तथा यौन चित्रों में दिलचस्पी स्वाभाविक तथा साधारण है, बशर्ते कि वह एक बहुत ही

---

1. इसका शाब्दिक अर्थ वेश्यालिखन ('पोर्नो' माने वेश्या और 'ग्राफी' माने लिखना) है, पर इसका प्रचलित अर्थ अश्लील साहित्य-प्रेम है। **—अनुवादक**

भयंकर मनोवेग के रूप में परिणत न हो जाए। पिगमैलियनवाद एक रोगग्रस्त प्रवृत्ति है, क्योंकि प्रशंसित वस्तु स्वयं अपने में लक्ष्य हो जाती है। पिगमैलियनवाद मुख्यतः पुरुषों में पाया जाता है, पर हिर्शफील्ड ने एक ऐसी महिला का उल्लेख किया है जो उच्चतम सामाजिक वृत्तों की थी, पर उसके संबंध में यह देखा गया कि उसने एक अजायबघर की क्लासीकल मूर्तियों से अंजीर के पत्ते[1] उठा दिए और उनके नीचे के स्थान को चुंबनों से भर दिया। इस समय चित्रों के प्रति कामुक आकर्षण मुख्यतः और बहुत बड़े पैमाने पर सिनेमा के जरिए अभिव्यक्त होता है। सिनेमा का प्रभाव बहुत ही शक्तिशाली है क्योंकि इस प्रकार जो चित्र दिखलाए जाते हैं, वे बिलकुल सजीव और चलते-फिरते होते हैं। बहुत-से लोग विशेषकर युवतियाँ प्रतिदिन शाम को यौन उत्तेजना की हालत में अपने प्रिय नायक को देखने के लिए सिनेमाघरों में जाती हैं। यह नायक शायद हजारों मील दूर रहता है जिसे वे लड़कियाँ शायद वास्तविक जीवन में कभी न देखें।

दृष्टि के द्वारा महत्त्वपूर्ण पर दोयम दर्जे के आवेदन का परिचय हमें नृत्य के रूप में मिलता है। यहाँ हमें उस वृत्ति का दर्शन होता है जिसे रौजर ने पेशीगत कामुकता और हीली ने चर्मगत कामुकता के साथ मिश्रित पेशीगत कामुकता कहा है। नृत्य में दृश्य होता है, साथ ही पेशीगत क्रिया होती है। इनमें से प्रत्येक क्रिया कुछ स्थितियों में यौन उत्तेजना का कारण-स्वरूप बनती है और वह दृश्य सामने चलनेवाले शारीरिक अभ्यास से कहीं अधिक उद्दीपक होता है। कई असभ्य जातियों में नृत्य यौन निर्वाचन का एक बहुत ही महत्वपूर्ण तरीका है। उनमें जो लोग कुशल तथा तगड़े नर्तक होते हैं, स्त्रियाँ उन्हें वरण करती हैं। सभ्यता के युग में नृत्य का प्रभाव अच्छा रहता है या बुरा, इस पर वाद-विवाद हुआ है। कुछ साल पहले ब्रिल ने न्यूयार्क में इस विषय पर खोज की। उसने नए नृत्य के हामी 342 पुरुषों तथा स्त्रियों पर (मित्रों, रोगियों तथा दूसरे ऐसे लोगों पर जिन पर विश्वास किया जा सकता था) प्रयोग किए। इनमें से दो-तिहाई पुरुष और एक-तिहाई स्त्रियाँ थीं। इन लोगों के सामने ये प्रश्न रखे गए—(1) नए नृत्य करते समय क्या आप कभी यौन दृष्टि से उत्तेजित होते हैं? (2) ऐसे नृत्य देखते समय क्या आप कभी उत्तेजित होते हैं? (3) पुराने नृत्यों को नाचते या देखते समय भी क्या आपको वे ही तजुर्बे होते हैं?

पहले प्रश्न के उत्तर में 14 पुरुषों और 8 स्त्रियों ने 'हाँ' में उत्तर दिया, दूसरे प्रश्न के उत्तर में 16 पुरुषों और 29 स्त्रियों ने तथा तीसरे प्रश्न के उत्तर में 11 पुरुषों तथा 6 स्त्रियों ने 'हाँ' में उत्तर दिया। जिन लोगों ने दूसरे प्रश्न के उत्तर में हाँ कहा था, उन लोगों ने दूसरे और तीसरे प्रश्नों के उत्तर में भी 'हाँ' कहा था। कुल संख्या की तुलना में स्त्रियों में 'हाँ' में उत्तर की संख्या कुछ अधिक रही। इनमें से सभी स्त्रियां ब्रिल की परिचित थीं और ब्रिल इन्हें यौन रूप से अति अनुभूतिशील समझते थे। बहुत अधिक संख्या का यह कहना था कि इनमें नाचते समय स्फूर्ति और संतोष की भावना भर जाती है। रहा यह है कि नए नृत्य भयंकर यौन उत्तेजक हैं या नहीं, इसका उत्तर नकारात्मक रूप से दिया

---

1. प्राचीन चित्रों में लज्जास्थान को अंजीर के पत्तों से कई बार ढका जाता था, सार्वजनिक स्थानों में नंगे चित्र के साथ भी ऐसा किया जाता था।—**अनुवादक**

गया। ब्रिल ने सही रूप से यह उपसंहार निकाला है कि दोनों तरह के नृत्य यौन तनाव को निकाल देते हैं, 'हाँ' उनमें डिग्रियों का फर्क है और स्नायविक कमज़ोरी वाले तथा हाइपरकोंड्रियाकल लोगों के लिए बहुत ही लाभजनक हैं। जब नृत्य करना महामारी की तरह जोरों पर हो जाता है, जो अवाञ्छनीय है, तो भी इसका परिशीलन होना चाहिए क्योंकि यह वासना और दमन इन दो विरुद्ध धाराओं के बीच में एक समझौते के रूप में है और दमित तनाव की भाप को निकाल देने का एक रास्ता-सा है।

अन्त में यह बात बता देनी चाहिए कि सौंदर्य स्त्री का एक प्राथमिक गुण है और इस रूप में नारी पुरुष के लिए चिरंतन तथा आराधना की वस्तु है। फिर भी, स्त्रियाँ भी सौंदर्य की प्रशंसा करती हैं, यद्यपि यह एक स्त्रियोचित गुण है, पर इसके साथ ही यह भी बात सत्य है कि जिस प्रकार पुरुष के कल्पना नेत्रों के सामने हमेशा नारी का सौंदर्य तरंगित होता रहता है, उस प्रकार स्त्री के सामने पुरुष का सौंदर्य उपास्य आदर्श के रूप में नहीं रहता। संपूर्णता की दृष्टि से पुरुष का शरीर स्त्री से किसी भी प्रकार घटिया नहीं है, पर इसका अध्ययन केवल कलाकार या सौंदर्यशास्त्री के लिए ही दिलचस्प है और इसके लिए केवल समलैंगिक मैथुनेच्छुक पुरुष में ही यौन आवेग पैदा होता है। जानवरों, यहाँ तक कि असभ्य जातियों में चाहे कुछ भी हो, सभ्य मनुष्यों में स्त्रियों के साथ जो पुरुष सबसे अधिक सफल रहता है, वह साधारणतः सबसे सुंदर पुरुष नहीं होता, संभव है कि सुंदर के विपरीत ही हो। स्टेण्डहाल ने कहा है—"हम आवेग का स्वागत करते हैं, सौंदर्य से तो केवल संभावनाएँ जान पड़ती हैं।" स्त्रियाँ पुरुष की शारीरिक या मानसिक शक्ति की प्रशंसा करती हैं न कि उसके सौंदर्य की। शक्ति का दृश्य, जहाँ तक कि यह दृष्टि के क्षेत्र में रहता है, वास्तविक रूप से—भले ही अज्ञात रूप से ही हो—हम पर ऐसी छाप डालता है जो एक दूसरी अनुभूति से यानी स्पर्शानुभूति से संबद्ध है। जिस समय हम शक्ति की प्रशंसा कर रहे हैं, उस समय हम वास्तविक रूप से एक स्पर्श-संबंधी गुण की मानो प्रशंसा कर रहे हैं, जो दृष्टिगत बन गई है। इसलिए यह कहा जा सकता है कि पुरुष सौंदर्य के अधिकतर विशुद्ध दृष्टिगत गुण के द्वारा ही यौन दृष्टि से प्रभावित होते हैं पर स्त्रियाँ ऐसी दृष्टिगत छापों से ही अधिकतर प्रभावित होती हैं जो मौलिक रूप से अधिकतर यौन अनुभूति यानी स्पर्शानुभूति के गुणों को अभिव्यक्त करती हैं।

दबावात्मक शक्ति की दृष्टिगत अभिव्यक्ति के लिए आकांक्षा स्त्री में पुरुष से कहीं स्पष्ट और प्रमुख है। ऐसा क्यों होता है, इसका कारण ढूँढना कठिन नहीं है। इसके लिए हमें मामूली तौर से दी जानेवाली उस व्याख्या का आश्रय लेने की जरूरत नहीं है कि यौन निर्वाचन का अर्थ ही है कि मादा ऐसे नर को पसंद करे जिसमें तगड़े बच्चों का बाप होने और अपने परिवार का सबसे श्रेष्ठ संरक्षक होने की संभावना दीख पड़े। मैथुन में पुरुष को अधिक कर्मशक्तिवाला हिस्सा और स्त्री को सूक्ष्म कर्म शक्तिवाला भाग अदा करना पड़ता है। इसलिए स्त्री में कर्मशक्ति का होना प्रेम के सफल होने का कोई सूचक नहीं है, पर पुरुष में कर्मशक्ति उस शक्ति के प्राथमिक गुण के अस्तित्व का सूचक है जिसकी कि स्त्री यौन आलिंगन में अपेक्षा करती है।

संभव है, यह एक गलत सूचक हो क्योंकि माँसपेशियों की ताकत आवश्यक रूप से यौन शक्ति के साथ संबद्ध नहीं है, और सच तो यह है कि एक की जहाँ अति होती है, दूसरी वहाँ लुप्त होती है। फिर भी इससे आवेग की संभावना का इंगित मिलता है, और किसी भी हालत में यह एक प्रतीक है, जिसका असर होता ही है। हमें फिर भी ऐसा नहीं समझना चाहिए कि उस बाला की चेतना में ये सारे विचार मौजूद होते हैं, जबकि वह सलज्ज होकर एक कंदर्प की तरह रूपवान् पुरुष को छोड़कर भीम की तरफ बढ़ती है, फिर भी इसमें संदेह नहीं कि इसका भावगत आधार कमोबेश निर्भ्रांत सहजातों पर निर्भर है। इस प्रकार से देखने में आता है कि दृष्टिगत आकर्षण के क्षेत्र में भी यौन निर्वाचन स्त्रियों को मौलिक रूप से यौन अनुभूति यानी अधिकतर आदिम स्पर्शानुभूति के जरिए से प्रभावित करता है।

सुंदर, भव्य, स्वस्थ गति के अवलोकन से जो यौन तृप्ति मिलती है, उसे फ़ेरे ने 'एर्गोफिली' बताया है और विशेष रूप से स्त्रियों में ही यह अधिकतर पाई जाती है। यह उस रोगग्रस्त सुखानुभूति से अलग है जो भयंकर तथा निष्ठुर दृश्यों के देखने से प्राप्त होती है, फ़ेरे ने एर्गोफिली से अतिशय पीड़ित एक विवाहित स्त्री के विषय में लिखा है; जो अपने पति के प्रेम का प्रतिदान नहीं दे पाती थी यद्यपि पति के विरुद्ध उसे कोई भी शिकायत नहीं थी। वह बचपन में अति अनुभूतिशील थी। वह चार साल की उमर में देहात में फिर-फिरकर तमाशा करने वाली एक सरकस कंपनी का दिखाया हुआ खेल देखने गई थी। वहाँ उसने देखा कि लगभग उसी की उमर की एक छोटी-सी लड़की कई गेदों को एक साथ उछाल रही है, इस पर उसको जननेंद्रिय के क्षेत्र में अजीब गरम-सी अनुभूति हुई, फिर कुछ संकुचन-प्रसारण हुआ और वह गीली हो गई। यहाँ यह बता दिया जाए कि जब कम उमर में इस प्रकार का संकुचन-प्रसारण होता है तो उसका अंतिम चरण पेशाब करने का रूप ले सकता है। इसके बाद से वह नन्हीं जादूगरनी उसकी कल्पना का यहाँ तक कि स्वप्न का विषय बन गई। ऐसी कल्पना अथवा स्वप्न के बाद उसे बराबर उसी प्रकार की अनुभूति होती रही तथा मूत्र-त्याग होता रहा। चौदह साल की उम्र में यौवनोद्गम के बाद उसने एक सरकस में एक सुंदर तथा दक्ष बाजीगर को देखा, जिसका उस पर वही प्रभाव हुआ, और तब से वह नन्हीं जादूगरनी तथा वह तरुण बाजीगर बारी-बारी उसके स्वप्नों में आते रहे। सोलह साल की उम्र में वह पहाड़ पर यात्रा करने गई। वहाँ खूब अच्छा खाना खाने के बाद वह सो गई और उसे उस तरुण बाजीगर का स्वप्न आया। साथ ही उसका तगड़ा-सा पूर्ण मैथुन हो गया, यद्यपि अब की बार उसे यह संतोष रहा कि पेशाब नहीं आया। पेशाब इसलिए नहीं आया कि अब परितृप्ति का रूप बदलकर कुछ और हो गया था। वह पेरिस में रहने लगी और थिएटरों, वर्कशापों इत्यादि में उसे चतुर और शक्तिशाली पुरुषों के जो कार्य देखने के मौके मिलते थे, उनसे उसे यौन सुख प्राप्त होता था। विवाह से भी इस स्थिति में कुछ फर्क नहीं आया, यद्यपि बाद को उसने अपने पति से सारी बात बता दी। कम मात्रा में हो तो एर्गोफिली स्वाभाविक मानी जा सकती है।

थोड़े में यह कहा जा सकता है कि सौंदर्य, जैसा कि कुछ लोगों ने मान लिया है,

केवल खामख्याली पर निर्भर नहीं है। यह आंशिक रूप से इन बातों पर निर्भर करता है—(1) सौंदर्य का एक वस्तुगत आधार होता है, जिसके इर्द-गिर्द सारी विविधताएँ पल्लवित होती हैं। इसी के कारण भिन्न-भिन्न जातियों के अत्यंत बुद्धिमान लोगों में स्त्री के सौंदर्य के संबंध में जो धारणाएँ हैं, वे एक-दूसरी से बहुत मिलती-जुलती हैं। पर इस साधारण वस्तुगत आधार के अलावा (2) राष्ट्र में या वंशजाति की कुछ विशेषताएँ होती हैं जिनके कारण सौंदर्य के आदर्शों में प्रकार-भेद आ जाता है। बात यह है कि कई बार समझा जाता है कि इन्हीं वंशजातीय तथा राष्ट्रीय मानव-वैज्ञानिक विशेषताओं का अतिविकास ही सौंदर्य है, और इसके साथ ही ऐसी धारणा होती है कि वंशजातीय विशेषताओं के पूर्ण विकास के साथ ही साथ स्वास्थ्य और ओज का पूर्ण विकास सूचित होता है। हमें यह भी सोचना है कि (3) अधिकांश देशों में सौंदर्य का एक महत्त्वपूर्ण तथा अपरिहार्य उपादान उन बातों पर जोर देना होता है जो यौन विशेषताओं में दोयम दर्जे अथवा सोयम दर्जे की बातें होती हैं। उदाहरणस्वरूप स्त्री के केश, स्तन, नितंब तथा छोटी-मोटी उपयोगिता की अन्य ऐसी असंख्य बातों पर जोर दिया जाता है जो यौन निर्वाचन की दृष्टि से अर्थपूर्ण हो सकती हैं। इसके अलावा हमारे सामने (4) वैयक्तिक रुचि भी रहती है जो व्यक्ति के विशेष गठन, उसके विचित्र तजुर्बे आदि से बनी होती है और अनिवार्य रूप से उसके सौंदर्य-संबंधी आदर्शों को प्रभावित करती है। अक्सर यह वैयक्तिक बात आकर सौंदर्य की सामूहिक धारणाओं में पैठ जाती है और इस प्रकार से सौंदर्य के मामलों में अस्थायी फैशनों की सृष्टि होती है, जो ऐसे प्रभावों के रूप में होती हैं जिनसे साधारण रूप से व्यक्ति ही प्रभावित होता है जो अपनी बारी में बहुत-से दूसरे व्यक्तियों को प्रभावित कर सकता है। अंत में ऊँचे दरजे की सभ्यताओं तथा बेचैन और स्नायविक दृष्टि से कमजोर व्यक्तियों के कारण (यहाँ यह बता दिया जाए कि इस प्रकार के व्यक्ति सभ्यता में बहुत साधारण हो गए हैं) हमारे (5) सौंदर्य-संबंधी आदर्श में एक बाहरी उपादान शामिल हो जाने की प्रवृत्ति हो जाती है और साधारण रूप से अपने वंश-जाति वाले सुपरिचित टाइप से मिलते-जुलते सौंदर्य के प्रति प्रशंसा भावना के बजाय ऐसे टाइप की प्रशंसा शुरू हो जाती है जो सुपरिचित टाइप से भिन्न है।

मनुष्य-जाति में यौन निर्वाचन इसलिए और भी जटिल हो गया है कि यहाँ केवल पुरुषों के द्वारा स्त्री का निर्वाचन नहीं बल्कि स्त्री के द्वारा पुरुष का निर्वाचन भी अपेक्षित होता है। जब हम इस बात पर विचार करते हैं तो हमें यह मालूम होता है कि इसलिए मानदंड भी बिलकुल भिन्न हैं और स्त्री की दृष्टि में पुरुष के सौंदर्य-संबंधी मान में से कई उपादान लुप्त हो गए हैं और बल तथा ओज-संबंधी धारणा में एक नया और प्रमुख उपादान जुड़ गया है। जो उपादान जुड़ा है वह सहज दृष्टिगत नहीं है बल्कि यह एक स्पर्शिक दबाव का चरित्र लिए हुए है जो मानो दृष्टि की भाषा में अनूदित होकर सामने आता है।

इसके अलावा ऐसा मालूम होता है कि मौलिक जीव-वैज्ञानिक गुण-संबंधी घटक, जो इन मानसिक उपादानों से कहीं अधिक गहराई लिए हुए हैं, यौन निर्वाचन में प्रविष्ट हो चुके हैं। आदर्श रूप से या व्यावहारिक रूप से कौन व्यक्ति कहां तक योग्यतम

सहचर हो सकता है यह बात अलग रही, पर कुछ व्यक्ति अधिकतर कर्मशक्ति का परिचय देते हैं और दूसरों के मुकाबले में सहचरी प्राप्त करने के क्षेत्र में अधिक सफल रहते हैं। इन व्यक्तियों की बनावट में ही अधिक शारीरिक या मानसिक ओज होता है, जिसके कारण वे साधारणतः व्यावहारिक मामलों में अधिक सफलता प्राप्त करते हैं और शायद इसी के कारण साहचर्य के क्षेत्र में भी उनकी योग्यता बढ़ जाती है।

इस प्रकार से मनुष्य-जाति में यौन निर्वाचन की समस्या बहुत ही अधिक जटिल है जब हम इस समय उपलब्ध बहुत कम सामग्री को एकत्र करते हैं तो हमें यह मालूम होता है कि जो नतीजे साधारणतः निकाले जाते हैं, वे आमतौर पर अल्प उपलब्ध सामग्री से मेल खाते हैं, फिर भी यह नहीं कहा जा सकता कि सारी उपलब्ध सामग्री का अर्थ हम संपूर्ण रूप से समझ ही रहे हैं। सारी बातों के देखने के बाद यह नतीजा निकलता है कि जोड़ा ढूँढ़ने में हम वंशजातीय तथा मानव-वैज्ञानिक गुणों की एकरूपता चाहते हैं, पर दोयम दर्जे के यौन गुणों में हम वैपरीत्य और मानसिक गुण में पूरक टाइप को ही पसंद करते हैं।

यह एक परिवर्तन है, पर बहुत थोड़ा परिवर्तन, जिसे हम चाहते हैं।

सहायक पुस्तक-सूची

डार्विन—Descent of Man.

पाईक्राफ्ट—The Courtship of Animals.

हैवलाक एलिस—Man and Woman: Studies in the Psychology of Sex, Vol. IV, 'Sexual Selection in Man.'

वेस्टरमार्क—The History of Human Marriage, Vol. I.

क्राले—The Mystic Rose, edited by Besterman.

अलेक्जेण्डर स्टोन—The Study of Phallicism.

ए. ए. ब्रिल—'The Psychopathology of the New Dances,' New York Medical Journal, 25th April, 1914.

अध्याय-3

यौवन में यौन आवेग

यौन आवेग का प्रथम प्रकाश

पहले यह विश्वास था कि बाल्यावस्था में यौन आवेग का कोई अस्तित्व ही नहीं रहता, पर यह विश्वास भी सामान्यतः उतना प्रचलित नहीं था जितना कि कुछ लोग समझते हैं। किंतु यदि इस बात पर डटे रहना संभव भी हो कि प्रारंभिक जीवन में यौन मनोभाव का (स्वस्थ रूप से) सामान्य अस्तित्व नहीं होता, तो उस काल में उसकी प्रत्येक अभिव्यक्ति को विकृत मानना पड़ेगा। यहां तक कि फ्रायड भी, जो शैशवकालीन कामुकता को स्वाभाविक मानते हैं, उसे विच्युत ही मानते हैं जैसा कि उनके द्वारा दिए हुए नाम 'पालीमोर्फ पर्वर्स' से स्पष्ट है। इस विषय पर कोई भी चर्चा करते समय, चाहे वह कितनी भी संक्षिप्त हो, यह भ्रम दूर कर लेना आवश्यक है।

यह शुरू में ही बता दिया जाए कि यदि हम यौन शब्द का प्रयोग उसके विस्तृत और व्यापक अर्थ में न करें तो भी जिन्हें यौन आवेग के प्रकाश की संज्ञा भली-भांति दी जा सकती है, वे उससे कहीं अधिक उपलब्ध हैं जितना कि लोग पहले समझते थे। उनके वेग, समय से पूर्व परिपक्वता और उनकी प्रकृति का दायरा भी कहीं विस्तृत है।

प्रजनन अंगों की प्राथमिक और प्रारंभिक सामर्थ्य में भी बहुत प्रकार-भेद हैं। कुछ शिशुओं में कम उम्र में ही प्रजनन-संबंधी प्रतिक्रियाओं की अभिव्यक्तियां, जिन्हें अक्सर जलन की प्रतिक्रिया के लक्षण-रूप में माना जाता था, बहुत पहले से परिलक्षित होती थीं, चूंकि इन अभिव्यक्तियों की स्मृति बनी नहीं रहती, इसलिए हमारे पास इस बात का कोई प्रत्यक्ष प्रमाण नहीं है कि ये आनंददायक होती हैं अथवा नहीं; किंतु दोनों ही लिंगों के बहुत-से व्यक्तियों को बचपन में प्रजनन-अंगों से संबंधित सुखकर अनुभूतियों का स्मरण आ जाता है। उनका दमन नहीं किया जाता जैसा कि कल्पना की जाती है; जिस बात का दमन किया जाता है और सामान्यतः लोग जिसे जान भी नहीं पाते, वह यह है कि उन्हें बड़ों से कहा नहीं जाता और साधारण तौर पर किसी को बताया भी नहीं जाता। पर वे स्मृति में बनी रहती हैं क्योंकि साधारण अनुभवों से वे विशिष्ट और उनसे स्पष्ट रूप से भिन्न होती हैं।

कम उम्र में स्पष्ट यौन आत्मउत्तेजना होने की बात बहुत पहले से ही लोगों को

मालूम है। उन्नीसवीं सदी के प्रारंभ में फ्रांस तथा अन्य स्थानों के लेखकों—मार्क, फोंसाग्रिव, परेज़ आदि ने ऐसे बालक-बालिकाओं के हवाले दिए हैं जो तीन या चार साल की उम्र में ही हस्तमैथुन करने लगे थे। रोबी ने देखा कि लड़कों में यौन आवेग का उदय 5 साल से लेकर 14 साल की उम्र में और लड़कियों में 8 से लेकर 19 साल की उम्र में होता है। दोनों में ही यह अभिव्यक्ति अक्सर शुरू में प्रकट न होकर बाद के सालों में होती है। हैमिल्टन ने अपनी अपेक्षाकृत विस्तृत और सतर्क ज़ांच के दौरान में देखा कि 20 प्रतिशत बालक और 14 प्रतिशत बालिकाएं 6 साल की उम्र के पहले अपने यौन अंगों में आनंद प्राप्त करते हैं। कैथराइन डेविस ने पुरुषों और स्त्रियों के समूहों की तुलना करते समय यह आविष्कार किया कि 11 साल की उम्र तक, जिसमें 11वां साल भी सम्मिलित है, 20.9 प्रतिशत लड़के और 49.1 प्रतिशत लड़कियां हस्तमैथुन शुरू करती हैं, यद्यपि बाद के 3 सालों में लड़कों का प्रतिशत लड़कियों से बहुत अधिक हो जाता है। यह अनुमान करना भूल होगी कि सभी बालक-बालिकाएं प्रजनन-अंग-संबंधी उत्तेजना अथवा सुखद यौन अनुभूतियां अनुभव करते हैं अथवा अनुभव करने में समर्थ होते हैं। विशिष्ट ढंग के कुछ मामले ऐसे होते हैं जिनमें एक बालक अज्ञान के कारण दूसरे किसी बालक द्वारा इस प्रकार बहकाए जाने पर कि घर्षण से उसके शिश्न के आकार में वृद्धि होगी, अनुमित लाभ की प्राप्ति के लिए कोशिश करता है, पर किसी भी मात्रा में कुछ प्रतिक्रिया नहीं होती और न यौन आनंद ही प्राप्त होता है, पर यदि पहले नहीं तो यौवनोद्‌गम के समय उसका अंग पूरे तौर पर उत्तेजना योग्य हो जाता है। इस तरह बाल्यावस्था में प्रजनन-अंग की संभावना और यौन सामर्थ्य के कई स्तर दीख पड़ते हैं। कहां तक यह पार्थक्य स्पष्ट रूप से भिन्न वंशगत गुणों के कारण उत्पन्न होता है, यह बताना हर समय आसान नहीं है। कुल मिलाकर यह दिखाई देगा, जैसी कि हमें आशा करनी चाहिए, कि अच्छे और चोखे वंश का बालक बाल्यावस्था में यौन रूप से कम उत्तेजित होता है और विकृत अतिकामुक माता-पिता का बालक अपरिपक्वावस्था में ही अधिक उत्तेजित हो जाता है। निश्चित रूप से डाक्टर हैमिल्टन की जांच से यही सुझाव मिलता है कि जितनी देर से यौन जीवन आरंभ होता है, विवाहित जीवन उतना ही संतोषजनक रहता है।

जब हम स्थानिक प्रजनन-अंगों की यौन-क्रिया से आगे बढ़ते हैं तो विषय अधिक जटिल हो जाता है। यहां हमारा साबका मनोविश्लेषकों की जिजीविषा (Libido) से पड़ता है। शुरू-शुरू में शैशवावस्था और बाल्यावस्था पर उसे लागू करने पर प्रबल विरोध होता था। अब भी यह नहीं कहा जा सकता कि अब यह विरोध पूर्ण रूप से खतम हो गया है। जो भी हो, आज यह स्वीकार किया जाता है कि जिस प्रकार हम जिजीविषा की परिभाषा करते हैं, उस पर बहुत कुछ निर्भर है। फ्रायड के अन्य पारिभाषिक शब्दों की तरह इस शब्द को उचित ढंग से नहीं चुना गया है, और उसे अंग्रेजी शब्द लिबिडिनस (Libidinous) यानी कामुक से अलग करना आसान नहीं है। फ्रायडवादी स्कूल के बाहर के मनोविश्लेषकों में सबसे अधिक प्रसिद्ध जुंग सचमुच जिजीविषा को किसी विशिष्ट यौन संबंध से पृथक् मानते हैं और उसे मानसिक शक्ति

के व्यापक अर्थ में ग्रहण करते हैं, जो बर्गसां की संज्ञा 'Elan vital' अथवा प्राणिक स्फूर्ति से मिलती-जुलती है। इस संज्ञा का बहुत लोग प्रयोग करना चाहेंगे, क्योंकि इसमें संदेह नहीं कि हम लिबिडो को निश्चित यौन शक्ति से अलग नहीं कर सकते। जेजीविषा के संबंध में फ्रायड के विचार स्थिर नहीं रहे। जैसा कि वे अपने 'जिजीविषा का बचकाना संगठन' (1932) नामक महत्त्वपूर्ण लेख में लिखते हैं कि एक समय मैंने उसके प्रारंभिक प्राक्प्रजनन-संगठन पर ज़ोर दिया था, यद्यपि बाद को चलकर मुझे यह स्वीकार करना पड़ा कि बाल्यावस्था के यौन आवेग और वयस्क यौन आवेग में बहुत निकटता है।

पर जैसा कि फ्रायड कहते हैं शिशु के प्रजनन-संबंधी गठन में सचमुच ही शिश्न की प्राथमिकता अंतर्निहित है। इसे वे बचपन में एकमात्र मान्यता प्राप्त प्रजनन-अंग के रूप में मानते हैं। इस समय फ्रायड प्राक्प्रजनन-सोपान की भी बात करते हैं और कहते हैं कि यौन रूप से बालिग होने तक यौन आवेग पुरुष और स्त्री के आमने-सामने आने के रूप में प्रकट नहीं हो पाता। चूंकि साधारण व्यक्ति के लिए जिजीविषा यौन वैपरीत्य पर निर्भर है, इसलिए फ्रायड के लिबिडो शब्द से भी कोई अधिक भय खाने की ज़रूरत नहीं है। सारा दोष फ्रायड के पारिभाषिक शब्दों का है। हम अर्नेस्ट जोंस के इस कथन से सहमत हो सकते हैं कि यदि हम यौन सक्रियता को दो सोपानों—'प्रारंभिक आनंद' और 'अंत के आनंद'—में विभक्त कर दें तो यौन वयस्कता के पहले की प्रायः सभी अभिव्यक्तियां पूर्ण रूप से प्रथम सोपान पर आ जाती हैं। जो भी हो, हमें अपवाद स्वीकार करना चाहिए।

यदि फ्रायड शुरू से ही यह स्थिति अपना लेते, जो अंततः उन्होंने 1925 (Das Ich und das Es) में अपनाई, और न्यूनाधिक लिबिडो की धारणा त्यागकर अहम् (ego) और इदम् (id) (जो Es का सुंदर अनुवाद है) के साथ संबंध बतलाते तो जिजीविषा के संबंध में फ्रायड की धारणा को कम विरोध का सामना करना पड़ता। इदम् (id) न्यूनाधिक रूप से अपनी वासनाओं के साथ अचेतन और आदिम 'स्व' होता है और 'अहम्' अपेक्षाकृत अधिक चेतन और बहिर्जगत् के साथ निकट प्रतिक्रियाओं से समन्वित अधिक तर्कसंगत 'स्व' होता है। वह धीरे-धीरे 'इदम्' से विकसित होता है और फिर उससे अलग हो जाता है। जैसा कि फ्रायड ने स्वयं लिखा है, इस धारणा से लोकप्रिय और सामान्यतः स्वीकृत विचारों की अच्छी तरह संगति बैठ जाती है।

जब हम बालकों की गतिविधियों का विस्तृत सर्वेक्षण करते हैं तो हमें शिश्न की प्राथमिकता सबसे अलग स्पष्ट नहीं दिखाई देती। शिशुओं से अच्छी तरह परिचित लोग अंगूठे और पैर की अंगुलियों को ही प्राथमिकता देंगे और जैसा कि फ्रायड लिखते हैं, दुर्भाग्य से कुछ माताएं जिज्ञासा का दमन करती हैं और इस तरह यह मनोवेग शिशु के भीतर चला जाता है और उसे मनोवेग का अनुचित बल प्राप्त होता है। शरीर के सबसे कौतूहलोद्दीपक वे अंग हैं (जिनमें उंगलियां भी सम्मिलित हैं) जो बच्चे के लिए खिलौने के समान होते हैं। यह कौतूहल आनंददायक अनुभूति भी ला सकता है किंतु अधिकांश बालकों के लिए तो, जिसे यौन अनुभूति कहा जा सकता है, वह वयःसंधिकाल

की अनुभूति होने के कारण प्रजनन-क्षेत्र के बाहर ही रहता है। कहने का अर्थ यह है कि वयस्कों में इस अनुभूति से यौन क्षेत्र के चौखट पर साबका पड़ेगा। इस तरह वैध रूप से वह प्रेम-कला के अंतर्गत आती है। फर्क इतना है कि बालकों में ऐसी अनुभूति आनंददायक होने के बावजूद अक्सर वास्तविक यौन अनुभूति के चौखट को पार नहीं करती।

सर्वोपरि ऐसे लक्षण मुखमंडल में सबसे अधिक प्रकट होते हैं। यह कोई आश्चर्य की बात नहीं है क्योंकि जब शिशु के अनुभूतिशील होंठ दुग्धपूर्ण स्तनाग्र के संपर्क में रहते हैं तो उसे चरम आनंद प्राप्त होता है। वयस्कावस्था में मुंह यौन उत्तेजना का एक केंद्र है, अतः हमें इस बात से आश्चर्य नहीं होता कि यौन जीवन के चौखट पर, यहां तक कि शैशव में भी, वह आनंद का केंद्र होता है। स्तनाग्र चूसना अप्राप्य होने अथवा समाप्त हो जाने पर कभी-कभी अंगूठा चूसना उसका स्थानापन्न हो जाता है। कुछ लोगों का कथन है—यद्यपि अनेक अधिकारी व्यक्ति उस मत के संबंध में विवाद उठाते हैं—कि पूर्वप्रवृत्तियुक्त बालकों में यह एक प्रकार का हस्तमैथुन है जो आगे चलकर साधारण हस्तमैथुन में परिणत हो सकता है। यह बात दोनों लिंगों के छोटे-छोटे बच्चों में काफी हद तक और विविध अनुपातों में पाई जाती है तथा जन्म के बाद से ही शुरू हो सकती है।

इस रूप से मुखमंडल के पश्चात् दूसरा नंबर संभवतः मलद्वार का है। जब तक टट्टी आपसे-आप बिना रोकथाम के हो जाती है, तब तक मलद्वार-क्षेत्र को आनंददायक केंद्र के रूप में विकसित होने का अवसर नहीं मिल पाता। किंतु रोकथाम लगने के साथ ही निष्कासन से मलद्वार में आराम अनुभव होना निश्चित हो जाता है, और उससे मलद्वार की आनंददायक संवेदनशीलता विकसित होने की संभावना रहती है। बाद के सालों में वह अक्सर कामोत्तेजन का केंद्र बन जाता है, यद्यपि मलद्वार वयस्कों में उतना अधिक गहरा कामोत्तेजना-केंद्र नहीं होता जितना कि मुखमंडलवाला केंद्र होता है। कुछ मनोविश्लेषकों का कथन है कि प्रारंभिक उम्र में कुछ व्यक्तियों में आनंददायक उद्देश्य से मल रोकने की प्रवृत्ति होती है और यह प्रवृत्ति आगे होनेवाले मानसिक विकास में बहुत महत्त्वपूर्ण होती है। जो भी हो, दूसरे इस बात को मानने से इंकार करते हैं क्योंकि उसे सिद्ध करना आसान नहीं है।

बहुत कुछ यही बात मूत्र-त्याग के संबंध में भी कही जा सकती है, यद्यपि शिशुओं और वयस्कों दोनों को ही मूत्र-त्याग के कार्य में ही आनंद मिलता है। कुछ निरीक्षक लिखते हैं कि शिशु को किसी विशेष रूप से अपनी पसंद के व्यक्ति पर पेशाब करने में आनंद मिल सकता है, यद्यपि ऐसा हो सकता है कि यह तथ्यों की गलत व्याख्या पर आधारित हो। ऐसा बहुत संभव है कि आनंददायक भाव के अंतर्गत शिशु ने जान-बूझकर मूत्र-त्याग न किया हो, जैसा कि कुछ स्त्रियों में पूर्ण मैथुन के समय प्रतिक्रियात्मक कार्यों के सिलसिले में कई बार मूत्र-त्याग हो जाता है, यद्यपि इससे उनको बड़ी परेशानी होती है। हैमिल्टन लिखते हैं कि 21 प्रतिशत पुरुष और 16 प्रतिशत स्त्रियां प्रारंभिक जीवन में पेशाब में दिलचस्पी लेने अथवा उसके साथ खेलने की बात

स्वीकार करते हैं, और मल रोकनेवालों का भी ठीक यही प्रतिशत आता है।

मानसिक दृष्टि से शारीरिक पक्ष की अपेक्षा इस तथ्य में और भी कम संदेह रहता है कि बच्चों में उन मनोवेगों को अनुभव करने की संभावना हो सकती है जिन्हें सही तौर पर यौन मनोवेग कहा जा सकता है। बहुत साल पहले स्टेनफोर्ड बेल ने सामूहिक आधार पर इन अभिव्यक्तियों की अधिकता बतलाई थी। इन्हें अवलोकन करने का अवसर सभी को कभी न कभी मिल जाता है। उनके प्रतिवेदन को पढ़कर इस समय भी लाभ उठाया जा सकता है। उन्होंने इस विषय पर पंद्रह साल तक स्कूलों में तथा स्कूलों के बाहर अध्ययन किया था और स्वयं 800 मामलों का अवलोकन किया था। साथ ही उन्होंने 360 अन्य निरीक्षकों से 1700 मामलों का (कुल मिलाकर 2500 का) विवरण प्राप्त किया था। इन व्यक्तियों में से केवल पांच व्यक्ति ही अपने बचपन में इस तरह के अनुभव का स्मरण नहीं कर सके थे। यह तथ्य बतलाता है कि यह अनुमान करना भूल है कि इस तरह के कम उम्र के अनुभव का दमन एक सामान्य बात है। जिन हालतों में दमन होता है वह साफ तौर पर असामान्य और संभवतः जन्मजात विलक्षणताओं के कारण होता है। बेल ने यह देखा कि इस प्रकार का मनोवेग तीसरे साल के मध्य में ही देखा जा सकता है और ऐसा मालूम होता है कि इसकी अभिव्यक्ति के कई सोपान होते हैं। उनमें से पहला सोपान साधारण तौर पर 8 साल और दूसरा 14 साल की उम्र तक बना रहता है। प्रथम सोपान में बालक बालिका की अपेक्षा अधिक नम्र और कम आक्रमणकारी होता है। यह मनोवेग कुछ छोटे-छोटे संकेतों से पकड़ में आता है, जिन्हें यौवनारंभ से संबद्ध किए बिना काम नहीं चल सकता। आलिंगन और चुंबन की प्रवृत्ति भी आमतौर पर होती है, पर यह हमेशा ही होती हो, ऐसी बात नहीं है। साथ ही कर्ता में अक्सर इस मनोवेग को उसके पात्र से और अन्य व्यक्तियों से छिपाने की इच्छा पाई जाती है। अक्सर किसी न किसी रूप में स्पर्श-सुख की कामना की जाती है। पर यह आमतौर पर विशेष रूप से यौन नहीं होती, और जब वह यौन भी होती है तो बेल इस पक्ष में हैं कि उसे समय से पहले परिपक्वता की अवस्था की दशा माना जाए। वे सही तौर पर कहते हैं, शारीरिक उत्तेजना की अक्सर यौन अंगों में अभिव्यक्ति नहीं होती (यद्यपि हो भी सकती है) बल्कि वह शारीरिक उत्तेजना समस्त शरीर में, विशेषकर रक्तवाहक और स्नायविक प्रणालियों में प्रसारित होती है। वर्ष में वसंत ऋतु में ही इन अभिव्यक्तियों के होने की सबसे अधिक संभावना रहती है।

बाल्यावस्था के अध्येताओं, मनोविश्लेषकों और अन्य लोगों ने इन निरीक्षणों की पुष्टि की, और उन पर और ज्यादा विस्तार के साथ बताया है। फ्रायड ने बार-बार इस विषय पर लिखा है। आस्कर फ़िस्टर बालकों में प्रेम और उसके विकास के दोषों के विषय में लिखे गए अपने विस्तृत और खोजपूर्ण ग्रंथ में इस निष्कर्ष पर पहुंचते हैं कि बालकों की प्रेम-भावनाओं की अभिव्यक्तियों में आश्चर्यजनक और संदेहरहित विविधता होती है।

जैसा कि पहले ही बताया जा चुका है, बालकों की यौन अथवा प्रच्छन्न यौन दिलचस्पी का यह लक्षण है कि उनकी दिलचस्पी यौन क्षेत्र से बाहर होती है, जबकि

वयस्कों में यह यौन क्षेत्र में ही केंद्रित होती है। इस फर्क का कारण कुछ तो यह है कि शारीरिक दृष्टि से प्रजनन-केंद्र अभी अविकसित हैं और कुछ यह कारण है कि मानसिक रूप से भिन्न लिंग के व्यक्ति को वह महत्त्व प्राप्त नहीं हो पाया है जो यौवनोद्गम के पश्चात् देर-सवेर प्राप्त होता है।

बचकानी कामात्मकता का एक दिलचस्प और अक्सर उपेक्षित लक्षण यह है कि उसमें सुख-दुःख, सह-अस्तित्व अथवा यंत्रणा को देखना, यंत्रणा देना या यंत्रणा सहना भी सम्मिलित होता है। इन अभिव्यक्तियों को विविध वयस्क नाम जैसे—'निष्ठुरता', सादवाद (Sadism) और मासोकवाद (Masochism) आदि दिए गए हैं, और यह शायद अपरिहार्य भी है क्योंकि वयस्क इन बाल्यावस्थाकालीन अभिव्यक्तियों की अपने ढंग से व्याख्या करते हैं। किंतु वे भ्रामक और दुर्भाग्यपूर्ण हैं और वे बाल्यावस्था के उद्देश्यों से कोसों दूर हैं। उदाहरण के लिए इस समय तक बालक के दिमाग में निष्ठुरता के वयस्क अर्थवाली धारणा नहीं बन पाई है। जब हम यह बात याद रखते हैं कि बहुत-से वयस्कों के लिए भी इस धारणा का स्पष्ट अस्तित्व नहीं होता तो फिर तो इसमें आश्चर्य की कोई बात नहीं है कि निष्ठुरता की यह धारणा बालकों के स्वभाव के अनुकूल नहीं है जो अक्सर बड़े आनंद के साथ मानवेतर प्राणियों को यंत्रणा देते हैं, और अक्सर उनकी यंत्रणा बढ़ाते हैं या यंत्रणा के कारण बनते हैं। उस उम्र तक बालकों के मनोवेग भेद रहित रहते हैं और वे जिज्ञासापूर्ण तर्क के क्षेत्र में अभ्यास-सा करते हैं या आप चाहें तो यह भी कह सकते हैं कि खेलते हैं। यहां वयस्क जीवन की नैतिकता के पथराए हुए कठोर नियमों को लागू करना अनुचित है। सच्चे अर्थ में शिक्षा का यह कार्य ही है कि जैसे ही बच्चे में समझने की शक्ति आ जाए, उसे यथासमय बाद के जीवन को समझने में सहायता दे और बालक पर यह स्पष्ट कर दे कि वयस्क संसार में बाल्यावस्था के अनियंत्रित मनोवेग नहीं चल सकते। (सच्चे अर्थ में इसलिए कि अभी भी अज्ञानियों में यह धारणा मौजूद है कि शिक्षा का अर्थ दिमाग में कुछ ठूंसना है न कि भीतर जो कुछ है उसे बाहर निकालना।) यहां पर हमारा संबंध भावनाओं के क्षेत्र में चालू कार्यों से ही सबसे पहले है, जो यदा-कदा यंत्रणा की चौखट तक पहुंचता है। यह बात इससे साफ दिखलाई देती है कि वे यंत्रणा सहना यंत्रणा देने के तुल्य ही अधिक पसंद करते हैं। सज़ा के खेल, जिनमें परस्पर बहुत मार-पीट होती है, छिपे तौर पर बच्चों और बच्चियों में बहुत लोकप्रिय होते हैं। विशेषतः लड़कियों में शायद ऐसे खेल बहुत लोकप्रिय होते हैं और इस उद्देश्य से वे अक्सर बालों वाले ब्रश का प्रयोग करती हैं। यौवनारंभ के पश्चात् भी जब प्रजनन के केंद्र पूर्ण रूप से क्रियाशील हो जाते हैं, स्त्री या पुरुष अपने से भिन्न लिंग के व्यक्ति की अनुपस्थिति में अपने को मारने की क्रिया को कामात्मक आनंद को बढ़ाने के लिए ग्रहण कर लेते हैं। यहां तक कि छोटे-छोटे बालकों को भी यंत्रणा और अत्याचारों की कल्पनाओं में सामान्यतः आनंद मिलता है और कुछ बाद की उम्र में कोई भी बच्चा फाक्स लिखित 'शहीद-गाथा' जैसी पुस्तकों को बड़े ध्यान से सुनता है और उसमें आनंद का स्रोत पाता है। कभी-कभी बालक स्वयं अपने ऊपर, अक्सर अपने शिश्न को यंत्रणा पहुंचाने के अदमनीय आवेग का अनुभव करता है। यह

इस बात को स्पष्टतः सूचित करता है कि यदि वयस्क अर्थ में शिश्न को यौन उत्तेजना का स्रोत न भी माना जाए, तो भी वह मनोवेगपूर्ण दिलचस्पी का केंद्र तो बन ही चुकता है। ऐसे तथ्य 'नपुंसकीकरण जटिलता' की याद दिलाते हैं, जिसे कुछ मनोविश्लेषक बहुत महत्त्व देते हैं। शिश्न के चारों ओर कसकर एक धागा बांधा जा सकता है अथवा उसको ज़ोर से चोट भी पहुंचाई जा सकती है। अभी हाल में ही नौ बरस की एक लड़की की दशा को लिपिबद्ध किया गया है, जिसने अपनी भगनासा के चारों ओर एक धागा बांध दिया था, पर वह उसे खोल नहीं सकी और इसलिए आपरेशन करना ज़रूरी हो गया। अनुभूति और मनोवेग इस उम्र तक बिखरे और अनिश्चित रूप में रहते हैं। चूंकि आत्मरक्षा के लिए जीवन में दुःख पाना शुरू से ही आवश्यक हो जाता है, इसलिए यह अपरिहार्य है कि बच्चों में ऐसे कष्टदायक मनोवेग रहें जिनमें अभी आनंद के अस्पष्ट आवेग साकार हो रहे हैं। हैमिल्टन ने यह देखा कि उनके मरीज़ों में (जो सभी उच्च चरित्र और उच्च संस्कृति के कहे जा सकते थे) केवल 49 प्रतिशत पुरुषों और 68 प्रतिशत स्त्रियों ने यंत्रणा देने में कभी आनंद का अनुभव नहीं किया, जब कि लगभग 30 प्रतिशत पुरुष और स्त्रियां दोनों ने ही यंत्रणा देने में आनंद का अनुभव किया।

यहां हम वयस्क-जीवनसुलभ विकासों से कितनी दूर हैं, यह इस सुपरिचित तथ्य से मालूम पड़ता है कि यंत्रणा देने के रूप में होनेवाली अभिव्यक्तियों में लिंग-सादृश्य और रक्त संबंध की निकटता बाधक नहीं होती। जो वयस्क इन अभिव्यक्तियों को अलग करके देखने में सफलता प्राप्त करता है, गंभीरता के साथ इस प्रसंग में शास्त्रीय ढंग से समलैंगिकता (Homosexuality), अगम्यगमन (Incest), एडिपस जटिलता की बातें छौंकता है, वह यह तो सोचता ही नहीं है कि उसकी बात कितनी अनर्गल और ऊल-जलूल है। यदि वयस्क-जीवन के इस तरह के कार्यों पर विचार करते समय वह इस प्रकार से बातें करता तो सचमुच ही उसकी बात तर्कसंगत होती। जब कि इस उम्र में कामात्मकता की धारणा ही नहीं बन पाती तो समलैंगिक यौन प्रवृत्ति का प्रश्न ही नहीं उठता और जब तक कर्ता को रिश्तेदारियों की रोक-टोक का बोध न हो, अगम्यगमन का भी प्रश्न नहीं उठता। एक प्रसिद्ध मनोविश्लेषक डा. जैलिफ कहते हैं कि बाल्यावस्थाकालीन आवेगात्मक क्रियाशीलता पर वयस्क-जीवन की सज्ञान क्रियाशीलता के शब्दों को आरोपित करने का यह तरीका लाल-बुझक्कड़ी है। बाल्यावस्था के प्रमुख मनोविश्लेषक स्टर्न अपने ग्रंथ 'साइकोलाजी आफ अर्ली चाइल्डहुड' में अपनी इस बात पर ज़ोर देते हैं कि बालकों को हमारे मानसिक शक्तियों के मानदंडों से नहीं मापना चाहिए, बल्कि उनके पृथक् स्वभावों को समझने की कोशिश करनी चाहिए। जब तक हम इस बात को महसूस न कर लें और कामभाव के उस व्यापक ढांचे को हटाकर अलग न कर दें, जो वयस्क-जीवन के नक्शों पर आधारित है, तब तक हम इस क्षेत्र में व्यर्थ ही छायाओं के पीछे भटकते रहेंगे। मालूम होता है कि ऐसे वयस्क लोग अपने बचपन की सभी बातों को भूल गए हैं। इस संबंध में अगाध ज्ञान का क्षेत्र पड़ा हुआ है, पर उसमें वे ही व्यक्ति प्रवेश कर सकते हैं जो खुद बच्चे बन जाएं।

इस स्थान पर एडिपस जटिलता नामक मानसिक विशेषता का उल्लेख करना

अवश्यक है। सबसे पहले फ्रायड ने ही एडिपस जटिलता की ओर ध्यान आकर्षित किया था और पिछले दिनों मनोविश्लेषकों और सर्वोपरि फ्रायड ने ही इस दशा को बहुत महत्त्व दिया था और कुछ हद तक मनोविश्लेषक अब भी दे ही रहे हैं। ऊपरी तौर पर उसका यह नामकरण बहुत अच्छा नहीं है क्योंकि यहां एडिपस जटिलता का मनोवैज्ञानिक अर्थ सिर्फ इतना ही है कि लड़के का अपनी मां से और लड़की का अपने बाप से प्रणयमूलक आकर्षण (विवाह करने की इच्छा) रहता है और उन्हें क्रमशः बाप और मां से उसी के अनुरूप ईर्ष्या होती है। इसके विपरीत पौराणिक गाथा के एडिपस ने किसी ऐसी भावना का अनुभव नहीं किया था, बल्कि भविष्यवाणी करनेवाले देवी-देवताओं ने उसे विवश किया था कि वह आंतरिक संघर्ष के बावजूद अपनी मां से विवाह करे और अपने अनजान में बाप की निर्मम हत्या कर डाले। एडिपस के इस आंतरिक संघर्ष को फ्रायड यह कहकर टाल देते हैं कि भविष्यवाणी करनेवाले देवी-देवता अवचेतन के गौरवीकृत मूर्तरूप थे। जब तीस साल पहले उन्होंने एडिपस जटिलता लोगों के सामने रखी तो फ्रायड के ही शब्दों में उसका स्वागत विभीषिका और तिरस्कार से किया गया। अवश्य ही उन्होंने इस शब्द का प्रयोग असावधानी के साथ किया था और फ्रायड ने अगम्यगमन शब्द का भी अपप्रयोग किया था। एडिपस जटिलता के प्रति लोगों के इस विरोधी रुख के बावजूद फ्रायड अपने प्रबल और तेज़ स्वभाव के कारण इस सिद्धांत पर डटे रह गए और उन्होंने और भी ज़ोरदार ढंग से इसका प्रतिपादन किया। फ्रायड ने घोषणा की कि किसी न किसी मात्रा में या किसी न किसी रूप में, यहां तक कि उसके बिलकुल उलटे रूप में भी, एडिपस जटिलता बालक के मानसिक जीवन का नियमित और महत्त्वपूर्ण अंग रहती है। इससे आगे उन्होंने देखा कि यह असंभव नहीं जान पड़ता कि एडिपस जटिलता ही समस्त यौन विच्युतियों का स्रोत हो और साथ ही स्नायविक रोगों का भी वह वास्तविक केंद्र हो। रैंक उस समय फ्रायड के घनिष्ठ संपर्क में थे और उन्होंने साहित्य और संस्कृति के अपने व्यापक अध्ययन की सहायता से यह दिखलाया कि किस प्रकार नाटकीय काव्य में बार-बार और विविध प्रकार से यह जटिलता प्रविष्ट हो जाती थी। अंतिम रूप से फ्रायड ने सन् 1913 में अपने ग्रंथ 'टोटम एंड बाबू' में एडिपस जटिलता की धारणा को आदिम नैतिकता के मूल स्रोत के रूप में विकसित किया। इसके साथ उन्होंने दोषी होने की अनुभूति भी जोड़ दी। पाप की यह अनुभूति फ्रायड की दृष्टि में धर्म और नैतिकता का आदिम स्रोत, केंट के निरवछिन्न 'स्व' का सबसे प्रारंभिक रूप और माता-पिता से शुरू होकर ईश्वर, भाग्य या प्रकृति (चाहे हम उसे किसी नाम से पुकारें) जैसे सर्वव्यापक व्यक्तित्व का प्रथम मूर्त रूप बन गई।

किंतु जिन मनोविश्लेषकों ने मानव-संस्कृति के एक बड़े हिस्से में एडिपस जटिलता को नींव के रूप में स्थापित किया है वे यह भूल जाते हैं कि एडिपस जटिलता का संबंध परिवार की सिर्फ एक विशेष रचना-प्रणाली से संयुक्त है, जबकि परिवार की किसी एक निश्चित रचना-प्रणाली का होना तो दूर की बात है, उसके विविध स्वरूप रहे हैं। पितृसत्तात्मक परिवार, जो ऐतिहासिक काल में हमारे यहां यूरोप के कुछ हिस्सों में

पाया जाता था, एडिपस जटिलता के सबसे अधिक अनुकूल है। पर ऐसी बात नहीं है कि परिवार की यही प्रणाली सर्वत्र और सर्वदा पाई जाती हो। परिवार की सारी वस्तु तो जीव-वैज्ञानिक होती है, पर उसके स्वरूप सामाजिकता के सांचे में ढले होते हैं। यह मालिनोव्स्की ने (जो शुरू में मनोविश्लेषकों के पक्ष में थे) अपनी पुस्तक 'काम और बर्बर समाज में उसका दमन' में स्पष्ट कर दिया है। वे जटिलताएं जो संस्कृति को गढ़नेवाली मानी जाती हैं, संस्कृति के अंतर्गत ही पैदा हो सकती हैं और तथ्य तो यह है कि संस्कृतियां कई तरह की होती हैं। हम यह मानकर नहीं चल सकते कि एक आदिम यूथ मध्यवर्गीय यूरोपीय परिवार के संस्कारों, असंतुलनों और बदमिज़ाजियों से संयुक्त हो और साथ ही वह प्रागैतिहासिक जंगलों में भटकता रहे। प्रत्येक प्रकार की सभ्यता में आवश्यक उपोत्पादन के रूप में केवल एक ही तरह की विशिष्ट जटिलता हो सकती है।

इससे आगे एडिपस जटिलता इस विश्वास पर आधारित है कि निकट संबंधियों के प्रति यौन प्रेम की स्वाभाविक और प्रबल प्रवृत्ति होती है, जो कम उम्र में ही प्रकट हो जाती है और जिसे कड़े नियम और कठोर दमन से ही काबू में लाया जा सकता है। सभी विद्वान् इस बात से सहमत हैं कि अगम्यगमनमूलक आवेगों का निर्बाध प्रचलन परिवार-व्यवस्था से मेल नहीं खाता, और इस आधार पर किसी भी प्रकार की विकसित संस्कृति के उदय की संभावना नहीं है, पर इस बारे में अधिकारी विद्वानों में मतभेद है कि अगम्यगमन स्वाभाविक है या अस्वाभाविक। वेस्टरमार्क की धारणा थी कि निश्चय ही एक ऐसा स्वाभाविक सहजात है जो अगम्यगमन के प्रतिकूल है; फ्रायड का मत है कि अगम्यगमन का प्रबल सहजात शैशव से ही होता है। मालिनोव्स्की का विचार है कि अगम्यगमन के प्रतिकूल जो सहजात है वह स्वाभाविक नहीं, पर संस्कृति द्वारा प्रवर्तित सांस्कृतिक प्रतिक्रियाओं की जटिल उपज है। काफी लंबे अरसे से मैंने जो स्थिति अपनाई है वह इन परस्पर-विरोधी मतों में सामंजस्य स्थापित करती है। जिन व्यक्तियों के साथ निकट संपर्क रहता है उनके प्रति यौन आकर्षण भी होता है। ये व्यक्ति अक्सर रिश्तेदार होते हैं, इसलिए इस आकर्षण को अगम्यगमनमूलक कहा जाता है, पर स्वाभाविक परिस्थितियों में यह आकर्षण कमज़ोर होता है (अपवाद तो हमेशा ही रहते हैं) और जब तरुण दर्शक को अपने परिचित दायरे के बाहर आकर्षण और आनंद का पात्र मिल जाता है तो वह शीघ्र ही उस प्रकार के आकर्षण पर काबू पा लेता है। अगम्यगमन के प्रतिकूल कोई सहजात या उसके प्रति स्वाभाविक घृणा नहीं होती, पर यौन सहजात बुद्धि को प्रबल रूप से उत्तेजित करने के लिए एक गहरे उद्वेलन की ज़रूरत होती है और उसके लिए एक नये पात्र की ज़रूरत होती है। इसके लिए उससे काम नहीं चल सकता जो अति जान-पहचान के कारण रोज़मर्रा का बन चुका है। वेस्टरमार्क विवाह-प्रथा पर लिखे गए अपने महान् ग्रंथ के बाद के संस्करण में उस मत के पक्ष में दिखाई देते हैं। इससे पहले इस मत को क्राले और हीप भी स्वीकार कर चुके थे। यह बात उन व्यक्तियों के लिए स्पष्ट हो जाती है जो यौन शरीर-विज्ञान और पूर्वराग के मनोविज्ञान की प्रक्रियाओं को समझ सकते हैं। रेस्तिफ द ला ब्रितोन के आत्मचरित 'मोशिये

निकलस' नाम की पुस्तक से उद्धरण पेश किए जा सकते हैं जो यौन आनंद और उत्तेजना-संबंधी मनोविज्ञान के विषय की एक अत्यंत बहुमूल्य पुस्तक है। हम इस पुस्तक में देखते हैं कि समय से पूर्व यौन अतिपरिपक्वावस्था-प्राप्त एक बालक चार साल की उम्र से ही अपनी साथिनों और साथ खेलनेवाली बालिकाओं से एक हद तक यौन रूप से उत्तेजित होने लगा था, यद्यपि वह उनके दुलार को बड़ी झेंप के साथ ही ग्रहण करता था। ग्यारह साल की उम्र के बाद ही वह इतना अधिक उत्तेजित हो सका कि अपना सारा झेंपूपन दूर कर मैथुन की सीमा तक पहुंच गया और ऐसा उसने एक ऐसी लड़की के साथ किया जो अजनबी, यहां तक कि दूसरे गांव की रहनेवाली थी। यदि इसमें अंतर्निहित मनोवैज्ञानिक तथ्य को ठीक से समझ लिया जाता तो बहुत-से गलत सिद्धांतों से बचा जा सकता था। अगम्यगमन के प्रति कोई स्वाभाविक प्रतिकूलता नहीं होती, किंतु स्वाभाविक परिस्थितियों में गहरे यौन आकर्षण के लिए प्रबल उत्तेजना की आवश्यकता होती है और यह सामान्य रूप से अति जान-पहचान में से उदित नहीं हो सकती। कुल बहिर्गमन (Exogomy) के मनोविज्ञान के संबंध में मेरे मत के विरुद्ध तरह-तरह की आपत्तियां उठाई गई हैं, किंतु वे गलतफहमी और कई अत्यंत घनिष्ठ रूप से संबद्ध बातों को स्वीकार न करने के कारण हैं। कुछ आलोचक एकमात्र सभ्य मनुष्यों और पालित पशुओं के संबंध में ही सोचते रहने के कारण गुमराह हो गए हैं। कुछ यह देखने में असफल रहे कि परिचित व्यक्तियों से होनेवाली यौन उत्तेजना के प्रति निरवच्छिन्न उदासीनता का प्रश्न ही नहीं उठता क्योंकि वह तो आसानी से मौजूद रह सकती है, और कभी-कभी विलक्षण रूप से प्रबल भी होती है। दूसरों का इस बात पर ज़ोर देना ठीक ही है कि अगम्यगमन के परिणामस्वरूप सर्वोत्तम संतान की अथवा पारिवारिक शांति की संभावना नहीं होती और बहिर्गमन सामाजिक विकास का एक अत्यधिक महत्त्वपूर्ण अंग है। ये प्रभाव अच्छी तरह अगम्यगमन-निषेध के लिए जिम्मेवार हो सकते हैं और उस निषेध को कायम रखने के लिए जिम्मेवार बने रह सकते हैं। पर उस आधार के और उस असंदिग्ध मानसिक प्रवृत्ति के सिवाय, जिसकी ओर मैं पहले ही ध्यान आकर्षित कर चुका हूं, वे प्रभाव मुश्किल से ही पैदा हो सकते थे। सामाजिक संस्थाओं का उद्गम कभी अस्वाभाविक नहीं होता, केवल स्वाभाविक आधार पर ही उनका उदय हो सकता है। इसके सिवाय जैसा कि क्राले ने बतलाया है, हमें आदिम जीवन में यह सरल आकांक्षा दृष्टिगोचर होती है कि जो कुछ प्रचलित है उस पर प्रथा और कानून की निरवच्छिन्न छाप लगाकर स्वाभाविक बात की अनुकूलता की जाए।

आज हम गंभीरतापूर्वक एडिपस जटिलता और उसके कारण जो भयंकर प्रतिक्रियाएं हुईं उन पर शांति से विचार कर सकते हैं। जब तथ्यों को भयानक और भारी-भरकम बनाने अथवा उन्हें सर्वव्यापक सिद्धांतों के रूप में उछालने के प्रयत्नों के बिना सीधे और सरल रूप में देखा जाता है तो इस स्वाभाविक तथ्य की खोज में आसानी हो जाती है कि छोटे बालक का अपनी मां से लगाव होता है (यही लड़कियों में अपने पिता के प्रति लगाव का रूप ले लेता है) और वह शुरू-शुरू में उस व्यक्ति

के प्रति ईर्ष्यालु होता है, जो उसकी मां के ध्यान को उसकी ओर से हटाता है। ईर्ष्या पूर्णतः एक स्वाभाविक आदिम भावना है। यदि किसी कुत्ते को ऐसा जान पड़ता है कि कोई दूसरा कुत्ता उसकी हड्डी में से हिस्सा बंटाने की फिराक में है तो वह गुर्राता है और यदि कोई बिल्ली यह देखती है कि कोई अजनबी बिल्ली उसकी तश्तरी में मुंह मारने के लिए बढ़ रही है तो वह भी नाखुश होकर गुर्राने लगती है। हममें से बहुतों को, जो स्वस्थ और सही दिमाग हैं तथा दुश्चिंता के कारण विकृत स्नायु नहीं हैं, याद आ सकता है, या हमें बतलाया गया है कि जब कोई नया भाई या बहिन पैदा होती थी तो शुरू-शुरू में हम उसे नापसंद करते थे। पर साथ ही हमें यह भी याद पड़ता है कि थोड़े ही समय के भीतर हमने नई परिस्थिति से पूरा समझौता कर लिया और नये शिशु को प्रेमपूर्वक दुलराने में सहायता पहुंचाकर गर्व का अनुभव करने लगे। सामान्य परिस्थितियों में पिता के प्रति विरोध की भावना किसी भी सोपान में शायद नहीं उठी। कारण बहुत स्पष्ट है। बालकों के लिए शिशु नया होता है और नई भावनाओं को जन्म देता है। पिता तो शुरू से ही मौजूद है, उसके प्रति रुख बदलनेवाली कोई नई चीज़ नहीं होती। उसे साधारण तथा स्वाभाविक कहकर स्वीकार कर लिया जाता है।

पर हम यह भी देखते हैं कि स्वभावतः विकृत स्नायुवाले कर्ताओं में इस प्रकार की परिस्थिति रोगग्रस्त और भावात्मक प्रवृत्तियों का विकास करने के लिए अनुकूल पड़ती है, विशेषकर तब, जब माता-पिता का व्यवहार अविवेकपूर्ण जैसे पक्षपात और असावधानीपूर्ण उपेक्षा का होता हो। तब हमें मनोविश्लेषकों द्वारा निरूपित अभिव्यक्तियों की सम्पूर्ण शृंखला दृष्टिगोचर होती है। यह आवश्यक है कि हम इन सम्भावनाओं के प्रति जागरूक रहें और ऐसी दशा का निर्भीकतापूर्वक उद्घाटन करने के लिए तैयार रहें क्योंकि साहस के बिना मनोविज्ञान के पथ पर आगे नहीं बढ़ा जा सकता। किंतु यह आवश्यक नहीं है कि हम किसी एक दशा से यहां तक कि अनेक दशाओं से अचानक एक साधारण नियम निकाल लें। सभी युक्तिसंगत निष्कर्षों के लिए यह घातक है कि हम पूर्वाग्रह लेकर चलें और हर एक दशा पर जबरदस्ती उसे लागू करने की कोशिश करें।

अब यह बात स्पष्ट होती जा रही है और मनोविश्लेषक भी इसे स्वीकार करने लगे हैं। इस तरह रैंक, जो एडिपस जटिलता के प्रारंभिक सोपान में उसे विकसित करने के लिए इतने सचेष्ट थे, बीस साल बाद अपनी सुझावपूर्ण पुस्तक—'आधुनिक शिक्षा' में लिखते हैं कि लड़के का मां के प्रति और लड़की का बाप के प्रति आकर्षण और क्रमशः बाप को और मां के प्रति ईर्ष्या के रूप में एडिपस जटिलता व्यवहार में इतने स्पष्ट तौर पर नहीं पाई जाती जितना कि उसे पौराणिक गाथा बतलाती है या फ्रायड का पहले विश्वास था। वे अन्यत्र यह भी लिखते हैं कि सुप्रसिद्ध मातृजटिलता का अर्थ बच्चे का मां पर उतना मनोवैज्ञानिक रूप से लगाव नहीं है जितना कि वह आजकल प्रचलित इस विश्वास का परिचायक है कि बच्चे की शिक्षा पर मां का बहुत अधिक प्रभाव पड़ता है।

मनोविश्लेषक नपुंसकीकरण जटिलता का संबंध एडिपस जटिलता से जोड़ते हैं।

फ्रायड उसे प्राथमिक रूप से यौन क्षेत्र में भीति प्रदर्शन के प्रति हुई प्रतिक्रिया मानते हैं। इस मत में शैशवकालीन क्रियाकलाप पर किसी तरह की रोकथाम को पितृजन्य माना जाता है। कभी-कभी ऐसा होता है कि जब माताएं और धाएं बच्चों को शिश्न हाथ में लेकर खेलते हुए देखती हैं तो मज़ाक में उसे काट देने की धमकी देती हैं। संभव है कि बालक इस धमकी को गंभीरता के साथ ले, विशेषकर तब, जब वह देखता है कि उसकी बहिन के शिश्न नहीं है, साथ ही बहिन यह समझती है कि वह एक ऐसे अंग से वंचित कर दी गई है जो उसके भाई के है। यह कहना निश्चित रूप से आसान नहीं है कि ये भावनाएं साधारण बालकों पर लागू हैं, यद्यपि फ्रायड इतने आगे बढ़ जाते हैं कि उनका दावा है कि नपुंसकीकरण जटिलता न केवल विकृत स्नायविक दशा के निर्माण में बल्कि स्वस्थ बालक के चरित्र-निर्माण में भी एक बड़ा हिस्सा अदा करती है। इसमें कोई संदेह नहीं हो सकता कि नपुंसकीकरण जटिलता कुछ विकृतस्नायु व्यक्तियों पर बहुत प्रभाव डालती है। कुशाग्र बुद्धि के, पर विकृत स्नायविक प्रवृत्ति के कुछ व्यक्ति जब अपने प्रारंभिक विकास का सिंहावलोकन करने में समर्थ होते हैं तो देखते हैं कि नपुंसकीकरण जटिलता जागरित करने में उनके ऊपर मूर्ख धायों का जो प्रभाव पड़ा है उसका बहुत बड़ा हाथ रहा है।

प्रारंभिक जीवन के इस पहलू के संबंध में जिस निर्दिष्ट अभिव्यक्ति ने सबसे अधिक ध्यान आकर्षित किया है वह हस्तमैथुन है। प्राचीनकाल में ही यह शब्द चालू हो गया था। यहां काम का उल्लेख करना सरल और संभवतः उचित भी है, यद्यपि कड़ाई के साथ देखा जाए तो यह बात पूरे तौर पर सही नहीं है क्योंकि यहां हमें ऐसी क्रिया पर विचार करना है जो सिर्फ आनंददायक अनुभूतियों के लिए साधारणीकृत और सहजातमूलक खोज से शुरू हो सकती है और अक्सर शुरू होती है। पर चूंकि यह एक ऐसी क्रिया है जो बचपन तक ही सीमित नहीं रहती और किसी भी उम्र में अक्सर सबसे विकसित यौन भावनाओं के सिलसिले में भी हो सकती है, इसलिए उसकी सीमारेखा खींचना बाल की खाल उधेड़ने के समान होगा।

इस क्रिया का प्राचीन और सामान्यतः प्रचलित नाम स्त्री और पुरुष दोनों ही लिंगों में यौन अंगों को हाथ के माध्यम से उत्तेजित करना सूचित करता है। किंतु सामान्यतः और बिलकुल अपरिहार्य रूप से इस शब्द प्रयोग में वे सब विधियां सम्मिलित रहती हैं जिनके द्वारा जननेन्द्रियों में आनंददायक अनुभूति पैदा करने के लिए घर्षण किया जाता है। इसमें संदेह नहीं कि हाथ सबसे अधिक उपयोग में आने वाला साधन है और मानसिक निषेध और भौतिक बाधा रहनेवाली हालत में स्वाभाविक रूप से उसका ही उपयोग किया जाता है, पर बहुत-से दूसरे कारण भी हो सकते हैं। जहां तक लड़कों का संबंध है, कसरत, खेल, विशेषतः सामान्य उत्तेजना की दशा में कपड़ों का आकस्मिक दबाव भी शिश्न को दंडायमान कर सकता है, यहां तक कि उनका स्खलन भी हो सकता है। तनाव और भय की दशाओं से, भय अथवा आनंद का संचार करनेवाले दृश्यों से तथा इसी प्रकार के वास्तविक अनुभवों, जैसे कोड़े लगाने की सज़ा मिलने आदि से इसी तरह के नतीजे निकल सकते हैं। इसका एक प्राचीन उदाहरण रूसो के जीवन से प्राप्त

होता है। उन्हें अपनी शिक्षिका या धाय से यह अनुभव हुआ था। स्वयं रूसो का विश्वास था कि उनके अत्यंत अनुभूतिशील मन पर उसका स्थायी प्रभाव पड़ा। लड़कियों के हाथों का उपयोग लड़कों के समान सबसे सामान्य होते हुए भी उतना ज़रूरी नहीं है। बचपन के शुरू में भी यौन अंगों का आकस्मिक स्पर्श आनंददायक सिद्ध हो सकता है और किसी लड़की को इस आनंद के कारण अपनी बचपन-संबंधी इस प्रकार की याद बनी रह सकती है। वे बाद को चलकर सहजातमूलक तरीके से संपर्क तथा घर्षण करने के लिए बाहरी पदार्थों को खोजती हैं। छोटी लड़कियां बिना किसी लुकाव-छिपाव के कुर्सी के कोने अथवा ड्राअरों के कुंदे से अपना घर्षण कर सकती हैं। नवयुवतियां ऐसी आदत डालती हैं और उसे बनाए रखती हैं और यहां तक कि सार्वजनिक रेस्टोरेंटों में भी टेबिल के पाये की सहायता से उत्तेजना प्राप्त कर लेती हैं। किसी प्रकार की बाहरी चीज़ की सहायता लिए बगैर भी किसी लड़की के लिए यह संभव है कि अपनी जांघों को एक-दूसरी से रगड़कर अथवा अनुकूल भावनात्मक दशा के रहने पर अपनी जांघों को एक-दूसरी से कसकर दबाने से उत्तेजना और परितृप्ति कर ले। लड़कों के समान उनमें भी उत्तेजक दृश्यों अथवा उत्तेजक विचारों से वे ही नतीजे हो सकते हैं। हम देखते हैं कि इसमें और जो बात दो प्रेमी-प्रेमिकाओं में स्वाभाविक रूप से होती है, उसमें मुश्किल से ही प्रभेद किया जा सकता है।

जिन लड़कों में पहले कभी स्वतःस्फूर्त यौन आवेग क्रियाशील नहीं हुआ और जिनको इस सिलसिले में अपने साथियों से कुछ सीखने का मौका नहीं मिला उनमें यौवनोद्‌गम पर अक्सर निद्रावस्था में स्वप्न के साथ या बगैर स्वप्न के स्खलन होता है। कभी-कभी लड़के को इससे बहुत चिंता होती है और शरम लगती है और तब तक बनी रहती है जब तक उसके लगातार चालू रहने के कारण वह उसे वयस्क ब्रह्मचारी जीवन के एक अंग के रूप में स्वीकार नहीं कर लेता। इस तरह की परिस्थितियों में यह अपरिहार्य नहीं है कि लड़कियों में भी इस प्रकार का तजुरबा हो। ऐसा बहुत ही कम होता है कि (जैसा मैंने अक्सर ही बताया है, यद्यपि मेरे कथन को हमेशा स्वीकार नहीं किया गया) लड़कियों को यौन उत्तेजना की प्रथम अनुभूति (चाहे वह पूर्ण मैथुनिक परितृप्ति के साथ हो या न हो) निद्रावस्था में हो और साधारणतः ऐसा अनुमान अज्ञान के कारण किया जाता है। लड़का निद्रावस्था में स्वतः यौन रूप से जागरित हो जाता है। लड़कियों को दूसरों के द्वारा या स्वयं अपने द्वारा सक्रिय रूप से जागरित करना पड़ता है, यद्यपि इसके बाद भी यह हो सकता है कि वयस्कावस्था प्राप्त कर लेने के बहुत समय बाद ही वह स्पष्ट कामात्मक स्वप्न देखे। यहां संभवतः हम एक दिलचस्प यौन भेद का पता पाते हैं, जो इस प्रकार है—पुरुष यौन रूप से अधिक क्रियाशील है और स्त्री यौन रूप से अधिक शांत। जो भी हो, फिर भी इसका अर्थ यह नहीं है कि पुरुष की कामात्मकता उच्च है और स्त्री की यौन आवश्यकताएं निम्नकोटि की अथवा हीन हैं। यदि हम मिरगी तथा स्नायविकता को प्रच्छन्न यौन शक्ति की अभिव्यक्ति मानें, तभी लड़कियों को मिरगी होने तथा उनमें अन्य स्नायविक लक्षण पाए जाने की बात समझ में आती है।

अमेरिका में रोवी ने एक बड़ी संख्या में स्त्रियों और पुरुषों में खोज करने पर देखा कि उनमें मुश्किल से ही एकाध व्यक्ति ऐसा था जिसे हस्तमैथुन या आत्ममैथुनिक क्रियाशीलता का किसी न किसी रूप में आठ साल की उम्र के पहले अनुभव न हुआ हो। उनके निरीक्षण हमेशा असंदिग्ध नहीं थे। डॉ. कैथराइन डेविस ने इस बात पर विशेष ध्यान दिया। अमेरिका में कालेज से संबंधित 22 साल से अधिक उम्र की 1000 स्त्रियों में से उन्होंने देखा कि 60 प्रतिशत ने तो हस्तमैथुन का अपना बाकायदा इतिहास दिया। शायद किसी अन्य वैज्ञानिक की अपेक्षा उन्होंने इस संपूर्ण प्रश्न की छानबीन अधिक पूर्णता और ज्यादा ब्योरे के साथ की है। उन्होंने देखा कि कालेज की विवाहित स्नातिकाओं में से 43.6 प्रतिशत ने तीन साल की उम्र से लेकर दस साल की उम्र तक, 20.2 प्रतिशत ने 11 से लेकर 15 साल की उम्र तक, 13.9 प्रतिशत ने 16 से लेकर 22 साल तक और 15.5 प्रतिशत ने 23 से लेकर 29 साल की अवस्था तक हस्तमैथुन शुरू कर दिया था। उनके नतीजों की तुलना ऐसे शोधकर्ताओं के नतीजों से करने पर, जिन्होंने पुरुषों के क्षेत्र में छानबीन की है, निम्नलिखित परिणाम निकलते हैं :

	पुरुष	स्त्री
11 साल	20.9	49.1
12 से लेकर 14 साल तक	44.3	14.6
15 से लेकर 17 साल तक	30.3	6.2
18 साल और उसके बाद	4.5	30.1

ये निष्कर्ष वज़नदार हैं, क्योंकि इन समूहों में लगभग 500 पुरुष और 900 स्त्रियां सम्मिलित हैं। अप्रत्याशित मात्रा में वे यह बतलाते हैं कि अक्सर लड़कियां लड़कों की अपेक्षा कम उम्र में ही हस्तमैथुन शुरू कर देती हैं। किशोरावस्था में इस मामले में लड़कों की प्रधानता रहती है। और जैसा कि हमारे लिए अनुमान करना स्वाभाविक है, वयस्कावस्था प्राप्त करने के बाद हस्तमैथुन करनेवालों में स्त्रियों की अधिकता रहती है।

डॉ. हैमिल्टन ने अच्छी सामाजिक स्थिति के 100 विवाहित पुरुषों और 100 विवाहित स्त्रियो का सावधानीपूर्वक अध्ययन करने के दौरान में पाया कि पुरुषों में 97 प्रतिशत और स्त्रियों में 74 प्रतिशत ने किसी न किसी समय हस्तमैथुन किया था। ये नतीजे मोल के सामान्य निष्कर्षों से बहुत कुछ मिलते हैं। उल्लेखनीय है कि 'बालक के यौन जीवन' पर मोल का सन् 1908 में लिखित ग्रंथ अपने विषय का सर्वप्रथम विस्तृत ग्रंथ था और अभी तक उसकी गणना सर्वोत्कृष्ट ग्रंथों में होती है। जो भी हो, मोल लिखते हैं कि जर्मनी में हस्तमैथुन उतना अधिक प्रचलित नहीं है जितना कि लोग कभी-कभी अनुमान करते हैं। मैं इस कथन में इतना और जोड़ दे सकता हूं कि इंगलैंड और यहां तक कि फ्रांस में भी यह सामान्यतः इतना नहीं है जितना अमेरिका में पाए जानेवाले प्रतिशत से हमें धारणा होती है।

इससे यह दिखाई देगा कि ये अभिव्यक्तियां शाब्दिक अर्थ और सामान्यतः स्वीकृत अर्थ में हस्तमैथुन की शाब्दिक और प्रचलित धारणा से कहीं अधिक व्यापक हैं,

जिससे वास्तविक रूप से यह नहीं कहा जा सकता है कि वह एक अलग समूह है क्योंकि वह निश्चित सीमाओं के बगैर बृहत्तर समूह से मिलता है।

जब हम इस तरह कुल मिलाकर अभिव्यक्तियों के इस समूह पर विचार करते हैं, तो यह साफ पता चल जाता है कि हम क्यों उन्हें विच्युत नहीं करार दे सकते। वे स्वाभाविक होते हैं; जब यौन आवेग यौन इच्छा के पात्र के अभाव में कार्यशील होता है तो इस प्रकार की अभिव्यक्तियां स्वाभाविक होती हैं। यहां तक कि ऐसी परिस्थितियों में वे कुछ मानवेत्तर जानवरों में भी पाई जाती हैं और जब वे वयस्कावस्था के पहले पाई जाती हैं तो वे और भी स्वाभाविक होती हैं। यह भी स्वाभाविक है कि जब यौन आवेग अदमनीय प्रतीत हों और जब सामान्य तरीके से यौन तृप्ति की या तो इच्छा ही न की जाए या यह वांछनीय न हो तो वयस्कावस्था में भी उक्त अभिव्यक्तियों का उदय हो सकता है, यद्यपि यहां यह भी बता दिया जाए कि जब ऐसी परिस्थितियों के अंतर्गत किन्हीं अन्य विचारों के कारण, जो उच्चकोटि के मालूम पड़ते हों, उनका निषेध अथवा दमन कर दिया जाए तो उस हालत में भी उस प्रकार की अभिव्यक्ति उतनी ही स्वाभाविक है।

इतिहास के विभिन्न कालों और संस्कृति के विभिन्न सोपानों में प्राक्यौवनारंभ और किशोरावस्थाकालीन कामवासना के प्रति क्या रुख था, इसकी छानबीन करना भी शिक्षाप्रद होगा। यौन आवेग के सदृश इतने आदिम और मूल आवेग पर विचार करते समय हम आसानी से यह फैसला नहीं कर सकते कि क्या स्वाभाविक है और क्या विच्युत, क्योंकि विचारों को बदलते हुए फैशनों या किसी एक विशेष युग के धार्मिक या सामाजिक रिवाजों के ढांचे की कसौटी पर कसना खतरे से खाली नहीं होगा। यह कहना उचित न होगा कि जिस युग में से हम निकल रहे हैं, इस युग में जो विशिष्ट और अतिरंजित यौन विचार प्रचलित हैं वे किसी भी प्रकार चिरंतन हैं।

उदाहरण के लिए हम अपनी परंपराओं से अलग संस्कृतिवाली न्यूगिनी की एकमात्र जाति ट्रोब्रियांडर को लें। सिर्फ इसी जाति का अभी तक वैज्ञानिक सतर्कता के साथ अध्ययन किया जा सका है, जिसे मालिनोव्स्की ने अपने ग्रंथ 'सेक्सुअल लाइफ़ आफ़ सावेजेज़' में प्रस्तुत किया है। ट्रोब्रियांड द्वीप में बालक-बालिकाओं को स्वतंत्रता और स्वाधीनता रहती है जो यौन मामलों तक विस्तृत होती है। बच्चों को अपने माता-पिताओं को मैथुन करते समय देखने से अथवा यौन विषयक बातचीत सुनने से बचाने के लिए न तो कोई सावधानी बरती जाती है और न ऐसा करना संभव ही होता है। साथ ही यह भी सच है कि बड़े-बूढ़े उन बच्चों के विषय में ऊंचे विचार रखते हैं जो इस तरह देखी अथवा सुनी गई बातों को नहीं दुहराते। जब मछली पकड़ने के लिए लड़कियां अपने बापों के साथ जाती हैं तो अक्सर पुरुष अपनी जननेंद्रिय पर से अंजीर के पत्तों की तरह लंगोटी[1] हटा देते हैं और इसलिए पुरुष-अंग का आकार लड़कियों के लिए कभी रहस्य नहीं रहता। लड़के व लड़कियां दोनों अपने से उम्र में कुछ ही बड़े

1. पानी में उतरने के लिए।—**अनुवादक**

साथियों से यौन-संबंधी निर्देश प्राप्त करते हैं व छोटी उम्र से ही यौन-खेल खेलना शुरू कर देते हैं, जिससे उन्हें इन विषयों का थोड़ा-बहुत ज्ञान प्राप्त हो जाता है और उनको स्वाभाविक जिज्ञासा शांत हो जाती है। यहां तक कि उन्हें कुछ मात्रा में आनंद भी मिल जाता है। इन जननेन्द्रिय संबंधी खेलों में साधारण तौर पर हाथ और मुंह का उपयोग किया जाता है। छोटी लड़कियां अक्सर यौन-संबंधी खेल चार या पांच साल की उम्र में शुरू कर देती हैं और वास्तविक यौन जीवन का प्रारंभ छः या आठ साल के बीच शुरू होता है। गांवों के बीच में लड़के और लड़कियों द्वारा खेले जानेवाले खेलों में कभी-कभी यौन भावना का तगड़ा पुट रहता है। वयस्क लोग इन सब अभिव्यक्तियों को स्वाभाविक मानते हैं और इस पर डांटना या हस्तक्षेप करना ज़रूरी नहीं समझते। इससे कोई नुकसान नहीं होता। यहां तक अवैध बालक भी पैदा नहीं होते, यद्यपि यह अभी तक रहस्य ही है कि इस बात को किस तरह रोका जाता है। ट्रोब्रियांडर जाति के तरुण अपनी सहजात काव्य-बुद्धि की सहायता से अपरिष्कृत कामवासना को ढक देते हैं और मालिनोव्स्की के शब्दों में—"अपने खेलों में बहुत बड़ी हद तक रोमांटिक दशा को प्रदर्शित करते हैं।"

फिर भी दुनिया के उसी हिस्से में और उन लोगों के बीच, जो नस्ल और संस्कृति की दृष्टि से ट्रोब्रियांडरों से बहुत अधिक भिन्न नहीं हैं, यौन विषयों के प्रति बिलकुल ही अलग रुख पाए जाते हैं। मार्गरेट मीड अपनी पुस्तक 'ग्रोइंग अप इन न्यूगिनी' में न्यूगिनी के उत्तर में स्थित एडमिरैल्टी द्वीप के निवासियों में मनु नामक जाति को कट्टर नैतिकतावादियों के रूप में चित्रित करती हैं। वे यौन मामलों को अरुचि और मल-मूत्र आदि को घृणा के साथ देखते हैं। वे उनकी अभिव्यक्तियों का दमन करते हुए और उनसे बचते हुए इन मामलों में अधिक से अधिक गोपनीयता रखते हैं। यद्यपि बालक-बालिकाओं को शारीरिक मामलों में सावधानी के साथ शिक्षा दी जाती है, पर यौनेतर मामलों में उन्हें खुली छूट दे दी जाती है और स्वतंत्र छोड़ दिया जाता है। किंतु यौन अभिव्यक्तियां, जिनमें हस्तमैथुन भी आ जाता है, बहुत कम पाई जाती हैं क्योंकि पृथकत्व और एकांत का मौका मुश्किल से ही मिल सकता है। यहां मैथुनिक शीतलता बहुत पाई जाती है और विवाहित स्त्रियां यह स्वीकार नहीं करतीं कि दांपत्य जीवन से उन्हें आनंद मिलता है और वे समागम से बचने की कोशिश करती हैं तथा वहां रोमांटिक प्रेम के लक्षण भी नहीं दिखाई देते।

हमारी संस्कृति के बाहर तरुण-यौन जीवन का एक दूसरा चित्र मार्गरेट मीड ने 'कमिंग आफ़ एज इन समोआ' नामक पुस्तक में प्रस्तुत किया है, यद्यपि इस समय समोआ हमारी सभ्यता से अछूता नहीं है। यहां हमारी सभ्यता का प्राचीन समोअन संस्कृति पर विध्वंसक प्रभाव पड़ा और इस तरह जो एक नई और बनावटी संस्कृति बनी है उसकी द्रुत गति से वृद्धि हुई। फिर भी स्वाभाविक रूप से उसके विकास का आधार वही है जो स्पष्टतः प्राचीन समोअन संस्कृति का आधार है। उसमें न्यूनतम निषेध और प्रतिबंध हैं, और इससे फायदा ही रहा है। छोटे बालक-बालिकाएं एक-दूसरे से किसी बाहरी आदेश के कारण नहीं, बल्कि प्रथा और सहजात बुद्धि के कारण बचना चाहते हैं,

तथापि एकांत के सामान्य अभाव के कारण वे प्रारंभिक जीवन से ही जीवन और मरण के आवश्यक तथ्यों से, जिनमें मैथुन और यौन ब्योरे भी सम्मिलित हैं, परिचित होने लगते हैं। उनका यौन-जीवन बाल्यावस्था से ही शुरू हो जाता है। प्रायः प्रत्येक छोटी लड़की कमोबेश गोपनीय रूप से छः या सात साल की उम्र से ही हस्तमैथुन शुरू कर देती है, लड़के भी हस्तमैथुन करते हैं, पर ऐसा अक्सर वे समूहों में करते हैं और जब-तब समलैंगिक मैथुन के मामले भी उपलब्ध होते हैं। उम्र में बढ़ती हुई साथ काम करनेवाली लड़कियों और स्त्रियों में इस तरह से जब-तब होनेवाले संबंध सुखकर और स्वाभाविक मनोरंजन माने जाते हैं, जिसमें काम-वासना का हलका-हलका-सा पुट होता है। इस तरह की विच्युतियां न तो निषिद्ध हैं और न ही उन्हें बाकायदा विकसित किया गया है; वे तो केवल स्वाभाविक स्वस्थ अवस्था के व्यापक दायरे की मान्यता के संकेत-मात्र हैं और जनमत यौन ब्योरों पर अधिक ध्यान देने को अच्छा न मानते हुए भी उन्हें गलत नहीं मानता। मार्गरेट मीड का यह दावा है कि "इस प्रकार समोअन जाति ने स्नायविक विकृति का अपने यहां से अस्तित्व ही मिटा दिया है।" वहां न तो स्नायविक विकृति और रोग है, न मैथुनिक शीतलता, न ही नपुंसकता। विवाह-विच्छेद की आसानी रहने से कोई दुःखी विवाहित जीवन बिताने के लिए बाध्य नहीं रहता (यद्यपि वहां व्यभिचार से विवाह का भंग होना अनिवार्य नहीं है) और पत्नी को आर्थिक स्वाधीनता प्राप्त होने के कारण वही अधिकार मिल जाता है जो पुरुष को प्राप्त है।

जब हम यूरोपीय परंपरा और अपनी आधुनिक सभ्यता के स्रोतों की ओर मुड़ते हैं तो इन अभिव्यक्तियों के संबंध में सबसे प्राचीन जो उल्लेख मिलते हैं उनसे ऐसा नहीं दिखाई देता कि उनमें इनके प्रति स्पष्ट रूप से कोई तिरस्कार निहित है, अधिक से अधिक उनमें कुछ घृणा प्रकट की जाती है, और ग्रीक साहित्य में तो देवताओं को हस्तमैथुन से संबद्ध बतलाया गया है। ऐतिहासिक काल में हम देखते हैं कि सिनिक-संप्रदाय के श्रद्धेय दार्शनिक यौन आवश्यकताओं की अपने-आप पूर्ति करने के लाभों की डींग हांकते थे। ऐसा मालूम होता है कि रोम में इन मामलों के प्रति काफी उपेक्षा थी और गिरजा-प्रणाली में एक हजार साल से भी ज्यादा समय तक इतनी तरह की अद्‌भुत यौन अतियों का सामना करना पड़ा था कि उन्हें दूर करने के प्रयत्नों में ही सारा ध्यान लग गया और अकेले में होनेवाली स्वयंस्फूर्त यौन अभिव्यक्तियों की तरफ ध्यान ही नहीं गया। रिफ़ार्मेशन के पहले तो यह असंभव था। सबसे पहले प्रोटेस्टेंट देशों में नैतिकतावादियों और डाक्टरों का ध्यान हस्तमैथुन की ओर गया और वे चिंतित होने लगे, यद्यपि शीघ्र ही यह आंदोलन फ्रांस और अन्य कैथोलिक देशों में फैल गया। यह अठारहवीं सदी में हुआ। इसी समय नीम-हकीमों को उन बुराइयों का उलटा-सीधा इलाज करने का मौका हाथ लग गया। यहां तक कि विगत शती के अंत तक भी गंभीर डाक्टर यह मानकर चलते थे कि हस्तमैथुन से भयंकर नतीजा अथवा कुछ और हो सकता है। जब उन्नीसवीं सदी के उत्तरार्ध में डार्विन की प्रेरणा से एक नवीन प्राणिशास्त्रीय धारणा धीरे-धीरे चिकित्सा-विज्ञान में प्रविष्ट होती जा रही थी तब शैशव और किशोर अवस्था की

विच्युतियों संबंधी धारणा का अंत होने लगा। एक तरफ तो उस सदी के तीसरे चरण में क्राफ्ट एबिंग ने अग्रदूत के ढंग पर काम शुरू किया और उन्होंने यौन विषयक वैज्ञानिक अध्ययन के द्वारा यह दिखा दिया कि इस उम्र में ये तथाकथित विच्युतियां कितनी साधारण हैं और दूसरी तरफ विकास की धारणा ने यह स्पष्ट करना शुरू कर दिया कि हमें वयस्कों के विकसित मानदंडों को अविकसित लोगों पर नहीं लागू करना चाहिए तथा यह आवश्यक नहीं है कि जो एक सोपान पर स्वाभाविक है वह उससे पहले के सोपान पर भी स्वाभाविक हो।

इटली के मनोचिकित्सक सिलवियो वेंतुरी इन प्रभावों के प्रारंभिक प्रतिपादक दार्शनिकों में से थे। वे इटली में चिकित्साशास्त्र को नई प्राणिशास्त्रीय और सामाजिक धारणाओं से उर्वरित करना चाहते थे। सन् 1892 में उन्होंने अपना व्यापक अध्ययन-ग्रंथ 'मनोवैज्ञानिक कामात्मक पतितावस्थाएं' प्रकाशित किया। वैयक्तिक और सामाजिक इतिहास में प्रतिफलित कामात्मक पतितावस्थाओं का इस महत्त्वपूर्ण ग्रंथ में चित्रण किया गया। वेंतुरी यौन विकास को एक धीमी प्रक्रिया मानते थे। वे यह मानते थे कि उसे यौवनारंभ के पहले यौन नाम देना उचित नहीं है, फिर भी यह प्रक्रिया ऐसे घटकों (शैशवकाल में शिश्न का दंडायमान होना ऐसा ही घटक है और इसी प्रकार बचपन में होंठों का अकामात्मक सुखकर प्रयोग विकसित हो जाना, कामात्मक रूप से अनुभूतिशील हो जाना दूसरा घटक है) से निर्मित होती थी जिनका आपस में संयुक्त होने से पूर्व पृथक् विकास होता है। ये ही तत्व यौवनारम्भ के बाद संयुक्त होकर कामवासना तथा कामचेष्टा का निर्माण करते हैं, जिन्हें वेंतुरी साहब मानसिक तत्त्वों पर जोर देते हुए 'एमोरे' या प्रेम की संज्ञा देते हैं। हस्तमैथुन को, जिसे वेंतुरी हमेशा ओनानिज़्म कहते हैं, उसका बीज माना गया है जो आगे चलकर प्रेम बन जाता है। वह बिना किसी सुखद कामात्मक कल्पना के तरुणाई में एक अज्ञात और अनिश्चित शारीरिक आवश्यकता की पूर्ति के रूप में प्रकट होता है, जिसकी जड़ें शैशव में ही मौजूद रहती हैं। निश्चित रूप से उसकी प्रकृति कामात्मक रहती है पर चेतना के समक्ष वह ऐसे अनुभूतिशील धरातल को खोदने के कार्य के रूप में प्रकट होती है, यद्यपि उसमें निषिद्ध फल के चखने का मानसिक चटपटापन भी शामिल रह सकता है। यह कार्य धीरे-धीरे मानसिक तत्त्वों और विशुद्ध कामात्मक उत्तेजनाओं से जटिल बनता जाता है, जो उसे धीमी गति से किसी काल्पनिक साथी के साथ मैथुन करने की कल्पना के निकट लाती जाती है और इस तरह वह प्रायः बिना जाने ही वयस्क यौन प्रेम में प्रविष्ट और लुप्त हो जाता है अथवा व्यक्ति के अनुसार द्रुत अथवा मंद होता है। जैसा कि वेंतुरी का कथन है (लोम्ब्रोज़ो की तरह जो आज के दृष्टिकोण के अनुकूल है) कि जैसे भी हो उसके कुछ तत्त्व, जैसे फेटिशयुक्त तत्त्व, विकास के अवरुद्ध हो जाने के कारण मौजूद रहते हैं और जब वे इतनी दूर तक आगे बढ़ जाते हैं कि वयस्क जीवन में स्वाभाविक यौन लक्ष्य का स्थान ले लेते हैं तो वे विच्युति का रूप ले लेते हैं। फ्रायड ने जैसा कि बाद को कहा, "विकृत कामचेष्टा शैशवकालीन कामचेष्टा के सिवाय और कुछ नहीं है।" इसका अर्थ यह है कि बालक में जो बात स्वस्थ है जब वही बात वयस्क-जीवन में पाई जाती है, तब

अस्वाभाविक हो जाती है। वेंतुरी यह निष्कर्ष निकालते हैं कि हस्तमैथुन उस कथित पाप से कोसों दूर है जिसे शिक्षक और नैतिकतावादी दूर करना चाहते हैं और वह एक स्वाभाविक मार्ग है जो पहले यौवन को उष्ण और उदार प्रेम की ओर और बाद को परिपक्वता के शांत और ठोस दांपत्य प्रेम तक पहुंचाता है।

सहायक पुस्तक-सूची

ए. मोल—The Sexual Life of the child.

सन्फोर्ड बेल—'The Emotion of Love between the Sexes,' American Journal of Psychology, July 1902.

ऑस्ककर फीस्टर—Love in Children.

कैथराइन डेविस—Factors in the Sex Life of Twenty-two Hundred Women.

जी. वी. हैमिल्टन—A Research in Marriage.

मालिनोव्स्की—Sexual Life of Savages.

मारगरेट मीड—Growing up in New Guinea, Coming of Age in Samoa.

फ्रायड—Introductory Lectures on Psycho-analysis.

अर्नेस्ट जोंस—Papers on Psycho-analysis.

आत्ममैथुन

बाल्यावस्था के प्रारंभिक लक्षणों का अध्ययन करते समय ही हम उन अभिव्यक्तियों तक पहुंच चुके हैं जो आत्ममैथुन संज्ञा के अंतर्गत आती हैं। मैंने इस संज्ञा 'आत्ममैथुन' को सन् 1898 में उन स्वतःस्फूर्त अकेले में होनेवाली यौन अभिव्यक्तियों के लिए खोज निकाला था जिन्हें सोते समय प्रजनन-अंगों को उत्तेजना के प्रकार का कहा जा सकता है। अब इस संज्ञा का सामान्यतः प्रयोग होता है, जो कि हमेशा ठीक उसी अर्थ में नहीं जिसमें कि मैंने उसका प्रवर्तन किया था। कभी-कभी उसका प्रयोग स्वयं के प्रति निर्देशित यौन सक्रियता को व्यक्त करने के लिए भी किया जाता है। ऐसे प्रयोग का अर्थ इस संज्ञा के अर्थ को सीमित करना है और ऐसा करना आत्म शब्द से जुड़कर बननेवाले शब्द-वर्ग के साधारण अर्थ के अनुसार नहीं पड़ता, स्वयंक्रिय कार्य का अर्थ बिना किसी प्रत्यक्ष बाहरी आवेग के स्वयं के प्रति नहीं बल्कि स्वयं के द्वारा कार्य है। यदि हम आत्ममैथुनिक संज्ञा को सीमित कर दें तो हमारे पास इस संपूर्ण वर्ग को सूचित करने के लिए कोई संज्ञा नहीं बचेगी।

इसलिए आत्ममैथुन संज्ञा से मेरा मतलब स्वतःस्फूर्त यौन भाव के उस लक्षण से है जो प्रत्यक्ष अथवा अप्रत्यक्ष रूप से किसी अन्य व्यक्ति से प्राप्त बाह्य उत्तेजना के

कारण उद्‌भूत न हुआ हो। एक व्यापक अर्थ में, जिसकी पूरी तरह से उपेक्षा नहीं की जा सकती, यह कहा जा सकता है कि आत्ममैथुन में दमित यौन सक्रियता के वे सब रूप सम्मिलित हैं जो किसी रोगग्रस्त दशा के घटक हैं। साथ ही इसके अंतर्गत कला और कविता की स्वाभाविक और स्वस्थ अभिव्यक्तियां आ जाती हैं और वे न्यूनाधिक रूप से वास्तव में संपूर्ण जीवन को अपने रंग में रंग देती हैं।

डिकिन्सन कहते हैं कि व्यापक अर्थ में आत्ममैथुन के अंतर्गत किसी भी प्रकार की आत्माभिव्यक्ति में व्यक्त होनेवाला आत्मप्रेम सम्मिलित है। उसमें सिर्फ यौन विच्युति के शिकार ही नहीं, बल्कि वैज्ञानिक, देश-अनुसंधानकर्ता, खिलाड़ी और पर्वतारोही ऐसे लोग भी आ जाते हैं।

ऐसी परिभाषा में विरुद्ध लिंग के प्रिय व्यक्ति की उपस्थिति से उदय होनेवाली स्वस्थ यौन उत्तेजना नहीं आती, इसी प्रकार उसमें किसी समलैंगिक व्यक्ति के प्रति होनेवाले आकर्षण से संबंधित विकृत अथवा विच्युत कामभावना भी नहीं आती। इसके बाद उसके अंतर्गत कामात्मक फेटिशवाद के बहुविध रूप भी नहीं आते। इसमें यौन आकर्षण का सामान्य केंद्र अपने स्थान से हट जाता है और यौन भाव किसी ऐसी वस्तु से उदित होते हैं जो साधारण प्रेमी के लिए सिर्फ गौण महत्त्व की ही है। आत्ममैथुन का क्षेत्र विस्तृत है और अपेक्षाकृत विशेष रूप से उसके अंतर्गत ये बातें आती हैं—(1) कामात्मक दिवास्वप्न, (2) नींद में कामात्मक स्वप्न, (3) नार्किसवाद[1] जिसमें आत्मचिंतन द्वारा कामात्मक भाव पैदा होते हैं, और (4) हस्तमैथुन, जिसमें न केवल हाथ के द्वारा आत्मउत्तेजन, बल्कि यौन अवयवों तथा अन्य उत्तेजना-केंद्रों पर प्रत्यक्ष प्रभाव डालनेवाले अन्य बहुत-से तरीके यहां तक कि वे तरीके भी शामिल हैं जो केंद्रीय तौर पर शुरू किए जाते हैं।

1. कामात्मक दिवास्वप्न :

यह (जिसे अतिकल्पनाशीलता की संज्ञा दी जाती है) आत्ममैथुन का एक अत्यंत प्रचलित और महत्त्वपूर्ण रूप है। इसके सिवाय यह कभी-कभी हस्तमैथुन का भी प्रारंभिक सोपान रहता है। वेलेज़ली कालेज के माबेल लेयारायड ने बहुत पहले उसके प्रमुख रूप का अध्ययन 'लगातार चूलू कहानी' में प्रस्तुत किया था। 'लगातार चालू कहानी' एक काल्पनिक वर्णन होती है, जो कमोबेश हर व्यक्ति के लिए विशिष्ट होती है। वह व्यक्ति उसे बहुत पसंद करता है, और वह विशेष रूप से उसकी पवित्र मानसिक संपत्ति मानी जाती है। अक्सर व्यक्ति उसे कभी दूसरों को नहीं सुनाता, पर यदि सुनाने का मौका आ भी जाए तो उसे बहुत अधिक सहानुभूति रखनेवाले मित्रों को ही बतलाया

1. फ्रायड के दूसरे अनुयायी (यद्यपि स्वयं फ्रायड नहीं) आत्ममैथुन संज्ञा को इस प्रकार विशेष अर्थ तक ही सीमित रखना चाहते हैं। मैं इसे अवैध मानता हूं। आत्ममैथुन के सभी प्रकारों में कर्ता किसी अन्य व्यक्ति की उपस्थिति की आवश्यकता बगैर खुद परितृप्ति पाता है, किंतु उसका यौन आवेग प्रत्येक अर्थ में आवश्यक रूप से स्वयं अपने प्रति नहीं होता।

जाता है। इसकी प्रवृत्ति लड़कों और नवयुवकों की अपेक्षा लड़कियों और नवयुवतियों में अधिक पाई जाती है—352 स्त्री-पुरुषों में जहां 47 प्रतिशत स्त्रियों की कोई न कोई चालू कहानी थी, वहां सिर्फ 14 प्रतिशत लड़कों की ही ऐसी कहानी थी। प्रारंभ-बिंदु किसी पुस्तक से कोई घटना अथवा जैसा कि अक्सर होता है, वास्तविक जीवन से ही कोई घटना होती है, जिसे कर्ता विकसित करता है और वह (कर्ता) प्रायः हर क्षेत्र में उस कहानी की नायिका या नायक होता है। एकांत कहानी के विकास के लिए अनुकूल होता है, और सोने के पहले बिस्तर पर लेटे रहने का समय उसके विकास के लिए विशेष रूप से अनुकूल होता है। जी० एफ० पार्ट्रिज ने दिवास्वप्न के साथ होनेवाले शारीरिक लक्षणों का वर्णन, विशेषकर नार्मल स्कूलों की 16 से लेकर 22 साल तक की लड़कियों में, बड़ी अच्छी तरह किया है। पिक ने कामात्मक आधार पर होनेवाले दिवास्वप्नों की रोगग्रस्त, प्रकट रूप से मिरगीग्रस्त पुरुषों की दशाओं को लिपिबद्ध किया है। थ्योडेट स्मिथ ने लगभग 1500 तरुण व्यक्तियों का, जिनमें दो-तिहाई से अधिक संख्या लड़कियों और नवयुवतियों की थी, अध्ययन किया था, 'लगातार चालू कहानियां' मुश्किल से एक प्रतिशत में पाई गई थीं। पंद्रह साल की उम्र के पहले स्वस्थ लड़के दिवास्वप्न देखते थे, जिनमें खेल-कूद और साहसपूर्ण कार्यों का बहुत बड़ा भाग रहता था; लड़कियां उपन्यासों में अपनी प्रिय नायिकाओं के स्थान पर स्वयं को रख देती थीं। प्रेम और विवाह के दिवास्वप्न सत्रह साल की उम्र के बाद और लड़कियों में उससे पहले ही, बहुधा पाए जाते थे। यद्यपि इन दिवास्वप्नों का पता लगाना किसी तरह आसान नहीं है, फिर भी कामात्मक दिवास्वप्न नवयुवकों में विशेषकर नवयुवतियों में सर्वत्र यथेष्ट मात्रा में पाए जाते हैं। प्रत्येक व्यक्ति का अपना विशेष स्वप्न होता है, जो सदैव बदलता और विकसित होता जाता है, पर अत्यंत कल्पनाशील लोगों के सिवाय वह अन्य लोगों में ज़्यादा दूर तक विकसित नहीं होता। उस तरह का दिवास्वप्न अक्सर सुखद वैयक्तिक अनुभूति पर आधारित होता है और उसी आधार पर पनपता है। उसमें विच्युति का भी एकाध तत्त्व हो सकता है, चाहे वास्तविक जीवन में वह तत्त्व दिखलाई न पड़े। ब्रह्मचर्य से दिवास्वप्न पनपता है। प्रायः उसको पूरी तरह से समझने का कोई प्रयत्न नहीं किया जाता। यह आवश्यक नहीं है कि उसकी परिणति हस्तमैथुन ही हो, यद्यपि उससे कभी-कभी कमोबेश या स्वतःस्फूर्त रूप से स्खलन हो जाता है।

दिवास्वप्न नितांत वैयक्तिक और घनिष्ठ अनुभव होता है। ऐसा केवल स्वभाव से ही नहीं होता, बल्कि यह ऐसे बिंबों के रूप में होता है जिन्हें कर्ता को भाषा के माध्यम से इच्छा रहने पर भी व्यक्त करने में बड़ी कठिनाई होती है। दूसरी दशाओं में इसका चरित्र नाटकीय अथवा रोमांटिक होता है और नायक अथवा नायिका कहानी का कामात्मक चरमोत्कर्ष प्राप्त करने के पूर्व बहुत-से अनुभवों में से गुज़रते हैं। यह चरमोत्कर्ष कर्ता के बढ़ते हुए ज्ञान अथवा अनुभव के साथ सामंजस्य रखते हुए विकसित होता जाता है; पहले वह महज़ चुंबन-मात्र से शुरू होकर किसी भी प्रकार की परिष्कृत यौन तृप्ति में विकसित हो सकता है। सनकी-दिमाग व्यक्तियों और विकृत मस्तिष्क व्यक्तियों में दिवास्वप्न पाया जा सकता है। रूसो अपनी 'आत्मकथा' में ऐसे स्वप्नों का

वर्णन करते हैं जिनमें मासोकवाद और हस्तमैथुन सम्मिलित थे। रेफालोविच ऐसी प्रक्रिया का उल्लेख करते हैं जिसके द्वारा यौन रूप से अंतर्मुखी व्यक्ति अपने चिंतन के प्रवाह में शायद सड़क या थिएटर में देखे गए अपने ही लिंग के किसी व्यक्ति की आकृति को कल्पना में देखने लगते हैं। इससे एक तरह का मानसिक आत्ममैथुन होता है चाहे वह शारीरिक रूप से अभिव्यक्त हो या न हो।

इस प्रकार के दिवास्वप्नों पर अभी तक बहुत थोड़ा ही अध्ययन हो सका है क्योंकि यह गुप्त रूप से होता है तथा एकांत में ही इसका अनुशीलन किया जाता है और यह शायद वैज्ञानिक खोजों के लिए काफी तौर पर दिलचस्प भी नहीं समझा जाता था, पर वास्तव में यह एक बहुत महत्त्वपूर्ण प्रक्रिया है और आत्ममैथुनिक क्षेत्र के एक बहुत बड़े हिस्से में फैली हुई है। यह प्रक्रिया अक्सर ऐसे कल्पनाशील नवयुवकों और नवयुवतियों में पाई जाती है जो संयम के साथ रहते हैं और हस्तमैथुन से अक्सर दूर भागते हैं। ऐसे व्यक्तियों में विद्यमान परिस्थितियों के अंतर्गत इसको नितांत स्वाभाविक और आवेग की क्रीड़ा का अपरिहार्य स्वरूप समझना चाहिए। इसमें संदेह नहीं कि अक्सर यह रोगग्रस्त हो सकती है, और जब इसकी अति हो जाती है तो वह कदापि स्वस्थ नहीं होती। कलात्मक प्रकृति के नवयुवकों और नवयुवतियों में यह सबसे अधिक प्रभावित करने वाली और जकड़नेवाली होती है। यद्यपि यह बात नहीं है कि दिवास्वप्न हमेशा ही यौन भाव से रंजित हों, तो भी जैसा कि मुझे स्त्रियों और पुरुषों दोनों ने ही बताया है कि ऊपरी तौर से ये अकामात्मक दिवास्वप्न भी विवाह के बाद बंद हो जाते हैं और यह इस बात का महत्त्वपूर्ण सूचक है कि उनका उद्‌गम कामात्मक होता है।

हैमिल्टन की जांच-पड़ताल से यौन दिवास्वप्नों का महत्त्व और भी अच्छी तरह से सामने आ गया। उन्होंने देखा कि 27 प्रतिशत पुरुषों और 25 प्रतिशत स्त्रियों ने निश्चित रूप से यह बतलाया कि यौन विषय में कुछ भी मालूम होने से पहले से ही उन्हें दिवास्वप्न आते थे; अन्य बहुत-से व्यक्ति अनिश्चित थे, जबकि 28 प्रतिशत पुरुषों और 25 प्रतिशत स्त्रियों को यौन रूप से परिपक्व होने से पूर्व दिवास्वप्न आते थे। केवल 1 प्रतिशत पुरुषों और 2 प्रतिशत स्त्रियों को यौवनारंभ के बाद भी कामात्मक दिवास्वप्न नहीं हुए। 51 प्रतिशत पुरुषों और 57 प्रतिशत स्त्रियों ने कहा कि 18 साल की उम्र के पश्चात् और विवाह के पहले के समय में दिवास्वप्नों में उनका दिमाग बहुत लगा रहता था। 26 प्रतिशत पुरुषों और 19 प्रतिशत स्त्रियों को (जो सभी विवाहित थे) दिवास्वप्नों में डूबे रहने के कारण अब भी कार्य में बाधा पहुंचती है।

अक्सर दिवास्वप्न उन लोगों, विशेषतः उपन्यासकारों के जीवन और गतिविधियों में महत्त्वपूर्ण हिस्सा अदा करते हैं जो शारीरिक और मानसिक बनावट से ही कला की ओर झुके रहते हैं। इसलिए जहां साधारण लोगों के लिए वयस्क जीवन में कल्पना में बहुत अधिक डूबे रहना असंदिग्ध रूप से हानिकर है—क्योंकि वह उन्हें वास्तविक जीवन से दूर हटाता है—वहां फ्रायड का सुझाव है कि कलाकार में उसकी शारीरिक बनावट से ही उदात्तीकरण और दमन की इतनी प्रबल क्षमता हो सकती है कि वह अपनी

कल्पना से आनंद का इतना प्रबल प्रदाह पैदा करे जिससे दमन का पलड़ा हल्का पड़ जाए और उसका निवारण हो जाए।

2. नींद में कामात्मक स्वप्न :

स्वप्नों के मनोवैज्ञानिक महत्त्व को हमेशा स्वीकार किया गया है, भले ही ऐसा चाहे विभिन्न ढंग से किया गया हो और चाहे जिस ऊल-जलूल प्रकार से उसकी व्याख्या की गई हो। हम देखते हैं कि मनुष्य की प्रारंभिक परंपरा यह थी कि स्वप्नों पर गंभीरता के साथ विचार किया जाता था और यह माना जाता था कि उनमें जादू, धर्म या भविष्यवाणी के बारे में बातें रहती हैं। सभ्य देशों की लोककथाओं और लोकगीतों में यह अभी तक मौजूद है, और असभ्य जातियों में तो स्वप्न बहुत महत्त्वपूर्ण माने ही जाते हैं। आधुनिक मनोविज्ञान के उदय के साथ ही स्वप्नों पर द्रुत गति से विविध दृष्टिकोणों से अध्ययन होने लगा।[1] हाल ही में यह अध्ययन बहुत व्यापक हो गया है और जैसा कि हमें मालूम है, मनोविश्लेषण में स्वप्न बहुत वज़नदार माना जाता है।

स्वप्न की सामान्य व्यापकता को स्वीकार कर लिया जाता है, पर हमेशा इस बात पर पूरा मतैक्य नहीं रहा कि वह स्वाभाविक और निरंतर चालू रहनेवाला है और इसलिए यह पूरी तरह से स्वस्थ और स्वाभाविक है। फ्रायड यह मानते हैं कि वह एक ही साथ स्वस्थ और मनोरोगग्रस्त हैं। यह सबसे अधिक तर्कसंगत मालूम पड़ता है कि इसे पूर्ण रूप से स्वाभाविक मान लिया जाए। जानवरों को भी स्वप्न आते हैं और हम यह देख सकते हैं कि सोया हुआ कुत्ता कभी-कभी दौड़ने की चेष्टा की नकल करता है। असभ्य जातियों के लोगों को भी स्वप्न आते हैं। बहुत-से लोगों को स्वप्न का ज्ञान नहीं रहता तो भी जब वे इस पर ध्यान देने लगते हैं तो उन्हें स्वप्न आने के चिह्न अक्सर मिलने लगते हैं। हम यह भली-भांति विश्वास कर सकते हैं कि सोते समय उनकी मानसिक सक्रियता इतने उतार पर रहती है कि जागने पर उसकी याद बाकी नहीं रहती।

साधारण स्वप्नों के समान ही कामात्मक स्वप्नों के संबंध में भी—चाहे उनके आने के साथ स्खलन हो या न हो—मतभेद है। सिद्धांतों और तथ्यों का सावधानी के साथ अध्ययन करने पर हम इसी निष्कर्ष पर पहुंचते हैं कि स्वस्थ व्यक्तियों में ब्रह्मचारी रहते समय जागरित अवस्था में आत्ममैथुनिक अभिव्यक्ति की प्रवृत्ति होती है। जो भी हो, इसमें संदेह नहीं हो सकता कि उन्हीं परिस्थितियों में निद्रावस्था में पुरुषों के स्खलन का होना तथा स्त्रियों की पूर्ण तृप्ति होना स्वाभाविक है। संसार के कई भागों में बतलाया जाता है कि इस तरह की अभिव्यक्तियां शैतान के द्वारा दी गई उत्तेजना के कारण होती हैं। कैथोलिक चर्च ने इस अपवित्रता को बहुत महत्त्व दिया और उसे 'दोष'

---

1. फ्रायड ने (जो साहित्य के विशेषज्ञ होने का दावा नहीं करते) स्वप्न पर मनोवैज्ञानिक दृष्टि से दिए जानेवाले ध्यान को कम ही महत्त्व दिया। वे यह कह जाते हैं मानो यह सामान्य विश्वास रहा हो कि 'स्वप्न' एक मानसिक नहीं किंतु देह-यंत्र संबंधी व्यापार है। यह वक्तव्य अर्थहीन है।

की संज्ञा दी, पर लूथर भी कामात्मक स्वप्नों को एक बीमारी मानते हैं और उसकी दवा के लिए फौरन शादी कर देने की व्यवस्था देते हैं। यहां तक कि कुछ प्रसिद्ध चिकित्सा-वैज्ञानिकों ने भी (विशेष रूप से मोल और एलेनबर्ग ने) रात्रिकालीन वीर्यपात को रात्रिकालीन मूत्रत्याग अथवा वमन के स्तर पर रख दिया है। और इससे भी इंकार नहीं किया जा सकता कि आदिमकालीन प्राकृतिक परिस्थितियों में यह दृष्टिकोण औचित्यपूर्ण है।

जो भी हो, चूंकि हमारी सामाजिक परिस्थितियों के अंतर्गत कुछ हद तक मैथुनिक संयम कमोबेश अपरिहार्य है, अतः अधिकांश विद्वानों का झुकाव रात्रिकालीन कामात्मक स्वप्नों को, जो संयम के फलस्वरूप आते हैं, काफी हद तक स्वाभाविक मानने की ओर है। उन्हें चिंता केवल इस बात की रहती है कि वह कितनी जल्दी-जल्दी आता है।

पाजे का कहना है कि उन्होंने कोई भी ऐसा ब्रह्मचारी अथवा संयमी पुरुष नहीं देखा जिसे सप्ताह में एक या दो बार से लेकर तीन महीने में एक बार तक भी स्वप्नदोष न होता हो। और इन दोनों सीमाओं के भीतर रहनेवाला व्यक्ति स्वस्थ ही पाया गया। ब्रिण्टन का कहना है कि स्वप्नदोष सबसे ज़्यादा लोगों में सामान्यतः पंद्रह दिन से लेकर महीने में एक बार तक पाया जाता है। इन अवधियों में स्वप्नदोष एक रात्रि के बाद दूसरी रात्रि को भी अक्सर हो जाता है। रोलेडर का तो यहां तक कहना है कि यह स्वाभाविक रूप से कई रातों तक लगातार हो सकता है। हैमंड का भी विचार था कि 15 दिनों में एक बार स्वप्नदोष होता है। चेलेनाफ़ ने मास्को के दो हज़ार से भी अधिक विद्यार्थियों की जांच करने के बाद यह पाया कि इसी अंतर पर स्वप्नदोष सबसे ज़्यादा लोगों में होता था। रिबिंग यह मानते थे कि दस से लेकर चौदह दिन के भीतर एक बार स्वप्नदोष होना स्वाभाविक है, पर हैमिल्टन एक सप्ताह से लेकर पंद्रह दिन तक की अवधि को स्वाभाविक मानते थे (19 प्रतिशत दशाओं में), लेबेनफ़ेल्ड यह मानते थे कि सप्ताह में एक बार स्वप्नदोष स्वाभाविक है। बहुत-से अच्छे स्वस्थ युवकों के क्षेत्र में यह कथन सही निकलता है। चाहे जैसे भी हो कभी-कभी स्वप्नदोष बिलकुल नहीं होता। (चेलेनाफ़ की जांच से दस प्रतिशत में स्वप्नदोष का न होना पाया जाता है, किंतु हैमिल्टन केवल दो प्रतिशत में ही इसका अभाव पाते हैं।) दूसरे अच्छे स्वस्थ युवकों में बौद्धिक अतिक्रियाशीलता अथवा चिंता और व्यग्रता की दशा को छोड़कर बाकी समय शायद ही कभी स्वप्नदोष होता है।

यद्यपि हमेशा ही नहीं, पर अक्सर जिसे स्वप्नदोष होता है उसे कामात्मक सपने आते हैं, जिनमें स्वप्न देखनेवाले को किसी स्त्री की न्यूनाधिक रूप से निकट उपस्थिति अथवा संपर्क की चेतना होती है। सामान्य नियम यह मालूम होता है कि स्वप्न जितना अधिक स्पष्ट और कामात्मक होगा, शारीरिक उत्तेजना और साथ ही जागने पर तृप्ति की अनुभूति उतनी ही अधिक होगी। कभी-कभी कामात्मक स्वप्न वीर्यपात के बिना ही समाप्त हो जाता है और कई बार स्वप्न देखनेवाले के जागने के बाद ही वीर्यपात होता है। कभी-कभी सन्निकट स्खलन का दमन अर्धजागरण-अवस्था में ही हो जाता है। नैके ने इसे 'स्तम्भित स्वप्नदोष' की संज्ञा दी है।

उत्तर इटली में ग्वालिनो ने कामात्मक स्वप्न की विस्तृत और व्यापक जांच की, जो 100 स्वस्थ पुरुषों—डाक्टरों, शिक्षकों, वकीलों आदि—के बीच प्रसारित थी। ग्वालिनो दिखलाते हैं कि निष्कासन (चाहे वह वीर्य का हो या और किसी वस्तु का) के साथ कामात्मक स्वप्न उस उम्र से कहीं जल्दी शुरू हो जाते हैं जिसे मारो ने उत्तर इटली के उसी हिस्से में युवकों पर शोध करके निश्चित किया था। ग्वालिनो को मालूम हुआ कि उनके समक्ष प्रस्तुत सभी मामलों में 17 साल की अवस्था में कामात्मक स्वप्न आने लगे थे; मारो ने यह देखा कि उस उम्र में भी 8 प्रतिशत युवक यौन रूप से अविकसित थे, और जहां 13 साल की उम्र से यौन विकास शुरू होता है वहां 12 वर्ष की अवस्था से ही कामात्मक स्वप्न शुरू हो जाते हैं। प्रायः सभी दशाओं में स्वप्नदोष आने के कुछ महीने पहले से शिश्न का दंडायमान होना शुरू हो जाता था। 37 प्रतिशत दशाओं में कोई वास्तविक यौन अनुभव (चाहे वह हस्तमैथुन हो अथवा मैथुन) नहीं था; 23 प्रतिशत मामलों में हस्तमैथुन किया गया था और शेष में किसी न किसी रूप में यौन संपर्क हो चुका था। स्वप्न मुख्यतः दृश्यगत होते हैं, स्पर्श-संबंधी तत्त्व बाद को आते हैं। स्वप्न में आनेवाला नाटकीय पात्र अक्सर एक अज्ञात स्त्री (27 प्रतिशत मामलों में) अथवा केवल आंख से देखी गई स्त्री (56 प्रतिशत मामलों में) होता है और अधिकांश क्षेत्र में, कम से कम शुरू की सभी परिस्थितियों में, एक कुरूप अथवा अद्‌भुत आकृतिवाली स्त्री पात्र के रूप में सामने आती है, जो आगे चलकर अधिक आकर्षक होती जाती है, पर वह उस स्त्री से नहीं मिलती-जुलती जिसे जागरित जीवन में प्यार किया जा रहा है। ग्वालिनो, लेवेनफेल्ड तथा अन्य विद्वानों ने बतलाया है कि यह दिन के भावों की रात में प्रच्छन्न रूप में प्रकट होने की सामान्य प्रवृत्ति के अनुरूप है। यौवनारंभ के सोपान में भावात्मक दशा में आनंद के अतिरिक्त व्यग्रता (37 प्रतिशत), वासना (17 प्रतिशत) और भय (14 प्रतिशत) मौजूद रहता है। वयस्कावस्था में चिंता और भय घटकर क्रमशः 7 और 6 प्रतिशत रह जाते हैं। 33 कर्ताओं को यौन गड़बड़ियों या अन्य गड़बड़ियों के कारण बिना सपने देखे ही वीर्य-स्खलन हो गया था और ऐसे व्यक्तियों ने जागने पर अपने को बहुत थका हुआ पाया। 90 प्रतिशत से अधिक लोगों को जो सपने आते थे उनमें कामात्मक स्वप्न सबसे स्पष्ट थे। 34 प्रतिशत दशाओं में मैथुन करने के बाद जल्दी ही स्वप्नदोष हो जाता था। बहुत-सी दशाओं में पूर्वरागकाल में जब युवक अपनी मंगेतर को चूमता और सहलाता रहता था, स्वप्नदोष विशेष रूप से अधिक और बार-बार (यहां तक कि एक रात में तीन बार) होता था, किंतु शादी के बाद बंद हो जाता था। इस बात पर ध्यान नहीं दिया गया कि बिस्तर पर लेटने की स्थिति अथवा मूत्राशय के भरे रहने से कामात्मक स्वप्न की संख्या पर कोई विशेष प्रभाव पड़ता है या नहीं, पर शुक्राशय का परिपूर्ण होना एक प्रधान तत्त्व माना जाता है। बहुत-से लोगों (लेवेनफेल्ड आदि) ने यह लिखा है कि लोगों को उन व्यक्तियों के स्वप्न विरले ही आते हैं जिन्हें वे प्यार करते हैं। भले ही वे अपनी प्रेमिका का ध्यान करते हुए, उसके संबंध में सोचते हुए सो गए हों। इसका कारण यह बतलाया जाता है कि सुप्तावस्था में प्रबल वासना शांत हो जाती है और यह निश्चित रूप से सही है। यह भी भली-भांति ज्ञात है कि शायद ही कभी हम

दिन में होनेवाले दुःखों को स्वप्न में देखते हैं, यद्यपि हम उसके छोटे-छोटे ब्योरों को अक्सर देखते रहते हैं। कई विद्वानों का (स्टेनले हाल आदि का) इस बात पर भी ध्यान गया है कि कामात्मक स्वप्न में न केवल ऐसे व्यक्ति, जो जागरितावस्था में स्वप्न देखनेवाले के प्रति बिलकुल उदासीन हैं, बल्कि उनके बहुत ही तुच्छ वैयक्तिक ब्योरे अथवा उनसे कल्पित संपर्क भी स्वप्नदोष के लिए पर्याप्त होते हैं।

जागरितावस्था में कर्ता के यौन स्वभाव के सूचक के रूप में कामात्मक स्वप्नों का निदानशास्त्र की दृष्टि से क्या मूल्य है, इस पर विविध लेखकों (मोल, नैके आदि) ने विचार किया है। जागरितावस्था में कर्ता जिन लक्षणों से सबसे प्रबल रूप से प्रभावित होता है उन्हीं अवस्थाओं की पुनरावृत्ति होने की प्रवृत्ति रहती है। इसी के साथ इस सामान्य कथन को अधिक विशिष्ट कर देना चाहिए, विशेषतः विपरीत स्वप्नों के मामले में ऐसा करना ज़रूरी है। अव्वल तो वह युवक जागरितावस्था में स्त्री-शरीर से परिचित नहीं है, चाहे कितना भी सही दिमाग क्यों न हो, निद्रित अवस्था में स्त्री शरीर को स्वप्न में भी नहीं देख सकता। दूसरे स्वप्नों-संबंधी कल्पनाओं के गड़बड़ा जाने और संयुक्त हो जाने के कारण अक्सर लिंगगत प्रभेद मिट जाता है, चाहे कर्ता विच्युति के कितना भी विरुद्ध हो। इस प्रकार कभी-कभी ऐसा देखा जाता है कि जो लोग पूर्ण रूप से स्वाभाविक हैं उन्हें अस्वाभाविक स्वप्न आ सकते हैं और थोड़े-से मामलों में ऐसा हो सकता है कि सही-दिमाग व्यक्तियों के स्वप्न नियमित रूप से अस्वाभाविक हों, यद्यपि इससे ऐसा विश्वास करने का कोई कारण नहीं है कि उस व्यक्ति में विच्युति की ओर वास्तविक अथवा प्रच्छन्न प्रवृत्ति हो। कभी-कभी इस बात को ध्यान में रखना बहुत महत्त्वपूर्ण है।

सामान्यतः कहा जाए तो निद्रावस्था में पुरुषों और स्त्रियों के आत्ममैथुन की अभिव्यक्तियों में कुछ अंतर दिखलाई देते हैं, जो संभवतः मनोवैज्ञानिक रूप से अर्थहीन नहीं हैं। पुरुषों में ये लक्षण काफी सरल होते हैं। प्रायः वे यौवनारंभ के लगभग प्रकट होते हैं और यौन जीवन में विविध प्रकार के अंतरों के साथ जारी रहते हैं, बशर्ते कि व्यक्ति संयम के साथ रहे। हमेशा तो नहीं, पर प्रायः उस व्यक्ति को ऐसे कामात्मक स्वप्न आते हैं जो चरमोत्कर्ष तक पहुंचते हैं। उनका आना कुछ हद तक विविध परिस्थितियों : शारीरिक, मानसिक अथवा भावनात्मक उत्तेजना, सोने जाने से पहले मदिरापान, बिस्तर पर लेटने की स्थिति (जैसे पीठ के बल चित्त लेटना), मूत्राशय की दशा, कभी-कभी सिर्फ अपरिचित बिस्तरे पर सोने-मात्र से और एक हद तक प्रकट रूप से मासिक अथवा वार्षिक नियम के अनुसार होता है। कुल मिलाकर यह काफी हद तक निश्चित और नियमित ढंग से होता है और जागने पर उसका कोई चिह्न शेष नहीं रहता। हां, कुछ लोगों को क्लांति होती है, और कभी-कभी सिरदर्द होता है। जैसे भी हो, स्त्रियों में सोते समय आत्ममैथुन के लक्षण बहुत अधिक, अविकसित, अनेकरूपयुक्त और विकीर्ण ज्ञात होते हैं। लड़कियों को यौवनारंभ अथवा किशोरावस्था में निश्चित रूप से कामात्मक स्वप्न अपवादात्मक क्षेत्र में ही आते हैं। जहां ब्रह्मचारी किशोरों के लिए स्खलन का प्रकट होना नियम है (हैमिल्टन ने 12 साल से लेकर 15 साल तक की

अवस्था के बीच के 51 प्रतिशत लड़कों में यह बात पाई थी), वहां ब्रह्मचारिणी लड़कियों को स्वप्नदोष होना अपवादात्मक है। जैसा कि प्रारंभिक यौन अभिव्यक्तियों पर विचार करते समय बतलाया जा चुका है, जब तक स्त्रियों को जागरित अवस्था में पूर्ण मैथुन का अनुभव न हो जाए—चाहे वह किसी भी परिस्थिति में क्यों न हो—तब तक उन्हें निद्रावस्था में पूर्ण मैथुन होना शुरू नहीं हो सकता। यहां तक कि यौन वासना का दमन करनेवाली अतिकामुक स्त्री में भी (हैमिल्टन के अनुसार 60 प्रतिशत) पूर्ण मैथुन अक्सर बहुत कम क्षेत्रों में होता है या होता ही नहीं। उन स्त्रियों को जो वास्तविक मैथुन की अभ्यस्त हो जाती हैं, पूर्ण मैथुन और उसके साथ रहनेवाली परितृप्ति से युक्त स्वप्नदोष होता है और कभी-कभी वास्तविक मैथुन से अनभिज्ञ स्त्रियों में भी ऐसा हो सकता है। जो भी हो, कुछ स्त्रियां वास्तविक समागम से परिचित होने के बाद भी यह पाती हैं कि मैथुनिक स्वप्नों के साथ क्षरण-कार्य होने पर भी उन्हें वास्तविक परितृप्ति नहीं मिलती।

स्त्रियों के कामात्मक स्वप्नों और वस्तुतः उनके सामान्य स्वप्नों में तथा पुरुषों के स्वप्नों में जो भेद हैं, उनके महत्त्वपूर्ण और दिलचस्प लक्षणों में से एक लक्षण यह है कि उनके जागरित जीवन पर उन स्वप्नों का प्रभाव पड़ता है, जबकि पुरुष के जीवन पर उसके स्वप्न का कोई प्रभाव नहीं पड़ता। यह बात स्वस्थ और सही-दिमाग स्त्रियों में भी सामान्यतः होती है, जो स्वप्न को वास्तविकता के रूप में लेती हैं और इसके लिए कसम खाकर यह कह सकती हैं कि ऐसा वास्तविक-रूप से संपादित हुआ था। यह एक महत्त्वपूर्ण व्यावहारिक तथ्य है, क्योंकि वह कृत्रिम रूप से लाई गई बेहोशी की हालत में उस पर आक्रमण और बल प्रयोग किया गया—यह झूठा दोष लगा सकती है।

निद्राकालीन आत्ममैथुनिक लक्षणों की इतनी शक्ति के साथ अभिव्यक्ति में आने की प्रवृत्ति होती है कि वे जागरित जीवन पर छा जाएं और चेतनाकालीन भावों और क्रियाओं को प्रभावित करें; विशेष रूप से मिरगीग्रस्त स्त्रियों में यह बात अधिक पाई जाती है और इसीलिए उसका ऐसी पात्रियों में ही विशेष अध्ययन किया गया है। जिलेस द ला तुरेत, सांत द सांक्तिस आदि ने जागरित जीवन पर स्वप्नों के प्रभाव, विशेषकर मिरगीग्रस्त व्यक्तियों पर पड़नेवाले कामात्मक स्वप्नों के प्रभाव पर बहुत ज़ोर दिया है। निस्सन्देह इस प्रसंग में हमें Incubi और Succubi की धारणाओं का उल्लेख करना चाहिए, जिनका मध्य युग के प्रेतशास्त्र में इतना महत्त्वपूर्ण स्थान रहा है। मिरगी-पीड़ितों के ऐसे कामात्मक स्वप्न हमेशा ही यहां तक कि अक्सर ही, आनंददायक नहीं होते। कुछ मामलों में मैथुन का भ्रम तीव्र कष्ट उत्पन्न कर देता है। पुरानी डाइनों ने इसकी पुष्टि की थी और यह अभी तक पाया जाता है। कभी-कभी यह चेतना में केवल ऐसे किसी दैहिक आवेग के साथ विरोध होने के फलस्वरूप होता है, जो इतना प्रबल होता है कि कर्ता अथवा कर्त्री की भावनात्मक और बौद्धिक घृणा के बावजूद उस पर हावी हो जाता है। इस तरह यह घृणा का एक उग्र रूप है। समस्त यौन शारीरिक अभिव्यक्तियां ऐसे व्यक्ति में इस घृणा को प्रेरित करती हैं। जो उक्त अभिव्यक्तियों के प्रति ध्यान देने को तैयार नहीं हैं। कुछ-कुछ इसी तरह की घृणा और दैहिक कष्ट यौन भावनाओं और अवयवों को उत्तेजित करने के प्रयासों से उस समय होता है जब

अतिप्रयोग के कारण वे परिश्रांत होते हैं। जो भी हो, यह पूर्णतः संभव है कि इस लक्षण में कोई शरीर-वैज्ञानिक और साथ ही मानसिक तथ्य मौजूद हो। सोलियर ने मिरगी की प्रकृति और उसकी उत्पत्ति-संबंधी अपने विशद अध्ययन में इस बात पर ज़ोर दिया कि मिरगी में अनुभूतिशीलता की गड़बड़ी का बहुत महत्त्व रहता है। उन्होंने यह भी बताया कि कृत्रिम बेहोशी की अवस्था से स्वाभाविक अनुभूतिशीलता की अवस्था में आते हुए किन-किन निर्दिष्ट लक्षणों को पार करना पड़ता है। इस प्रकार से उन्होंने मिरगीग्रस्त व्यक्तियों में आत्ममैथुनिक उत्तेजना के यांत्रिक चरित्र का स्पष्टीकरण किया।

इसमें संदेह नहीं कि मिरगी के आत्ममैथुनिक लक्षण-संबंधी कष्टकर चरित्र को बढ़ा-चढ़ाकर बतलाने की प्रवृत्ति रही है। वह प्रवृत्ति अपरिहार्य रूप से पहले के उस दृष्टिकोण की प्रतिक्रिया थी जिसके अनुसार मिरगी यौन भावों की अचेतन अभिव्यक्ति से किंचित् ही अधिक थी और इस तरह सावधानी के साथ किसी जांच-पड़ताल के बिना उसे मनोवैज्ञानिक कहकर खारिज कर दिया जाता था। हम फ्रायड के इस कथन से सहमत हो सकते हैं कि मिरगीग्रस्त व्यक्तियों की यौन आवश्यकताएं उतनी ही वैयक्तिक और विविध होती हैं जितनी कि स्वस्थ स्त्रियों की, किंतु वे बहुत हद तक अपने ही सहजातों से नैतिक संघर्ष करने और उन्हें चेतना के पृष्ठभाग में रखने के प्रयत्नों के कारण अधिक पीड़ित होती हैं। बहुत-सी मिरगीग्रस्त और मानसिक रूप से अस्वस्थ स्त्रियों में आत्ममैथुनिक लक्षण और सामान्यतः यौन लक्षण बहुत ही सुखकर हो सकते हैं, यद्यपि ऐसी स्त्रियां अक्सर इस अनुभूति के कामात्मक चरित्र के संबंध में अज्ञ होती हैं।

3. हस्तमैथुन :

पहले ही बाल्यावस्था के कामात्मक लक्षणों पर विचार करते समय हस्तमैथुन की चर्चा की जा चुकी है। सही अर्थ में हस्तमैथुन का आशय यौन उत्तेजना प्राप्त करने के लिए कर्ता का खुद अपने हाथ की सहायता लेना है। व्यापक अर्थ में यह संज्ञा आत्मउत्तेजन के लिए काम में लाए जानेवाले सभी ढंगों के लिए प्रयुक्त की जाती है, और तर्क-विरुद्ध रूप से 'मानसिक हस्तमैथुन' शब्द का प्रयोग भी संभव है, जिसमें किसी शारीरिक चेष्टा की सहायता के बगैर उत्तेजना प्राप्त की जाती है। इसी अर्थ में कभी-कभी ओनानिज़्म संज्ञा का भी प्रयोग किया जाता है, किंतु ऐसा अनुचित रूप से होता है। क्योंकि ओनान द्वारा प्रयुक्त उपाय किसी भी अर्थ में हस्तमैथुन नहीं था, बल्कि वह स्तंभित मैथुन-मात्र था। हिर्शफेल्ड ने उसे आत्ममैथुन से अलग करने के लिए 'इप्सेशन' शब्द का प्रयोग किया है, जिसमें उनके अनुसार कर्ता परितृप्ति के लिए अपने शरीर को दैहिक वस्तु मानकर उसे कार्य में लाता है न कि मानसिक वस्तु मानकर।

व्यापक अर्थ में हस्तमैथुन संसार के समस्त भागों के जानवरों और मनुष्यों में पाया जाता है। वह इतना अधिक व्यापक है कि हम नितांत सही अर्थ में उसे अस्वाभाविक नहीं कह सकते। यह एक ऐसा लक्षण है जो स्वाभाविकता और

अस्वाभाविकता की सीमारेखा पर स्थित है और जब यौन कार्यों के स्वाभाविक प्रयोग पर किसी तरह का नियंत्रण लग जाता है तो उसके होने की संभावना हो जाती है। पालित अथवा पृथक् दशा में रहनेवाले और कभी-कभी जंगली दशा में रहनेवाले जानवरों में, यद्यपि इस अंतिम दशा में निरीक्षण मुश्किल है, नर और मादा दोनों में स्वयंस्फूर्त एकाकी उत्तेजना के विविध रूप प्रकट होते हैं : कभी-कभी नर अपने शिश्न को अपने उदर के निम्न भाग से घिसता है और अक्सर यौन अंगों को बाह्य पदार्थों से, जैसा कि प्रायः मादा करती है, घिसा जाता है।

मनुष्य-जाति में इसी तरह के लक्षण सभ्य-असभ्य सब दशाओं में पाए जाते हैं। निःसंदेह वे सभ्यता की परिस्थितियों के अंतर्गत बहुत विकसित हो जाते हैं। किंतु यह किसी भी अर्थ में सच नहीं है (जैसा मांटेगात्सा का विचार था) कि हस्तमैथुन यूरोपवासियों की नैतिक विशेषता है। सच तो यह है कि वह प्रायः हर एक जाति में, जिसका हमें घनिष्ठ परिचय है, पाया जाता है, चाहे वह जाति कितनी भी स्वाभाविक दशा में क्यों न रहे। कुछ जातियों में अक्सर उसका प्रयोग किया जाता है और स्त्रियों और पुरुषों दोनों में ही प्रारंभिक जीवन की एक प्रथा के रूप में माना जाता है। हम कुछ हद तक निम्न स्तर की संस्कृति वाली जातियों में हस्तमैथुन के लिए स्त्रियों द्वारा कृत्रिम उपकरणों, विशेषतः कृत्रिम शिश्न का भी प्रयोग पा सकते हैं। उसका प्रयोग आज यूरोप में भी होता है, यद्यपि सामान्य जनता में यह प्रचलित नहीं है।

दूसरी तरफ आधुनिक सभ्य देशों की सामान्य जनता में आत्ममैथुनिक तृप्ति के लिए रोज़मर्रा के जीवन के साधारण पदार्थों और उपकरणों का उपयोग तो क्या, दुरुपयोग किसी सीमा तक और कितना विविध हो चुका है, इसका बहुत थोड़ा-सा अंदाज़ उन मामलों से लगाया जाता है जो दुर्घटनाओं के फलस्वरूप डाक्टर की आंख के सामने आते हैं। इस तरह स्त्रियों द्वारा शाक और फल (विशेषतः केला) अक्सर बहुत प्रयोग में लाए जाते हैं। किंतु उनसे बहुत भयंकर परिणामों के होने की संभावना कम ही रहती है और इस तरह इन चीज़ों का उपयोग पकड़ में नहीं आता। जो भी हो, पर डाक्टरी चीर-फाड़ के पश्चात् योनि और मूत्रनालिका से बहुत-सी चीज़ें समय-समय पर निकाली जाती हैं। इनमें सबसे अधिक पाई जानेवाली चीज़ें ये हैं—पेंसिलें, चमड़े की बत्ती, कपास की रीलें, बालों के पिन, कांच की डाटें, मोमबत्तियां, साधारण डाटें, गिलास आदि। स्त्रियों की योनि और मूत्रनालिका में पाई जानेवाली बाहरी चीज़ों की दस में से नौ चीज़ें हस्तमैथुन के कारण होती हैं। जिस उम्र में वे अक्सर पाई जाती हैं वह मुख्यतः सत्रह और तीस वर्ष के बीच की उम्र होती है। स्त्रियों की मूत्र-नालिका में बालों के पिन विशेष रूप से अक्सर पाए जाते हैं क्योंकि सामान्यतः मूत्र-नालिका यौन उत्तेजन का एक प्रधान केंद्र है और जो कुछ उसके भीतर डाला जाता है उसे वह ग्रास कर लेती है। बालों के पिन (जोकि बिस्तर में स्त्री को सबसे आसानी से उपलब्ध होने वाली चीज़ है) का आकार इस तरह का होता है कि वह उसमें रह जाता है।

डाक्टर की नज़र में, न आनेवाली चीज़ों का एक दूसरा वर्ग भी है, जिन्हें आसानी से यौन अंगों के संपर्क में लाया जा सकता है। वस्त्रों के चिथड़े, कुर्सियां, मेज़ें तथा

फर्नीचर की दूसरी चीज़ें इसी वर्ग में आती हैं। यहां पर उस यौन उत्तेजना का भी उल्लेख कर देना चाहिए जो आकस्मिक रूप से या जान-बूझकर अखाड़े में (जैसे कि खंभ पर चढ़ने), घुड़सवारी करने अथवा साइकिलें चलाने, पांव से सीने की मशीन चलाने अथवा कसकर बंद बांधने के फलस्वरूप हो जाती है। यहां इतना और बता देना चाहिए कि व्यायाम अथवा कसकर बांधने की क्रिया स्वयं में यौन उत्तेजना का कारण नहीं है।

आत्ममैथुन के ऐसे प्रकारों का यह वर्ग जंघा-घर्षण वर्ग में शामिल हो जाता है। जंघा-घर्षण में जांघों के द्वारा यौन प्रदेश पर स्वेच्छापूर्वक दबाव डाला जाता है तथा घिसाई की जाती है। कभी-कभी पुरुष भी इसका प्रयोग करते हैं और स्त्रियों में तो यह सामान्यतः बहुत पाया जाता है। यहां तक कि यह छोटी-छोटी बच्चियों में भी पाया जाता है। यह एक व्यापक व्यवहार है और कहा जाता है कि कुछ देशों में (जैसे स्वीडन में) स्त्रियों में हस्तमैथुन का सबसे प्रचलित रूप है।

बाहर उभरनेवाले उत्तेजना-केंद्रों को रगड़कर अथवा दूसरे किसी प्रकार से उत्तेजित करके भी, जैसे नितम्ब पर मारकर या चिकोटी काटकर, कुचों और स्तनाग्रों को रगड़-रगड़कर, हस्तमैथुन किया जा सकता है। वास्तव में कुछ गिने-चुने क्षेत्रों में शरीर का प्रायः प्रत्येक भाग उत्तेजना-केंद्र हो सकता है और यौन भावनाओं को जगाने के लिए उन्हें काम में लाया जा सकता है।

आत्ममैथुनिक दशाओं का एक वर्ग और भी है। इसमें जब विचारों को कामात्मक विषयों, यहां तक कि यौन स्पर्शानुभूतिरहित भावनात्मक विषयों की ओर केंद्रित किया जाता है यह जब कर्ता भिन्न लिंग के किसी आकर्षक व्यक्ति से मैथुन करने की जान-बूझकर कल्पना (हैमंड के शब्दों में मानसिक मैथुन) करने लगता है तो स्वतः स्फूर्त रूप से कामोद्रेक हो जाते है। ये आत्ममैथुनिक अभिव्यक्तियां कामात्मक दिवास्वप्नों के अंतर्गत आ जाती हैं। जिन पर पहले ही विचार किया जा चुका है। डाक्टर डेविस को मालूम हुआ कि हस्तमैथुन के सबसे आम कारणों में वे पुस्तकें हैं जो यौन विचारों को जागरित करती हैं। खुले-आम प्यार आदि कर लेना बहुत छोटा कारण है और नाच तो उससे भी छोटा कारण है।

यदि हम आत्ममैथुनिक व्यवहार के हस्तमैथुनिक वर्ग के सही-सही विस्तार, मात्रा और महत्त्व की छानबीन करें तो हमें बहुत-सी कठिनाइयों का सामना करना पड़ता है और बहुत-से मतभेद दिखाई पड़ते हैं।

पुरुषों में हस्तमैथुन होने के बारे में विश्वसनीय बहुमत इस पक्ष में है कि 90 प्रतिशत से भी अधिक पुरुष अपने जीवन में किसी न किसी उम्र में हस्तमैथुन करते हैं, यद्यपि बहुत-सी दशाएं ऐसी होती हैं जिनमें हस्तमैथुन या तो विरल होता है या लोग बहुत थोड़े समय के लिए करते हैं। इस प्रकार इंग्लैंड के रूबी स्कूल के अनुभवी डाक्टर ड्यूक्स का कहना है कि उन स्कूलों में, जहां कि विद्यार्थी छात्रावास में ही रहते हैं, समस्त लड़कों में 90 से लेकर 95 प्रतिशत तक विद्यार्थी हस्तमैथुन करते हैं। जर्मनी में जूलियन मार्क्यूज़ अपने अनुभव से इस निष्कर्ष पर पहुंचते हैं कि 92 प्रतिशत पुरुष अपनी

किशोरावस्था में हस्तमैथुन करते हैं। रोलेडर इस अनुपात को और भी बड़ा बताते हैं। अमेरिका में सियरली ने उच्च कक्षाओं के 125 छात्रों में से छः प्रतिशत विद्यार्थी ही ऐसे पाए जिन्होंने यह आश्वासन दिया कि उन्होंने अपने जीवन में हस्तमैथुन कभी नहीं किया था। ब्राकमान को धर्मशास्त्र के विद्यार्थियों तक में 56 प्रतिशत विद्यार्थी ऐसे मिले जिन्होंने बिना पूछे ही यह बतला दिया कि वे हस्तमैथुन करते थे। चेलेनाफ ने लिखा है कि मास्को के विद्यार्थियों में से 60 प्रतिशत ने अपने-आप ही हस्तमैथुन करने की बात स्वीकार कर ली। इस तरह स्वतः स्फूर्त रूप से दी गई जानकारियों से आवश्यक रूप से यह सूचित होता है कि वस्तुतः हस्तमैथुन जितना स्वीकार किया जाता है उससे भी अधिक किया जाता है, क्योंकि बहुत-से व्यक्ति इस कार्य से इतने लज्जित होते हैं कि इसे स्वीकार नहीं करते।

पहले इस प्रश्न पर कि हस्तमैथुन स्त्रियों में अधिक सामान्य है या पुरुषों में, अलग-अलग मत थे और प्रमुख अधिकारी विद्वानों में दोनों ही मतों के समर्थकों की संख्या बराबर थी, पर साधारण जनता का यह ख्याल था कि हस्तमैथुन लड़कों में लड़कियों की अपेक्षा अधिक सामान्य होता है। जो भी हो, अब हमें इस प्रश्न पर निश्चित आंकड़ों की रोशनी में विचार करना चाहिए, जिसका उल्लेख पहले ही यौन आवेग के प्रथम आविर्भाव पर विचार करते समय किया जा चुका है। आत्ममैथुन के किसी रूप-विशेष पर ध्यान केंद्रित करने की प्रवृत्ति से हस्तमैथुन का यौन विभाजन थोड़ा-बहुत अस्पष्ट हो गया है। यदि हम तथ्यों के संबंध में अधिकारिक रूप से कुछ कहना चाहते हैं तो हमें उनका वैज्ञानिक रूप से वर्गीकरण और विभाजन करना चाहिए। यदि हम अपना ध्यान बहुत छोटे बालक-बालिकाओं तक ही सीमित रखें तो प्रमाणों से ज्ञात होगा कि यह कार्य लड़कियों में अधिक सामान्यतः पाया जाता है। यह नतीजा इस तथ्य से मेल खाता है कि लड़कियों में समय से पूर्व यौवनोद्गम बहुत अधिक होता है और बहुत-सी दशाओं में उसके साथ समय से पूर्व प्रकट होनेवाले यौन तौर-तरीके भी सम्मिलित रहते हैं। यौवनोद्गम और तरुणावस्था में लड़कों और लड़कियों दोनों में ही कभी-कभी या अक्सर हस्तमैथुन करना सामान्य है। यद्यपि मेरा यह मत है कि वह उतना सामान्य नहीं है जितना कभी-कभी अनुमान किया जाता है। यह कहना बड़ा मुश्किल है कि हस्तमैथुन करनेवालों की संख्या लड़कों में ज्यादा होती है या लड़कियों में, पर यह निष्कर्ष निकालने की प्रवृत्ति होती है कि लड़कों में हस्तमैथुन व्यापक रूप से प्रचलित है। यह सच है कि लड़कों की परंपराएं तथा उनका अधिक सक्रिय जीवन इस प्रवृत्ति पर रोकथाम करता है, पर लड़कियों में इस तरह के तत्त्वों को रोकनेवाले प्रभाव के लिए बहुत थोड़ा मौका रहता है। साथ ही दूसरी तरफ लड़कियों में लड़कों की अपेक्षा यौन आवेग और उसके परिणामस्वरूप हस्तमैथुन की प्रवृत्ति देर से और मुश्किल से जागरित होती है। इसमें कम संदेह रह जाता है कि किशोरावस्था के पश्चात् स्त्रियों में पुरुषों की अपेक्षा हस्तमैथुन अधिक सामान्य होता है। इस उम्र तक पुरुष स्त्रियों के साथ परितृप्ति पाने का कोई न कोई ज़रिया निकाल लेते हैं। स्त्रियों के लिए बड़ी हद तक यह रास्ता बंद रहता है। इसके अतिरिक्त स्त्रियां बहुत कम क्षेत्रों में यौन रूप से समय से पूर्व

परिपक्व होती हैं और अक्सर यह होता है कि उनका यौन आवेग तभी शक्ति और आत्मचेतना प्राप्त करता है जब किशोरावस्था बीत चुकती है। बहुत-सी दशाओं में सक्रिय, बुद्धिमती और स्वस्थ स्त्रियां, जो अन्यथा ब्रह्मचर्य का जीवन बिताती हैं, कभी-कभी (विशेषतः मासिक धर्म के आसपास) हस्तमैथुन करती हैं। विशेष रूप से ऐसा वे स्त्रियां करती हैं जो स्वाभाविक यौन संपर्कयुक्त जीवन बिताने के बाद किसी न किसी कारण से इन यौन संबंधों को तोड़ देने पर विवश होती हैं और एकांत जीवन बिताती हैं। किंतु हमें यह भी याद रखना चाहिए कि कुछ स्त्रियों में जन्मजात रूप से यौन अनुभूतिशीलता की कमी रहती है (इसमें संदेह नहीं कि किसी न किसी रूप में ऐसी स्त्री का स्वास्थ्य सामान्य स्वस्थ अवस्था से घटिया दर्जे का होता है) और उनमें कभी यौन सहजात जागरित नहीं होता। ऐसी स्त्रियां न केवल हस्तमैथुन नहीं करतीं बल्कि साथ ही स्वाभाविक परितृप्ति के लिए भी अनिच्छा प्रकट करती हैं। अन्य स्त्रियां एक बड़े अनुपात में इस आवेग की अन्य साधनों से निष्क्रिय रूप से परितृप्ति प्राप्त कर लेती हैं। इस प्रकार कल्पनाओं के तांते के प्रवाह में बहकर बिना किसी सक्रिय हस्तक्षेप के स्वतःस्फूर्त रूप से जो आत्ममैथुन होता है वह निश्चित रूप से पुरुषों की अपेक्षा स्त्रियों में अधिक पाया जाता है।

अभी हाल के कुछ वर्षों तक हस्तमैथुन से होनेवाले नतीजों के बारे में व्यापक मतभेद रहा है। कतिपय अधिकारी विद्वानों का विचार रहा है कि हस्तमैथुन के नतीजे उन नतीजों से कोई खास बुरे नहीं होते जो अतिमैथुन के कारण होते हैं, पर अधिकांश अधिकारी विद्वान् हस्तमैथुन को, चाहे उसकी अति न भी की जाए, पागलपन से लेकर अन्य बहुत-सी रोगग्रस्त दशाओं तक कारण बतलाते थे। अब अधिक संतुलित दृष्टिकोण पाया जाता है। अब सामान्य रूप से विश्वास किया जाता है कि कुछ विशेष दशाओं में हस्तमैथुन से तरह-तरह के अवांछनीय परिणाम हो सकते हैं, पर अब यह नहीं माना जाता कि हस्तमैथुन से (उसकी अति होने पर भी) स्वस्थ और सही दिमाग व्यक्तियों में (यह मानते हुए भी कि ऐसे लोग हस्तमैथुन में अति कर सकते हैं) वे रोगग्रस्त दशाएं उत्पन्न हो सकती हैं जिन्हें किसी समय हस्तमैथुन का सामान्य परिणाम समझा जाता था।

इस संबंध में मत परिवर्तन का अधिकांश श्रेय ग्रीसिंगेर को है उनके कारण पिछली सदी के मध्य में हमारे सामने हस्तमैथुन के परिणामों के संबंध में ज़्यादा संतुलित और सही दृष्टिकोण पहली बार सामने आया। यद्यपि कुछ हद तक तो वे अपने रूप में प्रचलित परंपराओं से जकड़े हुए थे, तो भी ग्रीसिंगेर ने यह देखा कि अकेले हस्तमैथुन से उतनी हानि नहीं होती जितनी कि हस्तमैथुन के प्रति पाए जानेवाले सामाजिक रुख के कारण अनुभूतिशील मन को पहुंचती है। बात यह है कि इस रुख के कारण लज्जा, पश्चात्ताप, बार-बार सत्कार्य करने का संकल्प और हस्तमैथुन से होनेवाली परेशानी उत्पन्न होती है। उन्होंने आगे बतलाया कि हस्तमैथुन करने वाले के कोई विशेष लक्षण नहीं हैं और उन्होंने यह निष्कर्ष निकाला कि हस्तमैथुन कारण के बजाय कारण से उत्पन्न लक्षण ही है। तब से लेकर आज तक सुशिक्षित वर्ग ने ग्रीसिंगेर द्वारा सतर्कता के साथ

वर्णित इन परिणामों की पुष्टि की है। इस विख्यात मनोरोग-चिकित्सक का यह ख्याल था कि यदि बहुत बचपन में ही हस्तमैथुन शुरू कर दिया जाए तो उससे पागलपन हो सकता है। बाल्यावस्थाकालीन मानसिक विकारों की छानबीन करते समय बर्खेन को मनोविकार का ऐसा एक भी मामला नहीं मालूम हुआ जिसका कारण हस्तमैथुन रहा हो। वोगेल, उफलमान, एमिंग हाउस और मोल भी इस विषय पर अध्ययन करते समय प्रायः इसी निष्कर्ष पर पहुंचे। एमिंग हाउस ने इस बात पर ज़ोर दिया कि केवल जन्मजात रूप से स्नायविक रोगग्रस्त व्यक्ति में ही हस्तमैथुन के अनुमानित परिणाम मूर्छा अथवा मिरगी के कारण होते हैं। क्रिश्चियन को अस्पतालों, पागलखानों और शहर तथा देहातों में निजी तौर पर डाक्टरी करने का बीस साल का अनुभव था, पर इस दीर्घकाल में भी उन्होंने यह नहीं देखा कि हस्तमैथुन का कोई गंभीर परिणाम होता है। उनका विचार यह था कि पुरुषों के बजाय स्त्रियों में इसका परिणाम अधिक गंभीर हो सकता है। किंतु येलोलीस का विचार है कि वह संभवतः पुरुषों की अपेक्षा स्त्रियों में कम श्रांतिकारक और कम हानिकारक होता है। यह मत हैमंड और गुटसीट का भी था, यद्यपि गुटसीट को मालूम हुआ कि पुरुषों की अपेक्षा स्त्रियां हस्तक्रिया को अति तक ले जाती हैं। नैके ने इस बात पर विशेष ध्यान दिया था, पर उन्हें भी कोई दशा ऐसी नहीं मिली जिसमें कोई स्त्री हस्तमैथुन के कारण पागल हो गई हो। स्त्रियों में पागलपन का एक निश्चित कारण है। काख भी स्त्री और पुरुष दोनों के ही संबंध में इसी निष्कर्ष पर पहुंचे, यद्यपि उन्होंने यह स्वीकार किया कि हस्तमैथुन कुछ मात्रा में मानसिक रोग पैदा कर सकता है। जो भी हो, इस विषय में उन्होंने यह भी स्पष्ट कर दिया है कि यदि किसी अपवादरहित ढंग से हस्तमैथुन को साधारण मात्रा में किया जाए तो वह उतना हानिकारक नहीं होता जितना कि कुछ लोगों का विश्वास है। साथ ही ऐसे व्यक्ति जिनकी स्नायविक प्रणाली पहले से ही क्षतिग्रस्त हो चुकी है, बड़ी आसानी से और दूसरों की तुलना में बहुत अधिक हस्तमैथुन करते हैं। बुराई का मुख्य स्रोत आत्मग्लानि और इस आवेग के साथ होनेवाला संघर्ष है। माड्सले, मारो स्पिट्ज़्का और श्युले अभी तक हस्तमैथुनात्मक पागलपन की मान्यता देते हैं, पर क्राफ्ट एबिंग ने बहुत पहले ही उसे अस्वीकार कर दिया था और नैके ने निश्चित रूप से उसका विरोध किया था। क्रेपलिन ने बतलाया कि खतरनाक मात्रा में अत्यधिक हस्तमैथुन केवल पूर्वप्रवृत्तियुक्त कर्ताओं में ही बढ़ सकता है। फोरेल, लेवेनफेल्ड और टूसो का भी ऐसा मत था। अब यह कहा जा सकता है कि आधुनिककाल के अधिकारी विद्वान् प्रायः एकमत से हस्तमैथुन को पागलपन का कारण नहीं मानते।

मनोविकृति और स्नायविक विकृतियों के दूसरे रूपों को पैदा करने में हस्तमैथुन का कितना हाथ है, उस बारे में कुशल निरीक्षकों के प्रमाण भी समान रूप से निर्णायक बनते जा रहे हैं। बहुत साल पहले वेस्ट के ज़माने से ही यह मान लिया गया है कि बालकों में मूर्छा, अल्पबुद्धि, अंगविक्षेप, मिरगी आदि का सक्रिय कारण हस्तमैथुन नहीं है, यद्यपि कुछ लोग यह विश्वास करते आए हैं कि इस तरह मूर्छा और मिरगी को उत्तेजना मिल सकती है। लेडन ने भी मेरुदंड की बीमारियों के जो कारण बताए हैं उनमें यौन

अति के किसी स्वरूप को शामिल नहीं किया है। इस सिलसिले एर्ब लिखते हैं कि "हस्तमैथुन मेरुदंड के लिए स्वाभाविक मैथुन से खतरनाक नहीं है। इस बात से कुछ आता-जाता नहीं है कि पूर्ण परितृप्ति स्वाभाविक-मैथुन से हुई या एकांत में हुई।" तूलूस, फिर्ब्रिंगेर, कुर्शमान और अधिकांश अधिकारी विद्वानों का भी यही मत है।

जो कुछ भी हो, यह कहना कि मैथुन के परिणाम मैथुन की अपेक्षा अधिक हानिकारक नहीं होते, शायद हद से बाहर चला जाना है। यदि पूर्ण यौन परितृप्ति प्राप्त करना केवल विशुद्ध रूप से शारीरिक कार्य होता तो यह बात सही होती, पर स्वाभाविक रूप से पूर्ण यौन परितृप्ति उन प्रबल भावनाओं के समूह से बंधी हुई है जो अपने से भिन्न लिंग के व्यक्ति के प्रति जागरित होती हैं। समागम से मिलनेवाले सुख और संतोष में सिर्फ पूर्ण यौन परितृप्ति ही नहीं बल्कि इन भावों के उतर-चढ़ाव से मिलनेवाला आनंद भी शामिल रहता है। अभीष्ट व्यक्ति के अभाव में पूर्ण यौन परितृप्ति से चाहे जितनी भी राहत मिले, हस्तमैथुन करने के बाद उससे कर्ता में असंतोष, अवसाद, शर्म, ग्लानि यहां तक कि क्लांति की भावना पैदा होती है। व्यावहारिक रूप से भी स्वाभाविक मैथुन की अपेक्षा हस्तमैथुन में अति करने की अधिक संभावना है। पर इस बात में अभी तक संदेह है कि हस्तमैथुन करने के लिए स्नायुओं पर अधिक ज़ोर देना पड़ता है या नहीं। इसलिए निश्चयपूर्वक यह कहना भी भ्रामक है कि हस्तमैथुन के परिणाम स्वाभाविक मैथुन के परिणाम से अधिक नहीं होते, जैसा कि फोरेल की मान्यता थी, मामूली तौर पर हस्तमैथुन उतनी ही हद तक नुकसानदेह है जितना कि स्वप्नदोष या सुप्तावस्था में अन्य प्रकार का कामोद्रेक।

हस्तमैथुन के अनुमानित गंभीर लक्षणों और चिह्नों तथा उसके विध्वंसकारी परिणामों का सिंहावलोकन करते हुए हम इस निष्कर्ष पर पहुंचते हैं कि स्वस्थ और सत्कुलोत्पन्न व्यक्ति यदि मामूली मात्रा में हस्तमैथुन करें तो यह आवश्यक नहीं है कि कोई गंभीर विध्वंसकारी परिणाम हो। हस्तमैथुन की पहचान के जो सामान्य चिह्न बतलाए जाते हैं। उनमें से अधिकांश वास्तविक न होकर सिर्फ ऊपर से मढ़े गए हैं और हम यह निष्कर्ष निकाल सकते हैं कि उनमें से एक भी ऐसा नहीं है जिस पर विश्वास किया जा सके।

अंतिम रूप से हम इस नतीजे पर पहुंच सकते हैं कि इस बारे में जो परस्पर-विरुद्ध मत पाए जाते हैं उनकी इस तथ्य से आसानी से व्याख्या की जा सकती है कि दोनों ही तरफ के लेखकों ने वंशानुक्रम या स्वभाव की या तो उपेक्षा की या उसे नाकाफी तौर पर स्वीकार किया। उन्होंने ठीक वही किया जो मद्यपान के विषय में लिखनेवाले बहुत-से अवैज्ञानिक लेखक अभी तक करते जा रहे। ऐसे लेखक शराब पीने के भयंकर परिणामों का तो वर्णन करते हैं, पर वे यह नहीं बतलाते कि इन दशाओं में बुराई की जड़ शराब नहीं, वरन् वह ढांचा या बनावट है जिस पर शराब क्रियाशील होती है।

हम इस तरह पिछली सदी में हस्तमैथुन से होनेवाले भयंकर परिणामों के बारे में व्यापक रूप से पाए जानेवाले मतों को यह कहकर ठुकरा सकते हैं कि वे अज्ञान और

मिथ्या परंपराओं से उत्पन्न हुए थे और नीम-हकीमों ने उन पर मुलम्मा चढ़ाया था। पर साथ ही हमें यह मानना पड़ेगा कि स्वस्थ अथवा मामूली रूप से स्वस्थ व्यक्तियों में एकांत में आत्मउत्तेजना की अधिकता ऐसे नतीजे पैदा कर सकती है जो बहुत हल्के होते हुए भी हानिकारक हो सकते हैं। त्वचा, पाचन-क्रिया और रक्तप्रवाह इन सबमें गड़बड़ी हो सकती है। सिरदर्द और वातशूल हो सकता है और जैसा कि साधारण यौन अति में या नींद में जल्दी-जल्दी यौन उत्तेजना के होने पर होता है, स्नायविक क्रियाशीलताएं सामान्य रूप से घट जाती हैं। संभवतः तुलनात्मक रूप से हस्तमैथुन से संबंधित दशाओं में होनेवाले रोगों में से सबसे महत्त्वपूर्ण अनेक लक्षणों से युक्त स्नायविक रोग न्यूरस्थेनिया है, पर यह रोग भी अक्सर तभी पैदा होता है जब उसके लिए रोगग्रस्त और विकृत अवस्था की ज़मीन पहले से ही तैयार हो।

कुछ दशाओं में यह दिखाई देगा कि अति हस्तमैथुन से, विशेषकर तब जब यौवनारंभ के पहले ही वह शुरू किया जाता है, स्नायविक मैथुन के प्रति अरुचि साथ ही एक हद तक असमर्थता की भावना पैदा हो जाती है इससे कभी-कभी अनावश्यक तौर पर यौन उत्तेजनशीलता पैदा हो जाती है जिससे शीघ्र स्खलन और व्यावहारिक नपुंसकता आ जाती है। डिकिन्सन का कहना है कि जो स्त्रियां स्थायी रूप से दृढ़तापूर्वक मैथुनिक रूप से उदासीन बनी रहती हैं, वे आत्ममैथुनिक होती हैं। जो भी हो, यह एक अपवाद है, विशेषकर तब, जब कर्ता यौवनारंभ के पहले हस्तमैथुन नहीं करता। जब स्त्रियां बचपन से ही हस्तमैथुन करती हैं तो यदा-कदा इससे यह महत्त्वपूर्ण परिणाम होता है कि बाद के जीवन में उन्हें स्वाभाविक मैथुन से विरक्ति हो जाती है। इन दशाओं में कोई बाहरी परेशानी या अस्वाभाविक मानसिक उद्दीपन शारीरिक यंत्र को इस हद तक प्रभावित करता है कि उस पर किसी ऐसे आवेदन का असर पड़ने लगता है जिसका सामान्यतः अपने से भिन्न लिंग के व्यक्ति से प्राप्त होनेवाली मुग्धावस्था से कोई संबंध नहीं होता। जो भी हो, यौवनारंभ पर वासना और वास्तविक कामात्मक आनंद के तकाज़ों का अनुभव होने लगता है। पर चूंकि कर्ता की दैहिक यौन भावनाओं का एक विकृत और अस्वाभाविक दिशा में रुझान हो चुका है, ये नये और अधिक स्वस्थ यौन संपर्क विशुद्ध रूप से आदर्शवादी और भावनात्मक ही बने रहते हैं। उनमें उन प्रबल शारीरिक आवेगों का अभाव रहता है जिनमें ये नये और स्वस्थ यौन संपर्क यौवनारंभ या किशोरावस्था से परिपक्व वयस्क जीवन में अग्रसर होने के साथ ही साथ संबद्ध होते जाते हैं। इस तरह कुछ ऊंचे दरजे की विदुषी स्त्रियां जब समय से पहले होनेवाली यौन परिपक्वावस्था प्राप्त कर लेती हैं और अति हस्तमैथुन करती हैं तो बाद को चलकर उनके शारीरिक ऐन्द्रिय आवेगों और आदर्शवादी भावनाओं के बीच खाई पैदा हो जाती है। पर यह भी जरूरी नहीं है कि सभी दशाओं में इसका एकमात्र सक्रिय कारण हस्तमैथुन ही हो। जब यौन विच्युति के विकास का कारण बचपन में हस्तमैथुन करना भी होता है तो वह इस ढंग से होता है कि हस्तमैथुन से स्वाभाविक मैथुन के प्रति अरुचि पैदा होने से एक ऐसे आधार के बनने में सहायता मिलती है जिस पर विपरीतता का आवेग बिना किसी विघ्न-बाधा के बढ़ सकता है। यह समझ लेना महत्त्वपूर्ण है कि

हस्तमैथुन के संभावित दुष्परिणाम बहुत कम क्षेत्रों में ही पाए जाते हैं। इस संबंध में डाक्टर कैथराइन डेविस की विस्तृत खोजें बहुत महत्त्वपूर्ण हैं और उनकी खोजों में स्त्रियों में हस्तमैथुन आदि से संबंधित प्रश्नों पर अत्यंत बहुमूल्य और व्यापक सामग्री है। उन्होंने विवाहित जीवन में सुखी स्त्रियों के समूह की तुलना अविवाहित जीवन में दुःखी स्त्रियों के समूह से की और यह देखा कि इन दोनों ही समूहों में ऐसी स्त्रियों की संख्या प्रायः एक-सी है जिन्होंने शादी के पहले हस्तमैथुन किया था या यौन समागम को छोड़कर अन्य प्रकार की यौन-क्रीड़ाएं की थीं।

मानसिक दृष्टि से लगातार अति हस्तमैथुन करने का सबसे अधिक और सबसे विशिष्ट परिणाम यह होता है कि उससे आत्मचेतना तो बहुत बढ़ जाती है, पर आत्मश्रद्धा में वृद्धि नहीं होती, जिससे संतुलन कायम नहीं रह पाता। पुरुष या स्त्री को जब अपने से भिन्न लिंग के वांछित और वांछनीय व्यक्ति द्वारा चूमा जाता है तो उसे गौरव और बड़प्पन का अनुभव होता है जिसका आत्ममैथुनिक प्रक्रियाओं में सर्वथा अभाव रहता है। हस्तमैथुन-क्रिया के संबंध में प्रचलित सामाजिक रुख के प्रति हस्तमैथुनकर्ता की जागरूकता, साथ ही पकड़े जाने के भय के कारणों के अलावा भी ऐसा होना उचित ही है क्योंकि ये बातें तो स्वाभाविक मैथुन के संबंध में इस तरह की मानसिक स्थिति के बगैर भी हो सकती हैं। यदि हस्तमैथुनकर्ता को हस्तमैथुन का चस्का लग जाता है तो वह इस तरह आत्मश्रद्धा की कृत्रिम जागरूकता का विकास करने के लिए बाध्य हो जाता है और मानसिक औद्धत्य की प्रवृत्ति दिखला सकता है। आत्मपवित्रता और धार्मिकता, जैसे कि वे पहले थीं, पश्चात्ताप की प्रवृत्ति के विरुद्ध बचाव का काम करती हैं। अवश्य इन विशेषताओं के पूर्णविकास के लिए एक रोगग्रस्त मानसिक ज़मीन की ज़रूरत होती है। यह याद रखना चाहिए कि ऐसा पुरुष जो हस्तमैथुन का आदी रहता है, अक्सर झेंपू और एकांतप्रिय व्यक्ति होता है। और ऐसे स्वभाववाले व्यक्ति विशेष तौर पर पहले से ही आत्ममैथुन की सब अभिव्यक्तियों में अतिशयता की ओर उन्मुख होते हैं। इन प्रवृत्तियों से जब कर्ता मात खाता रहता है, तब उसके मन में अलग रहने की प्रवृत्ति और समाज के प्रति भय की भावना बढ़ती है। साथ ही उस के भीतर दूसरों के प्रति संदेह भी पैदा हो जाता है। निःसंदेह जैसा कि क्रेपलिन का विश्वास था, कुछ उग्र मामलों में मानसिक शक्ति का ह्रास, बाह्य प्रभावों को ग्रहण करने और उनमें संतुलन करने की असमर्थता, स्मरणशक्ति की दुर्बलता, मनोवेगों का निष्प्राण हो जाना अथवा स्नायविक दुर्बलता तक पैदा करनेवाला चिड़चिड़ापन भी हो सकता है।

तरुणावस्था में बुद्धिमान् तरुण पुरुष और तरुण स्त्रियों, दोनों में ही आत्मउत्तेजना की अधिकता, चाहे उससे कोई बड़ी हानि न हो, कुछ मात्रा में मानसिक विकृति को प्रोत्साहन देती है और जीवन के झूठे और बंधे हुए आदर्शों का विकास करती है। क्रेपलिन ने उल्लेख किया है कि हस्तमैथुनकर्ताओं में यदा-कदा प्रबल उत्साह पाया जाता है। इसके सिवाय एन्स्टी बहुत पहले ही साहित्य तथा कला के क्षेत्र में प्रस्तुत अपरिपक्व गलत ढंग की कृतियों और हस्तमैथुन के बीच रहनेवाले संबंध पर प्रकाश डाल चुके थे। यहां इतना और कह दिया जाए कि कभी-कभी ऐसे पुरुषों में भी हस्तमैथुन की

अतिशयता पाई गई है जिनकी साहित्यिक और कलात्मक कृतियों को अपरिपक्व और हीन नहीं ठहराया जा सकता।

जो भी हो, यह हमेशा याद रखना चाहिए कि जहां हस्तमैथुन की प्रक्रिया का नतीजा हानिकारक हो सकता है, वहां स्वाभाविक यौन संबंधों के अभाव में वह प्रक्रिया अक्सर अच्छे परिणाम पैदा कर सकती है। विगत सौ वर्षों के डाक्टरी साहित्य में ऐसे बहुत-से मामले लिपिबद्ध मिलते हैं जिनमें हस्तमैथुन से मरीजों को लाभ पहुंचा। और यदि ऐसे मामलों को विशेष रूप से ढूंढ़ा जाता तो निश्चित रूप से और अधिक मिलते। हस्तमैथुन मुख्यतः इसलिए किया जाता है कि उससे स्नायविक प्रणाली को शांति मिले। यौवनारंभ-काल के काफी देर बाद ऐसे व्यक्ति जो हस्तमैथुन करने के अलावा पवित्र जीवन व्यतीत करते हैं, शारीरिक और मानसिक शांति पाने के उद्देश्य से ही ऐसा करते हैं और उनके संबंध में यह कहा जा सकता है कि वे इस उद्देश्य के अलावा कभी भी यह कार्य न करते।

इन विचारों से स्वर्गीय डाक्टर रोवी बहुत प्रभावित हुए और अमेरिका में अपने दीर्घकालीन चिकित्सा-संबंधी अनुभव के बल पर इस बात पर ज़ोर देने लगे कि आत्ममैथुनिक कार्यों से कोई वास्तविक हानि नहीं होती। इस सिलसिले में वे सीमा का उल्लंघन कर गए। उन्होंने सचमुच ही अपनी 'रैशनल सेक्स एथिक्स' और उसके बाद की किताबों में सिफारिश की कि स्नायविक्र रोगों में विशेषतः स्त्रियों की चिकित्सा के रूप में हस्तमैथुन का प्रयोग किया जा सकता है और इन दशाओं में वह स्वास्थ्य के लिए उतना ही लाभप्रद हो सकता है जितना कि स्वाभाविक मैथुन। इस सिद्धांत में बहुत कुछ जोड़ने या घटाने की आवश्यकता है। इन दशाओं में जो कुछ कठिनाइयां रहती हैं उन्हें देखते हुए अपने उग्र रूप में यह सिद्धांत बहुत ही बचकाना है। इस तरह की सिफारिश ठीक उतनी ही अवांछनीय हो सकती है जितनी कि पुराने जमाने में ही जानेवाली यह सलाह कि 'वेश्यागमन करो या ब्रह्मचर्य रखो'। एकांत में बंद होकर मिलनेवाली आत्मतुष्टि से अतृप्त व्यक्ति की व्यग्र और सक्रिय वासनाओं का परिमार्जन नहीं भी हो सकता। चिकित्सक का रुख हमेशा सहानुभूतिपूर्ण और उदार होना चाहिए, किंतु यह फैसला तो मरीज़ ही कर सकता है कि कौन-सी कार्य-प्रणाली उसके स्वभाव और परिस्थितियों के सबसे अनुकूल है।

इस प्रकार रोवी के रुख की अपेक्षा वोल्वार्स्ट का रुख अधिक तर्कसंगत है, जो यह मानते हुए भी कि हस्तमैथुन को प्रोत्साहन नहीं देना चाहिए, सोचते हैं कि ऐसी कोई सीमा आ सकती है जब आवेग का निग्रह करना चाहिए। इस सिलसिले में वे एक चीनी कहावत को उद्धृत करते हैं कि "दिमाग में गड़बड़ी पैदा करने की अपेक्षा शरीर की तृप्ति कर देना कहीं अच्छा है।" जब कर्ता हस्तमैथुन करने की बात को स्वीकार करता है और उसे आत्मग्लानि होती है तब हमें विशेष तौर से हस्तमैथुन की कड़ी निंदा करने से बचना चाहिए। साथ ही वे सही तौर पर इतना और जोड़ देते हैं कि उन 'नैतिकतावादियों' की तारीफ नहीं की जा सकती जो एक काल्पनिक सद्‌गुण को सुरक्षित रखने के तरीके के रूप में हस्तमैथुन का अनुमोदन करते हैं। यौन प्रेम के प्रति स्वाभाविक इच्छाओं का

साहसपूर्वक सामना करने में अधिक वास्तविक गुण है।

हमें यह स्वीकार करना होगा कि हमारा प्रयोजन एक ऐसी अभिव्यक्ति से है जो आत्ममैथुनिक लक्षणों के व्यापक समूह से संबंधित है और किसी न किसी रूप में ऐसी अभिव्यक्तियां अपरिहार्य होती हैं। हमारे लिए सबसे बुद्धिसंगत रास्ता यही है कि हम यह मान लें कि सभ्यता के लिए नियंत्रण शाश्वत रूप से आवश्यक है और इन परिस्थितियों में यौन अभिव्यक्तियों का विभिन्न रूपों में प्रकट होना अपरिहार्य है। साथ ही हमें न केवल हस्तमैथुन के प्रति आसक्ति दिखाने से अथवा उसकी उपेक्षा करने से बचना चाहिए, बल्कि हमें उसके प्रति भय या आतंक का रूप भी नहीं अपनाना चाहिए, क्योंकि हमारे भय और आतंक से तथ्यों पर परदा पड़ जाता है और वे दृष्टि से ओझल तो हो ही जाते हैं, साथ में उससे कृत्रिम बुराइयां भी पैदा हो जाती हैं, जो मूल बुराई से कहीं बड़ी हैं।

4. नार्किससवाद या आत्मप्रेमवाद :

इस दशा को हम आत्ममैथुन का चरम और सर्वोच्च विकसित रूप मान सकते हैं। यह एक ऐसी धारणा है जिसे यौनशास्त्र के विविध मनोवैज्ञानिकों के हाथों अलग-अलग रूपरेखा मिली है और इसलिए उसके इतिहास के संबंध में संक्षेप में थोड़ी-बहुत जानकारी दे देना वांछनीय है। आज से चालीस साल पहले विज्ञान में उसका कोई निश्चित अस्तित्व नहीं था, यद्यपि बहुत पहले से उसके चिह्न कथा-साहित्य और कविता में ढूंढ़े जा सकते थे और उसकी केंद्रीय स्थिति का प्रतीक नार्किसस प्राचीन समय से ही यूनानी साहित्य में मौजूद था। अवश्य मनोरोग-चिकित्सकों ने यदा-कदा ऐसी दशा को व्यक्तिगत मामलों में परिलक्षित किया। मैंने इस दशा का संकेत सन् 1898 में किया था। उस साल मैंने मनोरोग-चिकित्सकों और स्नायविक रोग-चिकित्सकों की पत्रिका 'अलियनिस्ट एंड न्यूरोलाजिस्ट' में आत्ममैथुन की रूपरेखा प्रस्तुत करते हुए एक निबंध लिखा था। इस निबंध के अंत में मैंने आत्ममैथुन के अत्यंत उग्र रूप के तौर पर नार्किसस सदृश एक प्रवृत्ति का उल्लेख किया था, जो विशेषतः स्त्रियों में अक्सर पाई जाती है, साथ ही एक दशा का भी विवरण दिया था। इस दशा में यौन भावनाएं आत्मप्रशंसा में निमज्जित हो जाती हैं और अक्सर पूरी तरह लुप्त हो जाती हैं। उस लेख के प्रकाशित होते ही डाक्टर नैके ने मेरे द्वारा लिखित 'नार्किसस सदृश प्रवृत्ति' की जर्मनी में 'नार्किससवाद' नाम से अनुवाद किया और मेरे निबंध को सार रूप में प्रकाशित करवाया। डा. नैके ने मेरे इन विचारों के साथ मतैक्य प्रकट किया और नार्किससवाद को मेरे द्वारा प्रयुक्त 'आत्ममैथुनिक' शब्द का सबसे प्राचीन और शास्त्रीय रूप बतलाया। उन्होंने इतना और जोड़ दिया कि नार्किससवाद की दशा में पूर्ण यौन परितृप्ति भी हो सकती है। मैंने न तो यह लिखा था और न तो इसे स्वीकार किया ही जा सकता है। रोलेडर ने इस दशा के कुछ स्पष्ट मामलों को पुरुषों में देखा और उन्होंने उसे आत्मैककामत्व का नाम दिया। हिर्शफेल्ड ने भी इसी शब्द का प्रयोग किया है। इसके

बाद सन् 1910 में फ्रायड ने नैके से नार्किससवाद के नाम और धारणा को ग्रहण किया। पर उन्होंने नार्किससवाद को सिर्फ इतना ही माना कि वह पुरुषों में होनेवाली यौन विपरीतता का एक सोपान-मात्र है और उसमें अनुमानतः कर्ता अपने-आपको किसी स्त्री के (साधारणतः अपनी मां के साथ एकाकार कर देता है और इस प्रकार आत्मप्रेम अपना लेता है। सन् 1911 में आटो रैंक ने उसे मेरे द्वारा प्रतिपादित विचारों से शुरू किया, पर फ्रायड के तरीके पर उसे विकसित किया और यह दिखाने की चेष्टा की कि वह न केवल स्वाभाविक प्रकारांतर के दायरे के अंतर्गत है, (जैसा कि मैंने बतलाया था) बल्कि यौन विकास की एक बहुत साधारण अवस्था है। स्पष्ट है कि रैंक के अध्ययन से फ्रायड प्रभावित हुए और सन् 1914 में उन्होंने रैंक के मत को स्वीकार कर लिया और उस पर ज़ोर दिया। फ्रायड ने निश्चयपूर्वक यह कहा कि प्रत्येक व्यक्ति में नार्किससवाद का प्राथमिक रूप मौजूद रहता है। बात यह है कि जिजीविषा के तत्त्व में आत्मरक्षा के सहजात का अहम् एक पूरक के रूप में मौजूद रहता है और इससे कभी-कभी प्रेमपात्रों का चुनाव करने का कार्य पूर्ण रूप से प्रभावित होता है। ऐसी स्थिति में जब कोई व्यक्ति प्रेम करता है तो उसके सामने ये अलग-अलग विकल्प प्रेमपात्र के रूप में आते हैं—(क) वह स्वयं, (ख) उसका भूतकालीन रूप, (ग) उसका आदर्श 'स्व', (घ) ऐसा व्यक्ति जो उसके 'स्व' का भूतकालीन भाग था। यही वह बिंदु है जिस पर नार्किससवाद की धारणा साधारण प्रयोग के लिए सबसे अधिक उपयुक्त बनी रहती है।

फ्रायड ने स्वयं कई बातों में अपने मत में संशोधन किए और कुछ बातों को व्यापक बनाया, पर उनके अनुयायी अथवा अन्य मतों के बहुत-से विश्लेषक इस धारणा को उसके चरमबिंदु तक घसीट ले गए और वे धर्म तथा तत्त्व-दर्शन को नार्किससवाद की अभिव्यक्ति समझते हैं। अंतिम रूप से फ़ेरेंत्सी ने यह सुझाव दिया है कि विकास की प्रतिक्रिया के दौरान में प्रकृति स्वयं नार्किससवादी उद्देश्यों से परिचालित होती है। असभ्य जातियों में और लोककथाओं में जैसा कि रोहीम ने दिखाया है, नार्किससवाद के समर्थन में प्रमाण उपलब्ध हुए हैं। इस बारे में सबसे पहले रैंक ने बताया था कि सर जेम्स फ्रेज़र के ग्रंथों में मनोविज्ञान के लिए बहुत उपयोगी सामग्री मिल सकती है।

सहायक पुस्तक सूची

हैवलाक एलिस—Studies in the Psychology of Sex, Vol. I, 'Autoerotism'.

जी. ई. पार्ट्रिज—'Reverie', Pedagogical Seminary, April, 1898.

थियोडेट स्मिथ—'The Psychology of Day-Dreams', American Journal of Psychology, Oct., 1904.

एस. फ्रायड—Introductory Lectures on Psycho-analysis.

डब्ल्यू. मैक्डोगाल—Outline of Abnormal Psychology.

जे. वेरनडंक—The Psychology of Day-Dreams.

हैवलाक एलिस—Studies in the Psychology of Sex, Vol. VII, 'The

History of Florrie.'

हैवलाक एलिस—'Auto-erotism' and 'The Phenomena of Sexual Periodicity' in Studies in the Psychology of Sex, Vol. I, and 'The Synthesis of Dreams' in Vol. VII; also The World of Dreams.

स्टैन्ले हाल—Adolescence.

एस. फ्रायड—The Interpretation of Dreams.

हैवलाक एलिस—'Auto-erotism' in Studies in the Psychology of Sex, Vol. 1.

ए. मोल—The Sexual Life of the Child.

फ्रायड—Three Contributions to Sexual Theory.

कैथराइन डेविस—Factors in the Sex Life of Twenty-two Hundred Women.

जी. बी. हैमिल्टन—A Research in Marriage.

नार्थकोट—Christianity and Sex Problems.

वोलबार्स्ट—Children of Adam.

हैवलाक एलिस—Studies in the Psychology of Sex. Vols. I and VII.

एस. फ्रायड—Three Contributions to Sexual Theory, and Collected Papers. Vol. IV.

जे. हार्निक—'The Developments of Narcissism in Man and Woman', Int. Jour. of Psycho-analysis. Jan., 1924.

यौन विषय संबंधी शिक्षा

जब हम शैशव और बाल्यावस्था में होनेवाली अभिव्यक्ति का सर्वेक्षण करते हैं तो हम देखते हैं कि जहां तक काम का संबंध है कभी-कभी ऊपरी तौर पर इन अभिव्यक्तियों का असर नहीं रहता। जब कभी वे मौजूद भी रहती हैं तब अक्सर वे अस्पष्ट रहती हैं और जब ये अभिव्यक्तियां निश्चित रूप से मौजूद भी रहती हैं तो उसी ढंग से उनकी व्याख्या नहीं की जा सकती। जैसे वयस्क व्यक्तियों में प्राप्त इन अभिव्यक्तियों की व्याख्या की जा सकती है।

नतीजा यह हुआ कि यदि हम ऐसे लोगों को एक तरफ छोड़ दें जो किसी समय शिशुओं के मस्तिष्क में किसी यौन-संबंधी बात के होने के सुझाव से ही डर जाते थे और अब जिन लोगों की संख्या दिन-ब-दिन घटती जा रही है, तो भी शैशव और बाल्यावस्था में काम के प्रश्न को लेकर अच्छे निरीक्षणों में भी अलग-अलग दृष्टिकोण और अलग-अलग नीतियां रही हैं। ऐसे भी व्यक्ति हैं जो स्वस्थ और सही दिमाग

बालकों में किसी तरह की वास्तविक यौन अभिव्यक्ति को स्वीकार नहीं कर पाते। कुछ लोग ऐसे भी हैं जो यह मानते हैं कि ये अभिव्यक्तियां सही दिमाग और विकृत-मस्तिष्क दोनों में ही समान रूप से हमेशा ही पाई जाती हैं, यद्यपि वे यह भी पाते हैं कि इन अभिव्यक्तियों में प्रकारांतर और परिवर्तन होते रहते हैं। कुछ ऐसे भी लोग हैं जो यौन लक्षणों के तत्त्व को स्वीकार तो करते हैं, पर बाल्यावस्था में उनका होना स्वस्थ नहीं मानते। चाहे कोई भी परिस्थिति हो डा. रैंक का परिपक्व मत यही है। वे अपनी पुस्तक 'आधुनिक शिक्षा' में लिखते हैं—"कामवासना बालक के लिए स्वाभाविक नहीं है। इसके सिवा कामवासना को व्यक्ति का स्वाभाविक शत्रु माना जा सकता है, जिसके विरुद्ध व्यक्ति शुरू से ही अपनी रक्षा करता है।" चाहे हमें इस बात को बाल्यावस्था तक पीछे ले जाने के अधिकार हों या न हों, रैंक के इस मत का संस्कृति के संबंध में प्रचलित आम रुख से, यहां तक कि आदिम संस्कृति में अपनाए हुए रुख से, तालमेल बैठ जाता है। अतएव बच्चे के काम-भाव के प्रति सबसे उचित रुख तो यही है कि उसके ऊपर आरोग्यशास्त्र की दृष्टि से सिर्फ आंख रखी जाए और कभी ज़बरदस्ती न की जाए। बच्चों के कामात्मक आवेग अक्सर अचेतन होते हैं और उन्हें सज्ञान बनाने से या उनके ऊपर ध्यान केंद्रित करने से कोई भी लाभ नहीं होता। पर यह भी ज़रूरी है कि बच्चे को स्वयं अपने को अथवा दूसरों को प्रकट हानि पहुंचाने से बचाया जाए। कुछ दशाओं में यह भी वांछनीय मालूम होता है कि माताओं को यह चेतावनी दे दी जाए की वे ऐसी अभिव्यक्तियां प्रकट करनेवाले बच्चों को सजा देने के मौके की तलाश में न रहें और न ही अपने बच्चे के शरीर को इतना सहलाएं कि जल्दी ही प्रभावित होनेवाले बच्चों में अनुचित रूप से भावनाओं का संचार हो। इन सबके अतिरिक्त यह ज़रूरी है कि बच्चे के स्वभाव को अच्छी तरह समझा जाए। वयस्क लोगों की यह प्रवृत्ति होती है कि अपनी भावनाओं को बच्चों के ऊपर मढ़ देते हैं। बच्चों के बहुत-से कार्य वयस्क लोगों की दृष्टि में पापपूर्ण उद्देश्यों को प्रकट करते दिखलाई दे सकते हैं, पर अक्सर ऐसे कार्यों का कोई भी यौन उद्देश्य नहीं होता और वे अक्सर क्रीड़ात्मक आवेग या जिज्ञासा के कारण होते हैं। इसमें संदेह नहीं कि पिछले कुछ सालों से उक्त मिथ्या तर्क को मनोविश्लेषण के असावधान अनुयायियों ने प्रश्रय दिया है।

यह दुर्भाग्यपूर्ण है कि बाल्यावस्था पर अध्ययन करनेवाले विद्वान् ऐसे व्यक्ति रहे हैं जिन्होंने अपनी जानकारी विकृत मस्तिष्क कर्ताओं के अध्ययन से प्राप्त की है। आटो रैंक अपनी पुस्तक 'आधुनिक शिक्षा' में लिखते हैं—"आजकल के स्नायविक रोगग्रस्त वर्ग के अध्ययन से निकाले गए सामान्य निष्कर्षों को बड़ी सावधानी के साथ ग्रहण करना चाहिए, क्योंकि अध्ययन के पात्रों से भिन्न परिस्थितियों में मनुष्य की प्रतिक्रिया अलग-प्रकार की होती है।" वे आगे कहते हैं कि आजकल के बालक की तुलना आदिम मनुष्य से नहीं की जा सकती और शायद सबसे ज्यादा अच्छा यही हो कि शिक्षा बहुत ज्यादा नपी-तुली और एक दिशा में निर्दिष्ट न हो।

अब श्रेष्ठ अधिकारी विद्वानों का यह मत है कि जहां तक यौन शिक्षा के मूल तत्त्वों का संबंध है, बच्चों का पथ-प्रदर्शन बहुत कम उम्र में ही शुरू हो जाना चाहिए और

वास्तविक रूप से इस कर्तव्य को पूरा करने के लिए एक बुद्धिमती और उदार माता बहुत उपयुक्त है। यहां यह बता दिया जाए कि सही तरीके से केवल मां ही इस काम को कर सकती है और बच्चों की स्वस्थ और हितकर परिणति के लिए एक ज़रूरी शर्त यह है कि माताओं को इस बारे में उचित प्रशिक्षण मिले। कभी-कभी यह कहा जाता है कि इससे बच्चों का दिमाग कृत्रिम रूप से यौन विषयों पर केंद्रित हो जाने का खतरा है, दूसरी तरफ यह खतरा है कि वे तथ्यों के विषय में बिलकुल बुद्धू बने रह जाएं। जो भी हो, बच्चे के दिमाग के स्वाभाविक कार्य-कलाप को याद रखना बहुत महत्त्वपूर्ण है। बच्चे की यह जानने की इच्छा कि शिशु कहां से आता है, यौन सज्ञानता का लक्षण नहीं है। वह तो एक महत्त्वपूर्ण वैज्ञानिक तथ्य को खोज निकालने की इच्छा है। इसके बाद थोड़ा आगे चलकर बच्चे की यह जानने की इच्छा भी, कि अपने से भिन्न लिंग के व्यक्तियों के शरीर की बनावट कैसी होती है, उतनी ही निर्दोष और स्वाभाविक है। बल्कि बच्चों में अस्वस्थ यौन सज्ञानता इन जिज्ञासाओं को शांत कर देने से नहीं, वरन् उनका तर्कहीन रूप से ज़बरदस्ती दमन करने के कारण होती है। तब बच्चा चोरी से इन रहस्यों का उद्‌घाटन करने में अपना ध्यान लगाता है, क्योंकि खुलकर प्रयत्न करने पर उसे झिड़कियां खानी पड़ती हैं।

माता द्वारा बच्चे को दी जानेवाली यौन जानकारी के बारे में कोई भी औपचारिक अथवा विशेष बात नहीं होनी चाहिए। जब माता और बच्चे के बीच स्वाभाविक और घनिष्ठ संबंध है तो प्रत्येक कार्य पर समय-समय पर विचार होता ही रहता है। जब कोई प्रश्न सामने आएगा तो एक समझदार माता उसका उत्तर देगी, यद्यपि ऐसा करते समय वह अवसर को देखकर उसके अनुकूल बच्चे को इतनी ही जानकारी देगी कि उससे बच्चे की केवल सामयिक जिज्ञासा ही शांत हो जाए। इससे अधिक वह बच्चे को कुछ न बतलाएगी। यौन विषय और मलमूत्र-निष्कासन को अन्य बातों की तरह बिना किसी अरुचि और घृणा के बतलाना चाहिए। नौकर और धायें अक्सर न केवल यौन विषय को गर्हित भावना के साथ बतलाती हैं, वरन् वे मलमूत्र-निष्कासन आदि को भी घृणा के साथ नाक-भौं सिकोड़कर बतलाती हैं। कोई भी हितैषी माता अपने बच्चे के मलमूत्र-त्याग के प्रति किसी प्रकार की घृणा का अनुभव नहीं करती, और यह रुख महत्त्वपूर्ण है, क्योंकि यौन अवयव और मलमूत्र त्याग करने के अवयव ऊपर से इतने संयुक्त हैं कि उनमें से किसी एक के प्रति घृणापूर्ण रुख दूसरे को भी अपनी लपेट में ले सकता है। कभी-कभी यह कहा जाता है कि सिखाने योग्य सही रुख यही है कि दोनों प्रकार के अंग न तो समान रूप से 'घृणित' हैं और न 'पवित्र' ही। किंतु किसी न किसी तरह इसको जल्दी ही स्पष्ट कर देना चाहिए कि जहां दोनों प्रकार के अंग स्वाभाविक हैं और उनमें से कोई भी घृणित नहीं है, वहां उनकी अंतिम सार्थकता में भारी अंतर है और सेक्स के परिणाम व्यक्ति के लिए इतने दुःखपूर्ण और जाति के लिए इतने भाग्य-निर्णायक हो सकते हैं कि यदि हम सेक्स के लिए 'पवित्र' शब्द को अस्वीकार कर दें तो हमें कोई ऐसा शब्द खोजना होगा जो उसके बराबर ही प्रभावशाली हो।

प्रारंभिक यौन शिक्षा का बाद के जीवन में क्या महत्त्व है, यह डा. कैथराइन डेविस

द्वारा विवाहित स्त्रियों के बीच की गई व्यापक जांच में अच्छी तरह दिखलाया गया है। इस जांच के फलस्वरूप जो स्त्रियां अपना विवाहित जीवन सुखी मानती हैं उनको एक वर्ग में और जो स्त्रियां अपने विवाहित जीवन को दुखी समझती हैं उनको एक-दूसरे वर्ग में रखने पर यह पाया गया कि सुखी वर्ग की 57 प्रतिशत स्त्रियों को प्रारंभिक जीवन में सेक्स की कुछ सामान्य शिक्षा मिल चुकी थी, किंतु दुखी वर्ग में सिर्फ 44 प्रतिशत को ही यह शिक्षा मिली थी। डा. जी. वी. हैमिल्टन के निष्कर्ष, जो इससे बहुत कम सामग्री पर आधारित हैं, पूर्ण रूप से पूर्वोक्त निष्कर्षों से मेल नहीं खाते, किंतु उन्होंने यह महत्त्वपूर्ण तथ्य खोज निकाला कि मां ही लड़कियों के लिए प्रारंभिक यौन शिक्षा देने का श्रेष्ठ साधन है। ऐसी शिक्षा पानेवाली विवाहिता स्त्रियों का 65 प्रतिशत ऐसे वर्ग में था जिनके यौन संबंध 'उपयुक्त' थे, किंतु अनुपयुक्त वर्ग में यह प्रतिशत 35 से भी कम था। जब प्रारंभिक शिक्षा हमउम्र साथियों अथवा अश्लील बातचीत के ज़रिये से मिली तो 'उपयुक्त' वर्ग का प्रतिशत गिरकर 54 रह गया और पिता और भाइयों से शिक्षा पानेवाले वर्ग की स्त्रियों का विवाहित जीवन असंतुष्ट था। साथ ही उनकी संख्या भी बहुत कम थी।

इन बातों को अच्छी तरह से गांठ में बांध लेना चाहिए कि बच्चा जब पहले-पहल प्रश्न पूछना शुरू करता है तब उसके सरल और स्वाभाविक प्रश्नों का उत्तर सरल और स्वाभाविक तौर से देना चाहिए, जिससे उसके विचारों में रुकावट न हो और किसी चीज़ के रहस्य बन जाने से जो भावनाएं पैदा होती हैं, वे पैदा न हों। अधिक देर तक प्रश्नों का समाधान न होने से ही उपद्रव होता है। नग्न शरीर के संबंध में इस तरह का विकृत और रुग्ण कौतूहल ऐसे बच्चे में ही पैदा हो सकता है, जो अपने से भिन्न लिंग के बच्चों के नग्न शरीरों को देखे बिना ही बढ़ रहा है। कभी-कभी एकाएक किसी वयस्क के नग्न शरीर की झलक पहली बार देखने पर ऐसे बच्चे के मन पर कष्टकर धक्का लग सकता है। अतः यह वांछनीय है कि बच्चे एक-दूसरे के नग्न शरीरों से परिचित रहें। शायद इस दृष्टि से ही कुछ माता-पिता अपने स्नान का आयोजन भी इस प्रकार करते हैं कि जब बच्चे बहुत छोटे रहते हैं तभी से वे उनके साथ नंगे होकर नहाते हैं। इस प्रकार बहुत खतरे खुद-ब-खुद टल जाते हैं, क्योंकि इस तरह की सरलता और स्पष्टता से यौन सज्ञानता के विकास में विलंब होता है और अवांछनीय जिज्ञासाएं पनप नहीं पातीं। यह भी हो सकता है कि ऐसा छोटा बच्चा जो अपनी नंगी छोटी बहिन को देखते हुए उसके साथ-साथ बड़ा होता है, वह शायद यह जानने की कोशिश ही न करे कि शारीरिक बनावट और आकृति में भी कोई यौन भेद हो सकता है। वे सब प्रभाव बच्चे के भावी विकास के लिए अच्छे आधार-स्तंभ हैं जिनसे बच्चे में समय से पूर्व यौन परिपक्वावस्था और यौन विषयक ज्ञान का उदय होने में विलंब लगता है। एक बुद्धिमान् यौन आरोग्यशास्त्री यह भली-भांति समझता कि इस उद्देश्य की पूर्ति यौन बातों को कृत्रिम रूप से रहस्य बनाकर नहीं की जा सकती।

पर साथ ही हमें यह बात भी ध्यान में रखनी चाहिए कि बच्चे के प्रति यह रुख, जो अब सबसे अधिक समझदारीपूर्ण माना जाने लगा है, अभी तक दृढ़ता के साथ

स्थापित नहीं हो सका है। जैसाकि हाल में कहा गया है, यदि यह सच है कि बच्चे को अपनी खुद की आवश्यकताओं के अनुसार अपने माता-पिता का निर्माण करना है तो उसके साथ यह भी सच है कि इस तरह से प्रस्तुत परिस्थिति का हमारे प्राचीन संस्कारों के आधार पर, जिनका अस्तित्व हमेशा स्वीकार करना ही पड़ता है, मेल बैठाना आसान नहीं है। इस कारण बच्चे की स्थिति पहले की अपेक्षा अब कहीं अधिक कठिन हो जाती है और सच तो यह है कि आज यह स्थिति बहुत ही मुश्किल है। आज बच्चा पहले के समान शिक्षा की सामान्यतः स्वीकृत और मुश्किल से बदलनेवाली निर्दिष्ट सामाजिक प्रणाली के अधीन नहीं रह गया है, पर साथ ही मानसिक रूप से उसका इतना विकास नहीं हुआ कि वह वयस्क व्यक्तियों के आत्म-अनुशासन को ग्रहण कर सके। रैंक साहब लिखते हैं कि आज के बच्चे को जिस संकटपूर्ण बाल्यावस्था में से गुज़रना पड़ता है उतनी संकटपूर्ण बाल्यावस्था शायद मानव-इतिहास के किसी भी काल में नहीं थी।

अतएव यदि सामान्यतः उन सुधरी हुई परिस्थितियों में भी अभी तक 'कठिन' अथवा 'समस्या'-बालक से हमारा साबका पड़ता है तो हमें आश्चर्य नहीं करना चाहिए। अभी तक वंशानुक्रम और वातावरण दोनों ही से ऐसे बच्चों के यदा-कदा पैदा होने में सहायता मिलती है। जो प्रबुद्ध विचार अब प्रबल होते जा रहे हैं उनसे किसी विशेषज्ञ की विशिष्ट सहायता के बिना भी ऐसी दशाओं की चिकित्सा में यथेष्ट पथ-प्रदर्शन हो सकता है, पर ऐसा हमेशा ही होगा, ऐसी बात नहीं है। इसलिए हमें यह देखकर संतोष करना चाहिए कि यह प्रवृत्ति बढ़ती जा रही है कि अब ऐसे समस्या-बालकों को शैतान या पापी नहीं कहा जाता, बल्कि यह माना जाता है कि उनके ऊपर डाक्टर, मनोवैज्ञानिक, मनोचिकित्सक और सामाजिक कार्यकर्ता सम्मिलित रूप से ध्यान दें। श्रीमती डब्ल्यू. एफ. डूमर की प्रेरणा और जनहित की तीव्र लगन से सन् 1909 में डा. विलियम हीली के निर्देशन में शिकागो में किशोर-मनोनिर्देश-संस्थाओं की स्थापना हुई। सन् 1914 में यह बाल-न्यायालय का एक विभाग बन गया। तब से इस उद्देश्य को ध्यान में रखकर विशेष बाल पथ-प्रदर्शन-आरोग्य भवनों की वांछनीयता स्वीकृत होती जा रही है। उसे बाल-पथ-प्रदर्शन आरोग्य भवनों की स्थापना के लिए होनेवाले आंदोलन का प्रारंभ कहा जा सकता है। जिस प्रकार उनका विकास हुआ है, उनमें तीन प्रकार के व्यक्तियों मनोचिकित्सक, मनोवैज्ञानिक और सामाजिक कार्यकर्ता—की सम्मिलित चेष्टा रहती है। कभी-कभी ऐसा हो सकता है कि ऐसे मामलों के लिए विशेष रूप से सुसज्जित डाक्टर इन तीनों व्यक्तियों के कार्यों को एक साथ ज्यादा आसानी और सहूलियत के साथ कर सके, किंतु ये आवश्यक योग्यताएं विरले ही किसी एक व्यक्ति में सम्मिलित रूप से पाई जाती हैं और साधारण डाक्टर इस तरह के विशेष कार्य के लिए समय भी नहीं निकाल सकता। अतएव यह संभव है कि इन आरोग्य-भवनों का विकास जारी रहेगा, यद्यपि उनका किसी विशेष विचारधारा अथवा कार्य-प्रणाली के संप्रदाय से संबंध नहीं रहेगा, क्योंकि ऐसा करना अवांछनीय होगा। न्यूयार्क बाल-पथ-प्रदर्शक-संस्था का आयोजन एक बड़े व्यापक पैमाने पर हुआ है। लंदन बाल-पथ-प्रदर्शन-आरोग्य-भवन की स्थापना सन् 1930 में हुई थी।

बाल-पथ-प्रदर्शन से होनेवाली जांच से हम मनुष्य के प्रकारों के संबंध में अधिक गहरी जानकारी पा सकते हैं। शुरू से ही डाक्टरगण विशिष्ट मनःशारीरिक टाइपों के अध्ययन के प्रति आकर्षित हुए थे, जिसे अब शरीररचना-विज्ञान कहते हैं। वह प्रारंभिक युग में डाक्टरों के लिए बहुत आकर्षक साबित हुआ। बात यह है कि स्पष्ट रूप से ऐसा अध्ययन डाक्टरी विज्ञान और जीवन दोनों के ही लिए बहुत महत्त्वपूर्ण है। जो भी हो, पिछले कुछ ही वर्षों में इतनी सामग्री, आंकड़े आदि मिले कि उन पर इस प्रकार के अध्ययन की ठोस नींव रखी जा सकती है। यह कहा जा सकता है कि सन् 1921 में प्रोफेसर केत्शमेर की युगांतरकारी पुस्तक 'शारीरिक गठन और चरित्र' के प्रकाशन से ही रचना-विज्ञान को वास्तविक वैज्ञानिक आधार मिला, यद्यपि अभी भी वह प्रारंभिक अवस्था में है और उसका लगातार विकास हो रहा है।

व्यापक रूप से देखने पर यौनजागृति और शिक्षा का महत्त्व जितना गंभीर आज है उतना वह पहले कभी नहीं था। यौवनारंभ के समय यौन संबंधी ज्ञान की दीक्षा को हमेशा हर जाति के लिए महत्त्वपूर्ण माना जाता रहा है। जैसा कि हमें मालूम है, मध्य अफ्रीका तथा संसार के कई अन्य भागों में बसनेवाली जातियों में जिन्हें हम कमोबेश मोटे तौर पर आदिम जातियां कह सकते हैं, इस प्रकार की दीक्षा-कदम एक पवित्र संस्कार और वयस्क जीवन के लिए व्यावहारिक तैयारी है। बच्चा खेल के रूप में सेक्स से पहले ही परिचित रहता है और वयस्क लोग भी ऐसे खेलों को आज़ादी के साथ खेलने देते हैं। परंतु यौवनारंभ के समय यह एक गंभीर बात हो जाती है। समाज और जाति के तकाज़ों पर विचार करना होता है। नवयुवक अथवा नवयुवती को समूह में उसके उचित सामाजिक स्थान पर लगा देना पड़ता है और उसके लिए वह शिक्षा ज़रूरी है जिसे 'नैतिक शिक्षा' की संज्ञा दी जा सकती है। वह अक्सर संक्षिप्त और तीक्ष्ण होती है। और जिस समय वयोवृद्ध लोग जीवन के कर्तव्यों के संबंध में शिक्षा देते हैं और कबीले के पवित्र रहस्यों के उद्‌घाटन करते हैं उस समय शायद दीक्षा पानेवाले का किसी प्रकार छेदन आदि कर दिया जाता है अथवा उसे कठोर संयम में पृथक् रखा जाता है। तत्पश्चात् बच्चा स्त्री या पुरुष बन जाता है और नई सुविधाओं, नये कर्तव्यों और नई ज़िम्मेदारियों को ग्रहण करता है। यह एक सराहनीय प्रणाली है और जीवन की कमोबेश आदिम परिस्थितियों के अंतर्गत इससे बढ़कर कोई दूसरी प्रणाली नहीं निकाली जा सकती थी। यह हमारा दुर्भाग्य है कि ईसाई धर्म में इस प्रकार के संस्कारों अथवा कर्मकांडों का इतना अधिक ह्रास हो गया है कि वे या तो महत्त्वहीन हैं या अधिकांश रूप से लुप्त हो गए हैं।

आज हम इस हानि के प्रति सचेत हो रहे हैं और उसे सुधारने की चेष्टाएं कर रहे हैं। किंतु अब हम उस ढांचे पर किसी प्रणाली का निर्माण नहीं कर सकते और किसी नई प्रणाली का निर्माण करने के पहले हमें अपनी सभ्यता के उस सोपान पर विचार करना होगा जिससे होकर हम गुजर रहे हैं।

उस सोपान में बुद्धि पर सारा ज़ोर दिया जाता था और शिक्षा के वे तरीके जो वज़नदार थे अथवा जो व्यापक रूप से लोकप्रिय थे, बुद्धिवृत्ति को शिक्षित करने के

तरीके थे। किंतु यौन आवेग, जो अभी तक सामाजिक तथा वैयक्तिक जीवन का प्रमुख आधार है, आसानी से बुद्धि के दायरे में नहीं लाया जा सकता। इसका नतीजा यह हुआ कि हमारी शिक्षा-प्रणालियों में, यहां तक कि वर्तमान समय में भी, सेक्स का बुद्धि-बर्हिभूत तत्त्व प्रायः पूरी तौर से छोड़ दिया गया है। वर्तमान शिक्षा-प्रणाली में और उस समय की दीक्षित करने की सुनियोजित योजना में कोई समानता नहीं है। जब मनुष्य मनुष्य बनना सीख रहा था उस युग की परिस्थिति के अनुसार यह योजना अत्यंत सराहनीय थी। हमारे लिए शिक्षा संपूर्ण जीवन के लिए न होकर जीवन के एक खंड-विशेष, धन पैदा करने से संबंधित खंड, तक ही सीमित रही है।

हमारी शिक्षा जीवन के उस अंग के प्रति जो यौन आवेग पर आधारित है, विविध सोपानों और मात्राओं में उपेक्षा, अरुचि यहां तक कि घृणा के साथ संयुक्त रही है, क्योंकि वह अंग बुद्धि के दायरे में नहीं आ सका और हमारी शिक्षा-प्रणाली सिर्फ बुद्धि से ही संबंधित थी। यह एक जाना हुआ तथ्य है कि हमारी शिक्षा-प्रणाली से होनेवाली उत्पत्ति में अपेक्षाकृत होशियार व्यक्ति—कहने का मतलब यह है कि ऐसे लोग जिनकी संकुचित योग्यताएं बुद्धि के विकास पर केंद्रित होती हैं—अक्सर प्रेम और सेक्स से संबंधित मामलों के प्रति तिरस्कारपूर्ण अथवा निंदापूर्ण रुख रखते हैं। उन्हें विद्यालयों में जो शिक्षा मिलती है उसका परिणाम यही होता है, यद्यपि यह बात नहीं है कि ऐसा किसी योजना के फलस्वरूप हुआ है। जीवन में दीक्षित करने की प्राचीन प्रणालियों का निश्चित रूप से यह सामान्य परिणाम नहीं होता था। इसलिए हमें अपनी नई प्रणाली का निर्माण करते समय उन प्रणालियों के खतरे से बचना होगा जिनसे हम अभी-अभी निकले हैं।

किंतुं एक दूसरी बात ऐसी है जिसके संबंध में हमें आदिम समाजों के उदाहरण पर चलने से बचना चाहिए और वह है यौवनारंभ पर यौन दीक्षा में विलंब करना। मनोविश्लेषकों की खोज से यह तथ्य व्यापक रूप से मालूम हो गया है कि काम-वासना की शुरुआत केवल यौवनारंभ से ही नहीं होती। यह तथ्य पहले भी कुछ हद तक मालूम था, किंतु उसकी पूर्ण सार्थकता और महत्त्व का समुचित बोध नहीं था। काम-जीवन की जातिगत विशेषताएं तो यौवनारंभ पर ही शुरू होती हैं, किंतु वैयक्तिक विशेषताएं, जो परोक्ष रूप से जातीय होती हैं, उससे बहुत पहले यहां तक शैशवावस्था से ही शुरू हो सकती हैं, और अक्सर होती ही हैं।

इस तथ्य का व्यावहारिक परिणाम यह होता है कि प्रथम यौन दीक्षा का भार समाज से लेकर, जो पुराने जमाने में यौवनारंभकालीन दीक्षाओं को संपन्न करता था, माता-पिता के हाथों में सौंप दिया जाता है। कारण यह है कि बालक को यौनशिक्षा बाल्यावस्था के प्रारंभ में ही देना जरूरी है। इन परिस्थितियों में यह दीक्षा एक औपचारिक और सज्ञान दीक्षा नहीं होती, बल्कि माता-पिता के, अक्सर माता के पथ-प्रदर्शन में होती है। इस तरह की दीक्षा देनेवाली माता अक्सर उन विधि-निषेधों से मुक्त हो जाती है जिनके कारण पहले वयस्क लोगों के लिए यह मुश्किल था कि वे अपने बच्चों में यौन स्फूर्ति के लक्षणों के अस्तित्व को मान लें या स्वाभाविक रूप से उन पर व्यवहार करें।

अब यह आशा करना उचित ही है कि स्कूलों में अन्य विषयों की शिक्षा के साथ-साथ जैसे-जैसे बालक का विकास होता है उसे प्राणिशास्त्र की प्रारंभिक शिक्षा भी दी जाएगी। इसमें मानव-जीवन के सभी तथ्य आ जाएंगे, जिनमें सेक्स भी सम्मिलित रहेगा, साथ ही उस पर अनुचित रूप से जोर नहीं दिया जाएगा। जैसा कि एक लब्धप्रतिष्ठ प्राणिशास्त्री की हैसियत से रगल्स गेट्स ने कहा है—"स्कूल के प्रत्येक छात्र और छात्रा को शिक्षा के अनिवार्य अंग के रूप में वनस्पति और प्राणियों के स्वभाव, शरीर की बनावट और कार्यों के बारे में, साथ ही उनके परस्पर संबंधों और पारस्परिक प्रतिक्रियाओं के विषय में कुछ शिक्षा मिलनी चाहिए। उन्हें वंशानुक्रम के संबंध में भी कुछ ज्ञान होना चाहिए और उन्हें यह अच्छी तरह समझ लेना चाहिए कि प्रत्येक शरीर अपनी प्रजनन-संबंधी विशेषताओं के सूक्ष्म से सूक्ष्म ब्योरों को उत्तराधिकार के रूप में ग्रहण करता है और फिर उन्हें अपने उत्तराधिकारी को प्रदान कर देता है।"

इस शिक्षा के विकास के साथ एक प्रकार की जातीय दीक्षा का निर्माण होता है, जो अपेक्षाकृत आदिम जातियों के क्रियाकांड से मिलती-जुलती है। इन प्राणिशास्त्रीय रूपरेखाओं के माध्यम से ही हम सेक्स के उस पहलू की आधुनिक धारणा पर पहुंचते हैं जो पुराने ज़माने में पवित्र मानी जाती थी। क्योंकि मैं फिर एक बार यह कहूंगा कि हमें उन मूर्खतापूर्ण ईमानदार लोगों के विचार को स्वीकार नहीं करना चाहिए जो यह चाहते हैं कि भोजन और मलमूत्र-त्यागके प्रति बच्चे का साधारण रुख रहता है, काम-जीवन के प्रति भी उसका वही रुख रहे और वह इसी रुख को लेकर बड़ा हो। प्राणिशास्त्र के ज़रिये यह आसानी से समझ में आ जाता है कि मलमूत्र-त्याग की अपेक्षा सेक्स में और भी कुछ है। सेक्स एक प्रणालीमात्र ही नहीं है, जिससे जाति कायम रहती और बनती है, बल्कि यह वह आधारशिला है जिस पर आनेवाले संसार के समस्त सपनों का निर्माण होना चाहिए। कुछ अन्य अपेक्षाकृत वैयक्तिक उद्देश्य भी है, जिनकी ओर यौन आवेग को मोड़ा जा सकता है, किंतु ठोस केंद्रीय तथ्य हमेशा यही रहता है।

दूसरे उद्देश्य भी महत्त्वपूर्ण रहते हैं। हमारी शिक्षा-प्रणालियों ने यौन आवेग को जिस उपेक्षा और यहां तक कि घृणा की दृष्टि से देखा है उससे उस आवेग की अतिव्यापक गतिशील शक्तियां कुंठित हो गई हैं। इसलिए यह और भी ज़रूरी हो गया है कि यौन आवेग की अंतर्गत शक्तियों को प्रोत्साहन दिया जाए और उनका विकास किया जाए। अकेली बुद्धि अनुर्वर और किसी काम की नहीं होती और उसका शरीर पर कोई गहरा और नस-नस में भिद जानेवाला प्रभाव नहीं होता। पर इतने पर भी हमारे जीवन की अनुर्वर प्रवृत्तियों के बीच यौन आवेग अभी तक अबाध बना हुआ है, भले ही वह भस्मावृत हो या तिरस्कृत हो। यहां तक कि आटो रैंक के शब्दों में—"यौन आवेग वह अंतिम भावनात्मक स्रोत है जो हमारी शिक्षा का अतिबौद्धिकीकरण होने पर भी हमारे लिए बच गया है।" यहां हम यौन आवेग में अपनी भावी सभ्यता के लिए एक महान् आशा पाते हैं। इससे कुछ अंतर नहीं पड़ता कि यौन आवेग अपनी स्वाभाविक अभिव्यक्तियों के रूप में है या उदात्तीकरण के रूप में, क्योंकि ये दोनों साथ-साथ चलते

हैं और कोई भी रूप कोई दूसरे का पूर्णतः दमन कर पनप नहीं सकता। इस प्रकार हमारे सामने भविष्य की सभ्यता के लिए बड़ी आशाएं बंधती हैं।

सहायक पुस्तक सूची

ए. मोल—The Sexual Life of the Child.

हैवलाक एलिस—Studies in the Psychology of Sex, especially Vols. I and VI; also 'The New Mother' in More Essays of Love and Virtue.

स्टैन्ले हाल—Adolescence.

मेरी चाडविक—Dfficulties in Child Development (dealing especially with the mistakes of parents in bringing up their children.)

आटो रैंक—Modern Education: A Critique of its Fundamental Ideas, 1932.

डब्ल्यू. हीली—The Individual Delinquent, 1915.

बर्नर्ड हार्ट—'Work of a Child Guidance Clinic', British Medeical Journal, 19th Sept. 1931.

क्रेट्शमेर—Physique and Character.

विनिफ्रेड डि काक—New Babes for Old.

के. डि शिमिनित्ज़—How a Baby is Born: What Every Child Should Know.

अध्याय-4

यौन विच्युति और कामात्मक प्रतीकवाद

पहले यौन जीवन के सभी लेखक इस बात को मानकर चलते थे कि मैथुनिक जीवन का सिर्फ एक ही ढांचा है और उस रूप से किसी तरह का अलगाव स्वाभाविक नहीं है, इसे चुपचाप मान लिया जाता था और उस पर कभी तर्क नहीं किया जाता था। यह एक मात्र ढाँचा क्या था, इसकी उचित परिभाषा देने की उन्हें जरूरत भी नहीं मालूम हुई। प्रत्येक व्यक्ति से यह आशा की जाती थी कि वह इस ढांचे को अपनी सहजात बुद्धि से जानता है। पर ज्यों ही हम यौन जीवन के वास्तविक और अंतरंग तथ्यों की जाँच करना शुरू करते हैं त्योंही हम देखते हैं कि यह प्राचीन और परंपरागंत कल्पना गलत थी। यौन जीवन के केवल एक ही ढाँचे का होना सत्य से इतनी दूर है कि यह कहना सत्य के अधिक निकट होगा कि जितने व्यक्ति है, यौन जीवन के उतने ही ढाँचे हैं; कम से कम यह तो कहा ही जा सकता है कि ढाँचे के टाइपों की एक बड़ी संख्या है। किसी व्यक्ति का स्वभाव इनमें से किसी एक ढाँचे के निकट होता है, पर ठीक उसी तरह कभी नहीं रहता। जब से मैंने यौन मनोविज्ञान का अध्ययन करना शुरू किया है, तब से मैं इसे बराबर देख रहा हूँ। मैंने यह साफ करने की चेष्टा की है कि प्रकृति में अन्य स्थलों की भाँति यहाँ भी हमें यह स्वीकार करना पड़ेगा कि स्वाभाविक दायरे के भीतर एक बड़ी सीमा में प्रकार-भेद होते हैं। आज धीरे-धीरे अनुभवी पर्यवेक्षक इसे मानते जा रहे हैं। एक प्रख्यात स्त्री-रोग विशेषज्ञ डा. डिकिन्सन किसी निश्चित यौन ढाँचे के अस्तित्व के विषय में संदेह प्रकट करते हैं। यह संदेह दिन-ब-दिन बढ़ता ही जा रहा है।

स्वाभाविक दायरे में रहने के लिए सभी प्रकारांतरों के लिए यह आवश्यक है कि उनमें किसी न किसी बिंदु पर प्रजनन तत्त्व भी सम्मिलित रहे, जिसके लिए ही सेक्स का अस्तित्व है। पर साथ ही यौन क्षेत्र से प्रजनन को अलग कर देना पूरी तरह से वैध है और किसी-किसी परिस्थिति में ऐसा करना नैतिक रूप से अनिवार्य भी हो जाता है। किन्तु ऐसे कार्य-कलाप उचित रूप से मस्तिष्क-विकृति के सूचक माने जा सकते हैं जिनमें प्रजनन संभव नहीं है। ऐसे कार्य-कलाप विच्युति में आ जाते हैं।

यौन विच्युतियों को पहले 'विपरीतताएँ' कहा जाता था। इस शब्द का उदय उस समय हुआ जब यौन गड़बड़ियों को दुनिया-भर में पाप या अपराध नहीं तो कम से कम दुर्गुण तो अवश्य माना जाता था। आज भी इस शब्द का प्रयोग वे लोग करते हैं जिनके

विचारों की जड़ें भूतकाल की उन परंपराओं में स्थित हैं जिनसे वे निकल नहीं पाते। प्रारंभिक वर्षों में मैंने स्वयं उसका प्रयोग किया है यद्यपि ऐसा मैंने विरोध के साथ किया था और साथ ही यह स्पष्ट भी कर दिया था कि उससे मेरा क्या मतलब था। अब मैं यह अनुभव करता हूँ (जैसा कि डिकिन्सन ने भी बतलाया है) कि वह समय आ गया है कि इस शब्द का यथासंभव बिलकुल ही वर्जन कर दिया जाए। यहाँ तक कि मूल लैटिन शब्द परवर्सस (विपरीत) से भी कभी-कभी नैतिक निर्णय का आशय निकलता है। यह शब्द उस समय से काम में आ रहा है जबकि यौन विषयों के संबंध में वैज्ञानिक और चिकित्साशास्त्रीय दृष्टि से विचार नहीं होता था। विज्ञान तथा चिकित्साशास्त्र का उद्देश्य यौन गड़बड़ियों का अध्ययन करना तथा जरूरत पड़े तो उनका इलाज करना है, न कि उनकी निन्दा करना। इसमें संदेह नहीं कि इस शब्द का उन व्यक्तियों पर दुर्भाग्यपूर्ण प्रभाव होता है जिनसे यह कहा जाता है कि वे विपरीतता के शिकार रहे हैं। इसके अलावा यहाँ एक ऐसे शब्द को गले से लगाए रखने से कोई लाभ नहीं जो पूर्णरूप से एक अलग युग का है। इससे भ्रम पैदा होता है। यह शब्द पूरे तौर से बाबा आदम के जमाने का और शरारतपूर्ण है, इसलिए इससे बचना चाहिए। यौन आवेग की एक असाधारण अभिव्यक्ति को सूचित करने के लिए किसी-किसी समय 'स्थान-च्युति' शब्द का भी प्रयोग किया गया है। ऐसे शब्द से कम से कम यह लाभ है कि इससे नैतिक गुणावगुण सूचित नहीं होता, परंतु चूंकि उसमें यौन आवेग के संबंध में, जो वस्तुतः गतिशील, जानदार और परिवर्तनशील है, एक स्थिर धारणा निहित है, इसलिए यह 'विच्युति' शब्द की अपेक्षा कम संतोषजनक है क्योंकि 'विच्युति' शब्द में गतिशीलता सूचित होती है।

बहुत समय तक मैंने बहुत-सी और अधिकांश यौन विच्युतियों के लिए प्रतीकवाद शब्द का प्रयोग किया था। कामात्मक प्रतीकवाद (या अधिक संकुचित अर्थ में कामात्मक फेटिशवाद) का अभिप्राय एक ऐसी दशा से है जिसमें मनोवैज्ञानिक यौन प्रक्रिया या तो संक्षिप्त हो जाती है या फिर इस प्रकार से भटक जाती है कि इस प्रक्रिया का कोई हिस्सा या कोई पदार्थ या कोई कार्य, जो सामान्यतः इसके सीमांत पर अथवा उसके दायरे के एकदम बाहर भी होता है, अक्सर कम उम्र में ही ध्यान का प्रधान केंद्र बन जाता है। जो बात स्वस्थ प्रेमी के लिए गौण महत्त्व रखती है, यहाँ तक कि उपेक्षणीय है, वह इस तरह सबसे महत्त्वपूर्ण बन जाती है और ऐसा उचित रूप से कहा जा सकता है कि यह संपूर्ण यौन प्रक्रिया का प्रतीक बन जाती है।

व्यापक दृष्टि से देखने पर सभी यौन विच्युतियाँ कामात्मक प्रतीकवाद का उदाहरण हैं क्योंकि प्रत्येक ऐसे मामले में यह देखा जाता है कि किसी वस्तु अथवा किसी कार्य को ऐसी मान्यता प्राप्त हो जाती है जिसका स्वस्थ मनुष्य के लिए बहुत थोड़ा या बिल्कुल भी कामात्मक मूल्य नहीं है; दूसरे शब्दों में वह स्वाभाविक प्रेम का प्रतीक बन जाता है। इसके सिवाय कामात्मक प्रतीकवाद स्वस्थ प्रेम के अपेक्षाकृत अधिक परिमार्जित रूपों में भी कार्य करता है, क्योंकि इन रूपों में प्रिय व्यक्ति के किन्हीं विशेष बिंदुओं पर प्रेमात्मक ध्यान केंद्रित करने की प्रवृत्ति होती है। पर ये बिंदु अपने-आप में महत्त्वरहित होते हुए भी प्रतीकात्मक मान्यता प्राप्त कर लेते हैं।

इस प्रकार जब हम प्रतीकवाद शब्द का प्रयोग उसके अपेक्षाकृत प्राचीन अर्थ में करते हैं और उसे इन विच्युतियों के, जिन्हें पहले बिना किसी भेदभाव के विपरीतता कहा जाता था, कामात्मक क्षेत्र पर लागू करते हैं तो यह देखा जाता है कि वह मनोविश्लेषण-विषयक साहित्य में प्रचलित संकुचित अर्थ से कहीं अधिक आगे निकल जाता है। जब मनोविश्लेषिक इस संज्ञा का प्रयोग करता है तो उसके ध्यान में मुख्यतः कोई मनोवैज्ञानिक यंत्र होता है जो निस्संदेह रूप से अक्सर कार्यशील होता है। अर्नेस्ट जोन्स का कथन है—"प्रतीकवाद के समस्त रूपों का आवश्यक कार्य है उस रोक-थाम पर काबू पाना जो किसी अनुभूत भाव की मुक्त अभिव्यक्ति में बाधा पहुँचा रही है।" निस्संदेह यह एक दिलचस्प ढंग है, जिससे एक प्रतीक कार्य कर सकता है। किन्तु हमें असावधानी के साथ प्रतीकवाद के सभी रूपों पर इस ढंग को नहीं थोपना चाहिए। एक बहुत ऊँचे दरजे के खास उदाहरण को लिया जाए। एक देशभक्त के लिए उसका राष्ट्रध्वज देश का प्रतीक है, किन्तु राष्ट्रीय झंडे के प्रति उस देशभक्त की निष्ठा का अर्थ किसी एक निषेध पर काबू पा लेना नहीं है और जब पुराने जमाने में नौसैनिक युद्ध के समय अपने जहाज के मस्तूल पर झंडे को कीलों से जड़ देता था तो वह निश्चित रूप से इस कारण नहीं करता था कि वह देश के प्रति अपने प्रेम को व्यक्त करने में डरता था। प्रतीक का एक आधारभूत महत्त्व यह है, जैसा कि इस उदाहरण में सूचित होता है, कि वह एक अपेक्षाकृत सूक्ष्म अनुभूतिपूर्ण भाव को ठोस स्वरूप प्रदान करता है। जब एक प्रेमी अपनी प्रेमिका के किसी विशेष अंग अथवा उसकी वस्तुओं, उसके केश अथवा उसके जूतों पर अपना ध्यान केंद्रित करता है, तब वह अपने किसी निषेध या रोक-थाम पर काबू नहीं पा रहा है; वह तो अपनी बिखरी हुई भावनाओं को, जिन्हें वह अपनी प्रेमिका के व्यक्तित्व के प्रति महसूस करता है, एक अपेक्षाकृत अधिक सुव्यवस्थित केंद्र की ओर ले जा रहा है। इन सबके बावजूद प्रतीकों का एक विशेष वर्ग होता है, जिनके अंतर्गत परोक्ष रूप से प्रतिनिधित्व करनेवाली वस्तु किसी छिपी हुई वस्तु का स्थान ले लेती है। यह छिपी हुई वस्तु ही वास्तविक चालकशक्ति होती है। बात यह है कि उसमें छिपी हुई वस्तु और प्रतिनिधि बनी हुई वस्तु के कुछ समान लक्षण होते हैं, और इस तरह वह उस तृप्ति को प्रदान कर सकती है जो वस्तुतः उस छिपी हुई वस्तु से मिलनी चाहिए। चाहे मनोविश्लेषकों ने प्रतीकवाद के इस वर्ग को कभी-कभी बढ़ा-चढ़ाकर भी दिखलाया हो, तो भी उसका अस्तित्व है और उसकी उपेक्षा नहीं करनी चाहिए।

जब हम इस वर्ग के अंतर्गत आनेवाले लक्षणों को समूहबद्ध कर उनका वर्गीकरण करते हैं, तब कामात्मक प्रतीकवाद का विस्तार प्रकट हो जाता है। इन लक्षणों को उन वस्तुओं के आधार पर, जो उन्हें जागरित करती है, तीन प्रमुख वर्गों में सुविधाजनक रूप से बाँटा जा सकता है :

(1) **शरीर के अंग**—(क) स्वाभाविक—हाथ, पैर, स्तन, नितंब, केश, क्षरण और मल-मूत्र, पसीना आदि गंध और महक।

(ख) अस्वाभाविक या विकृत—लंगड़ापन, कैंचापन, चेचक के दाग आदि, बच्चों

के प्रति यौन प्रेम,[1] अधिक उम्र वालों के प्रति प्रेम, मुर्दों के प्रति आकर्षण इस वर्ग के अंतर्गत रखे जा सकते हैं। इसके साथ-साथ जानवरों से होनेवाली मैथुनिक उत्तेजना (जानवरों के प्रति कामात्मक प्रेम) को भी इस वर्ग में रख सकते हैं।

(2) **जड़ पदार्थ**—(क) पहनने के वस्त्र—दस्ताने, जूते और मोजे तथा मोजों के गाटर, चोगे, रूमाल, नीचे पहने जानेवाले कपड़े जैसे गंजी, कच्छा, पेटीकोट आदि।

(ख) व्यक्तिगत रूप से संबंधरहित वस्तुएँ—यहाँ ऐसे सारे पदार्थ शामिल किए जा सकते हैं जो संयोगवश आत्ममैथुन के दौरान में यौनभावनाओं को उद्दीप्त करने की क्षमता प्राप्त कर लें। पिगमैलियनवाद अर्थात् मूर्तियों के प्रति यौन आकर्षण को भी इसी में सम्मिलित किया जा सकता है।

(3) **कार्य और रुख**—(क) सक्रिय—चाबुक मारना, क्रूरता, कामात्मक प्रदर्शन, अंगच्छेद और हत्या।

(ख) निष्क्रिय—चाबुक खाना, क्रूरता सहना। वैयक्तिक महकें और कंठस्वर इस वर्ग के अंतर्गत रखे जा सकते हैं।

(ग) कामोद्दीपक दृश्यों के प्रति आकर्षण—कामोद्दीपन करनेवाले दृश्य और पदार्थ, आरोहण, झूलने आदि के दृश्य, मल-मूत्र-त्याग के कार्य, जानवरों का मैथुन।

यह स्पष्ट है कि यौन आवेग की विच्युतियों के असंख्य प्रकार भेद हैं और उनका दायरा व्यापक है। एक छोर पर हम उस निर्दोष और सुखकर आकर्षण को पाते हैं जो प्रेमी को प्रेमिका के दस्ताने अथवा चप्पल देखने से मिलता है। यह एक ऐसा आकर्षण है जिसे परिमार्जित से परिमार्जित और सही दिमाग से सही दिमाग व्यक्ति महसूस करते हैं, तो दूसरे छोर पर हम यों ही बिना सोचे-विचारे किए गए खूनी हमलों को देखते हैं, जिनका संबंध 'जैक दि रिपर' के साथ बताया जाता है। परंतु हमें यह याद रखना चाहिए कि इन विच्युतियों की किसी भी बिंदु पर कोई निश्चित सीमा-रेखा नहीं है और वे निर्दोष अतिशय आसक्ति से शुरू होकर स्पष्ट रूप से दिखाई न देने वाले अनुक्रमों से गुजरकर खूनी अत्याचार तक पहुँच सकती है इसलिए जब हमारा अपराध-विज्ञान अथवा चिकित्सा-शास्त्रीय विधिशास्त्र के क्षेत्र से सरोकार न भी हो और हमारा प्रधान सरोकार स्वस्थ और स्वाभाविक यौन जीवन से हो, तब भी हमें विच्युतियों पर विचार करना ही

1. बच्चों के प्रति यौन आकर्षण को कभी-कभी एक अलग विच्युति माना जाता है। चिकित्साशास्त्रीय विधिशास्त्र की दृष्टि से इसे इस रूप में मानना सुविधाजनक भी है। लेपमैन ने बड़ी सावधानी के साथ बच्चों के ऊपर होने वाले यौन उत्पातों का अध्ययन किया है। मेरा सुझाव उनके इस मत की तरफ है कि जन्मजात आधार पर ऐसी किसी यौन विच्युति का अस्तित्व नहीं है जिसमें केवल कच्ची उम्र की ही लड़कियों के प्रति विशेष रूप से यौन आकर्षण रहता हो। उसका संबंध आसानी से वृद्धावस्था में होनेवाली नपुंसक बुढ़भस हालत से जोड़ा जा सकता है अन्यथा बच्चों के प्रति यौन आकर्षण या तो बहुत थोड़े से अति परिमार्जित व्यक्तियों में यदाकदा स्वाद बदलने के लिए अपनाई जानेवाली एक विलासिता के रूप में पाया जाता है अथवा ऐसे कमजोर दिमाग लोगों की यौन प्रवृत्ति के एक हिस्से के रूप में दृष्टिगोचर होता है जिनमें बच्चे और जवान की कोई तमीज नहीं है। जहाँ तक उसकी मनोवैज्ञानिक परिभाषा का प्रश्न है, शायद सबसे अच्छा यही होगा कि उसे कामात्मक प्रतीकवाद से मिलता-जुलता माना जाए।

पड़ता है क्योंकि एक छोर पर वे सब स्वस्थ और स्वाभाविक दायरे के भीतर आ जाती हैं।

कामात्मक प्रतीकवाद की अतिशयताएं मुख्य रूप से पुरुषों में पाई जाती हैं। वे स्त्रियों में इतनी कम देखने में आती हैं कि क्राफ्ट एबिंग ने अपनी पुस्तक 'साइकोपेथिया सेक्सआलिस' के बाद के संस्करणों तक में लिखा है कि उन्हें स्त्रियों में कामात्मक अतिशयताओं के उदाहरण नहीं मिले। जो भी हो, स्त्रियों में यौन विच्युतियां चाहे जितनी भी कम क्यों न हों, पाई अवश्य जाती हैं और वे स्पष्ट रूप से पकड़ में भी आ जाती है। कामात्मक प्रतीकवाद अपने स्वाभाविक रूप में स्त्रियों में आम तौर से पाया जाता है और जैसा कि मोल बतलाते हैं कि स्त्रियां सैनिकों की वर्दी से प्रभावित होती हैं और उसके प्रति आकर्षित होती हैं संभवतः इसका कारण यह है कि वर्दी स्त्रियों में साहस के प्रतीक के रूप में स्वीकृत है, पर यह विच्युति विकृत रूपों में पाई जाती है। सच तो यह है कि कामात्मक अतिशयता का एक रूप कामचौर्य अपने विशिष्ट रूप में लगभग स्त्रियों में ही पाया जाता है।

सहायक पुस्तक सूची

हैवलाक एलिस—Studies in the Psychology of Sex, especially Vols. III and V.

जी. वी. हैमिल्टन—A Research in Marriage.

आर. एल. डिकिन्सन—A Thousand Marriages.

क्राफ्ट एबिंग—Psychopathia Sexualis.

वायनाट तथा वेयसे—Medico-legal Aspect of Moral Offences.

अर्नेस्ट जोन्स—'The Theory of Symbolism,' Papers on Psycho-analysis. Chap. VIII.

एफ. हरबर्ट—The Unconscious in Life and Art.

बाल्यावस्था की यौन विच्युतियां

जब हम बाल्यावस्था और किशोरावस्था के यौन व्यवहार का सर्वेक्षण कर रहे थे तो हमने देखा था कि यदि एक बार हम अपनने धार्मिक, नैतिक अथवा सामाजिक संस्कारों को एक ओर रख दें, तो 'विच्युतियों' की परिभाषा करना आसान नहीं है। जीव-विज्ञान की दृष्टि से बहुत-सी चीज़ें ऐसी हैं जो स्वाभाविक होते हुए भी परंपराओं से बाहर हैं। साथ ही मानव-वैज्ञानिक सिद्धांत की और इतिहास की दृष्टि से परंपराओं में एकरूपता नहीं है। अतएव मैं इस बात को असंभव, यहां तक कि शरारत-भरी, मानता हूं कि बच्चे का वर्णन एक ऐसी परिभाषा में किया जाए जिसे फ्रायड ने पहले 'पालमार्फ परवर्स' संज्ञा दी। हां, जैसा कि जेलिफ ने बतलाया है—फ्रायड ने बाद को चलकर इस संज्ञा को बहुत कुछ त्याग दिया और उसके स्थान पर आत्ममैथुनिक या जैसाकि उसे

कुछ लोग कहना पसंद करेंगे 'प्राक्जननात्मक' कहा है। फ्रायड कुछ समय पहले खुद इस नतीजे पर पहुंचे हैं कि विकास और शिक्षा द्वारा धीरे-धीरे बननेवाली दीवारों का बच्चों में कोई अस्तित्व नहीं होता। अतएव उनके क्षेत्र में विच्युति का तो कोई प्रश्न ही नहीं हो सकता, क्योंकि वैसा करना उनके संबंध में स्वयं फ्रायड के शब्दों में 'वयस्क और पूर्ण रूप से उत्तरदायी व्यक्तियों के नैतिक और विधि-संहिताओं के अनुसार' निर्णय करना होगा।

'पालीमार्फस परवर्सिटी' की धारणा सिर्फ सतही है। वह उस प्रकार की विच्युति है (जैसाकि मुझे अक्सर बतलाने के अवसर मिले हैं) जिसकी तुलना इस बात से की जा सकती है कि कोई अनजान निरीक्षक छोटे फर्न वृक्षों को मरोड़े हुए अपुष्पणों को देखकर यह नतीजा निकाले कि वह विकृत है जबकि असल में वह विकृत नहीं है। उस वृक्ष के क्षेत्र में जीवन का यह तकाजा है कि बढ़ने की अवस्था में उस प्रकार मरोड़ा हुआ आकार हो। सच तो यह है कि इस क्षेत्र में मरोड़े हुए आकार का न होना और उसमें पूर्ण रूप से विकसित वृक्ष के लक्षण प्रकट होना ही विकृति होगी।

इस बात पर जोर देना जरूरी है, क्योंकि कभी-कभी जिसे यौन विज्ञान कहा जाता है उसके भावी अग्रदूत और शिक्षक भी अक्सर भूतकाल की रूढ़ियों की दल-दल में फंस जाते हैं। 'विच्युति' का अतिशय आतंक, बच्चों में 'विच्युति' के ढूंढ़ने और उन पर लंबे व्याख्यान देने का मर्ज, समस्त विच्युतियों से बढ़कर विच्युति है। जहां तक अभी मालूम हो सका है, आदर्श अवस्था विरले ही किसी सही दिमाग और उचित रूप से स्वाभाविक जीवन-यापन करनेवाली जाति में पाई जाती है, चाहे हम इसके लिए आज के असभ्य लोगों को देखें या उन प्राचीन सभ्य जातियों को देखें जिनमें हमारी अपनी जड़ें स्थित हैं। जब आलोचना और नुक्स निकालने की उक्त प्रवृत्ति वयस्क व्यक्तियों के विरुद्ध कार्यशील की जाती हैं, तब भी हम इस नतीजे पर पहुंचते हैं। बाल्यावस्था की तथाकथित विच्युतियां किसी न किसी रूप में और किसी न किसी मात्रा में बाद के जीवन में भी बनी रहती हैं क्योंकि जैसा कि जेलिफ कहते हैं, "बहुत थोड़े-से ही लोग वस्तुतः बड़े हो पाते हैं।" अंतर इतना ही है कि जो कुछ था उसमें अब मैथुन का वयस्क कार्य और जुड़ जाता है, जिसके कारण शुक्राणुकोश का डिंबकोश से मिलन सुनिश्चित हो जाए। किंतु बाल्यावस्था और किशोरावस्था की विच्युतियां यौन क्रीड़ा-कार्य के एक खंड के रूप में उचित नियंत्रण में बनी रह सकती हैं। उस रूप में प्रेमकला और गर्भाधान की तकनीक का एक वैध और यहां तक कि वांछनीय हिस्सा होगा। इस प्रकार वे औचित्यपूर्ण प्रकारान्तरों की परिधि में आ जाते हैं। उन्हें 'विच्युतियां' तभी कहा जा सकता है जब कि वे इतनी विस्तृत हो जाएं कि यौन संभोग के केंद्रीय कार्य की इच्छा की जगह ले लें और जब वे उसे कार्यान्वित करने की सामर्थ्य को घटा दें, अथवा उसे नष्ट कर दें।

इस तरह हम इस निष्कर्ष पर पहुंचते हैं कि बाल्यावस्था की "कथित विच्युतियों के संबंध में कुछ कहने से बचें।" बच्चे का मन ठीक उसी तरीके से काम नहीं करता जिस तरीके से वयस्क का मन करता है। जो एक सोपान में स्वाभाविक है वह विकास

के उससे पहले के सोपान में ऐसा ही हो, यह आवश्यक नहीं है। इस कारण बच्चे के लिए वयस्क व्यक्ति के मन की अथवा वयस्कों के लिए बच्चे के मन की कार्य-प्रणाली समझना हमेशा आसान नहीं होता। यह दुर्भाग्यपूर्ण है कि वयस्कगण यह स्पष्ट रूप से महसूस नहीं करते कि जब वे स्वयं बच्चे थे तो क्या थे। जो भी हो, हममें से बहुत-से लोग इस बात को याद कर सकते हैं कि कभी-कभी हमें कितना गलत समझा जाता था और फलस्वरूप हमारे साथ कैसा अन्यायपूर्ण बर्ताव किया जाता था। उन मामलों में, जहां बच्चों और वयस्कों के बीच काफी समानता है, ऐसा होने की संभावना है और इस कारण ऐसा होने की संभावना यौन क्षेत्र में बहुत अधिक है, जहां दोनों के बीच बहुत कम समानता है।

इतने पर भी हमें यह निष्कर्ष नहीं निकालना चाहिए कि बचपन में यौन गड़बड़ियां होती ही नहीं हैं। जो कुछ भी हो, यह प्रश्न उतना गुणगत नहीं है जितना परिणामगत है और प्रकार-भेदगत न होकर मात्रा-भेदगत है चाहे। वह प्रकार-भेदगत हो चाहे मात्रा-भेदगत, हम बहुत कम क्षेत्रों में उसका कारण विकृत वंशानुक्रम कह सकते हैं। बच्चा जब यौन आवेग के उन प्रसुप्त रूपों को प्रदर्शित करता है, जो स्वयं उसके लिए अथवा दूसरों के लिए नुकसानदेह हो सकते हैं—जैसे कि वह सह-सुख-दुख-अस्तित्व-भावना को खून-खच्चर की हद तक पहुंचा दे या कामचौर्य के ढंग की चोरी में फंसे, तो हमें यह समझना चाहिए कि हमारा साबका विकृत वंशानुक्रम के बच्चे से पड़ रहा है। उस हालत में हमारा सारा ध्यान उस मर्ज को दूर करने के लिए चिकित्सा-संबंधी अथवा आरोग्यशास्त्र-संबंधी उपयुक्त परिस्थितियां प्रस्तुत करने की ओर रहना चाहिए, क्योंकि मामलों का सामना करते समय हमें यह बात हमेशा याद रखनी चाहिए, कि कुछ ऐसे व्यक्ति होते हैं जो दिमाग के अजीब घुमाव के कारण मानवीय क्रियाओं के वंशानुक्रम-तत्त्व को समझने में असमर्थ होते हैं, जब कि अन्य व्यक्ति उतने ही अजीब किंतु दिमाग के उलटे घुमाव के कारण पुरुषार्थ के तत्त्वों को समझने में असमर्थ जान पड़ते हैं। इन दोनों प्रकारों के लोग अपनी दृष्टि की दिशा में उपयोगी कार्य कर लेते हैं किंतु उनमें से कोई भी अकेले संपूर्ण जीवन-यंत्र के प्रकृतिस्थ और संतुलित चित्र तक पहुंचने में असमर्थ रहते हैं। वस्तुतः लक्ष्य को वास्तविक रूप से देख पाने के लिए इन दृष्टियों का समन्वय करने की आवश्यकता है। यदि हम ऐसा करें तभी हम स्वयं प्राप्त अवांछनीय तत्त्वों का इलाज कर सकते हैं और साथ ही यदि यह तत्त्व जन्मजात और गठनगत है तो उसे दूर करने के लिए सही परिस्थिति पैदा कर सकते हैं।

प्रारंभिक यौन जीवन में जो गड़बड़ी होती है उसके दो प्रकार होते हैं, पर साथ ही उन गड़बड़ियों में यह प्रवृत्ति होती है कि प्रतिकूल परिस्थितियां मिलने पर स्थायी हो जाएं। गड़बड़ियों के ये दो प्रकार हैं—त्रुटियुक्त होने की प्रवृत्ति और अतिशयता की प्रवृत्ति। हमारी जैसी सभ्यता है उसमें बाह्य और आंतरिक दोनों ही तौर से यौन कार्यकलाप के लिए उत्तेजनाएं साथ ही तत्संबंधी कार्य-कलाप पर पग-पग पर प्रतिबंध होते हैं। दोनों प्रकार की गड़बड़ियों के होने की विशेष संभावना रहती है। प्रारंभिक

जीवन में त्रुटिजन्य गड़बड़ियां अतिशयजन्य गड़बड़ियों की अपेक्षा कम चिंताजनक होती हैं, क्योंकि वे सिर्फ विकास के धीमेपन को सूचित करती हैं, किंतु ऐसा नितांत संभव है कि वयस्क जीवन में विलंब से पहुंचने पर वह गड़बड़ी शायद प्रबल हो जाए। यहां तक कि जब उसमें विलंब होता है तो संभव है कि वह अधिक संतोषपूर्ण और शायद प्रबल भी निकले। हैमिल्टन की जांच से यही इंगित मिलता है। उन्होंने देखा कि जितनी देर से यौन जिज्ञासाएं उठेंगी, विवाहित जीवन के उतने ही अधिक संतोषपूर्ण होने की संभावना होगी। ऐसा वे इस बात से कहते हैं कि उस हालत में पूर्ण यौन परितृप्ति अधिक होती है और यही उनकी निगाह में सबसे सुविधाजनक परीक्षण है। इस प्रकार हम सम्भवत: हैमिल्टन के सबसे अजीब और अप्रत्याशित परिणामों की व्याख्या कर सकते हैं; जिसके अनुसार ऐसी स्त्रियां जो पहले-पहल यौन तथ्यों को जानकर डर गई थीं या घबरा गई थीं, बाद को चलकर उनका यौन जीवन अधिक संतोषजनक होता है (लगभग 56 प्रतिशत पूर्ण यौन परितृप्ति प्राप्त कर लेती हैं)। उसके विपरीत वे स्त्रियां जिन्हें यौन जीवन के तथ्यों के बारे में पहले-पहल पता होने पर प्रसन्नता, दिलचस्पी अथवा संतोष हुआ, उनका यौन जीवन बाद को इतना सुखी नहीं हुआ। हम यह मान सकते हैं कि वे बच्चियां जो संतुष्ट हुई थीं उनका यौन जीवन पहले से ही चालू हो गया था और जो बच्चियां घबरा गई थीं उनका कोई यौन जीवन नहीं था। अतएव यह परिणाम वस्तुत: असंगत होने के बजाय उस परिणाम से मेल खाता है कि जिन बच्चों को कम उम्र में यौन जिज्ञासाएं नही होतीं उनका अन्तत: जीवन अत्यन्त संतोषजनक होता है। यह आवश्यक नहीं है कि समय से पूर्व यौन परिपक्वता आवश्यक रूप से बुरी ही हो, बल्कि भावी कल्याण की दृष्टि से उसका होना उसके न होने की अपेक्षा आशाप्रद है। यहां इतना और बता दिया जाए कि डाक्टर कैथराइन डेविस को मालूम हुआ कि जिन लड़कियों ने कभी हस्तमैथुन नहीं किया था अथवा बचपन में यौन-सम्बन्धी खेल नहीं खेले थे, बाद को चलकर उन लड़कियों से कम सुखी हुईं जिन्हें बचपन में यौन अनुभव था। और पियर्सन का कहना है कि उन स्त्रियों के, जो हस्तमैथुन की आदत को जारी रखती है, और उनके जो प्रारम्भिक जीवन में ही उसे छोड़ देती हैं, स्वास्थ्य में अंतर होता। जो स्त्रियां इस आदत को जारी रखती हैं वे पहले से अधिक स्वस्थ और आधिक शक्तिशाली थीं। वे यह भी कहते हैं कि उन स्त्रियों के स्वास्थ्य में जो कम उम्र में ही हस्तमैथुन शुरू कर देती हैं और जो अठारह साल की उम्र के पश्चात् शुरू करती हैं, कोई खास अन्तर नहीं होता। पर यह एक ऐसा निष्कर्ष नहीं है, जिसे हम पूरी तरह मान सकें।

जहां तक कम उम्र लोगों में पाई जानेवाली काम-संबंधी त्रुटियों और अतिशयता के इलाज का संबंध है, त्रुटियों का इलाज किसी भी हालत में आसान है। जैसा कि हम देख चुके हैं, प्राप्त प्रमाणों से ज्ञात होता है कि त्रुटियां यौवनारम्भ के पहले असंतोषजनक होने की अपेक्षा संतोषजनक होती हैं, बशर्ते कि वे कृत्रिम रूप से उत्पन्न न हों, चाहे शारीरिक अथवा मानसिक बाह्य परिस्थितियों के ज़रिये सिर्फ सतही तौर पर पैदा नहीं की गई हों। अतिशयता से होनेवाली गड़बड़ियां इतनी अधिक हैं और अक्सर इतनी जटिल होती हैं कि उनमें से प्रत्येक पर अलग-अलग विचार करना पड़ता है। ऐसे मामले में एक

बुद्धिमान डाक्टर की ज़रूरत होती है, जो बच्चों और उनकी कठिनाइयों से भली-भांति परिचित हो। पहले ज़माने में ऐसे डाक्टरों का अस्तित्व नहीं होता था। आज भी उनका संख्या कोई अधिक नहीं है : पर, ऐसी आशा की जा सकती है कि बाल-स्वभाव अध्ययन और बाल-पथप्रदर्शन के ढंग पर, जिनका इस समय विकास किया जा रहा है, भविष्य में बाल्यावस्था और किशोरावस्था की यौन गड़बड़ियों का इलाज सुलभ होगा।

किंतु प्रधान रूप से बालकों को सही रास्ता दिखाना घर में ही शुरू होना चाहिए और अधिकांश बच्चों के लिए वहीं समाप्त भी हो जाना चाहिए। प्रकृति ने मां को ही बाल-पथप्रदर्शक के रूप में चुना है—यद्यपि पिता का भी इसमें , यहां तक कि लड़कियों के पथप्रदर्शन में महत्त्वपूर्ण स्थान है। आजकल मातृत्व एक गंभीर कार्य बन गया है, जिसके द्वार सभी स्त्रियों के लिए नहीं खुलते। मातृत्व एक अनुशासन है और उसके साथ कई तरह के तकाजे लगे हुए हैं। स्त्रियों को परिस्थितियों को धन्यवाद देना चाहिए कि भविष्य के नेपोलियन तोपों की खुराक के रूप में अधिक बच्चे पैदा करने की मांग नहीं करेंगे, क्योंकि दुनिया की आबादी यों ही जरूरत से ज्यादा बढ़ रही है। मानवता को आज चंद किंतु श्रेष्ठतम माताओं की ही जरूरत है। हम निश्चयपूर्वक कह सकते हैं कि उसके परिणाम में अंततोगत्वा हमारे यौन जीवन में एक क्रांति होगी, जो शैशव से ही शुरू होती है, जैसे कि इस प्रकार की हर एक क्रांति की शुरूआत होनी चाहिए।

इस दृष्टि से निकट भूतकाल की माताएं मोटे तौर पर दो वर्गों में विभाजित की जा सकती हैं—(1) बहुसंख्यक वर्ग—जिन्होंने अपने अज्ञान अथवा डरपोकपन के कारण प्रायः पूरे तौर से अपने बच्चों में सेक्स की उपेक्षा की; यह एक ऐसा रुख था जिसका परिणाम बाद को जाकर अच्छा ही हुआ और (2) अल्पसंख्यक वर्ग—जो अधूरी जानकारी की बुराइयों से ग्रस्त थीं और जिन्होंने इस विषय के प्रति स्नायविक व्यग्रता और भय प्रकट किया, जो हर हालत में हितकारी सिद्ध नहीं हुआ। आज की नूतन माता ऐसी दुनिया में रहते हुए जिसमें सेक्स के सम्बन्ध में अपेक्षाकृत अधिक हितकर वातावरण का बनना शुरू हो गया है, अपने बच्चों के प्रति एक ऐसे रुख को ग्रहण करना स्वतः ही सीख रही है जो पूर्वोक्त दोनों वर्गों से अलग है। वह सतर्क है और उसमें जानकारी अधिक है, किंतु साथ ही वह उन मामलों में हस्तक्षेप करने के लिए अति उत्सुक नहीं है, जिनमें उसका सामना ऐसी बातों तथा प्रवृत्तियों से होता है जो संदेहजनक मालूम होती हैं। किसी-किसी समय प्रायः सहजात बुद्धि से माताएं यह महसूस करती जा रही हैं कि पूर्ण विकास तक पहुंचने के पहले बच्चे को अनेक सोपानों में से गुजरना पड़ेगा। वे यह जानती हैं कि अवांछनीय जान पड़नेवाले कार्यकलाप में भी हस्तक्षेप करने की अत्यधिक व्यग्रता उस कार्यकलाप से अधिक हानिकर हो सकती है और वे यह भी महसूस करती हैं कि सबसे खास बात है बच्चे को समझना, उसके विश्वास को प्राप्त करना और इस तरह उसकी कठिनाइयों में उसका विश्वसनीय सलाहकार बन जाना। यहां यह कह दिया जाए कि इस प्रकार का स्वयंस्फूर्त ज्ञान बिल्कुल ठीक है। जो लोग बच्चों और शिशुओं से घनिष्ठ रूप से परिचित हैं वे उदाहरणस्वरूप यह जानते हैं कि वयस्क जीवन में जारी रहनेवाला हस्तमैथुन ऐसे लोगों

में हो सकता है जिनकी माताएं पहले से ही इस आदत को छुड़ाने के लिए बहुत कोशिश करती थीं। वे यह भी जानते हैं कि बच्चा शैशवकाल से ही अंगूठा चूसना शुरू कर सकता है और उससे उसे सुख मिलता है। कुछ लोग यह मानते हैं कि यह प्रवृत्ति बाद को चलकर हस्तमैथुन में परिणत हो जाती है। पर यदि इसमें बाधा न दी जाए तो बदले में मैथुनिक तृप्ति के अधिक निश्चित साधन न अपनाने पर भी यह आदत छूट सकती है।

जब हम घर के बाद अपनी नज़र स्कूलों पर डालते हैं तो हमारी कठिनाइयां और भी बढ़ जाती हैं, क्योंकि स्कूलों में बच्चे एक भीड़ के रूप में इकट्ठा कर दिये जाते हैं और उनका पथ-प्रदर्शन वे नहीं कर पाते जो बच्चों को सबसे अधिक पहचानते और प्यार करते हैं। निश्चय ही यह एक अस्वाभाविक दशा है और इसमें बुराइयों की संभावना कई गुनी बढ़ जाती है। एलिज़ाबेथ गोल्डस्मिथ ने 'सभ्यता में सेक्स' नामक अपनी पुस्तक में एक स्कूल के संबंध में लिखा है—"हम इसी निष्कर्ष पर पहुंचे कि यह वांछनीय है कि छोटे बच्चों की हस्तमैथुनिक गतिविधि को न रोका जाए, और उसकी सारी परिस्थिति और बच्चा किस प्रकार परिस्थिति के प्रति प्रतिक्रिया करता है, इसका अध्ययन किया जाए। साथ ही इस बात पर जोर दिया जाए कि वह स्वस्थ और बाहरी गतिविधियों में भाग लेने वाला सक्रिय बालक बने और वह बालक अन्य लोगों के साथ उसके जो संबंध हैं, उनसे और अपनी गतिविधि से संतुष्ट रहे।" यहां इस बात पर ज़ोर तो दिया गया है, पर हमें इस नीति के परिणामों के बारे में कुछ नहीं बतलाया गया है। इसमें संदेह नहीं कि इस बारे में अभी निश्चित रूप से कुछ कहने का समय नहीं आया है। हमें तब तक प्रतीक्षा करनी चाहिए जब तक कि इस तरह का बालक वयस्क होने पर स्वयं अपने प्रारम्भिक जीवन का सिंहावलोकन न कर ले। फिर भी यह एक ऐसी नीति है जिसे जागरूकता के साथ ही एक तक कार्यान्वित किया जा सकता है।

जैसा कि हम जानते हैं, स्कूलों में जिस साधारण नीति का अनुसरण किया जाता हैं वह यह होती है कि देखकर भी अनदेखा किया जाता है और जब कोई अपराधी बिल्कुल रंगे हाथों पकड़ा जाता है तो फिर उसे बाकी लोगों के सामने नमूना बनाकर सज़ा दी जाती है। इसे ह्यू डी सेलिनकोर्ट ने अपने एक उपन्यास 'एक छोटा बालक' में अच्छी तरह चित्रित किया है और इस प्रश्न को बड़े सराहनीय ढंग से प्रस्तुत किया है। जहां लड़कियों के आत्ममैथुनिक कार्यकलाप विविध प्रकार के होते हुए भी साधारणतः बहुत गुप्त रूप से और अक्सर कम या ज्यादा मात्रा में अनजान में किए जाते हैं, वहां लड़कों में आत्ममैथुनिक कार्यों को छिपाने का कम झुकाव होता है। बड़े-बड़े स्कूलों में कई बार 'हस्तमैथुन क्लब' जैसी गुप्त-संस्थाएं होती हैं। अवश्य ही इन संस्थाओं के अस्तित्व के बारे में शिक्षकों को कुछ पता नहीं होता। ऐसे केन्द्रों के सदस्य प्रायः उत्तराधिकार के रूप में प्राप्त अतिकामुक स्वभाव के लड़के होते हैं। ये लड़के उसी प्रकार के होते हैं जिन्हें स्पष्ट रूप से अब समस्या-बालक कहा जाता है। ये बालक रोगग्रस्त दशा में होने के साथ ही प्रभावशाली होते हैं। इसलिए उनका अपने उन साथियों पर अनुचित प्रभाव पड़ता है जो अपेक्षाकृत सही दिमाग होते हैं, पर कच्ची उम्र

के होते हैं, इस कारण उन पर बहुत जल्दी असर पड़ता है। यदि बच्चों को स्वाभाविक विकास के लिए स्वतंत्रता देनी है तो उसके लिए यह बहुत जरूरी शर्त है कि जब बहुत-से बच्चे इकट्ठे रखे जाएं तो इस तरह के बच्चों को बड़ी सावधानी से अलग रखा जाए। प्रयोगात्मक प्रयत्नों के नतीजों से पता चलता है कि यौन क्षेत्र के अलावा भी सब तरह की आरोग्य-संबंधी तथा दूसरी किस्म की बुरी आदतों को प्रोत्साहन मिलता है और प्रभावशाली बालक क्रूरता-संबंधी अपने आवेगों को चाहे वे स्वाभाविक हों या रोगग्रस्त, दुर्बलों को पीड़ित करने के लिए उपयोग में ला पाते हैं। इस तरह जो लोग इस आदर्श का समर्थन करते हैं कि बच्चे को बिना किसी विघ्न-बाधा या प्रतिबन्ध के स्वाभाविक विकास के सोपानों में से गुजरने दिया जाए उनके सामने यह कठिनाई आती है कि उन्हें एक तो अपनी हस्तक्षेप करने की स्वाभाविक इच्छा पर नियंत्रण रखना पड़ता है, साथ ही उन्हें ऐसे दूसरे प्रभावों को हटाने के लिए सतर्क रहना पड़ता है जो स्वाभाविक विकास को बाधित या गलत रास्ते पर ले जाते हैं। इन विच्युतियों के इलाज के लिए कभी-कभी ऐसे समस्या-बालकों को पृथक् करना जरूरी हो जाता है, पर यह अलग करना भी व्यक्तिगत ढंग पर कार्यान्वित होना चाहिए, क्योंकि एक समस्या-बालक दूसरे समस्या-बालक से बिलकुल अलग होता है और सैकड़ों प्रकार-भेद होते हैं। उनके इलाज के लिए यह जरूरी है कि विशेष प्रकार की ऊंचे दरजे की योग्यता काम में लाई जाए। ऐसे बच्चों में खोजने पर विकृत यौन तत्त्व अक्सर मिलता है, साथ ही उनके स्वभाव की विलक्षणताएं यौन क्षेत्र के बाहर बहुत दूर तक फैली रहती हैं और अक्सर समाज-विरोधी होती हैं।

जो भी हो, यह हमेशा सही माना जा सकता है कि साधारणतः बच्चों के बारे में जिम्मेवारी अपरिहार्य रूप से प्रथम स्थान में माता-पिता की, विशेषतः माता की होनी चाहिए। यही कारण है कि मातृत्व को अब केवल जैविक कार्य के रूप में नहीं माना जा सकता, बल्कि वह अब एक शिल्प बन गया है जिसके लिए प्रबुद्ध और प्रशिक्षित बुद्धि की ज़रूरत है और ऐसी स्त्रियों को माता नहीं बनना चाहिए जो दिमाग और साथ ही शरीर के स्वाभात्रिक झुकाव के कारण मातृत्व के उपयुक्त न हों। अयोग्य, असावधान अथवा बेवकूफ माता-पिताओं के बच्चों पर पड़नेवाले बुरे प्रभाव को अब सामान्यतः स्वीकार किया जाने लगा है। वे माता-पिता भी जिन्हें इनमें से किसी भी वर्ग में रखे जाने पर आपत्ति होगी, जब अपने काम-धन्धों में डूबे रहते हैं या परिवर्तनशील मानसिक लहरों में बह जाते हैं, तब वे भी अपने बच्चों के साथ बारी-बारी से कभी अनुचित कड़ाई का तो कभी अनुचित आसक्ति का व्यवहार करते हैं। इस व्यवहार से वे स्वयं अपने प्रति अपने बच्चों में अलोचना का विषय बन जाते हैं। बात यह है कि बच्चे अपने माता-पिता के अच्छे या बुरे होने का फैसला करते हैं और वे इस बात के लिए उत्सुक रहते हैं कि उनके माता-पिता पूर्णता के आदर्श हों और इसलिए वे अपने माता-पिता की आलोचना करते समय बाल की खाल उधेड़ते हैं।

प्रोफेसर विनिफ्रेड कुलिस ने लंदन में माता-पिताओं के संघ की एक सभा में भाषण देते हुए बतलाया था, "दूसरे बच्चे ही बच्चों को श्रेष्ठ रूप से अनुशासित करते हैं और उन्हें

आत्मनियंत्रण सिखलाते हैं।" यदि इस प्रसंग को विचार के दायरे में लिया जाए तो यह बहुत ही समझदारी पूर्ण वक्तव्य है। हमें अपनी बराबरी वालों के साथ ही रहकर जीना पड़ता है और हम बिना अनुशासन और नियंत्रण के उनके साथ चल नहीं सकते। आवेगों का प्रतिरोध करने और कुछ स्वाभाविक संभावनाओं को दबाने के अर्थ में जीवन में हमेशा अवदमन होना चाहिए। सामाजिक जीवन में निर्बाध उच्छृंखलता के लिए कोई जगह नहीं है। जैसा कि फ्रायड मनोविश्लेषण के बारे में दिए गए अपने सत्ताइसवें भाषण में प्रशंसनीय रूप से कहते हैं, "मुक्त रूप से जीवन-यापन करना स्वतः एक दमन है," क्योंकि वह हमारे आधे आवेगों और सबसे मानवीय आधे खंड को कुचल देता है, इसी में हमारा अंतिम सुख निहित रहता है। यह अपेक्षाकृत अच्छा होगा कि बड़े सयाने लोग अनुशासन और नियंत्रण लादनेवाले व्यक्ति न बनें, बल्कि जब कठिनाइयां आएं तो पथ-प्रदर्शक और बीच-बचाव करनेवाले बनें, बहुत ही थोड़ी उम्र से आत्म-अनुशासन और आत्मनियंत्रण का निर्माण होना शुरू हो जाता है। निर्माण का यह कार्य उस कच्ची उम्र में समवयस्क बालकों के बीच सबसे स्वाभाविक और हितकर रूप से हो सकता है। जिस शिक्षा का कोई भी मूल्य है, वह समान लोगों में ज़िंदगी बिताकर ही प्राप्त की जा सकती है।

सहायक पुस्तक-सूची

ए. मोल—The Sexual Life of the Child.

एस. फ्रायड—Three Contributions to Sexual Theory.

स्टैन्ले हाल—Adolescence.

हैवलाक एलिस—'Sexual Education', Studies in the Psychology of Sex. Vol. VI.

विलियम तथा डोरोथी थामस—The Child in America: Behaviour, Problems anl Programs.

ओ. रैंक—Modern Education.

मल-मूत्र-त्याग में यौन आनन्द

बचपन में प्रायः सबसे अधिक पाए जाने वाले कामात्मक प्रतीक मल-मूत्र त्याग से संबंधित वर्ग के होते हैं, जिनके महत्त्व पर फ्रायड तथा अन्य लोगों ने ज़ोर दिया है। मूत्र-त्याग और मल-त्याग की प्रणालियां यौन केन्द्रों के इतने निकट हैं कि दोनों वर्गों के बीच शारीरिक और मानसिक रूप से रहनेवाले घनिष्ठ संबंध स्पष्ट हैं। मूत्र और मल-त्याग ऐसी प्रक्रियाएं हैं जो किसी भी हालत में कम उम्र के दिमाग में दिलचस्पी पैदा किए बिना नहीं रह सकतीं, क्योंकि वे चीजों को पैदा करने के बचकाने आवेग को संतुष्ट करती हैं। इस प्रकार वे कामात्मक आवेग के प्रारंभिक रूप हैं, साथ ही उनमें शक्ति की अभिव्यक्ति भी होती है। हैमिल्टन ने अपनी जांच के दौरान में देखा कि

उनके द्वारा परीक्षित 21 प्रतिशत विवाहित पुरुषों और 16 प्रतिशत विवाहित स्त्रियों को बचपन में निष्कासित मल और मूत्र के बारे में दिलचस्पी रही और उन्हें मल-मूत्र निष्कासन से संबद्ध खेलों तथा अजीब बातों का अनुभव था। ऐसा जान पड़ता है कि इन कार्यों में स्नायविक शक्ति का भी कुछ हिस्सा है, जो आगे चलकर यौन दिशा में चली जाती है; जवान लड़कियों में और कभी-कभी स्त्रियों में भी जब पूर्ण यौन उत्तेजना हो जाती है तो पूर्ण परितृप्ति अनियन्त्रित और ठहर-ठहरकर होनेवाले रूप से मूत्र-त्याग का रूप ले सकती है। सम्भवतः निद्राकाल में मूत्रादि-त्याग का कुछ सम्बन्ध यौन क्रियाशीलता और कभी-कभी हस्तमैथुन से रहता है। फ्रायड का विश्वास है कि बचपन में आनन्ददायक यौन अनुभूति के लिए मलाशय में मल को रोक रखना दृष्टिगोचर हो सकता है, साथ ही यह भी निश्चित है कि बाद के जीवन में इसीलिए पेशाब रोक लिया जाता है। बच्चों में अक्सर यह विश्वास पाया जाता है कि वयस्कों के मैथुनिक कार्यों का मल-मूत्र त्यागने से कुछ संबंध है। मल-मूत्र-त्याग आदि जिस रहस्य से ढके रहते हैं, उससे इस प्रकार के सिद्धान्त की पुष्टि होती है। इन कार्यों में ली जानेवाली दिलचस्पी का यौवनारम्भ की अवस्था के पश्चात् भी, विशेषकर लड़कियों में, बना रहना असंभव नहीं है पर जैसे-जैसे यौन विषयों के बारे में दिलचस्पी बढ़ती जाती है इन कार्यों में दिलचस्पी घटती जाती है और कभी-कभी लज्जा की भावना के साथ उसका अन्त हो जाता है। कुछ अवसरों पर वह वयस्क यौन आवेग में भी बनी रहती है। अपेक्षाकृत सामान्यतः शैशवकाल में मल-मूत्र-निष्कासन में होनेवाली दिलचस्पी का जब कमोबेश दमन किया जाता है तो वह ऐसी परिस्थितियों में फ्रायड-वर्णित हिस्सा अदा करती है। पर यौवनारम्भ तक मल-मूत्र-त्याग में यौन दिलचस्पी स्वाभाविक समझी जा सकती है। बात यह है कि यौवनारम्भ के पहले तक बच्चे में बहुत-सी बातें ऐसी होती हैं जो आदिम मन में पाई जाती हैं। पौराणिक गाथाओं तथा लोक-कथाओं से ज्ञात होता है कि मल-मूत्र-त्याग को बहुत महत्त्व दिया जाता था। किन्तु यौवनारम्भ तक मल-मूत्र-त्याग की प्रक्रिया में दिलचस्पी का होना स्वाभाविक समझना चाहिए; इस सोपान में बच्चे में और जहां तक इस मल-मूत्र-निष्कासन संबंधी दिलचस्पियों का वयस्क-जीवन में बने रहने का प्रश्न है, भले ही उनमें कुछ विभिन्नता हो, वह विभिन्नता सामान्यतः पृष्ठभूमि में रहती है और वहीं रहकर किसी भी परिस्थिति में यौन क्रीड़ा की प्रक्रिया में एक वैध हिस्सा अदा कर सकती है।

उग्र दशाओं, विशेषकर मल-त्याग में आनन्द लेने की प्रवृत्ति की दशाओं के वर्णन प्राप्त होते हैं। ऐसी दशाओं में (मोल ने एक ऐसे मामले को पूरे ब्यौरे के साथ रिकार्ड किया है) मल-त्याग की संपूर्ण क्रिया और निष्कासित पदार्थ में दिलचस्पी इतनी बढ़ सकती है कि वह समस्त स्वस्थ और स्वाभाविक यौन दिलचस्पियों का स्थान ले ले। अल्प मात्रा में यह प्रवृत्ति रहने पर व्यक्ति गुदा में मैथुनिक उत्तेजना का अनुभव करता है, जो बचपन से ही कोष्ठबद्धता अथवा आनन्द का अनुभव करने के उद्देश्य से मल-त्याग की क्रिया को रोकने के आवेग से सम्बद्ध समझी जाती है। मनोविश्लेषक मानते हैं कि यह आवेग बचपन की प्राथमिक प्रवृत्ति पर आधारित है। बचपन के बाद जब इस प्रवृत्ति

का दमन किया जाता तो उससे सुव्यवस्था, मितव्ययिता, यहां तक कि कृपणता पैदा हो सकती है। और यदि उसका दमन न किया जाए तो इन गुणों के विपरीत मानसिक क्षण पैदा हो सकते हैं। यह और अधिक अनुसंधान का विषय है। हैमिल्टन ने इस बात पर विचार किया। उन्हें दस व्यक्ति (नौ पुरुष और एक स्त्री) ऐसे मिले जिन्होंने इस बात से तो इन्कार किया कि उन्हें गुदा से मैथुनिक उत्तेजना मिलती है, पर उन्होंने यह माना कि वे बचपन से ही कोष्ठबद्धता से पीड़ित रहे। इन व्यक्तियों में असाधारण रूप से एक भारी अनुपात में सूमपन, सुव्यवस्था के प्रति अनुराग, सादवाद, मासोकवाद, धन अथवा अन्य चीज़ों को दबाकर रखना, यहां तक कि फिज़ूलखर्ची आदि बातें देखी गईं। पर ये नतीजे इतने अस्पष्ट और परस्पर-विरोधी थे कि कोष्ठबद्धता के साथ वयस्क मानसिक गुणों का कोई स्पष्ट सम्बन्ध नहीं स्थापित होता था।

बाल्यावस्था के पश्चात् मल-त्याग के आनन्द में और मूत्र-त्याग के आनन्द में परस्पर साधारण रूप से सम्बन्ध नहीं रहता, यद्यपि अल्प मात्रा में उनमें सम्बन्ध पाया जा सकता है। मल-त्याग में आनन्द की उग्र दशाएं पुरुषों में पाई जाती हैं। मूत्र-त्याग में आनन्द की दशाएं स्त्रियों और पुरुषों दोनों में तुलनात्मक रूप से अधिक पाई जाती हैं, पर इसमें भी स्त्रियों में पुरुषों की अपेक्षा कुछ अधिक पाई जाती हैं। मूत्र-त्याग की प्रक्रिया का यौन अंगों से निकट और स्पष्ट सम्बन्ध रहता है, यही बात स्नायविक क्षेत्र में भी है और इस बात से मूत्र-त्याग में आनन्द को प्रोत्साहन मिलता है। कभी-कभी नवयुवतियों और स्त्रियों को पुरुषों से पेशाब के प्रति रुख के विषय में होड़ लगाने की इच्छा होती है। ऐसी स्त्रियों के लिए इस प्रकार की प्रतियोगिता सम्भव हो सकती है जो जवान होंऔर जिनके बच्चे नहीं हुए हैं, क्योंकि प्रसूति के बाद मूत्र-त्याग करने वाली पेशियों का बल कम हो जाता है। ऐसी दशाओं में किसी समलैंगिक मैथुनिक प्रवृत्ति कर होना ज़रूरी नहीं है।

सैजर ने जिसे मूत्र-प्रणाली की मैथुनिक उत्तेजना की संज्ञा दी है उसे कभी-कभी बहुत महत्त्व दिया जाता है। व्यापक अर्थ में इसे मूत्रयुक्त मैथुनिक उत्तेजना की संज्ञा दी जा सकती है और इसमें सिर्फ मूत्र-प्रणाली और मूत्र-त्याग ही नहीं बल्कि मूत्राशय से लेकर मूत्ररंध्र तक मूत्रयन्त्र की परिधि में आने वाले सभी अवयव आ जाते हैं। यह कहा जाता है कि जब यह मूत्रात्मक यौन उत्तेजना स्वाभाविक दिखलाई देनेवाली क्रिया से यौन क्षेत्र और यौन क्षरणों के क्षेत्र में स्थानान्तरित हो जाती है तो मूत्र-सम्बन्धी गड़बड़ियों के साथ ही वीर्य-सम्बन्धी गड़बड़ियां हो सकती हैं। इसके बाद यह तर्क भी दिया जाता है कि इस प्रकार की मूत्रात्मक मैथुनिक उत्तेजना का प्रसार उच्चतम मानसिक क्षेत्र तक भी हो सकता है, क्योंकि शिशु के सामने पहले कर्तव्य के रूप में पहली बात यही आती है कि मूत्र-त्याग का नियमन किया जाए।

बच्चों की बिस्तर में पेशाब करने की आदत का काम से संबंध जोड़ने की प्रवृत्ति बहुत पहले से मानी जाती है। फ्रायड और दूसरे मनोविश्लेषकों ने अनियन्त्रित मूत्र-त्याग और मूत्र-प्रणाली की मैथुनिक उत्तेजना का सम्बन्ध उच्चाकांक्षा और आक्रमणात्मक प्रवृत्ति से भी जोड़ा है। शायद इस विचार की उत्पत्ति इस बात से हुई हो कि बच्चियों में

मूत्र-क्रिया में विशेष दिलचस्पी बच्चों की मूत्र-क्रिया के साथ होड़ में पैदा होती है। इस प्रकार की होड़ के साथ मूत्रात्मक कामात्मकता का कोई वास्तविक या निरंतर संबंध नहीं मालूम होता। क्योंकि जिन लोगों में इस प्रकार की कामात्मकता नहीं है, उनमें भी मूत्रात्मक कामात्मकता बहुतायत से पाई जाती है।

बचपन में साधारणतः पानी के प्रति दिलचस्पी और विशेषतः मूत्र-त्याग संबंधी कार्यों में पाई जानेवाली दिलचस्पी के लिए मैंने प्रायः 'अंडीनिज़्म' (undinism) शब्द का प्रयोग किया है। यह दिलचस्पी बाद के जीवन में भी बनी रहती है। यह दिलचस्पी स्त्रियों में इस दशा में सामान्यतः पाई जाती है कि न तो वह निश्चत रूप से विच्युति का ही रूप लेती है और न यौन आवेग का ही स्थान लेती है। स्त्रियों में इस दिलचस्पी के होने का लेखा-जोखा उनके जीवन की विविध परिस्थितियों से प्रस्तुत किया जा सकता है। अब यह दिलचस्पी शायद सामाजिक परिस्थितियों में परिवर्तन के कारण कम होती जा रही है। फिर भी पुरुषों की अपेक्षा स्त्रियों में पानी के प्रति होनेवाले प्रेम और स्पर्शजन्य सुख पाने की प्रवृत्ति में घनिष्ठ सम्बन्ध होता है। पुरुषों में वीर्य-निष्कासन और मूत्र-निष्कासन की प्रक्रिया बिलकुल अलग-अलग होती है। यानी जिस समय एक क्रिया होती है उस समय दूसरी नहीं होती। स्त्रियों में पानी के प्रति प्रेम साधारण रूप से पुरुषों से ज़्यादा पाया जाता है, इसका कारण यह है कि स्त्रियों में स्पर्शजन्य सम्पर्कों में अधिक आनन्द की प्रवृत्ति होती है।

सहायक पुस्तक-सूची

हैवलाक एलिस— Studies in the Psychology of Sex, Vol V; also 'Unidinism', Studies in the Psychology of Sex, Vol. VI.

अर्नेस्ट जोन्स—Papers on Psycho-analysis, 'Anal Eroticism', Chs. XXX and XL.

कामात्मक अतिवाद

मैथुनिक प्रतीकवादों में सबसे विशिष्ट प्रकार कामात्मक फेटिसिज़्म या अतिवाद का है। इस शब्द का प्रयोग सबसे पहले बिने ने सन् 1888 में किया था। कोई भी मैथुनिक प्रतीकवाद जैसे कामांग-प्रदर्शन की प्रवृत्ति भी अतिवादयुक्त हो सकती है, और प्रत्येक अतिवादात्मक वस्तु प्रतीक बन सकती है। मैथुनिक प्रतीक बननेवाले ऐसे पदार्थों की संख्या की कोई व्यावहारिक सीमा नहीं है, जिनमें केवल शरीर के अंग ही नहीं बल्कि निर्जीव पदार्थ भी आ जाते हैं। कोई भी ऐसा पदार्थ नहीं है जो इस प्रकार अर्थयुक्त न बन सके। यही कारण है कि अश्लीलता को कानून की मान्यता-प्राप्त परिभाषा के अनुसार इस रूप में मानना और उसे दबाने की कोशिश करना अव्यावहारिक है कि "वह उन लोगों को विकृत और भ्रष्ट करती है जिनके दिमागों पर ऐसी अनैतिक बातों का

असर हो सकता है।" इस संबंध में डा. जेलिफ की एक रोगिणी जेनिया एक्स ने लिखा था कि उसके जीवन में तेरह-चौदह साल की उम्र से ही यौन प्रतीक कष्टकर रूप से आने लगे। उसके ही शब्दों में—"इस उम्र से ही मेरा संघर्ष सज्ञान रूप से यौन-संबंधी रहा और बाद को चलकर यह संघर्ष अधिक हो गया। मैं अपने को हमेशा चारों ओर से, विशेष रूप से शिश्न के प्रतीकों से घिरी हुई पाती हूं। बगीचे में पानी सींचने का रबर का नल, नल आदि से निकलनेवाली पानी की धारा, विशेष रूप से नाशपाती और अन्य लंबे प्रकार के फल, लटकती हुई मंजरियां, फूलों के बीच स्थित स्त्री-केसर, किसी भी गोल छिद्र में लगी हुई छड़ी या छड़ी के आकार की वस्तु, ये सब मेरे लिए शिशन के प्रतीक हैं। इसके साथ ही ये वस्तुएं भी मेरे लिए शिश्न के प्रतीक हैं या मैथुनिक उत्तेजना देती हैं—कान का लटकता हुआ निचला हिस्सा या ललरी, जिसे मैं हमेशा आवेग के साथ दबाती रही हूं; मेरे दांत और मेरी जीभ (घबराकर मैं दांतों को जीभ से तब तक ठेलती रहती हूं जब तक मैं इस क्रिया से ऊब न जाऊं), मेरी अपनी कोई भी उंगली जिसे मैं किसी आकस्मिक यौन विचार को दबाने के लिए अपनी ओर बार-बार करती हूं, पर जल्दी ही भूल सुधारने के उद्देश्य से दूसरी उंगलियों के साथ मोड़ लेती हूं; मेरा अंगूठा (जिसे मैं अपनी यौन भावनाओं का दमन करने के उद्देश्य से अनियंत्रित रूप से ही मुट्ठी में बांध सकती हूं); वर्णमाला के कुछ अक्षर आदि। ये कुछ प्रतीक हैं जिनसे मैं हर क्षण परेशान रहती हूं और जिनके कारण शिश्न अथवा पुरुष और स्त्री के अंगों के वास्तविक सम्पर्क की याद आ जाती है।"

मार्किनोव्स्की 27 साल की उम्र की अत्यंत बुद्धिमती विवाहिता स्त्री की दशा का वर्णन करते हैं। यह स्त्री स्नायविक रोगग्रस्त थी और उसमें रोगग्रस्त विच्युति की प्रवृत्ति की मौजूद थी। इस दशा में यौन प्रतीकों की बहुमुखी जटिलता फिर एक बार हमारे सामने आती है। ये प्रतीक उसे सपनों में दिखलाई देते थे और वह इन सपनों की व्याख्या अपने ढंग से करने में बड़ी होशियार थी। ये प्रतीक निम्नलिखित हैं—बंदरगाह में लंगर डाले हुए जहाज़ और पानी में चलते हुए ज़हाज़ मैथुन के प्रतीक थे; पानी मां के शरीर का प्रतीक था (यह धारणा बचपन के उस विचार से सम्बद्ध थी कि मैथुन और मूत्राशय में सम्बन्ध रहता है)। मरना (एक प्रकार का त्याग होने के कारण) प्रेम करने का प्रतीक है; छुरी शिश्न का प्रतीक है; कीड़े और सांप पुरुष-अंग के छोटे प्रतीक हैं; घोड़े और कुत्ते तथा फाख्ते भी मैथुनिक प्रतीक हैं। (उसने एक बार एक कुत्ते का शिश्न चूमा था); रेल का इंजन, पेड़ और केला शिश्न के प्रतीक हैं (बचपन से ही वह रेल के इंजन को आकर्षक पाती थी); जान से मार डालना मैथुन करने का प्रतीक था, (कभी-कभी उसके विचार कामात्मक निष्ठुरतायुक्त रहते थे); अनेक मछलियां मैथुन की प्रतीक हैं; पानी बरसना, मूत्र और आंसू वीर्य के प्रतीक हैं; पेशाब करने की चाह यौन उत्तेजना का एक रूप है।

इनमें से अधिकांश प्रतीक किसी भी जगह और किसी भी व्यक्ति के लिए मैथुनिक प्रतीक बन सकते हैं। प्रतीक के यौन आकर्षण के केन्द्र के रूप में परिणत होने के लिए जरूरी है कि इस ओर पहले से ही असंदिग्ध स्नायविक रोगग्रस्त प्रकार की

पूर्वप्रवृत्ति मौजूद हो, यद्यपि यह प्रवृत्ति हर होलत में हमेशा ही स्पष्ट नहीं रहती, इसके साथ ही यह जरूरी है कि कोई ऐसा प्रबल प्रभाव भी रहे जिसके द्वारा प्रबल यौन उत्तेजना के क्षणों में प्रतीकवाली वस्तु तीव्रता के साथ चेतना के समक्ष प्रस्तुत की जाए। बिना किसी पूर्वप्रवृत्ति के ऐसे किसी आकस्मिक संयोग से मुश्किल से ही कोई वस्तु (बहुत थोड़े-से अंश को छोड़कर) अतिवादी प्रतीक बन सकती है। कारण यह है कि ऐसे आकस्मिक संयोग तो लगातार होते ही रहते हैं; हिर्शफेल्ड का तर्क है कि प्रतीकवाली वस्तु में अक्सर व्यक्ति की विशिष्ट प्रकृति की अभिव्यक्ति होती है। एक नौकरानी के दिमाग पर एक सिपाही का लाल कोट एक प्रतीकवाली वस्तु के रूप में असर करता है क्योंकि वह लाल कोट नौकरानी के लिए युद्ध और वीरता का प्रतीक है। नौकरानी पर इस बात का प्रभाव पड़ता है। ऐसा भी हो सकता है कि अनेक अपेक्षाकृत कम स्पष्ट दशाओं में प्रतीकवाली वस्तु वस्तुतः व्यक्तिगत स्वभाव की विलक्षणता पर आधारित आदर्शों को व्यक्त करे। परन्तु अधिकांश मामलों में यह बात प्रमाणित नहीं की जा सकती। साथ ही प्रतीकवाली वस्तु की प्रकृति कोई विशेष भाव-व्यंजक न होने के कारण प्रमाण की पकड़ में नहीं आती। एक स्त्री को पेशाब करते समय देखकर एक लड़का उसका प्रशंसक बन जाता है। उस समय उसने भग-प्रदेश के घने बालों की एक झलक पा ली और फिर भग-प्रदेश के बाल उसके लिए प्रायः प्रतीकवाली वस्तु बन जाते हैं। एक नवयुवक फर्श पर लेटा है; इसी समय एक सुन्दर लड़की खेल-खेल में उसके ऊपर पैर रख देती है और तब तक खेलना जारी रखती है जब तक यौन उत्तेजना न हो। इस दशा में उस नवयुवक के लिए पैर जीवन-भर के लिए प्रतीकवाली वस्तु बन जाता है।

अल्प मात्रा में ऐसी प्रतीकवाली वस्तु के प्रति अनुराग पूर्ण रूप से स्वाभाविक है। प्रत्येक प्रेमी अपनी प्रेमिका के किसी व्यक्तिगत लक्षण अथवा उसके सम्पर्क में आनेवाले अनेक पदार्थों में से कुछ पदार्थों के प्रति विशेष रूप से आकर्षित हो सकता है। परन्तु जब यह प्रवृत्ति दूसरी प्रवृत्तियों से अलग हो जाती है, या जब उसका साधारणीकरण हो जाता है तो वह निश्चित रूप से विकृति बन जाती है क्योंकि मैथुनिक पात्र के न होने पर भी प्रतीकवाली वस्तु से सिर्फ उत्तेजना ही नहीं बल्कि पूर्ण यौन परितृप्ति भी हो जाती है और समागम की इच्छा नहीं होती।

अपेक्षाकृत कम उम्र, परन्तु निश्चित रूप से विकृत मस्तिष्क लोगों के मामलों में कर्ता अपनी प्रतीकवाली वस्तु को प्राक्क्रीड़ा के प्रारंभिक सोपान में इस प्रकार व्यवस्थित करता है कि प्रतीकवाली वस्तु से जागरित होनेवाली भावनाएं अवरुद्ध और गुमराह नहीं हो पातीं। इस प्रकार वह अपना इलाज स्वयं कर लेता है। अधिक गम्भीर दशाओं में कर्ता को अपनी विकृति, यानि प्रतीकवाली वस्तु, से इतनी अधिक और इतनी आसानी से परितृप्ति मिलती है कि उसे कभी स्वाभाविक बनने की इच्छा ही नहीं होती। कई दशाओं में इस प्रकार के अतिवाद से विविध समाज-विरोधी अपराध होते हैं। विशेषकर वांछित प्रतीकवाली वस्तुओं जैसे जूते, रूमाल, पहनने के कपड़े की चोरी की जाती है। यदि कानूनी अपराध की नौबत न भी आए तो अनुचित रूप से होनेवाली उत्तेजना से खीझ तो पैदा हो ही सकती है। उदाहरण के लिए एक युवती की ऐसी दशा को लिया

जाए जिसके लिए चश्मा प्रतीकवाली वस्तु बन गया था और जब कभी वह किसी को यहां तक कि स्त्री को भी चश्मा पहने देखती थी तो वह उत्तेजित हो जाती थी। ऐसे मामलों में पहले इलाज के लिए सम्मोहन का प्रयोग किया जाता था। कई बार इसमें सफलता भी मिलती थी।

मैथुनिक अतिवाद के कुछ रूप ऐसे हैं जो मनोवैज्ञानिक प्रभाव की दृष्टि से अत्यंत जटिल हो सकते हैं। पैरों के प्रतीकवाली वस्तु बन जाने के बारे में यह विशेष रूप से उल्लेखनीय है। सभ्यता की परिस्थितियों में पैरों के बहुधा खुले न रहने के कारण जूता ही प्रतीकवाली वस्तु बन जाता है। यहां यह बता दिया जाए कि सारे संसार में यह प्रवृत्ति पाई जाती है कि पैरों का मैथुनिक अंगों से सम्बन्ध हो जाता है और इस प्रवृत्ति में पैर प्रतीकवाली वस्तु के लिए प्रायः स्वाभाविक आधार दिखलाई देता है। यहां तक कि यहूदियों में भी 'पैर' शब्द का यौन अंगों के लिए लाक्षणिक रूप में प्रयोग किया जाता था। उदाहरण के लिए हम 'इसाया' में एक स्थान पर 'पैरों के बाल' लिखा पाते हैं, जिसका आशय 'भगप्रदेश के बाल' से हैं। इसके अतिरिक्त दुनिया के दूर-दूर के भागों में पैर को नम्रता का केंद्र माना जाता रहा है। स्पेन में भी ऐसा ही था और सन् 1777 में पेइरोन ने लिखा था—"स्त्रियों में अब पैर ढकने की प्रथा का फैशन उठता जा रहा है। जैसा कि पहले जमाने में होता था अब वैसा नहीं होता। किसी स्त्री के लिए पैर दिखला देना अब प्रेम को स्वीकार करने के अर्थ में नहीं लिया जाता जैसा कि यही नहीं प्राचीन रोम में भी था।

स्वस्थ प्रेमी के लिए भी पैर शरीर के सबसे आकर्षक अंगों में से होते हैं। स्टैन्ले हाल ने इस संबंध में एक प्रश्नावली तैयार की थी। जिन युवक और युवतियों ने इस प्रश्नावली के उत्तर दिए थे उन्होंने अपने से भिन्न लिंग के व्यक्ति के शरीर के सबसे प्रशंसित अंगों के वर्ग में (आँख, बाल, कद, आकृति) पैरों को पांचवां स्थान दिया था। हिर्शफिल्ड जैसे अन्य निरीक्षक देखते हैं कि प्रतीकवाली वस्तु के रूप में पैर की अपेक्षा हाथ का प्रयोग अधिक पाया जाता है। दुधमुंहे शिशुओं की दिलचस्पी विचित्र रूप से सबसे पहले अपने ही पैरों में होती है। अधिकांश सभ्य देशों में आज सहीदिमाग प्रेमी अपनी प्रेमिका की आंख के समान उसके पैरों को प्रधान रूप से महत्त्व नहीं देता। कुछ लोगों के लिए, जो अल्पसंख्या में होने पर भी नगण्य नहीं हैं, पैर या जूता स्त्री का सबसे अधिक आकर्षक अंग रहता है और कुछ रोगग्रस्त मामलों में उसके पैर अथवा जूते की तुलना में स्वयं स्त्री को महत्त्वहीन पुछल्ला-मात्र माना जाता है। रेस्तिफ द लॉ ब्रितोन एक महत्त्वपूर्ण लेख में पाए जानेवाले पैर को प्रतीक बनाने की प्रवृत्ति का एक दिलचस्प उदाहरण देते हैं। लेखक महोदय के क्षेत्र में पैर का प्रतीक बनाना बहुत स्पष्ट था, किन्तु वह उग्र किस्म का नहीं था, और जूता, चाहे वह कितना भी सुंदर क्यों न रहा हो, उनके लिए स्त्री का स्थान नहीं ले सकता था।

पैर को प्रतीक बनाने का तरीका संपूर्णतः खामख्याली तो है, पर कई बार उसकी उत्पत्ति किसी मानसिक या भावगत आवेग का पुनरोदय है। यह पहले हमारे पूर्वपुरुषों में शायद मौजूद था और अब पूर्वपुरुष से आई हुई प्रकृति या विकास के रुक जाने के

कारण फिर दिखाई पड़ने लगा है। इस आवेग को आज भी छोटे-छोटे बच्चों में अक्सर ढूंढा जा सकता है। ये प्राचीन आवेग कई बार सिर उठाते हैं और वे कुछ स्थायित्व भी प्राप्त कर लेते हैं। ये आवेग अस्वस्थ-स्नायुयुक्त तथा समय से पहले परिपक्व व्यक्तियों पर ऐसे प्रभावों के कारण उत्पन्न होते हैं जो आज के यूरोप की औसत तथा साधारण जनता पर या तो कभी पड़ते ही नहीं या पड़ने पर भी फौरन उनपर काबू पा लिया जाता है। सच तो यह है कि हमारी सभ्यता में प्रेम तथा उत्तेजना-संबंधी जो अत्यंत उच्च जटिल मान्यताएँ हैं वे उनके अधीन कर दी जाती हैं। एल. विन्स वांगेर ने एक मामले का विशद मनोविश्लेषण किया है—जेर्डा नाम की एक लड़की बचपन में एड़ियों पर बैठकर जूतों से भगद्वार और मलद्वार दबाने की आदी हो गई थी। इससे इन कामोत्तेजक केंद्रों में उत्तेजना पैदा होती थी और उसे पेशाब करने में आनंद मिलता था (शायद पूर्ण परितृप्ति के रूप में)। इस प्रकार जूता उसके लिए दोस्त, प्रेमी और प्रियतम बन गया और वह सावधानी के साथ दूसरों की नजरों से उसकी रक्षा करने लगी। पैर और विशेषकर जूतासहित पैर उसके लिए समस्त यौन विचारों से परिप्लावित होकर शिश्न का प्रतिनिधि और आदिम जातियों के समान समस्त उर्वरता का प्रतीक बन गया। इस आधार पर यथासमय दूसरे प्रकार के आतंक और अन्य लक्षणों का विकास हुआ जिससे मूल अभिव्यक्ति कुछ हद तक ढक गई और घट गई।

यहाँ यह बता दिया जाए कि यह केवल पैर के प्रतीकवाली वस्तु बन जाने के संबंध में ही सच नहीं है। प्रतीकवाली वस्तु के कुछ अन्य प्रकारों में दिखलाई देनेवाली जन्मजात पूर्वप्रवृत्ति अपेक्षाकृत स्पष्ट होती है। यह बात सिर्फ बालों के या फरों (Furs) के प्रतीकवाली वस्तु बनने आदि के संबंध तक ही सीमित नहीं है। प्रतीकवाली वस्तु बनने के सभी प्रकारों की कुछ दशाओं में इस बात का पता तो लगाया ही नहीं गया कि इस विच्युति की शुरुआत किस घटना से हुई (इस कमी की यह व्याख्या की जा सकती है कि मूल घटना भुला दी गई है)। साथ ही कुछ दशाओं में यह भी देखा जाता है कि प्रतीकवाली वस्तु का विकास बहुत धीरे-धीरे हो रहा है। यद्यपि इस प्रकार इस अर्थ में हम पैर के प्रतीक बनने को निरवच्छिन्न रूप से पूर्वजों से प्राप्त नहीं कह सकते, तो भी हम यह तो देख ही सकते हैं कि यह जन्मजात आधार पर खड़ी होती है। इस दृष्टि से गार्नियर के समान हम भी प्रतीकवाली वस्तु बनने में जन्मजात तत्त्व को आवश्यक मान सकते हैं।

मैथुनिक प्रतीकवाद का जन्मजात तत्त्व ध्यान देने योग्य है क्योंकि यौन विच्युतियों के रूपों की अपेक्षा अतिवादी प्रतीक शरीर की जन्मजात अवस्थाओं द्वारा कम से कम स्पष्ट रूप से प्रभावित होते हैं। और ये प्रतीक अधिकांशतः बचपन के आकस्मिक संपर्कों अथवा प्राप्त मानसिक धक्कों से शुरू होते हैं. विच्युति कभी-कभी व्यक्ति की बनावट में इतने पक्के तौर पर जमी होती है कि प्रतिकूल दिशा में सबसे शक्तिशाली प्रभावों के होने के बावजूद उसका उदय और विकास होता रहता है। परंतु प्रतीकवाली वस्तु की दशा में यदि हमेशा नहीं तो अक्सर ही यह पाया जा सकता है कि वह कर्ता के बचपन में होनेवाली किसी यौन भावनात्मक घटना के धक्के या सदमे के

कारण एक निश्चित प्रारंभिक बिंदु से शुरू हुई थी, यद्यपि फेटिशवाद अतिअनुभूतिशील, समय से पूर्व यौन रूप से परिपक्व, स्नायविक रूप से दुर्बल, डरपोक व्यक्तियों में, दूसरे शब्दों में न्यूनाधिक रूप से विकृत स्नायविक वंशानुक्रम के व्यक्तियों में पाया जाता है।

इस प्रकार के संयोग सहीदिमाग व्यक्तियों के बचपन में भी घटित हो सकते हैं। किस अंश तक वे परवर्ती जीवन, विचारों और भावना को प्रभावित करेंगे, यह इस बात पर निर्भर करता है कि कर्ता किस सीमा तक रोगग्रस्त भावनाओं को ग्रहण कर सकता है या वह किस हद तक वंशानुक्रम से प्राप्त विच्युतियों का शिकार है। निस्संदेह समय से पूर्व यौन परिपक्वावस्था इस विच्युति के अनुकूल पड़ती है। ऐसा बालक जो समय से पूर्व यौन परिपक्वावस्था प्राप्त कर लेता है, साथ ही अस्वाभाविक तौर पर अपने से भिन्न लिंग के व्यक्तियों के प्रति अनुभूतिशील होता है, इस प्रकार के मैथुनिक प्रतीकवाद से ग्रस्त होने के लिए बाध्य है। व्यक्ति में ऐसे प्रतीकवाद की सभी मात्राएं देखी जा सकती हैं। अल्प अनुभूतिशील साधारण प्रेमी को तो इन बातों की बिलकुल भी अनुभूति नहीं होती, पर अधिक सतर्क और कल्पनाशील प्रेमी उन्हें उच्चशक्ति से युक्त वासना-स्तर के चित्ताकर्षक भाग बना लेते हैं। जब प्रतीकवाद की जड़ें गहरी पड़ जाती हैं तो स्नायविक दृष्टि से अपेक्षाकृत दुर्बल व्यक्ति को यह प्रतीत हो सकता है कि वह प्रतीक उसके प्रिय व्यक्ति के आकर्षण का पूर्णरूपेण एक आवश्यक तत्त्व है। अंत में यह बता दिया जाए कि पूर्ण विकृतमस्तिष्क व्यक्ति के लिए प्रतीक साधारणीकृत हो जाता है। इस दशा में मैथुनिक साथी की बिलकुल ही जरूरत नहीं होती और साथी को या तो प्रतीक का सिर्फ पुछल्ला माना जाता है या फिर उसको बिलकुल ही अकेला कर दिया जाता है। कर्ता को सिर्फ प्रतीक की ही वांछा बनी रहती है और अकेला प्रतीक ही उसकी मैथुनिक परितृप्ति करा देने के लिए काफी है। जहाँ यह माना जा सकता है कि वांछनीय व्यक्ति के सौंदर्य के अनिवार्य अंग के रूप में प्रतीक की मांग रहती है, वहां यह बात भी ध्यान में रखनी चाहिए कि केवल अंतिम दशा में चलकर ही प्रतीक इतना पूर्ण होता है कि उससे यौन परितृप्ति हो सकती है। इसी दशा में हमें रोगग्रस्त प्रकारांतरों के दर्शन होते हैं। प्रतीकवाद की अपेक्षाकृत अपूर्ण दशाओं में भी वांछनीय तत्त्व स्त्री ही रहती है और इससे प्रजनन का उद्देश्य भी पूरा हो सकता है। पर जब स्त्री की उपेक्षा की जाती है और प्रतीक को मैथुनिक पूर्ण परितृप्ति के लिए पर्याप्त, यहाँ तक कि अधिक वांछनीय, साधन माना जाता है, तो यह दशा पूरे तौर से रोगग्रस्त बन जाती है।

क्राफ्ट एबिंग का विचार था कि जूते का प्रतीकवाली वस्तु बन जाना व्यापक तौर पर कमोबेश मासोकवाद का प्रच्छन्न रूप है। पैर अथवा जूता अधीनता अथवा विनम्रता के प्रतीक हैं। मासोकवादी अपने प्रियजन की उपस्थिति में इस अधीनता का अनुभव करता है। मोल ने यही बात अधिक सही तौर पर कही है कि मासोकवाद और जूते के प्रतीकवाली वस्तु बनने में प्रायः निकट संबंध रहता है। गार्नियर का भी यही मत था। उसने सावधानीपूर्वक यह भी बतला दिया कि ऐसे भी बहुत-से मामले होते हैं जिनमें इस प्रकार के संबंध का पता नहीं चलता।

जब हम सही तौर से यह स्वीकार करते हैं कि मासोकवाद और पैर के

प्रतीकवाली वस्तु बनने में अक्सर संबंध रहता है तब भी हमें इस बात से बहुत सतर्क रहना चाहिए कि हम इन दोनों को मिलाकर एक कर देने की सामान्य चेष्टा न करें। यहां जिस व्यापक अर्थ में मैथुनिक प्रतीकवाद शब्द का प्रयोग किया जा रहा है, उसके अंतर्गत मासोकवाद और पैर का प्रतीकवाली वस्तु बनना दोनों ही मैथुनिक प्रतीकवादों के रूप में संयुक्त किए जा सकते हैं। एक मासोकवादी के लिए उसकी अतिशय विनम्रता के आवेग प्रिय व्यक्ति की उच्छ्वसित उपासना के प्रतीक हैं। एक पैर को प्रतीक माननेवाले के लिए, उसकी प्रेमिका के व्यक्तित्व में जो सबसे सुंदर और परिमार्जित तथा स्त्रियोचित भाग है, उसका केंद्रीभूत प्रतीक प्रेमिका का जूता या पैर है। किन्तु यदि इस भांति उन्हें एक साथ संयोजित किया जाए तो भी वे अक्सर पूर्ण रूप से पृथक् ही रहते हैं। सच तो यह है कि मासोकवाद से पैर के प्रतीकवाली वस्तु बनने की क्रिया को प्रोत्साहन मिलता है। मासोकवादी के लिए जूता निरवच्छिन्न प्रतीक नहीं है, वह सिर्फ एक साधन है, जो उसे अपने आवेग को पूरा करने योग्य बनाता है; उसके लिए सच्चा यौन प्रतीक जूता नहीं, बल्कि आत्मअधीनता की भावना है। इसके विपरीत पैर को प्रतीकवाली वस्तु माननेवाले के लिए जूता अथवा पैर सिर्फ एक साधन ही नहीं, बल्कि सच्चा प्रतीक है। उसकी उपासना का केंद्र एक आदर्शीकृत पदार्थ है जिसका ध्यान करके अथवा जिसे श्रद्धा से छूकर वह तृप्त हो जाता है। स्वयं कर्ता में कोई अपने को गिरानेवाला आवेग नहीं होता और न उसमें अधीनता की लेश-मात्र भावना ही होती है। यहां यह ध्यान देने योग्य है कि रेस्तिफ द लॉ ब्रितोन के बताए हुए व्यक्ति के क्षेत्र में कर्ता बार-बार उन स्त्रियों को वश में करने की बात कहता है जिनके प्रति वह इस प्रकार की वस्तु को प्रतीक बनानेवाले प्रेम का अनुभव करता है। वह यह भी बतलाता है कि जब वह बालक ही था, तब भी वह इस संबंध में एक सुकुमार और परी जैसी लड़की की प्रशंसा करता था क्योंकि ऐसी लड़की को वश में करना ज्यादा आसान दिखलाई देता था। आजीवन उसका रुख पुरुषभावयुक्त और सक्रिय रहा, न कि मासोकवादी।

यह निश्चय करते समय कि कोई व्यक्ति मासोकवाद से ग्रस्त है या फेटिशवाद से, यह आवश्यक है कि उसके संपूर्ण मानसिक और भावनात्मक रुखों पर विचार किया जाए। अलग-अलग व्यक्तियों की दृष्टि में किसी एक ही कार्य का अलग-अलग महत्त्व हो सकता है। क्राफ्ट एबिंग का विश्वास था कि किसी को अपने ऊपर चलवाने की इच्छा पूर्णरूपेण मासोकवाद का लक्षण है। किन्तु ऐसी बात नहीं है। किसी कर्ता में किसी को अपने ऊपर चलवाने की इच्छा पैर के फेटिशवाद से संबंधित मैथुनिक प्रतीकवाद हो सकती है और उसमें अधीनता स्वीकार करने की इच्छा का अभाव हो सकता है। यह बात स्पष्ट रूप से एक ऐसे व्यक्ति के क्षेत्र में देखी गई थी जिसे मैं जानता था। वह अब मर चुका है। वह बड़ा दबंग और साहसी स्वभाव का था और उसमें अधीनता स्वीकार करने की कोई भी इच्छा नहीं थी। हाल ही में मार्शा और फुलर द्वारा लिपिबद्ध एक मामले में मासोकवाद के कोई आसार नहीं थे। यहां तक कि जब ऐसी प्रवृत्ति दृष्टिगोचर होती है तो यह हो सकता है कि वह सिर्फ गौण हो और प्रतीकवाद पर परोपजीवी ढंग से एक इल्लत-मात्र हो।

फेटिशवादग्रस्त व्यक्ति को कभी-कभी किसी को अपने ऊपर चलवाने की जो इच्छा होती है वह स्वयं अपने में एक दिलचस्प बात है क्योंकि उससे यह दिखलाई देता है कि किस प्रकार मैथुनिक प्रतीक-वस्तुओं का संकुचित आकर्षण अधिक विस्तृत कामात्मक प्रतीकों के आकर्षण में निमज्जित हो जाता है। जब पैर किसी प्रिय पात्र का होता है तो वह एक पूजा करने योग्य भौतिक वस्तु की अपेक्षा कुछ और भी अधिक होता है। यह शक्ति का एक केंद्र है, वह दबाने का एक साधन हो जाता है और इस प्रकार से यह स्थितिशील कामात्मक प्रतीक से अलग होकर गतिशील कामात्मक प्रतीक के लिए प्रारंभ-बिंदु है। उसकी गतिविधि शक्ति खुद यौन अंगों की शक्ति का स्थान ले लेती है। यहां हमारा साबका ऐसे प्रतीकवाद से पड़ता है जो उस कामात्मक प्रतीक-पूजा से पूर्णतः भिन्न है, जिसमें व्यक्ति सिर्फ एक निश्चित पदार्थ को पूजता है, वह एक ऐसा गतिशील प्रतीकवाद है जिसमें उन गतियों के दृश्य के परितृप्ति मिलती है जिनसे भावात्मक रूप से यौन प्रक्रिया की आधारभूत लय-ताल और दबाव-संबंधी क्रियाएं और प्रतिक्रियाएं प्रत्यक्ष हो जाती हैं। यही प्रवृत्ति अन्य एक ऐसे मामले में भी दृष्टिगोचर होती हैं जिसके संबंध में चारकोट और मैगनान ने लिखा है। वर्णित व्यक्ति किसी स्त्री के जूते में कील ठोकने की प्रक्रिया से उत्तेजित हो जाता था; जो कि स्पष्ट रूप से मैथुन का प्रतीक था।

सहायक पुस्तक-सूची

फ्रायड—Three Contributions to Sexual Theory.

हैवलाक एलिस—Studies in the Psychology of Sex, Vols. III and V.

तंतु-अतिवाद और मनुष्येतर प्राणियों से यौन आनंद-प्राप्ति

अब यह जरूरी है कि फेटिशवाद के क्षेत्र को पूर्ण रूप से छोड़ने के पहले हम यौन प्रतीकों के उस विशेष वर्ग को भी देख लें जिसमें मानव-शरीर से सान्निध्य का अक्सर अभाव रहता है। यानी अब हम उस क्षेत्र को देखें जिसमें अनेक प्रकार के तरीके आते हैं; जैसे जानवरों, जानवरों से उत्पन्न पदार्थों अथवा जानवरों के मैथुन के दृश्यों से मनुष्यों में कामेच्छा जागरित हो जाती है। यहां हमारा साबका एक ऐसे प्रतीकवाद से पड़ता है जो मुख्यतः सादृश्यजन्य संबंधों पर आधारित है; जानवरों की मैथुनिक क्रिया मनुष्यों की मैथुनिक क्रिया की याद दिलाती है; जानवर मनुष्य का प्रतीक बन जाता है।

जिन बातों पर अब हम यहां विचार कर रहे हैं, उनमें अनेकों उपवर्ग हैं। सबसे पहले तो वह कमोबेश आनंद है जो मैथुन करते हुए जानवरों को देखने से, विशेष तौर पर कम उम्र व्यक्तियों को कभी-कभी मिलता है। इसे मनुष्येतर प्राणी के मैथुन में यौन आनंद की संज्ञा दी गई है और वह स्वस्थ प्रकार के दायरे के अंतर्गत है। इसके अलावा

ऐसी दशाएँ होती हैं जिनमें जानवरों के संपर्क से, उन्हें थपथपाने आदि से, यौन उत्तेजना अथवा परितृप्ति हो जाती है; यह संकुचित अर्थ में मैथुनिक फेटिशवाद है और क्राफ्ट एबिंग ने इसे 'मनुष्येतर प्राणी के प्रति यौन अनुराग' की संज्ञा दी है। इसके अतिरिक्त एक श्रेणी वह है जिसमें जानवरों के साथ वास्तविक या बनावटी मैथुन की इच्छा की जाती है। इन दशाओं में अपने सीमित अर्थ में फेटिशवाद सन्निहित नहीं है, किन्तु ये दशाएं मैथुनिक प्रतीकवाद के दायरे में आ जाती है (उस अर्थ में जिसमें उसे यहां लिया गया है)। इस श्रेणी के दो भाग किए जा सकते हैं—एक तो वह, जिसमें व्यक्ति पर्याप्त रूप से सही दिमाग किन्तु निम्न सांस्कृतिक स्तर का रहता है; और दूसरा वह, जिसमें व्यक्ति अपेक्षाकृत परिमार्जित सामाजिक वर्ग में से होता है किन्तु उसमें मानसिक रोग की दशाएं मौजूद रहती हैं। पहले मामले में हम उसे उचित रूप से 'जानवरों के साथ व्यभिचार' की संज्ञा दे सकते हैं (कुछ देशों में उसे समलैंगिक मैथुन भी कहते हैं, पर वह गलत, साथ ही भ्रामक है और इस प्रयोग से बचना चाहिए।) दूसरे मामले में क्राफ्ट एबिंग द्वारा प्रस्तावित संज्ञा 'मनुष्येतर प्राणियों के साथ वास्तविक या बनावटी मैथुन करने की इच्छा का प्रयोग करना शायद अधिक उपयुक्त होगा।

लड़के और लड़कियों दोनों को ही जानवरों की मैथुन-क्रिया का दृश्य रहस्यपूर्ण और चित्ताकर्षक लगता है। ऐसा आम तौर पर देखा जाता है। यह अपरिहार्य है कि इस प्रकार दिलचस्पी हो क्योंकि इस दृश्य से उस रहस्य का कमोबेश उद्घाटन होता है जो उनसे छिपाया जाता है। इसके अतिरिक्त वह एक ऐसा रहस्य है जिसका वे अपने भीतर घनिष्ठ रूप से स्पंदन अनुभव करते हैं और यहां तक कि पूर्ण रूप से भोले अनजान बच्चों में भी इस तरह के दृश्य से अस्पष्ट यौन उत्तेजना पैदा हो जाती है। मालूम होता है कि यह बात लड़कों की अपेक्षा लड़कियों में अधिकता से होती है। यहां पर यह बता दिया जाए कि विशेषकर स्त्रियां वयस्कावस्था में भी ऐसे दृश्यों के सामने होने पर इसी प्रकार की भावना का अनुभव करती है। सोलहवीं सदी में इंगलैंड और फ्रांस इन दोनों देशों में राजपरिवारों की और अभिजात-वर्गों की महिलाएं ऐसे दृश्यों का मज़ा लेने लगभग खुले-आम चली जाती थीं। अपेक्षाकृत अधिक आधुनिक काल में इस प्रकार के दृश्य कुत्सित और गंदे माने जाते हैं और निस्संदेह वे सभी असंतुलित मस्तिष्क वालों के लिए ऐसे हैं भी।

यह आसानी से समझ में आ जाता है कि जानवरों के मैथुन का निरीक्षण क्यों किया जाता है। बचपन में ऐसा करना यौन भावना का बहुत कुछ मामूली प्रतीक है। इसके अतिरिक्त जानवरों के फेटिशवाद का एक दूसरा उपविभाग 'तंतु-फेटिशवाद' है। यह जानवरों के उस फेटिशवाद से स्वाभाविक रूप से पृथक् होता है जिसका केंद्र मानवीय शरीरों में होता है। इस विच्युति से यौन आकर्षण विविध तंतुओं के प्रति होता है, जो शायद हमेशा जानवरों के ही होते हैं। यहां एक और बहुत जटिल बात हमारे सामने आती है। कुछ अंश में हम यह देखते हैं कि बहुत अधिक क्षेत्र में स्त्रियों के कपड़ों के प्रति यौन आकर्षण पाया जाता है, क्योंकि इस प्रकार तंतु वेशभूषा में शामिल होते हैं। कुछ अंश में स्पर्शानुभूतिशीलता के क्षेत्र में एक यौन विच्युति पाई जाती है

क्योंकि इन मामलों के एक काफी बड़े अनुपात में स्पर्श-संबंधी अनुभूतियां ही मैथुनिक आवेगों को जागरित करती हैं। किन्तु कुछ अंश में यह दिखलाई देगा कि यहां सज्ञान रूप से अथवा अवचेतन रूप से एक जानवर प्रतीक के रूप में मौजूद रहता है और यह ध्यान देने योग्य है कि ये सब वस्तुएं और विशेषकर फर जो कि इन समूहों में सबसे अधिक प्रचलित हैं, स्पष्ट रूप से जानवरों से ही उत्पन्न होते हैं। स्त्री के केशों को हम एक ऐसी प्रतीक बनी वस्तु मान सकते हैं जो संक्रमण की एक कड़ी है और किसी भी तंतु-फेटिशवाद से अधिक महत्त्वपूर्ण और अधिक प्रचलित प्रतीक है। बाल एक ऐसी वस्तु है जो मनुष्य तथा पशुओं दोनों में ही होता है। साथ ही उन्हें शरीर से अलग भी किया जा सकता है और उनमें तंतु के गुण हैं। क्राफ्ट एबिंग कहते हैं कि स्पर्श, घ्राण और श्रवण, साथ ही दृष्टि—ये सब केशों से उत्पन्न होनेवाले आकर्षण में अंतःप्रविष्ट हो जाते हैं।

एक यौन प्रतीक बननेवाली वस्तु के रूप में केश शरीर का ही भाग है, किंतु चूंकि उसे शरीर से अलग किया जा सकता है और केशवाले व्यक्ति की अनुपस्थिति में भी प्रतीकवाली वस्तु के रूप में यौन रूप से कार्यशील बना रहा है इसलिए केश वस्त्र आदि के ही स्तर का है और वह जूते, रूमाल तथा दस्ताने के साथ उसी तरीके से असर पैदा करता है। मनोवैज्ञानिक रूप से केशों के फेटिशवाद से कोई विशेष समस्या खड़ी नहीं होती। आंखों के बाद स्त्रियों के केशों के प्रति यौन आकर्षण सबसे अधिक होता है। जिस सुविधा से बाल को जूड़ाबंधी हालत में काट लिया जा सकता है उससे केशों का फेटिशवाद चिकित्साशास्त्रीय विधिशास्त्र की दृष्टि में एक दिलचस्प दशा के रूप में सामने आता है।

किसी भी सभ्य देश में कुछ समय पहले केशकर्तक पाए जा सकते थे। इस संबंध में जो सबसे सतर्क अध्ययन किए गए हैं वे पेरिस में ही घटित घटनाओं को लेकर किए गए हैं। यह बात दूसरी है कि आधुनिक फैशनों के कारण ऐसे केशचोरों की हरकतें कम हो गई हों। इस प्रकार के व्यक्ति अक्सर दुर्बल स्नायु और हीन वंशानुक्रम के होते हैं। केशों के प्रति आकर्षण का विकास बचपन में ही हो जाता है; कभी-कभी रोगग्रस्त आवेग का उदय बाद के जीवन में बुखार के पश्चात् ही उदित हो सकता है। छिटके लहराते केश या जूड़े अथवा चोटी में गुंथे केश यौन प्रतीक हो सकते हैं यानी एक व्यक्ति में साधारणतः एक ही प्रकार का प्रतीक हो सकता है, दोनों प्रकार का एक साथ नहीं। केशों को छूने अथवा उन्हें काटने के कार्य के दौरान में मैथुनिक उत्तेजना अथवा वीर्य-स्खलन हो सकता है, जोकि आगे चलकर बहुत-से मामलों में हस्तमैथुन के लिए प्रयोग में लाया जाता है। केशों को चुरानेवाला व्यक्ति आम तौर पर विशुद्ध फेटिशवादी होता है और उसकी अनुभूतियों अथवा भावनाओं के साथ किसी प्रकार का निष्ठुरतामूलक आनंद संयुक्त नहीं होता।

अक्सर तंतु-प्रतीक अधिकतर फर और मखमल-संबधी होते हैं। कपड़ों में लगे हुए पंख, रेशम और चमड़ा भी कभी-कभी इस बारे में अपना प्रभाव डालते हैं। यह ध्यान देने योग्य है कि ये सब जानवरों से उत्पन्न पदार्थ हैं। संभवतः सबसे दिलचस्प

फर है, जिसके आकर्षण को निष्क्रिय दुःखमूलक यौन आनंद के संपर्क में ही अक्सर पाया जाता है। जैसा कि स्टैन्ले हाल ने बतलाया कि बचपन में फर के प्रति भय और साथ ही उसके प्रति प्रेम का पाया जाना असाधारण नहीं है, वह शैशव में और ऐसे बच्चों में भी प्रकट हो सकता है जो कभी जानवरों के संपर्क में नहीं आए हैं। यहां यह ध्यान देने योग्य है कि तंतु-फेटिशवाद की अधिकांश जटिलतारहित दशाओं में प्रकट रूप से आकर्षण जन्मजात आधार पर उदित होता है, क्योंकि वह दुर्बल अथवा तुनकमिजाज प्रकृति के व्यक्तियों में बचपन में ही प्रकट हो जाता है और उसका संबंध किसी निश्चित अथवा सकारण घटना से नहीं जोड़ा जा सकता। मैथुनिक उत्तेजना प्रायः हमेशा ही दृष्टि की अपेक्षा स्पर्श से उत्पन्न होती है। यदि विशिष्ट यौन अनुभूतियों को सहलाने की प्रक्रिया का विशेष रूप माना जाए तो तंतु-फेटिशवाद की इन दशाओं में मैथुनिक प्रतीकवाद जानवरों के विशिष्ट संपर्क की तुलना में कमोबेश जन्मजात विच्युति जान पड़ेगा।

इस दिशा में मनुष्येतर प्राणियों के प्रति कामात्मक आवेग में मैथुनिक उत्तेजना की मात्रा बहुत बढ़ जाती है। क्राफ्ट एबिंग इस सिलसिले में एक मामले का उल्लेख करते हैं। एक बुद्धिमान, पर सुकुमार रक्ताल्पतायुक्त और क्षीण मैथुनिक शक्तिवाले, जन्म से ही स्नायविक रोगग्रस्त व्यक्ति को बचपन से घरेलू जानवरों, विशेषकर कुत्तों और बिल्लियों से बहुत प्रेम था। जब वह उन्हें थपथपाता था तो वह मैथुनिक भावनाओं का अनुभव करता था, यद्यपि वह यौन विषयों के बारे में बेखबर था। यौवनारंभ पर उसने अपनी भावनाओं की वास्तविक प्रकृति को समझा और उसने अपनी इन आदतों से बचने की कोशिश की। उसे इसमें सफलता मिली, किंतु तब वह जानवरों की आकृतियों से युक्त कामात्मक सपने देखने लगा और इनके कारण उसने इसी तरह के विचारों से संबद्ध हस्तमैथुन शुरू कर दिया। साथ ही इस काल में उसे जानवरों के साथ किसी प्रकार का घनिष्ठ संपर्क रखने की इच्छा नहीं थी और जिन जानवरों के प्रति वह आकर्षित होता था उनके नर या मादा होने के विषय में वह उदासीन रहता था। उसके यौन विचार विकृत नहीं थे। इस प्रकार की दशा स्पर्श पर आधारित फेटिशवाद के वर्ग की जान पड़ती है और इस तरह यह तंतु-फेटिशवाद और जानवरों के प्रति आकर्षण की संपूर्ण विच्युति के बीच संक्रमण वाली कड़ी बन जाती है।

क्राफ्ट एबिंग मानते थे कि यह पशुओं के प्रति कामात्मक आवेग से पूर्णतः भिन्न है। इस मत को स्वीकार नहीं किया जा सकता। प्राणियों के प्रति कामात्मक अनुराग, पशुगमन या जानवरों के साथ व्यभिचार और पशुगमनेच्छा में उसी लक्षण को हम अधिक मात्रा और विकृत रूप में पाते हैं जो प्राणियों के कामात्मक प्रेम में पाया जाता है। फर्क केवल इतना है कि वे या तो अपेक्षाकृत अल्प-अनुभूतिशील अथवा अधिक स्पष्ट रूप से मनोरोगपीड़ित व्यक्तियों में पाए जाते हैं। जो भी हो, कभी-कभी यह कहना कुछ मुश्किल-सा है कि हम हमेशा यहां तक कि अक्सर ही पशुगमनेच्छा और पशुगमन में भेद कर सकते हैं, क्योंकि यदि पशुओं के साथ साधारण व्यभिचार के मामलों की उचित रूप से हमेशा छानबीन की जाए, जैसी कि होनी ही चाहिए, तो यह संभव है कि

इस तरह के अधिकांश मामलों में मानसिक गड़बड़ी के थोड़े चिन्ह पाए जाएं। जैसा कि मोल कहते हैं, पाप और रोग के बीच में स्पष्ट रेखा खींचना संभव नहीं है।

अब हम इस वर्ग की सबसे कुत्सित और सबसे अधिक पाई जाने वाली विच्युति—जानवरों के साथ व्यभिचार या जानवरों के साथ मैथुन से अथवा अन्य किसी प्रकार के निकट-संपर्क से यौन परितृप्ति प्राप्त करने के आवेग—पर आ पहुंचते हैं। इस विच्युति को भली भांति समझने के लिए यह आवश्यक है कि हम अपने-आपको जानवरों के प्रति उस दृष्टिकोण से मुक्त कर लें जो अपरिहार्य रूप से परिमार्जित सभ्यता और शहरी जीवन का परिणाम है। अधिकांश यौन विच्युतियों का सभ्यता के साथ मेल बैठ जाता है, बशर्ते कि वे बड़ी हद तक सभ्य जीवन की ही उपज न हों। इसके विपरीत जानवरों के साथ व्यभिचार (सिवा एक रूप के, जिसका उल्लेख आगे किया जाएगा) बुद्धिहीन, अल्प-अनुभूतिशील और गंवार किसानों में पाई जानेवाली यौन गड़बड़ी है। वह आदिम जातियों और ग्रामीण समाजों के बीच फूलती-फलती है। ऐसे गोबरगणेश ही इस प्रकार के दुर्गुण में फंस जाते हैं जिनमें स्त्रियों के लिए कोई आकर्षण नहीं होता अथवा जो स्त्रियों के साथ मेलजोल बढ़ाने और प्रेम करने के काबिल नहीं हैं। संस्कृति के कुछ सोपानों में तो वह कोई पाप ही नहीं है। इस प्रकार जब तेरहवीं सदी के अंत में स्वीडन के गैर ईसाई कानूनों द्वारा उसे अपराध घोषित किया गया तो उस समय भी वह जानवरों के मालिक के प्रति अपराध माना गया जो हरजाना पाने का हकदार था। इससे भी अधिक सरल जातियों के बीच जैसे ब्रिटिश कोलम्बिया की 'सेलिश' जाति के जीवनमान में जानवर मनुष्य से नीचे नहीं माने जाते और किसी-किसी बात में तो श्रेष्ठ ही माने जाते हैं और इसलिए वहां इस धारणा के ही लिए कोई स्थान नहीं है कि जानवरों के साथ किया जानेवाला व्यभिचार हीन होता है।

ये तीन दशाएं जानवरों के साथ व्यभिचार के लिए बहुत अनुकूल पाई गई है—(1) जीवन की आदिम धारणा, जिसमें मनुष्य और इतर जानवरों के बीच प्रभेदमूलक कोई ऊंची दीवार नहीं हैं। (2) किसान और उसके पशुओं की पारस्परिक चरम घनिष्टता, जिसके साथ अक्सर स्त्रियों का वियोग भी जुड़ जाता है। (3) बहुत-से लोकप्रचलित विश्वास, जैसे गर्मी, सुजाक आदि यौन रोगों के अचूक इलाज के रूप में जानवरों के साथ मैथुन करना।

जानवरों के साथ व्यभिचार देहातों में आम है। एक किसान की दृष्टि में, जिसकी बुद्धि अपरिमार्जित है और जो स्त्री से केवल जांतविक आवश्यकता की पूर्ति चाहता है, जानवर और मनुष्य के बीच कोई बड़ा प्रभेद नहीं जान पड़ता। एक जर्मन किसान ने इस मामले में मजिस्ट्रेट से कहा—"मेरी पत्नी बहुत अरसे से बाहर गई हुई थी और इसलिए मैने अपनी सुअरनी का उपयोग किया।" यह एक ऐसी व्याख्या है जो निश्चित रूप से धार्मिक और कानूनी धारणाओं से अपरिचित एक किसान को अक्सर स्वाभाविक और पर्याप्त दिखलाई पड़ती है। इस प्रकार जानवरों के साथ व्यभिचार हस्तमैथुन और यौन आवेग की दूसरी अभिव्यक्ति के सदृश है जो किसी और अच्छे साधन के उपलब्ध न होने के कारण की जाती है और निरवच्छिन्न अर्थ में आवेग की विच्युति नहीं है। इस

तरह का व्यवहार युद्ध-क्षेत्र में ब्रह्मचर्य-पालन के लिए मजबूर सैनिकों में भी पाया जाता है और इस संबंध में मध्ययुग में तथा साथ ही प्रथम महायुद्ध के सिपाहियों के बारे में बकरी का उल्लेख किया जाता है।

परंतु सभी क्षेत्रों में किसानों में जानवरों के साथ व्यभिचार की अधिकता का कारण सिर्फ उनकी कुंठित समझदारी अथवा स्त्रियों की अनुपस्थिति ही होती है, सो बात नहीं। एक अत्यंत महत्त्वपूर्ण कारण उनकी जानवरों के साथ निरंतर घनिष्ठता है। यह कोई अचरज की बात नहीं है कि किसान जानवरों को न केवल अपने साथी मनुष्यों के बराबर ही घनिष्ठ समझें, बल्कि मनुष्यों की अपेक्षा अधिक घनिष्ठ समझें।

किसी देश में अथवा किसी काल में यौन वासना की परितृप्ति के लिए पुरुषों और कभी-कभी स्त्रियों द्वारा जो जानवर प्रयोग में लाए गए हैं, उनके बहुत-से ब्योरे मिलते हैं। स्वाभाविक रूप से इस काम में घरेलू जानवर ही सबसे अधिक प्रयुक्त होते हैं। और मुश्किल से ही कोई घरेलू जानवर ऐसा होगा जिसे इस काम में न लाया गया हो। इस तरीके से सबसे अधिक दुरुपयोग किए जानेवाले जानवरों में सुअरनी एक है। ऐसे मामले, जिनमें घोड़ियों, गायों और गदहियों, साथ ही बकरियों और भेड़ों के साथ व्यभिचार किया जाता है, लगातार होते रहते हैं। समय-समय पर कुत्तों, बिल्लियों और खरगोशों के संबंध में भी ऐसा सुना जाता है। मुर्गियों, बत्तखों और विशेषकर चीन में हंसिनियों का प्रयोग भी असाधारण नहीं है। कहा जाता था कि रोमन स्त्रियों को सांपों से असाधारण प्रेम था। भालुओं और मगरों का भी इस संबंध में उल्लेख किया जाता है।

जानवरों के साथ व्यभिचार के प्रति सामाजिक और कानूनी दृष्टिकोण एक ओर, जहां यह प्रतिफलित करते हैं कि यह व्यभिचार कितना प्रचलित है, तो दूसरी ओर उनसे एक अंश तक वह रहस्यात्मक और धार्मिक आतंक-मिश्रित घृणा व्यक्त होती है जो इस प्रकार के व्यभिचार से पैदा होती है। कभी-कभी इस अपराध के लिए सिर्फ जुरमाने की व्यवस्था की गई है और कभी-कभी अपराधी और उसका निर्दोष साथी, दोनों एकसाथ जला दिए गए हैं। मध्ययुग और उनके बाद के युग में इस प्रकार के व्यभिचार की अधिकता का प्रमाण यह है कि पंद्रहवीं और सोलहवीं सदी के उपदेशकों के प्रवचनों का यह प्रिय विषय था। यह अर्थपूर्ण है कि उस समय यह आवश्यक समझा गया कि जो गिरजे के अधिकारी—बिशप, पादरी आदि—पशुओं के साथ व्यभिचार करें उसके दर्जे के अनुसार प्रायश्चित्त की अलग-अलग अवधि निश्चित हो।

इस दोष के दोषियों के प्रति उग्र कठोरता का प्रयोग किया गया है। इसमें संदेह नहीं कि ऐसा बहुत बड़े पैमाने पर इसलिए किया गया है कि पशुओं के साथ व्यभिचार को समलैंगिक अप्राकृतिक व्यभिचार का एक रूप समझा जाता था और समलैंगिक अप्राकृतिक, व्यभिचार खुद एक ऐसा अपराध समझा जाता था जिसे उससे होनेवाली सामाजिक या व्यक्तिगत हानि के अलावा रहस्य-मिश्रित आतंक की दृष्टि से देखा जाता था। यहूदी इस भय से त्रस्त जान पड़ते थे; और तभी यह आदेश दिया गया था कि अपराधी और उसके शिकार दोनों को जान से मार डाला जाए। मध्ययुग में, विशेषकर

फ्रांस में, अक्सर यही नियम प्रचलित था। आदमी और सुअरनियां, आदमी और गाएं, आदमी और गदहियां साथ-साथ जलाए जाते थे। तुलूस में एक स्त्री कुत्ते से मैथुन करने के कारण जिंदा जला दी गई थी। यहां तक कि सत्रहवीं सदी में भी एक विद्वान् फ्रांसीसी वकील ने ऐसी सज़ाओं को उचित ठहराया था। ऐसा जान पड़ता है कि आज भी जानवरों के साथ व्यभिचार के प्रति सामाजिक और कानूनी दृष्टिकोण में इस तथ्य को उचित महत्त्व नहीं दिया गया है कि यह अपराध अक्सर ऐसे लोगों द्वारा किया जाता है जो या तो रोगग्रस्त रूप से विकृत मस्तिष्क होते हैं या जो बुद्धि के इतने नीचे दरजे पर होते हैं कि वे अल्प-बुद्धिता की सीमा पर स्थित होते हैं। इसके सिवाय यह भी याद रखना चाहिए कि थोड़े-से मामलों को छोड़कर, जिनमें जानवरों के प्रति क्रूरता निहित रहती है अथवा जो सादवाद से संयुक्त होते हैं, जानवरों के साथ व्यभिचार प्रत्यक्ष रूप से समाज-विरोधी कार्य है ही नहीं। फोरेल का कहना है कि जब उसके साथ किसी प्रकार की क्रूरता नहीं रहती, तब तक वह यौन आवेग की सबसे हानिरहित पथ-भ्रष्टताओं में से एक है।

सहायक पुस्तक-सूची

क्राफ्ट एबिंग—Psychopathia Sexualis.

डब्ल्यू. हावर्ड—'Sexual Perversion', Alienist and Neurologist, Jan., 1896.

फोरेल—The Sexual Question.

थायनाट तथा वेड्से—Medico-Legal Moral Offences.

कामचौर्य

कामचौर्य शब्द का प्राचीन अर्थ में (उसकी शुरुआत अठारहवीं सदी से होती है) एक ही विषय में अस्वाभाविक 'आसक्ति' के लिए प्रयोग किया गया था। चिकित्साशास्त्र में यह शब्द कभी स्वीकार नहीं किया गया और कानून ने तो अक्सर उसे मानने से ही इंकार कर दिया। उसके प्रयोग का उद्देश्य चोरी करने के एक कमोबेश अदम्य आवेग को व्यक्त करना था। यह दुरावेश एक ऐसा मानसिक आवेश है जिसके लिए कोई संज्ञान उद्देश्य नहीं रहता और जिसके विरुद्धकता (जो साधारणतः स्त्री होती है) संघर्ष करना रहता है। पहले इस दशा को अत्यासक्तियुक्त अवसादमय उन्माद से संबंधित माना जाता था। अब प्रवृत्ति यह है कि इस शब्द का प्रयोग बंद कर दिया जाए। जब किसी कचहरी में चोरी के मुकदमें में अभियुक्त के बचाव के लिए यह दलील दी जाती है कि उसने किसी रोगग्रस्त आवेग के कारण चोरी की तो कोई मजिस्ट्रेट फौरन ही मुंहतोड़ जवाब दे सकता है—"उसी मर्ज की दवा के लिए तो मैं यहां मौजूद हूं।" पर कामचौर्य एक काफी निश्चित दशा है। वह केवल अस्पष्ट मानसिक

दुरावेश नहीं है। वह ऐसे स्पष्ट कारणों से होता है जो खोजे जा सकते हैं। इन कारणों को आसानी से खारिज नहीं किया जा सकता और यह दशा यौन मनोविज्ञान के क्षेत्र के अंतर्गत हमारे सामने आ जाती है। यह तथाकथित कामात्मक चौर्यप्रवृत्ति की दशा है, जिसका सबसे अच्छा नाम कामचौर्य है। शिकागो के मनोचिकित्सक कीर्नान ने सन् 1917 में इस संज्ञा का (क्लैप्टोलैग्निया के सादृश्य पर यौन भावनाओं के साथ चोरी के संबंध को बतलाने के लिए) प्रवर्तन किया था। फौरन ही मैंने इस शब्द को स्वीकार कर लिया और तब से मैं इस दशा के लिए सबसे उपयुक्त नाम इसी शब्द को मानता रहा हूं। (इसी प्रकार अग्निकांड में कामात्मक आनंद की विरल दशा के लिए पायरोलैग्निया शब्द का प्रयोग किया जा सकता है।) मालूम पड़ता है कि इस दशा को सबसे पहले लियो के लाकासानी ने सन् 1896 में लिपिबद्ध किया था।

यह कहा जा सकता है कि कामचौर्य का उदय यंत्रणा के व्यापक आधार पर होता है। इसका अर्थ यह हुआ कि यहां यौन भावनाओं के साथ दुःख तथा नियंत्रण की भावना संयुक्त होती है। अनेक निरीक्षकों ने इस विषय को अस्पष्ट ढंग से छू-भर दिया है, पर फ्रांसीसी मनोचिकित्सकों द्वारा इन दशाओं के वर्णन से पूर्व (उदाहरणार्थ सन् 1905 में डेपोई ने इस दशा के निर्दिष्ट उदाहरण दिए थे) ये निरीक्षक उसे स्पष्ट रूप से नहीं समझ सके थे। उन्होंने दिखलाया कि इस दशा में निहित मानसिक प्रक्रिया वस्तुतः मैथुनिक स्फीति और पूर्ण कामतृप्ति की प्रक्रिया थी, जो प्रतीक रूप से दुरावेशात्मक आवेश में रूपांतरित हो जाती थी। इसमें कर्ता कमोबेश किसी बेकार चीज को, जैसे रेशम का टुकड़ा या ऐसी ही किसी अन्य वस्तु को, चुराने के लिए आतुर हो जाता था। इस चुराई हुई वस्तु के संबंध में वह समझता था कि वह मैथुनिक उत्तेजना के लिए प्रयोग में आती है। कर्ता इस दुरावेश के प्रति संघर्ष भी करता है, पर उसकी अंतिम परिणति चोरी होती है। आनुषंगिक रूप से यह चोरीपूर्ण यौन परितृप्ति से मिलती है और कभी-कभी वास्तविक रूप से मैथुनिकपूर्ण परितृप्ति भी हो जाती है। इस प्रक्रिया की कर्त्री, जो अक्सर अच्छी हैसियत की स्त्री होती है, चुराई गई वस्तु को चोरी के बाद और कुछ महत्त्व नहीं देती, या तो उसे छिपा देती है या फिर फेंक देती है। कर्त्री को इस बात का स्पष्ट ज्ञान नहीं भी हो सकता कि उसके इस व्यवहार की जड़ें कामात्मक हैं। और यदि उसे सज्ञान रूप से इनका ज्ञान है भी, तो भी वह लगभग सभी क्षेत्रों में इस उद्देश्य को खुद-ब-खुद नहीं मानेगी। इस प्रकार हम देखते हैं कि सच्चे अर्थ में कामचौर्य रोगग्रस्त चौर्यप्रवृत्ति का एक रूप नहीं है, यद्यपि भ्रमवश कामचौर्य को शेषोक्त का अंग ही समझ जाता था क्योंकि सैद्धांतिक रूप से रोगग्रस्त चौर्यप्रवृत्ति उद्देश्यरहित और अदमनीय होती है। इसके विपरीत कामचौर्य का निश्चिय उद्देश्य रहता है, चाहे वह उद्देश्य सज्ञान हो या न हो। यद्यपि इस क्षेत्र में उद्देश्य वस्तुतः चोरी करना नहीं होता और न वह अदमनीय ही होती है, बल्कि इस कार्य को उपयुक्त अवसर पर और उचित सावधानी के साथ पूरा किया जाता है। यद्यपि कर्ता अक्सर ही या हमेशा स्नायविक रोगग्रस्त होता है, तो भी यह आवश्यक नहीं है कि वह अत्यधिक मनोरोग-ग्रस्त हो। यह दशा पागलपन के अंतर्गत नहीं है और कामचौर्य को समाप्तप्राय रोगग्रस्त चौर्यप्रवृत्ति के

साथ न रखकर मनोविज्ञान के अंतर्गत रखना चाहिए। कामचौर्य को कामात्मक फेटिशवाद का एक रोगग्रस्त रूप माना जा सकता है।

चोरी के साथ संयुक्त यौन आवेग के कुछ अपेक्षाकृत कम सामान्य रूप भी हैं, जिन्हें कामचौर्य से संबद्ध होने पर भी उससे अलग मानना चाहिए। इस प्रकार की एक दशा का विशेष वर्णन स्टेकेल ने सन् 1908 में किया था, जो सामान्यतः रोगग्रस्त चौर्यप्रवृत्ति की मनोविश्लेषणात्मक व्याख्या करते समय सामने रखी जाती है। यहां चोरी कामात्मक उद्देश्य से नहीं की जाती, यानी चोरी करना कामात्मक तृप्ति का जरिया नहीं है। इसके साथ ही चोरी प्रतीक बनी हुई वस्तु की नहीं बल्कि ऐसी चीज की होती है जिसमें कामात्मक व्यंजना होती है। इस तरह यह दशा यौन परितृप्ति की स्थानापन्न है, जो विशेषकर स्त्रियों में उनके पतियों की नपुंसकता से होनेवाली दमित भावनाओं के कारण पाई जाती है। स्टेकेल इस प्रकार से रोगग्रस्त चौर्य प्रवृत्ति के समस्त प्रकारों की व्याख्या करते है। यदि हम रोगग्रस्त चौर्यप्रवृत्ति के अस्तित्व को ही खारिज कर दें तो यह व्याख्या किसी काम की नहीं रहती।

हीली ने चोरी के साथ यौन भावनाओं के एक अन्य स्पष्टतः पृथक् मेल का वर्णन और प्रदर्शन किया है। तरुण-तरुणियों दोनों में ही ऐसी दशाएं होती हैं जिनमें कामात्मक आकर्षण के प्रति झुकाव तो होता है, पर मैथुनिक कार्य उन्हें इतने दोषयुक्त और घृणित जान पड़ते हैं कि उनका झुकाव चोरी करने की तरफ हो जाता है जो उन्हें अपेक्षाकृत कम घृणित जान पड़ती है। इस दशा की मानसिक प्रक्रिया कामचौर्य की मानसिक प्रक्रिया से उलटी होती है, क्योंकि यहां चोरी के कार्य से कामात्मक इच्छा की वास्तविक या प्रतीक रूप से परितृप्ति नहीं होती, बल्कि इस दशा में तो कर्ता उससे पलायन करता है।

सहायक पुस्तक-सूची

हैवलाक एलिस—Studies in the Psychology of Sex, Vol. VII, 'Kleptolagnia.'

हीली—Mental Conflicts and Misconduct.

स्टेकेल—Peculiarities of Behaviour.

कामांग-प्रदर्शन

यौन आवेग की एक प्रतीकात्मक अभिव्यक्ति ऐसी है जो बचपन में निर्दोष ढंग से बिना किसी मानसिक प्रकृतिक घटित हो सकती है, पर उसका वयस्क-जीवन में होना गंभीर माना जाता है। मेरा मतलब कामांग-प्रदर्शन से है। कई लेखकों ने बतलाया है कि इस अभिव्यक्ति का यौवनोद्गम में, यहां तक कि किशोरावस्था में, पाया जाना असाधारण नहीं है। इस दशा में क्षेत्र विकासमान यौन अंगों के प्रदर्शन तक (लड़कियों में विशेष तौर पर वक्ष के प्रदर्शन तक) अधिक रहता है। यह एक साधारण बचकानी

प्रवृत्ति है, जो पूर्णरूपेण स्वाभाविक दिखलाई देती है। फ्रायड यह लिखते हैं कि छोटे बच्चे भी नग्नावस्था में आनंद का अनुभव करते हैं। सोने के लिए बिस्तर पर जाने के पहले वे नंगे रहकर नाचना चाहते हैं। यही कारण है कि अपरिचितों के सामने भी वे अपने छोटे-छोटे वस्त्रों को उघाड़ देते हैं और नंगे हो जाते हैं। फ्रायड इसे विगत स्वर्गिक अवस्था (जिसमें आदम और हौवा ईडन के बगीचे में नंगे रहते थे) के संस्मरण से संबद्ध मानते हैं, जो बाद में चलकर कामांग-प्रदर्शन के रूप में रोगग्रस्त दुरावेश बन जाता है और अक्सर सही दिमाग की दशा में भी यौवनोद्‌गम के बाद निश्चित किंतु संयमित रूप में प्रकट होता है। पुटनैम का कथन है कि हम जिस बहुलता के साथ स्वप्न में देखते हैं कि हम नाकाफी तौर पर कपड़े पहने हुए हैं, वह हमारी प्रच्छन्न कामांग-प्रदर्शन-वृत्ति को प्रकट करती है। यद्यपि मैं इस मत को स्वीकार नहीं कर सकता क्योंकि इसमें इस बात को नजरअंदाज कर दिया जाता है कि सोते समय हम सचमुच ही ऐसी हालत में होते हैं। कभी-कभी बचपन में (यहां तक कि बारह वर्ष की अवस्था में भी) यौन अंगों के प्रति सरल दिलचस्पी के रूप में यह एक पारस्परिक आचरण होता है यानी बच्चे एक-दूसरे से यह कहते हैं कि तू मेरा देख और मैं तेरा देखूं। यह दशा अक्सर शरारत अथवा विद्रोह के आवेग के कारण भी होती है। यदि वह स्थायी रूप पकड़ ले तो यह समझना चाहिए कि इस दशा का कोई अस्पष्ट यौन कारण है। साथ ही यह दशा किसी अनजान तृप्ति की इच्छा से किसी उद्वेग का भी चिन्ह है या हस्तमैथुन का ही एक रूप है और उस हालत में इस दशा का साधारण हस्तमैथुन के समान ही इलाज करना चाहिए। वयस्कों में कामांग-प्रदर्शन निश्चित रूप से मैथुन का प्रतीक है और उसके प्रकारों को कई समूहों में विभक्त किया जा सकता है।

लासेग ने सन् 1877 में सबसे पहले कामांग-प्रदर्शन विच्युति का वर्णन और नामकरण किया था। अतः इस प्रकार यह विच्युति कामात्मक प्रतीकवाद का एक रूप है। इस प्रकार कामांग-प्रदर्शन का कार्य मैथुनिक आनंद का स्थान ले लेता है क्योंकि इसमें अपने से भिन्न लिंग के साधारणतः निर्दोष और कम उम्र के व्यक्तियों को जानबूझकर यौन अंगों को दिखलाने के कार्य में तृप्ति मिलती है। इस प्रदर्शन के लिए विशेष रूप से बच्चों को पसंद किया जाता है। यह कोई असाधारण बात नहीं मालूम होती और अधिकांश स्त्रियों को अपने जीवन में एकाधिक बार विशेषकर जब उनकी उम्र कम थी, किसी ऐसे पुरुष से साबका पड़ा होगा जो इस तरह जानबूझकर उनकी उपस्थिति में नंगा हो गया होगा। यह सचमुच ही सबसे ज्यादा साधारणतः पाया जानेवाला यौन अपराध है। इस बारे में नार्वुड ईस्ट ने ब्रिक्स्टन जेल में देखा कि वहां हवालात में रखे गए 291 यौन हवालातियों में से अश्लील ढंग से कामांग-प्रदर्शन करने के अपराध के ही मामलों में 101 व्यक्ति थे, यद्यपि यहां यह बता दिया जाए कि कुल मिलाकर यौन अपराधियों की यह संख्या जेल के समस्त कैदियों की कुल संख्या का सिर्फ चार प्रतिशत ही थी। कामांग-प्रदर्शनकारी, जवान और ऊपरी तौर पर हट्टा-कट्टा होते हुए भी, महज नग्नता-प्रदर्शन, और उस कार्य के द्वारा उत्पन्न होनेवाली भावनात्मक प्रतिक्रिया से ही संतुष्ट हो जाता है। वह शायद ही कभी उन स्त्रियों से, जिनके सामने वह नंगा होता है,

कोई मैथुनिक तकाजा करता है। कामांग-प्रदर्शनकारी शायद ही उस स्त्री से बोलता है, उस स्त्री के पास पहुंचने की बात तो दूर रही। नियमतः वह मैथुनिक उत्तेजना के चिह्नों को प्रकट करने तक में भी असफल रहता है। कामांग-प्रदर्शनकारी शायद ही कभी हस्तमैथुन करता है। कामांग-प्रदर्शन के कार्य और उसकी समझ में इस कार्य से स्त्री पर होनेवाली भावनात्मक प्रतिक्रिया से ही उसकी वासना की पूर्ण रूप से परितृप्त हो जाती है। वह संतुष्ट और परितृप्ति होकर लौटता है।

कामांग-प्रदर्शन के अनेक वर्गीकरण किए गए हैं। मेडर ने इसके तीन रूप माने हैं—

(1) **शैशवकालीन**—इसमें दिमाग सही रहने पर भी बच्चे दूसरों को घूरते हैं और चाहते हैं कि दूसरे भी उन्हें घूरें।

(2) **वृद्धावस्थाकालीन**—जो नपुंसकों में मैथुनिक उत्तेजना का एक तरीका है।

(3) **यौन आमंत्रण के रूप में कामांग-प्रदर्शन**—जो पर्याप्त रूप से सही-दिमाग पर त्रुटिपूर्ण पुंसत्व के व्यक्तियों में पाया जाता है।

यह वर्गीकरण पूर्ण नहीं भी हो सकता है, पर इसमें सही तौर पर मैथुनिक दुर्बलता के तत्त्व पर जोर दिया गया है, जो कामांग-प्रदर्शन में बहुत ही महत्त्वपूर्ण है। साथ ही इस विश्लेषण में इस तथ्य पर भी जोर दिया गया है कि बचपन के साधारण कार्यकलाप में मानसिक गड़बड़ियों को स्वाभाविक आधार प्राप्त है।

क्राफ्ट एबिंग ने कामांग-प्रदर्शनकारियों को इन चार चिकित्सा-संबंधी वर्गों में रखा था—

(1) ऐसी दुर्बलता की दशाएं जिनमें मस्तिष्क या रीढ़ की बीमारी है जिससे चेतना आच्छादित हो जाती है और साथ ही नपुंसकता पैदा हो जाती है।

(2) मिरगी की दशा, जिसमें यह कार्य अस्वाभाविक शारीरिक आवेग के कारण अपूर्ण चेतना की अवस्था में संपन्न होता है।

(3) थोड़ी-बहुत स्नायविक रोगग्रस्त दशाएं।

(4) ऐसी दशाएं जिनमें गहरे आनुवंशिक प्रभाव के कारण सामयिक रूप से विस्फोट होता है। यह वर्गीकरण पूर्ण रूप से संतोषजनक नहीं है।

नार्वुड ईस्ट ने व्यावहारिक दृष्टि से कामांग-प्रदर्शनकारियों को दो मुख्य वर्गों में रखा था—

(1) मनोरोगी, जो संपूर्ण संख्या के लगभग दो-तिहाई रहते हैं, जिसमें स्वप्नवादी और मानसिक रूप से त्रुटियुक्त व्यक्तियों की प्रधानता रहती है।

(2) भ्रष्टचरित्र, जो बाकी एक-तिहाई हैं और जिनका उद्देश्य पापपूर्ण होता है। अधिकांश दशाएं निम्नलिखित दो मिले-जुले वर्गों में से किसी एक के अंतर्गत आ जाती हैं : (क) ऐसे मामले जिनमें कमोबेश जन्मजात अस्वाभाविकता रहती है, पर अन्य दृष्टियों से मानसिक संतुलन ठीक होता है, कर्ता अक्सर नवयुवक या नवयुवतियां होते हैं और वे कम या ज्यादा उस लक्ष्य के प्रति सचेत होते हैं जिसे वे प्राप्त करना चाहते हैं। वे बहुधा कड़े संघर्ष के बाद ही अपने आवेगों के सामने घुटने टेकते हैं। (ख) ऐसे मामले जिनमें

मानसिक या स्नायविक गड़बड़ियों या शराब आदि नशेबाजी के कारण होनेवाले अधःपतन से उच्चतर केंद्रोंवाली अनुभूति घट गई है; ऐसे कर्ता अक्सर बूढ़े आदमी होते हैं (पादरी आदि) जिनका जीवन पूर्ण रूप से पवित्र रहता है। वे बहुधा सिर्फ अस्पष्ट रूप से ही जानते हैं कि वे किस प्रकार की परितृप्ति चाह रहे हैं और इसलिए उनमें अक्सर अभिव्यक्ति के पूर्व कोई द्वंद्व या संघर्ष नहीं होता। आराम और बलवर्धक उपचार से उनका स्वास्थ्य सुधर सकता है और इस प्रकार वे कार्य बंद हो सकते हैं। केवल प्रथम वर्ग के ही मामलों में विकसित यौन गड़बड़ी होती है। दूसरे वर्ग के मामलों में कमोबेश निश्चित रूप से यौन उद्देश्य तो रहता है, पर वह मुश्किल से सज्ञान होता है और आवेग के उदय होने का कारण उसकी उग्रता नहीं, पर उच्चतर निषेधकारी केंद्रों की अस्थायी अथवा स्थायी दुर्बलता होती है। शराब इसका सामान्य कारण है, जो या तो वास्तविक मानसिक भ्रांति उत्पन्न कर देती है या प्रच्छन्न प्रवृत्तियों को मुक्त कर देती है। नार्वुड ईस्ट का कहना है कि इंग्लैंड में शराब की खपत में कमी होने के साथ ही अश्लील कामांग-प्रदर्शन के लिए सजा पानेवालों की संख्या में कमी हो गई। (इंग्लैंड और वेल्स में सन् 1913 में 866 आदमियों को ऐसे मामलों में सजा मिली थी, सन् 1923 में अपेक्षाकृत बड़ी जनसंख्या में सजायाफ्ता लोगों की संख्या सिर्फ 548 थी)।

मिरगीवाली ऐसी दशाओं में चेतना लुप्त हो जाती है। अधिक से अधिक इन दशाओं के संबंध में यही माना जा सकता है कि उनमें एक छद्म कामांग-प्रदर्शन रहता है। वे इतने सामान्य नहीं हैं जितना कि समझा जाता है। नार्वुड ईस्ट की 150 मामलों की शृंखला में (यद्यपि उनमें मिरगीवाले लोग मौजूद थे) कोई भी ऐसा मामला नहीं मिला और वे कहते हैं कि उनके अनुभव के अनुसार ऐसे मामले अक्सर इतने अधिक नहीं पाए जाते कि वे नाटकीय होते हैं। निःस्संदेह यह सच है कि वास्तविक या दृश्यमान कामांग-प्रदर्शन की दशाएं मिरगी के मरीजों में भी हो सकती हैं, जैसा कि स्पष्ट तौर पर अनेक वर्ष पहले पलांडा ने वेरोना में दिखलाया था। जो भी हो, हमें हड़बड़ी के साथ यह निष्कर्ष नहीं निकाल लेना चाहिए कि चूंकि मिरगी के मरीजों में ऐसे मामले होते हैं इसलिए वे आवश्यक रूप से अचेतन कार्य हैं। जब छद्म कामांग-प्रदर्शन का कार्य सच्चे अर्थ में मिरगी से संयुक्त होता है, तो उसमें कोई मानसिक यौन तत्त्व नहीं रहता और वह निश्चित रूप से किसी भी प्रकार की परिस्थिति में होने के लिए बाध्य है, चाहे मरीज अकेला हो या भीड़ में हो। वह बिलकुल उन मामलों से मिलता है जिनमें मिरगी का मरीज मानसिक दौरे के समय ऊपरी तौर पर उद्देश्यपूर्ण किन्तु वास्तव में अवचेतन रूप से पेशाब करने का कार्य करता है। इस प्रकार का कार्य स्वचालित, अवचेतन और अनिच्छापूर्वक होता है। इस दशा में मरीज दर्शकों को अक्सर देखता ही नहीं; अतः यह कामांग-प्रदर्शन का कार्य नहीं हो सकता क्योंकि प्रदर्शन के कार्य में पहले से सोचा-समझा और सज्ञान उद्देश्य रहता है। दूसरी ओर जब कभी समय या स्थान पहले से ही सोच-समझकर चुन लिया जाता है (एकांत और शांत स्थान, सिर्फ एक या दो नवयुवतियों अथवा बच्चों की उपस्थिति) तब यह बात मालूम होने पर भी कि कर्ता मिरगीग्रस्त है, यह स्वीकार करना मुश्किल होता है कि हमारे सामने प्रस्तुत मामला मिरगी

के कारण होने वाला अवचेतनमूलक मामला है।

मिरगी के मर्जवाले इन छद्म कामांग-प्रदर्शनकारियों को छोड़कर, जो कानूनी तौर पर स्पष्ट रूप से अपने कार्य के लिए जिम्मेदार नहीं ठहराए जा सकते, यह बात फिर अब भी स्मरणीय है कि कामांग-प्रदर्शन में अक्सर या तो मस्तिष्क विकृति बहुत ऊंची मात्रा में स्नायविक रोग के आधार पर रहती है या वास्तविक बीमारी ही होती है। यह बात कामांग-प्रदर्शन में प्रायः किसी भी विकृति की अपेक्षा बड़ी हद तक सच है। बिना विशेषज्ञों द्वारा डाक्टरी जांच के किसी भी कामांग-प्रदर्शनकारी को जेल नहीं भेजना चाहिए। हिर्शफेल्ड का विश्वास है कि कामांग-प्रदर्शनकारी कभी सही दिमाग नहीं होता। कुछ मामलों में कामांग-प्रदर्शन का आवेग नियंत्रण में लाया जा सकता है, अथवा वह अवस्था योंही निकल जा सकती है। जिन लोगों में कामांग-प्रदर्शन एक बड़ी हद तक लम्बे अरसे तक शराब पीने अथवा अन्य प्रभावों के कारण मस्तिष्क के उच्चतर केंद्रों की निषेध और नियंत्रण करने की शक्ति के नष्ट होने से होता है उन व्यक्तियों का इलाज हो सकता है और इलाज से इस दशा को काबू में लाया जा सकता है। जब वह नौजवानी में होता है तो वह स्वयंस्फूर्त रूप से बहुत बढ़ जाता है। उदाहरण के लिए तरुण रूसो के मामले में—जो लिखता है कि जब वह लड़का था तो उसने एक या दो बार दूर से अपने शिश्न आदि कामांगों को लड़कियों को दिखलाया था—यह बात पाई जाती है। जब मैं बहुत वर्ष पहले मोरैबिया में से गुजर रहा था तो मैंने एक जवान स्त्री को रेलवे लाइन के पास एक नाले में नहाते हुए देखा और ज्योंही रेलगाड़ी वहां से निकली उसने पीठ फेर ली और शमीज उठा ली। (यहां हमें इस बात को ध्यान में रखना चाहिए कि नितंबों का प्रदर्शन कर भूत आदि भगाने की प्राचीन रीति आगे चलकर मिट गई और यही बात घृणा व्यक्त करने के तरीके के रूप में विशेषकर स्त्रियों द्वारा अमल में लाई जाने लगी।) बचपन की अवस्था को छोड़कर स्त्रियों में कामांग-प्रदर्शन की सच्ची विच्युति बहुत ही विरल है। जैसाकि डगलस ब्रायन ने लिखा है कि कामांग-प्रदर्शन में स्त्रियां संपूर्ण शरीर को ही शिश्न-तुल्य मानकर दिखलाती हैं।

कामांग-प्रदर्शन एक ऐसा कार्य है जो देखने में प्रयोजनरहित और अर्थहीन जान पड़ता है किन्तु यह समझना कि वह आवश्यक रूप से पागलपन है, नादानी होगी। इस समय तो नहीं, पर पहले पागलपन और यौन विकृतियों पर लिखनेवाले लेखकगण ऐसा ही समझते थे। यह बात दूसरी है कि उग्र रूप में यह दशा दोनों में से किसी एक के साथ सम्बद्ध हो सकती है।

कामांग-प्रदर्शन को हमें बुनियादी तौर पर पूर्वराग की विकृति पर आधारित एक प्रतीकात्मक कार्य समझना चाहिए। यदि कामांग-प्रदर्शनकारी पुरुष है तो वह अपने यौन अवयवों को स्त्री दर्शक को दिखलाता है और इस दृश्य के फलस्वरूप स्त्री में थोड़ी-सी यौन-विषयक शर्म की प्रतिक्रिया का धक्का लगता है। उसमें ही कर्ता मैथुन की स्वाभाविक भावनाओं के समान तृप्ति पा लेता है। वह महसूस करता है कि उसने मानसिक रूप से स्त्री पर बलात्कार कर दिया है।

कामांग-प्रदर्शन इस प्रकार बहुत-से व्यक्तियों द्वारा अनुभव किए जाने वाले उस

आवेग के सदृश है और सचमुच ही उससे संबंधित है जिसमें वे अपने से भिन्न लिंग के कम उम्र और भोलेभाले व्यक्तियों को अश्लील कहानियां सुनाते हैं या उनके प्रति अशिष्ट आचरण करते हैं। यह भी कामांग-प्रदर्शन का एक रूप है, और उसके द्वारा होनेवाली परितृप्ति शारीरिक कामांग-प्रदर्शन के बिलकुल समान ही भावात्मक गड़बड़ी पर आधारित है, जिसे वह उत्पन्न करता है, यद्यपि यहां हम नैके के इस मत को स्वीकार नहीं कर सकते कि कामांग-प्रदर्शन सादवाद का ही एक रूप है और इस दशा में परितृप्ति का अनुभव सिर्फ इस प्रदर्शन से पैदा होनेवाले आंतक के कारण होता है। दोनों प्रकार के कामांग-प्रदर्शन एक ही व्यक्ति में संयुक्त हो सकते हैं।

यह बड़ी दिलचस्प बात है कि कामांग-प्रदर्शन का चाबुक लगाने या दागने से संबंधित मैथुनिक प्रतीकवाद से निकट सादृश्य है। चाबुक मारनेवाला स्त्री के पास छड़ी लेकर (छड़ी स्वतः शिश्न का प्रतीक है और कुछ देशों में उसके ऐसे नाम भी होते हैं जो शिश्न के लिए प्रयुक्त होते हैं) पहुंचता है ताकि वह स्त्री के किसी अंतरंग भाग पर ऐसे निशान उभारे जिससे स्त्री को शर्म लगे और उसके शरीर में ऐसी उत्कंपित गति पैदा हो जो मैथुनिक उत्तेजना के साथ सम्बद्ध रहती हो। चाबुक खाते समय स्त्री या तो ऐसी मीठी शर्म का अनुभव करती है या चाबुक लगानेवाला यह कल्पना कर लेता है कि वह ऐसा अनुभव कर रही है। छड़ी से दागने की विच्युति में कामांग-प्रदर्शन की अपेक्षा मैथुनिक प्रक्रिया की नकल असली प्रक्रिया से बहुत कुछ मिलती-जुलती है क्योंकि कामांग-प्रदर्शनकारी स्त्री की सहमति नहीं पा सकता और न वह स्त्री के नग्न शरीर के घनिष्ठ संपर्क को ही प्राप्त कर सकता है। इसके बीच का अंतर इस तथ्य से संबंधित है कि सक्रिय दागनेवाला व्यक्ति कामांग-प्रदर्शनकारी की अपेक्षा अधिक पौरुषशाली और सही दिमाग व्यक्ति होता है। जो भी हो, यहां केवल सादृश्य मात्र है न कि एकरूपता। हमें कामांग-प्रदर्शनकारी को कभी सादवादी नहीं समझना चाहिए, जैसाकि कभी-कभी समझा जाता है। अधिकांश क्षेत्रों में कामांग-प्रदर्शनकारी का यौन आवेग शिथिल रहता है और वह सामान्य पक्षाघात (लकवे) की प्रारंभिक दशा, बुढ़ापाग्रस्त मानसिक विकृति या मानसिक विशृंखलता के किसी अन्य शिथिल करनेवाले कारण जैसे दीर्घकालीन शराब की लत आदि से पीड़ित हो सकता है। उसकी यौन शिथिलता इस तथ्य से भी सूचित होती है कि दर्शक के रूप में चुने जानेवाले व्यक्ति अक्सर बच्चे ही रहते हैं।

जैसाकि आपातदृष्टि से दिखलाई देता है, कामांग-प्रदर्शन का कार्य मनोवैज्ञानिक तौर से इतना जटिल नहीं है कि उसकी व्याख्या ही न की जा सके। कामांग-प्रदर्शनकारी अक्सर झेंपू और डरपोक होता है और कभी-कभी अपेक्षाकृत उसकी शारीरिक बनावट अविकसित रहती है। साथ ही उसका कामांग प्रदर्शन-कार्य उसके झुकाव के विरुद्ध एक उग्र प्रतिक्रिया के रूप में होता है। फेटिशवादी भी इसी प्रकार अक्सर झेंपू और गुमसुम होते हैं और हिर्शफेल्ड ने इस बात पर जोर दिया है कि कामांग-प्रदर्शनकारी में अक्सर फेटिशवाद के तत्त्व मौजूद रहते हैं। सचमुच ही वे इन दो तत्त्वों को इन सब मामलों में मौजूद मानते हैं—(1) अंतर्जात और स्नायविक रोगग्रस्त। (2) बहिर्जात, जिसमें अक्सर फेटिशवाद के तत्त्व होते हैं। कामांग-प्रदर्शनकारी किसी स्त्री के चेहरे से नहीं पर अक्सर

उसके पैरों ही से अधिक उत्तेजित होता है। हिर्शफेल्ड का विश्वास है कि बच्चों और स्कूली लड़कियों को देखकर कर्ता इन कार्यों की ओर प्रेरित होता है, क्योंकि संभवतः ये लोग ही पांव सबसे अधिक खुले रखते हैं।

इस कार्य से होनेवाली प्रतिक्रिया को इन तीन वर्गों में से किसी एक में रखा जा सकता है—(1) लड़की डर जाती है और भाग जाती है; (2) वह नाराज होती है और अपराधी को गालियां देती है; (3) उसे आनंद मिलता है, वह खुश होती है और हंसती है या मुस्कराती है। यह अंतिम प्रतिक्रिया ही है जिससे कामांग-प्रदर्शनकारी को सबसे अधिक तृप्ति मिलती है।

यह संभव जान पड़ता है कि कामांग-प्रदर्शन के सदृश कामात्मक प्रतीकवाद का एक रूप उन विरल दशाओं में भी पाया जा सकता है जिनमें स्त्रियों के सफेद कपड़ों पर स्याही, तेजाब अंथवा अन्य किसी धब्बा लगानेवाले द्रव पदार्थ को फेंककर कर्ता यौन परितृप्ति पाता है। मोल, हिर्शफेल्ड, थ्वानों और अन्य लोगों ने इस प्रकार के मामले लिपिबद्ध किए हैं। थ्वानों का ख्याल है कि ऐसे मामलों में धब्बा ही फेटिश है। यह वस्तुस्थिति का एक गलत ब्योरा है। अधिकांश मामलों में संभवतः सफेद कपड़े ही प्रधान रूप से फेटिश होते हैं, किन्तु धब्बा लगाने अथवा कपड़े खराब करने के कार्य से यह फेटिश अधिक तीक्ष्णता के साथ साकार बन जाता है और साथ ही इसी समय दोनों पक्ष एक भावनात्मक अवस्था में प्रविष्ट हो जाते हैं, जो फेटिशवादी के लिए मैथुन की नकल बन जाती है। हम शायद इस लक्षण के साथ उस आकर्षण को जोड़ सकते हैं जो अक्सर जूते को फेटिश बनाए हुए व्यक्ति को कीचड़-भरे जूते में दृष्टिगोचर होता है। स्त्रियों में स्वच्छता के प्रति जो प्रेम रहता है उसे रेस्तिफ द लॉ ब्रितोन स्त्रियों के उस आकर्षण से सम्बद्ध करते हैं जो उन्हें अपने पैरों के प्रति होता है। इस संबंध में यह ध्यान देने योग्य है कि स्त्री के शरीर में पैर ही ऐसे अंग हैं जिन्हें साफ रखना बहुत मुश्किल है।

गार्नियर ने कोड़े दागने और इसी प्रकार की अन्य अभिव्यक्तियों के लिए, जिनपर हम यहां विचार कर रहे हैं, सादवादयुक्त फेटिशवाद शब्द का प्रयोग किया है। इस शब्द का प्रयोग वे इस आधार पर करते हैं कि ये अभिव्यक्ति में मिश्रज हैं, जिनमें किसी एक निर्दिष्ट पात्र के प्रति पूजा की रोगग्रस्त भावना के साथ ही साथ थोड़ी-बहुत हिंसा भी मिली रहती है। कामात्मक प्रतीकवाद की जिस धारणा को मैंने अपनाया है उसकी दृष्टि से इस शब्द के प्रयोग की कोई जरूरत नहीं है। यहां दो असमान मानसिक अवस्थाओं का मिश्रज संयोग नहीं होता। यहां हमें सिर्फ कामात्मक प्रतीकवाद पर विचार करना है, जो कमोबेश पूर्ण और जटिल है।

कामात्मक प्रतीकवाद की प्रक्रिया के तौर पर कामांग-प्रदर्शन की धारणा में निहित रहता है कि कामांग-प्रदर्शनकारी उस स्त्री की मानसिक प्रतिक्रियाओं के प्रति सज्ञान रूप से या अचेतन रूप से ध्यान दे। वह एक ऐसी भावना को उत्पन्न करना चाहता है जिसे वह संभवतः समझता है कि अधिकांश दशाओं में वह आनंददायक होगी। परंतु किसी न किसी कारण से उसको समझने की सूक्ष्मतर शक्तियां या तो निरुद्ध रहती हैं, काम नहीं

करतीं और वह ठीक ढंग से उस प्रभाव का जो वह उत्पन्न करने जा रहा है या अपने कार्य के सामान्य नतीजे का आकलन करने में असमर्थ रहता है या फिर वह एक प्रबल आवेगात्मक दुरावेश में बह जाता है जो उसके विवेक पर काबू कर लेता है। बहुत-से मामलों में कामांग-प्रदर्शनकारी के पास यह विश्वास करने के लिए काफी कारण होते हैं कि उसका कार्य अन्यथा न होगा, आनंददायक होगा, बात यह है कि उसे निम्न श्रेणी की नौकरानियों आदि में सहिष्णु दर्शक भी मिल जाते हैं।

परंतु कामांग-प्रदर्शनकारी की इच्छा अक्सर महज सहलाने जैसे हलके मनोरंजन की अपेक्षा कुछ और भी ज्यादा प्रभाव पैदा करने की होती है। वह एक प्रबल प्रभाव पैदा करना चाहता है, चाहे वह आनंददायक हो या न हो। कभी-कभी एक दुर्बल, अहंकारग्रस्त और नारी प्रकृति का पुरुष अधिक से अधिक भावनात्मक प्रभाव पैदा करने की कोशिश करता है। कामांग-प्रदर्शनकारी अपने स्त्री-पात्र में भावनात्मक आघात को बढ़ाने की कोशिश करता है। यह इस तथ्य में भी देखा जा सकता है कि वह कामांग-प्रदर्शन करने के लिए गिरजाघर को चुन सकता है। पर वह प्रार्थना के समय ऐसा कार्य नहीं करेगा क्योंकि वह हमेशा लोगों के जमाव से बचता है, बल्कि शायद वह शाम का ही समय चुने, जबकि गिरजाघर में इक्की-दुक्की स्त्रियां तितर-बितर रहती हैं और घुटनों के बल बैठकर प्रार्थना करती हैं।

कामांग-प्रदर्शनकारी गिरजे को इसलिए नहीं चुनता कि वह कोई धार्मिक आघात पहुंचाना चाहता है; नियमतः तो कामांग-प्रदर्शनकारी यह महसूस ही नहीं करता कि उसका कार्य धार्मिक भावनाओं पर आघात पहुंचानेवाला है। वह गिरजाघर को इसलिए चुनता है कि वहां कार्य संपन्न करने और उससे वांछनीय परिणाम निकालने के लिए वास्तव में सबसे अनुकूल परिस्थिति रहती है। इस प्रकार के एक व्यक्ति ने कहा था—"प्रभावों के विनिमय के लिए ठीक इसी की जरूरत थी।" "वे क्या सोच रही है? मेरे बारे में वे एक-दूसरे से क्या कहती है? ओह! इन बातों को मैं जानना चाहूंगा।" गार्नियर के एक मरीज ने जो इस उद्देश्य से गिरजों में जाया करता था, यह महत्त्वपूर्ण वक्तव्य दिया—"मैं गिरजों में जाना क्यों पसंद करता हूं?—इस प्रश्न का जवाब मैं मुश्किल से ही दे सकता हूं। किंतु मैं जानता हूं कि केवल वहीं मेरे कार्य का पूरा-पूरा महत्त्व है। स्त्री का दिमाग भक्ति से ओतप्रोत रहता है और उसे यह देखना ही चाहिए कि ऐसे स्थान में इस प्रकार का कार्य करना सिर्फ एक घटिया दर्जे का मजाक या घृणात्मक अश्लीलता नहीं है। गिरजे में मैं सिर्फ अपना मनोरंजन करने के लिए ही नहीं जाता हूं। मेरा उद्देश्य उससे कहीं गंभीर है। जिन स्त्रियों को मैं अपने कामांगों को दिखलाता हूं उनमें मेरे कार्य का क्या नतीजा होता है यह देखने के लिए मैं उनके चेहरों पर नजर गड़ाए रहता हूं। मैं यह चाहता हूं कि वे यह प्रकट करें कि उन्हें बहुत आनंद मिला। तथ्य तो यह है कि मैं चाहता हूं कि वे अपने-आपसे यह कहने के लिए बाध्य हों: जब प्रकृति इस प्रकार दिखलाई देती है तो वह कितनी प्रभावशाली मालूम देती है।" यह यह साफ है कि यहां हमें उसी भावना के चिह्न मिलते हैं जिसने प्राचीनकाल में शिश्न-पूजा की प्रेरणा दी थी। यह एक ऐसी भावना है जो सचमुच आज भी, जैसाकि

स्टैन्ले हाल तथा अन्य लोगों ने बतलाया है, नवयुवकों और किशोरों के साथ ही स्त्रियों में भी पाई जाती है, यद्यपि सामान्यतः यह भावना संयम के भीतर रहती है और पूर्ण विकसित पुरुष अथवा स्त्री-अंगों के मालिक अथवा मालकिन होने के गर्व के रूप में मौजूद हैं।

यही कारण है कि सही दिमाग की दशा के निकटतम रूपों में कामांग-प्रदर्शन तरुणावस्था की एक अभिव्यक्ति है। नार्वुड ईस्ट ने देखा कि उनके 150 मामलों में से 57 में (जो एक-तिहाई से भी अधिक है) कर्ताओं की उम्र 25 साल से कम थी और उनकी संख्या उम्र के बढ़ने के साथ क्रमशः घटती जाती थी, साथ ही कुल संख्या के अधिकांश व्यक्ति अविवाहित थे। यह भी एक कारण है कि एक महत्त्वपूर्ण समूह को (नार्वुड ईस्ट के अध्ययन में 40 को) 'स्वप्नद्रष्टाओं' की संज्ञा क्यों दी जा सकती है। दूसरे शब्दों में ये स्वप्नद्रष्टा अस्वाभाविक पूर्वराग की तरुणावस्थालीन कल्पनाओं का विकास करते हैं, यद्यपि जैसा कि नार्वुड ईस्ट ने लिखा है—"इन क्षेत्रों में से कइयों के संबंध में जानकर खेतों में चलनेवाली जानवरों की प्रेमलीला तथा प्रेमनिवेदन की बात याद आती है, जिसमें दिखावे का तत्त्व बहुत जोरदार होता है।"

यह पूर्वजों में प्रचलित शिश्न-पूजा का ही एक प्रकार से छद्म रूप है जिसे कामांग-प्रदर्शन के कार्य में हम प्रतिफलित देखते हैं। यहां सही मानो में वंशानुक्रम से प्राप्त पूर्वजों के किसी सहजात का पुनरावर्तन नहीं होता, बल्कि सभ्यता में मौजूद रहनेवाली सूक्ष्मतर और उच्चतर भावनाओं के जड़ीभूत होने अथवा प्रतिरुद्ध होने के कारण प्रदर्शनकारी अपेक्षाकृत आदिम युग के मानसिक स्तर पर पहुंच जाता है और इस तरह वह उस आधार को प्रस्तुत कर देता है जिस पर निम्नतर संस्कृति के आवेग स्वाभाविक रूप से जड़ जमा सकते हैं और पनप सकते हैं। जब वंशानुगत स्नायविक रोगग्रस्त गड़बड़ी बहुत ज्यादा गहराई तक नहीं होती तो अक्सर अनुकूल परिस्थितियों में व्यक्ति संतोषजनक और पूर्ण रूप से स्वभाविक व्यवहार में लौट जाता है।

यह दिखलाई देगा कि कामांग-प्रदर्शनकारी—जैसाकि यौन विच्युतियों के साथ अक्सर होता है—एक यौन अभिव्यक्ति को सिर्फ एक सोपान आगे ले जा रहा है, जिसका एक आदिम मूल आधार है और जो उचित रूप से नियंत्रित सीमाओं के भीतर और उचित परिस्थितियों में जायज भी माना जा सकता है। कामांग-प्रदर्शनकारी अक्सर हद से ज्यादा नार्किससवादी या आत्मप्रेमी होता है। किंतु हमारी वर्तमान सामाज़िक दशाओं के अंतर्गत उसके आचरण को सहन नहीं किया जा सकता, चाहे उसकी जड़ें कितनी ही स्वाभाविक हों। कामांग-प्रदर्शन से भोली-भाली लड़कियों में, जो इस कार्य के लिए इस्तेमाल की जाती हैं, स्नायविक दुर्बलता और मिरगी के लक्षण पैदा हो सकते हैं और पुलिस का ऐसे मौके पर हस्तक्षेप करना उचित और आवश्यक है।

पर उस समय क्या करना चाहिए जब एक कामांग-प्रदर्शनकारी मैजिस्ट्रेट के सामने पेश किया जाता है? जैसा कि नार्वुड ईस्ट लिखते हैं, इनमें से पर्याप्त मामलों में अदालतें खुद अपराधी की मानसिक दशा की रिपोर्ट मंगवा लेती है। यौन विच्युतियों के

अपेक्षाकृत अधिक बुद्धिसंगत दृष्टिकोण के साथ यह समस्या और भी कठिन हो गई है, जिसका प्रचलन इस समय बढ़ रहा है। छोटी सजा का कोई नतीजा नहीं होता और कड़ी सजा अनुचित और समान रूप से बेकार होगी। जब तक अपराधी अच्छा खाता-पीता, हैसियत वाला न हो, उसे किसी विशेषज्ञों की संस्था में जांच और इलाज के लिए भी नहीं भेजा जा सकता। यहां मैं एक मित्र के पत्र से, जो एक मजिस्ट्रेट और ख्याति प्राप्त योग्य व्यक्ति हैं, कुछ उद्धृत करना चाहूंगा। वे लिखते हैं—"कल कचहरी में एक ऐसे मजदूर के मुकदमे की अपील पेश हुई जिसे अश्लील ढंग से कामांग-प्रदर्शन करने के अपराध में कई बार सजा दी जा चुकी थी। इस समय सजा छः महीने की कड़ी कैद थी। कठिनाई दुहरी जान पड़ती है। पहली तो यह कि जहां तक हमें मालूम है ऐसा कोई भी स्थान नहीं है जहां इस आदमी को इलाज के लिए रखा जा सके, और दूसरी यह कि जेल का डाक्टर सिर्फ इतना ही कहेगा कि आदमी अविकसित दिमाग का है और वह यह सर्टीफिकेट नहीं देगा कि वह अपने काबू में नहीं है। नतीजा यह होगा कि 38 साल का एक स्वस्थ आदमी, जो 68 साल तक जिंदा रह सकता है, छः महीने के भीतर खुला छूट जाएगा और वह फिर अपराध करने लगेगा। उसका फौज में बहुत अच्छा रिकार्ड था। दूसरे जज भी इस मामले में बहुत चिंतित थे और मुझे यह देखकर बड़ी प्रसन्नता हुई कि जूरी ऐसे आदमी को जेल में भेजने के बहुत खिलाफ हैं। उसको छोड़ देना ही एकमात्र विकल्प था। खुशी की बात है कि हम कोड़े लगाने के युग से गुजर चुके हैं, जिसकी निःसंदेह विधान के अतंर्गत व्यवस्था है और दो या तीन साल पहले उसे कोड़े लगाए जाते।"

एक अन्य मजिस्ट्रेट, जो डाक्टर और मनश्चिकित्सक भी हैं, इस संबंध में मुझे लिखते हैं—"मैंने कचहरी में ऐसे बहुत-से मामले देखे हैं; सचमुच वे बहुत ही दुःखपूर्ण हैं। कुछ लोगों को तो मैं छोड़ देने में सफल रहा; बाकी लोगों को कानून के अनुसार सजा देनी पड़ी। इसमें संदेह नहीं कि अधिकांश मामलों में मनश्चिकित्सा की जरूरत है क्योंकि वे दंडनीय अपराधियों की अपेक्षा मानसिक रोगी अधिक हैं। बहुत-से तो अपने ही अभ्यास से भयभीत हो उठते हैं और उसे नियंत्रण में लाने की कड़ी चेष्टा करते हैं। उस परंपरागत दृष्टिकोण को बदलने के लिए बहुत प्रचार की आवश्यकता है।"

चिकित्सा के विषय में मैं यह बताना चाहूंगा कि नग्नावस्था में सूर्यस्नान-शिविरों की पद्धति पर, जो आज क्रमशः व्यापक रूप से स्वीकार की जा रही है, उसको अपनाया जाए तो ऐसे लोगों के क्षेत्र में उसके फलप्रद सिद्ध होने की सबसे अधिक संभावना है। यदि प्रदर्शनकारी अक्सर सिर्फ असाधारण नर्किससवादी या आत्मप्रेमी है और वह उन आवेगों को प्रस्तुत करता है जो आवश्यक रूप से समाजविरोधी नहीं है और जो सचमुच ही कुछ परिस्थितियों में सामाजिक रूप से स्वीकृत-योग्य हैं, तो उसे ऐसे आवेगों की जायज अभिव्यक्ति के लिए मौका देने का अर्थ उसे आत्म-नियंत्रण की नई शक्ति प्रदान करना होगा। जब एक कामांग-प्रदर्शनकारी को उन स्त्रियों और पुरुषों के बीच नग्नता का अभ्यास करने के लिए प्रोत्साहन दिया जाता है जो स्वयं सर्वथा नंगे रहते हैं और जो उसे यथाविधि स्वीकार कर लेते हैं तो इस दशा में ऐसा व्यक्ति एकदम अपनी

आत्मप्रेमात्मक इच्छाओं को उस सीमा तक परितृप्त कर सकेगा जहां तक वे निर्दोष हैं, तब वह रोगग्रस्त प्रवृत्तियों से मुक्त हो सकेगा। यदि उसके आवेग निर्दोषिता की सीमाओं के भीतर संयमित नहीं रहते तो उसे इस अवश्यम्भावी तथ्य का सामना करना पड़ता है कि वह उन सुविधाओं से वंचित हो जाएगा जो उसे दी गई हैं। इस प्रकार एक आवेग को, जो सभ्य समाज से पृथक् हटानेवाला और पतनशील हो जाता है, एक हितकर और समाजीकृत प्रणाली मिल जाती है।

एक कामांग-प्रदर्शनकारी को, जिसपर अभी तक पुलिस की नजर नहीं पड़ी है, सबसे पहली सलाह यही देनी चाहिए कि वह बाहर कभी अकेला न निकले। हिर्शफेल्ड, जो इस नियम का महत्त्व स्वीकार करते हैं, राय देते हैं कि यह सलाह हमेशा सद्भावना के साथ ग्रहण कर ली जाती है क्योंकि कामांग-प्रदर्शनकारी स्वयं अपने आवेगों से आतंकित रहता है। जब वह वास्तव में गिरफ्तार कर लिया जाता है और मजिस्ट्रेट के सामने लाया जाता है तो पहले अपराध के लिए बुद्धिमत्तापूर्ण और मानवीय रास्ता यही है कि उसे चेतावनी देकर इस शर्त पर छोड़ दिया जाए कि वह इस संबंध में डाक्टरी सलाह देगा। बहुत-से बड़े शहरों में अब मजिस्ट्रेटों, पुलिस-अधिकारियों और सामाजिक कार्यकर्ताओं की देख-रेख में नाममात्र खर्च पर इस प्रकार के विशेष आरोग्य-भवन मौजूद हैं और इनका अधिकतर उपयोग होना चाहिए। दूसरी बार अपराध करने पर अपराधी को किसी आरोग्य-भवन में अनिवार्य रूप से कम से कम एक महीने के लिए जांच और इलाज के लिए रखना चाहिए। यह फोरेल के मत के भी अनुकूल है कि कामांग-प्रदर्शनकारी खतरनाक नहीं होते और यदि कमजोर दिमाग के न हों तो उन्हें मानसिक आरोग्य-भवन में थोड़े समय से अधिक नहीं रखना चाहिए।

सहायक पुस्तक-सूची

क्राफ्ट एबिंग—Psychopathia Sexualis.

हैवलाक एलिस—Studies in the Psychology of Sex, Vol. V., 'Erotic Symbolism,.

डब्ल्यू. नार्वुड ईस्ट—'Observations on Exhibitionism', Lancet, Aug. 23, 1924.

सहयौन सुखदुःखास्तित्व (सादवाद, मासोकवाद)

सहयौन सुखदुःखास्तित्व (श्रेंक नोर्ट्रिंजग द्वारा प्रवर्तित) एक सुविधाजनक शब्द है, जो कामात्मक उत्तेजना और कष्ट के संबंध को सूचित करता है, पर जिसमें उसके सक्रिय और निष्क्रिय रूपों के स्पष्ट प्रभेद का कोई उल्लेख नहीं रहता। सक्रिय रूप को सामान्यतः मार्किस-द-साद (1740-1814) के नाम पर 'सादवाद' कहा जाता है, जिन्होंने उसे कुछ अंश में अपने जीवन में और अधिकतर अपनी पुस्तकों में चित्रित किया था।

निष्क्रिय रूप को आस्ट्रिया के उपन्यासकार साकेर मासोक (1836-1895) के नाम पर 'मासोकवाद' कहा जाता है, जिन्होंने इस यौन विच्युति का, जिसका उन्हें स्वयं अनुभव रहा है, बार-बार अनेक उपन्यासों में वर्णन किया है। सादवाद की परिभाषा सामान्यतः ऐसी यौन भावना के रूप में की जाती है जो भावना के केंद्र व्यक्ति को कष्ट—चाहे वह शारीरिक हो या नैतिक—पहुंचाने की इच्छा संयुक्त होती है। मासोकवाद एक ऐसी यौन भावना है जो भावना जागरित करनेवाले पात्र द्वारा शारीरिक रूप से दलित किए जाने और नैतिक रूप से अपमानित किए जाने की इच्छा से संबद्ध है। पूर्ण विकसित होने पर सहयौन सुखदुःखास्तित्व के अंतर्गत आनेवाले कार्य—चाहे वे सक्रिय हों या निष्क्रिय (सूक्ष्मक्रिय), चाहे वास्तविक हों या दिखावे के रूप में या प्रतीकात्मक हों, अथवा सिर्फ कल्पित हों—अपने-आपमें यौन आवेग की परितृप्ति के लिए पर्याप्त हो जाते हैं, और अंतिम सोपान में मैथुन की आवश्यकता के बगैर ही पूर्ण परितृप्ति हो जाती है।

सहयौन सुखदुःखास्तित्व संज्ञा के प्रयोग की वांछनीयता इस वर्ग की ऐसी अभिव्यक्तियों के अस्तित्व से प्रकट होती है जो सुविधापूर्वक सादवाद या मासोकवाद में से किसी के भी क्षेत्र में नहीं आते। इस प्रकार क्राफ्ट एबिंग और मोल ने निष्क्रियतापूर्वक मार खाने को मासोकवाद के रूप में मानने से इंकार कर दिया और उसे सिर्फ शारीरिक उत्तेजना के रूप में स्वीकार किया; ऐसी बात हो सकती है, किंतु बहुत-से मामलों में वह निश्चित रूप से मासोकवादी और सक्रिय रूप से सादवादी की होती है। इन दोनों में से प्रत्येक मामले में कामात्मक भावना कष्ट के साथ संयुक्त रहती है। इस प्रकार सहयौन-सुखदुःखास्तित्व संज्ञा में सुविधापूर्वक वे सब लक्षण समा जाते हैं जिन्हें सादवाद अथवा मासोकवाद के अंतर्गत रखना हमेशा आसान नहीं होता।

पारिभाषिक रूप से सादवाद और मासोकवाद का एकसाथ निमज्जन असुविधाजनक है, पर मनोवैज्ञानिक रूप से वह उचित है। मासोकवाद, जैसाकि फ्रायड ने उसके संबंध में कहा है, स्वयं अपने प्रति मुड़ा हुआ सादवाद ही है। सचमुच यही मुख्य आधार है जिसके अनुसार यह वांछनीय है कि सादवाद और मासोकवाद एकसाथ एक शीर्षक के अंतर्गत रख दिए जाएं। चिकित्साशास्त्र की दृष्टि से उनका अस्तित्व अक्सर अलग-अलग रहता है, किन्तु उनके बीच कोई स्पष्ट सीमारेखा नहीं है, और यद्यपि विशुद्ध मासोकवादी में सादवाद का कोई तत्व खोजना मुश्किल है, तथापि सादवाद में मासोकवाद के तत्त्व मिलना सामान्य बात है। यहां तक कि साद स्वयं विशुद्ध सादवादी नहीं थे और उनमें मासोकवाद के स्पष्ट तत्त्व थे, जो उनके ग्रंथों में व्यक्त होते हैं। यदि वे वास्तविक रूप से बिलकुल ही एकाकार न हों तो भी सक्रिय और निष्क्रिय तत्त्व घनिष्ठ रूप से संयुक्त हो सकते हैं। इस प्रकार प्रधान रूप से सक्रिय सहयौन सुखदुःखास्तित्व का कर्ता जिसके लिए कोड़ा कामोद्दीपक फेटिश है, लिखता है—"कार्य के सक्रिय पक्ष के प्रति मैं प्रतिक्रिया करता हूं। मैंने निष्क्रिय पक्ष की ओर भी थोड़ी-सी-दिलचस्पी का विकास किया है, किन्तु मेरा यह दृढ़ विश्वास है कि निष्क्रिय अर्धअवचेतन विच्युति अथवा कार्य के स्थानांतरण पर यह निर्भर करती है जिसका नतीजा यह है कि यद्यपि कष्ट मुझ पर ही पड़ता है पर अवचेतन रूप से मुझे यह कल्पना

हो जाती है कि मैं ही अन्य किसी व्यक्ति को कष्ट दे रहा हूं।" यह एक ध्यान योग्य दिलचस्प बात है कि जहां मासोकवादी का सामान्य स्वभाव कभी-कभी पुरुष-प्रकृति का और कठोर हो सकता है, वहां सादवादी अक्सर डरपोक, सुकुमार और स्त्री-स्वभावयुक्त व्यक्तित्व का होता है। इस तरह के एक रीडेल नामक नवयुवक का अध्ययन लोकासान्यि ने किया था। यह युवक अंततः पागलखाने में भेज दिया गया। इस नवयुवक ने एक लड़के की हत्या कर डाली। रक्त के बारे में उसमें चार साल की उम्र से ही कामात्मक भावनाएं उठने लगी थीं। वह खून करने के खेल खेलना पसंद करता था। वह शारीरिक रूप से अल्पविकसित, साथ ही डरपोक, सुकुमार और इतना झेंपू था कि वह एकांत के अलावा पेशाब भी नहीं कर सकता था। वह बहुत धार्मिक था और अश्लीलता तथा अनैतिकता से उसे घृणा थी और उसका मुखड़ा बच्चे के समान मनोहर था। किन्तु उसके लिए रक्त और हत्या का प्रेम एक अदम्य दुरावेश था और उसकी परितृप्ति से उसे भारी भावनात्मक परितोष मिलता था। ए. मारी ने एक अन्य सादवादी फ्रांसीसी नवयुवक का अध्ययन किया था। इस नवयुवक का स्वभाव भी रीडेल जैसा ही था। वह बहुत डरपोक था, जरा-जरा-सी बात में झेंपता था, बच्चों से भी आंख मिलाने में या स्त्रियों तक पहुंचने में उसे डर लगता था। वह भी एकांत के अलावा पेशाब नहीं कर पाता था। वह भी पागलखाने भेजा गया था।

हिर्शफेल्ड ने मेटाट्रोपवाद शब्द का प्रवर्तन कर सादवाद और मासोकवाद की परिभाषाओं के संबंध में पाई जानेवाली कुछ कठिनाइयों को दूर करने की कोशिश की है। इसका अर्थ एक प्रकार का परावर्तित या परिवर्तित कामात्मक रुख है, जिसमें पुरुष में स्त्री का नारी-सुलभ स्वस्थ रुख दृष्टिगोचर होता है और उसकी अति हो जाती है और स्त्री पुरुष का स्वस्थ पुरुष-सुलभ रुख अपना लेती है और उसकी अति कर डालती है। अतएव पुरुष में सादवाद का अर्थ सिर्फ इतना ही होगा कि पुरुष-सुलभ स्वस्थ कामात्मक रुख की अति हो और स्त्री में मासोकवाद का अर्थ सिर्फ स्वस्थ नारी-सुलभ कामात्मक रुख की अति करना होगा। इस प्रकार मासोकवाद और सादवाद दोनों ही इसके अनुसार कि वे पुरुष में होते हैं या स्त्री में, बिलकुल भिन्न बन जाते हैं। इस प्रकार हिर्शफेल्ड की राय में पुरुष का सादवाद और स्त्री का मासोकवाद स्वस्थ यौन आवेग की अति-अनुभूतिशील या कामोन्मादग्रस्त उग्र अवस्था है पर विपरीत लिंग के व्यक्ति में पाए जाने पर वे साधारण अवस्था से उठी हुई पूर्ण रूप से द्वंद्वात्मक विच्युतियां बन जाती हैं। जो भी हो, यह धारणा सामान्यतः स्वीकार नहीं की गई। इससे विषय बड़े भद्दे ढंग से जटिल बन जाता है। वह स्वस्थ और स्वाभाविक कामात्मकता की धारणा पर आधारित है, जिसे सभी स्वीकार नहीं कर सकते। हिर्शफेल्ड स्वयं स्वीकार करते हैं कि सादवादी पुरुष अक्सर पौरुष गुण-युक्त नहीं होता और मासोकवादी पुरुष स्वभाव से नारीसुलभ नहीं होता, इस कारण मेटाट्रोपवादी धारणा मुश्किल से ही लागू हो सकती है। चाहे हम स्त्रियों पर विचार कर रहे हों या पुरुषों पर, अब भी सहयौन सुखदुःखास्तित्व का उसके दो परस्पर-विरुद्ध किंतु अक्सर संबंधित रूपों—सादवाद और मासोकवाद के साथ प्रयोग सबसे अधिक सुविधाजनक जान पड़ता है।

कष्ट को आनन्द के रूप में अनुभव करने में एक कठिनाई खड़ी हो जाती है। जो भी हो, सहयौन सुखदुःखास्तित्व में यह बात नहीं है कि जो आनंद है वही कष्ट है, बल्कि आनन्द तो कामात्मक उत्तेजना में रहता है। अक्सर सहयौन सुख-दुखःखास्तित्वग्रस्त कर्ता अति यौन शक्तियुक्त होने की अपेक्षा अल्प यौन शक्तियुक्त पाए जाते हैं। वे अति-अनुभूतिशील या यौन रूप से अत्यंत सबल और सक्रिय दशा के विपरीत होते हैं। इसलिए उन्हें यौन सक्रियता को जागने के लिए स्वाभाविक उद्दीपनों की अपेक्षा प्रबल उद्दीपनों की आवश्यकता होती है। प्रबल अनुभूतियां और प्रबल भावनाएं, यहां तक कि बहुत ही विसदृश भावनाएं, जैसे चिंता और शोक भी उद्दीपन कार्य में और इस प्रकार आनंद देने में समर्थ होते हैं, यद्यपि वे अपने-आपमें कष्टकर हैं। क्यूलेर ने स्त्री और पुरुषों, दोनों में ही पाई जानेवाली बहुत-सी ऐसी दशाएं सामने रखी हैं जिनमें कर्ताओं का नैतिक चरित्र उच्च कोटि का था। उनमें स्नायविक शैथिल्य के लक्षण भी प्रकट थे। अपने शिथिल यौन आवेग को पुनः उत्तेजित करने के लिए सहयौन सुखदुःखास्तित्वग्रस्त कर्ता इस मूलभूत मनोवैज्ञानिक तथ्य का सज्ञान रूप से या अवचेतन रूप से लाभ उठाता है।

आगे यह भी ध्यान रखना चाहिए कि बहुत-से लोगों में, विशेषकर स्नायविक प्रवृत्ति के लोगों में अल्प मात्रा में कष्ट (मानसिक आघात, चिंता, भय आदि की संबद्ध भावनाओं-सहित) के होने से—चाहे दूसरों को कष्ट सहते देखा जाए या खुद कष्ट सहा जाए—एक आनंददायक मानसिक स्थिति जागरित हो जाती है। अवश्य ही यह कष्ट इतना घनीभूत नहीं होता कि उससे वास्तविक यौन अनुभूति को उद्दीपन मिले। कष्ट के प्रति होने वाली स्वाभाविक प्रतिक्रिया या तो दुःखपूर्ण या सहानुभूतिपूर्ण होती है। एक व्यक्ति खुद अपने को होनेवाले कष्ट के कारण दुखी रहता है और दूसरा व्यक्ति अपेक्षाकृत कम सीमा तक दूसरों के कष्ट के लिए दुखी रहता है। शेषोक्त दशा में दुःख की मात्रा का घटना-बढ़ना इस बात पर निर्भर रहता है कि कष्ट-पीड़ित व्यक्ति के प्रति कर्ता का कितना स्नेह है। पर इस दुःख की भावना में आनंद या संतोष का भी कुछ तत्त्व हो सकता है, हमें लुक्रेटियस के द्वितीय खंड से लिए गए एक उद्धरण में इस बात की एक प्राचीन अभिव्यक्ति मिलती है। यह उद्धरण समुद्र के किनारे सुरक्षित रूप से खड़े हुए व्यक्ति की भावनाओं के संबंध में है, जो दूसरे लोगों को डूबते हुए देखता है। लुक्रेटियस इसका बड़ी दिलचस्पी के साथ स्पष्टीकरण करते हैं—"हमें किनारे पर खड़े होकर मृत्यु से लड़नेवाले नाविक की विपत्तिग्रस्त अवस्था देखना अच्छा लगता है। पर यह हमें इसलिए अच्छा नहीं लगता कि हमें दूसरे के दुर्भाग्य से खुशी होती है, बल्कि इसलिए अच्छा लगता है कि इस विचार से हमें सांत्वना मिलती है कि हम स्वयं उस दुर्भाग्य के शिकार नहीं हैं।" अखबारों के मोटे-मोटे विज्ञापनपत्रों में 'आश्चर्यजनक' शब्द से ज्यादा प्रयोग किसी अन्य विशेषण का नहीं होता और शायद वह इसलिए है कि 'आश्चर्यजनक' से बढ़कर लुभावना कोई अन्य विशेषण नहीं है। 'आश्चर्यजनक' शब्द में अक्सर कष्ट या मानसिक आघात का तत्त्व भी निहित रहता है। 'ग्रैंड गिन्योल' जैसे भयंकरतायुक्त नाटकों को देखने के लिए आज भी मुग्ध दर्शक जुंड जाते हैं। साथ ही

यह बात भी ध्यान देने योग्य है कि ऐसे उपन्यास अक्सर ऊंचे दरजे के लेखकों की रचनाएं होती हैं जिनमें कष्टपूर्ण परिस्थितियों को आमोदपूर्ण और कष्टग्रस्त पात्रों को हास्यास्पद बना दिया जाता है। यह साफ है कि जिसे अकामात्मक सादवाद और मासोकवाद कहते हैं (जिसे जर्मन में 'सादेनफ्रायदे' या 'कष्ट में सुख' का नाम दिया जा सकता है) उसका कुछ तत्त्व अल्प मात्रा में सामान्य जनता में व्यापक रूप से पाया जाता है।

जब हम इन विचारों को ध्यान में रखते हैं तो हमें यह मालूम होता है कि सादवादी सभी दशाओं में निष्ठुरता की इच्छा से परिचालित क्यों नहीं होता। सादवादी का उद्देश्य तो भावना को जागरित करना और उसकी अनुभूति करना होता है, न कि कष्ट देना। उदाहरणार्थ यह बात बुद्धियुक्त आहतों के नात्युग्र सादवादी यानी सक्रिय सहयौन सुखदुःखास्तित्ववाले कर्ता की दशा से देखी जा सकती है, जिसे पहले ही उद्धृत किया जा चुका है। वह लिखता है—"कोड़े मारने की वास्तविक क्रिया से मैं मुग्ध हो जाता हूं। मेरी जरा भी यह इच्छा नहीं रहती कि मैं स्त्री का अपमान किया करूं। स्त्री को कष्ट का अनुभव होना जरूरी है, पर ऐसा अनुभव उसे सिर्फ कोड़े लगाने की तेजी की अभिव्यक्ति के रूप में ही होना चाहिए, कष्ट पहुंचाने की महज प्रक्रिया से मुझे कोई आनंद नहीं होता। इसके विपरीत उससे मुझे घृणा होती है। इस गड़बड़ी के अलावा मुझे क्रूरता से बहुत घृणा है। अपनी जिंदगी में मैंने सिर्फ एक ही जानवर को जान से मारा है और मैं दुःख के साथ इस घटना को याद रखता हूं।"

इस बात की संभावना है कि सहयौन सुखदुःखास्तित्व में हमारा ध्यान कष्ट के तत्त्व पर ही जम जाए क्योंकि हम इस दिशा में निहित समस्त मानसिक लक्षणों को समझने में असमर्थ रहते हैं। कल्पना कीजिए कि एक वाद्ययंत्र अनुभूतिशील हो जाता है तो उस हाल में यह कहना युक्तिसंगत होगा कि वाद्य का अनुष्ठान कष्ट देना है, और निश्चित रूप से भविष्य में ऐसे वैज्ञानिक और मनोविश्लेषक मिलेंगे जो यह निष्कर्ष निकालेंगे कि संगीत से प्राप्त आनंद कष्ट देने से प्राप्त होने वाला आनंद है, और संगीत का भावनात्मक असर इस प्रकार पहुंचाए गए कष्ट के कारण है।

सहयौन सुखदुःखास्तित्व के अंतर्गत अस्वाभाविक यौन आवेग की कुछ सबसे उत्कट अभिव्यक्तियां आती हैं। सादवाद के कारण कुछ अत्यंत हिंसात्मक दुराचार हो सकते हैं जो मानव-स्वभाव के विरुद्ध हैं और मासोकवाद के कारण मानवीय प्रकृति का भद्दे से भद्दा अपमान हो सकता है। पर यह याद रखना जरूरी है कि दोनों ही स्वाभाविक मानवीय आवेगों पर आधारित हैं, पर वे उन प्रवृत्तियों के अंतिम सीमांत हैं जो अल्प मात्रा में होने पर जीव-वैज्ञानिक क्षेत्र के अंतर्गत माने जा सकते हैं।

सहयौन सुखदुःखास्तित्व का स्वाभाविक सामान्य आधार जटिल और बहुमुखी है। इस संबंध में विशेष रूप से दो बातें ऐसी हैं जिन्हें ध्यान में रखना चाहिए—(1) कष्ट चाहे पहुंचाया जाए या सहन किया जाए पूर्वराग-प्रक्रिया की गौण उपज है जो निम्नतर श्रेणी के जानवरों और मनुष्यों में समान रूप से पाया जाता है। (2) कष्ट चाहे सहन किया जाए चाहे पहुंचाया जाए, विशेषतः जन्मजात अथवा वातावरण से प्राप्त

स्नायविक शिथिल दशाओं में स्नायुओं के लिए उत्तेजक है और यौन केंद्रों पर उसका जोरदार असर होता है। यदि हम इन दो आधारभूत बातों को ध्यान में रखें तो हमें सहयौन सुखदुःखास्तित्व की प्रक्रिया के बहुरूपी यंत्र को विशद रूप से समझने में कठिनाई नहीं होती और हमें उनके मनोविज्ञान की चाभी मिल जाएगी। यौन आवेग का प्रत्येक सहयौन सुखदुःखास्तित्ववाला रूप या तो पूर्वराग के किसी आदिम स्तर की अतिवृद्धि है (जो कभी-कभी पूर्वजों से आए हुए लक्षणों के रूप में प्रकट होती है) या फिर वह उन प्रयत्नों को सूचित करती है जो शिथिल शरीर में यौन स्फीति की स्थिति उत्पन्न करने के लिए कामोद्दीपक के रूप में काम करते हैं।

सब तरह का प्रेम, जैसाकि प्राचीन अंग्रेज लेखक राबर्ट बर्टन ने बहुत पहले कहा था, एक प्रकार की दासता ही है। प्रेमी अपनी प्रेमिका का सेवक होता है। उसे प्रेमिका की सेवा करने और उसकी कृपादृष्टि पाने के लिए सब तरह के खतरे उठाने, अनेक संकटों का मुकाबला करने तथा बहुत-से बुरे लगनेवाले कामों को करने के लिए तैयार रहना चाहिए। रोमांटिक कविता प्रेमी के उस दृष्टिकोण के प्रमाणों से भरी पड़ी है। हम आदिम अवस्थाओं की ओर, असभ्य समाजों के बीच, जितना ही पीछे जाते हैं उनमें उतना ही यह देखते हैं कि पूर्वराग में प्रेमी की यह दासता और उन परीक्षाओं की कड़ाई जिनमें से उसे अपनी प्रेमिका की दयादृष्टि को पाने के लिए गुजरना पड़ता है, कुल मिलाकर शौकिया दासता के रूप में स्पष्ट हो जाती है। जानवरों में यह चीज उससे भी अधिक अपरिपक्व रूप में देखी जाती है। मादा का हृदय जीतने के लिए नर को अपनी शक्तियों का अधिक से अधिक जोरदार उपयोग करना पड़ता है और अक्सर वह प्रतिस्पर्धा में अपने प्रतिद्वंद्वी के मुकाबले में लहू-लुहान और विकलांग होकर लौटता है। समान रूप से कष्ट सहना और कष्ट पहुंचाना पूर्वराग का यदि आवश्यक नहीं हो आनुषंगिक अंग अवश्यक है। जहां तक मादा का सवाल है, वह उसी प्रक्रिया में या तो सहानुभूतिपूर्ण अथवा अन्योन्याश्रित प्रभावों द्वारा पृथक् न हो सकने योग्य रूप से उलझी रहती है। और यदि पूर्वराग की प्रक्रिया के दौरान में मादा का प्रेमी मादा का गुलाम है और यदि वह प्रसन्नतापूर्वक अपने सफल और असफल प्रेमियों को उन कष्टों को उठाते हुए देख सकती है जिनका कारण वह स्वयं है, तो अपनी बारी आने पर मादा भी उस कष्ट को सहने के लिए प्रस्तुत हो जाती है जो मैथुन प्रक्रिया में निहित रहता है, और अपने साथी के तथा उसके बाद उसकी संतान के अधीन हो जाती है। बहुत-से पक्षियों में मैथुन का अवसर आने पर जब नर कामोन्माद की अवस्था में पहुंच जाता है और अपेक्षाकृत निष्क्रिय मादा को कष्ट सहना पड़ता है तो यही देखने में आता है। इस प्रकार चैफिंच नामक प्राणी कठोर और निष्ठुर प्रेमनिवेदक है, यद्यपि जब मादा आत्मसमर्पण करने के लिए प्रस्तुत होने लगती है तो वह शांत और सहानुभूतिशील हो जाता है। प्रेम में काटना-कटवाना भी एक ऐसा तरीका है जो जानवरों और मनुष्यों में पाया जाता है और घोड़े-गधे आदि मैथुन के पहले मादा को हलके से काटते हैं।

यह धारणा प्राचीन और वर्तमान दोनों ही युगों में व्यापक रूप से प्रचलित रही है कि कष्ट पहुंचाना प्रेमनिवेदन का एक लक्षण है। लूशियन एक स्त्री से यह कहलाते

हैं—"जिसने अपनी प्रेमिका पर मुक्कों की बौछार नहीं की और उसके बालों तथा उसके कपड़ों को नहीं फाड़ा, वह प्रेमिक क्या खाक है?" सर्वेण्टिस के 'रिंकोनेते' और 'कोर्तादिल्लो' नामक उपन्यासों में भी इसी धारणा का प्रतिपादन किया गया है कि एक पुरुष का अपनी प्रेमिका को मारना-पीटना उसके प्रेम का एक प्रशंसित लक्षण है। और जेनेट की एक रोगिणी अपने पति के बारे में कहती है—"वह यह नहीं जानता कि मुझे किस प्रकार थोड़ा-सा कष्ट पहुंचाया जाए। कोई भी स्त्री ऐसे पुरुष को प्यार नहीं कर सकती जो जरा-सा कष्ट न पहुंचाए।" कांग्रेव के 'संसारचरित्र' में मिलामां इसी को उल्टे ढंग से कहते हैं—"एक व्यक्ति की शक्ति उसकी क्रूरता है।"

सहयौन सुखदुःखास्तित्व की अभिव्यक्तियां सिर्फ पूर्वराग की स्वस्थ और स्वाभाविक अभिव्यक्तियों के पूर्वजानुज अतिरंजन होने के अलावा भी कुछ और है। वे विशेषतः अवयवों की दृष्टि से अशक्त शरीरों में यौन आवेग को पुनरुत्तेजित करने के सहजातजन्य प्रयत्न की अभिव्यक्ति है। पूर्वराग की आनुषंगिक भावनाएं, जैसे क्रोध और भय, स्वयं यौन सक्रियता के लिए उत्तेजक हैं। इस प्रकार एक बुझते हुए यौन आवेग को प्रबल बनाने के उद्देश्य से कृत्रिम रूप से गुस्सा या भय जागरित करना संभव है। इसे करने का सबसे सुविधापूर्ण तरीका कष्टवाली क्रिया है, यदि कष्ट पहुंचाया जाए तो हम सादवाद में पहुंच जाते हैं, यदि कष्ट सहा जाए तो मासोकवाद में पहुंच जाते हैं और यदि सिर्फ दर्शक के रूप में देखा जाए तो हम एक ऐसी मध्य स्थिति में रहते हैं जिसमें सहयौन सुखदुःखास्तित्व वाले दर्शक की सहानुभूति के रुख के अनुसार सादवाद या मासोकवाद में से किसी एक का पुट दर्शन की क्रिया पर रहता है। इस दृष्टि से सादवादी या मासोकवादी समान रूप से कष्ट को एक साधन के रूप में काम लाते हैं, जिससे वे आदिम भावना के विशाल स्रोत में से कुछ न कुछ निकाल लेते हैं और इस तरह अपने शिथिल यौन आवेग को शक्ति प्रदान करते हैं।

जब हम उन आधारों को समझ लेते हैं जिनपर सहयौन सुखदुःखास्तित्व वाली विच्युतियां स्थित हैं तो हम देखते हैं कि क्रूरता के साथ उनका संबंध केवल आकस्मिक है, आवश्यक नहीं। सादवादी व्यक्ति को क्रूर बनने की इच्छा प्रेरित नहीं करती, चाहे उसका काम वास्तविक रूप में कितना ही क्रूर क्यों न हो। वह स्वयं कोड़े मारने की अपनी भावना जागरित करना चाहता है और ऐसा करने में वह अनेक मामलों में अपने शिकार की भी भावनाओं को जगा देता है। उसे सिर्फ इतना ही मालूम है कि इस कार्य को करने का सबसे शक्तिशाली तरीका यही है कि अपनी प्रेमपात्री को कष्ट पहुंचाया जाए। किन्तु अक्सर कर्ता की इच्छा यही रहती है कि पात्र इस कष्ट को आनंद के रूप में महसूस करे। यहां तक कि स्वस्थ प्रेम के क्षेत्र में भी पुरुष उस स्त्री को जिसे वह प्यार करता है, हल्का-सा कष्ट अथवा परेशानी देना चाहता है और साथ ही हर समय इस बात के लिए व्यग्र रहता है कि स्त्री पहुंचाई हुई परेशानी को पसंद करे, यहां तक कि उसमें रस ले। सादवादी उससे महज एक कदम और आगे बढ़ जाता है और (जैसा कि एक मामले में, जिसका लेखा मौजूद है, हुआ था) लड़की को पिनें चुभोता है और साथ ही यह आग्रह भी करता है कि लड़की के चेहरे पर मुस्कराहट नाचती रहे। उसकी इच्छा क्रूर होने की

नहीं है। वह आनंद देना ही अधिक पसंद करता है, यद्यपि वह अपने शिकार के सिर्फ ऊपर से ही आनंदित दिखलाई देने पर संतुष्ट हो जाता है। यहां तक कि सादवादी जब इतना आगे बढ़ जाता है कि वह अपने शिकार का खून तक कर देता है, तब भी वह हत्या करने की इच्छा से नहीं किंतु खून बहाने की इच्छा से परिचालित होता है और इस प्रकार उस भावनात्मक उत्तेजना को प्राप्त करना चाहता है जो बहते हुए खून के दृश्य से प्रायः समस्त संसार में पाई जाती है। लेपमेन ने बड़ी बारीकी के साथ इसी बात को परिलक्षित किया है कि सादवादी ढंग के अपराधों में साधारण घाव गले और पेंडू जैसे भागों में पाए जाते हैं, जिन पर चोट करने पर अधिक से अधिक रक्तस्राव होता है।

इसी प्रकार मासोकवादी में क्रूरता सहने की कोई इच्छा नहीं रहती। क्राफ्ट एबिंग, मोल और दूसरे लोग निष्क्रिय सहयौन सुखदुःखास्तित्व की जिस अल्प मात्रा को महज स्वस्थ अवस्था का एक उग्र रूप मानते हैं और जिसे यौन अधीनता स्वीकृति की अवस्था कहते हैं उसमें गंभीर हिंसा की—चाहे वह मानसिक हो या शारीरिक—जरूरत नहीं होती। इसमें तो सिर्फ प्रिय व्यक्ति के मन की तरंगों और उसकी प्रभुता को गौरव के साथ स्वीकार कर लेना ही होता है। इस महत्त्वपूर्ण तथ्य के अलावा कि यौन अधीनता में मैथुन का स्वस्थ आवेग मौजूद रहता है और मासोकवाद में उसका स्थान विकृत आवेग ले लेता है, यौन अधीनता और मासोकवाद के बीच कोई स्पष्ट सीमा-रेखा नहीं है और मासोकवादी को जब उसका वांछित दुर्व्यवहार मिलता है तो उसमें वही आनंद और कुछ मामलों में वही उल्लास कायम रहता है। इस दुर्व्यवहार में बहुत-से कार्य, जैसे बांधा जाना और बेड़ियों से जकड़ा जाना; कुचला जाना, थोड़ा-थोड़ा गला घोंटवाना, प्रिय व्यक्ति द्वारा घृणित समझे जानेवाले तुच्छ कार्य करना, गालियां खाना आदि सम्मिलित हैं। ये कार्य वास्तविक हो सकते हैं या केवल उनका ढोंग रचा जा सकता है। मासोकवादी के लिए ऐसा कार्य मैथुन के बराबर बन जाते हैं और अधिकांश मामलों में क्रूरता का यहां तक कि कष्ट का विचार ही नहीं उठता। यदि हम इस बात को याद रखें तो वे विशद काल्पनिक अवस्थाएं पूर्णतया अनावश्यक जान पड़ती है जिन्हें मासोकवाद की व्याख्या करने के लिए कुछ मनोवैज्ञानिकों ने (यहां तक कि फ्रायड ने भी) बड़े परिश्रम से चतुराई के साथ गढ़ा है।

मासोकवादी की अभिव्यक्ति सामाजिक दृष्टि से बहुत ही कम महत्त्व रखती है और उनसे समाज के लिए अपेक्षाकृत बहुत ही कम खतरे हैं। इस प्रकार के सहयौन सुखदुःखास्तित्व वाले उदाहरण सभ्यता के इतिहास में बहुत पहले से मिलते हैं, तो भी जब तक क्राफ्ट एबिंग ने अपने ग्रंथ 'साइकोपेथिया सेक्सुआलिस' में इस दशा के विशद लक्षणों की बहुत प्रामाणिक व्याख्या नहीं की, तब तक मासोकवाद को एक निश्चित विच्युति नहीं माना गया। सादवाद का सामाजिक और चिकित्सा-शास्त्र-संबंधी कानूनी महत्त्व बिलकुल अलग किस्म का है, यद्यपि जैविक और मनोवैज्ञानिक दृष्टि से वह मासोकवाद के साथ घनिष्ठ रूप से संबद्ध है। जहां एक ओर प्रेमावेश में काट खाने जैसी निर्दोष और स्वस्थ अभिव्यक्ति आती हैं, वहीं दूसरी ओर उसके अंतर्गत दशाओं के प्रकार सबसे गंभीर और समाज-विरोधी कार्यों तक प्रसारित रहते हैं, जैसा कि हत्यारे

जैक के मामले में देखा जाता है। यह बात अवश्य है कि शेषोक्त दशाएं एक ऐसे लगभग साधारण वर्ग की उग्रतम अवस्थाएं हैं, जिनमें मैथुनिक उद्देश्य से साथी को घायल किया जाता है। पर ऐसी बात नहीं है कि हर हालत में उसका खून ही किया जाता है। पर ऐसी बात नहीं है कि हर हालत में उसका ही खून किया जाए (लाकासान्यि ने इस वर्ग की दशाओं का विशेष अध्ययन किया था)। ऐसी दशाओं के एक दूसरे महत्त्वपूर्ण वर्ग में स्कूलों के शिक्षक-शिक्षिकाएं तथा बालकों की देख-रेख करनेवाले दूसरे लोग और नौकरानियां सादवादी उद्देश्यों से प्रेरित होकर बच्चों को कष्ट देती हैं।

सादवाद स्त्री और पुरुष दोनों में अभिव्यक्त होता है। मासोकवाद विशेषकर पुरुषों में अधिक पाया जाता है। यह कुछ तो इसलिए हो सकता है कि स्त्रियों में मासोकवाद का प्रारंभिक सोपान अर्थात् एक सीमा तक यौन अधीनता प्रायः स्वस्थ है और कुछ इसलिए कि (जैसा कि मोल ने बताया था) स्त्रियों को उसकी जरूरत नहीं रहती क्योंकि वे सामान्यतः यौन कार्य में अपेक्षाकृत निष्क्रिय रहती हैं। बात यह है कि मासोकवाद का प्रयोग शिथिल पुंसत्व के बदले में अन्य कुछ पाने के लिए या कोई उद्दीपन प्राप्त करने के लिए होता है।

जैसा कि पहले ही कहा जा चुका है, सादवाद और मासोकवाद के अन्तर्गत ही सहयौन सुखदुःखास्तित्व की समस्त अभिव्यक्तियां नहीं आ जातीं। व्यापक अर्थ में सहयौन सुखदुःखास्तित्व कामात्मक प्रतीकवाद का एक बड़ा उपविभाग है और उसमें वे सब मामले समा जाते हैं जिनमें आनन्द सक्रिय रूप से अथवा निष्क्रिय रूप से कष्ट, क्रोध, भय, व्यग्रता, मानसिक आघात, इच्छा-निरोध, अधीनता, तिरस्कार और सम्बद्ध मानसिक दशाओं से जुड़ा रहता है। चाहे यह संयोग वास्तविक हो या दिखावटी। कारण यह है कि इन सब दशाओं में कर्ता का उद्देश्य आदिम भावना के विशाल भंडार से सहायता लेना है और इसका उपयोग वह यौन आवेग को सबल बनाने के लिए कर सकता है। यही वह तरीका है जिससे कोड़े मारना (चाहे ऐसा किया जाए, सहन किया जाए, देखा जाए अथवा उसके सम्बन्ध में सोचा जाए) कुछ लोगों में प्रायः बचपन से ही यौन उत्तेजक के रूप में कार्य कर सकता है। अधिकांश मामलों में शारीरिक और मानसिक ये दोनों तत्व प्रभाव उत्पन्न करते हैं। और इस प्रकार सहयौन सुखदुःखास्तित्व वाले मामलों का एक विस्तृत और महत्त्वपूर्ण वर्ग बन जाता है। अन्य मामलों में विविध घटनाएं जिन्हें देखने मात्र से ही आकस्मिक भावनात्मक आघात लगता है, जैसे भूकम्प या सांडों की लड़ाई या रिश्तेदारों की शवयात्रा, यहां तक कि उनकी मृत्यु मैथुनिक उद्दीपन का कार्य करती हैं। यह उद्देश्य सादवादी या मासोकवादी रुख के अलावा भी कुछ और हो सकता है।

व्यापक रूप से देखने पर सहयौन सुखदुःखास्तित्व का क्षेत्र इस तरह बहुत विशाल है। इसके अलावा इन दशाओं के समूह ऐसे भी हैं जो इन विच्युति के सीमान्त पर स्थित हैं। यद्यपि इन दशाओं का शायद अधिक उपयुक्त ढंग से कामात्मक फेटिशवाद के साथ वर्गीकरण किया जा सकता है। गार्नियर ने कुछ-कुछ सादवादी-फेटिशवादी दशाओं का एक समूह खड़ा करने की कोशिश की थी, पर जो

दशा उन्होंने सामने रखी उससे उनका तर्क सिद्ध नहीं हुआ क्योंकि वह दशा पैर के प्रतीक रूप में बन जाने के वर्ग की थी। यद्यपि एब्राहम घटती हुई कामात्मक सक्रियता के तथ्य को स्वीकार करते हैं, तो भी वे यह नहीं मानते कि यह ज़रूरी है कि यही तथ्य प्राथमिक हो। अवश्य वे यह मानते हैं कि मौलिक रूप से तगड़ी जिजीविषा के दमित या पक्षाघातग्रस्त हो जाने से भी ऐसा हो सकता है। उन्होंने फ्रायड के इस सुझाव का उल्लेख किया कि शरीर की महकों से होनेवाले कामात्मक सुख तथा मूल में कामात्मक सुखबोध भी पैर के प्रतीक बन जाने के कारण-स्वरूप हो सकता है। ये तत्त्व बाद को चलकर सौन्दर्य-विरोधी होने के कारण पीछे हट जाते हैं, पर दर्शनानन्द रह जाता है।

सहयौन सुखःदुखास्तित्व और फेटिशवाद के योग को कार्सेट[1] फेटिशवाद का नाम दिया गया है, जो कदाचित् ही पाया जाता है। यहां स्त्री की कड़ी चुस्त बाडिस एक प्रकार का कामात्मक प्रतीक बन जाती है, पर उसका आकर्षण दबाव सम्बन्धी अनुभूतियों और बन्धनों के आकर्षण से सम्बद्ध रहता है। कार्ल एब्राहम ने बाईस वर्ष के एक पुरुष विद्यार्थी की अपेक्षाकृत जटिल दशा की विशद व्याख्या की है। इस व्यक्ति में पैर संबंधी फेटिशवाद, बाडिस-सम्बन्धी फेटिशवाद, जकड़ने वाले दबाव के प्रति आकर्षण और शरीर की महकों से उत्तेजना होने की विच्युति यानी शरीर की अनुकूल महकों के प्रति प्रेम, ये सब दशाएं एक साथ मौजूद थीं। इनमें से अन्तिम दशा, शरीर की महक से होनेवाली कामात्मक उत्तेजना की विच्युति को मूल अभिव्यक्ति माना गया और उसका सम्बन्ध कर्ता की मां से स्थापित किया गया। इस व्यक्ति में मलद्वार तथा मूत्रप्रणाली द्वारा कामात्मक उत्तेजना होने की दशाएं भी मौजूद थीं। जिस लड़की की दशा का पहले उल्लेख किया जा चुका है, उस लड़की के समान वर्तमान कर्ता भी बचपन में बैठकर एड़ियों से मलद्वार को दबाता था। उसमें स्त्री बनने की प्रवृत्ति भी मौजूद थी। वह अपने-आपको फीतों से कसने और ऊंची एड़ी के असुविधाजनक जूतों के पहनने के उद्देश्य से ही स्त्री होने की इच्छा करता था। कर्ता ने यौवनारम्भ के समय अपने-आपको अपनी मां की एक पुरानी बाडिस से बांधना शुरू कर दिया था। ऐसा कोई भी आकस्मिक संयोग या घटना नहीं थी जिससे इन फेटिशवाद की दशाओं की व्याख्या की जा सके।

शवों (मुर्दों) के प्रति कामात्मक आकर्षण एक अन्य लक्षण है जिसे अवसर सादवाद के अन्तर्गत शामिल कर लिया जाता है। ऐसी दशाओं में निरवच्छिन्न अर्थ में न तो कष्ट पहुंचाया जाता है और न कष्ट सहा ही जाता है। इसलिए यहां सादवाद या मासोकवाद की दशाएं मौजूद होने का प्रश्न ही नहीं उठता। पर जहां मुर्दा शरीर के साथ सम्पर्क होनेवाले आकस्मिक भावात्मक आघात को कामात्मक उत्तेजना का कारण बतलाया जाता है, वहां ये सब दशाएं सहयौन सुखदुःखास्तित्व की व्यापक परिभाषा के अन्तर्गत आ जाती हैं। किसी अवसर पर अधिक उपयुक्तता के साथ उन्हें कामात्मक फेटिशवाद वर्ग के अन्तर्गत आने वाली दशाएं भी कहा जा सकता है। जो भी हो, इलाज

1. कार्सेट—स्त्रियों की भीतरी बाडिस

की दृष्टि से हम जब ऐसी दशाओं की चिकित्साशास्त्र की दृष्टि से छानबीन करते हैं तो हम सामान्यत: ऐसे दशाग्रस्त लोगों का बहुत बड़े अंश में मनोरोगग्रस्त पाते हैं या उनमें मानसिक कमज़ोरी रहती है। वे अक्सर मन्दबुद्धि, अल्प अनुभूतिशील और अक्सर जड़ीभूत होते हैं (जैसाकि एपोलार ने वैम्पायर दा मुई नामक इस दशा के विशेष प्रकार में बतलाया है)। वे ऐसे पुरुष होते हैं जिन्हें स्त्रियां ठुकरा देती हैं और उनका मुर्दों के पास जाना प्राय: एक प्रकार का हस्तमैथुन है या किसी भी परिस्थिति में उसकी तुलना जानवरों के साथ व्यभिचार करने की विच्युति से की जा सकती है। ऐसी दशाओं को जिनमें मुर्दों के साथ सिर्फ दुर्व्यवहार ही नहीं किया जाता, बल्कि उनका अंग-भंग भी कर दिया जाता है (जैसे सार्जेंट बर्ट्रेण्ड के मामले में हुआ था) । कभी-कभी शव को कष्ट देने की विच्युति को शवघर्षण सादवाद का नाम दिया जाता है। अवश्य ही यहां संकुचित अर्थ में वास्तविक सादवाद की दशा नहीं है, बर्ट्रेण्ड ने इसकी शुरुआत इस कल्पना से की कि वह स्त्रियों के साथ दुर्व्यवहार कर रहा है। बाद को वह कल्पना करने लगा कि स्त्रियां मुर्दा थीं। इसलिए उसके भावनात्मक विकास में सादवादयुक्त विचार तो कार्य-मात्र थे, न कि कारण। बात यह है कि हर हालत में उसका लक्ष्य क्रूरता करना नहीं था। उसका लक्ष्य तो हमेशा प्रबल भावना को जगाना था। ऐसी दशाओं में अंग-भंग सिर्फ भावनात्मक उत्तेजना को बढ़ाने के लिए किया जाता है और ऐसी दशाएं बहुत ही असामान्य और अस्वाभाविक होती हैं।

सहायक पुस्तक-सूची

क्राफ्ट एबिंग— Psychopathia Sexualis.

हैवलाक एलिस—Studies in the Psychology of Sex, Vol. III, 'Love and Pain'.

स्टैन्ले हाल—'A Study of Fears,' American Journal of Psychology 1897 and 1899.

डब्ल्यू. ए. एफ. ब्राउन—'Necrophilism', Journal of Mental Science, Jan. 1875.

फ्रायड—'The Economic Problem in Masochism', Collected Papers, Vol. II and 'Instincts and their Vicissitudes' ib., Vol. IV.

यौन वार्धक्य

अक्सर स्त्रियों में रजोविरति के समय यौन वासना के विस्फोट की बहुत स्पष्ट प्रवृत्ति पाई जाती है। यह प्रवृत्ति एक बुझती हुई आग की आखिरी भभक होती है और आसानी से रोगग्रस्तता का रूप ले सकती है।

इसी प्रकार पुरुषों में जब बुढ़ापे का आगमन महसूस होने लगता है तब यौन

आवेग एकाएक प्रबल बन सकता है। इस सहजातगत प्रतिक्रिया में वह औचित्य की सीमाओं को लांघकर स्वस्थ रूप से अथवा अस्वस्थ रूप से भटक सकता है। जो भी हो, यह बात नहीं है यह प्रवृत्ति सिर्फ उन लोगों तक ही सीमित है जो जवानी में स्त्रियों में प्रेमी रहे हों बल्कि यह प्रवृत्ति कभी-कभी ऐसे लोगों में स्पष्टतः देखी जाती है जो अपने नैतिक विचारों के कारण पहले कठोर संयमित जीवन बिताते रहे हैं। और इस कारण वे एक अर्धचेतन आवेग के वश में होकर कार्य करते हैं ताकि वे खोए हुए समय का उपयोग कर लें और बिलकुल ही हाथ मलते न रह जाएं। अधिकांश स्त्रियों का यही अनुभव है कि बचपन में या तरुणावस्था में उनके साथ मैथुनिक कार्य करने की सबसे सफल और साहसपूर्ण चेष्टाएं बुजुर्ग विवाहित पुरुषों ने, अक्सर ऐसे पुरुषों ने, की हैं जिनकी स्थिति और चरित्र को देखते हुए ऐसी घटनाएं अस्वाभाविक जान पड़ती थीं। नवयुवक इस प्रकार के बलात्कार की चेष्टाएं नहीं करते क्योंकि वे जिन स्त्रियों की ओर आकर्षित होते हैं उनके प्रति उनका रुख अधिक आदरपूर्ण यहां तक कि श्रद्धायुक्त भी रहता है।

सठियाने के अलावा ऐसा मालूम होता है कि कोई ऐसी जन्मजात विच्युति नहीं है जो कम उम्र के लोगों की ओर केन्द्रित रहती हो। (बहुत पहले लेपमान यही निष्कर्ष निकाल चुके थे।) अपवाद रूप से कभी-कभी कच्ची उम्र की लड़कियों के प्रति दमित अवचेतनात्मक आवेग हो सकता है, पर बुढ़ापे से पहले यह विच्युति सिर्फ दुर्बल मस्तिष्क व्यक्तियों में ही पाई जाती है।

यह मानना पड़ेगा कि उम्र बढ़ने के साथ न केवल कार्यकलाप का विस्फोट बल्कि अहंकार और हृदयहीनता के विकास की भी सम्भावना होती है, जिससे इस प्रकार के विस्फोट आसान हो जातो हैं। यह दूसरी बातों में तो लाभदायक होता है क्योंकि यह अशक्त वृद्धों को प्रबल मनोवेगों के खतरे से बचाता है, पर उसका दुरुपयोग भी हो सकता है और सबसे अधिक खतरा उस समय होता है जब इसके साथ ही यौन क्षेत्र में सरगर्मी अधिक बढ़ जाती है।

बहुत अधिक उम्र में कामात्मक सक्रियता में वृद्धि होना उस समय और भी खतरनाक है जब यह वृद्धि लगभग बच्चियों के प्रति आकर्षण और बच्चों के साथ भद्दी घनिष्ठता के कार्यों का रूप ले लेती है। सामान्यतः बूढ़े व्यक्तियों में बच्चों के प्रति कमोबेश एक यौन प्रकार का आकर्षण रहता है। यह उस आकर्षण का प्रतिरूप है जो लड़कियों को वृद्ध पुरुषों की ओर, लड़कों को वृद्धा स्त्रियों की ओर अक्सर होता है। पर वार्धक्यजन्य पुंसत्व की कमी से वृद्ध पुरुषों को केवल यौन ढंग से छूने-छाने से ही यथेष्ट परितृप्ति हो जाती है और इस कारण यह आकर्षण अस्वाभाविक और शरारत-भरा रूप ले सकता है। वृद्धावस्था में पुरुषों की उम्र जितनी ही बढ़ती चली जाती है, उतनी ही जल्दी वह परितृप्त हो जाता है और इस तरह परितृप्ति पाने में उसे उतना ही कम पश्चाताप होता है। इस कारण, जैसा कि बूआरदेल ने बहुत पहले दिखलाया था, ज्यों-ज्यों दुष्ट कार्य करनेवाले की औसत उम्र बढ़ती चली जाती है, त्यों-त्यों उसके शिकार की औसत उम्र कम होती जाती है। जब तक शारीरिक दशा काफी स्वस्थ रहती

है और मानसिक दशा अविकल रहती है, तब तक ऐसे आवेग निःसन्देह आसानी से नियन्त्रित कर लिए जाते हैं और हमें बूढ़े व्यक्तियों के उस आनन्द को, जिसे वे कम उम्र के लोगों की ताज़गी में पाते हैं, रोगग्रस्त मानने की ज़रूरत नहीं है। किन्तु शारीरिक उत्तेजना जैसे प्रोस्टेट ग्रन्थि की वृद्धि से होनेवाली उत्तेजना और लगातार अन्तिर्निहित मानसिक ह्रास होते रहने से शक्ति-नियन्त्रण की कमी के कारण यह खतरा रहता है कि रोकथाम हट जाए और व्यक्ति स्वयं अपने लिए और साथ ही दूसरों के लिए खतरनाक बन जाए। इस तरीके से वृद्धताजन्य बौद्धिक ह्रास के स्पष्ट होने के पहले ही कभी-कभी सठियापा प्रकट हो जाता है।

पहले कुछ लोगों का (जैसे क्राफ्ट एबिंग और लेपमान का) विचार था कि मानसिक रूप से स्वस्थ वृद्ध पुरुषों द्वारा बच्चों के प्रति जो अपराध किए जाते हैं वे अपराध सिर्फ स्वाभाविक यौन सम्बन्धों से परितोष होने के कारण होते हैं, पर यह कथन संदिग्ध है। हिर्शफेल्ड को अपने दीर्घ और व्यापक डाक्टरी अनुभव के दौरान में बच्चों के प्रति यौन अपराध करनेवाला एक भी व्यक्ति ऐसा नहीं मिला जो मानसिक रूप से स्वस्थ हो। ऐसी दशाओं में हमेशा सावधानी के साथ मनश्चिकित्सा के ढंग पर छानबीन करनी चाहिए।

सहायक पुस्तक-सूची

क्राफ्ट एबिंग—Psychopathia Sexualis.

थायनाट तथा वेइसे—Medicolegal Aspects of Moral Offences

यौन विच्युतियों के प्रति सामाजिक दृष्टिकोण

रेमी द गुरमों ने अपनी पुस्तक 'फिज़िक द ला मूर' (प्रेम का शरीरशास्त्र) में लिखा है—"प्रेम का निदानशास्त्र एक नरक है, जिसके दरवाजे कभी नहीं खोलने चाहिए।" इस प्रकार की हास्यास्पद नाटकीयतापूर्ण घोषणा प्रेम पर विचार करनेवाले किसी ऐसे दार्शनिक द्वारा ही की जा सकती थी जो वैज्ञानिक प्रशिक्षण से कोरा रहा है, भले ही अपने क्षेत्र में वह कितना ही प्रशंसनीय क्यों न हो। और यह बड़े आश्चर्य की बात है कि वान् डि वेल्डे जैसे स्त्रीरोग विशेषज्ञ ने उसका समर्थन कैसे कर दिया। जैसा कि अरस्तू ने कहा था, अलंकारशास्त्र का वेत्ता होना एक बहुत बड़ी बात है। और इसलिए कहा जा सकता है कि 'नरक का द्वार' वाला रूपक गलत है। इस स्थान पर हम दान्ते द्वारा लिखित दिव्य सुखांत नाटक जैसे किसी आदर्शवादी नाटक के रंगमंच पर नहीं हैं। यहां तो हम जीव-विज्ञान के क्षेत्र में हैं जहां किसी दरवाज़े को खोले बगैर ही शरीरशास्त्र की बातें निरंतर रोगनिदानशास्त्र में जाकर अदृश्य रूप से उसमें घुलती-मिलती रहती हैं। रोगनिदानशास्त्र के तत्त्वों को पहले से ही सम्बद्ध शरीरशास्त्र के तत्त्वों में पाया जा सकता है और रोगनिदानात्मक प्रक्रियाएं भी शरीर-विज्ञान के नियमों का अनुसरण करती हैं। जब हम यथेष्ट सावधानी के साथ जांच

करते हैं तो देखते हैं कि प्रत्येक सही दिमाग पुरुष कुछ विकृत मस्तिष्क-सुलभ तत्त्वों को व्यक्त करता है और विकृतमस्तिष्क पुरुष सही दिमाग पुरुष के किसी पहलू को सिर्फ अव्यवस्थित ढंग से या बढ़ा-चढ़ाकर व्यक्त करता है। सही दिमाग और विकृत मस्तिष्क व्यक्तियों को एक साथ लेने पर उन्हें एक ही ग्राफ रेखा पर अलग-अलग अंशों के प्रकार भेदों के रूप में दर्शाया जा सकता है। प्यार में जो स्त्री एकाएक कह उठती है, "मैं तुम्हें खा सकती हूं' उसका संबंध शृंखलाबद्ध रूप से 'हत्यारे जैक' के साथ जोड़ा जा सकता है। यह ठीक है कि इस शृंखला की कड़ियां अपने-आपमें बहुत छोटी हैं। हम सबमें न्यूनाधिक विकसित रूप में अनाचार के कीटाणु विद्यमान हैं।

अतएव कोई यौन कार्य इसलिए गर्हित नहीं बन जाता कि वह अस्वाभाविक है। यह दृष्टिकोण किसी समय प्रचलित था। क्या स्वाभाविक है, इसकी एक संकुचित धारणा मानी जाती थी और इस धारणा के अलावा हर एक चीज अस्वाभाविक थी, और उसके लिए यदि सजा नहीं तो गाली-गलौज अवश्य ही मिलती थी, यहां तक कि कड़ी सज़ा भी दी जाती थी, क्योंकि ऐसे कार्य को शायद अपराध और प्रायः निश्चित रूप से एक पाप तो माना ही जाता था।

चूंकि क्या स्वाभाविक है और क्या नहीं, इस संबंध में अब हमारा ज्ञान बढ़ गया है और हमें प्रकृति में अनगिनत प्रकारभेदों को स्वीकार करना पड़ रहा है, इससे एक अलग प्रकार की धारणा बढ़ रही है। हम देखते हैं कि विवेकपूर्ण इनका फर्क समझना जरूरी है । अब प्रश्न यह नहीं रह गया है कि क्या अमुक कार्य अस्वाभाविक है, बल्कि प्रश्न यह है कि क्या अमुक कार्य हानिकारक है ? समाज को यौन जोड़ों की विविधताओं से कोई मतलब नहीं है, किन्तु यौन कार्य के उन प्रकारभेदों को निश्चित करने की चिन्ता है जो हानिकारक हैं। यह प्रश्न कुछ महत्त्वपूर्ण है क्योंकि तजुर्बेकार डाक्टरों का यह विश्वास है कि पिछले कुछ वर्षों से विच्युतियां (जैसा कि यौन कार्य के कुछ तरीकों को अभी तक अक्सर कहा जाता है) अपेक्षाकृत अधिक सामान्य हो गई हैं। बहुत-से-कारणों से यह परिस्थिति उत्पन्न हुई होगी। कुछ अंश में इस बात को बड़ा महत्तव दिया जाता है कि वेश्यागमन में कमी हो गई है और लोगों में वेश्याओं के साथ सम्बन्ध करने के प्रति विरति बढ़ गई है। साथ ही लोगों की परितृप्ति अब वेश्याओं के बदले ऐसी स्त्रियों से होती है जो नैतिक सिद्धान्तों के कारण या गर्भ रह जाने के भय के कारण वास्तविक मैथुन नहीं करने देतीं।

इसके बाद सम्भवतः हमें सभ्यता की प्रगति से परिमार्जन की मात्रा में होने वाली वृद्धि पर भी विचार करना होगा जिससे प्रेमियों को उन तरीकों से आनन्द मिलता है जो आदिम लोगों को अथवा तीव्र प्रेम के अभाव में स्वयं इन प्रेमियों को घृणित दिखलाई देंगे। अवश्य ऐसे भी लोग हैं जिन्हें यौन भावना की किसी गहरी विच्युति के कारण जैसे यौन विपरीतता या मासोकवाद या फेटिशवाद के कारण कामात्मक परितृप्ति की सम्भावना तभी होती है जब कि यौन उत्तेजना किसी विकृत प्रणाली से होती है। यहां भी विपरीतता अपने चरम बिन्दु पर नहीं पहुंचती और बोल्बार्स्ट के शब्दों में यह अक्सर सही दिमाग व्यक्तियों के जीवन में स्वाभाविक घटक के रूप में पाई जाती है। फ्रायड ने सम्भवतः सच ही कहा है कि ऐसा कोई भी स्वस्थ व्यक्ति नहीं है जिसमें विपरीतता के

ऐसे तत्त्व कभी न कभी पाए न जाएं।

धीरे-धीरे आज हम इस निष्कर्ष पर पहुंच रहे हैं कि केवल दो दशाओं के अतिरिक्त यौन आवेग की अस्वाभाविक परितृप्ति के लिए किसी प्रकार की भर्त्सना अथवा हस्तक्षेप या निन्दा करने की जरूरत नहीं है, चाहे यह कितना ही असाधारण यहां तक कि घृणात्मक क्यों न दिखलाई देती हो। ये दो दशाएं इस प्रकार हैं—एक तो वह दशा जिसमें चिकित्साशास्त्र के विरुद्ध आचरण किया जाता है और दूसरी वह जिसमें कि कानून तोड़ा जाता है। इसका अर्थ यह है कि पहली दशा में कर्ता अपने स्वास्थ्य को नुकसान पहुंचाता है और इस दशा में उसे डाक्टरी चिकित्सा या मनश्चिकित्सक द्वारा चिकित्सा की जरूरत है। दूसरी दशा में वह अपने साथी या साथिन या किसी अन्य व्यक्ति के स्वास्थ्य या अधिकारों को हानि पहुंचा सकता है और इस दशा में कानून को हस्तक्षेप करने का अधिकार है। ऐसे बहुत-से तरीके हैं जिनसे ऐसा हो सकता है। साथ ही ऐसे भी बहुत से तरीके हैं जिनसे होने वाले नुकसान को ध्यान में रखकर कानूनी कार्यवाही की जाती है, या कुछ लोगों के मत के अनुसार कार्यवाही की जानी चाहिए। किसी नाबालिग को फुसलाना, व्यभिचार द्वारा दाम्पत्य-अधिकारों का हनन, मैथुन द्वारा किसी रोग का संक्रमण, दृश्यगत रूप से यौन परितृप्ति के लिए क्रूरता करना। (भले ही कर्ता का उद्देश्य ऐसा करना न हो) आदि इस प्रकार की हानियां हैं। इनमें से बहुत से प्रश्नों पर मतैक्य है। सिर्फ समलैंगिक अप्राकृतिक व्यभिचार की अभिव्यक्तियों का मामला ही एक ऐसा मामला है जिस पर अभी तक व्यापक मतभेद है और अलग-अलग देशों में उसके प्रति अलग-अलग कार्यवाही की जाती है। इस विषय पर हम अगले अध्याय में विस्तार से विचार करेंगे।

समलैंगिक मैथुन हर जगह और हमेशा मौजूद रहा है। यह दशा प्रकारान्तरों की स्वाभाविक और अपरिहार्य परिधि के भीतर ही आनेवाली अन्तरयौन दशाओं में से एक है। इस तथ्य के अलावा और इस तथ्य के अलावा भी कि समलैंगिकता बाल्यावस्था में लैंगिक प्रभेद के प्रति उदासीनता पर आधारित होती है, कुछ देशों में और कुछ संस्कृतियों में समलैंगिक व्यभिचार एक फैशन के रूप में लोकप्रिय रहा है या एक आदर्श के रूप में वाञ्छनीय रहा है। वह सिर्फ कानून ही बनाने से, चाहे वे कानून कितने ही कड़े क्यों न हों, या सामाजिक तिरस्कार या डर से निर्मूल नहीं किया जा सकता। ईसाई-धर्म के प्रचलन की शुरू की सदियों में जब कान्स्टेण्टाइन के ईसाई होने के साथ राज्य पर नये धर्म का आधिपत्य हो गया तो समलैंगिक मैथुन के विरुद्ध बहुत-सी दिल दहलाने वाली घोषणाएं की गईं और फ्रांस में क्रान्ति के ऐन पहले तक समलैंगिक व्यभिचार करनेवाले पुरुषों को कभी-कभी जिंदा जला दिया जाता था। जो भी हो, क्रान्ति के बाद नेपोलियन-रचित संहिता के साथ-साथ वयस्कों में सहमति से छिपकर निजी स्थान में समलैंगिक मैथुनिक कार्यों को कानूनी तौर पर दंडनीय अपराध मानना बंद हो गया, यद्यपि ऐसे कार्यों को नाबालिगों के साथ या सामाजिक स्थानों में करने पर कड़ी सजा दी जाती थी। अब उन सब देशों में जिन पर नेपोलियन-संहिता का प्रभाव पड़ा है इसी नियम का अनुसरण किया जाता है। जो भी हो, अन्य देशों में विशेषकर इंग्लैंड और अमेरिका में प्राचीन कठोर दृष्टिकोण अभी तक

मौजूद है और पुराने कानूनों में सुधार करना मुश्किल दिखलाई पड़ता है। इन देशों में अभी तक सिर्फ इतना ही किया गया है कि कुछ हद तक इन कानूनों का पालन न किया जाए।

समाज में अपेक्षाकृत प्रबुद्ध दृष्टिकोण के विकास की हम आशा कर सकते हैं। उससे आगे चलकर बहुत कुछ होने को बाकी है। यौन कार्य और यौन रुख जब तक सामाजिक अपराध नहीं बन जाते, उन्हें निबटाना किसी अन्य व्यक्ति का नहीं, बल्कि संबंधित व्यक्तियों का कार्य है। हमें यह याद रखना चाहिए कि ऐसे कार्य और रुख एक बड़ी हद तक जन्मजात बनावट के परिणाम होते हैं। जब डाक्टर के सामने तथाकथित अथवा जन्मजात दिखलाई देने वाली यौन विच्युतियां आती हैं तो एक कठिन समस्या पैदा हो जाती है। क्या डाक्टर उस मरीज़ को 'स्वस्थ' बनाने की कोशिश करे, जब कि मरीज के लिए 'स्वस्थता' की दशा वही है जो सच्चे रूप के स्वस्थ व्यक्तियों के लिए अस्वाभाविक और विपरीत होगी। मैं वोल्बार्स्ट के इस कथन से सहमत हूं कि—"यदि हम इस सिद्धांत पर अमल करें कि ऐसी कोई भी यौन विच्युति कर्ता के लिए स्वस्थ और स्वाभाविक है जिससे उस व्यक्ति को किसी अन्य व्यक्ति को हानि पहुंचाए बिना परितृप्ति प्राप्त हो जाती है तो हम संभवतः ठीक रास्ते पर पहुंच जाए।" यद्यपि यहां इतना और जोड़ देना चाहिए कि यदि किसी अन्य व्यक्ति को इस विच्युति से हानि पहुंचती है तो हमें अपने इस दृष्टिकोण में कुछ संशोधन करना होगा। हमें व्यर्थ में कठोर दमन की प्रक्रिया अपनाने की जरूरत नहीं है। तथापि हमें उन लोगों को ऐसी विच्युतियों के डाक्टरी इलाज यहां तक कि चीर-फाड़ द्वारा इलाज की भी सुविधाएं देनी चाहिए जिन्हें व्यक्ति भारी बोझ समझते हैं, चाहे ये विच्युतियां जन्मजात हों या अन्यथा हों। हमारा उद्देश्य न्यायपरक होने के साथ ही सहानुभूतिशील भी होना चाहिए।

यौन मामलों में जो अपेक्षाकृत सहनशीलता वाञ्छनीय दिखलाई देती है उससे सिर्फ उन लोगों के प्रति अन्याय का ही संबंध नहीं है जो औसत से कुछ हटकर चलनेवाले हैं बल्कि संपूर्ण सामाजिक ढांचे पर उसका असर पड़ता है और नैतिक प्रणाली को एक नई स्थिरता प्राप्त होती है। यौन विविधताओं को अनाचार या अपराध मानकर कार्यवाही करना बेकार तो है ही, साथ ही उससे इन कार्यवाहियों की असफलताओं के कारण सामाजिक प्रणाली पर से लोगों का विश्वास उठता जाता है और विविधताओं का प्रचलन और बढ़ जाता है क्योंकि ऐसे मामलों में, जैसा कि हम जानते हैं (शराब के संबंध में अब इस बात को अच्छी तरह मान लिया गया है), निषेध उत्तेजना का कार्य करते हैं। यूनान में यौन अभिव्यक्तियों के इतिहासज्ञ लिख्त ने ग्रीस में यौन विच्युतियों की विरलता को दिखलाया है। याद रहे कि वे समलैंगिकता को विकृति नहीं, बल्कि विवाह के साधारण पूरक के रूप में मानते हैं। वे बतलाते हैं कि इसका कारण यह था कि यूनानी समाज के लिए यौन विषय (सिवाय उन मामलों के जिनमें बच्चे सम्पृक्त होते थे अथवा हिंसा निहित होती थी) नैतिकता के अंतर्गत नहीं थे। नैतिकता का संबंध तो अन्यय, राज्य के विरुद्ध अपराध तथा अन्य अपराधों से था। जहां सामान्य संबंध बंधनरहित होते हैं, बनावटी तौर पर प्रकारभेद नहीं पनपते और यदि ऐसे प्रकारभेद होते भी हैं तो वे किसी का ध्यान आकर्षित नहीं करते। वोल्बार्स्ट कहते हैं—"यह गोरख-धंधा जैसा दिखलाई दे सकता है, पर यह सच है कि

अमेरिकन संप्रदायों में यौन विच्युतियों का प्रसार एक बड़ी सीमा तक नैतिक संस्थाओं द्वारा और उनकी सहायता से पनपा है। अवश्य ही ऐसा उनके अनजान में और उनकी मूर्खता से हुआ है।"

अब हम यूनानी नैतिकता के युग में लौटने की आशा या इच्छा नहीं कर सकते। दोनों ही हालतों में समान रूप से सुंदर शरीर और आत्मावाला आदर्श हमारी पहुंच से बाहर हो सकता है। पर इसमें संदेह नहीं कि धीरे-धीरे हम झूठी धारणाओं और कानूनी सामाजिक निषेध के लिए होनेवाली दकियानूसी और कठोर प्रयासों का ध्वंस कर डालेंगे। ऐसा करके हम अपने आध्यात्मिक वातावरण को शुद्ध करेंगे और ऐसे नुस्खों को दूर कर, जो सिर्फ कमज़ोरी के स्रोत थे अपने आचारशास्त्र को सशक्त बनाएंगे।

सहायक पुस्तक-सूची

हैवलाक एलिस—Studies in the Psychology of Sex, Vol. II, 'Sexual Inversion.'

डब्ल्यू० मैक्डूगल—Outline of Abnormal Psychology.

ए० एल० वोल्बार्स्ट—'Sexual, Perversions: Their Medical and Social Implications, Medical Journal and Record, July 1931.

हैंस लिख्त—Sexual life in Ancient Greece.

अध्याय-5

समलैंगिक मैथुन

यौन विपरीतता

जब यौन आवेग अपने ही लिंग के व्यक्ति की ओर परिचालित होता है तो हमारा साबका एक ऐसी गुमराही से पड़ता है जिसे यौन विपरीतता, प्रतिकूल स्वभावयुक्त यौन भावना, यूरेनवाद या अधिक सामान्य तौर पर समलैंगिकता कहा जाता है। यह दशा सामान्य और स्वाभाविक भिन्नलैंगिक यौन सम्बन्धों से बिल्कुल उल्टी है। इस प्रकार की मैथुनिक गड़बड़ी के समस्त रूपों के लिए समलैंगिकता सबसे उपयुक्त शब्द है, जो सामान्य, स्वाभाविक भिन्नलैंगिक यौन-सम्बन्धों से बिल्कुल अलग है। साथ ही जन्मजात नज़र आने वाले और निश्चित रूपों के लिए यौन विपरीतता सबसे अच्छा शब्द है। यह विच्युति अन्य समस्त यौन विच्युतियों से भिन्न है क्योंकि यह एक ऐसे आवेग को सामने रखती है जो साधारण और स्वाभाविक पात्र या लक्ष्य से हटकर पूर्ण और मूलभूत रूप से एक ऐसे पात्र में स्थानान्तरित हो जाता है जो अपने लिंग का होता है। यह पात्र या लक्ष्य स्वाभाविक अवस्था में यौन वासना के क्षेत्र से बाहर रहता है। फिर भी उसमें वे सब गुण और लक्षण मौजूद रहते हैं जो मानवीय स्नेह के प्रति आवेदन करते हैं और अन्य मानसिक गड़बड़ियों की अपेक्षा इस गड़बड़ी से अधिक परितृप्ति मिलती है। सम्भवतः यही विशेषता इस आवेग को इतना महत्त्वपूर्ण बना देती है। यह महत्त्व तीन प्रकार से प्रकट होता है--(1) इस आवेग का व्यापक प्रचार और संस्कृति के विभिन्न युगों में इसे प्राप्त बड़ा हिस्सा; (2) आज की सभ्यता में इसका अधिक प्रचलन, और (3) ऐसे विख्यात पुरुषों की संख्या की अधिकता जिनमें यह गुमराही मौजूद थी।

जानवरों में जो समलैंगिक अति मिलती है उसे समलैंगिकता का मूलभूत और स्वाभाविक आधार कहा जा सकता है। यह स्तनपान करानेवाले विविध प्राणियों में और जैसी कि हमें आशा करनी चाहिए विशेषतः वानरों में, जिनका विकास की दृष्टि से मनुष्य के बाद ही दूसरा नम्बर है, आमतौर से पाई जाती हैं। जी.वी. हैमिल्टन बन्दरों और लंगूरों का अध्ययन करने के बाद लिखते हैं कि "अपरिपक्व उम्र के नर बन्दर आवश्यक रूप से एक ऐसे काल में से गुज़रते हैं जिसमें वे प्रकट रूप से और करीब-करीब निरवच्छिन्न रूप से समलैंगिक ही होते हैं। यौन परिपक्वता प्राप्त करने के बाद एकाएक यह युग

समाप्त हो जाता है और वह भिन्नलैंगिक मैथुन की दशा में प्रवाहित हो जाता है।" जुकरमेन ने, जिन्होंने लंगूरों और शिम्पेंजी के समलैंगिक यौन व्यवहार का घनिष्ठ अध्ययन किया है, कभी-कभी यह देखा कि समलैंगिकता नर की अपेक्षा मादा में अधिक स्पष्ट होती है और वे यहां तक कहने को तैयार हैं कि बड़े बन्दरों में समलैंगिक और भिन्नलैंगिक मैथुनिक व्यवहार में कोई स्पष्ट प्रभेद नहीं होता।

बहुत-सी असभ्य और बर्बर जातियों में समलैंगिक व्यभिचार प्रख्यात रहा है और कई बार वह श्रद्धा की दृष्टि से भी देखा जाता रहा। ऐसा उन प्राचीन सभ्यताओं में भी था जिनके आधार पर हमारी सभ्यता का निर्माण हुआ। लगभग चार हजार वर्ष पहले असीरियन उससे परिचित थे और मिस्रवासी अपने देवताओं होरस और सेत को समलैंगिक मैथुनकारी बताते हैं। न केवल धर्म से बल्कि सैनिक गुणों से भी समलैंगिकता का सम्बन्ध जोड़ा गया है और इस रूप में प्राचीन कार्थेजीनियावासियों, डोरियन और सिथियन समाजों में और बाद को नार्मन लोगों में उसका प्रचलन था। अंत में चलकर यूनानी लोगों ने उसे सैनिक गुणों के लिए तो आदर्श माना ही, साथ ही बौद्धिक, कलात्मक, सौंदर्यपूर्ण और नैतिक गुणों के लिए भी आदर्श माना। यूनान में अनेक लोग तो उसे भिन्नलैंगिक प्रेम से भी स्वस्थतर और अधिक शरीफ मानते थे। ईसाई धर्म के आगमन के पश्चात् उसका पाया तो जमा रहा, पर वह बदनाम हो गया। साथ ही समलैंगिक मैथुनिक कार्यों के अलावा समान लिंग के व्यक्तियों की वैचारिक दृष्टि से पूजा करने के रूप में जो मनोवैज्ञानिक गड़बड़ी प्रचलित थी वह भी भुला दी गई या अब अज्ञात हो चली। जस्टिनियन के काल के बाद ही समलैंगिकता को पुरुष के साथ पुरुष द्वारा अप्राकृतिक व्यभिचार यानी गंवारू दुर्व्यसन या अपराध के रूप में स्वीकार किया गया और इस अपराध के लिए राज्य द्वारा कड़ी से कड़ी और गिरजों द्वारा कड़ी से कड़ी धार्मिक सज़ा, यहां तक कि ज़िन्दा जला देने की सजा रखी गई।

मध्ययुग में यह सम्भव हो सकता है कि यौन विपरीतता न केवल फौजी लश्करों में, बल्कि मठों में भी पनपती थी। इसी कारण धार्मिक ग्रन्थों के प्रायश्चित सम्बन्धी अध्यायों में उसका लगातार उल्लेख मिलने लगा। जो भी हो, सांस्कृतिक नवजागरण युग तक यौन विपरीतता ने बहुत बड़ा हिस्सा अदा किया, दान्ते का गुरु लातिनी विपरीत यौन वृत्ति का पुरुष था और दान्ते ने लिखा है कि उस युग के प्रसिद्ध और बौद्धिक रूप से उन्नत लोगों में यह विपरीतता पाई जाती थी। विपरीतता के कारण सुप्रसिद्ध मानवतावादी म्यूरे के सिर पर जीवन-भर मौत के खतरे की तलवार कच्चे धागे से लटकती रही। नवजागरण युग का सबसे महान् मूर्तिकार माईकेल एंजलो समलैंगिक आदर्शों और वासनाओं का पोषण करता था, यद्यपि यह मान लेने का कोई कारण नहीं है कि जिन पुरुषों के प्रति वह आकर्षित था उनके साथ उसका शारीरिक सम्बन्ध भी था। इंगलैंड में नवजागरण युग के अन्यतम प्रधान कवि मार्लो स्पष्टतः इसी भावना से ग्रस्त व्यक्ति थे। साथ ही ऐसा विश्वास करने के लिए आधार मौजूद है कि बेकन भी इसी तरह के थे।

यह बिलकुल सच है कि कोई यौन विपरीत व्यक्ति शायद ही किसी डाक्टर के

पास जाता है। अक्सर वह जो कुछ है, उससे भिन्न या अलग नहीं होना चाहता। यदि उसकी बुद्धि औसत दर्जे से ऊपर नहीं होती तो औसत दर्जे की अवश्य होती है, इसीलिए वह बड़ी सावधानी के साथ अपने राज़ को छिपाए रहता है और शायद ही उसकी तरफ पुलिस का ध्यान जाता है। इस तरह यौन विपरीतता कितनी अधिक पाई जाती है यह उन लोगों के लिए अज्ञात रहता है जो यह नहीं जानते कि उसे कैसे और कहा खोजना चाहिए। जर्मनी में हिर्शफिल्ड ने, जिनका समलेंगिकता-सम्बन्धी ज्ञान बेजोड़ है, दिखलाया है कि आबादी के विभिन्न वर्गों में समलैंगिक मैथुनकारी और उभयलैंगिक मैथुन करनेवाले व्यक्तियों की संख्या के बारे में लगाए गए विभिन्न अनुपात एक प्रतिशत से लेकर पांच प्रतिशत तक हैं। इंगलैंड में मैंने भी अपने स्वतन्त्र पर अपेक्षाकृत कम सम्पूर्ण और कम व्यापक निरीक्षण से शिक्षित मध्यमवर्ग में इतना ही अनुपात पाया। पर निम्नतर सामाजिक वर्गों में समलैंगिकता निश्चित रूप से उससे कम नहीं है और यदि उनमें समलैंगिकता अन्तर्निहित नहीं होती है तो भी इतना कहा ही जा सकता है कि उनके बीच समलैंगिकता के प्रति अरुचि का अभाव रहता है। बहुत-से यौन रूप से विपरीत व्यक्तियों ने इस बात का उल्लेख किया है। इस मामले में यह समलैंगिकता स्त्रियों में भी प्रायः उतनी ही सामान्य दिखलाई देती है जितनी कि पुरुषों में, यद्यपि स्त्रियों में उसका पता लगाना अपेक्षाकृत मुश्किल है। समलैंगिकता की बहुत प्रकट और स्पष्ट दशाएं शायद स्त्रियों में पुरुषों की अपेक्षा कम पाई जाती हैं, पर अपेक्षाकृत कम स्पष्ट और कम गहराई दशाएं उनमें शायद पुरुषों की अपेक्षा अधिक पाई जाती हैं। कुछ पेशों में अन्य पेशों की अपेक्षा यौन विपरीततायुक्त लोगों का अनुपात अधिक दिखाई देता है। यौन विपरीतता वैज्ञानिक और डॉक्टरी पेशे के आदमियों के बीच विशेष रूप से अधिक नहीं पाई जाती, पर वह साहित्यिक और कलाकार लोगों में अपेक्षाकृत अधिक पाई जाती है और नाटक-सम्बन्धी पेशों में तो अक्सर पाई जाती है। वह बाल संवारने वालों, होटल के स्त्री-पुरुष बेयरों में भी विशेष रूप से पाई जाती है। शिक्षित यौन विपरीततायुक्त व्यक्ति में कलात्मक प्रवृत्ति या संगीत-प्रेम बहुत बड़े अनुपात में, मेरे अनुमान के अनुसार 68 प्रतिशत तक पाया जाता है।

अमेरिका में शिक्षित और ऊंची नौकरी करने वालों के बीच खोज करते समय एम. डब्ल्यू. पेक ने यह पाया कि बोस्टन के कालेज के 60 व्यक्तियों में से, जो विश्वविद्यालय और कालेज-जीवन के सभी विभागों का प्रतिनिधित्व करते थे, 7 निश्चित रूप से समलैंगिक थे, और उनमें 6 ने वयस्कावस्था में प्रकट रूप से समलैंगिक कार्य करने की बात को स्वीकार किया। अन्य दो व्यक्ति स्पष्टतः पर अवचेतन रूप से समलैंगिक थे। पेक का विचार है कि कालेजों के व्यक्तियों में कम से कम 10% समलैंगिक होते हैं, भले ही वे इस सम्बन्ध में कोई कार्य करें या न करें। जी. वी. हैमिल्टन ने देखा कि उनके द्वारा लिए हुए 100 विवाहित पुरुषों में सिर्फ 44 ही ऐसे थे जिन्हें बचपन में खेले गए किसी प्रकार के समलैंगिक खेलों की याद नहीं आती थी; जबकि 46 पुरुषों और 23 स्त्रियों ने बतलाया था कि अपने ही लिंग के व्यक्तियों की मित्रता से बचपन में उनके यौन अंग उत्तेजित हो जाते थे। कैथराइन डेविस ने पाया कि

31.7 प्रतिशत स्त्रियों ने दूसरी स्त्रियों के साथ घनीभूत भावनात्मक सम्बन्धों को स्वीकार किया और 27.5 प्रतिशत विवाहित स्त्रियों ने मंजूर किया कि बचपन में वे समलैंगिक यौन खेलों को खेलती थीं। इनमें से 48.2 प्रतिशत ने किशोरावस्था के बाद ऐसे खेलों को बन्द कर दिया।

फिर समलैंगिक व्यभिचार का महत्त्व समलैंगिक वेश्यावृत्ति के प्रचलन से भी दृष्टिगोचर होता है। इसका विशेष तौर पर बर्लिन में अध्ययन किया गया है ,जहां पुलिस स्त्री-वेश्यावृत्ति की तरह उससे चश्मपोशी करती है, ताकि वह उसकी अभिव्यक्ति को उचित सीमा और नियन्त्रण में रख सके। हिर्शफेल्ड के विचार से बर्लिन में पुरुष-वेश्याओं को संख्या लगभग 20,000 है। अभी हाल में और अपेक्षाकृत सावधानी के साथ किए गए वेर्नर पिक्टन के अनुमान के अनुसार यह संख्या 6,000 है। इनमें से एक-तिहाई से अधिक व्यक्तियों को मनोविकारग्रस्त निर्धारित किया गया है। स्वयं समलैंगिक व्यभिचारियों की संख्या उनकी एक-चौथाई से भी कम है। स्त्री वेश्यावृत्ति की तरह यहां भी बेकारी को ही इसका कारण माना जाता है, पर सम्भवतः दूसरे विविध तत्त्व भी इसके कारणों में आ जाते हैं।

यद्यपि यौन विपरीतता इस तरह इतना महत्त्वपूर्ण व्यापार है, तो भी हाल में ही उसे स्वीकार किया गया है या उसके सम्बन्ध में वैज्ञानिक अध्ययन शुरू हुआ है। यह पहले-पहल जर्मनी में शुरू हुआ। अठारहवीं सदी के अंत में जर्मनी में दो पुरुषों की दशाओं का वर्णन प्रकाशित हुआ था, जिनमें कर्ता अपने ही लिंग के व्यक्तियों के प्रति विशिष्ट यौन आकर्षण को व्यक्त करते थे। पर इसके बावजूद कि हास्ली, कैस्पर और विशेषकर उलरीखस ने (जिन्होंने इस दशा को यूरेनवाद का नाम दिया था) उसके लिए आगे और रास्ता बनाया, सन् 1870 के बाद ही वेस्टफाल ने एक यौन विपरीत स्वभाव की स्त्री का विशद पूर्व-इतिहास प्रकाशित किया और स्पष्ट रूप से यह बतलाया कि यह दशा जन्मजात थी तथा वातावरण से प्राप्त नहीं थी, इसलिए इसे पाप नहीं कहा जा सकता था। साथ ही इस दशा में यद्यपि स्नायविक रोगग्रस्त अवस्था के तत्त्व भी मौजूद थे तो भी यह पागलपन की दशा नहीं थी। इसके बाद ही यौन विपरीतता का अध्ययन तेजी के साथ बढ़ने लगा। क्राफ्ट एबिंग यौन विपरीत दशा के प्रथम महान् चिकित्सक थे और उन्होंने अपनी पुस्तक 'साईकोपेथिया सेक्सुआलिस' में बहुत-सी दशाएं संगृहीत कीं। यह यौन मस्तिष्क-विकृति के सम्बन्ध में लिखी जानेवाली पहली पुस्तक थी और इसकी ओर सामान्यतः लोगों का ध्यान आकृष्ट हुआ। इसके बाद मोल ने यौन विपरीतता पर अपना प्रशंसनीय ग्रन्थ प्रस्तुत किया। क्राफ्ट एबिंग की अपेक्षा उनकी आलोचक दृष्टि अधिक तेज थी और उनके वैज्ञानिक संस्कार व्यापक थे। फिर मैग्नस हिर्शफेल्ड ने, जिन्हें यौन विपरीतताग्रस्त व्यक्तियों की बेजोड़ और सबसे अधिक सहानुभूतिपूर्ण जानकारी थी, इस संबंध में हमारी जानकारी बढ़ाने में भारी योग दिया । सन् 1914 में प्रकाशित उनकी पुस्तक 'डर होमोसेक्सुआलिटाट' सम्पूर्ण विषय का एक विश्वकोष ही है, जिसका अंग्रेजी में अभी तक अनुवाद नहीं हुआ है। मालूम होता है कि इटली में इस दशा के लिए 'यौन विपरीतता' नाम पहले-पहल प्रचलित हुआ था और

शुरू से ही रीत्ती, तमासिया, लोम्ब्रोसो और अन्य लोगों ने इन दशाओं का वर्णन किया था। फ्रांस में पहले-पहल सन् 1882 में इस दशा के अध्ययन को शार्को और मानियान ने शुरू किया था और उसके बाद एक के बाद एक करके प्रसिद्ध शोधकर्ताओं, जैसे फेरे, सेरिए और सां-पाल ने (जो डाक्टर लाउप्टस के छद्म नाम से लिखते थे) इस दिशा में हमारे ज्ञान को आगे बढ़ाया। रूस में पहले-पहल तार्नोव्स्की ने इस लक्षण की छानबीन की। इंगलैंड में एक प्रसिद्ध डाक्टर के सुपुत्र और स्वयं एक ऊंचे साहित्यमर्मज्ञ जान एडिंगटन साइमंड्स ने निजी तौर पर दो पुस्तिकाएं प्रकाशित कीं— एक प्राचीन यूनान में यौन विपरीतता पर थी और दूसरी समलैंगिक व्यभिचार की आधुनिक समस्याओं पर। एडवर्ड कार्पेण्टर ने (पहले निजी तौर पर ही) इस विषय पर एक पुस्तिका और बाद में माध्यमिक यौन विषय पर एक पुस्तक (सबसे पहले जर्मनी में) प्रकाशित कराई, जिसका नाम 'अन्तर्वर्ती सेक्स' था। राफालोविच ने फ्रेंच भाषा में उल्लेखनीय पुस्तक प्रकाशित की और यौन विपरीतता पर मेरी अपनी पुस्तक पहले जर्मनी में सन् 1896 में और बाद में इंगलैंड़ और अमेरिका में प्रकाशित हुई, जहां यौन विपरीतता के सिद्धान्त और तथ्यों पर कीर्नान और लाइड्स्टन पहले ही ध्यान दे चुके थे। इस दशा पर सबसे उल्लेखनीय पुस्तक मेरेनान की सन् 1932 में प्रकाशित पुस्तक है जो स्पेनिश से अनूदित है।

बाद में इस विषय पर और अधिक अध्ययन किया गया है, पर उसमें अभी तक पूर्ण मतैक्य नहीं हो सका है। पहली और मूलभूत कठिनाई यह निश्चित करना है कि यौन विपरीतता जन्मजात होती है या वह बाद में अन्य प्रभावों के कारण उत्पन्न होती है। क्राफ्ट एबिंग के विचारों के प्रभाव के पहले यह मत प्रचलित था कि यौन विपरीतता वातावरण से प्राप्त की जाती है, दूसरे शब्दों में वह सीधे-सीधे एक दुर्व्यसन या पाप थी और सामान्यतः केवल हस्तमैथुन या अतिमैथुनजन्य नपुंसकता का परिणाम थी, अन्यथा वह बचपन में बीने और श्रिंक नात्सिंग के अनुसार दिए गए मानसिक सुझाव का नतीजा थी। क्राफ्ट एबिंग ने समलैंगिकता के दोनों प्रकारों को (जन्मजात और वातावरणजन्य) स्वीकार किया। बाद की प्रवृत्ति जन्मजात से अन्यथा यानी वातावरणजन्य समलैंगिकता के महत्त्व को घटाने की ओर है। यह प्रवृत्ति मोल के ग्रन्थ में बहुत ही स्पष्ट थी। हिर्शफिल्ड और मेरेनान का विचार है कि समलैंगिकता में हमेशा जन्मजात तत्त्व मौजूद रहता है और ब्लाख, एलट्रिनो आदि ने ऐसे व्यक्तियों को जो जन्म से ही समलैंगिक नहीं रहते, छद्म समलैंगिकता के वर्ग में रख दिया, जो किसी न किसी कारण से समलैंगिक मैथुन करने लगते हैं। नैके का भी यही मत था और उनका विचार था कि हमें जन्मजात या अन्यथा यानी वातावरणजन्य यौन विपरीतता की दशाओं में भेद नहीं करना है, पर असली यौन विपरीतता और नकली यौन विपरीतता में भेद करना है। नैके यह मानते थे कि जीवन में देर से प्रकट होनेवाली समलैंगिकता जन्मजात से अन्यथा यानी वातावरणजन्य दशा नहीं होती, बल्कि वह जन्मजात तत्त्व पर आधारित होती है और या तो उसका विकास अवरुद्ध हो जाता है या वह विलम्ब से प्रकट होती है। कुछ अधिकारी विद्वान्, जैसे ब्लाख और नैके, पहले यौन विपरीतता के बारे में इस पुराने मत को मानकर चले थे कि यौन विपरीतता विशेष रूप से केवल या मुख्यतः वातावरणजन्य

होती है, पर बाद को चलकर उन्होंने अपेक्षाकृत आधुनिक मत को अपना लिया। पर बहुत-से मनोविश्लेषक अभी तक इस विश्वास को लेकर बैठे हुए हैं कि समलैंगिकता सदैव वातावरणजन्य होती है। पर साथ ही वे यह भी मान लेते हैं कि वह अक्सर पूर्वनिर्दिष्ट और इसलिए शरीरगठन से सम्बद्ध होती है। इस दशा में मतभेद का कोई महत्त्व नहीं रह जाता।

एक दूसरी आधारभूत बात, जिसके सम्बन्ध में मत बदल गया है, यह है कि यौन विपरीतता को चाहे वह जन्मजात क्यों न हो, रोगग्रस्त या पतित अवस्था समझना चाहिए, अथवा नहीं। इस विषय पर क्राफ्ट एबिंग ने पहले प्राचीन दृष्टिकोण की हां में हां मिलाई और यौन विपरीतता को स्नायविक रोग अथवा मनोरोग की दशा की अभिव्यक्ति के रूप में माना, पर अपनी हाल की रचनाओं में उन्होंने बुद्धिमानी के साथ इस स्थिति को सुधार लिया और वे यौन विपरीतता को बीमारी अथवा 'पतन' के रूप में नहीं बल्कि गड़बड़ी के रूप में देखने लगे। यही दिशा है जिस तरफ आधुनिक मत दृढ़ता के साथ बढ़ रहा है। यौन रूप से विपरीत व्यक्ति अपनी इस विशेष गुमराही को छोड़कर सभी बातों में स्वस्थ और सही-दिमाग हो सकते हैं। मेरा दृष्टिकोण हमेशा यही रहा है, यद्यपि मैं मानता हूं कि यौन विपरीतता अक्सर छोटी-मोटी स्नायविक दुर्बलता की दशा से भी घनिष्ठ रूप से संबंधित होती है। हम हिर्शफेल्ड के (जो 25 प्रतिशत यौन विपरीततायुक्त व्यक्तियों से अधिक में वंशानुक्रमगत प्रभाव को नहीं पाते) इस मत से सहमत हो सकते हैं कि यदि यौन विपरीतता में स्नायविक रोग का आधार हो तो भी रोग का तत्त्व अक्सर छोटा रहता है।

इस प्रकार हम उस सोपान पर पहुंच जाते हैं जिसे जैविक बनावट की दृष्टि से वह मूलभूत आधार कहा जा सकता है : जिस पर मनोवैज्ञानिक क्षेत्र से बाहर निकलने पर समलैंगिकता स्थित रहती है। यह कहना आसान जान पड़ता है कि निश्चित रूप से दो स्पष्टतः अलग और ध्रुववत् स्थिर लिंग हैं—शुक्राणुधारी पुरुष और डिम्बाणुधारी नारी। बहुत दिनों से यह कथन पूर्ण रूप से जीव-वैज्ञानिक दृष्टि से सत्य नहीं रहा। हम भले ही ठीक-ठीक तौर से यह न जानें कि लिंग (सेक्स) क्या है, पर हम इतना तो अवश्य जानते हैं कि वह परिवर्तनीय है और एक लिंग के दूसरे लिंग में परिवर्तन हो जाने की संभावना है। लिंग के सीमांत अक्सर अनिश्चित होते हैं और एक पूर्ण पुरुष और पूर्ण स्त्री के बीच कई सोपान रहते हैं। प्राणि-जीवन के कुछ रूपों में यह भेद करना आसान नहीं है कि कौन नर है, कौन मादा। इन सब दशाओं में हम सेक्स को प्रकृति की एक युक्ति मान सकते हैं, जो उसने प्रजनन को सुनिश्चित करने के लिए निकाली है (क्योंकि प्रकृति में दूसरी युक्तियां भी हैं), यद्यपि यह भी औचित्यपूर्ण है कि प्रजनन के अलावा भी यौन व्यापारों पर विचार किया जाए। यह कथन भी सच है कि यौन प्रजनन ही प्रकृति का प्राथमिक लक्ष्य है, उतना ही यह कथन भी सच है कि यौन प्रजनन उस लक्ष्य को प्राप्त करने की अनेक युक्तियों में से सिर्फ एक युक्ति है।

हमें यह मानना ही होगा कि प्रत्येक सेक्स क्रोमोसोम में, चाहे वह एक्स-एक्स हो चाहे एक्स-वाई, उस आवेग का वह शारीरिक आधार निहित रहता है जो विकासमान

व्यक्ति का पुरुष या स्त्री होना निश्चित करता है। जब दो अलग-अलग वंश जातियों के दो व्यक्तियों का संयोग होता है तो उससे अक्सर संतान स्वाभाविक नहीं होती और नर संतान में मादा के स्वभाव की प्रवृत्ति हो सकती है और अन्य परिस्थितियों में मादा संतान में नर के स्वभाव की प्रवृत्ति दिखाई पड़ सकती है। पंखियों के वर्ग में (जिनमें इस प्रक्रिया का विशेष रूप से अध्ययन किया गया है) ऐसा ही होता है। इस प्रकार की प्रवृत्ति के दो तरह के प्रभाव पैदा हो सकते हैं, जिनमें से एक को प्रबल और दूसरे को दुर्बल का नाम दिया गया है। यहां हम निम्न प्राणि-वैज्ञानिक रूपों में अंतरयौनता की अवस्था प्रत्यक्ष करते हैं। जब हम मानव पर आते ह और मनोवैज्ञानिक क्षेत्र में प्रवेश करते हैं तो यह अंतरयौनता की अवस्था कभी-कभी (यद्यपि गलत तौर से) अंतर्वर्ती लिंग की दशा बताई जाती है। यदि कड़ाई के साथ कहा जाए तो वह पुरुष और स्त्रीलिंग को निश्चित करने वाले तत्त्वों में मात्रागत असंगति के होने का नतीजा है। यह अंतरयौनता की अवस्था व्यक्ति की वंशानुक्रम से प्राप्त शारीरिक बनावट का एक हिस्सा होती है और इस कारण वह जन्मजात होती है और ज्यों-ज्यों विकास होता जाता है, त्यों-त्यों उसके अधिक स्पष्ट होने की संभावना रहती है। स्तनपान कराने वाले प्राणियों में यह अंतरयौनता मानसिक क्षेत्र में भी आविर्भूत होती है।

पंखियों पर विचार करते समय देखा गया है कि पंखियों की अंतरयौनता की अवस्था उच्चतर प्राणिवैज्ञानिक स्तर पर पाई जाने वाली अंतरयौनता की अपेक्षा सरल है और उसे उसी प्राणिवर्ग की भिन्न जातियों के मिश्रण से पैदा किया जा सकता है। जैसे-जैसे हम मानव के नजदीक आते हैं, अंतरयौनता के रूप शारीरिक दृष्टि से कम स्पष्ट या बिलकुल ही अस्पष्ट होते हैं। अंतरयौनता के इन रूपों के होने का बड़ा कारण स्वस्थ और स्वाभाविक व्यक्ति से भिन्न होना है न कि अलग-अलग वंश जातियों का मिश्रण। साथ ही प्रत्येक सोपान में बाह्य तत्त्वों का प्रभाव पड़ सकता है।

जब हम हार्मोनों के कार्य की ओर देखते हैं तो हम उस यांत्रिक प्रक्रिया के बिलकुल निकट पहुंच जाते हैं जिससे अंतरयौनता पैदा होती है। हम इन्हें इस रूप में देख सकते हैं कि जब प्रारंभिक यौन क्रोमोसोम एक्स-एक्स या एक्स-वाई का प्रभाव खत्म हो जाता है तो हार्मोन यौन प्रक्रिया का परिचालन करते हैं। शरीर के खुद-बखुद काम करनेवाले या सामान्य तंतुओं में यह क्षमता होती है कि सेक्स-हार्मोनों की विशिष्ट जटिलता से जो उत्तेजना प्राप्त होती है उसके अनुसार किसी एक लिंग के लक्षणों का विकास करें। स्त्रियों में बाल्यावस्था में खुद-बखुद काम करने वाले डिम्बाशय का कोई स्पष्ट और उल्लेखनीय प्रभाव नहीं होता और स्त्रीत्व का विकास सहजात दीख पड़ता है, यद्यपि स्त्री के विकसित यौन यंत्रों का कायम रहना सेक्स के हार्मोनों पर निर्भर करता है। दूसरी तरफ पुरुष रूप में फूट कर अलग हो जाने के कार्य में पुरुष-अण्डज हार्मोनों की जरूरत होती है। इस प्रकार यह कहा जाता है कि मादा उस तटस्थ रूप का प्रतिनिधित्व करती है जिसे पुरुष-सेक्स-हार्मोनों के अभाव में खुद-ब-खुद काम करनेवाले तंतु ग्रहण करते हैं। जब पुरुष-हार्मोन सामान्य अवधि के बाद प्रकट होता है तो उससे इस तरह अंतरयौनता का कोई न कोई रूप पैदा हो जाता है और पुरुष-सेक्स हार्मोन

जितने विलम्ब से प्रकट होगा, पुरुष में स्त्री-स्वभाव उतना ही अधिक होगा। जैसा कि क्रथू ने कहा है—"जिस काल से पुरुष-हार्मोन कार्य शुरू करता है, उसी काल के अनुसार अस्वाभाविकता की मात्रा निश्चित होती है।" इससे समझाने में मदद मिलती है कि बचपन में स्त्री स्वभाव दिखलाई देनेवाला व्यक्ति यौन रूप से परिपक्व हो जाने पर किस प्रकार पुरुष-चरित्र ग्रहण करता है।

यह विशेष रूप से कहा जाता है कि एड्रेनल ग्रंथि की ऊपरी सतह द्वारा एक हार्मोन बनता है जिसका अंडकोष के हार्मोन के ही समान पुरुषीकरण की दिशा में प्रभाव पड़ता है। इस परिणाम को अब 'पौरुष विरिलवाद' का नाम दिया जाता है। पहले इसे 'एड्रेनो-जेनिटल सिंड्रोम' कहा जाता था। यह केश रोग से संबंधित है। पुरुषों में इसका संबंध समय से पूर्व यौन परिपक्वता और खुद-ब-खुद काम करने वाले तंतुओं के विकास से युक्त रहता है और स्त्रियों में इस हार्मोन से गर्भाशय के ह्रास के साथ ये परिवर्तन देखे जा सकते हैं—डिम्बकोशों का रूपांतर, भगोष्ठों का अल्पविकास, भंगाकुर की अतिवृद्धि, स्तन-ग्रंथियों का ह्रास, नितंबों का संकरा होना और कंधों का चौड़ा होना, इसके साथ-साथ स्पष्टतः मांसपेशियों का विकास और मुटापा पाया जा सकता है। इस हार्मोन से यौन कार्यकलाप की गड़बड़ी होती है, यहां तक कि पूर्ण रूप से बांझपन भी हो जाता है। पौरुष के निम्नलिखित चार प्रकार बतलाए गए हैं और इस वर्गीकरण का आधार उनके शुरू होने की उम्र है।

(1) **जन्मजात दशा** (स्त्रियोचित छद्म-उभलैंगिकता, जिसमें स्त्रियोचित यौन ग्रंथियां रहते हुए भी यौन गौण चरित्र पुरुष के होते हैं)।

(2) **यौवनारंभकालीन** (यौवनारंभ के लगभग शुरू होती है, जिसमें पुरुष के समान शरीर के भागों पर केशवृद्धि और मासिकधर्म की गड़बड़ी की प्रधानता रहती है)।

(3) **वयस्क दशा** (यह अवस्था भी पूर्वोल्लिखित यौवनारंभकालीन दशा के समान होती है, पर उससे कम स्पष्ट होती है)।

(4) **प्रसूतियुक्त दशा** (रजोनिवृत्ति के बाद शारीरिक स्थूलता, बालों की अधिकता या बालों का एकदम झड़ जाना, मानसिक गड़बड़ी और कमजोरी हो सकती है। यह अभी तक विवादग्रस्त है कि एड्रेनल हार्मोन ठीक-ठीक किस प्रणाली से कार्य करता है)।

जब हम समलैंगिकता पर विचार करते हैं, तब भी हम अंतरयौन क्षेत्र के भीतर ही रहते हैं और निस्संदेह बहुत दूर तक हमारा हार्मोन की क्रियाओं के साथ संबंध रहता है, पर इतने पर भी हम एक ऐसे मानसिक क्षेत्र में रहते हैं जहां शारीरिक अनुवर्ती लक्षणों के चिह्न मिलना अक्सर मुश्किल रहता है। इसमें संदेह नहीं कि अल्प अंश में और किसी-किसी अवसर पर स्पष्ट गोचर मात्रा में वे फिर भी मौजूद रहते हैं, पर उनका कोई महत्त्व नहीं होता। यद्यपि बीस साल पहले वाइल और दूसरे लोगों ने यह दिखलाने की कोशिश की थी कि समलैंगिक व्यक्तियों में अल्प अंश में किंतु नापी जा सकने वाली मात्रा में समलैंगिकता की जन्मजात जड़ों की शारीरिक विशेषता पाई जाती है। इस नापे जा सकनेवाले भेदों के अलावा इसमें संदेह नहीं किया जा सकता कि कुछ व्यक्तियों का उनकी शारीरिक बनावट और संभवतः हार्मोनों के असाधारण असंतुलन के फलस्वरूप

विशेष झुकाव अपने ही लिंग के व्यक्तियों के सम्पर्क के साथ यौन परितृप्ति प्राप्त करने की ओर अधिक होता है। जैसा कि अच्छी तरह ज्ञात है, मनुष्यों में और साथ ही मानवेतर जानवरों में अनुमानतः एक बड़ी तादाद में सही दिमाग व्यक्ति ऐसे रहते हैं जो भिन्न लिंग के व्यक्तियों से वंचित रहने पर अपने ही लिंग के व्यक्तियों से अस्थायी तौर पर यौन परितृप्ति प्राप्त करते हैं।

यह दावा खतरनाक मालूम हो सकता है कि प्रत्येक व्यक्ति पुरुषमिश्रित उपादान और स्त्री-उपादान की विविध मात्रा के संयोग से बना होता है और यौन विपरीततायुक्त पुरुष ऐसा व्यक्ति है जिसमें स्त्री-तत्त्व असाधारण अनुपात में रहते हैं और यौन विपरीततायुक्त स्त्री ऐसा व्यक्ति है जिसमें पुरुष-तत्त्व असाधारण अनुपात में रहते हैं। यह एक मनगढन्त दृष्टिकोण है, जो इस लक्षण पर बिल्कुल ही प्रकाश नहीं डाल सकता। पर जब हम सही दिमाग व्यक्तियों में किसी-किसी अवसर पर पाई जानेवाली समलैंगिकता को एक ओर रख देते हैं तो विपरीतता को जन्मजात गड़बड़ी के रूप में या अधिक उपयुक्तता के साथ जन्म-जात दशाओं पर आधारित गड़बड़ी के रूप में देखना औचित्यपूर्ण जान पड़ता है। यह गड़बड़ी यदि रोगग्रस्त है तो वह सिर्फ बिचार्ड के द्वारा बताए हुए इस अर्थ में है कि रोगनिदान-शास्त्र रोगों का नहीं गड़बड़ियों का विज्ञान है और इस प्रकार एक यौन विपरीतता युक्त व्यक्ति उसी प्रकार स्वस्थ हो सकता है, जैसे कि वर्णांधता से पीड़ित होने पर भी वर्णांध व्यक्ति स्वस्थ हो सकता है। इस प्रकार जन्मजात यौन विपरीतता जीववैज्ञानिक प्रकारभेद के सदृश है। यह प्रकारभेद निस्संदेह इस कारण होता है कि अभी लिंग-क्षेत्र में भिन्नता की क्रिया पूर्ण रूप से संपादित नहीं हुई है, पर अक्सर ऐसी कोई बात नहीं होती जिससे इसका संबंध स्वयं व्यक्ति में किसी रोगग्रस्त दशा के साथ खोजा जा सके।

यौन विपरीतता के बारे में इस दृष्टिकोण का प्रचलन बढ़ रहा है और हाल ही में इसे बहुत बल मिला है, पर इसके चिन्ह हम कुछ समय पहले से देख सकते हैं। सन् 1862 ही में उलरिख्स ने घोषणा की थी कि विपरीतता उभलैंगिकता का एक विशिष्ट प्रकार है। अमेरिका में कीर्नान ने सन् 1888 में इस बात पर जोर दिया कि मानव-वंश के पूर्वज शुरू में उभलैंगिक थे। शेवेलियर ने 1893 में विपरीतता का एक ऐसा सिद्धांत सामने रखा जो भ्रूण-संबंधी उभलैंगिकता पर आधारित था। सन् 1894 में मैड्रिड के लेतामेंदी ने सर्वव्यापी उभलैंगिकता का सिद्धांत सामने रखा, जिसके अनुसार पुरुष में सदैव प्रच्छन्न स्त्री-कीटाणु रहते हैं और स्त्री में प्रच्छन्न पुरुष-कीटाणु। अंत में 1896 के लगभग क्राफ्ट एबिंग ने, हिर्शफिल्ड ने और मैंने (जान पड़ता है कि सभी ने कमोबेश स्वतंत्र रूप से) कुछ-कुछ इसी जैसी व्याख्या को अपनाया।

यौन विपरीतता के इन सामान्य दृष्टिकोणों के प्रचलन से उसके प्रकारभेदों से संबंधित वर्गीकरण पर भी प्रभाव पड़ा है। क्राफ्ट एबिंग ने जन्मजात विपरीतता के चार प्रकार और वातावरणजन्य विपरीतता के भी चार प्रकारभेद माने हैं। मोल ने सिर्फ मनोयौन उभलैंगिकता और पूर्ण यौन विपरीतता को माना और इस विस्तृत वर्गीकरण को ठुकरा दिया। यह अधिकांश अधिकारी विद्वानों द्वारा मान्य विभाजन से मेल खाता है।

इसका मतलब यह है कि यदि हम ऐसे लोगों को एक तरफ रख दें जो सिर्फ भिन्न लिंग के व्यक्तियों की ओर आकर्षित हैं तो हम ऐसे व्यक्तियों को पाएंगे जो सिर्फ अपने ही लिंग के व्यक्तियों की तरफ आकर्षित हैं, साथ ही ऐसे व्यक्तियों को पाएंगे जो दोनों लिंगों के व्यक्तियों के प्रति आकर्षित होते हैं। जब हम इस प्रारंभिक वर्गीकरण से आगे बढ़ते हैं तो हमारा साबका अनगिनत वैयक्तिक प्रकारभेदों से पड़ता है जो आसानी से निश्चित वर्गों में क्रमपूर्वक नहीं रखे जा सकते। यहां तक कि उभलैंगिक वर्ग भी कड़ाई के साथ एक रूप नहीं होता, क्योंकि उसमें निश्चित रूप से ऐसे कई व्यक्ति रहते हैं जो जन्मजात यौन विपरीतता युक्त होते हैं, पर वातावरण के प्रभाव से भिन्न लैंगिकता अपना लेते हैं।

जब हम यौन विपरीतता के सुस्पष्ट मामलों पर विचार करते हैं, तो हमें कुछ ऐसे लक्षण मिलते हैं जो अक्सर पाए जाते हैं। जब कि यौन विपरीततायुक्त व्यक्तियों का संबंध एक पर्याप्त अनुपात में (मेरे अनुभव के अनुसार पचास प्रतिशत से अधिक) काफी स्वस्थ परिवार से होता है, लगभग 40 प्रतिशत में उनके परिवार में रोगग्रस्त दशा अथवा विकृत मस्तिष्क दशा—सनकीपन, शराबखोरी, स्नायविक दुर्बलता या स्नायविक रोग—किसी न किसी अंश में, चाहे वह बहुत ही कम हो या ज्यादा, मौजूद रहते हैं। यौन विपरीतता का वंशानुक्रम सुस्पष्ट रहता है, यद्यपि कभी-कभी उसे मानने से इंकार किया जाता है; कभी-कभी भाई-बहन, मां और बेटा, काका और भतीजा, दोनों यौन विपरीततायुक्त रहते हैं यद्यपि एक-दूसरे से इस संबंध में अनजान रहते हैं। मैं 35 प्रतिशत मामलों में पारिवारिक या वंशानुक्रमिक यौन विपरीतता पाता हूं। वान रोमर को भी ठीक यही अनुपात मिला। यह दिखलाने के लिए कि यौन विपरीतता जन्मजात होती है, अकेला यही काफी है। लगभग दो-तिहाई मामलों में सामान्य वैयक्तिक स्वास्थ्य अच्छा और कभी-कभी बहुत अच्छा होता है, बाकी लोगों में अक्सर स्नायविक रोग अथवा कमोबेश असंतुलित स्वभाव पाया जाता है, सिर्फ एक थोड़े अनुपात में ही (मेरे अनुमान के अनुसार आठ प्रतिशत में) सुस्पष्ट रोगग्रस्त दशा रहती है।

अधिकांश मामलों में यौन विपरीतता की प्रवृत्ति बचपन में, अक्सर यौवनारंभ के समय प्रकट होती है। पर उसके लक्षण प्रायः यौवनारंभ के पहले से ही मिलने लगते हैं। एक बड़े अनुपात में स्पष्ट दिखलाई देनेवाली समय से पूर्व यौन परिपक्वता रहती है और अक्सर अतियौन अनुभूतिशील की प्रवृत्ति भी होती है।

बहुत-से विपरीततायुक्त व्यक्ति अपने को अति-अनुभूतिशील या बिगड़े हुए स्नायुओं का बतलाते हैं। बाहर से आए हुए झुकाव का प्रभाव भी अक्सर खोजा जा सकता है। पर इन मामलों में पूर्वप्रवृत्ति के प्रमाण भी अक्सर मिलते रहते हैं। इन मामलों में एक बड़े अनुपात में हस्तमैथुन किया जाता है, पर हस्तमैथुन तो भिन्न लिंग के साथ मैथुन करनेवाले व्यक्तियों में भी सामान्य रूप से पाया जाता है और यह मानने का कोई कारण नहीं है कि विपरीतता होने के कारणों में हस्तमैथुन भी है। यौन विपरीततायुक्त व्यक्तियों के स्वप्न भी अक्सर विपरीत होते हैं, पर ऐसा हर हालत में हो ही, ऐसी बात नहीं और ऐसे यौन विपरीततायुक्त व्यक्ति जो जन्मजात रूप से ही यौन

विपरीततायुक्त दिखलाई दे सकते हैं, भिन्न लिंग के व्यक्ति के साथ मैथुन करने के सपने देख सकते हैं, जैसे कभी-कभी सही-दिमाग व्यक्ति को भी अपने ही लिंग के व्यक्ति के साथ कामात्मक स्वप्न आ सकते हैं।

विपरीत यौन आवेग की परितृप्ति अनेक प्रकार से होती है। मेरे पास आए हुए मामलों में से लगभग 20 प्रतिशत में कर्ताओं का कभी भी किसी प्रकार का यौन सम्बन्ध नहीं था। 30 से लेकर 35 प्रतिशत में यौन सम्बन्ध विरले ही निकट सम्पर्क की सीना से या अधिक से अधिक परस्पर हस्तमैथुन से आगे गया था। दूसरे व्यक्तियों में एक-दूसरे के पैरों में पैर फंसाने या कभी-कभी लिंगचुम्बन करने का तरीका अपनाया जाता है। स्त्रियों में परितृप्ति चुम्बन, घनिष्ठ रूप से सटकर बैठने आदि, परस्पर हस्तमैथुन और कुछ मामलों में योनि को चूमने के द्वारा प्राप्त की जाती है, जो अक्सर निष्क्रिय के बजाय सक्रिय होती है। ऐसे विपरीततायुक्त पुरुषों का अनुपात जो मलद्वार-मैथुन की इच्छा करते हैं (जो अक्सर निष्क्रिय के बजाय सक्रिय होता है),अधिक नहीं होता। हिर्शफेल्ड उसका अनुपात 8 प्रतिशत बतलाते हैं पर मुझे उसका अनुपात 15 प्रतिशत के लगभग मिला।

यौन विपरीततायुक्त पुरुषों में अक्सर स्त्रियों में समान बनने की प्रवृत्ति पाई जाती है और यौन विपरीततायुक्त स्त्रियों में पुरुषों के समान होने की। यह बात शारीरिक और मानसिक दोनों ही क्षेत्रों में होती है और यह प्रवृत्ति बहुत-सी बातों में खोजी जा सकती है। वह हर हालत में सामने आती ही हो, ऐसी बात नहीं है। जो भी हो, कुछ यौन विपरीततायुक्त पुरुष अपने पौरुष पर ज़ोर देते हैं जबकि दूसरे बहुत से व्यक्ति यह बतलाने में बिलकुल असमर्थ रहते हैं कि वे स्त्री जैसा अधिक अनुभव करते हैं या पुरुष जैसा। यौन विपरीततायुक्त स्त्रियों में अक्सर पुरुषस्वभाव या रुख के साथ समानता पाई जाती है, यद्यपि यह समानता हर हालत में स्पष्ट नहीं रहती। यौन विपरीततायुक्त व्यक्तियों में बनावट या शारीरिक कार्य-प्रणाली सम्बन्धी कई प्रकार की छाटी-मोटी गड़बड़ियां हो सकती हैं। दोनों लिंगों के यौन अंग कभी-कभी अतिविकसित होते हैं या ज्यादातर शायद शैशवकालीन अंगों से मिलते-जुलते हुए अल्पविकसित रहते हैं, किसी-किसी अवसर पर गर्भाशय-सम्बन्धी गड़बड़ी भी देखी जाती है, स्त्रियों में कभी-कभी स्वर-यंत्र का विकास कुछ-कुछ मर्दाना, साथ ही कुछ अंश में अतिकेशरोग भी होता है। मेरेनान ने पाया कि पुरुष-लक्षण शरीर की दाहिनी ओर और स्त्री-लक्षण बाईं ओर प्रकट होते हैं। यौन विपरीततायुक्त पुरुष कभी-कभी मुंह से सीटी नहीं बजा पाते। दोनों ही लिंगों के व्यक्तियों की आकृति में अक्सर वयस्कावस्था में भी ध्यान देने योग्य रूप से तरुणाई कायम रहती है। उनमें हरे रंग के प्रति प्रेम (जो सामान्यतः बच्चों विशेषतः लड़कियों द्वारा खासतौर पर पसन्द किया जाता है) अक्सर देखा जाता है। कुछ अंश में नाटकीयता की ओर झुकाव साथ ही घमंड और खुद को सजाने-संवारने की प्रवृत्ति तथा किसी-किसी अवसर पर हीरे-जवाहिरात और गहनों के प्रति प्रेम का होना भी असाधारण नहीं है। इन शारीरिक और मानसिक लक्षणों में बहुतों को किसी अंश तक शैशव के समान अल्पविकास का सूचक कहा जा सकता है और यह उस दृष्टिकोण से

मेल खाता है जो यौन विपरीतता के चिह्न मूलभूत उभलैंगिक आधार से खोजता हैं, क्योंकि हम ज्यों-ज्यों व्यक्ति के जीवन-इतिहास में गहराई के साथ पीछे जाते हैं, त्यों-त्यों हम उभलैंगिक सोपान के निकट पहुंच जाते हैं।

नैतिक रूप से यौन विपरीततायुक्त व्यक्ति अक्सर अपने ऊपर सामान्य आचारशास्त्र को लागू करते हैं और अपनी स्थिति को औचित्यपूर्ण साबित करने की कोशिश करते हैं। ऐसे व्यक्ति जो अपनी सहजात बुद्धि से संघर्ष करते हैं या स्थायी रूप से अपने रवैये को नापसन्द करते हैं या उसके प्रति सन्देह भी करते हैं, बहुत अल्प संख्या में यहां तक कि 20 प्रतिशत से भी कम होते हैं। यही कारण है कि बहुत ही कम यौन विपरीततायुक्त व्यक्ति डाक्टरी सलाह लेते हैं। उनका अपने को सही समझना इस तथ्य से पुष्ट होता है कि न केवल फ्रांस में, बल्कि दूसरे देशों में भी (जैसे इटली, बेलजियम, हालैंड आदि) जहां नैपोलियन-संहिता का प्रभाव पड़ा है, समलैंगिक कार्य कानून की गिरफ्त में नहीं आते, बशर्ते किसी अल्पवयस्क पर अत्याचार या हिंसा न की गई हो और सार्वजनिक सुरुचि को हानि न पहुंचाई गई हो। इंग्लैंड और अमरीका शायद ऐसे मुख्य देश हैं, जहां समलैंगिकता के प्रति पोपवादी विचारों का असर अभी तक कायम है। जो भी हो, इन देशों में इस सम्बन्ध में बहुत कठिनाई होती है। यह तय करना बड़ा मुश्किल है कि समलैंगिक व्यभिचार के कौन-से कार्य दण्डनीय अपराध हैं। बहुत थोड़े-से मामलों में ही अपराधी पकड़ में आ पाते हैं या उन्हें खोजा जाता है, क्योंकि नियमितः पुलिस सावधानी के साथ ऐसे मामलों की छानबीन से बचती रहती है। और यह समझने का लेशमात्र भी कारण नहीं कि उन देशों में, जहां यौन विपरीतता के खिलाफ कानून बनाए जाते हैं, समलैंगिक व्यक्तियों का अनुपात अपेक्षाकृत कम होता है या अपेक्षाकृत कम स्पष्ट होता है। उदाहरण के लिए फ्रांस में, जहां प्राचीन राजतन्त्र के जमाने में एक यौन विपरीततायुक्त व्यक्ति कानून के अनुसार ज़िन्दा जला दिया जा सकता था, यौन विपरीतता कभी-कभी फैशन समझी जाती थी और खुलेआम स्पष्ट रहती थी, पर आज वह वस्तुस्थिति इससे बिलकुल उल्टी है। इन तथ्यों को दृष्टि में रखकर आज तक एक आन्दोलन चल रहा है कि उन मामलों के सिवाय जिनमें समलैंगिक कार्य समाज-विरोधी हो जाते हैं, समलैंगिक कार्यों पर दी जानेवाली सज़ा को उठा लिया जाए, और इस आन्दोलन को डाक्टरों और विधिशास्त्रियों का समर्थन समान रूप से प्राप्त है। इस तरह की सज़ा को हटा देने के पक्ष में यह बहुत तगड़ा तर्क है कि इससे जिन देशों में समलैंगिकता को दण्डनीय अपराध माना जाता है, उन देशों में समलैंगिकता को गौरव प्रदान करने के आन्दोलन की जड़ कट जाती है। और यह तो स्पष्ट ही है कि गौरवदान की प्रवृत्ति अवांछनीय और बहुत से मामलों में हानिकारक भी है।

सहायक पुस्तक-सूची

हैवलाक एलिस—Studies in the Psychology of Sex, Vol. II, 'Sexual Inversion'.

एफ. ए. ई. क्रयु, आर्ट—'Sex' in Outline of Modern Knowledge.

जी. मेरेनान—The Evolution of Sex and Intersexual Conditions.

एम. डब्ल्यू. पेक— 'The Sex Life of College Men,' Journal of Nervous and Mental Diseases, Jan. 1925.

जी. वी. हैमिल्टन— A Research in Marriage.

के. बी. डेविस—Factors in the Sex Life of Twenty-two Hundred Women.

एल. आर. ब्रोस्टर—'A Review of Sex Characters,' British Medical Journal, 2 May, 1931.

वेरनर पिक्टन—'Male Prostitution in Berlin,' Howard Journal, 1931.

यौन विपरीतता का निदान

यह पहले ही बताया जा चुका है कि बच्चों में यौन आवेग आगे चलकर वयस्कों में बननेवाले उसके रूप की अपेक्षा अधिक बिखरा रहता है। संभवतः इस बिखराव के फलस्वरूप वह भिन्न लिंग के व्यक्तियों पर उतना अधिक केंद्रित नहीं रहता! मैक्स देसवार तो इतने आगे बढ़ गए कि उनका कहना है कि चौदह या पंद्रह वर्ष की उम्र तक लड़कों और लड़कियों दोनों में ही यौन सहजात साधारणतः प्रभेदरहित होता है। अभी हाल ही में (विलियम जोंस और अन्य लोगों का अनुसरण करते हुए) फ्रायड ने बार-बार कहा है कि छोटी उम्र के कर्ताओं में सामान्यतः प्राकृतिक रूप से स्पष्ट समलैंगिक प्रवृत्ति रहती है। सैद्धांतिक रूप से यह दृष्टिकोण पूरी तरह सही है। चूंकि प्रत्येक व्यक्ति में भिन्न लिंग के शारीरिक जीवाणु मौजूद रहते हैं, इसलिए यह अनुमान करना उचित ही है कि उसमें मानसिक जीवाणु भी होते होंगे। और चूंकि बचपन में उसकी यौन विशेषताएं (मानसिक और शारीरिक) अविकसित रहती हैं इसलिए हमें विरुद्ध विशेषताओं के अपेक्षाकृत स्पष्ट होने की आशा करनी चाहिए।

बचपन में समलैंगिक प्रवृत्ति के प्रकट होने का उन नतीजों से मेल बैठ जाता है जिनपर शरीर वैज्ञानिक स्वतंत्र रूप से पहुंचते हैं। इस तरह हीप का निष्कर्ष है कि प्रमाणों के अनुसार "विशुद्ध नर या मादा प्राणी जैसी कोई चीज ही नहीं है, सभी जानवरों में किसी न किसी अंश में दोनों ही लिंगों के तत्त्व रहते हैं।" इस निष्कर्ष के कुछ कारण तो बहुत साफ हैं और यह बहुत समय पहले से यौन विपरीतता की सबसे अधिक उपयुक्त और तर्कसंगत व्याख्या के रूप में माना जाता रहा है। यह अच्छी तरह समझ में आ जाता है कि बचपन में जब सबसे शक्तिशाली लैंगिक तत्त्व इतना विकसित नहीं होता कि वह दूसरे प्रच्छन्न लैंगिक तत्त्व को दबा पाए, तो प्रच्छन्न तत्त्व आसानी के साथ सतह पर प्रकट हो जाता है। सन् 1905 में फ्रायड ने लिखा था—"अभी तक मुझे किसी पुरुष अथवा स्त्री के एक भी ऐसा मनोविश्लेषण से साबका नहीं पड़ा जिसमें

ामलैंगिकता का यथेष्ट तत्त्व न आ जाता हो।" यदि हम एक इतने तीक्ष्णदृष्टि संपन्न और अनुभवी वैज्ञानिक के इस कथन को मनोविश्लेषण के रोगग्रस्तकर्ताओं के लिए सत्य मान लेते हैं तो इतना अवश्य ही और कह देना चाहिए कि अपेक्षाकृत सहीदिमाग व्यक्तियों और रोगियों में प्रभेद की कोई स्पष्ट सीमारेखा नहीं है। यह तत्त्व बहुत, कभी-कभी इतना धीमा रह सकता है कि किशोरावस्था के पश्चात् वह पकड़ में ही न आए।

इसलिए समलैंगिक तत्त्व की मौजूदगी को स्वीकार कर लेने का अर्थ यह नहीं है कि यौन आवेग की शैशवकालीन पूर्णतः प्रभेद रहित दशा के अस्तित्व में विश्वास आ जाता है। यह सच है कि कुछ बड़े स्कूलों में (उल्लेखनीय रूप से इंग्लैंड के पब्लिक स्कूलों में, जहां अभिजातवर्गों के लड़के पढ़ते हैं) समलैंगिकता पाई जाती है, साथ ही यह भी मालूम होता है कि एक प्रकार की परंपरा से उसे सहायता मिलती है, पर ये दशाएं अपवाद मालूम होती हैं। हममें से बहुत-से लोग अपने प्रारंभिक और विद्यार्थी-जीवन की ओर दृष्टि डालते हुए ऐसे संपर्क की याद नहीं कर सकते जो समलैंगिक आकर्षणों के अस्तित्व का सबूत बन सके। यदि थोड़े-बहुत यौन आकर्षण थे भी, तो वे पूर्ण रूप से भिन्न लिंग के व्यक्तियों की ओर थे।

ऊपर बताई गई बातों से इस बात की सत्यता में कोई फर्क नहीं आता कि लड़कों में कमोबेश समलैंगिक रूमानी प्रेम पाया जाता है, जब कि लड़कों की अपेक्षा लड़कियां बहुत अधिक, अपनी उम्र से कुछ ज्यादा उम्र की स्त्रियों और प्रायः अपनी शिक्षिकाओं के प्रति आसक्त होती हैं। जो भी हो, जब ऐसी भावनाओं का आदान-प्रदान होता है और यहां तक कि जब उनकी परिणति निश्चित रूप से यौन अभिव्यक्ति और परितृप्ति में होती है, तब भी जल्दबाज़ी में यह नहीं समझना चाहिए कि वह पाप का सूचक है जिसके लिए कड़ी सजा दी जाए, या वह बीमारी है जिसका इलाज किया जाए। एक बहुत बड़े अंश में इन मामलों में एक अनिवार्य तरुणसुलभ सोपान होता है। यदि पात्र की भावी ख्याति के बारे में कुछ न भी कहा जाए तो भी उसकी स्नायविक और मानसिक प्रवृत्ति को इस धारणा से हानि पहुंच सकती है कि ऐसी अभिव्यक्तियां रोगग्रस्त या पापपूर्ण हैं, जब कभी जरूरत हो तो इन दशाओं से एक उदार शिक्षक या अभिभावक अच्छी तरह निपट सकता है, जो पात्र को सामान्य यौन शिक्षा देते समय उसमें आत्मसम्मान और दूसरों के हित के प्रति आदर की भावना भर सकता है। लड़कियों में ये अभिव्यक्तियां अक्सर दुर्व्यवहार से बच जाती हैं। कुछ तो इसलिए कि लड़कियों में इनका बहुत अधिक प्रचलन है और कुछ इसलिए कि स्त्रियां इन अभिव्यक्तियों के प्रति पुरुषों की तुलना में सहिष्णुतापूर्ण रुख रखती हैं, कभी-कभी तो उसमें हाथ भी बंटाती हैं।

जो भी हो, समलैंगिकता की इन अस्थायी अभिव्यक्तियों और जन्मजात यौन विपरीतता में, जो यौन आवेग और आदर्शों की स्थायी जीवनव्यापी दिशा की सूचक हो सकती हैं, फर्क किया जाना चाहिए। पहले से ही कुछ बच्चों में यौन आवेग भिन्न लिंग की दिशा में न मुड़कर निश्चित रूप से अपने ही लिंग की ओर झुका रहता है। जो भी हो, जन्मजात यौन विपरीतता का निदान तब तक पूर्ण निश्चय के साथ नहीं किया जा

सकता जब तक कि किशोरावस्था पूर्ण रूप से पूरी न हो जाए। उदाहरण के लिए विश्वविद्यालय का एक सुरुचि संपन्न, परिमार्जित और बौद्धिक रूप से उन्नत तरुण छात्र अपने ही लिंग के आकर्षक और मनोनुकूल व्यक्तियों से घिरे रहने के कारण स्त्रियों के प्रति उदासीन रह सकता है। वह अपने ही लिंग के व्यक्ति से प्रबल और भावनात्मक मित्रता और प्रसन्नता की कामना कर सकता है। इससे यह निष्कर्ष निकाला जा सकता है कि वह स्वभाव से यौन विपरीततायुक्त होगा। इतने पर भी जब वह विश्वविद्यालय से बाहर निकलकर दुनिया में जाता है तो वह यह जान जाता है कि अंततः साधारण मनुष्यों की सामान्य वासनाएं उसमें भी हैं। सचमुच ही जब तक व्यक्ति की उम्र पच्चीस साल या उससे अधिक न हो जाए, हम यह अच्छी तरह से निश्चित नहीं कर सकते कि उसमें मौजूद समलैंगिक आवेग सही दिमाग के विकास के सोपान के अंतर्गत हैं या नहीं। यहां तक कि वयस्कावस्था में पहुंचने के बहुत बाद भी यह हो सकता है कि समलैंगिक आवेग मुड़कर भिन्न लैंगिक आकर्षण या इसके सिवाय भी अलग बिलकुल उभलैंगिक हो जाए।

पर यह भी संभव है कि बहुत पहले से ही हमें ऐसे ठोस कारण दिख जाएं जिनसे हम यह विचार कर लें कि प्रस्तुत व्यक्ति जन्मजात यौन विपरीततायुक्त है। यदि हम असाधारण यौन परिपक्वता के साथ-साथ समलैंगिक व्यक्तियों के प्रति केंद्रित आकर्षण देखें और भिन्न लिंग के प्रति आकर्षण का अभाव पाएं, यद्यपि यह संभव है कि साथ ही स्त्रियोचित दिलचस्पियों तथा कार्यों के प्रति आकर्षण हो, साथ ही यदि पारिवारिक इतिहास से यह पता लगे कि स्नायविक अस्वाभाविकता या झक्कीपन के प्रति झुकाव है तो हम उस हालत में निश्चयपूर्वक तो नहीं कह सकते, पर यह संदेह जरूर कर सकते हैं कि हमारा साबका जन्मजात विपरीततायुक्त व्यक्ति से पड़ रहा है।

दूसरी दशाओं में यह भी हो सकता है कि समलैंगिक प्रवृत्ति जीवन में काफी बाद को प्रकट हो, और पहले न प्रकट हो। पहले यह मान लिया जाता था कि इन मामलों में यह दशा जन्मजात न होकर वातावरणजन्य होती है। जो भी हो, आज बहुत-से लोग यह मानने से इंकार करते हैं। वे यह मानते हैं कि वह दशा बाधित जन्मजात विपरीतता की ही विकसित अवस्था है, जो किसी जन्मजात प्रवृत्ति के देर से विकसित होने के कारण होती है।

इस तरह हम इस नतीजे पर पहुंचते हैं कि हमें एक सच्ची जन्मजात यौन विपरीतता (चाहे वह कम उम्र में ही प्रकट हो जाए या बाधित होकर बाद में), उभयलैंगिक आकर्षण—जिसमें व्यक्ति का यौन आवेग दोनों ही लिंगों के व्यक्तियों की ओर जाता है (इसमें से सभी तो नहीं पर अधिकांश मामले ऐसे यौन विपरीततायुक्त व्यक्तियों के होते हैं जो स्वस्थ स्वभाव के हो जाते हैं)—और दूसरी तरफ छद्म-समलैंगिक यौन विपरीततायुक्त व्यक्तियों के व्यापक और अस्पष्ट वर्ग में—जिनकी विपरीतता परिस्थितियों (जैसा कि नाविकों की होती है), बुढ़ापे की नपुंसकता अथवा अस्वाभाविक अनुभूतियों के लिए जानबूझकर की जाने वाली खोज के कारण होती है—प्रभेद करना पड़ेगा। यहां तक कि छद्म-समलैंगिकता में भी प्रचलित मत के अनुसार हमें यह स्वीकार

करना पड़ेगा कि वह भी स्वाभाविक जैविक आधार पर स्थित है और इसलिए उसे पूर्ण रूप से परिस्थितिजन्य या अर्जित नहीं माना जा सकता, बल्कि वह एक सुप्त झुकाव का परिणत रूप है।

यौन विपरीतता का बहुत अधिक महत्त्व कुछ तो इसलिए है कि यदि हम भूतकाल के और आधुनिककाल के प्रख्यात राजाओं, राजनीतिज्ञों, कवियों, मूर्तिकारों, चित्रकारों, संगीतकारों और अध्येताओं को एक तरफ रख दें तो भी वह ऐसे व्यक्तियों में पाई जाती है जो बुद्धि और चरित्र की दृष्टि से औसत से ऊंचे दरजे के होते हैं। शायद यही कारण है कि यौन विपरीततायुक्त व्यक्ति आसानी से पकड़ में नहीं आते। बहुत-से डाक्टरों का विश्वास है कि उन्होंने कभी किसी यौन विपरीततायुक्त व्यक्ति को नहीं देखा है, यहां तक कि सर जार्ज सेवेज जैसे अनुभवी मनश्चिकित्सक ने एक बार कहा था कि शायद ही उन्हें कभी कोई यौन विपरीततायुक्त मिला होगा। एक दूसरे प्रख्यात मनश्चिकित्सक का अनुभव भी बहुत शिक्षाप्रद है। नैके अपनी जानकारी में कभी किसी यौन विपरीततायुक्त व्यक्ति से नहीं मिले थे। एक बार उन्होंने हिर्शफेल्ड को—जिनका इस क्षेत्र में अन्य किसी डाक्टर की अपेक्षा बहुत विस्तृत अनुभव है—लिखा कि वे नैके के घर किसी यौन विपरीततायुक्त व्यक्ति को भेज दें। नैके के आश्चर्य का उस समय ठिकाना नहीं रहा, जब उन्होंने देखा कि भेजे हुए व्यक्ति से वे सुपरिचित हैं, जो ससुराल की तरफ से उनका निकट-संबंधी भी था। जब तक कोई परिस्थिति हमारी आंखें न खोल दे, साधारणतः हम यह खोजना ही शुरू नहीं करते कि प्रत्येक सामाजिक वातावरण में यौन विपरीततायुक्त व्यक्ति पाए जाते हैं। जो भी हो, केवल वे ही लोग अपनी इस विपरीतता का प्रदर्शन करते हैं जो सबसे नीचे; सबसे पतित और कभी-कभी भाड़े के टट्टू वर्ग के होते हैं। समय-समय पर उच्च स्थिति के और अक्सर बड़े योग्य व्यक्तियों द्वारा की जानेवाली आत्महत्याएं और एकाएक रहस्यमय तरीके से गायब हो जाने की घटनाएं अक्सर यौन विपरीतता से संबंधित होती हैं, यद्यपि दुर्घटना होने के बहुत बाद तक भी उसका कारण साधारण जनता के लिए रहस्य ही बना रहता है। इन व्यक्तियों ने संभवतः कभी भी डाक्टरों पर इतना विश्वास नहीं किया कि उन्हें अपना रहस्य बतला दें। वे समझते हैं कि ऐसा करना व्यर्थ होगा और औसत दर्जे का डाक्टर उनकी बात सुनकर सचमुच न भी चौंके या उसे कर्ता से घृणा न भी हो तो उनकी इतनी तैयारी और योग्यता नहीं होती कि वह ऐसी दशाओं का इलाज कर सके।

एक डाक्टर अत्यंत चरित्रवान् और बुद्धिमान् व्यक्ति होते हुए भी स्वयं जन्मजात यौन विपरीततायुक्त व्यक्ति है, यद्यपि उसके नैतिक संस्कारों ने उसे अपने आवेगों की परितृप्ति नहीं करने दी। यह डाक्टर एक संसारप्रसिद्ध डाक्टरी शिक्षा के केंद्र में अपनी शिक्षा के संबंध में लिखता है कि—"यौन विपरीतता के संबंध में सबसे पहली बार उल्लेख चिकित्साशास्त्रीय न्याय-क्षेत्रशास्त्र की कक्षा में किया गया था। पर उस प्रसंग में भी इस बात की बिलकुल ही चर्चा नहीं की गई थी कि कुछ असुखी व्यक्तियों में यौन विपरीतता स्वाभाविक हो सकती है, न ही उसमें विविध असामान्य और अस्वाभाविक

कार्यों के बीच में कोई भेद किया गया था। इन सबको साधारण व्यक्तियों की अपराधी वृत्ति या पागलपन की अभिव्यक्तियों के साथ मिलाकर बताया गया था। एक विद्यार्थी के लिए, जो इस संबंध में गंभीरता के साथ सचेत हो रहा था कि उसके और उसके साथियों के यौन चरित्रों में गहरा भेद है, इससे बढ़कर उलझन और अशांति पैदा करने वाली अन्य कोई बात नहीं हो सकती थी। इन बातों का नतीजा यह हुआ कि पहले की तुलना में मैं और भी एकांत-सेवी हो गया। यह और भी अधिक दुर्भाग्यपूर्ण रहा कि न तो पद्धतिगत औषधि-संबंधी श्रेणी में और न चिकित्सा पर दिए गए व्याख्यानों में ही इस विषय का कोई उल्लेख रहता था। सभी प्रकार के विरल रोगों पर, जिनमें से कुछ से तो पिछले इक्कीस साल की व्यस्त डाक्टरी के दौरान में मेरा एक बार भी साबका नहीं पड़ा, ब्योरेवार विचार किया गया पर इस विषय के बारे में हमें पूर्णतः अंधकार में रखा गया, जो मेरे लिए और मेरी दृष्टि से मेरे मनचाहे धंधे के लिए इतना महत्त्वपूर्ण था।" डाक्टरी शिक्षा में यौन समस्याओं के उल्लेख न होने का अनुभव हम लोगों में से प्रायः सभी को है, यद्यपि इस प्रकार की त्रुटियुक्त शिक्षा अक्सर व्यक्तिगत रूप से विद्यार्थी की अपेक्षा उन लोगों के लिए अधिक दुर्भाग्यपूर्ण रही है जिनकी वह सेवा कर सकता था। सौभाग्य से वह वस्तुस्थिति तेजी से बदल रही है।

जो भी हो, ऐसे लोग जो स्पष्ट रूप से दूसरे मामलों में असाधारण हैं, चाहे वे पतित हों या प्रतिभाशाली व्यक्ति के रूप में हों, उन्हीं में यह त्रुटि पाई जाती हो ऐसी बात नहीं, यद्यपि इन लोगों के बीच वह कुछ अधिकता से पाई जाती है। इसमें संदेह नहीं कि वह औसत आबादी के अच्छे-खासे अनुपात में ऐसे लोगों के बीच भी पाई जाती है जिन्हें औसत लोगों से अलग नहीं किया जा सकता। कभी-कभी डाक्टरों द्वारा भी यौन विपरीततायुक्त व्यक्तियों का 'ज़नाने' वर्ग के रूप में उल्लेख किया जाता है, पर असली बात यह नहीं होती। अवश्य ही यौन विपरीततायुक्त व्यक्तियों का एक वर्ग इस प्रकार का हो सकता है। इस वर्ग के लोग शारीरिक या मानसिक रूप से शिथिल हो सकते हैं, वे आत्मसंज्ञान, घमंडी, आभूषणों और हीरे-जवाहिरात और सजधज के प्रेमी हो सकते हैं। ऐसे पुरुषों में वेश्याओं के लक्षण रहते हैं और कुछ मामलों में तो वे पुरुष-वेश्या भी बन जाते हैं, पर ऐसे लोग वास्तविक मिज़ाज की दृष्टि से स्त्री-वेश्याओं के तुल्य नहीं होते। बात यह है कि स्त्री-वेश्या चाहे जो कुछ भी हो, वह स्त्री ही रहती है। यौन विपरीततायुक्त व्यक्तियों की एक बड़ी संख्या असाधारण रूप से परिमार्जित, अनुभूतिशील या भावुक रहती है, पर बहुत-से स्नायविक रोगों से अल्पपीड़ित कई व्यक्तियों के बारे में भी यही कहा जा सकता है, जो समलैंगिक नहीं होते। अन्य लोग स्त्री और पुरुष दोनों ही, प्रकट तौर पर किसी ऐसे विशेष लक्षण द्वारा अलग नहीं किए जा सकते जिससे यौन आवेग का विकृत होना दिखाई पड़े। यही वह तथ्य है जो यह बतलाता है कि क्यों इतने बहुत-से लोग यह विश्वास करते हैं कि उनका कभी किसी यौन विपरीततायुक्त व्यक्ति से साबका नहीं पड़ा, जबकि साधारण जनता में यौन विपरीततायुक्त व्यक्तियों का अनुपात सावधानी के साथ विशेषज्ञों द्वारा की गई जांच से कम से कम एक प्रतिशत से भी ऊपर पाया गया है।

जैसाकि पहले ही दिखलाया जा चुका है, यह संभव जान पड़ता है कि यौन विपरीतता के प्रचलन की मात्रा अलग-अलग देशों में अलग-अलग होती है। हां, यह कहा जाता है कि दक्षिण यूरोप के कुछ खास हिस्सों में शायद वहां के लोगों की खास आदतों और परंपराओं के कारण यौन विपरीतता काफी अधिक है। कभी-कभी विभिन्न देशों के लोग यह कहते हैं कि उनके देश में विदेशों की तुलना में यौन विपरीतता का कम प्रचलन है। पर वे वास्तविक तथ्यों की जानकारी न होने से ही ऐसा कहते हैं। दिखलाई देनेवाले अंतर सिर्फ ऊपरी और ज्यादातर उस देश में यौन विपरीतता के प्रति प्रचलित सामाजिक और कानूनी दृष्टिकोण के कारण होते हैं। इसका मतलब यह नहीं है कि वह उन देशों में अधिक पनपता है जहां कानून उदार है क्योंकि कठोर दमनकारी कानूनों के मौजूद होने से उन्हें समाप्त करने के लिए एक जोश-भरा प्रचार हो सकता है जो यौन विपरीतता के प्रचलन की ओर ध्यान आकर्षित करेगा। समस्त यौन विच्युतियों में समलैंगिकता सबसे अधिक मात्रा में पाई जाती है, क्योंकि यद्यपि मैथुनिक प्रतीकवाद कुछ कम और अविकसित अंश में यौन विपरीतता की अपेक्षा संभवतः अधिक पाया जाता है, फिर भी उसका प्रचलन इतना नहीं होता जितना कि यौन विपरीतता का होता है। बहुत-से मामलों में इस गड़बड़ी के कर्ताओं की शक्ति और चरित्र के कारण भी इस प्रचलन पर और ज्यादा जोर दिया जाता है।

साधारण रूप से औसत बुद्धि और चरित्र के लोगों के बीच यौन विपरीतता के पाए जाने की मात्रा को क्रमशः स्वीकृति मिल रही है, उससे इसकी और सचमुच ही दूसरी यौन गड़बड़ियों की प्रकृति के संबंध में मनश्चिकित्सकों के मत में काफी सुधार हो गया है। मध्ययुग और प्राचीनकाल में समलैंगिकता को सिर्फ अप्राकृतिक समलैंगिक व्यभिचार और स्त्रियों में प्रचलित विपरीतता को ट्राइबडवाद के रूप में ही माना जाता था और वह ऐसा पाप और अपराध समझा जाता था जिसका प्रायश्चित्त अपराधी को जिंदा जलाकर होता था। उन्नीसवीं सदी में भी बहुत दिनों तक वह घृणित पतितावस्था की अभिव्यक्ति मानी जाती रही। इसके बाद उसे पागलपन अथवा हर हालत में पतन के लक्षण के रूप में देखने की प्रवृत्ति रही। यह दृष्टिकोण अब पुराना पड़ गया है, जो उस हालत में अपरिहार्य है जब हम देखते हैं कि ऐसी विच्युतियां मानसिक रूप से समर्थ और नैतिक रूप से सदाचारी और आत्मसंयमी व्यक्तियों में पाई जाती हैं और उनमें से बहुत-से तो किसी भी हालत में अपने आवेगों से बेकाबू नहीं होते और कुछ तो किसी भी समय उनके सामने घुटने नहीं टेकते। जब-तब संयोगवश होनेवाली समलैंगिकता एक ऐसी प्रवृत्ति है जिसके संबंध में यह कहा जा सकता है कि मनुष्य हर जगह प्राणिजगत् के उस हिस्से के स्तर पर ही है जिससे उसका सबसे निकट संबंध है। जन्मजात यौन विपरीतता एक गड़बड़ी—भीतर से उत्पन्न प्रकारभेद—है जिसके कारणों को समझना हमने शुरू कर दिया है। यौन विपरीतता उग्र भी होती है, तब भी वह उसी अर्थ में रोगमुक्त दशा कही जा सकती है जिस अर्थ में वर्णांधता या एल्बिनवाद[1] या आंखों की अपस्थिति रोगग्रस्त दशा कही जा सकती है।

1. बालों और चमड़ी का सफेद तथा आंखों का गुलाबी होना।

सहायक पुस्तक-सूची

मोल—The Sexual Life of the Child.

हैवलाक एलिस—Studies in the Psychology of Sex, Vol. II. 'Sexual Inversion.'

फ्रायड—Collected Papers, Vol. III.

कैथराइन—Factors in the Sex Life of Twenty-two Hundred Women.

एडवर्ड कार्पेण्टर—The Intermediate Sex.

एओनवाद या रुचिक्षेत्रीय विपरीतता (भिन्नलिंगीय परिच्छदासक्तिवाद या सौंदर्यक्षेत्रीय विपरीतता)

यह एक ऐसी दशा है जिसे समलैंगिकता के साथ एक करके नहीं देखना चाहिए, यद्यपि कभी-कभी वह उससे संयुक्त रहती है और उसमें कर्ता या कर्त्री न केवल वेशभूषा के मामले में, बल्कि साधारण रुचि, हाव-भाव और भावनात्मक झुकाव में भी भिन्न लिंग के साथ कमोबेश अपने को एक करके देखते हैं। पर इस एकरूपता में भिन्न लिंग के यौन झुकाव का अभाव रहता है, स्वस्थ भिन्नलैंगिक झुकाव अक्सर स्पष्ट रहता है, किन्तु इतने पर भी यहां इस विषय पर विचार कर लेना सुविधाजनक होगा।

यह एक ऐसी दशा है जिसकी व्याख्या करने और उसे नाम देकर अलग कर देने का काम उलझन से भरा है। बहुत साल पहले मेरा इससे साबका पड़ा था, पर आगे और विचार करने के ख्याल से मैंने उसे छोड़ दिया। इसी बीच जर्मनी में हिर्शफेल्ड की, जो इस समय तक समलैंगिकता पर एक प्रमुख अधिकारी विद्वान के रूप में मान्य हो चुके थे, दिलचस्पी बढ़ी और उसे इन्होंने यौन विपरीतता से अलग माना तथा 'भिन्नलिंगीय परिच्छदासक्तिवाद' का नाम दिया। इस दशा को उन्होंने अपनी कई पुस्तकों का मुख्य विषय बनाया। मैंने इस दशा के संबंध में लिखे गए अपने पहले निबंध में उसे रुचियों की यौन विपरीतता का एक प्रकार मानते हुए यौन सौंदर्यक्षेत्रीय विपरीतता का नाम दिया। ये दोनों ही नाम संतोषजनक नहीं हैं। भिन्नलिंगीय परिच्छदासक्तिवाद तो एकदम अनुपयुक्त है क्योंकि भिन्न लिंग के वस्त्रों को पहले की चाह तो इस दशा में दिखलाई देनेवाले लक्षणों में से सिर्फ एक ही लक्षण है और कुछ मामलों में तो वह रहती ही नहीं है। दूसरी ओर यौन सौन्दर्यक्षेत्रीय विपरीतता से यह गलत सुझाव मिल सकता है कि इसका संबंध समलैंगिकता से भी है, यद्यपि इसमें इसका तत्त्व अक्सर मौजूद नहीं होता।

अंतिम रूप से मैंने सन् 1920 में इस दशा के लिए रुचिक्षेत्रीय नाम दिया। बहुत-से लोगों ने इस संज्ञा को मान लिया और अब भी यही नाम सबसे सुविधाजनक और उपयुक्तरूप से वर्णनात्मक है। यह संज्ञा सादवाद और मासोकवाद की तरह वरगंडी के एक अच्छे परिवार शेवेलियर द एओन द बोमों (1728-1810) के नाम पर बनाई गई। उस व्यक्ति में यह गड़बड़ी विशिष्ट रूप से प्रकट थी। वह लुई पंद्रहवें के

अधीन फ्रांस का राजदूत था। अंततः उसकी मृत्यु लंदन में हुई, जहां साधारणतः लोग उसे स्त्री मानते थे, यद्यपि मृत्यु के बाद जब उसकी शव परीक्षा की गई तो पता चला कि वह एक साधारण पुरुष था। एक अन्य अपेक्षाकृत अल्पज्ञात व्यक्ति 'आबे द श्वाज़ी' (1644-1724) एओनवाद का कुछ बातों में और भी विशिष्ट उदाहरण है। यह व्यक्ति भी फ्रांसीसी और अभिजातवंशीय था। उसने खुद अपने संस्मरण लिखे हैं, जिनसे और साथ ही दूसरे सूत्रों से मालूम होता है कि वह सभ्य और सामाजिक स्वभाव का था और अपनी इस गड़बड़ी के बावजूद वह साधारणतः लोकप्रिय था। वह परिमार्जित, हंसमुख और कुछ-कुछ स्त्री-स्वभाव का था, साथ ही वह स्त्रियों का बहुत अधिक प्रशंसक था। अवश्य उसकी वासना औसत दर्जे से कम थी, पर कम से कम एक बच्चे का बाप तो था ही। वह सच्चे अर्थ में बौद्धिक रूप से उन्नत व्यक्ति था और अपने समय के सर्वश्रेष्ठ व्यक्तियों का सम्मानित मित्र था। वह एक प्रख्यात धर्मशास्त्री, चर्च का इतिहासकार और फ्रांसीसी अकादमी का वरिष्ठ सदस्य बना। इसके सदृश स्वभाव की स्त्रियों में लेडी हेस्टर स्टानहोप और साथ ही जेम्स बेरी उल्लेखनीय हैं, जिन्होंने अपने विख्यात और दीर्घ जीवन को पुरुषवेश में बिताया और जो अंग्रेजी सेना के डाक्टरी विभाग की महानिरीक्षका बनीं। यह समझने का कोई कारण नहीं है कि इनमें से कोई भी स्त्री समलैंगिक थी।

एओनवाद विलक्षण रूप से एक बहुधा पाई जानेवाली गड़बड़ी है। मेरे अपने अनुभव के अनुसार यौन विच्युतियों में सबसे अधिक पाई जानेवाली दशाओं में समलैंगिकता के बाद उसी का नंबर आता है। साधारण जीवन में इसके शिकार कोई चौंका देनेवाले असाधारण लक्षण प्रदर्शित नहीं करते और वे साधारणतः बिलकुल पुरुष-स्वभाव के दिखलाई दे सकते हैं, पर कभी-कभी वे अति अनुभूतिशील, एकांतसेवी और अपनी बात किसी से न कहनेवाले होते हैं। वे अक्सर अपनी पत्नियों के प्रति ईमानदारी से आसक्त होते हैं, पर शायद ही कभी उनका यौन स्वभाव प्रबल रहता है। यहां तक कि जो लोग उनके सबसे निकट रहते हैं, वे भी उनके गुप्त रंग-ढंग का पता नहीं पाते। उनमें से सभी विपरीत वेश-भूषा (जैसाकि एडवर्ड कार्पेण्टर ने उसका नामकरण किया था) नहीं अपनाते, पर जब वे ऐसा करते हैं तो पूरी सफलता के साथ, अत्यंत चतुरतापूर्वक और सूक्ष्म स्त्रियोचित तरीकों को सहज बुद्धि से अपनाकर करते हैं, जिसे वे स्वाभाविक रूप से अपनाते हैं। यद्यपि वे अक्सर विपरीत यौन संबंधों की इच्छा नहीं करते, फिर भी कभी-कभी पुरुष एओनवादी को स्त्री के अनुभव—गर्भावस्था और मातृत्व की स्त्रियोचित अनुभूति—प्राप्त करने की तीव्र लालसा होती है। वे मानसिक योग्यता में औसत दर्जे से ऊपर रहते हैं और लेखक या अन्य किसी रूप में प्रसिद्धि पा सकते हैं।

एओनवाद की कामात्मकता के संक्रमणकालीन अथवा मध्यांतरकालीन रूपों के वर्ग में रखना चाहिए। पर उसके ठीक-ठीक उद्‌गम को समझना आसान काम नहीं है। हम कीर्नान की इस बात से सहमत हो सकते हैं कि कभी-कभी विकास रुक जाता है, जो (जैसाकि मैं पहले ही सुझाव दे चुका हूं) शारीरिक दृष्टि से नपुंसकता के पास होता है

और जिससे उसकी दशा कभी-कभी सचमुच ही संबद्ध रहती है। उसका संबंध शायद क्षरण-ग्रंथियों के असंतुलन से है। यदि हम ऐसा मान लें तो पुनः संतुलन प्राप्त करने के लिए अपेक्षाकृत अधिक जानकारी के साथ संभावनाएं पैदा हो सकती हैं।

मानसिक दिशा में जैसा कि मैं समझता हूं, एक एओनवादी व्यक्ति उग्रतम अंश में प्रशंसित लक्ष्य के अनुकरण के और उसके साथ एकरूप होने के सौंदर्यात्मक वैशिष्ट्य को मूर्त करता है। एक पुरुष के लिए यह स्वाभाविक है कि वह खुद को उस स्त्री के साथ एकरूप करके देखे जिसे वह प्यार करता है। इस एकरूपता को एओनवादी बहुत दूर तक ले जाता है। इसमें उसे अपने भीतर के अति-अनुभूतिशील और स्त्रीसुलभ तत्त्वों से सहायता मिलती है, जो प्रायः त्रुटियुक्त पुंसत्व से संबंधित होते हैं। इसका आधार किसी न किसी मात्रा में स्नायविक विकृति पर हो सकता है। ऐसा मालूम होता है कि असाधारण ढंग की बाल्यावस्था में मां से अत्यंत लगाव होने पर एओनवादी प्रवृत्ति को प्रोत्साहन मिलता है। फेनिकेल का मत है कि एओनवाद की विशिष्टता नपुंसकीकरण जटिलता या अंडकोषच्छेद से संबद्ध है। जो भी हो, सभी प्रकार की यौन विच्युतियों के संबंध में वे यही कहते हैं और इस प्रकार इससे हमें आगे बढ़ने में कोई मदद नहीं मिल सकती। इसके साथ ही वे यह भी मंजूर करते हैं कि एओनवादी स्त्री के संबंध में यह बात लागू नहीं होती।

सहायक पुस्तक-सूची

हैवलाक एलिस—Studies in the Psychology of Sex, Vol.VII 'Eonism.'

होमबर्ग तथा जासेलीन—D' Eon de Beaum[illegible]nt: His Life and Times.

ओ. फेनिकेल—'The Psychology of Transvestism,' International Journal of Psycho-analysis, April, 1930

फ्लूगेल—The Philosophy of Clothes.

चिकित्सा का प्रश्न

यौन विपरीतता जैसी अजीब दशा से विशेष समस्याएं उत्पन्न हो जाती हैं। एक तरफ तो तगड़े स्वास्थ्य के साथ ऐसा मालूम होता है कि कुछ-कुछ प्रकार-भेदमात्र है। ऐसा नहीं मालूम होता कि कोई ऐसी बात हो रही है जो मनुष्य-जाति में किसी बहुत ही आकस्मिक परिवर्तन की सूचना देती हो । इस प्रकारभेद से एक विशिष्ट क्रिया पर असर पड़ता है, यद्यपि यह एक ऐसी क्रिया है जिसका समस्त शरीर पर व्यापक और विस्तृत प्रभाव पड़ता है। यह उसी अर्थ में प्रकारभेद है जिस अर्थ में वर्णांधता एक प्रकारभेद है। असवल्ड श्वार्त्स अपने हाल ही के एक खोजपूर्ण निबंध में इस बात पर अभी भी जोर देते हैं कि हमें समलैंगिकता को रोगग्रस्त मानना चाहिए। वे रोगग्रस्त

अवस्था की परिभाषा बड़ी सावधानी के साथ करते हैं। उनकी परिभाषा के अनुसार रोगग्रस्त अवस्था शरीर के कार्यकलाप-संबंधी नियम की किसी एक इंद्रिय के द्वारा हुक्म-उदूली है, जो उनके कथन के अनुसार सामान्यतः शैशवकालीन अवस्थाओं के कायम रहने के कारण होती है। इस तरह की रोगग्रस्त अवस्था का पारिभाषिक महत्त्व प्रायः वही रहता है जो विर्चाऊ के शब्द 'निदानात्मक' का है, पर श्वार्त्स की खोजें बहुत कुछ बाल की खाल निकालनेवाले अटकलपच्चुओं में भटक जाती हैं। यहां हम फ्रायड की उस स्थिति से दूर नहीं है जिसके अनुसार पूर्वप्रवृत्ति और अनुभव अच्छेद रूप से संबद्ध रहते हैं या फिर हम उन अधिकारी विद्वानों से दूर नहीं हैं जो यह मानते हैं कि समस्त वास्तविक समलैंगिकता का जन्मजात आधार होता है, जबकि बाहरी दबाव के कारण जो वातावरणजन्य रूप होता है वह छद्म-समलैंगिकता-मात्र है।

यहां हम प्रधानतः उपचारात्मक बातों पर विचार नहीं कर रहे हैं। उनपर मेरेनान और अन्य लोग पूरे तौर पर विचार कर चुके हैं। पर समलैंगिक दशाओं के संबंध में इलाज का सवाल लगातार सामने आता रहा है, चाहे इसका संबंध सहजात यौन विपरीतता से हो या न हो। चूंकि प्रस्तावित इलाज अक्सर मानसिक उपचारात्मक है, इसलिए हम मानसिक दृष्टि से उसकी उपयुक्तता पर विचार करने के लिए बाध्य हैं।

मैं शल्य-चिकित्सा को एक तरफ छोड़ देता हूं, क्योंकि अभी तक वह सामान्य रूप से व्यवहार में नहीं आई है। लिंप्शुत्स एक ऐसे समलैंगिक पुरुष के मामले का उल्लेख करते हैं जिसमें एक स्वाभाविक स्वस्थ पुरुष का अंडकोष लगाए जाने पर वह समलैंगिक से भिन्नलैंगिक हो गया और एक साल के भीतर ही खुद को शादी करने के लायक समझने लगा। इस प्रकार की कार्यवाही की संभावना और वांछनीयता के संबंध में किसी निष्कर्ष पर पहुंचने से पहले हमें इस बात की जरूरत है कि उपलब्ध मामलों में से बहुत अधिक मामलों का निरीक्षण कर लें। किसी समय सभी मामलों में इस प्रकार के किसी इलाज की जरूरत को पहले से ही मान लिया जाता था। पर ऐसी बात नहीं है, यद्यपि अभी तक कुछ अधिकारी व्यक्ति इस पक्ष में है कि जहां मरीज इस बात के लिए उत्सुक हो कि ऐसा प्रयत्न किया जाए, वहां स्पष्टतः जन्मजात यौन विपरीतता के मामलों में भी इलाज की इस प्रणाली का अनुसरण करना चाहिए। जो भी हो, यदि हमारे सामने ऐसे मामले आएं जो विपरीतयुक्त हैं और जिनकी जड़ें गहराई तक गई हुई है तो संगठित आदतों, धारणाओं और आदर्शों की व्यवस्था में—जिसमें व्यक्ति के मूलभूत स्वभाव का अतिक्रमण सन्निहित है—परिवर्तन करने का प्रयत्न भी सावधानी के साथ करना चाहिए। यह याद रखना चाहिए कि यदि हम वास्तव में एक स्थायी दशा पर विचार कर रहे हों, तब भी इलाज को सामान्य प्रणालियों का अनुसरण मुश्किल रहता है। सम्मोहन के जरिए दिए हुए सुझाव पहले अधिकांश यौन गड़बड़ियों के बहुत-से मामलों में उपयोगी पाए जाते थे, पर वे सुविकसित जन्मजात विच्युतियों के लिए अपेक्षाकृत कम उपयोगी सिद्ध हुए हैं। उसका आसानी से प्रयोग भी नहीं किया जा सकता क्योंकि कर्ता इस सुझाव का ठीक उसी तरह प्रतिरोध करता है जिस तरह सहीदिमाग कर्ता सम्मोहन के अधीन अपराध करने के सुझाव का प्रतिरोध करता है। कई

साल पहले जब यौन विपरीतता को सामान्यतः जन्मजात नहीं माना जाता था, तब श्रृंकनोत्सिंग ने यौन विपरीततायुक्त व्यक्तियों का वेश्या-गमन की सहायता से सम्मोहन द्वारा इलाज करने में बहुत समय नष्ट किया और बहुत कठिनाइयां उठाईं और उनका विश्वास भी था कि उन्हें सफलता मिली है, पर जब सफलता का सिर्फ यही अर्थ लिया जाए कि भिन्नलिंग के व्यक्ति के साथ मैथुन करने में समर्थ होना ही सफलता है तो रोगी की सदिच्छा तथा सहयोग से यह सफलता प्राप्त हो सकती है, पर इस अर्थ में सफलता-प्राप्ति का यह अर्थ नहीं होता कि आदर्श और आवेग वास्तविक तथा स्थायी रूप से नई अथवा वांछनीय दिशा में मुड़ गए हैं। नतीजा सिर्फ इतना ही हो सकता है, जैसा कि एक मरीज ने कहा था कि योनि के अंदर हस्तमैथुन करने की क्षमता प्राप्त हुई है।

इन मामलों का इलाज करने के लिए फ्रायड की मनोविश्लेषण-प्रणाली का भी प्रयोग किया गया है और यह दावा भी किया जाता है कि इस प्रणाली में कुछ सफलता भी मिलती है। जो भी हो, अब मनोविश्लेषकों में यह मानने की प्रवृत्ति हो रही है कि जब विपरीतता की दशा निर्दिष्ट होती है। (चाहे वह जन्मजात हो या न हो) तब यौन आवेग की दिशा में परिवर्तन के उद्देश्य से मनोविश्लेषण का प्रयोग करना व्यर्थ है। मैं ऐसे बहुत-से समलैंगिक व्यक्तियों के विषय में जानता हूं जिन्होंने मनोविश्लेषण-प्रणाली से अपना इलाज कराया है। कुछ तो बीच ही में भाग खड़े हुए, कुछ का यह कथन था कि उनपर लगभग कोई असर नहीं हुआ, कुछ को निश्चित लाभ हुआ, पर यह जो लाभ हुआ वह बढ़े हुए आत्मज्ञान के कारण हुआ, न कि यौन आवेग की दिशा में किसी परिवर्तन के कारण। मुझे ऐसे किसी भी मामले की जानकारी नहीं है जिसमें समलैंगिकता का भिन्नलैंगिकता में पूर्ण और स्थायी परिवर्तन हो सका हो। मोल के संपर्कात्मक आचार को शायद ध्यान देने योग्य तीसरी मनश्चिकित्सा-प्रणाली कहा जा सकता है, यद्यपि उसके प्रयोग के ढंग में क्रांतिकारी रूप से कोई नवीन बात नहीं है। जो भी हो, वह सिद्धांततः ठोस और व्यावहारिक है और एक ऐसे संयोग-सूत्र की खोज में सन्निहित है जिससे कर्ता की विकृत इच्छाएं स्वस्थ लक्ष्यों की ओर प्रवृत्त की जा सकती हैं। इस प्रकार यदि कर्ता लड़कों के प्रति आकृष्ट है तो उसमें बालस्वभावयुक्त स्त्रियों के प्रति आकर्षण पैदा किया जा सकता है। यह पहले से ही मालूम था कि यौन विपरीतता युक्त व्यक्ति ऐसी बातों से प्रभावित होता है। इस प्रकार मेरे रोगियों में से एक व्यक्ति जो स्वस्थ और सक्रिय जीवन व्यतीत कर रहा है उसकी आदतें पुरुषों की-सी हैं। वह अपनी समलैंगिक इच्छाओं का दमन करता है और शादी करना तथा पिता बनना चाहता है। उसने मैथुन करने की अनेक असफल चेष्टाएं कीं। बाद में माल्टा में एक सार्वजनिक नृत्य के अवसर पर एक इटालियन लड़की से उसकी भेंट हुई, जिसने उसे अपने घर आने का निमंत्रण दिया। यह व्यक्ति लिखता है—"उस लड़की का छरहरा शरीर और चेहरा लड़के जैसा था और उसके उरोज प्रायः नहीं के बराबर थे। मैं उसके मकान पर गया और उसे मैंने पुरुष का पायजामा पहने हुए पाया। निश्चित रूप से मुझे उसके प्रति आकर्षण का अनुभव हुआ, पर इतने पर भी मैं पुरुष का हिस्सा अदा नहीं कर सका। मैं

वापस आ गया, पर जैसे भी हो, इस बार मुझमें हमेशा की तरह विकर्षण की भावना नहीं थी और अगली रात को मुझे इस बात की खुशी हुई कि नतीजा संतोषजनक रहा। माल्टा से रवाना होने के पहले मैं वहां अनेक बार गया, पर मुझे इस कार्य में वास्तविक आनन्द कभी नहीं मिला, यद्यपि इस लड़की ने मुझे अपने प्रति आकर्षित कर लिया था, और ज्यों ही यह कार्य समाप्त होता था, त्यों ही मुझमें उससे पीठ फेर लेने की इच्छा होने लगती थी। तब से लगभग एक दर्जन व्यक्तियों के साथ मैंने मैथुन किया। पर वह हमेशा एक रस्म-अदायगी-मात्र होता है और विकर्षण की भावना छोड़ जाता है। मैं इस निष्कर्ष पर पहुंचा हूं कि मेरे लिए सामान्य भिन्नलैंगिक मैथुन हस्तमैथुन का सिर्फ एक खतरनाक और महंगा रूप है।" पर कोई मनश्चिकित्सक इससे अधिक अच्छा नतीजा पाने की आशा नहीं कर सकता।

यहां इतना और बता देना चाहिए कि इन सब प्रणालियों को, यहां तक कि उन्हें भी जिन्हें कुछ सफल कहा जा सकता है, जब गहरी यौन विपरीतता के मामलों में प्रयुक्त किया जाता है तो अधिक से अधिक उनसे उभयलैंगिक आकर्षण की दशा पैदा हो सकती है जिससे मरीज दोनों लिंगों के व्यक्ति के साथ परितृप्ति प्राप्त करने के योग्य हो जाता है। यौन आवेग के लंगर का यह कृत्रिम रूप से हटना अथवा ढीला पड़ना न तो चरित्र की स्थिरता के अनुकूल है और न किसी ऊंची नैतिकता के। और न ही यह कहा जा सकता है कि किसी यौन विपरीततायुक्त व्यक्ति को प्रजनन में समर्थ बनाना कोई अच्छी बात है। इसकी संभावना हो सकती है कि एक स्वस्थ जोड़ीदार के संयोग से एक यौन विपरीततायुक्त व्यक्ति के अच्छी संतान पैदा हो, पर इसमें इतने गम्भीर जोखिम हैं कि हम यह नहीं कह सकते कि इन जोखिमों को उठाया जाए। जब कोई यौन विपरीततायुक्त व्यक्ति अपनी हालत से बहुत असन्तुष्ट हो जाता है और जब वह स्वस्थ और स्वाभाविक बनने के लिए अत्यधिक उत्सुक रहता है, तब उसकी स्वाभाविक बनने की इच्छा का प्रतिरोध करना कोई सरल काम नहीं है। पर यह भी संभव नहीं है कि भावी सफलता की संभावनाओं के अथवा जब सफलता मिल जाए तो उसके नतीजों के संबंध में कोई आशाजनक दृष्टिकोण लिया जाए। दूसरे शब्दों में फिर भी अंततोगत्वा बुरे नतीजों की कुछ न कुछ संभावना बनी रहती है।

उस समय भी इलाज की गुंजाइश हो सकती है जब यौन विपरीतता की प्रवृत्ति का दमन करने के लिए कोई प्रत्यक्ष प्रयत्न नहीं किया जाता और समलैंगिकता के बारे में यह प्रसन्नताजनक और आसानी से चलनेवाला दृष्टिकोण अपना लिया जाता है कि वह सिर्फ बदतमीजी का एक रूप है। (मैंने देखा है कि कई लोग इस तरह की बात करते हैं।) यौन विपरीततायुक्त व्यक्ति कई हालतों में आमतौर से और कई बार केवल यौन दृष्टि से दुश्चिन्ताजन्य स्नायविक रोग से ग्रस्त होता है। कुछ दशाओं में वह यौन रूप से अति-अनुभूतिशील रहता है। उसमें शीघ्र उत्तेजनशीलता की वह दुर्बलता रहती है जो साधारणतः अति-उत्तेजनशीलता के साथ पाई जाती है। अक्सर यौन विपरीततायुक्त व्यक्ति अनुभूतिशील और भावुक होता है तथा कभी-कभी वह अपनी यौन गड़बड़ी के संबंध में भय या दुश्चिन्ता से आतंकित रहता है। इन दशाओं का इलाज साधारणतः

शांत करने वाली दवाओं जैसे ब्रोमाइड और कभी-कभी पुष्टिकर औषधियों से हो जाता है। बिजली से इलाज, स्नानोपचार, कसरत, हितकर कार्यों में व्यस्त रहना, वायु-परिवर्तन आदि तमाम स्नायविक दुर्बलता को दूर करने वाले उपाय लाभदायक सिद्ध हो सकते हैं। बहुत-से यौन विपरीततायुक्त व्यक्तियों का जब तक स्वास्थ्य अच्छा रहता है तब तक वे अपनी यौन गड़बड़ी के अस्तित्व के संबंध में प्रायः चिन्ता नहीं करते हैं। इसलिए जब कभी इलाज की जरूरत पड़ती है तो इसी आधार पर यह बहुत ज़रूरी है कि आवश्यकता के अनुसार कोई विशिष्ट डाक्टरी इलाज किया जाए और आरोग्यशास्त्र की तथा स्वच्छता की आदत डालने पर जोर दिया जाए। इस तरह यौन विपरीतता तो दूर नहीं होगी, पर बुद्धिमानी के साथ मामले को समझने और सहानुभूति से उस दुश्चिन्ता से मुक्ति मिल सकती है जो इस दशा से पैदा होती है। साथ ही इस गड़बड़ी की अधिकता को नियन्त्रित किया जा सकता है और वह सुविवेचित आत्मसंयम के अंतर्गत लाई जा सकती है। अधिकांश मामलों में केवल इतना ही ज़रूरी है और बहुत-से मामलों में सिर्फ इतना ही वांछनीय है।

यौन विपरीततायुक्त व्यक्तियों के मामलों में कभी-कभी शादी का सवाल उठता है, यद्यपि अक्सर ही यह सवाल बिना डाक्टर की सलाह लिए तय कर लिया जाता है। इलाज की एक प्रणाली के रूप में, चाहे मरीज पुरुष हो या स्त्री, शादी को निरवच्छिन्न रूप से बिना किसी शर्त के ठुकरा देना चाहिए। यदि यौन सहजात पहले से ही उभलैंगिकता की ओर मुड़ा हुआ है, तो शायद यौन विपरीततायुक्त व्यक्ति के उभलैंगिक बनने की संभावना है, पर जब तक शादी होने के समय यौन विपरीतता का आवेग समाप्ति की ओर अग्रसर न हो गया हो, तब तक शादी से उसके समाप्त होने के अवसर कम से कम हैं। इसके विपरीत शादी होने पर यह परिस्थिति हो सकती है कि जीवनसाथी की तरफ से घृणा ही उत्पन्न हो और उसके फलस्वरूप यौन-विपरीतता और उग्र हो जाए। ऐसे कई मामले हुए हैं, जिनमें ऊपर से सुखी दिखलाई देनेवाला यौन-विपरीततायुक्त व्यक्ति शादी के बाद ही इस तरह खुलकर खेला कि वह कानून के फंदे में आ गया। शादी के बाद पति अथवा पत्नी से या शादी के बगैर किसी अन्य व्यक्ति के साथ स्वाभाविक मैथुन को और कम से कम वेश्यागमन को यौन विपरीतता का इलाज नहीं माना जा सकता, जिसमें स्त्रियां ऐसे रूप में सामने आती हैं जो यौन विपरीततायुक्त व्यक्ति के भीतर विकर्षण ही पैदा करता है। भिन्न लिंग के परिमार्जित और बुद्धिमान् व्यक्ति के साथ वासनारहित आदर्श मैत्री अपेक्षाकृत आकर्षक और सहायक होती है। साथ ही यदि भिन्न लिंग का यह वासना-संबंध-रहित मित्र उस प्रकार का हो जो समलैंगिक दृष्टिकोण से उसके लिए आकर्षक है तो इस बात की अधिक संभावना है कि उसके संपर्क से रोगी को अधिक फायदा होगा, बनिस्बत इसके कि मैथुन के प्रश्न पर सीधा ही पहुंचा जाए। ऐसा यौन विपरीततायुक्त व्यक्ति जिसकी गड़बड़ी जन्मजात पूर्व प्रवृत्तियों पर आधारित रहती है, सम्भवतः जीवनपर्यन्त यौन विपरीततायुक्त बना रहेगा और इसलिए इसमें परिवर्तन लानेवाले प्रभाव क्रमिक और बहुमुखी होने चाहिए।

जहां किसी भी हालत में यह नहीं माना जा सकता कि चिकित्सा के रूप में मैथुन करने की सलाह दी जाए (चाहे वह मैथुन विवाह-बंधन के बाहर हो या अंदर) वहां यह भी आवश्यक नहीं है कि यह निष्कर्ष निकाला जाए कि ऊपर बताए गए लोगों के लिए विवाह का सर्वथा निषेध किया जाए। यह बात सभी गहरी यौन विच्युतियों पर लागू है। यौन विपरीततायुक्त व्यक्ति अक्सर ही शादी करते दिखाई देते हैं, पर यह वांछनीय है कि ऐसे विवाह गैर-जानकारी में अथवा भ्रामक आशाओं के साथ न किए जाएं। इन दशाओं में दाम्पत्य-जीवन के साथी अथवा साथिन को बहुत अधिक तरुण नहीं होना चाहिए और उन्हें पहले से ही स्थिति और भविष्य की संभावनाएं बतला देनी चाहिए। यदि ऐसे जोड़ों के पति-पत्नी एक-दूसरे के अनुकूल हों, तो इस प्रकार किए गए विवाह कभी-कभी सहन करने योग्य यहां तक कि सुखी भी सिद्ध हो सकते हैं। पर यह हमेशा याद रखना चाहिए कि दोनों पक्षों को पूर्ण यौन परितृप्ति मिल सकने की बहुत थोड़ी ही संभावना है। यौन विपरीततायुक्त व्यक्ति जब तक वास्तविक रूप से उभलिंगगामी न हो (अधिकांश उभलिंगगामी व्यक्ति प्रधान रूप से समलैंगिक होते हैं) तब तक भिन्न लिंग के किसी व्यक्ति के साथ वह घनिष्ठ निःसंकोच आत्मीयता और भावनात्मक अतिरेक का अनुभव नहीं कर सकता, जो यौन प्रेम का सार है। यद्यपि ऐसी दशा में यौन विपरीततायुक्त व्यक्ति में पुंसत्व हो सकता है, पर यह तभी संभव है जब वह यह कल्पना करे कि उसका मैथुन-साथी अपने ही लिंग का है या वह अपने विचारों को अपने ही लिंग के किसी आकर्षक व्यक्ति पर केंद्रित करे। ऐसी परिस्थिति में यौन विपरीततायुक्त व्यक्ति को बहुत संतोष नहीं मिल सकता, साथ ही उसका साथी भी ऐसे संबंध के अधूरे होने के बारे में स्पष्ट रूप से सज्ञान होने पर अवसाद का अवश्य ही अनुभव करता है। जब इस प्रकार का जोड़ा यौन परितृप्ति पाने की कोशिश नहीं करता और जब दोनों साथियों का संबंध दोनों में समान रूप से पाई जानेवाली दूसरी दिलचस्पियों के आधार पर होता है तो इस प्रकार की शादी अधिक सुखी होती है।

यह एक गंभीर प्रश्न है कि इन दिलचस्पियों में संतान भी एक दिलचस्पी हो या न हो। पर इस प्रश्न का हमेशा ही 'नहीं' में उत्तर देना आसान नहीं है। अवश्य एक सामान्य नियम के रूप में यह निश्चित किया जा सकता है कि ऐसा व्यक्ति जो बनावट से समलैंगिकता की ओर पहले से ही झुका हुआ है उसका प्रजनन करना वांछनीय नहीं। जो कुछ भी हो, जब यौन विपरीततायुक्त व्यक्ति अन्यथा स्वस्थ रहता है और उसका वंश भी स्वस्थ रहता है तथा दूसरा साथी अथवा साथिन भी पूर्णरूप से स्वस्थ और सही दिमाग होती है तो सही तौर पर यह आशा की जा सकती है कि बच्चे काफी अच्छे निकलेंगे। अक्सर यौन विपरीततायुक्त व्यक्ति को संतान की इच्छा होती है, संतान दूसरे साथी या साथिन को भी सान्त्वना प्रदान करती है और इस प्रकार उससे उनकी दाम्पत्य-एकता मज़बूत हो सकती है, पर इस तरह की शादी अक्सर अस्थायी होती है, पति-पत्नी के अलग हो जाने अथवा स्थायी मन-मुटाव की हमेशा संभावना रहती है। इस तरह पारिवारिक जीवन असंतुष्ट होने का खतरा बना रहता है।

आज समाज की जैसी बनावट है उसे देखते हुए जन्मजात यौन विपरीततायुक्त

व्यक्ति के हित में सबसे अच्छा यही होगा कि वह अपने खुद के आदर्शों अथवा आन्तरिक सहजातों को कायम रखते हुए स्वाभाविक बनने के प्रयत्न को छोड़ दे और साथ ही वह अपनी अस्वाभाविक इच्छाओं की अपेक्षाकृत भद्दे ढंग से परितृप्ति को भी छोड़ दे, यद्यपि उसे कभी-कभी ऐसा मालूम होता है कि असंतोषजनक होने पर भी आत्ममैथुनिक परितृप्ति उसके लिए अपरिहार्य है। अपेक्षाकृत चरित्रवान् व्यक्तियों में भी यह बात पाई जाती है। ऐसा ही एक व्यक्ति, जिसने उन्नीस साल की उम्र के पहले समलैंगिक मैथुन का कुछ अनुभव किया था पर बाद में उससे बिल्कुल अलग रहा, लिखता है—"कभी-कभी मैं महीनों हस्तमैथुन नहीं करता था और ऐसे मौकों पर मेरे मन में पुरुषत्वपूर्ण प्रेम करने की इच्छा अधिक अनियन्त्रित रूप से बढ़ जाती थी। पर मैं इसे प्रकट नहीं होने देता था और मेरे सबसे अच्छे दोस्त भी यह जानकर दंग रह जाएंगे कि मैं उनके प्रति भावुक हूं। मुझे ही पता चलता है कि मैं कितना क्या हूं। अपने दोस्तों के लिए मैं यौन रूप से साधारण बना रहता हूं। मेरा विश्वास है कि मुझमें कोई ऐसी बात नहीं है जिससे तीक्ष्ण-दृष्टिसम्पन्न निरीक्षक को भी यह भास हो सके कि मुझमें भी कोई ऐसी वासना है जो पतित लोगों में पाई जाती है। मैं अपने को पतित अनुभव नहीं करता। मुझे अपनी इच्छाओं के लिए कभी शर्म महसूस नहीं हुई, यद्यपि दूसरे लोगों को मेरी इन बातों की जानकारी हो जाने पर मुझे शर्म का अनुभव होगा क्योंकि ऐसी हालत में मुझे नक्कू बनना पड़ेगा।"

कर्मठ जीवन बितानेवाले नौसेना के एक अफसर को भी, जिसे कभी समलैंगिक संपर्कों का तजुरबा नहीं रहा, यौन भावरहित मित्रता से काफी संतोष मिला है। वह लिखता है—"मैं किसी भी तरह स्त्रीस्वभावयुक्त नहीं और अपनी ही पसंद से मैंने एक कठोर और अक्सर खतरनाक जीवन बिताया है। ऐसे पुरुषों के साहचर्य की, जिन्हें मेरे प्रति यौन आकर्षण हो, मुझे बहुत ज्यादा इच्छा रहती है और मेरी जिन्दगी के सबसे सुखी दिन ऐसे लोगों साहचर्य में बीते हैं। मेरी इच्छाओं में सिर्फ यौन भावना ही नहीं होती, बल्कि उनमें लगभग पचास प्रतिशत उस पूर्ण मानसिक सामञ्जस्य की इच्छा रहती है जो ऐसे आकर्षण के साथ सम्बद्ध रहता है। इसे मैं कहीं खो न दूं, इस भय से मैंने कभी खुलकर कोई बात नहीं कही और मैं यह अनुमान करता हूं कि पुरुष-वेश्या के साथ यह सामंजस्य असम्भव होगा। दूसरे पुरुषों से अलग ढंग का होने के कारण अपनी शर्म पर मैं काबू पा चुका हूं और मैं अपनी दशा को खुद के लिए स्वाभाविक समझता हूं।"

इसमें सन्देह नहीं कि कुछ लोगों के लिए ऐसा करना मुश्किल से ही सम्भव हो सकता है और कई लोगों को उसके लिए कष्टकर संघर्ष करना पड़ेगा और उससे उनके जीवन के अन्य कार्यों में लगनेवाली शक्ति की क्षति हो सकती है। पर यौन विपरीततायुक्त व्यक्तियों की एक बड़ी संख्या में यौन आवेग वस्तुतः बहुत प्रबल नहीं होता, यद्यपि उसकी अस्वाभाविकता उसे अनुचित रूप से चेतना के समक्ष प्रस्तुत कर सकती है और उसके मार्ग में जो कृत्रिम निषेध प्रस्तुत किए जाते हैं उनसे कर्ता उनकी आवश्यकता और अधिक प्रबल रूप से अनुभव कर सकता है। यौन विपरीततायुक्त व्यक्ति के इस यौन आवेग को मनचाहे व्यक्ति की यौन भावरहित आदर्श मित्रता में अधिक संतोष मिल सकता है। ऐसी मित्रता उन विचारों के अध्ययन से दृढ़ होती है जो

खुद अफलातून और समलैंगिक भावनाओं से प्रभावित यूनानी कवियों की कृतियों में प्रतिपादित किए गए हैं इस सम्बन्ध में वाल्ट व्हिटमैन, एडवर्ड कार्पेण्टर और आन्द्रे जीद जैसे आधुनिक लेखकों का नाम भी लिया जा सकता है।

इसके अलावा यह भी याद रखना चाहिए कि विपरीत यौन आवेग विशेष रूप से उदात्तीकरण के लिए अधिक उपयुक्त होता है। फ्रायड का विचार है कि भिन्नलैंगिक आवेगों के स्थापित हो जाने के बाद ही भिन्नता, साहचर्य, दलप्राणता और समस्त मानव-जाति के प्रति प्रेम की दिशा में उदात्तीकरण का विकास हो सकता है। पर उसके लिए प्रतीक्षा करने का अर्थ यह होगा कि उदात्तीकरण को हमेशा के लिए स्थगित कर दिया जाए। न नौ मन तेल होगा, न राधा नाचेगी। सौभाग्य से हम अक्सर देखते हैं कि काफी कम उम्र में और ऐसे व्यक्तियों में जिनमें समलैंगिक आवेग निर्दिष्ट हो चुका है, प्रायः उदात्तीकरण हो जाता है। ऐसा अक्सर हुआ है कि यौन विपरीततायुक्त व्यक्तियों ने अपने लिंग के तरुण व्यक्तियों की भलाई के लिए अपने-आपको बड़े जोश के साथ महत्त्वपूर्ण सामाजिक और परोपकार के कार्यों में लगा दिया और ऐसे कार्यों से उन्हें आनन्द और संतोष प्राप्त हुआ।

यहां समलैंगिक आवेगयुक्त एक और व्यक्ति का उदाहरण देना अप्रासंगिक न होगा। ये व्यक्ति एक ऐसे क्वेकर परिवार के हैं जिसमें स्नायविक दुर्बलता की प्रवृत्तियां और प्रखर मानसिक योग्यता—दोनों ही बातें एक साथ पाई जाती हैं। प्रस्तुत व्यक्ति में भी ये पारिवारिक विशेषताएं थीं। बहुत कम हद तक ही उन्होंने समलैंगिक आवेग के सामने आत्मसमर्पण किया। वे शादी-शुदा हैं, यद्यपि उनमें भिन्नलिंगगामी आवेग प्रबल नहीं है। वे लिखते हैं—"उभलिंगगामी व्यक्ति सिर्फ एक व्यक्ति को प्रेम करने की बजाय समस्त मानव-जाति को प्रेम करता दिखलाई देता है। शायद वह एक महान् और अधिक उपयोगी प्रकार का समर्पण है। गवेषणापूर्ण मौलिक वैज्ञानिक निबन्धों में अपने जीवन को प्रतिफलित करना कीड़े-मकोड़े की तरह बच्चे पैदा करने से कहीं अच्छा है।" कई बार समलैंगिक प्रवृत्ति वैज्ञानिक दिशा में नहीं बल्कि धार्मिक दिशा में मुड़ जाती है। एक पत्रप्रेषक (जिसने दान्ते का बहुत अध्ययन किया है) अपनी खुद की प्रवृत्ति को उभलैंगिक मानता है। इस सम्बन्ध में वह लिखता है—"मेरा विचार है कि धर्म और सेक्स में एक घनिष्ठ संबंध है। जिन यौन विपरीततायुक्त व्यक्तियों को (चार पुरुषों को) मैं जानता हूं, वे परम भक्त हैं। मैं भी चर्च आफ इंग्लैंड का एक भक्त हूं। मेरे वैयक्तिक सिद्धांत के अनुसार प्रेम का सार स्वार्थरहित भक्ति है और सेवा ही सच्चे सुख की एकमात्र कुंजी है। व्यक्ति चाहे यौन विपरीततायुक्त हो या न हो, उसे कुछ विचारों को मन में नहीं आने देना चाहिए, चाहे वे मन को कितना ही विचलित करें। मैं लड़कों और लड़कियों दोनों में ही सौन्दर्य के ऐश्वर्य को देख सकता हूं, पर मैं अपनी इस अनुप्रेरणा का उपयोग अपने धर्म और रोजमर्रा के कार्य के लिए करता हूं। साथ ही मैं यह कोशिश करता हूं कि अन्यथा भावुक न बनूं। मैं अपने मानसिक विकास के सबसे तूफानी हिस्सों में से गुजर चुका हूं। शायद किसी दिन किसी मनचाही उपयुक्त लड़की से मेरी भेंट हो जाएगी और तब सन्तान का पिता होने का आनन्द मुझे अपने-आप मिल जाएगा।"

यह सच है कि ये उद्देश्य सिर्फ ऊंचे दरजे के यौन विपरीततायुक्त व्यक्तियों के लिए ही आकर्षक हैं। पर यहां यह फिर से बता दिया जाए कि समस्त यौन विपरीततायुक्त वर्ग में ऐसे लोगों की संख्या बहुत बड़ी है। वे पहले-पहल यह महसूस कर सकते हैं कि वे एक ऐसे संसार में भटक रहे हैं जो उनके लिए नहीं बना है। यह अच्छा होगा कि जब उन्हें शिक्षा दी जाए तो उनके ज्ञान के साथ-साथ उनके सुख और उनकी उपयोगिता को भी बढ़ाया जाए। इस तरह उन्हें इस योग्य बना दिया जाए कि वे यह अनुभव करने लगें कि जिस दशा में वे हैं उनके लिए उसी दशा में इस दुनिया में जगह है, और ऐसी जगह कि जिससे दूसरों की ईर्ष्या हो।

सहायक पुस्तक सूची

हैवलाक एलिस—Studies in the Psychology of Sex, Vol. II.

एडवर्ड कार्पेण्टर—The Intermediate Sex and also My Days and Dreams (autobiography) Edward Carpenter: In Appreciation; edited by G. Beith.

अध्याय-6

विवाह

विषयप्रवेश (ब्रह्मचर्य की समस्या)

विवाह को कानून अथवा धर्म की स्वीकृति मिली हो या न मिली हो, फिर भी विवाह जीववैज्ञानिक अर्थ में और कुछ हद तक सामाजिक अर्थ में भी एक स्थायी यौन संबंध है। पर इसके पहले कि हम उस पर विचार करना शुरू करें, यह अच्छा होगा कि हम ब्रह्मचर्य की समस्या और उससे संबंधित कठिनाइयों को, चाहे वे वास्तविक हों या कल्पित, सरसरी निगाह से देख लें।

यह समस्या कई सोपानों में से गुज़र चुकी है। एक सदी पहले यह बहुत कम डाक्टरों के सामने आती थी और यदि आती भी थी तो डाक्टर सिर्फ इतना ही कह सकता था कि केवल विवाहिता पत्नी को छोड़कर पुरुष के लिए ब्रह्मचर्य नैतिक और मैथुन अनैतिक है (यद्यपि गुप्त रूप से उसे छूट दे दी जाती थी), जब कि स्त्रियों के संबंध में यह प्रश्न ही नहीं उठता था क्योंकि उनकी यौन आवश्यकताओं को मान्यता नहीं मिली थी। इसके बाद, हममें से बहुत-से लोगों के जीवन-काल में ही नई सामाजिक दशाओं के उदय और स्त्रियों के प्रति कुछ न कुछ मुक्त दृष्टिकोण होने से लोग डाक्टर के पास पहुंचने लगे। साथ ही डाक्टर से यह मांग की गई कि समस्त संसार के लिए वह इस संबंध में सामान्य सिद्धांतों का उद्घोषण करे। इस मांग से ब्रह्मचर्य के हानिरहित होने के संबंध में विविध प्रकार की अस्पष्ट धारणाओं का निर्माण हुआ, जिनका कुछ भी अर्थ नहीं निकलता था और जिन्हें ऐसे अर्थ में भी प्रयुक्त किया जा सकता था जो उनके प्रतिपादकों को अभीष्ट नहीं था। उदाहरण के लिए संतोष के साथ ऐसे लोग उन्हें उद्धृत कर सकते थे जो इस बात की वकालत करते हैं कि संतानोत्पत्ति के उद्देश्य के अलावा मैथुन नहीं करना चाहिए। इसका मतलब यह हुआ कि संपूर्ण जीवनकाल में सिर्फ दो या तीन बार ही मैथुन करना चाहिए। इसमें संदेह नहीं कि पेशियों और ग्रंथियों की प्रणाली के उपयोग में संयम आमतौर से स्वास्थ्य के लिए हानिकारक नहीं है, इसी प्रकार विशिष्ट यौन पेशियों और ग्रंथियों के उपयोग में भी संयम समान रूप से स्वास्थ्य के लिए लाभजनक है। लेकिन इस बात को खुलकर कहना डाक्टरों की मर्यादा के प्रतिकूल था और यौन विषयों-संबंधी साधारण लोगों के अज्ञान और पूर्वाग्रहों के कारण नीमहकीमों, बगुलाभगतों और ढोंगियों को अजीब-अजीब बातें

कहने की छूट मिल गई थी कि डाक्टर को पुरुषों और स्त्रियों की वास्तविक और बहुमुखी समस्याओं को हल करना पड़ता है और वह सिर्फ बंधे-बंधाए, गिने-गिनाए सूत्रों से नहीं हो सकता। अब यह बात स्वीकार की जाने लगी है और चूंकि अब यौन नैतिकता के संबंध में प्रचलित विचार अपेक्षाकृत कम कट्टर हैं, यह संभव हो गया है कि सामने आनेवाली समस्याओं पर विविध प्रकार से विचार किया जाए।

भूतकाल में ब्रह्मचर्य की कठिनाइयों और खतरों का मूल्यांकन वास्तविक से कम और अधिक दोनों ही प्रकार से किया गया है। एक तरफ तो ऐसे लोग थे जो यह कहते थे कि ब्रह्मचर्य की कठिनाइयां और खतरे तुच्छ हैं। ये लोग नैतिकता के गुरु भार से दबे हुए थे और समझते थे कि उनकी नैतिकता ही दांव पर लगी हुई है। दूसरी तरफ ऐसे लोग थे जो कुछ तो इस उग्र दृष्टिकोण के विरुद्ध और कुछ प्राचीन परंपरा के कारण दूसरे सीमांत पर पहुंच गए और घोषणा करने लगे कि उन्माद के विविध रूप और साथ ही ऐसी स्नायविक गड़बड़ियां ब्रह्मचर्य के ही कारण होती हैं। ऐसा विश्वास करने का कोई आधार दिखलाई नहीं देता कि जन्मजात रूप से स्वस्थ व्यक्तियों में सिर्फ ब्रह्मचर्य के ही कारण मानसिक विकार अथवा स्नायविक रोग हो जाए। ब्रह्मचर्य से रोग हो सकते हैं, इस विश्वास की उत्पत्ति कार्यकारण-संबंध को गड़बड़ाने से होती है। दूसरी तरफ जब कोई ऐसा आदमी पागल हो जाता है जिसने बिना किसी रोक-टोक के अतिमैथुन किया है तो हमें यह कहने का अधिकार नहीं है कि उसके उन्माद का कारण यौन आवेग है।

सन् 1908 में फ्रायड ने कहा था—"हमारे समाज के अधिकांश लोग शारीरिक बनावट की दृष्टि से आजन्म ब्रह्मचर्य के अयोग्य हैं," पर साथ ही वे यह बात भी जोड़ देते हैं कि ब्रह्मचर्य कष्टकर तभी होता है जबकि स्नायविक रोग की प्रवृत्ति रहती है और ऐसी हालत में उससे अक्सर दुश्चिंतायुक्त स्नायविक रोग हो सकता है। फ्रायड की यह बात हमेशा ध्यान में रखनी चाहिए। उन्होंने अपनी बाद की पुस्तक 'प्रारंभिक व्याख्यान' में लिखा है—"स्नायविक रोग के कारणों को खोजते समय ब्रह्मचर्य के महत्त्व का वास्तविक से अधिक मूल्यांकन करने से बचना चाहिए। तृप्ति के अभाव और उससे संचित होनेवाली जिजीविषा के कारण उत्पन्न रोगजनक दशाओं में से बहुत थोड़ी ही ऐसी हैं जो बिना किसी अड़चन के प्राप्त हो सकनेवाले यौन समागम से अच्छी हो सकती हैं।" फ्रायड ने कभी वास्तविक से कम मूल्यांकन नहीं किया है, इसलिए उनका इस संबंध में यह कथन विशेष महत्त्व का है। यहां लेवेनफेल्ड-वर्णित इस तथ्य का उल्लेख किया जा सकता है कि कैथोलिक पादरी अक्सर बहुत कम दशाओं में ब्रह्मचर्य के कारण हानि उठाते हैं। जैसा कि लेवेनफेल्ड लिखते हैं (स्मरण रहे कि लेवेनफेल्ड ने इस विषय का अध्ययन व्यापक अनुभव और विवेकपूर्ण भावना के आधार पर किया है) ऐसा संभवतः इसलिए होता है कि उन्हें बचपन से ही अपने धंधे के लिए प्रशिक्षण दिया जाता है।

हमें यह हमेशा याद रखना होगा कि जीने की सारी कला अभिव्यक्ति और दमन के सूक्ष्म संतुलन में निहित है क्योंकि दमन का जो सीमित अर्थ कभी-कभी

मनोविश्लेषक करते हैं उसे छोड़ दिया जाए तो व्यापक अर्थ में दमन जीवन का उसी प्रकार से केंद्रीय तथ्य है जिस प्रकार से अभिव्यक्ति। हम एक ही समय अनवरत रूप से कुछ आवेगों का दमन करते हैं और कुछ अन्य आवेगों को व्यक्त करते हैं। दमन में दंड अंतर्निहित ही हो, ऐसी बात नहीं है क्योंकि दमन अभिव्यक्ति के लिए आवश्यक है। दमन विशेष रूप से सभ्यता का ही कोई दुर्भाग्यपूर्ण प्रभाव हो, ऐसा नहीं है। मानव-जीवन के आदिम सोपानों में भी दमन उतने ही स्पष्ट रूप में पाया जाता है। यहां तक कि जानवरों में भी आसानी से उसका अस्तित्व देखा जा सकता है। इतनी स्वाभाविक प्रक्रिया मुख्यतः हितकर ही हो सकती है, यद्यपि उससे अक्सर कुसंतुलन की संभावना रहती है, विशेषकर उसका उन लोगों पर बुरा प्रभाव पड़ता है जिनकी शारीरिक बनावट सामंजस्ययुक्त संतुलन के कार्य के लिए संगठित नहीं है।

पर इसी कारण इस बात से इंकार नहीं किया जा सकता कि ब्रह्मचर्य की कठिनाइयां फिर भी बहुत-से स्वस्थ और कर्मठ व्यक्तियों के लिए बहुत वास्तविक होती हैं, यद्यपि उनमें न तो जीवन को कोई खतरा रहता है और न मस्तिष्क-विकृति का ही कोई ज्यादा खतरा है।[1] अतिब्रह्मचर्य से शारीरिक स्वास्थ्य-संबंधी छोटी-मोटी गड़बड़ियां पैदा हो सकती हैं और मानसिक पक्ष में बहुत अधिक दुश्चिंता उत्पन्न हो सकती है, साथ ही मैथुनिक दुरावेश के साथ बराबर संघर्ष जारी रह सकता है। जिससे एक हानिकर अति अनुभूतिशीलता पैदा हो सकती है। यह दशा स्त्रियों में अक्सर अतिलज्जा और दिखावे का रूप ले सकती है। उदाहरण के लिए एक संयम से रहनेवाला उच्चाकांक्षी विद्यार्थी अपनी समस्त शक्ति को अपने अध्ययन-कार्य में लगा देना चाहता है, पर अतिब्रह्मचर्यजनित संघर्ष के कारण उसे बड़ी दुश्चिंता और मानसिक अवसाद का सामना करना पड़ सकता है। विविध कार्यों में सक्रिय रूप से संलग्न नवयुवतियां भी इसी प्रकार अतिब्रह्मचर्यजनित संघर्ष के कारण पीड़ित रहती हैं और कभी-कभी वे उससे छुटकारा पाने के लिए अपने कार्य और शारीरिक कसरत की मात्रा को बहुत बढ़ा देती हैं, पर अक्सर इससे उन्हें कोई चैन नहीं मिलता। ऐसा लगता कि इस कारण से पुरुषों की अपेक्षा स्त्रियों को अधिक कष्ट मिलता है, पर ऐसा इसलिए नहीं होता कि स्त्रियों के लिए उदात्तीकरण विशेष रूप से कठिन है (जैसा कि फ्रायड का विश्वास है) या उनके यौन आवेग अधिक प्रबल हैं, बल्कि इसका कारण यह है कि शादीशुदा न होने पर भी पुरुष बाहर की स्त्रियों के साथ आसानी से यौन संबंध स्थापित करते आए हैं और अब भी कर लेते हैं, इसके अलावा निद्रावस्था में संयमी पुरुषों को स्वतःस्फूर्त स्खलन से परितृप्ति मिल जाती है, पर ऐसी स्त्रियों को जिन्हें मैथुनिक अनुभव नहीं होता, यौन आवेग के प्रबल होने पर

1. सभी अधिकारी विद्वानों ने इसे माना है। इस प्रकार एक सतर्क और सावधान लेखक नैके ने बीस साल से अधिक समय पहले लिखा था कि आज यौन विषयों का कोई भी अधिकारी विद्वान् यह नहीं मानता कि अतिब्रह्मचर्य के दुष्परिणाम नहीं होते। झगड़ा तो दुष्परिणामों की मात्रा और गुणों के बारे में है, जिसे नैके ने कभी भी गंभीर नहीं माना।

भी सामान्यतः निद्रावस्था में इस प्रकार की परितृप्ति नहीं मिलती। अक्सर श्रेष्ठ स्त्रियां ही इस कारण सबसे अधिक कष्ट उठाती हैं, पर वे ही उन स्त्रियों में से हैं जो इस तथ्य को छिपाने के लिए सबसे अधिक व्यग्र रहती हैं।[1]

इस सिलसिले में डाक्टर कैथराइन डेविस ने एक प्रश्नावली जारी की थी—"क्या आप विश्वास करती हैं कि संपूर्ण शारीरिक और मानसिक स्वास्थ्य के लिए यौन समागम आवश्यक है" एक हजार से ऊपर स्त्रियों ने इसके उत्तर दिए थे। इन उत्तरों पर विचार करना एक दिलचस्प बात होगी। पर यह हमेशा ध्यान में रखना चाहिए कि इन प्रश्नों के उत्तर शरीरशास्त्रीय और मनोवैज्ञानिक बातों पर आधारित नहीं रह सकते। हमें अपरिहार्य रूप से प्रचलित नैतिक, सामाजिक और परंपरागत प्रभावों को मानकर ही चलना पड़ेगा। फिर भी यह जानना एक दिलचस्प बात होगी कि बीसवीं सदी के प्रारंभिक चरण की अमेरिकन स्त्रियों के इस विषय में क्या गुप्त विचार थे। यह देखा गया कि 38.7 प्रतिशत स्त्रियों ने (संख्या 394) इस प्रश्न के उत्तर में हामी भरी। इनमें से कुछ ने जोर देकर, बड़ी संख्या ने कुछ शर्तें लगाकर और कुछ ने संदिग्ध रूप से इस बात को स्वीकार किया। शेष लगभग 61.2 स्त्रियों ने (संख्या 622) 'न' में उत्तर दिया। कुछ ने जोर देकर ऐसा कहा और कुछ ने संदिग्ध रूप से कहा। हामी भरनेवाली कुछ स्त्रियों ने अपने उत्तर में कुछ इस प्रकार की शर्तें लगाई थीं—'विशेषकर पुरुषों के लिए' या 'मानसिक स्वास्थ्य के लिए', या 'जीवन को पूर्ण बनाने के लिए', 'कुछ विशेष प्रकारों के लिए'। जवाब में 'नहीं' कहनेवाली कुछ स्त्रियों ने अपने उत्तर में ये बातें लिखी थीं—'आवश्यक तो नहीं पर स्वाभाविक है', या 'पर वांछनीय है', या 'पूर्ण मानसिक स्वास्थ्य के लिए नहीं', 'नहीं, पर मुश्किल है', या 'नहीं, पर जो लोग उससे वंचित रहते हैं वे कुंठित हो जाते हैं और उनमें झुर्रियां आ जाती हैं।' यह एक महत्त्वपूर्ण बात है कि यौन समागम को आवश्यक न माननेवाली स्त्रियों में से 59.5% यानी आधे से अधिक हस्तमैथुन करती थीं। यह भी

1. कई स्त्रियां जो इस तरह उग्र रूप से पीड़ित रहती हैं, मुझे पत्र लिखती रहती हैं। यह तो वे किसी सुदूर स्थान से लिखती हैं या वे वास्तविक नाम को छिपाकर लिखती हैं। एक ऐसी स्त्री ने (वह अपने अनजाने में मेरे एक दोस्त से परिचित थी) जो काफी हद तक इस वर्ग की स्त्रियों का प्रतिनिधित्व करती है, मुझे बार-बार अपने संबंध में लिखा। वह स्त्री अधेड़, हृष्ट-पुष्ट, सुविकसित और सुंदर है : वह बहुत बुद्धिमती और साधनसंपन्न होने के कारण आत्मनिर्भर है। वह अक्सर विदेश में रहती है। उसका कभी भी किसी व्यक्ति से यौन संपर्क नहीं रहा। यद्यपि कुल मिलाकर उसका स्वास्थ्य अच्छा है; तो भी कुछ छोटी-मोटी गड़बड़ियों से (विशेषकर सोलह साल की उम्र में एक मानसिक आघात से उसका मासिक स्राव बहुत घट गया था) उसकी यौन सक्रियता अस्वाभाविक सीमा तक बढ़ गई है। उसे लगातार कामेच्छा बनी रहती है और उसे दूर करने के लिए वह जो शारीरिक और मानसिक उपाय कर सकती है वे सब उपाय उसके शाश्वत तनाव को दूर करने में असफल रहते हैं। अपने चरित्र और संस्कारों के कारण उसके लिए यह असंभव है कि वह किसी प्रकार के अनियमित या अनैतिक ढंग से यौन परितृप्ति प्राप्त करे। वह अपनी दशा का उल्लेख भी किसी से नहीं कर सकती। इसके अलावा विवश होकर जब कभी मासिक धर्म के समय हस्तमैथुन का सहारा लेती है तो उसे चैन तो मिलता नहीं उलटे ग्लानि होती है।

कोई आश्चर्य की बात नहीं है कि यौन समागम को स्वास्थ्य के लिए आवश्यक माननेवाली स्त्रियां भी एक बड़े अनुपात में (76 प्रतिशत) हस्तमैथुन करती थीं। यह स्वाभाविक ही है कि स्वीकृतिसूचक उत्तर देनेवाली स्त्रियों के समूह में ऐसी स्त्रियों का अनुपात दूसरे वर्ग की ऐसी स्त्रियों के अनुपात की अपेक्षा अधिक था जिन्हें यौन समागम के विषय में जानकारी नहीं थी।

जो लोग अतिब्रह्मचर्य से पैदा होनेवाली कठिनाइयों को छोटा करके दिखलाते हैं उनके लिए यह अच्छा होगा कि वे मरुस्थल में रहनेवाले ईसाई साधुओं के पैलेडियस-रचित 'स्वर्ग' नामक पुस्तक में वर्णित अनुभवों पर विचार करें। वे साधु तगड़े और दृढ़संकल्प थे। वे संन्यास के आदर्शों के प्रति श्रद्धा रखते थे, साथ ही ऐसे आदर्शों को कार्यान्वित करने के लिए संभवतः सबसे अनुकूल परिस्थितियों में रहते थे और उनकी दिनचर्या इतनी कठोर थी कि वह हमारे लिए लगभग अकल्पनीय है। फिर भी यौन प्रलोभन से उन्हें जितना कष्ट होता था, उतना कष्ट दूसरी बात से नहीं होता था और यह कष्ट कुछ न कुछ मात्रा में जीवन-पर्यंत बना रहता था।

यहां इतना और बता दिया जाए कि इस प्रश्न पर विचार करते समय हम आसानी से किसी चली हुई बात को मान लें। मैं इस तथ्य का इसलिए उल्लेख करता हूं कि प्राचीन तपस्वियों के अनुभवों को एक तरफ रख देने पर और वर्तमान समय पर विचार करने पर सावधानी के साथ की गई सभी जांचों से पता चलता है कि ऐसे लोगों का अनुपात, यहां तक कि डाक्टरों में भी, वस्तुतः बहुत ही कम है जो वास्तविक रूप से लगातार ब्रह्मचर्य के साथ अर्थात् किसी प्रकार की यौन सक्रियता की अभिव्यक्ति के बगैर रहते हैं।[1] वास्तविक ब्रह्मचारियों का अनुपात तभी अधिक मालूम पड़ता है जब हम स्वाभाविक यौन परितृप्ति के अपूर्ण रूपों को जैसे स्त्रियों के साथ हंसी-खेल करना आदि और उसकी विविध आत्ममैथुनिक अभिव्यक्तियों को न गिनें। इस क्षेत्र में एक अनुभवी डाक्टर रोलेडर का कुछ साल पहले विश्वास था कि जब हम इस विषय को व्यापक दृष्टि से देखते हैं तो लगता है कि ब्रह्मचर्य जैसी कोई चीज ही नहीं है। ऐसी वास्तविक दशाएं जिनमें यौन लक्षण प्रकट नहीं हो पाते, अक्सर यौन आवेग की मंदता की दशाएं होती हैं। जो प्रकारभेद हमें दिखाई देते हैं उनका प्रमुख कारण राष्ट्रीय परंपराओं में अंतर होना है, जिसने किसी देश में लोग वेश्यागमन का सहारा लेते हैं, तो किसी और देश में हस्तमैथुन का। इस बात पर डॉक्टरों के दो दल हैं। इनमें से एक दल तो हस्तमैथुन की अपुरुषजनोचित आदत की कड़ी भर्त्सना करता है पर वह वेश्यागमन के प्रति तुलनात्मक रूप से सहिष्णु रहता है जबकि दूसरा दल वेश्यागमन की खतरनाक और अनैतिक प्रथा की तो कडी निन्दा करता है, पर हस्तमैथुन के प्रति तुलनात्मक रूप से सहिष्णु रहता है। जब हम

---

1. कोलोन के मेरोव्स्की ने 68 डाक्टरों से पूछताछ करके यह नतीजा निकाला कि सिर्फ एक ही डाक्टर ऐसा था, जिसने विवाह के पहले यौन समागम नहीं किया था, अंग्रेजी भाषाभाषी देशों में यह अनुपात और भी कम होगा, पर दूसरी तरफ आत्ममैथुनिक तरीकों को अपनानेवाले अधिक होंगे।

अतृप्त यौन सक्रियता की अभिव्यक्तियों, जैसे स्थानिक जमाव, अनिद्रा, चिड़चिड़ापन, सिरदर्द, मिरगी और स्नायविक दौर्बल्य का इलाज कराना या उन्हें कम करना चाहते हैं तो हम इन बातों को याद रखें तो अच्छा रहेगा। जब अतिब्रह्मचर्य के परिणामस्वरूप होनेवाले कष्ट निश्चित रूप से मानसिक गड़बड़ी की सीमा के पास पहुंच जाते हैं, तो अक्सर अन्य सहयोगी कारणों पर भी विचार करना जरूरी हो जाता है। और इस जगह पर पहुंचकर मनोविश्लेषकों ने 'अवचेतन' के क्षेत्र में कई भ्रामक मार्ग ढूंढ निकालने की चेष्टा की है। लेवेनफेल्ड ने यह पता लगाया कि चौबीस साल की उम्र तक पुरुषों को बहुत कम क्षेत्र में ब्रह्मचर्य से कष्ट होता है और उसके बाद भी शायद ही उन्हें इस सीमा तक कष्ट होता है कि डाक्टरी सहायता की जरूरत पड़े। खराब शारीरिक बनावट से ही ब्रह्मचर्य स्नायविक रोगों का कारण बन सकता है और जैसा कि फ्रायड, लेवेनफेल्ड और अन्य लोगों ने देखा है, यह अक्सर स्त्रियों और पुरुषों दोनों में ही दुश्चिंतारोग का रूप ले लेता है।

जो भी हो, जैसा कि यौन क्षेत्र में अक्सर होता है, इसका इलाज भी अधिकांशतः आरोग्यशास्त्र के नियमों के पालन से होता है।सरल जीवन, सादा भोजन, शीतल जल से स्नान, विलासिता का अभाव, समस्त शारीरिक या मानसिक प्रबल उत्तेजनाओं से बचाव, सत्संग, मन को किसी अच्छे काम या विचार में काफी समय तक लगाए रखना, खुली हवा में यथेष्ट व्यायाम करना आदि ही इसका इलाज है। पर यह याद रहे कि इलाज रोगी दशा होने के पहले शुरू होना चाहिए। एक भले घर में पैदा हुए बालक का यदि ढंग से पालन-पोषण किया जाए और यदि कोई अन्य प्रकार की अनिवार्य दुर्घटनाएं न हों तो इसकी बहुत संभावनाएं हैं कि बालक को यौन संबंधी शिक्षा देने के बावजूद उसकी यौन चेतना काफी उम्र तक जागरित न हो। पर जब एक बार शारीरिक यौन आवेग अदमनीय रूप से चेतना के समक्ष उपस्थित हो जाते हैं, तो ये नियम उतने कारगर नहीं रहते जितना कि कभी-कभी उन्हें बताया जाता है। पर जो भी हो, हर हालत में उनका अनुसरण करना अच्छा है और किसी-किसी समय वे यौन आवेग की क्रियाशीलता का दमन करने में सफल भी होते हैं। पर उनसे हमें असंभव नतीजों की आशा नहीं रखनी चाहिए। साधारण शारीरिक व्यायाम से कामेच्छा का दमन होना तो दूर रहा, उलटे उससे अक्सर स्त्री और पुरुषों दोनों में ही कामेच्छा उत्तेजित होती है और कामेच्छा तभी दबाई जा सकती है जबकि व्यायाम को इतनी अधिक मात्रा तक बढ़ा दिया जाए कि व्यायामकारी थककर चूर हो जाए। उसी तरह मानसिक कार्य विशुद्ध रूप से सूक्ष्म ढंग का होने पर भी यौन उत्तेजना उत्पन्न करने को बाध्य है। यह तो स्पष्ट है कि चूंकि सामान्य आरोग्यशास्त्र के नियम शक्तिवर्धक होते हैं, अतः ऐसा नहीं हो सकता कि ये नियम यौन क्षेत्र में शक्ति न बढ़ाएं। हम ऐसी कोई व्यवस्था नहीं कर सकते जिससे शारीरिक प्रणाली में तो शक्ति उत्पन्न हो, पर यौन प्रणालियों में उसका प्रवाह अवरुद्ध हो जाए।

यह सच है कि हम यौन शक्ति को अन्य अधिक आध्यात्मिक प्रणालियों में मोड़ सकते हैं; पर इस तरह यौन शक्ति का एक बहुत ही कम मात्रा में उदात्तीकरण

किया जा सकता है। फ्रायड बड़े सुंदर ढंग से मनुष्य के शरीर की यौन शक्ति की तुलना मशीनों से करते हैं, जिनमें लगाई हुई गर्मी की बहुत थोड़ी मात्रा काम में आती है। निस्संदेह हम औषधियों का सहारा ले सकते हैं, जिनमें ब्रोमाइडों का सामान्यतः सबसे अधिक प्रयोग किया जाता है और जो सबसे अधिक कारगर भी हैं। इस प्रकार की दवाओं का उपयोग उन व्यक्तियों के लिए विशेष रूप से लाभदायक रहता है जो स्नायविक रूप से दुर्बल और अधिक उत्तेजनशील होते हैं और जिनकी यौन क्रियाशीलता यौन शक्ति के फलस्वरूप नहीं होती। स्वस्थ और स्वभाव से कामुक व्यक्तियों में ब्रोमाइडों का प्रयोग तब तक बेकार रहता है जब तक उन्हें इतनी अधिक मात्रा में न लिया जाए कि सामान्य रूप से सभी सूक्ष्मतर क्रियाएं खत्म ही हो जाएं। अनेक सुंदर अभिव्यक्तियों में समर्थ इस प्राकृतिक आवेग का उपचार करने का यह कोई संतोषजनक ढंग नहीं है। हमें इस क्षेत्र में अपनी शक्ति की सीमाओं को स्वीकार करना होगा। इसके अलावा उन कठिनाइयों को, जो सामाजिक वातावरण के कारण अक्सर अपरिहार्य बन जाती हैं, सामने रखकर सीधी और एकदम स्थूल सलाह देने से बचना होगा। अच्छा तो यही होगा कि हम इन कठिनाइयों को हल करने की जिम्मेदारी खुद मरीज पर ही छोड़ दें।

सचमुच ही कुछ ऐसे डाक्टर भी हैं जो डंके की चोट पर यह घोषणा करते हैं कि इस विषय में हमें स्वयं सीमाहीन जिम्मेवारियों को ग्रहण कर लेना चाहिए। उदाहरण के लिए हमारे सामने एक मरीज—एक कैथोलिक पादरी या नपुंसक पति की स्त्री—है, जो स्पष्टतः अतिब्रह्मचर्य के फलस्वरूप स्नायविक रोगों से पीड़ित है। ऐसे डाक्टरों का कहना है कि हमारा यह परम कर्तव्य है कि हम इन व्यक्तियों को यौन समागम की सलाह दें। मैं ऐसा नहीं समझता। यह तथ्य तो है ही कि ऐसा डाक्टर इस संबंध में जो नुसखा दे रहा है वह उसकी शुद्धता की गारंटी नहीं कर सकता। इसके अलावा यह बात भी लगी हुई है कि डाक्टर निजी तौर पर अपने पास आए हुए लोगों को जो अनैतिक सलाह दे रहा है वह उस सलाह के विरुद्ध है जो वह खुले तौर पर हर समय दिया करता है। एक तीसरी बात यह है कि मान लिया ऐसी सलाह डाक्टर विशुद्ध चिकित्सा की दृष्टि से दे रहा है, फिर भी उससे उसकी सलाह लेनेवाले व्यक्ति के जीवन में और समाज के जीवन में जो गड़बड़ी और विक्षोभ उत्पन्न होगा उससे डाक्टर आंखें नहीं चुरा सकता। जैसा कि पूर्वोक्त उदाहरणों में बताया गया है, यदि ऐसी सलाह देकर एक डाक्टर ऐसा आचरण करता है जो उसके व्यवसाय की प्रतिष्ठा के विरुद्ध है, या उस सलाह से कोई स्त्री कष्टप्रद सामाजिक स्थिति में फंस जाती है तो यौन इच्छा को दबाने के लिए संघर्ष से पैदा होनेवाले नतीजों की अपेक्षा ये नतीजे केवल स्वास्थ्य की दृष्टि से भी ज्यादा बुरे हो सकते हैं। इसमें सिर्फ एक संघर्ष का स्थान दूसरा और शायद एक अधिक गंभीर संघर्ष ले लेता है। डाक्टर के लिए अच्छा तो यही होगा कि जब वह इस विषय में विशुद्ध रूप से डाक्टरी क्षेत्र के बाहर कदम बढ़ाए तो वह स्पष्ट, व्यापक और निष्पक्ष ढंग से सारी समस्याएं मरीज के सामने रख दे और उन्हें हल करने की जिम्मेदारी मरीज पर ही छोड़ दे। सच तो यह है कि यह जिम्मेदारी सही तौर पर मरीज की ही है।

यहां डाक्टर को उस जज का हिस्सा अदा करना है जो जूरी को मुकदमा सौंप देता है। डाक्टर को मरीज के सामने परिस्थितियों को स्पष्ट कर देना चाहिए, पर उसके संबंध में अपना फैसला नहीं सुनाना चाहिए। ऐसा करते समय मरीज़ को अपेक्षाकृत शांत और अधिक बुद्धिसंगत दृष्टिकोण में ले आना चाहिए। शायद वह इस प्रकार मरीज़ को बिना समझे-बूझे जल्दी में उस गांठ को काट डालने के प्रयत्न से बचा लेगा जिसको खोलना मरीज़ के लिए असंभव जान पड़ता है।

अतिब्रह्मचर्य के दुष्परिणामों की परंपरागत दवा उपयुक्त विवाह है। यदि यह शादी अच्छी परिस्थितियों में की जा सके तो सबसे अच्छी बात है।

सहायक पुस्तक सूची

वालिस बज—The Paradise of Fathers.

हैवलाक एलिस—Studies in the Psychology of Sex, Vol. VI.

फ्रायड—'Civilized Sexual Morality and Modern Nervousness, Collected Papers, Vol. II.

के. बी. डेविस—Factors in the Sex-life of Twenty-two Hundred Women.

विवाह का औचित्य

आजकल पहले की अपेक्षा विवाह के औचित्य या अनौचित्य के संबंध में डाक्टरी सलाह अधिक ली जाती है। इसके अलावा ऐसी डाक्टरी सलाह आजकल अधिक गंभीरता के साथ ली जाती है। इस वजह से यह जरूरी है कि सीधी-सादी बंधी-बंधाई और सतही सलाह देने से बचा जाए, जो किन्हीं निश्चित परिस्थितियों में बुद्धिरहित हो सकती है। इसलिए यथासंभव अच्छी तरह से समझ-बूझकर और सभी पहलुओं से विचार करने के बाद ही सलाह देनी चाहिए। ऐसी सलाह जिस वैज्ञानिक सामग्री के आधार पर दी जा सकती है वह सामग्री बहुत-सी दशाओं में अभी तक अधूरी है। इसके अलावा इस सामग्री को एक-एक करके सुलझाने का काम अभी हाल ही में शुरू हुआ है। इसलिए अभी तो नहीं पर शायद निकट भविष्य में यौन संबंधों के संभावित परिणामों के संबंध में अधिक निश्चय के साथ भविष्यवाणी की जा सकेगी। इस प्रकार यह संपूर्ण विषय यदि सुदूर भविष्य का नहीं तो निकट भविष्य का ही अधिक है। जैसा कि इस प्रश्न का अध्ययन करते हुए करेन हार्नी ने यह नतीजा निकाला है कि इस समय मनोविश्लेषण भी यह आवश्यक तीक्ष्ण दृष्टि नहीं दे सकता जिससे कि शादी के बारे में भविष्यवाणी की जाए। इसके अतिरिक्त यह विषय अधिकांश में वर्तमान अध्याय के भी अंतर्गत नहीं आता। पर कुछ बातें ऐसी हैं

जिनके संबंध में यहां कुछ जानकारी दी जानी चाहिए।

अक्सर ही ऐसा होता है कि कोई नवयुवक या नवयुवती किसी व्यक्ति-विशेष के साथ विवाह करने के निश्चय को प्रकट कर अपने मित्रों और रिश्तेदारों को दुश्चिंता में डाल देते हैं यद्यपि यह शादी सुप्रजननशास्त्र के सिद्धांतों के प्रतिकूल नहीं रहती, फिर भी स्पष्ट ही दृष्टिगोचर होता है कि यह शादी अनमेल है। इस संभावित रूप से भयंकर शादी को तोड़ने के उद्देश्य से डाक्टर से प्रार्थना की जाती है और उससे कभी-कभी यह आशा भी की जाती है कि वह दूरदर्शिता ही प्रेमी को पागल घोषित कर दे। यह तो रहा जांच का विषय, पर इस प्रकार की अधिकांश दशाओं में यह कहा जा सकता है कि प्रेमी के वंशानुक्रम में यदि अल्प मात्रा में कुछ स्नायविक दुर्बलता हो और यदि उसमें कुछ मानसिक कमजोरी भी हो तो यह कमजोरी शरीरवैज्ञानिक सीमाओं का इतना कम उल्लंघन करती है कि इसके कारण इस आधार पर शादी का विरोध नहीं किया जा सकता। अवश्य रोमियो जूलिएट जैसे प्रेमी-प्रेमिकाएं जो शादी का विरोध करनेवाली सामाजिक दीवारों को लांघते हैं, एक अस्थायी जोश के वश में रहते हैं, पर पागल नहीं कहे जा सकते। हां, इस अर्थ में वे पागल कहे जा सकते हैं जिस अर्थ में बर्टन ने अपनी पुस्तक 'एनाटोमी ऑफ मेलान्कली' में ढेर सारे तर्क देते हुए सिद्ध किया था कि सभी प्रेमी प्रायः पागल होते हैं। अधिकतर दशाओं में हमारा साबका ऐसे नवयुवक अथवा नवयुवतियों से पड़ता है जो अभी तक पूरी तौर से किशोरावस्था के तूफानी जोश और तनाव में से नहीं निकल सके हैं तथा जिनके मानसिक संतुलन में उदीयमान कामात्मक जीवन के विस्फोट से प्रायः पूर्ण रूप से शरीरवैज्ञानिक गड़बड़ी पैदा हो गई है। पर यह गड़बड़ी अपने-आप थिरा जाती है, और दुबारा फिर कभी सिर नहीं उठाती। कभी-कभी एक विशिष्ट प्रकार की दशा पाई जाती है, जिसमें एक ब्रह्मचारी चरित्रवान् नवयुवक का संयोगवश किसी वेश्या से घनिष्ठ संपर्क हो जाता है और वह उस वेश्या से शादी करने का इरादा कर लेता है। ऐसी दशा में यौन आवेग की स्पष्ट पुकार उस स्त्री के उद्धार करने के विचार का रूप ले लेती है, जिसके लिए, वह नवयुवक समझता है, कि उस स्त्री को अपने जीवन में कभी सुअवसर ही नहीं मिला। जब एक पूर्ण परिपक्व और अनुभवी व्यक्ति स्थिति की गंभीरता को समझते हुए जान-बूझकर अपनी पसंद से वेश्या के साथ शादी करता है तो कई बार यह शादी सफल रहती है। पर जोश में सामयिक रूप से अंधे हो जाने का यह अर्थ नहीं है कि यह शादी सफल ही रहेगी। ऐसी दशाओं में शादी को रोकने का सबसे अच्छा तरीका यही है कि देर-दार की जाए। कड़े विरोध से सिर्फ जोश में वृद्धि ही होगी और कर्ता जल्दबाज़ी के कदम उठाएगा, जिससे यह भयानक शादी होकर ही रहेगी। मामले में विलंब करने की युक्ति से और इसी बीच नवयुवक को अपनी प्रेमिका को देखने और समझने का पर्याप्त अवसर देने से उसे ऐसे रास्ते पर लाया जा सकता है कि वह अपनी प्रेमिका को कुछ-कुछ उसी रोशनी में देख पाए जिसमें उसे उस प्रेमिका के दोस्त देखते हैं। ऐसी लड़की की दशा में जो बिना जाने-बूझे उतावली में शादी करने का इरादा कर

रही है, यह अक्सर संभव हो सकता है कि उसे एक ऐसे बिलकुल अलग वातावरण में हटा दिया जाए जहां धीरे-धीरे वह नई दिलचस्पियां पा सके और जहां नये लोगों से उसका संबंध बढ़े। कभी-कभी एक नवयुवती अपने से नीची श्रेणी के किसी आकर्षक पुरुष से शादी करने का विचार करती है। इस प्रकार की शादी को कठोरता के साथ निरुत्साहित करना चाहिए, चाहे हम श्रेणी भावना को कितना ही कम महत्त्व देते हों। यह बात है कि ऐसी शादी के व्यावहारिक रूप से सफल होने की बहुत ही कम संभावना रहती है और आगे चलकर ऐसे विचार रखनेवाली स्त्री इस प्रकार शादी तोड़ने के कारण कभी भी पश्चात्ताप नहीं करती। महलों में पलनेवाली राजकुमारी अपनी किसी प्रेमी की स्त्री बनकर कभी भी सुखी नहीं रह सकती। आकस्मिक मूर्खतापूर्ण भावना के द्रुत परिणामस्वरूप जो शादियां होती हैं उनसे अक्सर एक के बाद एक करके इतने सर्वनाशी नतीज़े निकलते हैं कि ऐसी दशाओं में हमेशा यह औचित्यपूर्ण होता है कि विलंबमूलक रोड़े अटकाए जाएं, यद्यपि यह भी सच है कि आंख से ओझल होने पर प्रेमी आदर्श सौन्दर्यमुक्त मालूम होने लगता है। और इस प्रकार निराश होनेवाले प्रेमी सारी जिंदगी इस विश्वास का पोषण करते हैं कि इस तरह वे (पुरुष या स्त्री) अपने जीवन में आनंद से वंचित किए गए। डिकेंस तरुणावस्था में अपनी मनचाही लड़की द्वारा ठुकरा दिए गए थे इसलिए वे उसे पूर्ण नारीत्व का मूर्त रूप मानते रहे और अपने उपन्यासों की नायिकाओं को भी उन्होंने उसकी आकृति के सांचे में ढाला। पर जब अंततः उससे बाद को चलकर भेंट हुई तो उससे उन्हें विरक्ति और घृणा पैदा हो गई। डिकेंस का यह अनुभव एक ऐसा अनुभव है जो अपेक्षाकृत कम विख्यात व्यक्तियों के जीवन में बार-बार आता रहता है।

ये वे विशेष कठिनाइयां हैं जो अक्सर हमारी दृष्टि में नहीं भी आ सकतीं। पर जब कभी शादी का प्रश्न उठाया जाता है तो किसी न किसी प्रकार की समस्या उठ खड़ी होती है। ऐसी समस्याएं अब ज्यादा से ज्यादा डाक्टर के पास लाई जाती हैं। उन समस्याओं को यहां हम छू-भर सकते हैं। ऐसे निश्चित और ठोस सूत्र दुर्लभ हैं जिनका सर्वत्र प्रयोग किया जा सके। प्रत्येक दशा पर अलग-अलग रूप से विचार करना होगा, और एक के लिए सबसे लाभदायक और आवश्यक समाधान दूसरे के लिए सबसे हानिकारक हो सकता है। यह संभव है कि भविष्य में नागरिक जीवन के सभी महान् केंद्रों में ऐसी संस्थाएं रहेंगी जिनमें विवाह की विविध समस्याओं के बारे में सलाह मिल सकेगी। ऐसी संस्थाओं में बर्लिन की यौन संस्था को अग्रणी माना जा सकता है।

उम्र, स्वास्थ्य, वंशानुक्रम, डाक्टरी परीक्षा, शादी के लिए तैयार रहना अथवा शादी के लिए तैयारी, विलंब से प्रजनन और शारीरिक अथवा मानसिक सामंजस्य इत्यादि के संबंध में कितने ही प्रश्न उठते रहते हैं और इन्हीं पर दांपत्य-सुख सबसे अधिक निर्भर रहता है।

दांपत्य-सुख तथा सुप्रजनन के उद्देश्य को लेकर शादी किस उम्र में की जाए, इस संबंध में काफी मतभेद हैं और वर्तमान समय में इसके लिए व्यापक आधार पर

पर्याप्त सामग्री भी उपलब्ध नहीं है। फिलाडेल्फिया में हार्ट और शील्ड्स ने गार्हस्थ्य न्यायालय में आनेवाले मामलों के द्वारा वैवाहिक सुख को नापकर यह नतीजा निकाला कि कम उम्र में शादी करने का नतीजा अच्छा नहीं होता। पर फिलाडेल्फिया में ही पैटर्सन ने यह देखा कि जब शादी बीस साल से कम उम्र में ही होती है तब भी कठिनाइयों की संख्या बाद में शादी करनेवालों की अपेक्षा अधिक नहीं होती। डिकिंसन और ल्यूरा बीम ने देखा कि ऐसी पत्नियों की शादी की उम्र, जिनके बारे में यह नहीं कहा जा सकता है कि वे शादी के बाद बिना किसी कठिनाई के सामंजस्य स्थापित कर लेती हैं, औसत से कुछ वर्ष ज्यादा होती है। साथ ही लोगों के ऐसे जोड़ों के, जो तलाक दे देते हैं या अलग-अगल रहने लगते हैं, दांपत्य-काल पर विचार करने पर देखा गया कि कम उम्र में शादी करनेवाले का दांपत्य-जीवन सबसे कम होता हो, ऐसी बात नहीं है। जो अपेक्षाकृत अधिक उम्र में शादी करते हैं वे अपनी गहरी से गहरी आवश्यकताओं को जानने और उचित निर्णय करने के संबंध में सबसे अच्छी स्थिति में होते हैं, पर उसके साथ ही यह देखा जाता है कि उनमें अक्सर ऐसी मानसिक आदतें और शारीरिक गड़बड़ियां पैदा हो चुकी हैं जिनसे मानसिक सामंजस्य स्थापित करना मुश्किल हो जाता है। इसके विपरीत एक नवयुवती मानसिक रूप से अधिक सामंजस्य तो कर ही सकती है, साथ ही वह शारीरिक रूप से मैथुन और प्रजनन के लिए भी अधिक उपयुक्त होती है। साधारणतः इस बात को समझा नहीं जाता। प्रश्न सिर्फ उम्र का ही नहीं, अपितु चरित्र, बुद्धि और अनुभव का भी है। संभवतः इस समय शादी जितनी उम्र में होनी चाहिए उतनी ही बल्कि अक्सर उससे बहुत ज्यादा उम्र में होती है। बर्गडोर्फेर कम उम्र में शादी करने का जोरदार समर्थन करते हैं, जबकि हागेन और मेक्स क्रिश्चियन यह निष्कर्ष निकालते हैं कि सुप्रजननशास्त्रीय दृष्टि से पुरुष को पच्चीस वर्ष की उम्र में और स्त्री को उससे कम उम्र में शादी कर लेनी चाहिए और जो कुछ भी दिक्कतें बाद में आती हैं, हिम्मत के साथ उनका सामना करना चाहिए। जर्मनी में अब शादी की उम्र पुरुष के लिए 29 और स्त्री के लिए 25 वर्ष के आसपास है। वहां कुछ सदियों पहले पुरुष के लिए शादी की उम्र 19 और स्त्री के लिए 15 साल से भी कम थी।

शादी चाहे जिस उम्र में हो, यह विशेष रूप से वांछनीय और आवश्यक समझा जाना चाहिए कि दांपत्य-संबंधों और पितृत्व-मातृत्व की दृष्टि से स्त्री और पुरुष दोनों की पूरी तौर से डाक्टरी जांच हो। विवाह की बातचीत के प्रारंभिक सोपान में और इस प्रस्तावित विवाह के बारे में मित्रमंडली को कुछ मालूम होने से पहले ही यह काम हो जाना चाहिए। निःसंदेह इस डाक्टरी जांच में स्त्री के गर्भाशय आदि और पुरुष की जननेंद्रिय तथा मूत्राशय आदि की परीक्षा होनी चाहिए। यह भी तर्क दिया जाता है कि विवाह के लिए ऐसे डाक्टरी प्रमाणपत्र अनिवार्य होने चाहिए। इस दिशा में कुछ प्रयत्न भी किए गए हैं। सुप्रजननशास्त्र के सभी पहलुओं के (जो यहां हमारा विचार्य विषय नहीं है) अलावा भी यह जांच इतनी वांछनीय और आवश्यक है कि शादी के लिए इच्छुक किसी भी जोड़े को यह जांच करा लेनी चाहिए और उसके कानूनन अनिवार्य होने की

प्रतीक्षा नहीं करनी चाहिए।

शादी के लिए एक और आवश्यक प्रकार की तैयारी जरूरी है, जिसे जोड़ा खुद निजी तौर पर कर सकता है। इस तैयारी का अर्थ यह है कि जोड़ा अपने प्रस्तावित घनिष्ठतम संपर्क को दृष्टि में रखकर स्वयं अपनी जानकारी और भावनाओं की परीक्षा करे। वे एक दूसरे की और अपनी शारीरिक बनावट और उनके कार्यों के संबंध में क्या जानते हैं और इन बातों के प्रति उनकी भावनात्मक प्रतिक्रियाएं क्या हैं, इस संबंध में दोनों को पूरी जानकारी होनी चाहिए। डिकिंसन और ल्यूरा बीम के शब्दों में यह अक्सर ही होता है कि—"नवयुवक पति अपनी पत्नी को इतनी पवित्र मानता है कि उसके आंतरिक यंत्र पर विचार नहीं कर सकता या पत्नी भी स्वयं को एक ठोस तनेवाला पेड़ समझती है। शारीरिक रचना के संबंध में कुछ लोगों का ज्ञान इतना कम होता है कि उसकी तुलना प्राचीन ईरानियों के अज्ञान से की जा सकती है।" सर्वोपरि यह भी विचार्य है कि विवाहित प्रेम में घनिष्ठता के संबंध में क्या भावनाएं हैं? ऐसे पति और पत्नियां मौजूद हैं जिन्होंने एकांत में एक-दूसरे का स्पर्श भी नहीं किया है। ऐसे भी पति और पत्नियां हैं जो एक साथ कभी स्नानागार में नहीं गए क्योंकि या तो पति को या पत्नी को किसी न किसी तरह की झिझक थी। पर तब तक कोई आपसी विश्वास या भरोसा नहीं हो सकता—वास्तविक शादी की बात तो दूर ही रही, जब तक कि दोनों में संपूर्ण अंतरंगता न हो और वह अंतरंगता दोनों को ही अच्छी न लगे। जैसा कि कैथराइन डेविस ने लिखा है कि जो स्त्रियां किसी न किसी तरह से काफी तौर पर तैयार थीं उनमें दांपत्य-सुख का प्रतिशत उन स्त्रियों की अपेक्षा बहुत अधिक है जो इस तरह तैयार नहीं रहीं।

अकेले यौन दृष्टि से ही इस पारस्परिक ज्ञान की आवश्यकता हो, सो बात नहीं है। विवाह यौन-संबंध के अतिरिक्त और भी बहुत कुछ है। आजकल बहुत-सी शादियां होती हैं जिनमें यौन-संबंध कभी नहीं होता, पर पूर्णरूपेण पारस्परिक ज्ञान होने पर ऐसे लोगों के सुख में भी वृद्धि होती है। बहुत से व्यक्तियों का स्वभाव ऐसा होता है कि वे कभी एक-दूसरे के मनोनुकूल नहीं हो पाते, चाहे वे अपने-आपमें कितने ही उच्च हों। इस बात की जांच शादी के पहले ही कर लेनी चाहिए। शादी के बाद के लिए उसे टालने से खतरा हो सकता है। जोड़े के लिए यह आवश्यक है कि वे काफी समय तक साथ रहें और जीवन की साधारण और साथ ही असाधारण और कठिन परिस्थितियों में से गुजरें, ताकि वे एक-दूसरे की अपने प्रति होनेवाली प्रतिक्रिया को तो जान ही लें, इसके अलावा वे दूसरों के प्रति होनेवाली प्रतिक्रियाओं का भी निरीक्षण कर लें क्योंकि पति-पत्नी की पारस्परिक प्रतिक्रिया शादी के बाद पहले के मुकाबले में कुछ खराब ही होने की संभावना रहती है। चर्च ने यह मानकर बड़ी बुद्धिमानी दिखाई है कि ईसाई मठ में बाकायदा भिक्षुणी का घूंघट धारण करने से पहले स्त्री को उम्मीदवारी के सोपान से गुजरना पड़ता है; इसी प्रकार विवाह की वेदी का घूंघट धारण करने से पहले उम्मीदवारी के सोपान से गुजरना जरूरी है। रहा यह कि उसे वास्तविक यौन क्षेत्र के संबंध में भी ले जाया जाए या नहीं, यह दूसरी बात है।

शादी के लिए अकेले स्वभाव का सामंजस्य ही आवश्यक नहीं है, पर स्वभाव के सामंजस्य का यह अर्थ नहीं है कि दोनों में स्वभाव की एकरूपता हो, बल्कि यदि मेल खाए तो उसमें स्वभाव की भिन्नता भी आ जाती है। यह भी बहुत आवश्यक है कि भावी दंपत्ति की रुचि और दिलचस्पियों में सामंजस्य हो। स्वभाव की भिन्नता हो—जैसे एक अंतर्मुखी प्रवृत्ति का हो और दूसरा बहिर्मुखी प्रवृत्ति का—तो भी उनमें सामंजस्य हो सकता है और वे एक-दूसरे के पूरक हो सकते हैं तथा यह बात प्रतिक्रिया की समरूपता की अपेक्षा पति-पत्नी दोनों के ही लिए अपेक्षाकृत अधिक संतोषपूर्ण हो सकती है। पर पूर्ण रूप से विवाहित ऐक्य के लिए रुचि और दिलचस्पियों में आवश्यक रूप से समरूपता तो नहीं किंतु सामंजस्य का रहना अनिवार्य है। इस प्रकार संगीत के प्रति अरुचि रखनेवाले व्यक्ति की संगीतप्रेमी व्यक्ति के साथ आसानी से घनिष्ठता नहीं होती। राजनीतिक मतभेदों का पलड़ा हमेशा यौन-सामंजस्य से संतुलित नहीं हो सकता। और जहां अत्यंत स्पष्ट रूप से धार्मिक विश्वासों में अंतर हो (जैसे एक रोमन कैथोलिक मत का माननेवाला हुआ और दूसरा प्रोटेस्टेंट मत का हुआ) तो निश्चित रूप से ऐसे विवाह को रोकना चाहिए। आज के युग की पत्नी घर से बाहर क्या हो रहा है—इसके प्रति दिलचस्पी न रखनेवाली, विशुद्ध रूप से एक घरेलू प्राणी नहीं है। और अब किसी ऐसे सुखी विवाह की आसानी से कल्पना भी नहीं की जा सकती जिसमें संसार के सामाजिक जीवन के संबंध में चलनेवाले महान् आंदोलनों के प्रति दोनों में सामान्य मतैक्य न हो। उनके बीच जो कुछ भी अंतर हो, वह अंतर सिर्फ तरीके और ब्योरे तक ही सीमित रहे यह अपरिहार्य है।

यह हमेशा याद रखना चाहिए कि विचार्य विवाह के औचित्य या अनौचित्य पर सलाह देना एक ऐसी बात की भविष्यवाणी करने का प्रयत्न है जिसके संबंध में पहले से निश्चित तौर पर जाना नहीं जा सकता। जोड़ा, विशेषतः यदि वह तरुण हो, तो वह आज है कल बिलकुल वही नहीं रहेगा। जैसा कि एक्सनर बड़े अच्छे ढंग से कहते हैं—"मनोवैज्ञानिक विवाह यानी रचनात्मक वैयक्तिक संबंध के रूप में विवाह साथियों के बीच की एक सिद्धि है और यह आवश्यक नहीं है कि शादी होते ही उसकी प्राप्ति हो जाए।" वह अक्सर एक बहुत ही धीमी गति से मिलनेवाली सिद्धि होती है। ऐसे संबंध को, जिसे पूर्ण और गंभीर अर्थ में विवाह कहा जा सकता है, पाने की धीमी प्रगति में कई साल लग सकते हैं। यह भी हो सकता है कि वह कभी प्राप्त न हो।

कई आदमी ऐसे होते हैं जिन्हें किन्हीं व्यक्तिगत कारणों से शादी करने की सलाह नहीं दी जा सकती। दूसरों को वंशानुक्रम और प्रजननशास्त्र की दृष्टि से प्रजनन की नहीं, पर शादी करने की अनुमति दी जा सकती है। ऐसी दशा में गर्भनिरोध का सबसे अच्छा तरीका यही है कि पति की प्रजनन-शक्ति को नष्ट कर दिया जाए।

सहायक पुस्तक-सूची

मेयो फाउंडेशन लैक्चर्स—1923-24, Our Present Knowledge of Heredity.

लेनार्ड डार्विन—Eugenic Reform.

के. बी. डेविस—Factors in the Sex Life of Twenty-two Hundred Women.

डिकिंस तथा ल्यूरा बीमा—A Thousand Marriages.

श्रीमती हैवलाक एलिस—'A Novitiate for Marriage,' The New Horizon in Love and Life.

एक्सनर—The Sexual Side of Marriage.

आर. एल. डिकिंसन—Pre-marital Examination.

लोपेज देल वैले—'Pre-Marital Medical Examination,' World's Health, Sept. 1927.

विवाहित जीवन में परितृप्ति

प्राचीनकाल में विवाह को ईश्वर अथवा राज्य द्वारा निर्धारित पवित्र कर्तव्य माना जाता था। मोन्तेन्यि ने कहा था कि हम अपने लिए शादी नहीं करते। उन दिनों परितृप्ति का प्रश्न मुश्किल से ही उठ सकता था, यद्यपि यह मान लिया गया था कि इस निर्धारित कर्तव्य का पालन करने से सिर्फ अपवादस्वरूप और विकृत व्यक्तियों को छोड़कर सभी को सुख प्राप्त होता है। इस दृष्टिकोण को धर्म और कला दोनों ही समान रूप से पवित्र मानते थे। प्रेम-संबंधी विख्यात उपन्यासों की समाप्ति आजीवन दांपत्य-प्रेम की प्राप्ति के आशीर्वाद से होती थी, तथा ईसाई धर्म रोमांटिक ढंग से इस बात को मानने से इंकार करता था कि उसका अंत किसी दूसरे प्रकार से भी हो सकता है। आज इस प्रकार का दृष्टिकोण बाबा आदम के जमाने का समझा जाता है। वास्तविक तथ्यों के अनुसार ऐसा होना अनिवार्य था, कुछ तो इसलिए कि पहले तथ्य किसी आवरण में ढके हुए थे और कुछ इसलिए कि अब परिस्थितियां अपेक्षाकृत जटिल हो गई हैं। आज बहुत-से लोग मत के विरोध में एकदम दूसरे छोर पर चले गए हैं और यह घोषणा करते हैं कि शादी में मुश्किल से ही साधारण परितृप्ति और सुख मिल पाता है, उससे जीवनपर्यंत परमानंद मिलना तो बहुत दूर की बात है।

सन् 1908 में फ्रायड ने घोषणा की कि—"अधिकांश विवाहों के भाग्य में आत्मिक निराशा और शारीरिक वंचना ही लिखी होती है।" उन्होंने यह भी कहा कि—"शादी के बोझ को उठाने के लिए किसी लड़की को बहुत स्वस्थ होना चाहिए।" इसी बात के समर्थन में अपेक्षाकृत कम प्रसिद्ध अगणित लेखकों के वक्तव्य उद्धृत किए जा सकते हैं।

जो भी हो, यह ध्यान देने योग्य है कि इस प्रकार के सारे वक्तव्य वैयक्तिक विचारों को व्यक्त करते हैं, जिन पर वैज्ञानिक मामलों में आमतौर पर विश्वास नहीं किया जा सकता। साथ ही ये वक्तव्य कभी आंकड़ों द्वारा प्रस्तुत सामग्री पर आधारित

नहीं होते। इसके अतिरिक्त दूसरे अनुभवी पर्यवेक्षकों के वैयक्तिक विचारों के साथ भी उनका मेल नहीं बैठता। जैसा कि हमें मालूम है, पति-पत्नी और बच्चों के लिए शादी में सामान्यतः जो बुराइयां होती हैं उन्हें अधिकांश रूप में रोका जा सकता है, पर उन बुराइयों का होना असंदिग्ध है और वे बहुधा पाई जाती हैं। फिर भी जैसा कि एक्सनर ने बतलाया है कि शादी के बारे में अनुचित रूप से निराशावादी होने की जरूरत नहीं है और यह निराशा और भी कम हो जाएगी यदि समाज तरुण व्यक्तियों के दृष्टिकोण में इतनी ज्यादा गड़बड़ी पैदा न करे और जब वे पहला कदम उठाएं तो उस समय उन्हें गुमराह न करें। जैसा कि यही लेखक बड़े अच्छे ढंग से कहते हैं कि असंतोष के अनुपात की अधिकता कोई निरवच्छिन्न बुराई नहीं है। इसका अर्थ यह है कि हमारे सामने आदर्श ऊंचा है और उसे प्राप्त कर लेना एक महान् सिद्धि ही है। सचमुच ही यह एक ऐसी बात है जिसे लोग अक्सर भुला देते हैं। हमारी सभ्यता में—और संभवतः किसी भी सभ्यता में—कोई भी विवाह अपने पूर्ण अर्थ में एकबारगी सफल नहीं हो सकता। स्वयं के और जिस साथी से शादी हो रही है, उसके संबंध में समान रूप से जो असाधारण अज्ञान अक्सर पाया जाता है, उस पर विचार करते हुए यदि सच्चे विवाह की प्राप्ति में कोई कठिनाई न आए तो यह बड़े आश्चर्य की बात होगी। नितांत वैयक्तिक पक्ष में भी (जैसा कि करेन हार्नी लिखती हैं) शादी के तीन पहलू हैं (1) शारीरिक संबंध, (2) मानसिक संबंध और (3) मिल-जुलकर जीवन का सामना करने के लिए साहचर्यगत संबंध। यह प्रायः अपरिहार्य है कि कम तैयारी से जो कठिनाइयां होती हैं उन्हें जीतने में बहुत ज्यादा समय लगे। पर यदि लगातार कोशिश की जाए और दंपति हिम्मत हारकर बैठ न जाएं तो शादी के बहुत साल बाद ही सही, अंततोगत्वा एक दिन सच्चे और वास्तविक विवाह संबंध की सिद्धि प्राप्त हो जाएगी। यहां तक कि दांपत्य-संबंध के अपूर्ण रहने पर भी गहराई से देखने पर पता चलता है कि बहुत-सी बातें क्षतिपूर्ति के रूप में उपलब्ध हो जाती हैं और इसमें संदेह नहीं कि अक्सर ही ऐसा होता है। इमर्सन का क्षति-पूर्ति संबंधी सिद्धांत शादी के मामले में जितना खरा उतरता है उतना किसी अन्य बात में नहीं उतरता।

तथ्यों के संबंध में पर्याप्त रूप से सही दृष्टिकोण प्राप्त करने के लिए यह जरूरी है कि व्यापक क्षेत्र में पद्धतिबद्ध रूप से जांच की जाए। इतने पर भी संभव है कि सिर्फ अस्पष्ट रूप से ही लगभग ठीक नतीजा निकले। बहुत-से लोग, दूसरों की बात को तो जाने दीजिए, अपने तईं भी यह मानने के लिए तैयार नहीं होते कि उनका विवाह असफल रहा है। इसके विपरीत दूसरे लोग विवाहित जीवन की तुच्छ पर अपरिहार्य चिंताओं और चिड़चिड़ेपन की अधिकता के कारण केंद्रीय तथ्यों को भुला देते हैं। वे तथ्य तभी देखे जा सकते हैं, जब कोई तटस्थ भाव से अलग खड़ा हो जाए और अपने जीवन को संपूर्ण रूप से लेते हुए उस पर दृष्टि डाले। ये लोग ऐसी जगह असफलता मान लेने को तैयार हो जाते हैं जहां किसी दूसरे मुहूर्त में वे महान् सफलता का दावा करेंगे। इसके अलावा कठिनाई का एक और भी मूलभूत स्रोत है। बहुत-से लोग विवाहित जीवन में वांछित संतोष के संबंध में गलत धारणा रखते हैं। वे यह समझने में

असफल रहते हैं कि विवाह संपूर्ण जीवन का ही एक लघु रूप है और यदि विवाहित जीवन की सभी बातें सहज और आनंददायक हों तो विवाह संसार की एक कमजोर प्रतिमा होता। इस प्रकार के विवाहित जीवन में यह गहरा संतोष नहीं मिल सकता जो संसार-सागर में गोता लगाकर मोती बीननेवालों को मिल सकता है।

इसलिए कम से कम यह कोशिश तो करनी ही चाहिए कि यह प्रश्न आंकड़ों पर आधारित हो, यद्यपि इससे भी पूरी तरह सही उत्तर शायद ही मिले। यह मानते हुए कि विवाहित जीवन में कामात्मक संबंध बहुत बड़ा हिस्सा अदा करते हैं (यद्यपि इस कथन को कुछ हद तक सीमित अर्थ में लेना चाहिए), कैथेराइन डेविस ने देखा कि एक हजार अनुमानतः सही दिमाग स्त्रियों में से 872 स्त्रियों ने असंदिग्ध रूप से यह स्वीकार किया कि उनका दांपत्य-जीवन सुखी था। 116 स्त्रियां आंशिक रूप से या पूर्ण रूप से दुःखी थीं, जिसका प्रमुख कारण असमंजस्य था। जवाब न देनेवाली स्त्रियों की संख्या सिर्फ 12 थी।

डिकिंसन को स्त्रीरोगों से पीड़ित अपनी मरीजों में, जिन्हें कैथेराइन डेविस की कर्त्रियों के बराबर सही दिमाग नहीं माना जा सकता, संतुष्ट स्त्रियों का अनुपात अपेक्षाकृत कम मिला। वे निष्कर्ष निकालते हैं कि उनकी एक हजार मरीज स्त्रियों में प्रति पांच स्त्रियों में से तीन स्त्रियां परिस्थितियों के साथ संतुलन प्राप्त कर पाई थीं, वह इस अर्थ में कि उन्हें अपने विवाहित जीवन के संबंध में कोई शिकायत नहीं थी। संगठन या रचना की दृष्टि से 'संतुलित' और 'कुसंतुलित' स्त्रियों के इन दो वर्गों में कोई विशेष रचनागत स्पष्ट अंतर नहीं था। वे एक ही सामाजिक और आर्थिक स्तर की थीं। उन दोनों ही वर्गों की लगभग दो-तिहाई स्त्रियों ने किसी न किसी समय आत्ममैथुनिक प्रक्रियाओं का पर्याप्त अनुभव किया था। संतुलित स्त्रियों में कुसंतुलित स्त्रियों की अपेक्षा संतानों की संख्या कुछ ही ज्यादा थी। पर इन दो वर्गों में जो प्रधान अंतर था वह यह था कि संतुलित स्त्रियों का जीवन के प्रति दृष्टिकोण कुसंतुलित वर्ग की अपेक्षा अधिक वस्तुपरक था, वे अपेक्षाकृत कम आत्मकेंद्रित थीं और मानसिक संघर्षों से कम पीड़ित थीं। इतने पर भी उन्होंने देखा कि कुसंतुलित वर्ग की सौ पत्नियां सामाजिक रूप से स्वस्थ थीं और उनका शैक्षिक तथा आर्थिक स्तर औसत दर्जे से ऊंचा था और कुछ खास दशाओं में तो वे परिमार्जित थीं और अच्छी पोशाक पहनती थीं। कई क्षेत्रों में वे सुंदर और बुद्धिमती स्त्रियां थीं। उनमें से 13 स्त्रियों का चरित्र तो निश्चित रूप से अवांछनीय ढंग का था और 19 स्त्रियों की दशा गहरी गड़बड़ी के पास पहुंच गई थी। जो कुछ भी हो, सामाजिक या शैक्षिक स्थिति अथवा स्वास्थ्य की दृष्टि से उनमें और संतुलित वर्ग में कोई बहुत अंतर नहीं रहा, साथ ही व्यक्तित्व और वातावरण के सामान्य बाह्य तत्त्व एक जैसे थे। शादी के पहले आत्ममैथुनिक क्रियाओं की मात्रा भी लगभग एक-सी थी और किसी भी हालत में अकेले सेक्स से ही हमेशा कुसंतुलन की शुरुआत होती रही, ऐसी बात नहीं। यह कुसंतुलन अक्सर असंगति के कारण होता था। 'मानसिक संघर्ष' की उपस्थिति या उसका अभाव इन दो वर्गों के बीच का प्रधान अंतर था। यहां हमें मालूम होता है कि संतुलन का प्रश्न कितना जटिल है।

जी.बी. हैमिल्टन द्वारा जांचे गए मामलों की संख्या इससे कम थी, पर उसमें स्त्री और पुरुष दोनों ही सम्मिलित थे। उन्होंने सौ विवाहित स्त्रियों और सौ विवाहित पुरुषों में विवाहित जीवन में सन्तोष की मात्रा मालूम करने के लिए व्यापक जांच की। उन्होंने सुख को चौदह वर्गों में बांटा और प्रत्येक व्यक्ति को उसे मिलने वाले नम्बरों के अनुसार उन वर्गों में से किसी एक वर्ग में रख दिया। उन्होंने देखा कि पत्नियों की अपेक्षा पति निश्चित रूप से अधिक संतुष्ट होते हैं। सबसे ऊँचे वर्गों में (7 से लेकर 14 तक) सन्तुष्ट पुरुषों की संख्या 51 और स्त्रियों की सिर्फ 45 थी और निचले वर्गों में उनकी संख्या क्रमशः 49 और 55 बचती थी। हैमिल्टन लिखते हैं कि स्त्रियों के व्यक्तिगत सम्पर्क से उन पर जो निश्चित प्रभाव पड़ा है उससे यह नतीजा मिलता-जुलता है। उनकी यह धारणा है कि कुल मिलाकर स्त्रियों को पुरुषों की अपेक्षा अपने विवाह से गहरा असंतोष रहता है।

यह नहीं कहा जा सकता कि इस निष्कर्ष में कोई आश्चर्य की बात है। मेरा भी अनुभव इस निष्कर्ष से मिलता-जुलता है। कुछ हद तक स्त्रियों के इस असंतोष का कारण विवाह के प्रति स्त्री और पुरुषों के अलग-अलग ढंग के सम्बन्ध हैं। पुरुष की अपेक्षा स्त्री के लिए शादी अधिक महत्त्व रखती है क्योंकि पति और बच्चों की देखभाल में आवश्यक रूप से उसका बहुत समय लगता है। इसलिए यदि स्त्री में निराशा की भावना रहती है तो वह निराशा अधिक गहरी होती है। पुरुष का घर और परिवार से अलगाव अधिक होता है क्योंकि अक्सर उसके जीवन का बहुत बड़ा भाग घर के बाहर बीतता है। घर में उसकी गतिविधि का बहुत थोड़ा हिस्सा होता है। घर तो उसके आराम करने की जगह-भर है। इसके विपरीत स्त्री को अक्सर यह महसूस करना पड़ता है कि शादी ही उसका सम्पूर्ण जीवन है और इस तरह उसके अन्दर अधिक गहरी समस्याएं पैदा होती हैं। इस तरह हम डिकिन्सन के उस सार्थक कथन के निकट पहुंच जाते हैं कि सन्तुलित पत्नियों और कुसंतुलित पत्नियों के बीच प्रधान अन्तर यही है कि पूर्वोक्त अधिक वस्तुपरक और मानसिक घात-प्रतिघातों से कम पीड़ित होती हैं। दूसरे शब्दों में सन्तुलित स्त्रियां औसत पतियों से अधिक मिलती-जुलती हैं।

पर पत्नियों में विवाहित जीवन के प्रति अक्सर ही पाए जानेवाले असंतोष का वास्तविक आधार भी है, यद्यपि यह असंतोष ऊपर न होकर कमोबेश सतह से नीचा होता है। वह जीवन की नई और व्यापक मांगों से सम्बन्धित है, जिसे स्त्रियों की नई पीढ़ी अधिकाधिक अपना रही है। आधुनिक स्त्री यह मानने को तैयार नहीं है कि पुरुष की प्रधानता और परिवार में उसके स्थान की गौणता अपरिहार्य है। स्त्रियों के लिए तो संसार के धार्मिक और सामाजिक पहलू बदल गए हैं और इस परिवर्तन को काफी हद तक सामाजिक और वैधानिक स्वीकृति भी मिल चुकी है। पर पुरुषों की परंपराओं में अधिक परिवर्तन नहीं हुआ। इसलिए जब कोई स्त्री शादी करती है तो उसका सामना एक ऐसी त्रुटि से होता हैं जो स्वयं उसके अंदर मानसिक संघर्ष बन जाती है। इस तरह पुरुषों के तथा अधिक आधुनिक युवतियों के सम्पर्क से दूर रहकर बड़ी होनेवाली, पुराने विचारोंवाली परन्तु रोमांटिक प्रकृति की बहुत-सी स्त्रियां मधुराका के समय ही पहली

बार पुरुष-स्वभाव का परिचय प्राप्त करती हैं और इस प्रथम परिचय में ही एक ऐसा असन्तोष पाती हैं जो कभी भी पूरी तौर से दूर नहीं हो सकता।

जैसा कि मैंने बतलाया था, विवाह के बारे में असंतोष का एक अन्य आधार है जो और भी गंभीर है। विवाह की बाहरी व्यवस्था में अभी हाल में जो परिवर्तन हुए हैं उनमें अक्सर विवाह के आधारभूत तथ्यों को भुला दिया गया है। उनमें बाह्य तत्त्वों पर ही अधिक ध्यान दिया गया है और यह बतलाने की चेष्टा की गई है कि विवाहित जीवन में सुख की प्राप्ति बाह्य व्यवस्था के एक सहज संतुलन पर निर्भर रहती है। इन सबके ऊपर वे इस तथ्य को भी भुला देते हैं कि सिर्फ उथली से उथली प्रकृति के लोगों को छोड़कर, आत्मा में इतनी गहराई से प्रविष्ट होनेवाला संबंध कष्ट और कठिनाई के बिना नहीं हो सकता। पुराने ज़माने के लोग इस बात को खूब समझते थे। पर विवाह में कष्टों की अपरिहार्यता-संबंधी प्राचीन धारणाएं आज सचमुच ही पुरानी पड़ गई हैं। पर वे नये रूपों में मौजूद रहती हैं और जैसा रिश्ता होता है, उनकी प्रवृत्ति भी उसी प्रकार की होती है। जहां हम यह स्वीकार भी कर लेते हैं कि तलाक की अधिक से अधिक समानता होनी चाहिए वहां यह भी हो सकता है कि तलाक से कोई लाभ न हो। हम लगातार देखते रहते हैं कि लोग तलाक देते हैं, पर दूसरी शादी करने के बाद भी ज्यादा सुखी नहीं होते। ऐसे लोगों के विवाहित जीवन में कोई त्रुटि नहीं थी, स्वयं उनमें ही त्रुटि थी। विवाह-समस्या का एक सूक्षम और मार्मिक विश्लेषण प्रस्तुत करते हुए कैसरलिंग विवाह को 'अंतर्ध्रुवतनाव (interpolar tension) कहते हैं। इसमें दो केंद्रबिंदुओं की एकता होती है। एक तनाव से ही दोनों एक साथ रहते हैं। अन्यत्र वे इस तनाव को दुःखपूर्ण तनाव कहते हैं और यदि शादी के रिश्ते को अक्षुण्ण बनाए रखना है तो इस तनाव का अंत नहीं किया जा सकता। इस प्रकार का रिश्ता स्वयं जीवन का ही प्रतीक है और जैसा कि सामान्यतः जीवन में होता है, वह आनन्द के लिए अनिवार्य है। अतएव यहां हमारा उद्देश्य दुःख के लिए दुःख या कष्ट के लिए कष्ट या इसी तरह की संसार से विरक्ति की भावना पर जोर देना नहीं है जैसा कि कवि-पैगंबर खलील ज़िब्रान बार-बार कहते हैं कि "दुःख और सुख अविभाज्य हैं। क्या वह प्याला जिसमें शराब भरी है, वही पात्र नहीं है जिसे कुम्हार ने आग में तपाया था?" खलील ज़िब्रान के यह बात कहने के बहुत पहले ही ज्ञानी मोन्तेन्यि ने अपने एक निबंध 'वर्जिल की कुछ पंक्तियों पर' (जिसमें बहुत-सी स्मरण योग्य उक्तियां भरी पड़ी हैं) लिखा था कि—"जिन मांसपेशियों के सहारे हम रोते हैं, उन्हीं के द्वारा हम हँसते भी हैं।"

सहायक पुस्तक-सूची

आर० एल० डिकिन्सन तथा ल्यूरा बीम—A Thousand Marriages.

जी० वी० हैमिल्टन—A Research in Marriage.

के० बी० डेविस—Factors in the Sex Life of Twenty-two Hundred Women.

एक्सरनगा—The Sexual Side of Marriage.

हैवलाक एलिस—'The History of Marriage', Vol. VII. of Studies in the Psychology of Sex and Little Essays of Love and Virtue.

काउंट कैसलिंग—'Correct Statement of Marriage Problem.' in The Book of Marriage.

एक विवाह का मानदंड

पाश्चात्य सभ्यता में वर्तमान समय तक सिर्फ एकविवाहप्रथा ही शादी का वैध रूप मानी गई है। सच तो यह है कि ज्यादातर यह बात एक स्वयंसिद्ध सत्य के रूप में मान ली जाती रही है। शायद ही कभी किसी आदमी ने इस मतवाद को चुनौती दी हो या इस पर संदेह प्रकट किया हो। चुनौती देनेवाले आदमी को लोग यदि बहुत ही गया-गुजरा नहीं तो सनकी और घृणित खामख्याली व्यक्ति ज़रूर समझते थे। पर आज विवाह के रूपों से संबंधित प्रश्नों को यह कहकर टाला नहीं जा सकता कि ये प्रश्न हमेशा के लिए धार्मिक, नैतिक, वैधानिक और सामाजिक नियमन से तय कर दिए गए हैं। आज एकविवाहप्रथा में जो लोग मीन-मेख निकालते हैं वे सबके सब नगण्य व्यक्ति नहीं होते। अतः जिसे भी मनोविज्ञान में दिलचस्पी है उसे इस बात के लिए तैयार रहना चाहिए कि वह एकविवाह-प्रथा-विषयक यौन-संबंधों पर चाहे जिस मत का पोषण करे।

जो आन्दोलन एक विवाहप्रथा पर तर्क करने के लिए शुरू हुआ था उसके अगुआ हिंटन थे। इस बात को हुए पचास साल से अधिक हो गए हैं, लेकिन चालीस साल पहले तक हिंटन के विचार प्रकाशित होकर संसार के सामने नहीं आ पाए थे। बात यह है कि हिंटन ने तय किया था कि वे जब तक एक विवाहप्रथा के बारे में पूरी-पूरी जानकारी हासिल न कर लेंगे, तब तक अपनी आलोचना प्रकाशित नहीं करेंगे। पर पूरी जानकारी प्राप्त होने से पहले ही उनकी मृत्यु हो गई। वे कोई ऐसे आदमी नहीं थे जिन्हें विकृतमस्तिष्क अथवा खामख्याली कहकर उड़ा दिया जा सकता था। वे लंदन के एक प्रसिद्ध डाक्टर और साथ ही दार्शनिक विचारक थे। उनका अपने समय की वैज्ञानिक प्रगति के साथ निकट-संबंध था और सामान्य सामाजिक प्रश्नों और जीवन के साथ के नित्य संपर्कों में उन्हें गहरी दिलचस्पी थी। वे अपने पीछे जो पाण्डुलिपियों के ढेर छोड़ गए हैं वे स्वरूपरहित और अव्यवस्थित हैं, पर उनसे एकविवाहप्रथा और उससे संबद्ध रुढ़िगत सामाजिक प्रणाली की उनके द्वारा की गई आलोचनाओं की सामान्य दिशा को समझना संभव है। उनका विचार था कि वास्तविक रूप से एकविवाहप्रथा का अस्तित्व ही नहीं है और उनकी जानकारी के अनुसार पाश्चात्य देशों की अपेक्षा बहुविवाहवादी प्राच्य देशों में वास्तविक रूप से एकविवाह के दायरे में रहनेवालों की संख्या अधिक है। उनका मत था कि जिस रूप में एकविवाहप्रथा आज प्रचलित है उस रूप में वह अनिवार्यतः एक स्वार्थी और असामाजिक संस्था है और वेश्यावृति के अस्तित्व के लिए

जिम्मेदार है। मनुष्य-जाति अभी सब तरह से इस प्रथा के लिए तैयार नहीं हुई थी कि उसने इस प्रथा को अपना लिया। बात यह है कि एक आदर्श को, चाहे वह कितना ही अच्छा क्यों न हो, समय से पहले संसार-भर के लिए कानूनी रूप से लागू करना एक भूल है। यद्यपि एकविवाहप्रथा का उद्देश्य प्रकट रूप से तो प्रचलित उच्छृंखलता से बचाना था, पर नतीजा यह हुआ कि उससे जितनी उच्छृंखलता फैली उतनी बहुविवाहप्रथा से भी न फैलती। इसलिए उन्हें लगता था कि हमारी विवाहप्रथा सड़ी-गली है, और जल्दी से बिखरकर टूट रही है। उनका विश्वास था कि हममें समयानुसार क्षेत्र-विशेष में परिवर्तन यौन प्रणाली की ज़रूरत है जो कट्टर और पथराई हुई न हो, बल्कि जब उचित जान पड़े तो उसमें एक पुरुष को दो स्त्रियों के साथ संबंध स्थापित करने की अनुमति दी जाए, यद्यपि यह ज़रूरी है कि यह बात हमेशा मनुष्य-जाति के हित में हो।

अभी-अभी और आधुनिक समय में वही तो नहीं, पर उसके समान एक मतवाद समय-समय पर सामने रखा जाता है। यह दूसरी बात है कि उसके आधार अक्सर हिंटन के आधारों से भिन्न होते हैं और उसमें शेषोक्त की एकाग्र प्रखरता मुश्किल से ही पाई जाती है। इसी के साथ यह भी बता देना चाहिए कि हमारी विवाहप्रथा में वस्तुतः कुछ सुधार भी हो चुके हैं। यदि हम उसकी वर्तमान दशा की तुलना हिंटन के समय की परिस्थितियों से करें तो हम देखेंगे कि जिस दशा में हिंटन चाहते थे उस दिशा में आज बहुत-से परिवर्तन हो चुके हैं। तलाक देना ज्यादा आसान हो गया है, स्त्रियों को अधिक सामाजिक और कानूनी स्वतंत्रता मिल गई है, दोगलेपन को आजकल कम कड़ाई के साथ देखा जाता है, गर्भनिरोध के तरीकों का ज्ञान अब विस्तृत हो गया है और सभी सभ्य देशों में यह माना जाता है कि स्त्री-पुरुषों के बीच अधिक स्वतंत्रता की ज़रूरत है।

पर इसी बीच एकविवाहत्रथा भी आज अपने नाम के वास्तविक और सही अर्थ मे पहले की अपेक्षा कहीं अधिक दृढ़ता से स्थापित हो चुकी है। एकविवाह-प्रथा को लोचयुक्त बनाकर हम एक बड़ी हद तक विवाहप्रथा को उन दोषों से मुक्त कर देते हैं जो उसके कट्टर रूप में रहते हैं।

यहां यह स्पष्ट कर देना चाहिए कि एकविवाहप्रथा को गलत अर्थ में लेने से भ्रम पैदा हुआ। उदाहरण के लिए यह कहा जाता है कि एक लिंग के व्यक्ति दूसरे लिंग के व्यक्तियों की अपेक्षा एकविवाहकारी होते हैं। विशेषतः पुरुष बहुविवाहकारी होते हैं जबकि स्त्रियां एकविवाहकारिणी होती हैं। सच्ची बात कही जाए तो ऐसे सारे वक्तव्य बेसिर-पैर के और अर्थहीन होते हैं। शुरू से ही यह स्पष्ट है कि चूंकि स्त्री और पुरुष लगभग बराबर संख्या में पैदा होते हैं (शुरू में पुरुषों की संख्या अधिक थी) इसलिए सभ्य समाज की स्वाभाविक व्यवस्था का क्रम एक पुरुष के लिए दो पत्नियां नहीं हो सकता और ऐसे समाजों में भी जो बहुविवाहप्रथा को स्वीकार करते हैं, वह सिर्फ एक छोटे-से धनीवर्ग तक ही सीमित रहती है। पर यह कहना गलत है कि हमारी सभ्यता में कभी भी पुरुष (विरल अपवादों को छोड़कर) दो पत्नियों की इच्छा कर सकते हैं, चाहे पत्नियां एक ही घर में रहें अथवा अलग-अलग घरों में; इस प्रकार की कई बातें हैं जो

ऐसी अवस्था को अधिकांश पुरुषों के लिए अनुचित और अवांछनीय बना देती हैं। एक स्त्री के लिए तो यह और भी अव्यावहारिक है कि वह दो अलग-अलग पिताओं के दो परिवारों को चलाए; वह आवश्यक रूप से एकपतिवादी होती है।

तथ्य तो यह है कि इस शब्द का प्रयोग अनुचित है। जो लोग तर्क करते हैं कि क्या स्त्रियों की अपेक्षा पुरुष में बहुविवाह की प्रवृत्ति अधिक है, उन लोगों का आशय वस्तुतः बहुगामी शब्द से ही होता है। दूसरे शब्दों में वे ज्यादा शादियां नहीं बल्कि ज्यादा यौन-स्वतंत्रता चाहते हैं। यदि यह कहा जाए कि पुरुष स्वभाव से एक विवाहकारी है तो भी यह प्रश्न बना ही रहता है कि वह स्वभाव से एकगामी है या बहुगामी, और यदि यह तय होता है कि वह बहुगामी है तो उसका किसी भी अर्थ में यह मतलब नहीं है कि वह बहुविवाहकारी है या वह उच्छृंखल है (जिसका मतलब यह है कि उसमें भेदरहित यौन-आर्कषण का भाव सन्निहित रहता है)। यह एक ऐसी स्थिति है जो पागलपन की विरल दशाओं को छोड़कर नहीं पाई जाती। इस प्रकार शब्दों के अज्ञतापूर्ण व्यवहार से कई बार निरर्थक बहसें उठ खड़ी होती हैं जिनका कोई आशय नहीं होता।

यह दिखलाई देगा कि प्रायः सभी व्यक्ति—स्त्रियां और पुरुष—एकविवाहकारी और बहुगामी होते हैं। कहने का अर्थ यह है कि वे सिर्फ एक स्थायी विवाह की इच्छा रखते हैं, पर वे यह नहीं समझते कि उनका यह रिश्ता उनके किसी एक या एक से अधिक व्यक्तियों के प्रति यौन-आकर्षण रहने में आड़े आता है, यद्यपि इस प्रकार से उत्पन्न आकर्षण उस आकर्षण से भिन्न हो सकता है, जैसा वे स्थानीय साथी के लिए अनुभव करते हैं। इसके अलावा यह भी संभव है कि ऐसे आकर्षण को कमोबेश नियंत्रण में रखा जाए। इस मामले में स्त्रियों और पुरुषों में कोई अंतर दृष्टिगोचर नहीं होता। स्त्रियों में भी यह क्षमता होती है कि वे पुरुषों के समान एक से अधिक पुरुषों के प्रति स्नेह का अनुभव करें। यह दूसरी बात है कि उनके लिए यौन कार्य का अधिक गंभीर महत्त्व होता है और इस कारण वे सहजात रूप से पुरुषों की अपेक्षा यौन-चुनाव में अधिक परिमार्जित दृष्टिसंपन्न और सुरुचि रखनेवाली होती हैं और सामाजिक तथा अन्य कारणों से वे अपने स्नेह को प्रकट करने में अथवा उसके आगे समर्पण करने में पुरुषों की अपेक्षा कम स्पष्टत्रादिनी और अधिक सतर्क रहती हैं।

जो कुछ भी हो, जहां यौन-आकर्षण के सबसे अधिक पाए जानेवाले प्रकार से ऊपर बताई गई स्थिति मालूम पड़ती है, वहां इसके अगणित वैयक्तिक प्रकारभेद भी हैं। हमें यह नहीं मान लेना चाहिए कि यौन स्वरूप का एक विशेष प्रकार अपरिवर्तनीय रूप से दूसरे प्रकारों की अपेक्षा अधिक उच्च और अधिक सामाजिक महत्त्व का है। सोवियत रूस में ब्लोंस्की स्त्रियों के दो प्रमुख वर्गों पर (अधिकतर शिक्षिकाओं में से) विचार किया है। इन दो वर्गों में से वे एक को एकपतित्व के वर्ग की और दूसरे को बहुपतित्व के वर्ग की संज्ञा देते हैं। पहले वर्ग की स्त्रियां गंभीर रिश्ता सिर्फ एक ही आदमी से रखती हैं और दूसरे वर्ग की स्त्रियों में कई पुरुषों से या तो एक साथ या एक के बाद एक करके रिश्ता कायम रखने की प्रवृत्ति होती है, यद्यपि इन दो स्पष्ट वर्गों के बीच अवश्य ही कुछ बीच के वर्ग भी रहते हैं। ब्लोंस्की का कहना है कि एकपतित्व वर्ग की स्त्रियां न केवल

व्यक्तिगत रूप से बल्कि सामाजिक रूप से भी बहुपतित्व वर्ग की स्त्रियों की अपेक्षा श्रेष्ठ होती हैं। बहुपतित्व वर्ग की स्त्रियां अधिक अहंवादी और हर समय अपनी बात आगे बढ़कर कहनेवाली होती हैं, साथ ही स्नायविक रूप से कमजोर होती है। इसके विपरीत एकपतित्व वर्ग की स्त्रियां, जो संख्या में लगभग दुगुनी है, अपेक्षाकृत कर्तव्य-परायण, संतुलित, अधिक कुशल संगठन करनेवाली और सामाजिक संपर्कों में अधिक सफल होती हैं। निःसंदेह ब्लोंस्की के ये निष्कर्ष औसत स्त्रियों के बारे में, चाहे वे रूस की हों या रूस के बाहर की, सही उतरते हैं। पर हमें इतनी दृढ़ता के साथ साधारणीकृत करने से बचना चाहिए। बहुपतित्व वर्ग में ऐसी भी स्त्रियां हैं जिनके संबंध में जितना ब्लोंस्की स्वीकार करने को तैयार हैं उससे बहुत ज्यादा कहा जा सकता है। ठीक इसी तरह से इन्हीं निष्कर्षों को पुरुषों पर लागू किया जा सकता है।

यह कोई ऐसा विषय नहीं है जिस पर यहां हमारा अंतिम निर्णय देना जरूरी है। सामाजिक नैतिकता से संबंधित बातों में लोग व्यक्तिगत रूप से अपने कार्यों की जिम्मेदारी खुद ही उठाने के लिए बाध्य हैं। पर यह वांछनीय है कि एक मनोवैज्ञानिक को आज के समाज की मानसिक प्रतिक्रियाओं की जानकारी हो, जिसमें कि वह रहता है। इसमें संदेह नहीं कि आज परिवर्तन की प्रक्रिया दिखलाई देती है, यद्यपि यह प्रक्रिया उतनी उग्र नहीं है जितनी उग्र उसे अकारण ही सर्वत्र भय देखनेवाले लोग बताते हैं।

बहुविवाहप्रथा को कुछ लोग आज बहुत भय की दृष्टि से देखते हैं। पर इस समय तलाक देने की प्रवृत्ति में निरंतर वृद्धि होने के कारण एकविवाहप्रथा एक साथ न होकर एक के बाद एक करके होनेवाली बहुविवाह की प्रक्रिया में बदल रही है। दूसरे शब्दों में, वह सुपरिचित एकविवाहप्रथा का ही एक विस्तृत रूप हैं। शेष लोगों के लिए वह कामात्मक स्नेह की विविधता की एक स्वीकृति-मात्र है। हर पुरुष और स्त्री में दूसरे व्यक्तियों के प्रति कमोबेश कामात्मक रूप से अतिरंजित स्नेह रखने की क्षमता होती है, चाहे वह व्यक्ति अपने केंद्रीय स्नेह के बारे में कितना ही एकगामी हो। इस बात को आज हम पहले की अपेक्षा स्पष्ट रूप से स्वीकार करते हैं। इस प्रकार से जो संतुलन आवश्यक हो गया है उसके लिए समस्त संबंधित व्यक्तियों का उदार और विशालहृदयपूर्ण दृष्टिकोण होना आवश्यक है। साथ ही एक दूसरे का ध्यान रखना, न्याय की समानता का भाव और बाबा आदम के जमाने की ईर्ष्याप्रवृत्ति पर काबू पाना भी जरूरी है, ऐसा किए बिना कल्याणकारी सभ्य जीवन बिताना असंभव है।

पर एकविवाहप्रथा अपने प्रमुख स्वरूप में वही है और वही बनी रहेगी जिस रूप में हम उसे हमेशा देखते आए है। यदि उसमें अपेक्षाकृत लोच पैदा किया जाए, उसे अधिक बुद्धियुक्त बनाया जाए, और उसकी विविध आवश्यकताओं को सहानुभूतिपूर्ण दृष्टि से देखा जाए तो विवाहप्रथा अपेक्षाकृत दृढ़ होगी, उसका अन्त होना तो दूर रहा।

हमें यह कभी नहीं भूलना चाहिए कि विवाह कामात्मक मेल से कुछ अधिक भी है, जैसा कि वह अक्सर होता भी है। सच्चे अर्थ में एक आदर्श विवाह में न केवल कामात्मक संगति होती है, बल्कि बहुमुखी और निरंतर गहरे होनेवाले अकामात्मक स्नेहों का मेल, रुचि, भावनाओं और दिलचस्पियों की एकता, एक मिला-जुला जीवन,

मातृत्व-पितृत्व में हिस्सा लेने की संभावना और आर्थिक मेल भी सम्मिलित रहता है। जैसे-जैसे अन्य क्षेत्रों में विवाहित जीवन के बंधन मजबूत होते जाते हैं, तैसे-तैसे कामात्मक तत्त्व की प्रधानता कम होती जाती है। कामात्मक तत्त्व बिलकुल समाप्त भी हो सकता है और फिर भी विवाहित जीवन का पारस्परिक गहरा प्रेम-भाव अविचलित बना रह सकता है।

सहायक पुस्तक-सूची

वेस्टरमार्क—The History of Human Marriage.

हैवलाक एलिस—Studies in the Psychology of Sex, Vols. VI and VII.

हैवलाक एलिस—Little Essays of Love and Virtue and More Essays of Love and Virtue.

वी.एफ. कालवर्टन—The Bankruptcy of Marriage.

श्रीमती हैवलाक एलिस—James Hinton: A Sketch.

प्रजनन का नियंत्रण

कैसरलिंग ने लिखा है कि जो लोग विवाह के संबंध को उसके मूलभूत अर्थ में ग्रहण नहीं कर सकते उनके लिए यही उचित होगा कि वे विवाह से बचें और यौन-संबंध के किसी अन्य रूप को अपनाएं।

जो भी हो, इस समाधान के अलावा एक बात और है, जिसे सुप्रजननशास्त्र की दृष्टि से विचार करते समय संतान के होनेवाले संभावित प्रकार के संबंध में हमें हमेशा ध्यान रखना चाहिए। पहले विवाह और प्रजनन एक थे और उद्देश्य की दृष्टि से अविभाज्य थे। विवाह की अनुमति देने का मतलब था प्रजनन की अनुमति देना; प्रजनन के विरुद्ध सलाह देने का मतलब था शादी का निषेध करना; और इस प्रकार की सलाह का अर्थ यह था कि ऐसे लोगों से हमेशा के लिए उनके जीवन के सुख को छीन लिया जाए, साथ ही अप्रत्यक्ष रूप से वेश्यागमन या यौन-परितृप्ति के अन्य अवाञ्छनीय साधनों को प्रोत्साहन दिया जाए। किसी भी सभ्य देश के शिक्षित वर्गों में अब यह बात आवश्यक नहीं है। गर्भनिरोध—गर्भधारण से बचते हुए मैथुन करने के विविध तरीके (चाहे उन्हें औपचारिक रूप से सार्वजनिक स्वीकृति मिली हो या न मिली हो) इतने सामान्य हो गए है कि उनके औचित्य या अनौचित्य पर विचार करना व्यर्थ है। ऐसे देशों में जो कानून से उनका निषेध करते हैं। और ऐसे धर्मों के माननेवालों में भी जो उसे स्वीकार नहीं करते, गर्भनिरोध काफी बड़े पैमाने में प्रचलित है।

इस प्रकार अब हम विवाह की वाञ्छनीयता और प्रजनन की वाञ्छनीयता में फर्क करते हैं। शेषोक्त बात में न केवल जोड़े के विशेष रूप से पति-पत्नी के संभावित हितों

का प्रश्न निहित है, बल्कि होनेवाली संतान के संभावित हितों का प्रश्न भी आ जाता है। निःसंदेह यह बड़े फायदे की बात है कि अब इन प्रश्नों पर अलग-अलग विचार किया जा सकता है। पर यह भी नहीं कहा जा सकता कि उसके द्वारा कोई क्रांतिकारी परिवर्तन हुआ है। पहले से ही यह रिवाज़ रहा है कि कुछ गंभीर परिस्थितियों में भावी प्रजनन को बंद करने के लिए ब्रह्मचर्य रखा जाए। शादी के आरंभ में ही यह चेतावनी देना इस बात को सिर्फ एक कदम आगे बढ़ना-मात्र है। यह बात भली भांति ज्ञात है कि स्नायविक रोगग्रस्त व्यक्ति एक-दूसरे को आकर्षित करते हैं। लोगों के अपने समान स्वभाव के व्यक्तियों की ओर आकर्षित होने की सामान्य प्रवृत्ति का यह सिर्फ एक अंग है। अब यह माना जाता है कि यह प्रवृत्ति विरुद्ध स्वभाव के व्यक्तियों के प्रति आकर्षित होने की प्रवृत्ति से अधिक प्रचलित है। पहले शेषोक्त प्रवृत्ति को ही सामान्य नियम का रूप मिला हुआ था। दूसरे शब्दों में, विषमस्वभाव प्रेम की अपेक्षा समस्वभाव प्रेम अधिक प्रचलित है। विरुद्ध गुणों के लिए लालायित होना सिर्फ गौण यौन लक्षणों के क्षेत्र तक ही सीमित है। एक बहुत ही पुरुषस्वभावयुक्त पुरुष एक बहुत ही स्त्रीस्वभावयुक्त स्त्री के प्रति आकर्षित होता है, और इसका विपरीत भी हो सकता है, पर एक सामान्य नियम के रूप में इसे प्रतिपादित नहीं किया जा सकता।

शादी करने का निश्चय कर लेने पर स्नायविक रोगग्रस्त व्यक्ति जब हमारे पास सलाह लेने के लिए आते हैं तब डाक्टरी सलाह इस तथ्य से संबंधित होती है। स्नायविक रोगग्रस्त व्यक्ति अक्सर अनुभूतिशील, बुद्धिमान् और परिमार्जित रुचि-संपन्न होता है और उसे स्नायविक रोगग्रस्त व्यक्ति में ही अपने मनोनुकूल गुण दिखाई देते हैं, उसके विपरीत स्वस्थ और स्वभाविक व्यक्ति उसे जड़बुद्धि और सुरुचिहीन दिखाई देते हैं और उनसे उसे चिढ़ होती है। उसी प्रकार सही दिमाग व्यक्ति स्नायविक रोगग्रस्त व्यक्तियों के रुग्ण और सनकी मिजाज को असुविधाजनक और आकर्षणरहित पाते हैं। इसलिए पाठ्यग्रंथों में दी गई यह आम सलाह बहुत-कुछ बेकार है कि यदि स्नायविक रोगग्रस्त शादी करते हैं तो उन्हें शादी सिर्फ अच्छी वंश-परंपरा के व्यक्ति से ही करनी चाहिए। यदि हम मेंडेल द्वारा प्रतिपादित उत्तराधिकार-संबंधी बातों को ध्यान में रखें तो हमें मालूम होगा कि यह बात सैद्धांतिक रूप से भी सही नहीं है। पर उसके अव्यावहारिक होने का कारण यह है कि वह इस तथ्य की उपेक्षा कर जाती है कि स्वस्थ व्यक्तियों और रुग्ण व्यक्तियों के बीच कोई प्रबल आकर्षण नहीं रहता और इसकी अधिक संभावना नहीं है कि ऐसा मेल संतोषजनक सिद्ध हो। यहां तक कि आपस में शादी करनेवाले दो निःसंदिग्ध स्नायविक रोगग्रस्त व्यक्तियों की दशा में ये संभावनाएं अधिक नहीं हैं। और ऐसे व्यक्तियों को यह सलाह दी जा सकती है कि वे अपने खुद के और अपने साथी के हितों की दृष्टि से शादी ही न करें, चाहे उनके लिए अविवाहित दशा में यौन परितृप्ति की समस्या कितनी ही मुश्किल क्यों न हो। ऐसे व्यक्तियों को शादी करने की सलाह न देने के और भी ठोस कारण हैं, विशेषकर जब किसी एक साथी में कोई यौन विच्युति इतनी अतिविकसित है कि दूसरा साथी उसे परितृप्त नहीं कर सकेगा। पर अपेक्षाकृत मामूली स्नायविक कमजोरी की दशाओं में ये आपत्तियां उतनी

बड़ी नहीं हैं। और साथ ही आकर्षण इतना अधिक होता है कि इस बात की संभावना कम ही होती है कि शादी करने के विरुद्ध दी गई सलाह मान ली जाएगी। इस प्रकार की दशाओं में प्रजनन और विवाह को अलग कर देना अनिवार्य हो जाता है।

आज न केवल वे व्यक्ति जो संतान की इच्छा नहीं करते हैं बल्कि वे व्यक्ति भी जो संतान चाहते हैं, सामान्यतः गर्भनिरोध की जरूरत को स्वीकार करते हैं, कारण यह कि मां और बच्चे दोनों के ही स्वास्थ्य और भलाई की दृष्टि से यह वाञ्छनीय है कि एक प्रसव के बाद दूसरे प्रसव के बीच का अंतर सुनियोजित हो और एक बच्चे के जन्म के बाद कम से कम दो साल तक दूसरा बच्चा पैदा न हो। इसके साथ ही अनेक आर्थिक या अन्य प्रकार के उचित कारण हैं, जिनके कारण जल्दी शादी करनेवाले व्यक्ति भी यह नहीं चाहते कि बच्चे जल्दी पैदा हों। इसलिए संतान, चाहे उसकी इच्छा जितनी प्रबल हो, ऐसे समय उत्पन्न होनी चाहिए जब उसके माता-पिता उसके आगमन और उसकी देखभाल के लिए पूर्णरूप से तैयार हों। इसके अतिरिक्त अधिक सदस्यों वाले परिवारों के दिन अब लद चुके। परिवार, राष्ट्र और जाति के हितों के लिए यह काफी है कि हर विवाहित जोड़े के औसतन दो से लेकर तीन तक बच्चे हों और सभ्यता की सफाई-संबंधी आज की दशाओं के अंतर्गत यह संख्या आबादी को उसकी स्तर पर बनाए रखने के लिए पर्याप्त है। जब किसी ठोस कारण से गर्भधारण की अनुमति नहीं दी जा सकती, जैसे मां का गिरा हुआ स्वास्थ्य या माता या पिता में कोई ऐसी वंशानुक्रम की खराबी जिसे अगली पीढ़ी में जाने से रोकना चाहिए, तो ऐसी हालत में कड़ाई के साथ गर्भनिरोध का पालन अनिवार्य हो जाता है।

यहां हमारा उद्देश्य गर्भनिरोध की प्रणालियों पर विचार करना नहीं है। अब इस विषय पर व्यापक साहित्य उपलब्ध है, यद्यपि सर्वोत्तम पद्धतियों को लेकर मतभेद है, और सर्वोत्तम कही जानेवाली पद्धतियां भी (हम इसमें प्रजनन-शक्ति के अंत कर देने को नहीं गिन रहे हैं) हमेशा विश्वसनीय नहीं होतीं। सौभाग्य से बहुत-से देशों में तेजी के साथ गर्भनिरोध-केंद्रों की स्थापना हो रही है और उनसे व्यावहारिक सहायता और परामर्श प्राप्त किया जा सकता है, जिसके न होने से अक्सर अधूरी जानकारी रखनेवाले व्यक्ति अपने उद्देश्य में असफल रहते हैं, यद्यपि इस संबंध में सबसे अच्छी जानकारी रखनेवालों के लिए भी यह अक्सर मुश्किल होता है कि गर्भनिरोध की सफलता के लिए आवश्यक सावधानी का पूर्ण रूप से हर मौके पर पालन किया जाए।

यह सच है कि गर्भनिरोध की सबसे प्रचलित और प्राचीन विधि स्तंभित समागम में (जिसे ओनान की पद्धति कहते हैं) किसी सामग्री की जरूरत नहीं होती और यह बिना सलाह के ही काम में लाई जाती है। इस पद्धति पर पर्याप्त भरोसा भी किया जा सकता है। पर जितना कि कभी-कभी बतलाया जाता है, उतना नुकसानदेह होने पर भी यह तरीका अक्सर असंतोषजनक रहता है क्योंकि ऐसा करने के लिए अधिकांश पुरुषों को अनुचित रूप से जल्दबाजी करनी पड़ती है, जो पति के लिए आनंदरहित और पत्नी के लिए असंतोषजनक है, जिसे बाद में परितृप्ति की जरूरत हो सकती है।

स्तंभित समागम से आम तौर से एक समस्या उपस्थित हो जाती है। सभी

अधिकारी विद्वान् इसको गर्भनिरोध का सबसे अधिक प्रचलित तरीका मानते हैं। इसमें संदेह नहीं कि वह सबसे प्राचीन भी है और बाइबिल के 'उत्पत्ति-प्रकरण' में उसका इस रूप में उल्लेख है कि गर्भाधान को रोकने के लिए ओनान ने उसका प्रयोग किया था। यह तरीका सबसे अधिक प्रचलित इसलिए है कि यह सबसे सरल है। पहले से उसके सोच-विचार करने की जरूरत नहीं है या उसकी तैयारी में एक फूटी कौड़ी भी खर्च नहीं होती, पर इसमें संदेह नहीं कि स्नायविक प्रणाली के कल्याण की दृष्टि से कभी-कभी यह तरीका खतरों से खाली नहीं होता। यह बिलकुल सच है कि इतने व्यापक रूप से प्रचलित तरीके पर विचार करते समय, सिर्फ इतना कह देना ही काफी नहीं है कि वह अक्सर नुकसानदेह पाया गया है। पर यह स्पष्ट है कि एक अनुपात में—चाहे वह अनुपात बड़ा हो या छोटा—स्त्रियां, पुरुष या स्त्री—पुरुष दोनों में ही स्नायविक असंतुलन के रूप में प्रकट होनेवाली छोटी-मोटी स्नायविक गड़बड़ियों का कारण स्तंभित समागम में ही ढूंढा जा सकता है। यह समझना आसान है कि विशेष तौर पर स्त्रियों में ऐसा क्यों होना चाहिए। पति इस बात का हमेशा ध्यान नहीं रखता कि उसकी पत्नी का भी पूर्ण मैथुन हो जाए और चूंकि स्त्रियों में पुरुषों की अपेक्षा पूर्ण मैथुन की प्रक्रिया स्वभावतः धीमी है, इसलिए यह स्पष्ट है कि पति को इस बात का ध्यान न रहने से वह अक्सर पत्नी का पूर्ण मैथुन होने के पहले ही शिश्न को निकाल लेता है, और इस तरह पत्नी में उग्र रूप से स्नायविक अंसतोष और चिड़चिड़ेपन की दशा उत्पन्न हो जाती है। वीर्यपात के पहले ही पुरुष को शिश्न निकाल लेना पड़ता है। इसके साथ ही ऐसे क्षण में, जब चरमोत्कर्ष निकट आ गया हो, कार्य को आकस्मिक रूप से बंद कर देने से उसे जो धक्का लगता है उससे कभी-कभी पुरुष को नुकसान हुए बिना नहीं रह सकता। यह आवश्यक है कि हम इस तरीके पर अमल करने की संभावना के प्रति सजग रहें और जब यह देखें कि रोग के लक्षण दिखाई पड़ रहे हैं तो उसे बंद करा दें। इसमें संदेह नहीं किया जा सकता कि अधिकांश लोगों के लिए स्तंभित समागम उपयुक्त नहीं है और उसके स्थान में गर्भनिरोध का कोई और तरीका होना चाहिए। जब तक पति-पत्नी परस्पर सहानुभूति और सहयोग के साथ स्तम्भित समागम जारी रखें, पति को किसी प्रकार का धक्का अथवा भय न लगे और पत्नी को पर्याप्त रूप से मैथुनिक परितृप्ति हो, तभी तक स्तंभित समागम ठीक है। यदि पत्नी को बहुत देर तक मैथुनिक रूप से इतना अधिक उत्तेजित किया जाए कि वह पूर्ण मैथुन के निकट पहुंच जाए और फिर मैथुन किया जाए तो पत्नी को पूर्ण मैथुन की प्राप्ति हो सकती है।

आज बहुत-से लोग इसके उल्टे तरीके 'करेस्सा' मैथुन के प्रतिपादक हैं। चाहे वह अंतिम रूप से प्राप्त होनेवाली पूर्ण परितृप्ति के साथ हो या न हो, और उस पर अमल करनेवाले लोगों की भी एक बहुत बड़ी संख्या है, पर वह उतनी अधिक नहीं है जितनी कि स्तंभित समागम करनेवालों की है, क्योंकि उस पर चलना अपेक्षाकत कठिन है। ओनीडा जाति उस पर सामान्य रूप से अमल करती थी, और बाद को चलकर डाक्टर एलिस स्टाकेम्स ने अपनी प्रसिद्ध 'करेस्सा' में उसका प्रतिपादन किया। इसमें संदेह नहीं

किया जा सकता कि दीर्घ समय तक मैथुन करना स्त्री को बहुत प्रिय है और उससे जरा भी नुकसान नहीं पहुंचता क्योंकि वह पूर्ण रूप से स्वतंत्र रहती है और उसे यह छूट रहती है कि जितना भी चाहे समय लेकर पूर्ण परितृप्ति प्राप्त करे। जिन स्त्रियों ने इसका अनुभव किया है वे इसे पसंद करती जान पड़ती हैं। जो भी हो, इस पद्धति को अमल में लाने वाले पुरुषों पर उसका क्या असर पड़ता है। इस संबंध में कुछ शंकाएं उठाई गई हैं। इस विचार के लिए पर्याप्त कारण है कि कुछ दशाओं में बहुत अधिक समय तक मैथुन करने से वे ही स्नायविक परिणाम (यद्यपि अक्सर अपेक्षाकृत कम मात्रा में) हो सकते हैं जो स्तंभितमैथुन से होते हैं। पर ऐसी दशाओं के एक बड़े अनुपात में निश्चित रूप से ऐसा नहीं होता। स्वस्थ और सुसंतुलित स्नायविक प्रणालीवाले पुरुषों को छोड़कर इस पद्धति को अमल में लाना अक्सर आसान नहीं होता और यदि उसे बहुत ही ज्यादा अमल में न लाया जाए तो कोई दुष्परिणाम नहीं होता।

या तो असावधानी के कारण या फिर अनुपयुक्त पद्धति को उपयोग में लाने के कारण जब गर्भनिरोध का प्रयत्न असफल रहता है तो कभी-कभी एक गंभीर स्थिति उत्पन्न हो जाती है। पर इस अवस्था में कुछ भी नहीं किया जा सकता है। वैयक्तिक, सामाजिक या सुप्रजननशास्त्र की दृष्टि से भी गर्भपात चाहनेवाली स्त्री को किसी प्रकार की सहायता देना एक दंडनीय अपराध है। स्त्रियां क्वचित् ही इसके अवैध होने की बात को समझ पाती हैं। वे यह समझने में असमर्थ रहती हैं कि यदि वे गरीब हैं तो उन्हें हानिकारक दवाइयां लेकर गर्भ गिराने के लिए क्यों विवश किया जाता है, और यदि वे अच्छे-खासे संपन्न परिवारों की हैं तो (अंग्रेज होने पर) आपरेशन कराने के लिए उन्हें विदेश जाने के लिए क्यों बाध्य किया जाता है। जब आजकल की अपेक्षा कानून के सुधार पर स्त्रियों का प्रभाव बढ़ जाएगा तो इसमें संदेह नहीं है कि गर्भपात का निषेध करनेवाले कानून में सुधार होगा क्योंकि उसके आधार अब पुराने पड़ गए हैं। इसके अलावा यह स्पष्ट रूप से मान लिया जाएगा कि यह एक वैयक्तिक प्रश्न है और कानून को उसमें दखल देने का कोई अधिकार नहीं है। यदि गर्भपात अनुचित है तो इस बारे में सलाह देने का काम डाक्टर का है, पुलिसवालों का नहीं। इस दिशा में सोवियत रूस और अन्य कई देशों में आंदोलन चल रहा है, यद्यपि वहां गर्भपात को बढ़ावा नहीं दिया जाता तो भी जब तक गर्भनिरोध के बारे में जनता में व्यापक रूप से जागृति नहीं होती और गर्भनिरोध की सुविधाएं व्यापक रूप से उपलब्ध नहीं होतीं तब तक अस्पतालों में उचित सावधानी के साथ डाक्टर गर्भपात कराते हैं।

गर्भधारण को रोकने के लिए इतनी अधिक सावधानी और सतर्कता की ज़रूरत है कि अब पिछले कुछ वर्षों में इस उद्देश्य की प्राप्ति के लिए एक विशेष वैकल्पिक साथ ही अधिक विश्वास योग्य पद्धति यानी प्रजनन-शक्ति को (पर मैथुनिक शक्ति को नहीं) नष्ट कर देने की पद्धति दिन-ब-दिन पसंद की जा रही है। इस पद्धति से सभी खतरे दूर हो जाते हैं। अब वह पद्धति पुरुषों में शुक्रवाहिनी नाड़ियों को और स्त्रियों में डिंबवाहिनी नाड़ियों यानी फेलोपियन नलिकाओं के एक खंड को काटकर और बांधकर आसानी से संपन्न की जाती है और इससे कोई हानि नहीं होती और न यौन ग्रंथियों को

ही हटाना पड़ता है। पर किसी मानसिक गड़बड़ी के इलाज की पद्धति के रूप में इसका महत्त्व संदिग्ध है और यदि उसे जबरदस्ती किया जाए तो उसके परिणाम मानसिक रूप से बहुत ही हानिकर हो सकते हैं। यदि उसे स्वेच्छापूर्वक गर्भनिरोध की एक पद्धति के तौर पर स्वीकार किया जाए तो उससे बड़ा फायदा दिखाई देता है। साथ ही ऐसा करने से उन सावधानियों की जरूरत नहीं रहती जिनको अधिकांश लोग उचित रूप से पसंद नहीं करते।[1] यह कहने की जरूरत नहीं है कि प्रजनन-शक्ति नष्ट करने की पद्धति से हमेशा के लिए गर्भनिरोध हो जाता है, और इसलिए उसे बिना अच्छी तरह सोचे-समझे नहीं अपनाना चाहिए।

कभी-कभी कई डाक्टर भी ऐसा समझते हैं कि प्रजनन-शक्ति को नष्ट करने की पद्धति वर्तमान समय में अवैध है। इस विश्वास का कोई ठोस आधार नहीं है। इंगलैंड में 'सुप्रजनन-समाज' ने प्रजनन-शक्ति को नष्ट कर देने की पद्धति का और अधिक प्रसार करने के उद्देश्य से संसद में एक विधेयक रखने का प्रयत्न किया था। जो भो हो, उसका उद्देश्य उसे कानूनी बनाने का नहीं था। (जैसा कि कुछ लोग अनुमान करते थे क्योंकि उस पर तो अमल हो ही रहा है) बल्कि उसके फायदों को शारीरिक-मानसिक त्रुटियुक्त लोगों और गरीब वर्गों तक पहुंचाना था। यह दुःख के साथ कहना पड़ता है कि उसके फायदों के बारे में कुछ डाक्टर भी संदेह करते हैं। पर इसमें कोई संदेह नहीं किया जा सकता कि त्रुटिपूर्ण माता-पिताओं से उत्पन्न त्रुटिपूर्ण बच्चों का बिलकुल सही अनुपात चाहे जो हो, प्रजनन-शक्ति नष्ट करने की पद्धति नहीं वैयक्तिक, सामाजिक और सुप्रजननशास्त्र की दृष्टि से सहायक हो सकती थी, यद्यपि इस तरह यह संभव नहीं था कि मानसिक रूप से अयोग्य तत्त्वों को आबादी से दूर किया जा सके। यह तो सिर्फ शुरुआत-मात्र है। इस विषय के बारे में इस समय भी व्यापक रूप से जागृति फैलाने की जरूरत है।

इसी की तरह एक आम समस्या यह है कि समागम कितनी जल्दी-जल्दी किया जाए। इस बात को लेकर परस्पर-विरोधी अनेक दृष्टिकोण बड़ी कट्टरता के साथ सामने रखे जाते हैं। कुछ व्यक्ति हर रात्रि को समागम करना स्वाभाविक और आवश्यक समझते हैं और कई साल तक इसपर अमल करते रहते हैं। प्रकट रूप से उनपर इसका कोई बुरा नतीजा नहीं होता। इसके विपरीत कुछ लोग यह कहते हैं कि संतानोत्पत्ति के अलावा कभी समागम नहीं करना चाहिए, जिसका अर्थ यह होगा कि संपूर्ण जीवन में

---

1. शुरू-शुरू की जिन दशाओं की मुझे जानकारी है उनमें एक में अमेरिका के एक डाक्टर ने अपनी शुक्रवाहिनी नलिका का ऑपरेशन कराया था ताकि वे गर्भनिरोध की रोजमर्रा की सावधानियों से छुट्टी पा सकें, जिन्हें वे और उनकी पत्नी दोनों ही नापसंद करते थे। डाक्टर का स्वास्थ्य अच्छा था और उनके कई बच्चे थे और उन्हें अब और ज्यादा बच्चों की चाह न थी। ऑपरेशन से उन्हें ज्यादा तकलीफ या असुविधा न हुई। और मामूली तरीके पर वे उस दिन भी अपने दफ्तर का काम करते रहे। ऑपरेशन का नतीजा उनके और उनकी पत्नी दोनों के लिए संतोषजनक रहा। बहुत सालों के बाद जब मुझे उन लोगों का समाचार मिला, तब भी वे संतुष्ट थे। न तो ऑपरेशन से पुंसत्व में कमी आई थी और न ही कामवासना में। इस मामले को अब हम हांडी के चावल के रूप में मान सकते हैं।

सिर्फ दो या तीन बार ही समागम किया जाए। ऐसे लोग यह भी तर्क करते हैं कि यही स्वाभाविक और नैतिक है। निःसंदेह यह सच है कि जानवरों में मैथुन का एकमात्र उद्देश्य यही है, पर यह निश्चित करते समय कि मनुष्य के लिए क्या स्वाभाविक है और क्या अस्वाभाविक, हमें यह अधिकार नहीं है कि सुदूर अतीत के विकास की कड़ी में स्थित जानवरों के लिए जो बात स्वाभाविक समझी जाती है, हम मनुष्यों के लिए भी उसे स्वाभाविक मानें। हमें तो मानव-वर्ग के सामान्य यौन व्यवहार पर विचार करना है, जिससे किसी भी दशा में यह परिलक्षित नहीं होता कि उसका उद्देश्य इतना संकुचित है कि यौन व्यवहार सिर्फ प्रजनन तक ही सीमित है, यद्यपि कुल मिलाकर (सामान्यतः किए जानेवाले अनुमान के विपरीत) अविकृत असभ्य जातियां सभ्य जातियों की अपेक्षा ब्रह्मचर्य का अधिक पालन करती है। पर यदि ऐसा नहीं होता तो भी निम्नतर जातियों की आदतों से हमारी आदतों का भिन्न होना बिल्कुल सही है। निश्चित रूप से यौन अंगों का विकास-प्रजनन के लिए हुआ था, व्यक्ति की यौन परितृप्ति के लिए नहीं। पर यह भी उतना ही निश्चित है कि हाथों का विकास उदरपूर्ति के लिए हुआ था न कि पियानों या बिहाला बजाने के लिए। यह यदि व्यक्ति अपने अंगों को ऐसे उद्देश्य में लगाकर आनंद और प्रेरणा प्राप्त करता है जिसे उद्देश्य के लिए वे अंग बनाए गए थे तो वह एक पूर्णतः उचित और नैतिक कार्य करता है, चाहे हम उसे 'स्वाभाविक' कहना पसंद करें या न करें। जो लोग निम्नतर जातियों का अनुकरण कर मैथुन को प्रजनन के 'स्वाभाविक' उद्देश्य तक ही सीमित रखने के सिद्धांत का प्रतिपादन करते हैं उन्हें निम्नतर जानवरों का अनुकरण कर कपड़े पहनना भी छोड़ देना चाहिए क्योंकि वह भी अस्वाभाविक है। मनुष्य की कला उचित रूप से मनुष्य की गतिविधियों के अंतर्गत समझी जा सकती है और कला प्रकृति के साथ कोई वास्तविक विरोध उत्पन्न नहीं करती।

"यह वह कला है
जो प्रकृति को सुधारती तो क्या बदलती है, पर
कला तो स्वयं प्रकृति है।"

यदि सारे संदिग्ध मतवादों को एक तरफ रख दिया जाए तो यह मानना ही पड़ेगा कि मैथुन कितनी जल्दी-जल्दी हो इसके बारे में व्यावहारिक दृष्टिकोण से प्रकारभेद का दायरा बहुत व्यापक होता है, और प्रत्येक व्यक्ति की दशा में यह ढूंढना आवश्यक है कि प्रत्येक विशेष मामले में कितनी जल्दी-जल्दी समागम करना दोनों के लिए सुविधाजनक होता है, और यदि इस मामले में दोनों साथियों में कुछ मतभेद हो तो उसे कैसे दूर किया जा सकता है। यह उपदेश, कि सप्ताह में दो बार समागम किया जाए, बहुत-से लोगों के लिए अनुकूल हो सकता है। पर यह सबसे अच्छा मालूम होता है कि संयम से होनेवाले लाभों पर (संयम ब्रह्मचर्य से बिलकुल अलग चीज है) और मैथुन को साधारण और बेजान रस्म-अदायगी-मात्र बनाने से जो हानियां होती हैं उन पर जोर दिया जाए। कभी-कभी इस मामले में नियम तोड़ने से भी फायदे होते हैं। असाधारण रूप से जल्दी-जल्दी समागम करने के बाद दीर्घ समय तक समागम न हो तो उसमें कोई बुराई

नहीं, मासिक-धर्म के बाद स्त्री की इच्छा के अनुसार आसानी के साथ अधिक समागम किया जा सकता है। चूंकि स्त्री में पुरुष की अपेक्षा कामेच्छा अनियमित और खामख्यालीपूर्ण होती है, इसलिए इस मामले में स्त्री को ही नियम बनानेवाली समझना चाहिए और उसकी सुविधा के अनुसार कार्य करने में पुरुष को लाभ ही है। पर एक बार यहां फिर से बता देना चाहिए कि किसी भी हालत में बार-बार करके समागमों को बढ़ाने की अपेक्षा यह निश्चित करना अच्छा है कि एक समागम के बाद दूसरा समागम उचित अर्से के बाद किया जाए। जल्दी-जल्दी मैथुन करने से समागम के शारीरिक और आत्मिक दोनों प्रकार के लाभ लुप्त हो जाते हैं। जब यौन समागम बहुत ही कम किया जाए तभी आनंदातिरेक प्रतीत हो सकता है।

समागम को अक्सर जल्दी-जल्दी करने की आदत डालना इसलिए भी अवांछनीय है कि उससे बिना समागम के अधिक समय तक रहना मुश्किल हो जाता है, जो कई बार किसी एक साथी की अनुपस्थिति, बीमारी या प्रसूति के बाद (एक महीना या छः हफ्ते) जरूरी हो सकता है। स्त्री की गर्भावस्था के बीच समागम का प्रश्न बड़ा कठिन है। इससे जो घरेलू कठिनाइयां पैदा हो सकती हैं उन्हें ध्यान में रखते हुए डाक्टर इस बारे में सलाह देने से हिचकिचाता है। इसमें संदेह नहीं कि अधिकांश दशाओं में मुख्य बात यह मालूम करना है कि गर्भपात की पूर्वप्रवृत्ति मौजूद है या नहीं। इस संबंध में प्रत्येक स्त्री की स्थिति में फर्क होता है। कुछ गर्भिणियां ऐसी होती है कि यदि उनकी मौजूदगी में छींक-भर दिया जाए तो उनका गर्भपात हो जाता है। इसके विपरीत कुछ ऐसी होती हैं कि यदि उन्हें छठी मंजिल की खिड़की से नीचे धकेल दिया जाए तो भी उनका गर्भपात नहीं होगा। जहां गर्भपात की पूर्वप्रवृत्ति मौजूद रहती है, वहां यह अनिवार्य है कि पत्नी की गर्भावस्था में ब्रह्मचर्य का पालन किया जाए। इसके अलावा हर हालत में यह वांछनीय है कि गर्भावस्था के बाद के महीनों में इस प्रकार की आदत डाली जाए। पर यह आवश्यक जान पड़ता है कि गर्भावस्था की संपूर्ण अवधि में जब संयम रखने की सलाह दी जाए तो ऐसा खूब सोच-समझकर किया जाए। एक-दूसरे के साथ सहानुभूति रखनेवाले और बुद्धिमान् दंपति अपने-आप इस कठिनाई को दूर कर सकते हैं और ऐसी परिस्थितियों में हस्तमैथुन की आदत पड़ जाने का भी बहुत खतरा नहीं है, पर जो डाक्टर गर्भावस्था के साथ यौन संयम का बंधन लगा देता है वह कभी-कभी यह अनुभव कर सकता है कि उसने कुछ ऐसी दिक्कतें पैदा कर दी हैं जिनको दूर करना उसके वश के बाहर है।

यहां हमारा प्रधान उद्देश्य प्रजनन-संबंधी दशाओं का नियमन करना नहीं है और न यह विचार करना ही है कि एक स्वस्थ और सहीदिमाग दंपति के लिए कितने बच्चे सारी दृष्टियों से हितकर होंगे। यह व्यापक रूप से माना जाता है कि यदि शादी साधारण रूप से बहुत ज्यादा उम्र में नहीं होती है तो शादी के बाद कुछ समय तक गर्भ न धारण करने दिया जाए। वर्तमान सामाजिक परिस्थितियों में वह खतरा कम है। एक नवयुवती के लिए प्रसव करना उतना हानिकारक नहीं है जितना कि कुछ लोग अक्सर अनुमान करते हैं। इस प्रकार एडिनबर्ग की धात्रीशास्त्र-वेत्ताओं की सभा में 8 जून, 1932

को भाषण देते हुए मिलर ने 'रायल मैटर्निटी हास्पिटल' में 17 साल और उससे कम उम्र की लड़कियों के 174 प्रसवों के नतीजे बताए थे। इसमें स्वतः स्फूर्त बिना किसी कठिनाई के होनेवाले प्रसवों की संख्या 85 प्रतिशत थी। शिशु और स्त्री के योनिमुख का सही अनुपात न होने के कारण सिर्फ आठ दशाओं में डाक्टरी सहायता की जरूरत पड़ी। मृत शिशुप्रसव और पैदा होते ही मरनेवाले शिशुओं की संख्या 6.5 प्रतिशत थी, जबकि अस्पतालों में पैदा होनेवाले सभी बच्चों के लिए यह संख्या 11.8 प्रतिशत थी। अधिक उम्र की स्त्रियों को प्रथम प्रसव से बहुत ज्यादा कष्ट और खतरे रहते हैं। चाहे जिस उम्र में बच्चों का पैदा होना शुरू हो, निश्चित रूप से यह वांछनीय है कि मां और बच्चों, साथ ही पिता और पति के हितों की दृष्टि से भी दो बच्चों के पैदा होने के बीच कम से कम दो साल का समय बीत जाए। मौजूदा परिस्थितियों में परिवार और आबादी को कायम रखने के लिए सभी दृष्टियों से प्रति परिवार बच्चों की संख्या दो से लेकर तीन तक होना हितकर है। इससे पहले खराब सामाजिक परिस्थितियों और मृत्यु-संख्या अधिक होने के कारण अधिक संख्या की जरूरत पड़ती थी। जैसे-जैसे सामाजिक जागृति बढ़ती जाएगी, सुप्रजननशास्त्र के सिद्धांतों का प्रभाव उत्तरोत्तर बढ़ेगा और कुछ परिवार छोटे होंगे तथा कुछ परिवार उचित रूप से बड़े।

वर्तमान परिस्थितियों में कितनी जल्दी-जल्दी गर्भनिरोध-पद्धति पर अमल किया जाए, इस पर और प्रजनन के प्रति जो दृष्टिकोण है उस पर विचार करते समय एक और प्रश्न उठ खड़ा होता है। अंत में हमें इस प्रश्न पर भी विचार कर लेना चाहिए। चूंकि प्रायः सभी गर्भनिरोध-पद्धतियों में योनि को शुक्राणुओं के संपर्क से बचाना पड़ता है या हर हालत में योनि से शुक्राणुओं को फौरन ही बाहर निकाल देना पड़ता है; इसलिए स्त्री को समागम से जो फायदे होते हैं इससे क्या उसमें कुछ कमी आती है? इस प्रश्न के साथ सबसे पहले तो यह सवाल उठता है कि क्या योनि और गर्भाशय में शुक्राणुओं को जज्ब करने की ताकत होती है? इस प्रश्न पर कभी-कभी गर्भनिरोध के वे विरोधी बहुत जोर देते हैं जो गर्भनिरोध के मतवाद पर हमला करने के लिए हमेशा चोखे हथियारों की तलाश में रहते हैं। मूत्राशय की तरह, जिसमें सुई से जहर डालने के कुछ ही मिनट के भीतर जानवर मर जाते हैं, योनि की दीवारों में भी जज्ब करने की ताकत है। पर इसके पहले लोग अक्सर ही इसे मानने से इंकार करते थे, जैसा कि रोलेडर ने किया था। पर तब से इस संबंध में परिस्थिति बहुत बदली है। जी. डी. राबिन्सन और लोयसर ने सन् 1925 में अपने-अपने देशों में खोज करने पर यह तथ्य निकाला कि स्त्री की योनि कुछ दवाइयों को जैसे पोटेशियम आयोडाइड और सोडियम लिसिलेट को द्रुत गति से जज्ब करेगी और कुनेन और गन्ने की शक्कर को देर से जज्ब करेगी। मूत्र में इन जज्ब किए गए द्रव्यों की उपस्थिति से इस बात को प्रमाणित किया जा सकता है। लोयसर ने यह स्थापित किया कि पारदीय क्लोराइड और आयोडीन इस संबंध में सबसे जल्दी जज्ब होनेवाले पदार्थ हैं, पर कुछ द्रव्य कठिनाई से जज्ब होते हैं या बिलकुल ही जज्ब नहीं होते। स्वास्थ्य और उम्र के अनुसार यह शक्ति घटती-बढ़ती है। एक स्वस्थ युवती बड़ी तेजी से जज्ब करेगी। इसके आगे यह भी दिखलाया जा चुका है कि शुक्राणु वास्तविक

रूप से जज्ब हो जाते हैं। वे रक्त में खमीर पैदा कर सकते हैं और साफ दिखलाई देनेवाले तौर पर अंडकोष के प्रोटीडों को तोड़ सकते हैं। सन् 1913 में वियना में ई. वाल्डस्टाइन और आर. एक्लर ने खरगोशों पर प्रयोग कर यह सिद्ध किया। बाद को चलकर सन् 1921 में वियना में डिंटलर ने मादा खरगोशों के रक्त में वीर्य का इंजेक्शन देने का प्रयोग किया और यह सिद्ध कर दिया कि उससे मादा खरगोशों में मैथुन के वीर्य से गर्भधारण की क्षमता नहीं रह गई।

पुरुषवस्तु विविध ग्रंथियों—प्रोस्टेट ग्रंथि और काउपर ग्रंथि—के क्षरणों के मिश्रण से बनती है। कोलबुग्गे ने बहुत पहले यह सवाल किया था कि क्या समागम की तुलना पुरुषवस्तु के इंजेक्शन से की जा सकती है? अधिक उपयुक्त रूप में आर्थर थामसन ने यही प्रश्न सन् 1922 में इस रूप में रखा था—क्या उर्वरकिरणं के विशिष्ट कार्य के अलावा वीर्य पहुंचाने की प्रक्रिया से स्त्री में कोई परिवर्तन होता है? क्या स्त्री पर समागम के लाभदायक नतीजे, समागम के कार्यगत परिणाम और उसके फलस्वरूप उत्पन्न आनंदातिरेक से नहीं, बल्कि वीर्य के अंतर्गत द्रव्यों से होनेवाली शारीरिक उत्तेजना से होते हैं? शेषोक्त प्रश्न और भी स्पष्ट हैं।

इस प्रश्न का उत्तर देने में जो संशय है उसका कारण यह है कि मानसिक परिणामों को संभावित शारीरिक परिणामों से अलग करना मुश्किल है। बहुत पहले सन् 1896 में त्सोथ और प्रग्ल ने एर्गोग्राफ यंत्र पर कार्य किया और ग्लिसरीन की सहायता से बाहर से आए हुए सुझावों के प्रभाव को हटाने के लिए नियंत्रित निरीक्षण किया। इससे उन्हें यह निष्कर्ष निकालने का आधार मिल गया कि अंडकोष स्फीतिजनित निर्यास का उद्दीपनकारी और अवसाद दूर करनेवाला परिणाम होता है। वान दि वेल्डे की कथित गवाही के अलावा भी कि मैथुन के बाद कुछ समय तक सांस में वीर्य की गंध आती है, हम यह निश्चित रूप से विश्वास कर सकते हैं कि समागम में वीर्य स्वाभाविक रूप से जज्ब हो जाता है। मुझे याद है कि लड़कपन में मैंने एक जर्मन भिक्षु के बारे में पढ़ा था, जो सूंघकर व्यभिचार करनेवाली स्त्री को पहचान सकता था।

इस बात को एकदम बहुत आसानी के साथ मान लेना गलत-सा है कि यदि इस प्रकार वीर्य का जज्ब होना संभव है तो समागम के लाभदायक परिणामों का कारण वही है।

इस संदेहरहित तथ्य से और भी बल मिला है कि गर्भनिरोध की पद्धति के द्वारा मैथुन करने पर हमेशा ही ये लाभदायक परिणाम नहीं होते। जो कुछ भी हो, यहां यह मालूम होगा कि मुख्य प्रश्न तो यह है कि समागम संतोषजनक था या नहीं। इससे लेशमात्र भी संदेह नहीं हो सकता कि वीर्य के साथ संपर्क न होने पर भी समागम पूर्णतः आनंददायक और सुपरिणाम सहित हो सकता है। स्वयं वीर्य से कई फायदे हो सकते हैं, पर उन्हें पाने के दूसरे तरीके भी हैं और गर्भनिरोध के सभी तरीकों में वीर्य के साथ संपर्क न होता हो, ऐसी बात नहीं है। गर्भनिरोध के साधन के रूप में प्रजननशक्ति को नष्ट कर देने के अनेक लाभों में से एक लाभ यह भी है कि उसमें वीर्य को शरीर में जज्ब होने की पूरी आजादी रहती है। जैसा कि किलिक

मिलार्ड ने निरीक्षण किया है कि बहुत-सी स्त्रियां तथा माताएं, जो कई बच्चों के भार से दबी हुई हैं, इन अतिरिक्त लाभों को बड़ी खुशी के साथ छोड़ देंगी ताकि वे आगे अधिक प्रसवों और संतानोत्पादन की मुसीबत से बच सकें, और इसके साथ ही अपने पति को भी तृप्त कर सकें।

सहायक पुस्तक-सूची

जी.वी. हैमिल्टन—A Research in Marriage.

आर. एल. डिकिंसन—A Thousand Marriages.

मार्गरेट सेंगर—The New Motherhood.

माइकेल फील्डिंग—Parenthood : Design or Accident? A Manual of Birth Control.

जे. एफ. कूपर—Techniques of Contraception.

एम.सी. स्टाप्स—Contraception : Its Theory, History and Practice.

ए. कोनिको—Contraception.

Some More Medical Views on Birth Control, edited by Norman Haire.

कार सांडर्स—The Population Problem.

लैन्मलाट हागबेन—Genetic Principles in Medicine and Social Science.

लेनार्ड डार्विन—Eugenic Reform.

गोसने तथा पापेनो—Sterilization for Human Betterment.

हैवलाक एलिस—Studies in the Psychology of Sex, Vol. VI, and More Essays on Love and Virtue.

The Eugenics Review.

The Journal of Social Hygiene.

संतानहीन विवाह की समस्या

कुछ विवाहित जोड़े ऐसे होते हैं जो परिपक्व रूप से अच्छी तरह विचार करने के बाद फैसला कर लेते हैं कि उनके लिए सबसे अच्छा यही है कि स्थायी रूप से जीवन-पर्यंत अथवा अस्थायी रूप से कुछ समय तक संतान न पैदा करें। कुछ जोड़े ऐसे भी होते हैं जिनके संतान नहीं होती, पर जो संतान की इच्छा रखते हैं और समुचित कारणों से यह आशा करते हैं कि डाक्टरी इलाज या आपरेशन कराने से वे अपनी इच्छा को पूरा कर सकेंगे। पर यदि हम इन दोनों प्रकार के जोड़ों को छोड़ दें तो भी कुछ जोड़े ऐसे रह जाते हैं जिनको इस बात का निश्चय हो चुका है कि उनके कभी संतान नहीं

होगी, इतने पर भी उन्हें संतान की लालसा बनी रहती है, ऐसी हालत में वे क्या करें?

सचमुच ही यह समस्या बहुत कम अवसरों पर उठती है। यदि संतान की प्रबल इच्छा है तो यह अत्यंत वांछनीय है कि विवाह के पहले स्त्री और पुरुष किसी और बात के लिए नहीं तो सिर्फ इसी बात के लिए डाक्टरी जांच करा लें कि सफलतापूर्वक गर्भधारण करने और जन्म देने की समुचित संभावना है कि नहीं। जो भी हो, इस परीक्षा से संभावना से अधिक और किसी बात की आशा नहीं की जा सकती क्योंकि कई मामले ऐसे होते हैं जिनमें बच्चे का मुंह देखने के लिए लालायित जोड़े को कोई संतान नहीं प्राप्त होती, और बाद में जब स्त्री और पुरुष तलाक देकर अन्य पुरुष और अन्य स्त्री से विवाह करते हैं तो दोनों को संतान हुई। ऐसा दशाओं से भी गर्भधारण करने में रुकावटें हो सकती हैं, जो शादी के पहले मालूम नहीं हो सकती थीं या उनके बारे में पहले से अनुमान नहीं किया जा सकता था और जो बाद में मालूम पड़ती हैं। इस समस्या के चार संभावित समाधान है और इन सबमें मानसिक पक्ष भी है—

(1) **परिस्थिति को स्वीकार करना**—बहुतों के लिए यही समाधान सबसे अच्छा साबित हो सकता है। जहां प्रायः सभी लोग और निश्चित रूप से सभी स्त्रियां किसी न किसी समय संतान की इच्छा करती हैं वहां यह इच्छा हर हालत में हमेशा स्थायी नहीं होती। यह महसूस होने लगता है कि जीवन में और चीजें भी हैं। साथ ही यह भी मान लिया जाता है कि इस समय संतानों की कमी से दुनिया मिट नहीं जाएगी। यह भी हो सकता है कि जीवन के लिए जो उद्देश्य और रास्ता चुना जाए उसमें इतना व्यस्त और डूबा रहना पड़े कि संतान-पालन के भार को उठाना किसी के लिए, और विशेष तौर पर एक स्त्री के लिए संभव न होगा। बात यह है कि यदि मातृत्व को पूरी तौर से निभाया जाए तो वह स्वयं जीवन के कुछ वर्षों तक एक ऐसा धंधा होता है जिसमें रात-दिन डूबे रहना पड़ता है। शायद इस प्रकार के धंधे में सभी को रुचि नहीं होती या फिर उनमें वंशानुगत रूप से असंतोषजनक बनावट का सज्ञान भाव मौजूद रहता है, जिसे वंश चलाकर अगली पीढ़ी में पहुंचाना उचित न होगा। पर बहुत-सी दशाओं में वात्सल्य के सहजात का उदात्तीकरण हो सकता है; मातृत्व के सहजात को सामाजिक कार्यों की दिशा में मोड़ा जा सकता है। ऐसी संतान के, जो शायद दुनिया का या खुद अपना भी भला न कर सके, शारीरिक रूप से माता-पिता बनने की जगह यह संभव है कि इस प्रकार से प्रयुक्त शक्ति को निश्चित कल्याण के मार्ग में लगा दिया जाए। इन तरीकों से बहुत-सी स्त्रियों को प्रसिद्धि और साथ ही संतोष भी मिला है और उन्होंने बहुत-सी महत्त्वपूर्ण सेवाएं की हैं।

(2) **तलाक दे देना**—यह व्यवस्था ऐसे जोड़ों के लिए उचित हो सकती हैं जो संतानोत्पादन को ही सबसे अधिक महत्त्व देते हैं, पर इस संबंध में जो कानूनी दिक्कतें आड़े आती हैं उन्हें यदि छोड़ भी दिया जाए तो भी यह कोई ऐसा समाधान नहीं है जिसका हमें स्वागत करना चाहिए। यह संभव है कि कोरे सिद्धांत के तौर पर तो तलाक की सुविधा की प्रशंसा की जाए, पर साथ ही तलाक को अमल में लाने की निंदा की जाए। इसके अलावा दूसरी शादी पहली शादी के मुकाबले में अधिक दुर्भाग्यपूर्ण होने

के साथ ही ऐसा हो सकता है कि उससे भी संतान न हो। इससे भी आगे अच्छे से अच्छे अर्थ में भी, तलाक जीवन के सबसे महत्त्वपूर्ण वैयक्तिक मामलों में असफलता की स्वीकृति है और बुरी से बुरी हालत में भी संभवतः साथियों के बीच ऐसे बंधन बने रहते हैं जिन्हें सिर्फ इसलिए महत्त्वहीन नहीं कहा जा सकता कि बच्चे नहीं हुए। यदि ऐसे व्यक्तियों को जो साधारणतः संतान न होने के कारण तलाक देना चाहते हैं, पूरी पूरी सचाई मालूम हो जाए तो वे उल्टा यह चाहने लगते हैं कि उन्हें तलाक दे दिया जाए, क्योंकि वे अपने-आपमें संगति का अभाव पाते हैं। इसलिए उनके लिए संतान न होने की समस्या वस्तुतः बृहत्तर समस्या का एक हिस्सा-मात्र है।

(3) **बच्चा गोद लेना**—यह एक ऐसा समाधान है जो सबसे पहले हमारे सामने आता है और सही ढंग पर किया जाए तो प्रशंसनीय रूप से सफल रहता है। जब से इंगलैंड में उसे कानूनी तौर पर जायज मान लिया गया है, तब से उसका महत्त्व और भी बढ़ गया है। इससे विवाहित संबंध टूटता नहीं है, पर संभवतः मजबूत ही होता है और एक बच्चा मिल जाता है। सिर्फ शारीरिक रूप से जन्म देने के अर्थ में छोड़कर बाकी सब अर्थों में पत्नी ऐसे बच्चे की सच्ची मां बन सकती है। इसमें सामाजिक सेवा का भी तत्त्व निहित रहता है क्योंकि ऐसे बच्चे के सामने सुखी भविष्य की उचित संभावना बढ़ जाती है, जो शायद अन्यथा न केवल अपने माता-पिता के लिए बल्कि खुद अपने और समाज के लिए भी भार साबित होता। बहुत-सी सुखी और बुद्धिवादी जीवन बितानेवाली स्त्रियों के लिए भी यह उपाय एक अकथनीय वरदान और सुख का अनवरत स्रोत साबित हुआ है।

गोद लेने की सफलता के लिए कुछ सावधानी करनी चाहिए। बच्चा बहुत कम उम्र में ही गोद लिया जाए। साथ ही उसके सौंपे जाने का कार्य भी निरवच्छिन्न और संपूर्ण हो। स्वास्थ्य और वंशानुक्रम का प्रश्न मुख्य है। बच्चे के माता-पिता और पूर्वजों के बारे में जानकारी की उपेक्षा करने का नतीजा कड़वा हो सकता है। किसी भी बच्चे को तब तक गोद नहीं लेना चाहिए जब तक उसके इतिहास के सब जानने योग्य तथ्यों पर डाक्टर की सहायता से सावधानीपूर्वक विचार न कर लिया जाए।

(4) **नियोग द्वारा संतानप्राप्ति**—सब समाधानों में यह सबसे मुश्किल है। कभी-कभी ऐसा करने का विचार किया जाता है, पर सिर्फ अपवादस्वरूप परिस्थितियों में ही उसे कार्यान्वित किया जा सकता है। कठिनाई इस तथ्य से होती है कि इसके लिए तीन व्यक्तियों की स्वीकृति की जरूरत पड़ती है और इन तीनों में से प्रत्येक व्यक्ति इस बात को अलग-अलग दृष्टिकोण से देखने के लिए बाध्य है, और ये तीनों ही महसूस करते हैं कि वे एक ऐसा कार्य कर रहे हैं जिसे उनका समाज नापसंद करता है। इसका संतोषजनक रूप से संपादन इतना दुर्लभ है कि इस समाधान पर विचार करना बेकार है और ऐसा करने की सलाह देना भी व्यर्थ ही है।

यह सच है कि इस समाधान में दो प्रकारभेद भी हो सकते हैं—एक तो वह, जिसमें पत्नी पति से बिना पूछे ही इस मामले को अपने हाथ में लेती है। यह समाधान पूर्ण रूप से निंदनीय है, और दूसरा समाधान कृत्रिम रूप से वीर्य पहुंचाने का है जो

सबसे अधिक व्यावहारिक है। इसमें अक्सर असफलता मिलती है और उससे स्पष्टतः अरुचिकर बातें पैदा होती हैं। पर यह उपाय व्यावहारिक है और समय-समय पर सफलतापूर्वक संपन्न भी किया गया है। हाल में डाक्टर वान डि वेल्डे ने उसकी तकनीक पर तर्कपूर्ण विचार प्रस्तुत किए हैं।

सहायक पुस्तक-सूची

वान डि वेल्डे—Fertility and Sterility in Marriage.

नपुंसकता और मैथुनिक शीतलता

यौन आवेग की शक्ति और उसके प्रथम बार प्रकट होने तथा अंतिम रूप से उसके लुप्त होने की उम्र में, विभिन्न क्षेत्रों में बहुत भेद होते हैं। इस बात में मानव (उच्चतर जातियों के कुछ वनमानुषों को छोड़कर) प्रायः सभी मानवेतर जातियों से भिन्न है, जिनमें यौन आवेग का प्रजनन-शक्ति से घनिष्ठ संबंध रहता है। प्रजनन में उपयोग के बिना उनमें यौन आवेग बहुधा रहता ही नहीं।

बाल्यावस्था में काम-भावना अक्सर नहीं रहती। हां, वह जननेंद्रिय के अतिरिक्त अन्य रूपों में रह सकती है। जब बाल्यावस्था में काम-भावना लुप्त होती है, और आसानी से प्रकट नहीं होती उस समय भी शारीरिक तथा मानसिक दोनों क्षेत्रों में काम-भावना की अभिव्यक्ति साधारण स्वस्थ बच्चों में होती रहती है, कम से कम यह अभिव्यक्ति इतनी विरल नहीं है कि उसे अस्वाभाविक समझा जाए। इसी प्रकार जीवन के दूसरे छोर अर्थात् बुढ़ापे में भी मानसिक क्षेत्र के यौन जीवन की कोई निश्चित सरहद नहीं है। स्त्रियों में यौन आवेग हमेशा तो क्या, अक्सर ही रजोनिवृत्ति के साथ लुप्त नहीं होता और पुरुषों में तो काफी उम्र ढल जाने पर भी कामवासना ही नहीं बल्कि रतिशक्ति तक बनी रहती है।

यौन आवेग की शक्ति और प्रबलता के बारे में भी इस तरह के प्रकारभेद हैं। यदि हम उसकी प्रबलता को इससे नापें कि यूरोपीय देशों के युवकों का निद्रावस्था में वीर्यस्खलन कितनी जल्दी-जल्दी होता है, तो हमें मालूम होगा कि कुछ लोगों का ऐसा स्खलन सप्ताह में दो से लेकर तीन बार तक होता है, फिर भी इससे उनपर किसी प्रकार का गंभीर क्लांतिजनक परिणाम नहीं होता। अन्य लोगों का इस प्रकार से वीर्यस्खलन महीने में एकाध बार होता है, और कुछ व्यक्तियों में तो यह बात होती ही नहीं है। यदि हम उसे एक बार फिर इससे नापें कि यौन संपर्कयुक्त जीवन व्यतीत करनेवाले व्यक्ति समागम कितनी जल्दी-जल्दी करते हैं तो हमें पता चलेगा कि कुछ दशाओं मे लोग लगातार कई वर्ष तक आदतन हर रात को समागम करते हैं और फिर भी यह नहीं दिखलाई देता कि इससे उन्हें किसी तरह की हानि पहुंची है। अन्य दशाओं में लोग महीने में एक बार से अधिक समागम करने को समझते हैं कि अति हो रही है। जिसे हम

समुचित रूप से स्वास्थ्य की सामान्यतः अच्छी दशा मान सकते हैं उसमें भी वैयक्तिक प्रकारभेद व्यापक होते हैं, और इस बारे में कोई सामान्य नियम निर्धारित नहीं किए जा सकते।

जो कुछ भी हो, पुरुषों में पूर्ण यौन अनुभूतिहीनता या जीहेन के अनुसार अनेडोनिया (Anhedonia) या यौन शीतलता या साक्षेप मैथुनिक शीतलता और यौन उत्तेजना के प्रति उदासीनता इतनी अधिक पाई जाती है कि यही कहना पड़ता है कि उसका लोगों को सही अनुमान नहीं है। कुछ दशाओं में तो यह दशा सचमुच में वास्तविक होने की अपेक्षा सिर्फ ऊपरी होती है और उसकी वजह अक्सर यौन आवेग में एक अस्वाभाविक और अस्वस्थ दिशा की, विशेष रूप से अतृप्त समलैंगिक मैथुनिक आवेग की उपस्थिति होती है। बहुत-सी दशाओं में यह हो सकता है कि मैथुनिक शीतलता अतिहस्तमैथुनजन्य क्लांति का परिणाम-मात्र हो। इसके सिवाय वह अन्य दशाओं में दूसरी शारीरिक अथवा मानसिक गतिविधियों के बहुत बढ़ जाने से हो सकती है, जिनमें शरीर की सारी अतिरिक्त शक्ति खप जाती है; यद्यपि हमें यह स्वीकार करना पड़ेगा कि इनमें से कुछ दशाओं में यौन आवेग शुरू से ही शिथिल रहा है। अन्य लोगों में मैथुनिक शीतलता किसी न किसी प्रकार से अल्प विकास के होने और उसके बाद के बाधित विकास के कारण होती है।

हमारी सभ्यता में जीवन की जरूरतों को पूरा करने के लिए कठोर परिश्रम करना पड़ता है। साथ ही यौन आवेग का विकास भी अस्वाभाविक दशाओं के अंतर्गत होता है। इन दोनों तरह की परिस्थितियों के मेल से अक्सर समागम करने लायक रति-शक्ति, चाहे वह निरवच्छिन्न रूप से हो या सापेक्ष रूप से, लोगों में उपलब्ध नहीं होती। हैमिल्टन ने हमारे समाज के सबसे सभ्य कहे जानेवाले लोगों में जांच की थी; उन्होंने देखा कि सिर्फ 55 प्रतिशत पति और 38 प्रतिशत पत्नियां अपनी रति-शक्ति को स्वस्थ और स्वाभाविक मानती थीं। इस जांच के दौरान में कुछ स्त्रियों और पुरुषों ने अनिर्णयात्मक उत्तर दिए थे, फिर भी यह निश्चित है कि तुलनात्मक रूप से ऐसे स्त्री-पुरुषों का अनुपात अधिक था जो यह समझते थे कि उनकी रति-शक्ति उससे कम है जितनी कि स्वभावतः होनी चाहिए। साथ ही ऐसे लोगों का अनुपात कम था जो यह समझते थे कि उनमें अधिक रतिशक्ति है। यह परिणाम सामान्यतः इस प्रचलित विश्वास के विरुद्ध है कि स्त्री और पुरुष दोनों की प्रवृत्ति अपने यौन गुणों को बढ़ा-चढ़ाकर बतलाने की होती है। यह भी उल्लेखनीय है कि जो पति यह सोचते थे कि उनकी स्त्रियां अल्परतिशक्ति युक्त हैं उनकी संख्या और उन पत्नियों की संख्या, जो यह सोचती थी कि उनके पति अल्परतिशक्ति युक्त हैं, लगभग बराबर ही थी। इसके आगे हैमिल्टन को यह भी मालूम हुआ कि 41 प्रतिशत पतियों ने यह स्वीकार किया कि उन्हें रति-शक्ति प्राप्त करने में कठिनाई होती थी या हुई थी, जबकि 24 प्रतिशत पत्नियां (यह याद रहे कि वे आवश्यक रूप से उन पतियों की पत्नियां नहीं थीं जिनकी जांच की गई थी) अपने पतियों की रतिशक्ति को त्रुटियुक्त मानती थीं। जो भी हो, यहां यह ध्यान देने योग्य है कि ऐसे पतियों और पत्नियों का अनुपात, जो यह समझते थे कि

उनकी रतिशक्ति औसत से कम है, उन्हीं का विवाह मामूली रूप से लेकर अधिक संतोषजनक रहा। सचमुच ही यह अनुभव सामान्यतः पाया जाता है। जो लोग विवाह को सिर्फ यौन रिश्ते के रूप में देखते हैं और कल्पना करते हैं कि विवाहित सुख के लिए बहुत अधिक मात्रा में मैथुनिक क्रियाशीलता की जरूरत है, उन्हें यह बात खासतौर पर ध्यान में रखनी चाहिए। स्त्रीरोगों की जांच करते समय डिकिंसन को, परोक्ष रूप से ही सही, उनके पतियों के विषय में जानकारी हो गई थी। और इस परोक्ष जानकारी के अनुसार उन्हें मालूम हुआ कि इन पतियों में से लगभग 6 प्रतिशत नामर्द थे।

हमें यह बात हमेशा ध्यान में रखनी चाहिए कि यौन भावना की अति और उसकी त्रुटियां दोनों ही नपुंसकता पैदा करने में योग दे सकती हैं। कुछ लोगों के मन में शादी को लेकर भारी आतंक छाया रहता है। ऐसा कुछ इस कारण भी होता है कि उन्हें अपनी रतिशक्ति में संदेह रहता है। इसलिए यह एक महत्त्वपूर्ण बात है और इस पर समुचित विचार होना चाहिए। अपनी रतिशक्ति पर संदेह से संबंधित यह आतंक शादी से बिलकुल संबंधित न होते हुए भी यह उस दशा के बाद के सोपानों में भी हो सकता है। किसी न किसी कारण से होनेवाला रतिशक्ति का अभाव पुरुषों में अनुमान से कहीं ज्यादा पाया जाता है। सचमुच ही ऐसे विवाहों की संख्या, कम नहीं है जिनमें इसके कारण कभी यौन संबंध होता नहीं है, पर ऐसे जोड़ों का सुख औसत जोड़ों के सुख से हमेशा कम होता हो, यह बात नहीं है। पर यह संदेह कि वह एक हद तक नपुंसक है (यद्यपि उसकी जैसी रतिशक्ति को पाने के लिए दूसरे लोग असफल प्रयत्न करते रहते हैं), औसत पुरुष के मन में इतनी भारी दुश्चिंता पैदा कर देता है कि वह उसे दूर करने के लिए कोई भी इलाज कराने को तैयार हो जाता है और अक्सर नीम-हकीमों के जाल में फंस जाता है, जो इसी घात में रहते हैं तथा उसके आतंक का फायदा उठाकर अपना उल्लू सीधा करते हैं। अत्यंत भावात्मक दबाव की दशा के अंतर्गत अस्थायी रूप से रतिशक्ति का अभाव हो सकता है, पर इसका कोई गंभीर महत्त्व नहीं। स्नायविक रूप से कमजोर और अनुभवशून्य लोग विशेष रूप से इसमें पड़ जाते हैं। मोतेन्यि ने बहुत पहले ही कल्पना की शक्ति पर जो निबंध लिखा था उसमें उन्होंने यह बतला दिया था कि किस प्रकार नपुंसकता सिर्फ भय के ही कारण होती है और बड़ी बुद्धिमानी के साथ उन्होंने सुझाया था कि किस प्रकार भय को निढाल करने की प्रवीण युक्तियों से रतिशक्ति को संपूर्णतः फिर से प्राप्त किया जा सकता है।

जो कुछ भी हो, कुछ दशाओं में रतिशक्ति की त्रुटि स्नायविक प्रणाली द्वारा वातावरण से प्राप्त की गई बातों पर आधारित होती है। दूसरे शब्दों में, हमारा साबका मानसिक नपुंसकता से नहीं, पर स्नायविक दौर्बल्ययुक्त नपुंसकता से पड़ता है। रतिशक्ति के ऐसे दोषों के कारण आम तौर पर अतिसंयम, हस्तमैथुन, अतिमैथुन आदि है। इसके सिवाय सभ्यता की परिस्थितियां सामान्य स्नायविक उत्तेजनशीलता के कारणस्वरूप होती हैं, उद्दीपक भाव के और प्राप्त उत्तेजनाओं के समक्ष बहुत जल्दी प्रतिक्रिया करने की आदत बन जाती है, जिसका नतीजा यह होता है कि मैथुनिक क्षेत्र में कामोद्दीपन की प्रक्रिया ह्रस्व हो जाती है, और स्खलन भी शीघ्र हो जाता है। ये दोनों

बातें संतोषजनक रूप से मैथुनिक कार्य को संपन्न करने में बाधक होती है।

मैं फ्रायड तथा दूसरे लोगों की इस बात से सहमत हूं कि शीघ्रस्खलन बहुत ही अधिक पाया जाता है, यद्यपि मैं लेवेनफेल्ड के इस मत से सहमत नहीं हूं कि 75 प्रतिशत दशाओं में शीघ्रस्खलन हस्तमैथुन के कारण होता है। इसमें संदेह नहीं कि किसी एक निश्चित अनुपात में हस्तमैथुन महत्त्वपूर्ण हिस्सा अदा करता है, पर कभी-कभी बहुत ही अधिक मात्रा में हस्तमैथुन करने पर भी रतिशक्ति पर कोई परिणाम नहीं होते। साथ ही हस्तमैथुन इतना अधिक पाया जाता है कि प्रत्येक दशा में जब हम उसे किसी बात का कारण बतलाते हैं तो हमें बहुत सावधानी के साथ ही ऐसा करना चाहिए। साधारणतः हमें विकृत स्नायुगत रतिशक्तिहीनता को कुछ अंश में तो द्रुत और अनुभूतिशील प्रतिक्रियाओं की विशिष्ट अभिव्यक्ति मानना चाहिए, जो शहरी जीवन की आधुनिक परिस्थितियों में स्वाभाविक है (स्त्रियों में यह अवधि के पूर्व ही प्रसव की प्रवृत्ति के रूप में लक्षित होती है) और इसे हम कुछ अंश में किशोरावस्था में और उसके बाद की अवस्था में अतृप्त वासना के परिणाम के रूप में मान सकते हैं, जिसमें दीर्घकाल तक कामोत्तेजना तो बनी रहती है पर उसके बाद स्वाभाविक परितृप्ति हस्तमैथुन के बाद भी नहीं होती और नतीजा यह होता है कि स्खलन के रक्तवाहक यंत्र में खराबी आ जाती है।

अधिकांश दशाओं में रतिशक्ति सिर्फ सापेक्ष रूप से त्रुटियुक्त रहती है। शिश्न न्यूनाधिक रूप से पूर्णतः दंडायमान होता है, और उसके बाद स्खलन होता है, यद्यपि ऐसा अत्यंत द्रुत गति से होता है। कर्ता को यह मालूम नहीं भी हो सकता है कि इसमें कोई खराबी है। पर इसमें संदेह नहीं किया जा सकता कि पुरुष की रतिशक्ति की यह त्रुटि एक बड़ी हद तक स्त्रियों में पाई जानेवाली मैथुनिक शीतलता के लिए जिम्मेदार है।

चाहे अस्थायी या मानसिक नपुंसकता के कारण हो, या वास्तविक रूप से शिथिल बनानेवाली दशाओं के कारण हो, जब इस शक्ति का अभाव अपेक्षाकृत निरवच्छिन्न होता है तो कर्ता अक्सर सशंकित यहां तक कि हद से ज्यादा सशंकित हो जाता है। स्नायविक आतंक का यह असर होता है कि पुरुष अपनी रतिशक्ति के बारे में लगातार चिंतित रहता है और लगातार उसे उद्दीप्त करने की चेष्टा करता है तथा यदि वह अविवाहित है तो कई बार लगातार वेश्याओं के पास जाता है और उसे हाथ मलकर रह जाना पड़ता है।[1]

इस प्रकार हमें इन दशाओं के दो वर्ग मिलते हैं—एक तो मानसिक नपुंसकता का वर्ग और दूसरा जिसे शायद अभी भी स्नायविक नपुंसकता का वर्ग कहा जा

1. यह कहने की जरूरत नहीं है कि यदि कोई संयमी और सुरुचिसंपन्न पुरुष एक वेश्या के साथ समागम करने में मैथुनिक रूप से अक्षम होता है तो इससे कोई बात प्रमाणित नहीं होती। मोल एक आदमी की दशा का उल्लेख करते हैं जिसने पहले कभी समागम नहीं किया था। विवाह करने के पहले वह एक मित्र की सलाह पर यह मालूम करने के लिए वेश्या के पास गया कि वह रतिशक्तियुक्त है या नहीं। वह बिल्कुल नपुंसक निकला, पर उसने शादी कर ली और वह अपनी पत्नी के साथ पूर्ण रूप से रतिशक्तियुक्त साबित हुआ।

सकता है। पहले वर्ग में स्खलन का यंत्र तो ज्यों का त्यों रहता है, पर मानसिक तनाव के कारण उसका कार्यांवित होना अवरुद्ध हो जाता है; इसलिए इसका इलाज सिर्फ इतना ही है कि कर्ता के संशयों और संदेहों को निर्मूल कर मानसिक तनाव को हटा दिया जाए। विकृत स्नायविक दशा में स्खलन का यंत्र अवरुद्ध नहीं होता, पर इसके विपरीत वह न्यूनाधिक रूप से अपेक्षाकृत शिथिल हो जाता है और इलाज की आशाजनक संभावना कम होती है, यद्यपि अक्सर यह पूर्णतः संभव है कि यदि खराब यंत्र को पूरे तौर से बिल्कुल अच्छा नहीं भी किया जा सके तो किसी भी हालत में खराबी के नतीजों को घटाकर उससे होनेवाली हानि की मात्रा घटाई जा सकती है। इन सब दशाओं में मुख्य बात तो यह है कि मरीज के मानसिक आतंक का शमन कर दिया जाए, उसके विचारों को यौन-संबंधी विषयों से हटाकर दूसरी दिशाओं में मोड़ दिया जाए और यह देखा जाए कि वह आरोग्यशास्त्र के अनुसार चलता है। यहां पर दवाओं पर विचार करने का प्रश्न नहीं उठता और बहुप्रचारित होने पर भी उनका महत्त्व गौण है। ऐसा देखा गया है कि कुछ दशाओं में कुछ दवाएं लाभदायक होती हैं, पर यह संदेह बना रहता है कि इन दवाओं का रोग की अवस्था पर शारीरिक दृष्टि से पर्याप्त रूप से कोई शमनात्मक प्रभाव होता है या नहीं। साथ ही अति-उत्तेजनशीलता पहले से ही मौजूद है तो कुचला जैसी दवाइयों के सेवन से उनकी यौन प्रणाली पर और सामान्यतः मेरुदंड पर प्रबल उत्तेजनात्मक प्रभाव होने और एक पुष्टिदायक दवा के रूप में उनका महत्त्व होने के बावजूद उनसे फायदा नहीं होता, उलटे नुकसान ही होता है। मरीज को समागम की चेष्टा करने से और विशेषकर वेश्याओं के साथ समागम करने का प्रयत्न करने से मना कर देना चाहिए। विशेषकर इन दशाओं में दीर्घ प्रतीक्षा और धुकुर-पुकुर की अवस्था सफल समागम के लिए बहुत ही खराब है और समस्त अति-एकाग्र मानसिक कार्य और परेशानियां तथा चिंताएं समागम की सफलता में बाधक हैं। एक समझदार और व्यवहारकुशल स्त्री इस बारे में डाक्टर की सबसे बड़ी मदद कर सकती है। इस सिलसिले में रूसो के प्रसिद्ध मामले से हमें कुछ शिक्षा मिल सकती है। वह शारीरिक और मानसिक रूप से अति-अनुभूतिशील और उत्तेजनशील था। उसकी भावनाएं स्पर्श-मात्र से ही संपूर्ण रूप से सजग हो जाती थीं और उसके यौन आवेग में यह अत्यंत उग्र स्नायविक उत्तेजनशीलता प्रतिफलित होती थी। किसी वेश्या या किसी ऐसी स्त्री के साथ जिसके प्रति वह तीव्र वासना का अनुभव करता था, वह मैथुनिक रूप से असफल रहता था। पर रूसो प्रकट रूप से थेरेस के साथ समागम करने में सफल रहता था जो शांतिपूर्वक और स्थायी रूप से उसकी सहचरी बनकर रहती थी। ईमानदारी के साथ रूसो यह विश्वास करता था (यदि वह सही था) कि वह अनेक बच्चों का पिता था। जिस चीज से भी कामोत्तेजनशीलता घटती है वह इन उत्तेजनशील दशाओं में लाभदायक है। इस तरह ऐसा हो सकता है कि दीर्घ काल तक ब्रह्मचर्य रखने के बाद प्रथम बार समागम करते समय शीघ्रस्खलन हो जाए, पर दूसरे समागम का नतीजा स्वाभाविक हो सकता है। निःसंदेह दो समागमों के बीच का यह अंतर वैयक्तिक यौन

बनावट के अनुसार अलग-अलग होता है। जहां किसी एक पुरुष को एक समागम के बाद दूसरा समागम करने के लिए तैयार होने में आधा घंटे से भी कम समय लगता है, वहां दूसरे व्यक्ति को कई दिन भी लग सकते हैं। यह भी सलाह देनी चाहिए कि बिस्तरे पर पड़ते ही समागम करने का प्रयत्न न किया जाए और कुछ समय तक सो लेने या आराम कर लेने के बाद या बड़े तड़के समागम किया जाए, जो कुछ विद्वानों की राय से इस काम के लिए सर्वोत्तम समय है। मानसिक शांति और वैज्ञानिक रूप से आरोग्य शास्त्र के सिद्धांतों का पालन करने से इन दशाओं के परिणाम संतोषजनक हो सकते हैं।

इससे सूचित होता है कि अधिकांश में यौन अक्षमता वैयक्तिक और सामाजिक सामंजस्य का विषय है। अधिकांश दशाओं में यदि कर्ता के भिन्न लिंग के सदस्यों के साथ स्वाभाविक और हितकर संबंध रहें तो उसे अपने से भिन्न लिंग के किसी मनोनुकूल व्यक्ति के साथ संगतियुक्त सामंजस्य स्थापित करने में कोई कठिनाई या अक्षमता नहीं होगी और यौन रूप से वांछनीय व्यक्ति के निकट जाते समय स्नायविक आतंक, अनर्थक भीरुता या आक्रमणात्मक यौन शीतलता की प्रवृत्ति प्रायः नहीं रहेगी। इसलिए हमारा यह विश्वास उचित है कि यौन अक्षमता एक बड़ी हद तक अपूर्ण सामाजिक सामंजस्य की एक विशेष अभिव्यक्ति है। हमें मानसिक शारीरिक बनावट-संबंधी तत्त्वों की उपेक्षा नहीं करनी चाहिए जो उदाहरण के लिए समलैंगिक मैथुनिक प्रवृत्ति से युक्त हो सकते हैं और न हमें उन शारीरिक त्रुटियों या दुर्बलताओं की उपेक्षा करनी चाहिए, जिनके लिए शल्यचिकित्सा की जरूरत है। पर एक अच्छा डाक्टर भी स्वयं स्वीकार करता है कि उसके यथाशक्ति सब कुछ कर देने के बाद भी करने के लिए बहुत कुछ बाकी रहता है, जिसे मनोवैज्ञानिक और मनश्चिकित्सक ही कर सकते हैं।

हमारा यह विश्वास उचित जान पड़ता है कि यौन आवेग कभी इतना अशक्त और शिथिल नहीं रहता कि वह अनुकूल परिस्थितियों में कुछ अंश में कभी-कभी भी न प्रकट हो सके। क्राफ्ट एबिंग ने स्वीकार किया था कि अत्यंत विरल दशाओं में पूर्ण यौन अक्षमता रहती है, पर वे इसके प्रमाण में अपने निरीक्षण के आधार पर किसी भी दशा को सामने नहीं रख सके। उन्होंने सिर्फ लग्रांद-सोले की (जिसमें वीर्यस्खलन भी होता था) और हैमंड की (जिसमें संक्रमणकालीन रूप से शिश्न दंडायमान होता था) दशा का उल्लेख किया था। इसमें संदेह नहीं कि इन दशाओं में अत्यधिक मात्रा में अल्प-अनुभूतिशीलता विशेष रूप से प्रकट थी, पर जो निश्चित यौन अभिव्यक्तियां उनमें दिखलाई देती थीं उन्हें ध्यान में रखकर हम यह स्वीकार नहीं कर सकते थे कि वे पूर्ण रूप से सक्रिय यौन अनुभूतिहीनता के उदाहरण हैं। क्या स्त्रियों में भी संपूर्ण यौन अनुभूतिहीनता हो सकती है, यह बात भी उतनी ही संदिग्ध जान पड़ती है। सचमुच इसमें संदेह नहीं किया जा सकता कि अल्प-अनुभूतिशीलता या यौन शीतलता (जैसाकि उसे अक्सर कहा जाता है) उनमें बहुत अधिक पाई जाती है और अनुमान लगाया गया है कि लगभग 70 प्रतिशत

स्त्रियों में मैथुनिक शीतलता रहती है। पर मुझे यह नहीं मालूम कि यह अनुमान किस आधार पर लगाया गया है। ऐसे ऊटपटांग कथनों को एक तरफ रख देना चाहिए। हैमिल्टन ने प्रशिक्षित वर्ग की जिन 100 विवाहिता स्त्रियों की जांच की थी उनमें से सिर्फ एक की ही दशा को इस अर्थ में वास्तविक मैथुनिक शीतलता कहा जा सकता था कि उस स्त्री में यौन वासना और यौन भावना का अभाव बना ही रहा। हां, इसके अलावा इनमें कुछ स्त्रियां ऐसी भी थीं जो सिर्फ आत्ममैथुनिक या समलैंगिक उद्दीपक भावों से ही प्रभावित हो सकती थीं। अपने ग्रंथ 'एक हजार विवाह' में हैमिल्टन बतलाते हैं कि मैथुनिक शीतलता को स्थायी दशा अथवा निश्चित रूप से जन्मजात दशा नहीं समझना चाहिए। उसके बहुत-से कारण होते हैं; जैसे स्वास्थ्य, स्वभाव, शिक्षा, आदतें (जिसमें अज्ञान और आत्ममैथुनिक चेष्टा भी सम्मिलित हैं), पति की मैथुनिक क्षमता का नाकाफी होना आदि। वे लिखते हैं कि जो स्त्रियां आत्ममैथुन करती हैं वे सबसे अधिक शीतल होती हैं, पर यदि बारीकी से देखा जाए तो आत्ममैथुनिक वर्ग की स्त्रियां शीतल नहीं होतीं और वे केवल उन यौन उद्दीपनों के प्रति बहुत अधिक अनुभूतिशील हो सकती हैं जो उनके स्वभाव के अनुकूल होते हैं।

स्त्रियों को मैथुनिक शीतल मानने का दायित्व स्त्रियों पर कम और पुरुषों पर अधिक है। यह हर समय स्पष्ट रहता है कि जहां पुरुष में यौन आवेग का स्वतः स्फूर्त और क्रियात्मक विकास होता है, वहां स्त्रियों में चाहे यौन आवेग कितना ही प्रबल हो, उसका विकास प्रच्छन्न रूप से और कमोबेश अर्धचेतन रूप से होता है और उसकी क्रियात्मक अभिव्यक्ति को पहले-पहल जगाना पड़ता है। हमारे समाज में यह सारा कार्य सामान्यतः पति का है। यह उसका ही काम है कि वह अपनी पत्नी को यौन जीवन में दीक्षित करे और उसे ही यह प्रयत्न करना होगा कि उसकी पत्नी की मैथुनिक आवश्यकताएं सचेत हो जाएं। यदि वह अपने अज्ञान, पूर्वाग्रह अधैर्य या दूरदर्शिता के अभाव के कारण अपना स्वाभाविक हिस्सा अदा करने से चूक जाता है तो उसकी पत्नी किसी प्रकार की त्रुटि न रहने पर भी मैथुनिक रूप से शीतल समझी जा सकती है। हम जिस युग से अभी-अभी निकले हैं उसमें समस्त यौन-विषयक जानकारी को दबाया जाता था या उसे विचार योग्य नहीं माना जाता था जिससे पुरुष एक बड़े अनुपात में अच्छे प्रेमी बनने के अयोग्य थे और इसका यह नतीजा होता था कि स्त्रियां एक बड़े अनुपात में मैथुनिक रूप से शीतल बनी रहती थीं।

इस तरह इस बात के अनेक कारण हैं कि सभ्य जगत् की परिस्थितियों में स्त्रियां क्यों शीतल होती हैं। इन परिस्थितियों में स्त्री-पुरुष दोनों में ही यौन विषयों के प्रति गहरा अज्ञान, बुरी शिक्षा, झूठी लज्जा और संपर्क का अस्वाभाविक रूप से शुरू होना अनिवार्य है। पर जब यह कहा जाता है कि स्त्रियों में निरवच्छिन्न रूप से आम तौर पर यौन अनुभूतिहीनता पाई जाती है तो यह याद रखना जरूरी है कि स्त्रियों में यह प्रश्न पुरुषों की अपेक्षा कठिन और जटिल है। इसके अतिरिक्त स्त्रियों में जिजीविषा और समागम से प्राप्त होने वाले आनंद में प्रभेद करना पड़ेगा। समागमजन्य आनंद के अभाव में भी जिजीविषा मौजूद रह सकती है, और जब दोनों

का ही अभाव हो तो भी यह नहीं कहा जा सकता कि यौन अनुभूतिहीनता मौजूद है। शायद यह एक महत्त्वपूर्ण बात है कि हैमिल्टन ने यह देखा था कि पूर्ण मैथुन की दृष्टि से अपेक्षाकृत घटिया क्षमता की स्त्रियां एक बहुत बड़े अनुपात में (लगभग 55 प्रतिशत) अपनी यौन वासना को औसत से ऊंचे दरजे की मानतीं थीं। इस तरह की दशाएं पाई जाती हैं जिनमें एक स्त्री एक के बाद एक करके अनेक पुरुषों के साथ मैथुनिक रूप से शीतल रहती है, पर अंत में शायद अधेड़ उम्र के ही उत्तरार्ध में उसका यौन आवेग जागरित हो जाता है। यदि यौन आवेग की अभिव्यक्ति समागम के साथ कभी प्रकट न भी हो तो भी उसकी अभिव्यक्ति दूसरे रूपों—सिर्फ यौन विच्युतियुक्त क्रियाओं में ही नहीं, बल्कि यौन उत्तेजना के उन केंद्रों को उभाड़ने के माध्यम से हो सकती है जो स्त्रियों में पुरुषों की अपेक्षा बहुत अधिक हैं और अधिक सीमा तक उत्तेजित किए जा सकते हैं।

इस प्रकार किसी स्त्री में यौन अनुभूतिहीनता मौजूद है या नहीं, यह कहना पुरुष की अपेक्षा बहुत अधिक कठिन है। किसी विशेष दशा में हम सिर्फ इतना ही कह सकते हैं कि हम अभी तक यह नहीं खोज पाए हैं कि उस स्त्री के यौन आवेग की अभिव्यक्ति किस रूप में होती है या भविष्य में होगी। यहां तक कि ओटो एडलर भी, जिनका विश्वास था कि स्त्रियों में यौन अनुभूतिहीनता पाई जाती है, जब अंतिम रूप से उसका प्रमाण प्रस्तुत करने के लिए 'विशुद्ध मनोयौन अनुभूतिहीन' स्त्री को खोजने लगे तो उन्हें एक ऐसी स्त्री मादाम-द-वारेंस का सहारा लेना पड़ा जो उनके जन्म के सौ साल पहले ही मर चुकी थी और जिसका कोई डाक्टरी इतिहास उपलब्ध नहीं था। इसके सिवाय उन्होंने रूसो के वर्णन पर विश्वास कर लिया था, जो किसी भी हालत में चतुर प्रेमी नहीं था। इसके अतिरिक्त उन्होंने श्री वारेंस के इस लिपिबद्ध वक्तव्य की उपेक्षा की कि उसकी पत्नी हिस्टीरियाग्रस्त थी। जैसा कि हमें मालूम है, इस दशा में यौन आवेग के कई सूक्ष्म रूपांतर हो सकते हैं, जिन्हें एक ब्यौरेवार डाक्टरी इतिहास के अभाव में नहीं खोजा जा सकता। स्त्रियों पर पूर्ण यौन अनुभूतिहीनता का आरोप लगाते समय हमें बहुत सतर्क रहना चाहिए। कभी इस तरह की दशा मौजूद भी थी या नहीं, इसमें संदेह है।

सभ्य जगत् की परिस्थितियों के अतंर्गत यौन अति-अनुभूतिशीलता की दशा यौन अनुभूतिहीनता की अपेक्षा सामान्यतः कहीं ज्यादा पाई जाती है और उसके समान ही अधिकांश रूप में इन परिस्थितियों के कारण होती है। सभ्यता यौन उत्तेजना तो बढ़ाती है, पर साथ ही उसको व्यक्त करने के रास्तों में रोड़े अटका देती है। पूर्वराग के दौरान में किसी सीमा तक अति-अनुभूतिशीलता का होना स्वाभाविक है। इस काल में वह जानवरों में उनके अत्यधिक उत्तेजित रूप में प्रकट होती है, और मनुष्य में लगातार अपनी प्रेयसी के सुखद पक्षों को लेकर काल्पनिक उड़ानें भरने में। ब्रह्मचर्य के फलस्वरूप भी अक्सर अति अनुभूतिशीलता उत्पन्न होती है और ऐसे पदार्थों और कार्यों से कामोत्तेजना हो सकती है जिसका यौन क्षेत्र से कोई स्वभाविक यौन संबंध नहीं है। जब अतियौन अनुभूतिशीलता इन सीमाओं का अतिक्रमण कर जाती है तो

वह अस्वाभाविक और विकृत बन जाती है और प्रायः विकृत स्वाभाविक दशाओं से संबद्ध रहती है।

अस्वाभाविक यौन अति-अनुभूतिशीलता का अर्थ हरगिज यह नहीं है कि जननेंद्रिय की शक्ति अधिक है। अपरिमित रतिशक्तियुक्त व्यक्ति या, जैसा कि वेनेडिक्ट ने कहा था, यौन पहलवान में अति-अनुभूतिशीलता नहीं होती। उसमें ताकत के साथ-साथ विश्रामयुक्त आनंद की भावना होती है, और अति-अनुभूतिशीलता में यह भावना नहीं होती। अति-अनुभूतिशीलता में रति-शक्ति की अधिकता मुख्यतः दिखावा-मात्र है, यद्यपि रति-शक्ति का पात्र अक्सर धोखे मे आ जाता है। अति-अनुभूतिशीलता कमजोरी की द्योतक है न कि ताकत की।

यौवनोद्‌गम के पहले तथा बुढ़ापे में अस्वाभाविक यौन अति-अनुभूतिशीलता हो सकती है। कई तरह की यौन विच्युतियों का अध्ययन करने पर ऐसा मालूम होगा कि अति-अनुभूतिशीलता का इनकी बनावट में एक महत्त्वपूर्ण भाग है। बात यह है कि अस्वाभाविक यौन उत्तेजना में ही अति-अनुभूतिशीलता की वह अस्वाभाविक अवस्था उत्पन्न होती है जिसमें यौन विपरीतता की संभावना पैदा हो जाती है। यदि यौन अति-अनुभूतिशीलता की अवस्था मौजूद है तो भिन्न लिंग के व्यक्तियों से संबंध रखनेवाली कोई भी चीज, यहां तक कि ऐसी अयौन वस्तु या क्रिया जो किसी भी तरह यौन वस्तुओं या क्रियाओं से मिलती है, कामोद्रेक करती है और काम भावना जागरित होती है। शरीर का कोई भी भाग, व्यक्ति से अलग किया हुआ वस्त्र, कोई भी असाधारण रुख या बैठने, खड़े होने, लेटने आदि का ढंग चाहे वह यौन लक्ष्य से कितना ही दूर हो, जंतुओं यहां तक कि कीड़ों-मकोड़ों का मैथुन, प्रकृति या कला में कोई भी ऐसी चीज जिससे लिंगदंड, योनि छिद्र या मैथुन की व्यंजना होती हो, ऐसी हालत में सभी महज़ यौन प्रतीक बन जाते हैं जैसा कि वे साधारण रूप से भी हो सकते हैं, पर इस अस्वाभाविक अवस्था में इतनी छोटी-छोटी बातों सें कामोद्रेक हो जाता है। ऐसी साधारण यौन अनुभूतिशीलता की अवस्थाओं में व्यक्ति को स्वतंत्रता नहीं होती और मनमाने ढंग से हर इंगित से कामोद्रेक होता है। इस प्रकार से वह जमीन बनती है जिसपर विशेष ढंग की अतिशयता जड़ पकड़ सकती है और पनप सकती है, यद्यपि अतिशयताएं मामूली तौर से इस प्रकार से उत्पन्न नहीं होतीं। यह बता दिया जाए कि यौन अति-अनुभूतिशीलता छद्म वेष में यहां तक कि व्यक्ति के सक्रिय योगदान के बिना भी रह सकती है। अतिलज्जा के रुप में भी कई बार यौन अति-अनुभूतिशीलता प्रकट हो जाती है। यौन बातों के सम्बन्ध में अतिभय साथ ही अतिप्रेम दोनों समान रुप से यौन अति-अनुभूतिशीलता के सूचक हैं। यौन अति-अनुभूतिशीलता है तो अस्वाभाविक और स्नायविक रोगों के साथ इसका सम्बन्ध समझा जा सकता है, फिर भी यह किसी हालत में अनिवार्य रूप से पागलपन की अभिव्यक्ति नहीं है। अति-अनुभूतिशीलता संयत की जा सकती है तथा यह छिपाई जा सकती है तथा यह कमोबेश इच्छाशक्ति के नियन्त्रण में भी रहती है। अति-मात्रा में हो, साथ ही परिचालक तथा आवेगमय उपादान अधिक हो जाए तो ऐसा मालूम

होता है कि संयम की शक्ति नष्ट हो गई है। अतिमात्रा में होने पर पुरुष तथा स्त्री अतिकामुक हो जाते हैं।

सहायक पुस्तक-सूची

हैवलाक एलिस— Studies in the Psychology of Sex, Vol. III, 'The Sexual Impulse in Woman.'

हैमिल्टन— A Research in Marriage.

डिकिन्सन— A Thousand Marriages.

स्टीकेल — Frigidity in Women.

यौन पवित्रता

जब हम संयम की बात करते हैं तो हमारे मन में एक नकारात्मक अवस्था होती है, जिसका अर्थ एक प्राकृतिक आवेग का दमन है। ऐसे दमन के अक्सर कारण होते हैं। ये कारण भी बहुधा निम्न कोटि के यानी आवेग के बाहर तथा उसके विरुद्ध होते हैं। इसीलिए ऐसा हो सकता है कि यह नुकसान पहुंचाए। यह अपने में कोई पुण्यकर्म नहीं हो सकता, यद्यपि यह दूसरे उद्देश्यों के फलस्वरूप उत्पन्न हो सकता है, जिन्हें पुण्यकर्म कहा जा सकता है या जिनका संबंध पुण्यकर्मों से बताया जा सकता है। फ्लोवेर ने इस सम्बन्ध में एक दिलचस्प वाद-विवाद करते हुए अपने एक पत्र में जार्ज सैंड को यह लिखा था कि संयम का प्रयास अच्छी चीज है, संयम खुद में अच्छी चीज नहीं है। पर पवित्रता की सतह बिलकुल भिन्न है।

पवित्रता में आवश्यक रूप से संयम या मन को मारना नहीं आ जाता। कभी-कभी पवित्रता को पूर्ण ब्रह्मचर्य के अर्थ में लिया जाता है, पर इस शब्द के इस अपप्रयोग को प्रोत्साहन देना वांछनीय नहीं है, बल्कि इसकी परिभाषा यौन क्षेत्र में आत्मनियन्त्रण के रूप में की जाए तो अच्छा रहेगा। दूसरे शब्दों में, यद्यपि कभी-कभी इसमें संयम आ जाए, पर इसमें इन्द्रिय-तृप्ति भी रहती है। इसका सार यह है कि मानसिक आवेग को हम सामञ्जस्ययुक्त तथा ऐच्छिक ढंग के अन्दर ग्रहण करते हैं। इस प्रकार यह एक नकारात्मक अवस्था न रहकर एक क्रियात्मक गुण हो जाता है। मैंने एक बार चोरी से सुना कि एक चौदह साल की लड़की एक हमउम्र लड़की से कह रही है, "तुमने आत्मनियंत्रण नहीं सीखा।" इस पर दूसरी लड़की ने कहा, "यह जरूरी नहीं है।" तब पहली लड़की बोली, "यह जरूरी तो नहीं है, पर ऐसा करना अच्छा रहता है।"

पहली लड़की बाद के जीवन में आसानी से यह समझ जाएगी कि पवित्रता क्या है। यह यौन क्षेत्र में संयम की अभिव्यक्ति है जिसे ग्रीक 'शोफरोसायिनी' या मानसिक स्वस्थता कहते हैं।

पवित्रता एक ऐसा गुण है जो सब तरह के मत-मतान्तरों और धर्मों से स्वतन्त्र हैं। यह सच है कि संसार के विभिन्न भागों में प्रचलित धर्मों में काम पर रोक लगाई गई है। दूसरे शब्दों में इसका अर्थ यह है कि कुछ बताई हुई हदों के बाहर यौन कार्य करना पाप माना गया है। ईसाई तथा अन्य धर्मों के लिए ऐसा चिन्तन अनिवार्य था, पर विशुद्ध मानवीय आधार पर भी पवित्रता बराबर एक गुण रहा है और है।

संसार के कई भागों में असभ्य जातियों के बच्चों को मैथुन का खेल खेलने यहां तक कि मैथुन करने की पूरी छूट रहती है, इसका अर्थ यह है कि यौन कार्यों पर कोई सैद्धान्तिक ढंग का निषेध नहीं है, पर ज्यों ही बच्चे जवान हो जाते हैं, त्यों ही आदिम मत में सेक्स के प्रति एक नया रुख यानी नियन्त्रण की भावना उत्पन्न होती है। निम्न संस्कृति के लोगों में यौन कार्य कई तरह की सीमाओं में बंधे हुए हैं, जो ईसाइयों के अगम्यगमन तथा व्यभिचार-सम्बन्धी निषेधों के अलावा हैं। एक बड़ी हद तक ये सीमाएं सेक्स को उच्च मर्यादा देती हैं। इससे खतरे का डर दिखाते हुए रहने का उपदेश देकर ही ऐसा नहीं किया जाता, बल्कि यह भी बताया जाता है कि कब यह हितकर है। साथ ही इसकी अभिव्यक्ति को पवित्र त्यौहारों से संयुक्त कर दिया जाता है। यह नियंत्रण तथा सदाचार की सीमाओं के अन्दर नियन्त्रित प्रयोग ही पवित्रता है। हम देखते हैं कि असभ्य हालत में भी समाज की बनावट में यह चीज आ चुकी है। निम्नतर तथा उच्चतर जातियों में व्यवहारों के कई ताने-बाने ऐसे दृष्टिगोचर होते हैं जो एक हद तक उद्भट होने पर भी उनसे व्यवहार को उच्चता प्रदान की जाती है और उन्हें साधारण रूप से परम्परागत रूप से पवित्रता से सम्बद्ध माना गया है। क्राले ने इस सम्बन्ध में बताया है, "फिर भी आदिम समाज के व्यवहारशास्त्र में इन व्यवहारों के कारण, चाहे उनकी व्याख्या में साधारण तरीके से कुछ भी कहा गया हो, जीव वैज्ञानिक तथ्यों के साथ बड़ी हद तक सामञ्जस्य-स्थापना की चेष्टा दृष्टिगोचर होती है। रहा यह कि उन व्यवहारों की आम तौर से जो व्याख्या पेश की जाती है उसकी उपयोगिता इस बात में है कि उसने मनुष्य के नमनीय स्नायविक स्व को आत्मनियन्त्रण, बुद्धिमत्तापूर्ण जीवनयापन और सार्वजनिक रूप से वैयक्तिक और सामाजिक कुशलता बढ़ाने में मदद दी है।" क्राले ने यह भी दिखलाया है कि यदि इन व्यवहारों को बहुत दूर तक ले जाया जाए तो बिखराहट की प्रवृत्ति आ जाती है, पर मुख्य प्रक्रिया जारी रहती है, जिसका उद्देश्य यह है कि "बहुत-से प्रयोगों के बाद धीरे-धीरे, पर निश्चित रूप से उस आदिम प्राकृतिक पवित्रता का वैज्ञानिक विकास होने लगता है जिसके साथ मनुष्य के यौन इतिहास का आरम्भ हुआ था।"

यह मौलिक तथ्य अतियों के कारण घपले में पड़ जाता है। क्राले ने इन अतियों का उल्लेख किया है। बात यह है कि धर्मों तथा सामाजिक परम्पराओं ने कई बार पवित्रता की धारणा को अति की हद तक पहुंचा दिया है। हाल की शताब्दियों में हमारी अपनी सभ्यता में इसका अच्छा प्रमाण मिलता है जब पवित्रता महज एक मजबूरी से लादे हुए संयम में परिणत हो जाती है तो यह न तो प्राकृतिक रह जाती है न यह कोई गुण होती है और न यह हितकर होती है। इसका आवश्यक चरित्र ध्यान

से ओझल हो जाता है। तब इसे अप्राकृतिक करार देकर इसका विरोध शुरू होता है और यह एक गए-गुजरे धर्म या हवा निकाली हुई राजनैतिक शासन-पद्धति के पुछल्ले के रूप में दृष्टिगोचर होती है। इस प्रकार से हम देखते हैं कि सेक्स के क्षेत्र में प्राचीन यौन विधिनिषेधों के ह्रास के कारण कई बाद दूसरी अति तक लोग पहुंचने लगे हैं जो समान रूप से अप्राकृतिक और अवांछनीय है। यानी लोग उच्छृंखलता तथा व्यभिचार को एक आदर्श के रूप में लेने लगते हैं, भले ही वे उसे कार्यरूप में परिणत करें या न करें।

जब इस प्रकार से पवित्रता का पलड़ा कभी भयंकर रूप से इधर और कभी उधर झुक जाता है तो दोनों पलड़ों में सन्तुलन लाने के लिए बहुत समय लगता है क्योंकि जब पलड़ा एकाएक एक तरफ झुक जाता है तो दूसरी तरफ जोरों के साथ उछलता है। हम सोवियत रूस में यह कठिनाई देख सकते हैं। प्राचीन रूस में परम्परागत विधिनिशेष बहुत थे और सतह के नीचे व्यभिचार का बोलबाला रहता था; इस प्रकार दोनों की अपनी-अपनी प्रतिक्रिया होती थी। क्रान्ति के कारण जो सर्वबन्धनमुक्ति आई उसका तात्कालिक नतीजा मुख्यत: उच्छृंखलता के अनुकूल रहा। अभी तक कुछ हद तक पलड़ा इसी तरफ झुका हुआ है और जो लोग रोकथाम तथा नियन्त्रण को बुर्जुआ गुण मानते हैं उनमें यही भावना है। पर इस समय मुख्य प्रवृत्ति उच्छृंखलता के विरुद्ध है। साम्यवादी दल का एक सदस्य राजनैतिक गलतियों के कारण साथ ही निजी जीवन के यौन चरित्र के कारण दल से निकाला जा सकता है। वहां की परिस्थिति अठारहवीं सदी के कैल्विनवादी जेनेवा की तरह है क्योंकि रूसी मार्क्सवादी कैल्विनवाद की ही तरह कठोर और रूखा है। रूस के सम्बन्ध में एक लेखक ने लिखा है—"हलकापन, दुराचार, व्यभिचार, बलात्कार (जिसमें एक के बाद एक जल्दी-जल्दी कई शादियां करना भी आ जाता है) बुरी दृष्टि से देखे जाते हैं और इस प्रकार कार्य करनेवाले लोग दल से इसलिए निकाल दिए जाते हैं कि ऐसे व्यवहार से दल के सामाजिक उद्देश्यों का हनन होता है।"

इस प्रकार किसी दिशा में बहुत अधिक झुक जाना एक ऐसे गुण का दुर्भाग्यपूर्ण अपरूप है, पर इससे उस गुण का महत्त्व घट नहीं जाता। यौन कार्य को ओजस्वी रूप से चालू रखने के लिए ही उस गुण की आवश्यकता नहीं है, बल्कि मानवीय मर्यादा के लिए भी पवित्रता आवश्यक है। इसके अलावा सुन्दर रूप से प्रेम करने के लिए यह आवश्यक है कि सेक्स के सिंहद्वार में प्रवेश करने के लिए ऐसे हाथों से दरवाजे खोले जाएं जिनमें किसी तरह का कलंक लगा न हो और साथ ही यह याद रखा जाए कि जो कुछ करना है जीवन के उदात्त उद्देश्यों को स्मरण रखकर करना है।

सहायक पुस्तक-सूची

ए. ई. क्राले—Art. 'Chastity, in Hasting's Encyclopaedia of Religion and Ethics.

हैवलाक एलिस—Studies in the Psychology of Sex, Vol. VI, Chap. V. The Function of Chastity.

मार्गरेट मीड—Growing Up in New Guinea.

मालिनोव्स्की—Sexual Repression in Savage Society.

रजोनिवृत्ति

रजोनिवृत्ति या अन्तिम रूप से मासिकधर्म बन्द हो जाने के समय को सन्धिकाल माना गया है। इस समय स्त्री के जीवन में बहुत संगीन मनोवैज्ञानिक परिवर्तन होते हैं, पर उतने नहीं जितने कि पहले समझे जाते थे। अब इस संबंध में विचार दूसरी ही दिशा में पहुंच गए हैं। बहुत-से डाक्टरों का अब यह कहना है कि संधिकाल पर तरह-तरह के रोगों की जिम्मेदारी डालना महज एक सनक है और कोई भी ऐसा रोग नही है जिसका रजोनिवृत्ति से प्रत्यक्ष रूप से संबंध हो।

फिर भी इसमें सन्देह नहीं कि स्त्री के मनोवैज्ञानिक जीवन में यह एक बहुत बड़ी घटना है, जिसका असर उसके पारिवारिक तथा सामाजिक जीवन पर पड़ता है। यौवनोद्‌गम के साथ संतानोत्पादन के युग का आरंभ हुआ था, और रजोनिवृत्ति से उसका अंत हो जाता है।

रजोनिवृत्ति, संधि-क्षण या जीवन-संधि ये वे नाम हैं जो कि एक ही अर्थ में प्रयुक्त होते हैं और यह 35 से लेकर 55 तक किसी भी उम्र में आ सकता है। पर बहुधा 45 से 50 के बीच में ही संधिक्षण आता है और 2 या 3 साल में पूर्णता प्राप्त कर लेता है। आंकड़ों से मालूम होता है कि 40 साल पहले जिस उम्र में संधिक्षण आता था, अब उससे 5 साल बाद संधिक्षण आता है। क्षरणग्रंथियों की कार्यकारी क्रिया से साथ ही स्वयंगतिक स्नायविक पद्धति में जो परिवर्तन होते हैं उसके साथ इसका संबंध जुड़ा हुआ है। इसके फलस्वरूप कुछ भावगत, रक्तचाप-संबंधी तथा स्नायविक लक्षण दिखाई पड़ते हैं जिनमें धड़कन, चेहरे आदि का लाल हो जाना कुछ ऐसे लक्षण हैं जो विशेष रूप से असुखकर हैं। इन लक्षणों का उद्‌भव रक्तचाप बढ़ने के कारण नहीं बल्कि उस चाप में परिवर्तन के कारण होता है। यहां पर हमें इन परिवर्तनों के संभव प्रारंभिक कारणों पर जाने की जरूरत नहीं। मेरनान ने बहुत पहले से रजोनिवृत्ति के संबंध में एक सिद्धांत पेश किया, जिसका सार यह था कि कई क्षरणग्रंथियों से इसका संबंध होता है। उन्होंने बताया कि मौलिक रूप से इसका संबंध डिम्बाशय, थायरायड तथा सुप्रारेनल से और दोयम दर्जे पर इसका संबंध मस्तिष्क की पिट्‌यूटरी ग्रंथि से होता है। फिट्‌सगिबन ने बतलाया कि प्रजननेंद्रियों के स्वतः स्फूर्त ह्रास के कारण ऐसा होता है। जिससे जीवविष उत्पन्न होता है और उसके फलस्वरूप चेहरे का लाल पड़ जाना आदि लक्षण दिखाई पड़ते हैं। यदि ये लक्षण प्रबल हो जाएं तो गर्भाशय को निकालकर उन्हें हटाया जा सकता है, पर चेहरे का लाल पड़ जाना तथा उससे मिलते-जुलते लक्षण बीमारी के कारण

रजोनिवृत्ति से पहले की उम्र में गर्भाशय को निकाल दिए जाने पर भी प्रकट होते हैं, इसलिए यह मत कुछ संदिग्ध ही जंचता है।

यद्यपि रजोनिवृत्ति के समय कुछ भावगत तथा शारीरिक गड़बड़ियां लगभग अनिवार्य हैं, फिर भी कई स्त्रियां यहां तक कि अस्थिर प्रवृत्तियुक्त स्त्रियां इस परिवर्तनकाल को बिना किसी गंभीर कष्ट के पार कर जाती हैं। हां, कुछ स्त्रियों के क्षेत्र में एक हद तक शारीरिक या मानसिक गिरावट दृष्टिगोचर होती है।

जहां तक मानसिक पहलू का संबंध है, स्त्री जब यह समझ लेती है कि उसके प्रयत्न करने पर भी यह टला नहीं और अब वह जवान नहीं रह गई है तो उसके मन पर इसकी गहरी छाप पड़ती है। उसे ऐसा भासित होता है कि संतान-धारण की क्षमता समाप्त होने के साथ-साथ यौन जीवन की समाप्ति हो गई, पर बात बिलकुल ऐसी नहीं है। अवश्य इस घटना से स्त्री यह जानकर चौंक पड़ती है कि अब जीवन का मुख्य भाग उसके हाथ से निकल गया। इस प्रकार से कई बार ऐसा देखा जाता है कि उसकी यौन क्रियाएं बढ़ जाती हैं, कई बार ऐसा भी होता है कि वह किसी नए पुरुष को अशोभन ढंग से आकृष्ट करने तथा उससे प्रेमनिवेदन करने की चेष्टा करती है। अविवाहित स्त्रियां जो सम्मानपूर्ण ढंग से परंपरागत जीवन बिता चुकी हैं, उनमें भी इस प्रकार की प्रवृत्तियां दृष्टिगोचर हो सकती हैं। उनमें जब ऐसी प्रवृत्ति दृष्टिगोचर होती हैं तो साथ ही साथ अधिक मात्रा में मानसिक असंतुलन दिखाई पड़ता है। इस प्रकार की अभिव्यक्तियां सुपरिचित हैं, पर उनकी अधिकता के संबंध में अक्सर अतिरंजित बातें कही जाती हैं।

फिर भी हमें यह मानना पड़ेगा कि रजोनिवृत्ति के समय यौन तथा मानसिक क्षेत्र में कई प्रकार की गड़बड़ियां, जैसे वासना की अत्यधिकता जिसे प्रजनन की आखिरी लौ कह सकते हैं, दिखाई पड़ती हैं। उसके साथ ही कई तरह की खामख्यालियां और संदेहशीलता प्रकट होती है। कुछ क्षेत्रों में तो यौन आवेग-संबंधी वास्तविक विच्युतियां दिखलाई पड़ती हैं। विवाहित स्त्रियों में परिस्थिति इस कारण और जटिल हो जाती है कि ये वे दिन होते हैं, जबकि पति महोदय की यौन शक्ति घटने लगी है और पत्नी के प्रति उसका प्रेम थिराकर शांतिमय प्रेम का रूप धारण कर चुका होता है, और अब जब कि वह एकाएक जोश-खरोश के साथ आगे बढ़ती है तो वह उसे संतुष्ट नहीं कर पाता। इसका फल यह होता है कि चीजें दूसरी दिशा में चल निकलती हैं और ईर्ष्या का वातावरण पैदा हो जाता है। इस प्रकार से मानसिक क्षेत्र में कई तरह के अवांछनीय रंगढंग आगे आते हैं और शारीरिक क्षेत्र में भी यंत्रणादायक कष्ट का बोलबाला हो जाता है। पर पति-पत्नी दोनों के क्षेत्र में जब स्थिति कुछ गंभीर हो जाए तो यह समझना चाहिए कि इसका प्रत्यक्ष कारण रजोनिवृत्ति नहीं है, बल्कि ऐसी प्रवृत्तियों का मुक्त हो जाना है जो पद्धति में अब तक प्रसुप्त थीं।

यह स्पष्ट कर देना जरूरी है कि इस प्रकार के लक्षण रजोनिवृत्ति के अंतर्निहित नहीं हैं और यह समझने के बजाय कि जीवन का अंत हो रहा है, कई नई बातें शुरू हो जाती है जो अच्छी क्षतिपूर्ति कहीं जा सकती हैं। डब्ल्यू. जे. फील्डिग का कहना

है—"असंख्य स्त्रियों में संधिक्षण के बाद सफलताओं का सिंहद्वार खुल जाता है। स्वस्थ स्त्रियों में रजोनिवृत्ति के फलस्वरूप यौन आकर्षण घटने का भी कोई कारण नहीं दिखाई पड़ता। सच तो यह है कि कई स्त्रियां 50 साल की उम्र में 25 साल की उम्र अधिक आकर्षक हो जाती है और यदि वर्षों के साथ-साथ व्यक्तित्व का विकास हुआ तो वे 60 साल की उम्र में 30 साल की उम्र से मनमोहक हो सकती है।"

होफ्सटेटर का कहना है कि रजोनिवृत्ति के बाद स्त्रियों में पुरुषों की कई शारीरिक विशेषताएं दिखाई पड़ने लगती हैं। वे कहते हैं—"उनमें पुरुषों की आदत, विचार के ढंग, स्पष्टता, वस्तुवादिता, सूक्ष्म न्याय की भावना, सहिष्णुता, व्यापारिक योग्यता, साधारण सामाजिक तथा राजनैतिक योग्यता दृष्टिगोचर होती है।" पर इन्हें मासिकधर्मोत्तर जीवन के संभव मानसिक गुण मानते हुए भी पुरुषोचित कहना उचित न होगा। ये गुण अयौन हैं और पुरुषों में भी कोई अधिक सुलभ नहीं हैं। कई दंपतियों में यह देखा गया है कि पत्नी की रजोनिवृत्ति के बाद ही विवाह सुखकर और सामञ्जयपूर्ण साहचर्य का लक्ष्य प्राप्त कर पाता है। कई बार यह संबंध भाई और बहन के संबंध की याद दिला सकता है। इस उम्र में स्त्रियों में बौद्धिक कार्यकलाप बढ़ जाता है, इसमें संदेह नहीं; और कई विशिष्ट स्त्रियों के क्रियात्मक जीवन का सूत्रपात संतान-धारण की क्षमता का अंत होने के बाद ही होता है, ऐसा कहा जा सकता है। हां, कई स्त्रियां ऐसी होती है जो उस समय अपनी बढ़ी हुई कर्मशक्ति का उपयोग अपने बड़े लड़कों तथा विशेषकर अविवाहित और घर के दायरे में रहनेवाली लड़कियों के काम में दखल देने में खर्च करती हैं। यह उपद्रव कई बार इतना बढ़ जाता है कि जीवन नष्ट हो जाते हैं। ऐसे समय सद्भावपूर्ण किंतु दृढ़ विद्रोह की जरूरत पड़ती है क्योंकि यदि कष्ट अनिवार्य ही है तो बड़े-बूढ़े ही तकलीफ उठाएं न कि तरुण-तरुणियां। पर जो स्त्रियां संतुलित ढंग से चलने की आदी हैं वे अपने पोतों और पोतियों में दिलचस्पी लेती हैं और मातृत्व की मुक्त कर्मशक्ति को बृहत्तर सामाजिक जगत् में लगाती हैं। कहना न होगा कि बाहरी जगत् में विस्तृत नैतिक तथा अन्य कार्यों के लिए अंतहीन गुंजाइश है।

पुरुषों में रजोनिवृत्ति के ढंग का या उसके समतुल्य कोई समय आता है कि नहीं, इस पर बहुत मतभेद है। यदि आता है तो वह बहुत अस्पष्ट है। बात यह है कि शुक्राणु-क्षरण के कार्य का कोई अंत परिलक्षित नहीं हुआ है। यह बहुत बड़ी उम्र तक यहां तक कि एक रिपोर्ट के अनुसार 103 साल की उम्र में भी अव्याहत पाया गया है। फिर भी पुरुष के जीवन में कई ऐसे समय आते हैं जब एकाएक चेतना में मोड़ आ जाता है और उसका असर बहुत गड़बड़ीपूर्ण होता है। कुर्टमेंडल ने जब से इस बात पर ध्यान दिलाया, तब से पुरुषों में रजोनिवृत्ति के तुल्य किसी समय की बात को लोगों ने काफी माना है, यद्यपि क्राफ्ट एबिंग तथा दूसरे लोगों ने इसे स्वीकार नहीं किया। प्राचीनकाल में भी 63 साल की उम्र में एक महान् संधिक्षण माना जाता था, फिर भी हम कड़ाई के साथ 'पुरुष की रजोनिवृत्ति' नहीं कह सकते। इस आधार पर मेरानान ने संधिक्षण शब्द को तरजीह दी है, जिससे एक आभ्यंतरिक विकास की बात सूचित होती है। इसका केंद्र

स्थायी रूप से उस बिंदु को माना जाता है जब सक्रिय यौन जीवन या तो लुप्त हो जाता है या उसमें बहुत कमी आती है। केंद्र मानने पर भी इसे वह धुरी नहीं माना जा सकता जिस पर कि चक्र घूमता है। इसका जीववैज्ञानिक आधार तो यह है कि स्नायविक क्षरण-ग्रंथियों की प्रक्रियाओं के कारण रतिशक्ति में ह्रास होता है। विभिन्न लोगों ने इसका विभिन्न समय माना है। केनेथ वाकर ने इसे 55 से 60 के बीच, रैंकिन ने 57 से 63 के बीच, मैक्स मार्कस ने 45 से 55 के बीच, यहां तक कि 40 पर माना है। कई हालतों में मैं तो कहूंगा कि मैथुन में ह्रास 38 साल की उम्र में ही घटित होता है। तब पुरुष एकाएक यह अनुभव करता है कि उसकी शक्ति के विस्तार की सीमा आ गई है, यहां तक कि तुलनात्मक रूप से शक्ति घट रही है, जिसका प्रतिफलन यौन क्षेत्र में भी होता है। इस प्रकार पुरुष एकाएक खिन्न होकर यह अनुभव करने लगता है कि वह अब जवान नहीं है और बूढ़ा हो चला है। यदि पुरुष इस बात को बढ़ती हुई उम्र के साथ जान पाए तो उसके फलस्वरूप यौन क्रिया बहुत जोर से बढ़ सकती है, साथ ही अहंकार और हृदयहीनता बढ़ सकती है, जिससे यौन क्रिया की अभिव्यक्ति और खुलकर होती है।

कुल मिलाकर देखा जाए तो इसे हितकर माना जा सकता है क्योंकि उससे विशेषकर उदासीनता से अतिभावुकता की विपत्तियों से छुटकारा मिल जाता है, पर साथ ही इसके अपप्रयोग भी हो सकते हैं, वह इस प्रकार कि यदि यौन क्षेत्र में बहुत कार्यशीलता बढ़ गई तो उससे खतरा पैदा हो सकता है। कुछ अस्वाभाविक लोगों के क्षेत्र में लिंगादि-प्रदर्शन की इच्छा, किशोर लड़कियों के प्रति आकर्षण या कई बार समलैंगिक मैथुन का मोड़ लेकर (इसे विलंबित समलैंगिकता कहेंगे) लड़कों के प्रति यौन आकर्षण पैदा हो सकता है। प्रसिद्ध जर्मन उपन्यासकार टामस मान ने 'Der Tod in Veneding' नामक पुस्तक में इसी को अपना विषय बनाया है। इसके संबंध में उन्होंने खुद ही कहा है कि उसमें उन्होंने पुरुष के विकृत संधिक्षण का चित्रण किया है। हिर्शफेल्ड के विश्वास के अनुसार यह लक्षण विशेषकर अविवाहित पुरुषों तथा विधुरों में और मैक्स मार्कस के अनुसार यौन दृष्टि से अनुपयुक्त लोगों में पाया जाता है।

पुरुष के इस संधिक्षण के बृहत्तर मानसिक पहलू का प्रतिफलन यह होता है कि उसमें तरुणसुलभ आक्रमणात्मकता तथा साहस का अभाव हो जाता है और सामाजिक तथा राजनैतिक दकियानूसीपन की ओर प्रवृत्ति होने लगती है, जो आमतौर से बुढ़ापे का लक्षण मानी जाती है, फिर भी कई लोग इस प्रवृत्ति से अपवादात्मक रूप से बच जाते हैं, ऐसा भी देखा गया है।

कुल मिलाकर पुरुष के जीवन का संतानोत्पादन का पहलू स्त्रियों के तत्संबंधी जीवन से कम निविड़ होता है, इसलिए स्वाभाविक रूप से पुरुष का संधिक्षण कुछ अस्पष्ट होता है और तुलनात्मक रूप से कम महत्त्व रखता है। फिर भी इस समय पुरुषों में कई छोटे-मोटे अप्रिय मानसिक गुण जैसे—चिड़चिड़ापन, कमीनापन, कंजूसी आदि दिखाई पड़ते हैं जो स्त्रियों में भी उसी युग में दीख पड़ सकते हैं। साथ ही जीवन के

प्रति एक विस्तृत और शांत दृष्टिकोण भी दिखाई पड़ सकता है, पर मानसिक परिवर्तन अधिक भीतरी इसलिए होते है कि पुरुष घर से बाहर के जगत् में अधिक क्रियाशील होता है। जैसा कि रैंकिन ने लिखा है, जीवन को एक नया मोड़ मिल सकता हैं यद्यपि इस धरातल पर उसकी कार्यशीलता घट जाती है। उच्चाकांक्षाएं संयत होती है और जीवन के प्रति दृष्टिकोण और निखरता है।

सहायक पुस्तक-सूची

एफ. एच. ए. मार्शल—The Physiology of Reproduction.

जी. मेरानान—The Climacteric.

केनेथ वाकर—'The Accidents of the Male Climacteric', British Medical Journal, 9th Jan. 1932.

डब्ल्यू. जे. फिल्डिंग—Sex and the Love-Life.

डब्ल्यू. गैलिकन—The Critical Age of Women.

अध्याय-7

प्रेमकला

यौन आवेग के साथ प्रेम का संबंध

विवाह पर विचार करने के कई तरीके हैं। बहुत रूखे-सूखे और सूक्ष्म प्राथमिक ढंग पर यह कहा जा सकता है कि विवाह कानून द्वारा स्वीकृत यौन मिलन है। सभ्य समाज में विवाह देश की प्रचलित नैतिक रीति-नीति (नीति या सदाचार आवश्यक रूप से रीति-नीति ही है) का ही एक जटिल अंश है। उस हालत में विवाह एक ठेका है, बल्कि जैसा कि मैक्स क्रिश्चियन ने कहा है, "यह न केवल यौन संबंध कायम करने तथा उसे जारी रखने का ठेका है, बल्कि यह आर्थिक तथा मानसिक आधारों पर अवलंबित एक सच्चे सामूहिक जीवन का भी ठेका है। इसके साथ ही कुछ नैतिक (यानी सामाजिक) कर्तव्य भी हैं। फिर भी और अंतरंग रूप से देखा जाए तो दो ऐसे व्यक्तियों का स्वतंत्रतापूर्वक एकत्रीकरण है जो एक-दूसरे से मेल खाते हैं, ताकि वे प्रेम की विविध अभिव्यक्तियों को एक अनियंत्रित क्षेत्र के अंदर स्वच्छंदतापूर्वक काम में ला सकें।"

मामूली तौर पर यौन आवेग की किसी अभिव्यक्ति का जब प्रशंसात्मक रूप से उल्लेख करना होता है तो उसे प्रेम कहते हैं। कहना न होगा कि यह बिलकुल गलत है। हमें काम या शारीरिक यौन आवेग तथा प्रेम यानी दूसरे आवेगों के साथ मिले हुए उस आवेग को अलग करके देखना है।

काम और प्रेम के फर्क के संबंध में सबसे अच्छी परिभाषा क्या है, इस विषय में विद्वानों में मतभेद है। हां, यह कहा जा सकता है कि जो भी परिभाषा की गई है उसमें उन दोनों के प्रभेद के किसी एक भाग पर जोर दिया गया है। मोटे तौर पर प्रेम काम और मित्रता का समन्वय कहा जा सकता है, पर यदि इस सारे मामलों को शरीरविज्ञान की दृष्टि से देखा जाए तो हम फोरेल के साथ यह कह सकते हैं कि मस्तिष्क के केंद्रों के जरिए से अभिव्यक्त यौन सहजात को प्रेम कहते हैं या कैंट के साथ हम कह सकते हैं कि प्रेम उस यौन आवेग को कहते हैं जो समय-समय पर प्रकट होनेवाले कामोच्छ्वास के बंधन से मुक्त हो चुका है और कल्पना की सहायता से स्थायी बना दिया गया है। फिस्टर ने प्रेम की विभिन्न परिभाषाओं पर एक लंबा अध्याय लिखने के बाद यह उपसंहार निकाला है कि प्रेम की परिभाषा यह है कि वह एक आकर्षण तथा

आत्मसमर्पण की भावना है, जो एक आवश्यकता से उत्पन्न हुई है और जिसका पात्र ऐसा है जिससे तृप्ति प्राप्त करने की आशा है। यही परिभाषा अपूर्ण है और यही बात सब परिभाषाओं के संबंध में कही जा सकती है।

दृश्यमान रूप से प्रेम अपने सबसे विकसित रूपों में बिल्कुल ही परार्थ पर आवेग मालूम होता है, पर इसकी उत्पत्ति अहमिकापूर्ण आवेग से होती है, और जब इसके फलस्वरूप संपूर्ण आत्मबलिदान करना पड़ता है, तब भी उसमें अहमिकापूर्ण परितृप्ति का उपादान रहता है। अन्य विद्वानों के साथ फ्रायड ने भी प्रसिद्ध ग्रंथ 'प्रारंभिक व्याख्यान' में इस अहमिकायुक्त प्रारंभ पर जोर दिया है। उन्होंने तो लगभग उसी समय अन्यत्र यह कहा था कि प्रेम प्राथमिक रूप से नार्किससवादी है। हां, इसके साथ ही वे यह मानते थे कि प्रेम बाद को चलकर अपने प्रारंभ से अलग हो जाता है। विशेष रूप से यौन उपादान को अलग रखते हुए भी फ्रायड तथा दूसरे लोगों का यह कहना है कि मां ही बच्चे की प्रथम वास्तविक प्रेमपात्री होती है, यद्यपि बाद को चलकर ऐसे व्यक्तियों में, जो स्नायविक रूप से विकृत नहीं हैं, यह प्राथमिक पात्र पृष्ठभूमि में रह जाता है और दूसरे प्रेमपात्र स्वाभाविक रूप से प्रमुखता के साथ आगे आते हैं।

यौन आवेग यद्यपि प्रारंभ में मुख्यतः अहमिकापूर्ण है, पर प्रेम में विकसित होते हुए वह सज्ञान रूप से परार्थपर हो जाता है। सच तो यह है कि स्वस्थ तथा स्वाभाविक अवस्थाओं में इसके यौन विकास के प्रारंभ से ही परार्थपर उपादान रहते हैं। जानवरों में भी यदि प्रेमपात्र के लिए ख्याल और चिंता न हो तो प्राक्क्रीड़ा अकृतकार्य हो जाती है और मैथुन हो नहीं पाता। पर प्रेम के विकास के साथ-साथ यह परार्थपर उपादान संज्ञान और बहुत अधिक विकसित हो जाता है, यहां तक कि अहंवृत्ति का बिलकुल लोप हो जाता है।

जिस प्रक्रिया से प्रेम का विकास होता है उसे द्वयात्मक कहा जा सकता है। आंशिक रूप से यह सारे शरीर में यौन आवेग के विकिरण से होता है, जिससे वह दीर्घतर स्नायविक चक्कर लेता है और ऐसे इलाकों को तब तक निमज्जित करता रहता है जब तक कि यौन आवेग अपने लक्ष्य को जल्दी से और बिना बाधा के प्राप्त न कर ले। पर आंशिक रूप से कारण यह है कि यौन आवेग कमोबेश मिलते-जुलते मानसिक उपादानों के साथ घुल-मिल जाता है।

पूर्ण यौन विकास के बाद ही प्रेम ऐसे मिलते-जुलते आवेगों से पुष्ट होता है जिसे वात्सल्य कहेंगे। उसके बाद स्त्री का यौन प्रेम बच्चों के प्रति स्नेह तथा धैर्य की भावना से और पुरुष का यौन प्रेम उनकी रक्षा करने और उन पर पहरा देने की भावना के साथ मिल जाता है। इस प्रकार से यौन प्रेम विवाह-बंधन में आकर समाज के ढांचे का अंग बन जाता है और यदि उसकी अभिव्यक्ति और ऊंची गई तो यह धर्म तथा कला के आवेगों के साथ मिश्रित हो जाता है। इस क्षेत्र में स्त्रियां अक्सर अग्रदूत रही हैं। लतूरनो ने यह दिखलाया है कि संसार के बहुत-से भागों में प्रेम-संबंधी कविता के सृजन में स्त्रियों ने प्रमुख भाग लिया है और कई बार ऐसा मालूम होता है कि उन्होंने प्रेम पर

एकाधिकार जमा लिया है। इस संबंध में यह बता दिया जाए कि आदिम जातियों में प्रेम के कारण आत्महत्या मुख्यतः स्त्रियों में ही पाई जाती है।

फिर भी यह याद रखा जाए कि असभ्य जातियों में काम का प्रेम के रूप में विकास बहुत दूर तक नहीं हुआ है; केवल यही नहीं, सभ्य जातियों में भी बहुत कम लोगों में इसका उस रूप में विकास हुआ है। सारे संसार में काम सुपरिचित है और इसके लिए सब भाषाओं में शब्द भी है, पर प्रेम सारे संसार में परिचित नहीं है और कई भाषाओं में इसके लिए कोई शब्द नहीं हैं। प्रेम प्राप्त करने में अकृतकार्यता कई बार अद्‌भुत और अप्रत्याशित होती है। दूसरी तरफ हम यह देखते हैं कि ऐसी जगह यह प्राप्त है जहां इसकी कोई आशा नहीं थी। कुछ जीवजंतुओं में विशेषकर चिड़ियों में यौन आवेग आदर्शीभूत होता है, जैसे कि कई बार जब हम यह देखते हैं कि जोड़े में से एक के मर जाने पर दूसरी चिड़िया भी मर जाती है, तो इसे निरा यौन आवेग कहकर टाल नहीं सकते, बल्कि यह साफ मानना पड़ता है कि उस आवेग के साथ जीवन के दूसरे उपादानों का इतनी हद तक गठबंधन हो चुका है कि वैसा अत्यंत सभ्य मनुष्यों में भी दुर्लभ है। कई असभ्य जातियों में प्रेम की कोई मौलिक धारणा नहीं पाई जाती और अमरीका की 'नहुआ' जाति की तरह उनमें इसके लिए कोई प्राथमिक शब्द नहीं है। दूसरी तरफ प्राचीन पेरूवासियों की भाषा 'किचुआ' में प्यार करना यानी उनकी भाषा में 'मूने' क्रिया के 600 रूप हैं।

ब्रिण्टन ने बहुत दिन पहले यह कहा था कि अमरीका की कुछ आदिम जातियों की भाषा में प्रेमवाचक शब्दों से उसकी धारणा को व्यक्त करने के चार तरीके मालूम होते हैं (1) आवेग को प्रकाश में लानेवाली स्फुट ध्वनियां, (2) समता या समरूपतावाचक बातें, (3) मिलनवाचक बातें, (4) इच्छा, वासना, तृष्णावाचक बातें। ब्रिण्टन आगे कहते हैं कि आर्य-भाषाओं के बृहत् परिवार में जो प्रेमवाचक शब्द है उनमें से अधिकांश में ये ही धारणाएं अंतर्निहित हैं। फिर भी यह अद्‌भुत तथ्य सामने आता है कि आर्य-भाषा-भाषी लोग यौन प्रेम की धारणा को विकसित करने में पिछड़े हुए रहे पर अमरीकावासी 'माया' जाति के लोग आर्यों की आदिसंस्कृति से इस मामले में आगे निकल गए और उनमें प्रेम के आनंद को व्यक्त करनेवाला एक मौलिक शब्द था, जिसकी अंतर्गत वस्तु विशुद्ध रूप से मानसिक थी।

ग्रीकों में भी यौन प्रेम का आदर्श देर से ही विकसित हुआ। ग्रीकों में सच्चा प्रेम लगभग हमेशा समलैंगिक था। प्राचीन ग्रीस के आयोनियन गीतकार स्त्री को सुख का साधन और परिवार की प्रवर्तक समझते थे। थियोगनिस ने शादी की तुलना पशुपालन से की है। एल्कमैन ने स्पार्टा की सुंदरियों की प्रशंसा के पुल बांधते हुए उन्हें स्त्री-लौंडे बताया है। ईशीलस ने तो एक पिता के संबंध में यह लिखा है कि वह यह मानता है कि यदि स्वतंत्र छोड़ दी जाएं तो उसकी लड़कियां दुराचरण करेंगी। सोफोक्लीस की रचना में यौन आवेग का कहीं पता नहीं है और यूरिपिडीज की रचना में स्त्रियां ही प्रेम करती हैं। ग्रीस में तुलनात्मक रूप से बाद के युग तक यौन प्रेम को बुरा समझा जाता था और इसका दरजा इतना गिरा हुआ था कि सार्वजनिक रूप से न तो इस पर बातचीत हो

सकती थी न इसका चित्र आदि दिखाया जा सकता था। ग्रीस में नहीं बल्कि बृहत्तर ग्रीस में पुरुष स्त्रियों में दिलचस्पी लेते देखे जाते हैं और सिकंदर के युग में आकर विशेषकर ऐस्क्ले-पीयाडिस में जैसा कि बेनेके ने बताया है स्त्रियों के प्रति प्रेम जीवन-मृत्यु का मामला समझा जाता था। इसके बाद से रोमांटिक ढंग का यौन प्रेम यूरोपीय जीवन में दिखाई पड़ता है। गेस्टन पैरिस ने ठीक ही कहा है कि ट्रिस्ट्रम वाली कैल्टिक कहानी के साथ-साथ यह अंत में आकर ईसाई यूरोपीय कविता-जगत् में मनुष्य-जीवन के एक मुख्य बिंदु तथा चरित्र की एक प्रधान परिचालक शक्ति के रूप में प्रकट होता है। पर साधारण यूरोपीय जनता में अभी तक प्रेम-संबंधी रोमांटिक धारणाओं का प्रवेश नहीं हुआ और वह प्रेम और मैथुन के कार्य में कोई फर्क नहीं देख सकती।

जब अंततोगत्वा प्रेम-संबंधी धारणा का पूर्ण विकास हुआ तो यह एक बहुत ही विस्तृत और जटिल भावावेग बन गया। कामुकता अपने सबसे अच्छे रूप में भी अब महज बहुत-से अन्य उपादानों में से एक संयुक्त उपादान रह गया। हरबर्ट स्पेंसर ने अपनी 'मनोविज्ञान के सिद्धांत' नामक पुस्तक में प्रेम को नौ पृथक और महत्त्वपूर्ण उपादानों में विश्लेषित किया हैः (1) काम का शारीरिक आवेग, (2) सौंदर्य-भावना, (3) लगावट, (4) प्रशंसा-भाव और सम्मान, (5) वाहवाही की इच्छा, (6) आत्ममर्यादा, (7) सांपत्तिक भावना, (8) वैयक्तिक बाधाओं से छुटकारा होने के कारण मिली हुई कार्य-संबंधी स्वतंत्रता, (9) सहानुभूतियों का उन्नयन। अंत में वे कहते हैं—"यह मनोवेग एक विशाल संयुक्त आवेग में निमज्जित हो जाता है, जिसमें लगभग वे सभी औपादानिक उत्तेजनाएं आकर मिल जाती हैं जिनकी सामर्थ्य मनुष्य में है।" इस व्यापक विश्लेषण में भी पहले उल्लिखित प्रेम के उस उपादान को छोड़ दिया गया है जो वात्सल्य पर निर्भर है, फिर भी वह एक महत्त्वपूर्ण उपदान है। बात यह है कि जब दाम्पत्य-संबंध में विशेष रूप से यौन उपादान पृष्ठभूमि में रह जाता है, उस समय पत्नी-प्रेम और इससे भी अधिक पति-प्रेम संतान प्रेम का ही एक रूप बन जाता है। प्रेम के सभी विश्लेषणों से यह ज्ञात होता है, जैसाकि क्राले ने कहा है—"प्रेम की परिभाषा उतनी ही कठिन है जितनी कि जीवन की परिभाषा है और दोनों के कारण एक-से है। अपने सभी रूपों में प्रेम बहुत बड़ा हिस्सा अदा करता है। यह हिस्सा अगर किसी से घटकर है तो जीने के सहजात से ही घटकर है। इसमें परिवार के सभी महत्वपूर्ण उपादान समा जाते हैं। यह वह शक्ति है जिससे परिवार कायम रहता है; केवल यही नहीं। इसी के अंतर्गत जो सहमानव के प्रति प्रेम है उसी की बदौलत किसी नस्ल या जाति के सब सदस्य जुड़े रहते हैं।"

प्रेम पर इस संक्षिप्त विचार से ही यह पता लग जाता है कि कोई भी व्यक्ति, वह चाहे कितना भी सतही चिंतक हो, यह कहने की हिमाकत नहीं कर सकता कि प्रेम का संबंध एक ऐसे रोमांटिक भ्रम से है जिसे हम चाहें तो अवज्ञा की दृष्टि से देख सकते हैं। प्रेम को यह भी कहकर कोई विश्लेषक टाल नहीं सकता कि यह घृणा का ही एक परिवर्तित रूप है। साथ ही यह भी सत्य है, जैसा कि इबसेन ने कहा है, "किसी भी शब्द में आज के दिन इतना झूठ और बेईमानी नहीं भरी है जितना कि 'प्रेम' इस छोटे-से शब्द

में।" फिर भी स्थिति यह है कि जिस भावना के लिए यह शब्द है, वह मौजूद है। प्रेम शब्द का जितना ही अधिक अपप्रयोग होता है, यह स्पष्ट है कि वह उतना ही मूल्यवान् है, क्योंकि सोना, हीरा और ऐसी कीमती चीजों के ही तरह-तरह के अनुकरण बनते हैं जो रंगों, पेस्टों और घटिया चीजों आदि के रूप में दिखाई देते हैं। अपर या अपर की इच्छा के बिना स्व की धारणा नहीं की जा सकती और हम अपर द्वारा उत्पन्न आवेगों को तब तक हटा नहीं सकते जब तक कि पहले हम स्व को ही हटा न दें। इसलिए सच्ची बात तो यह है कि प्रेम जीवन में अंतःप्रविष्ट है और यदि प्रेम एक भ्रांति है तो जीवन भी एक भ्रांति है।

जब हम इससे आगे बढ़कर यह सोचते हैं कि कैसे प्रेम का संबंध नस्ल और व्यक्ति से है और उसके सामने जो लक्ष्य हैं वे न केवल प्राकृतिक हैं बल्कि आध्यात्मिक हैं तो ऐसा मालूम होता है जैसा कि बायस गिब्सन ने कहा था—"यह वह महान् साधन है जिसके द्वारा परिवर्तन और विस्तार होता है, जो सारे जीवन का अंतिम कल्याण है।" इसलिए यह कहा गया है कि प्रेम बृहत्तम कल्याण है और कल्याण प्रेम है या जैसा कि प्राचीन ईसाई पत्र-लेखक ने अपने ढंग से कहा था—ईश्वर प्रेम है।

सहायक पुस्तक-सूची

वेस्टरमार्क—History of Human Marriage; ib. The Origin and Development of Moral Ideas.

हैवलाक एलिस—'Sex in Relation to Society,' Studies in the Psychology of Sex. Vol. VI.

एडवर्ड कारपेंटर—Love's Coming of Age.

एलेन की—Love and Marriage.

वायस गिब्सन और ए.ई. क्राले—Articles, 'Love' and 'Primitive Love' in Hastings' Encyclopaedia of Religion and Ethics.

फ्रायड—Introductory Lectures on Psycho-analysis.

आस्कर फीस्टर—Love in Children and its Aberrations.

प्रेम एक कला क्यों है ?

वायस गिब्सन ने प्रेम की परिभाषा करते हुए इसे एक भावुकता तथा मनोवेग कहा है। इस प्रकार से प्रेम-संबंधी विविध दृष्टिकोण सामने आ जाते हैं। प्रेम चाहे भावुकता हो या मनोवेग, यह भाव-जीवन का एक स्थायी और जटिल संगठन है, पर भावुकता के रूप में यह अधिक बौद्धिक, परिमार्जित तथा सूक्ष्म है और मनोवेग के रूप में यह बहुत तगड़ी किस्म की भावुक जटिलता है।

ए. एफ. सैंड ने मनोवेग की परिभाषा करते हुए इसे भावों तथा इच्छाओं की एक संगठित पद्धति बताया है। दूसरे शब्दों में, यह भावुकता की पद्धति के अलावा कुछ और भी है। प्रत्येक आवेग के साथ-साथ एक प्रकार के आत्मनियंत्रण की पद्धति भी उदित होती है; रहा यह कि यह किस प्रकार की आंतरिकता से काम करता है; यह दूसरी बात है। पर जिस तरह भी काम करे, आत्मनियंत्रण की भावना से इसकी निविड़ता कमोबेश असरदार तरीके से नियमित होती है। इसका चरित्र पद्धतिगत होने तथा इसमें एक करनेवाला सिद्धांत होने के कारण प्रेम के आवेग को स्थायी, नियामक, विस्तृतिकारक और गहरी बुद्धिमत्ता में पगा हुआ कहा जा सकता है। इसके स्वाभाविक विकास के लिए (यहां आकर हम उस दिशा में जाते हैं जिससे हमारा यहां विशेष संबंध है) आवश्यक शर्त यह है—जैसा कि बायस गिब्सन ने आगे कहा है—अपने पात्र में आनंद आवश्यक है, भले ही उस आनंदवाली शर्त के कारण अनिवार्य रूप से उसमें यंत्रणा और कष्ट की संभावना भी पैदा हो जाए। बात यह है कि ये भाव परस्पर से संयुक्त और परस्पर में अंतःप्रविष्ट हैं। इस प्रकार आनंद के साथ दुःख प्रेम के मनोवेग को बल पहुंचाता है। इस जटिलता और विस्तार के कारण ही प्रेम महान् और अनोखे रूप में सब मनोवेगों में प्रधान हो जाता है।

फिर भी हम इस बिंदु पर विस्तृत अर्थ में प्रेम का पूर्ण अर्थ स्पष्ट नहीं कर सके। प्रधान मनोवेग महज बृहदीकृत अहमिका, दूईक्स की अहमिका है, और इसलिए वह चाहे जितनी प्रशंसनीय हो, फिर भी वह साधारण अहमिका से न तो ऊंची उठानेवाली है और न दृष्टि का विस्तार करनेवाली है। इस अर्थ में प्रेम कर्मशक्ति के उत्पादन का एक साधन हो सकता है, पर यदि दोनों कर्मशक्ति-उत्पादक साथी इसे महज एक-दूसरे पर खर्च करें तो वह बहुत कुछ नष्ट हो जाता है।

प्रेम उन महान् वस्तुओं में है जिनसे जीवन जीने योग्य हो जाता है, पर जैसा कि बर्ट्रेण्ट रसेल ने बहुत सही ढंग से कहा है कि दो व्यक्तियों का प्रेम इतना सीमित है कि वह स्वयं में अच्छे जीवन का मुख्य उद्देश्य नहीं हो सकता। ऐसे उद्देश्य होने चाहिए जो युगल या जोड़ी से निकलकर बाहर के महान् जगत् को यहां तक कि भविष्य को भी समेट लें और ऐसे उद्देश्यों की ओर अपनी दिशा रखें जो कभी प्राप्त नहीं किए जा सकते और हमेशा विशालतर हो रहे हैं।—"जब प्रेम इस प्रकार के किसी अनंत उद्देश्य से जुड़ जाता है, तभी उसमें वह गहराई और गंभीरता हिलोरें लेने लगती है जिसकी कि उसमें संभावना है।" प्रेम की एक प्राथमिक शर्त यह है कि, जिसे नीतिवादीगण भी मानते हैं, भले ही वे कुछ ब्योरे छोड़ जाएं, कि उसके पात्र में आनंद की भावना होनी चाहिए। यहीं पर प्रेमकला का प्रश्न उठता है।

अभी कुछ ही समय पहले तक कला के रूप में प्रेम पर विचार का न तो मनोविज्ञान के गुटकों में कोई स्थान था और न सदाचार की पुस्तकों में। यह विषय कवियों के लिए छोड़ा हुआ था, और कवि इस बात से खुश ही थे कि यह विषय अभी तक अवैध समझा जाता था। प्राचीन कवि ओविड ने जब प्रेमकला पर अपनी प्रसिद्ध काव्यकृति प्रस्तुत की, जो प्रसिद्ध होने के साथ ही कुख्यात भी समझी जाती थी, वह 15

सदियों तक उसी रूप में चालू रही और जब ईसाइयत का उदय हुआ तब भी यही स्थिति रही। यौन प्रेम का सामाजिक रूप से अथवा साहित्य में उल्लेख करना उचित, सुरुचिसम्मत या नैतिक नहीं समझा जाता था; जब इसका किसी प्रकार से उल्लेख होता था तो इसे केवल कर्तव्य के रूप में दिखाया जाता था। यह कई बार कहा जाता है कि आधुनिक काल के लिए प्रेमकला का प्रथम आविष्कार फ्रांस में बारहवीं शताब्दी में हुआ, फिर भी यह एक अवैध कला ही रही।

आज परिस्थिति एकदम भिन्न है। अब आम तौर से प्रेम को कला समझना उचित माना जाता है और नीतिवादीगण भी इसके इस स्वरूप के समर्थन में पीछे नहीं हैं। वे इस बात को मानते हैं कि विवाह में सतता या सतीत्व कायम रखने के लिए कर्तव्य यथेष्ट उद्देश्य नहीं है, और दांपत्य की नींव को गहरा बनाकर प्रेम के आधार को विस्तृत करना तथा उन उद्देश्यों को विस्तृत करना जो पारस्परिक स्नेह को आकर्षक बनाते हैं, मानो सदाचार को बल पहुंचाना है। हमें यहां सदाचार से प्रत्यक्ष रूप से संबंध नहीं है, पर हम इसके दावों को किसी न किसी रूप में मान्यता देने के अधिकारी तो हैं ही।

इस कला को आधुनिक सभ्यता में कुछ दिनों से स्वीकृति दी गई है। आंब्रोआ पारे शल्यविद्या के बहुत बड़े अग्रदूत थे। उनका कहना था कि मैथुन के पहले काफी हद तक प्रेमक्रीड़ा करना वांछनीय है। उसके बाद फिरब्रिंगेर ने विवाह में यौन आरोग्यशास्त्र-विषयक अपने ग्रंथ में यह लिखा है कि चिकित्सक में इतनी योग्यता होनी चाहिए कि वह अपने रोगी को दांपत्य-मिलन की तकनीक की शिक्षा दे। जब हम फिर एक बार फ्रांस में लौटते हैं जो पहले-पहल प्रेमकला से विशेष रूप से संबद्ध माना गया है, तो हम देखते हैं कि 1859 में डा. जील्स गीयो ने अपनी पुस्तक Breviaire de I' Amour Experimentale में बहुत अच्छी तरह प्रेम-कला-संबंधी मुख्य बातों का विवरण दिया। बहुत दिन बाद को 1931 में उस पुस्तक का अंग्रेजी में 'विवाहित प्रेमियों के लिए अनुष्ठान' नाम से आंशिक रूप से अनुवाद हुआ।

इस प्रसंग में हम स्त्रियों में यौन आवेग की विशेषता, विशेषकर उनमें जो यौन शीतलता या उदासीनता होती है उस पर विचार करेंगे। यह समझा जाता है कि स्त्रियों में यह बहुत आम है, बात यह है कि इस बात को मानकर ही प्रेमकला का विकास हो सकता है क्योंकि इसके द्वारा स्त्री में प्रेमेच्छा पैदा की जाती है। और केवल स्त्री में ही क्यों, सारे जंतु-जगत् में यह देखा जाता है कि प्राक्क्रीड़ा एक कला के रूप में प्रचलित है।

यह माना गया है कि यौन उदासीनता से घर में अशांति होती है, स्त्री को कष्ट मिलता है, पति निराश होता है, और निराश होने के कारण वह अन्यत्र अधिक सुखकर संबंध खोजने के लिए दौड़ पड़ता है। ऐसे क्षेत्रों में देखा जाता है कि यौन मिलन के लिए उचित मात्रा में इच्छा नहीं है या जब यौन मिलन होता भी है तो उससे उचित मात्रा में सुख नहीं मिलता। कभी-कभी तो दोनों बातें एकत्र दीख पड़ती है। दोनों में से कोई

भी त्रुटि हो तो प्रेमकला से वह त्रुटि ठीक हो सकती हैं।

यौन क्षेत्र में जीववैज्ञानिक क्रीड़ा में स्त्री साधारण रूप से निष्क्रिय या सूक्ष्मक्रिय भाग अदा करती है, और सभ्य स्त्रियों में यह तुलनात्मक निष्क्रियता न केवल प्रकृति से बल्कि हमारी परंपराओं से और बढ़ जाती है। मौलिक दृष्टि से देखा जाए तो यह सिद्धांत गलत है कि यौन क्रिया में पुरुष सक्रिय है और स्त्री निष्क्रिय। फिर भी इस प्रकार के विचार आम तौर से प्रचलित होने से पुरुषों और स्त्रियों में बहुत भारी मनोवैज्ञानिक फर्क के लिए गहरी जमीन तैयार हो जाती है, इस बात को लोग भूल जाते हैं। डगलस ब्रायन ने इस बात को दिखलाया है कि पुरुषों और स्त्रियों में यौन तनाव विपरीतधर्मी तथा पूरक होने के कारण दोनों में भावनाएं तथा प्रतिक्रियाएं भी भिन्न होती हैं। उत्तेजित शिश्न के आगे-पीछे हटने की क्रिया, कर्मशीलता, प्रभुत्व आदि की भावना तथा उत्तेजित योनि से प्राप्ति, निष्क्रिय रूप से अधीनता की स्वीकृति इत्यादि की भावना उत्पन्न होती है। दूसरे शब्दों में, इन्हीं बातों में पुरुषत्व और स्त्रीत्व का सार आ जाता है। इसके साथ ही उक्त विद्वान् यह कहते हैं कि मैथुन के सोपान के पहले प्राक्क्रीड़ा के सोपान में पुरुष और स्त्रियों द्वारा मैथुन में अदा किए जानेवाले हिस्से कुछ हद तक बदल जाते हैं; पुरुष को कुछ हद तक अधीन तथा स्त्री को कुछ हद तक सक्रिय होने की जरूरत पड़ती है। स्त्रियों में यौन केंद्र अधिक संख्यक और अधिक फैले हुए हैं, इसलिए यह आवेग बहुत आसानी से दूर तथा अचेतन या अर्धचेतन मार्गों से तृप्त हो जाता है। इसके साथ ही यह भी बात जुड़ी हुई है कि प्राचीन परंपराओं ने स्त्रियों को यौन आवेग की अभिव्यक्तियों को घृणित तथा पापमय करके दमन करना सिखाया। इसका नतीजा यह है कि स्त्रियों में यौन आवेग धरातल के नीचे चला जाता है, और वहां रहकर दूर तथा अक्सर अचेतन का अर्धचेतन मार्गों से तृप्ति प्राप्त करता है। फ्रायड ने इसी महान् तथ्य को पकड़ लिया। स्त्रियों में वह यौन विशेषता होने पर भी ऐसा सोचने का कोई कारण नहीं है कि साधारण अवस्था में स्त्री यौन रूप से उदासीन होती है। सभ्य जातियों में जो गरीब होते हैं उनमें भी (कुछ घरेलू नौकरों की बात छोड़ दी जाए तो अब भी कृत्रिम अवस्थाओं में घरेलू जानवरों की तरह रहते हैं) कोई बूढ़ी कुमारियां यानी अविवाहित नौकरानियां नहीं होतीं और उससे यह मालूम होता है (यद्यपि इससे प्रमाणित नहीं होता) कि स्त्रियों के यौन आवेग में कोई त्रुटि नहीं है। पर सभ्य जातियों में प्रकृति, कला, परंपरा, सदाचार और धर्म के सम्मिलित प्रभाव के कारण स्त्रियां जब कुछ हद तक ज्यादा उम्र में पत्नी बनकर आती हैं तो वे अपने दाम्पत्य मिलन के लिए एक हद तक अयोग्य होती हैं, तिसपर यदि वर महोदय में कला या चतुरता का अभाव हो तो उसे कष्ट मिलेगा, उसमें घृणा पैदा होगी या कम से कम इतना तो हो ही जाएगा कि वह उदासीन रहेगी।

अवश्य ही स्त्री में ही इस अवस्था के लिए विविध स्थितियां होती हैं जिनपर प्रत्यक्ष रूप से ध्यान देने की जरूरत है। कई बार हस्तक्रिया तथा समलैंगिक मैथुन के कारण स्वाभाविक मैथुन कठिन या घृणोत्पादक हो चुकता है। संभव है कि यौन अंग

अव्यवस्थित हालत में शायद अवहेलना के कारण और भी खराब हालत में हों। कई बार योनि में अतिसंकोच की प्रवृत्ति होती है। ऐसी अवस्था में स्त्री-रोग-विशेषज्ञ की सहायता लेनी चाहिए। कई बार तो सहायता लेते ही स्वाभाविक यौन भावनाएं जल्दी से और संतोषजनक रूप से विकसित हो जाती हैं और पूर्ण मैथुन संभव होता है। पर स्त्रियों में यौन उदासीनता या सुखानुभूतिहीनता को आरोग्य करने का प्रधान भार साधारणतः पतियों पर ही होता है। रहा यह कि वह भी इस प्रकार की चिकित्सा करने की योग्यता हमेशा रखता ही हो, यह बात भी नहीं है। ऐसा मालूम होता है कि अब भी बाल्जाक के उस कथन में बहुत कुछ सत्य है कि इस मामले में पति की हालत वही होती है जो ओरांग-ऊटांग बंदर के हाथ में बेहाला देने पर होती है। बेहाला में सुखानुभूति नहीं रहती, पर यह शायद बेहाला का दोष नहीं है। इससे यह नहीं कहा जा रहा है कि पति सज्ञान रूप से या जानबूझकर पाशविक होते हैं। हां, कई बार पति महोदय जानकारी न होने से दांपत्य-कर्तव्य समझकर पशुवत् आचरण कर सकते हैं। पर कई बार उसकी अकुशलता में स्त्री के प्रति न्याय करने की वास्तविक इच्छा रहती है। इसमें सबसे दुःखकर बात यह है कि अधिकांश क्षेत्रों में वही पति गंवारू आचरण करता है जो इसलिए गंवारू है कि वह धर्मात्मा और उच्च विचार का रहा है—विवाह से पहले ब्रह्मचारी रहा है और उसने स्त्रियों की प्रकृति या आवश्यकताओं के संबंध में जानने की चेष्टा नहीं की है। इसके साथ ही यह भी सही है कि सबसे सुखी विवाह यानी आजीवन प्रेम-संबंध के विवाह कई बार ऐसे दो व्यक्तियों में हुए हैं जो परस्पर के अलावा किसी को नहीं जानते थे। पर यह मासूमियत एक दुधारी तलवार है, और कई बार इसकी काट भिन्न तरह की होती है।

जब काट भिन्न तरह की होती है तब कई बार ऐसा हो जाता है कि ब्रह्मचर्य से रहनेवाला आदमी विवाह के बाद देखता है कि उसने अपने घरेलू सुख तथा पत्नी के सुख का हनन कर लिया है। यहां यह बता दिया जाए कि जिस व्यक्ति का विवाहपूर्व यौन अभिज्ञताएं वेश्यागमन तक सीमित रही हैं, उनमें भी वाञ्छनीय किस्म की योग्यता नहीं आती; वह या तो विचारहीन भोंडेपन से बर्ताव करता है या वह अपनी पत्नी की पवित्रता के संबंध में अतिरंजित धारणाएं रखता है, जिससे दांपत्य जीवन में गड़बड़ी पैदा हो सकती है।

यह मानना पड़ेगा कि पति का कार्य अक्सर बहुत कठिन होता है। यह कठिनाई इस बात से और भी बढ़ गई है कि सभ्यता की हालतों में स्त्री आपात दृष्टि से बड़ी उम्र तक ब्रह्मचारिणी रहने के बाद शादी करने लगी है। नतीजा यह है कि स्त्री की यौन शक्ति बराबर उत्पन्न होती रही, जो किसी न किसी रूप में काम आती रही। इस दौरान में उसमें कई तरह की आदतें पैदा हो चुकी हैं और उसकी दिनचर्या बन गई है; उसकी सारी स्नायविक पद्धति एक विशेष रूप से ढलकर कड़ी पड़ चुकी है। सेक्स के शारीरिक पहलू का जहां तक संबंध है, अब यौन अंग-प्रत्यंग अपनी स्वाभाविक क्रियाओं और प्रतिक्रियाओं का निर्वाह नहीं कर पाते। स्वभाव आदि बन चुकने की कठिनाइयां अधिक उम्र में मैथुन में दीक्षित होने से कम कठिन नहीं हैं।

यह समझना गलत है कि किशोरावस्था मैथुन के लिए प्रतिकूल अवस्था है और इसमें किसी न किसी प्रकार का नियम में व्याघात होता है; इसके विपरीत सारे प्रमाण यह बताते हैं कि वयस्क स्त्री के मुकाबले में किशोरी स्त्री मैथुन में दीक्षित होने की अधिक योग्यता रखती है। यौन मिलन में विलंब प्राकृतिक तथ्यों पर निर्भर नहीं है, बल्कि सभ्यता की परंपराओं के कारण ही ऐसा होता है। यह सही है कि प्रकृति ने प्राणिशास्त्रीय विकास के दौरान में वयस्कता में विलंब किया है, पर उसका यह उद्देश्य यौवनोद्‌गम को अधिक उम्र में लाकर पुरा होता है और मनुष्य-जाति में यौवनोद्‌गम देर से होता है। सभ्यता की मांग यह है कि यौन मिलन और भी देर में हो, पर इसको कार्यरूप में परिणत करते हुए हम ऐसी बहुत-सी कठिनाइयां मोल ले लेते हैं जिनका केवल कला ही प्रतिकार कर सकती है।

इस प्रकार से यह निश्चित सत्य है कि हम पुरुष के यौनजीवन का तभी नियमन कर सकते हैं जब स्त्री के यौन जीवन पर विचार कर लें। पर इसी तरह यह तथ्य और भी अधिक सत्य है कि यदि हम यौन दिशा में स्त्री के मनोवैज्ञानिक जीवन को समझना चाहते हैं तो हमारी एक आंख हर समय पुरुष पर बनी रहनी चाहिए। स्त्री के यौन जीवन को समझना क्यों जरूरी है इसके कई कारण हैं, जिनमें सबसे बड़ा कारण यह है कि स्त्री का यौन जीवन पुरुष के यौन जीवन पर निर्भर होता है। अन्य कारणों पर पहले ही रोशनी पड़ चुकी है, पर प्रेमकला का यौन मनोविज्ञान में क्या महत्व है, इसको समझने के लिए हमें उन्हें याद रखना चाहिए। पहली बात तो यह है कि यद्यपि यह बार-बार कहा जाता है और इस कथन में कुछ सत्य भी है कि इस मामले में स्त्री ही प्रभुत्व करती है और पुरुष उसके हाथ में महज एक खिलौना होता है, पर यह जड़ की बात नहीं है। बात यह है कि प्राणिशास्त्र की दृष्टि से जिस शृंखला की एक कड़ी है उसमें यौन विषयों में पुरुष ही अधिक क्रियाशील रहता है और स्त्री अपेक्षाकृत निष्क्रिय पात्री होती है। शरीर-विज्ञान की दृष्टि से न सही, शारीरिक क्रिया की दृष्टि से पुरुष देनेवाला है और स्त्री लेनेवाली है। मनोवैज्ञानिक संबंध में अनिवार्य रूप से यह बात प्रतिफलित हुए बिना नहीं रह सकती। यद्यपि परिस्थितियों की भिन्नता के अनुसार इसमें कुछ रद्दोबदल हो सकता है, फिर भी प्रकृति का साधारण ढांचा वही बना रहता है।

दूसरी बात यह है कि प्राकृतिक जांतविक संबंध के अलावा ज्ञात सारे इतिहास की हमारी परंपराएं यौन क्षेत्र में पुरुष की प्रधानता तथा इस विश्वास पर आधारित हैं कि यदि स्त्री का एकमात्र नहीं तो मुख्य कार्य यही है कि वह संतान की गर्भधारिणी है। वह इस हिस्से को अदा करते समय दो कामपूर्ण व्यवहार करती है वह कमोबेश अवैध गौण क्रीड़ा-मात्र है। हमारी सारी सामाजिक संस्थाएं पुरुष की प्रधानता तथा इस साधारण विश्वास पर बढ़ी तथा स्थापित हुई हैं कि विवाह में पुरुष कानूनी रूप से प्रधान होता है और स्त्री को कोई कानूनी दायित्व नहीं होता। यह तो विवाह की बात हुई, पर विवाह के बाहर भी हम यह मानकर चलते हैं कि वेश्यावृत्ति एक स्वीकृत प्रथा है और उसका उद्देश्य पुरुष की कथित आवश्यकताओं की पूर्ति है न कि स्त्री की। हम जानते हैं कि इन सारी बातों में सामाजिक मत तथा कानून बदल रहे हैं, पर प्राचीन संस्थाएं और उनसे भी अधिक उन्हीं में जड़ रखनेवाली भावनाएं तथा मत धीरे-धीरे ही बदल सकते हैं और

परिवर्तनकाल में होते हुए भी हम भूतकाल से बहुत अधिक प्रभावित हैं।

उसके अलावा एक महत्त्वपूर्ण बात और है, जो पहले की बातों से ही उत्पन्न होती है; यद्यपि उसका संबंध स्त्री के मनोवैज्ञानिक क्षेत्र से अधिक अंतरंग है। लज्जा यानी प्राकृतिक लज्जा जो निम्नतर प्राणियों में भी कमोबेश मौजूद है, और बनावटी लज्जा जो सामाजिक फैशन पर निर्भर है और जिसे आसानी से बदला जा सकता है, विशेष रूप से स्त्री के ही गुण है। यहां यह दिखाने का स्थान नहीं है कि यह ऐसा ही है या इस वक्तव्य को विभिन्न रूप से परिवर्तित करने पर तथा इसमें बहुत से 'यदि' और 'किन्तु' जोड़ने पर ही वह असली सत्य प्रकट होता है। मुख्यतः यह संदिग्ध नहीं है और प्राकृतिक अवस्था में स्त्री जिस प्रकार आम तौर से यौन कार्यों में और भी निष्क्रिय भाग लेती है उससे घनिष्ठ रूप से संबद्ध है। हमारी सामाजिक परपंराओं ने इसे और भी बल पहुंचाया। लज्जा को किस हद तक बदला जा सकता है यह उन संस्थाओं की बढ़ती हुई संख्या से पता चलता है जो नंगावाद को लेकर चलती हैं, जिनमें पुरुष और स्त्रियां बिलकुल नंगी हालत में बिना किसी झिझक के सामाजिक रूप से मिलते हैं। हमारी परंपराओं में जो तब्दीलियां हो रही हैं उनसे अभी तक कोई विशेष असर नहीं पैदा हुआ। सच तो यह है कि उनके कारण स्त्रियों में चेतना के अभिव्यक्त तथा सुप्त उपादानों में एक असामंजस्य-सा पैदा हो गया है। स्त्री जिन बातों को भीतर ही भीतर अनुभव करती है तथा चाहती है उन्हें वह जानने के लिए स्वतंत्र है, पर वह साधारण रूप से इन भावनाओं तथा इच्छाओं को मुक्त करके अभिव्यक्त नहीं कर सकती। नतीजा यह है कि आज हममें बहुत-सी ऐसी स्त्रियां मौजूद हैं जो निश्चित रूप से जानती हैं कि वे क्या चाहती हैं, पर साथ ही वे यह भी जानती हैं कि यदि वे उन बातों को स्पष्ट कर दें तो इससे उन्हीं पुरुषों में जो उस ज्ञान को चाहते हैं, विकर्षण नहीं हो गलतफहमी पैदा हो। इस प्रकार हम हर हालत में पुरुषों में ही पहुंच जाते हैं।

ऊपर कही हुई बातों से यह प्रकट होता है कि स्त्रियों के यौन जीवन के संबंध में हमारे सामने दो भिन्न और कई अर्थों में परस्पर-विरुद्ध आदर्श हैं। उनमें से एक हमारी सभ्यता का वह प्राचीन दृष्टिकोण है, जिसके अनुसार स्त्रियों के यौन जीवन में मातृत्व केंद्रीय तथ्य है। यह तथ्य तो ऐसा है जिसे हम अस्वीकार नहीं कर सकते, पर उस धारणा के अनुसार यह भी तो है कि इसके बाहर जो कुछ भी यौन क्षेत्र में आता है उसमें वह पुरुष के अधीन है। यह समझा जाता है कि जिन बातों से मातृत्व का कार्य आगे बढ़ता है उनके अलावा स्त्रियों में कोई यौन आवेग (यदि हो भी तो) नहीं होते। इस के मत अनुसार स्त्री प्राकृतिक रूप से एकगामिनी होती है और पुरुष घर तथा शिशु से बंधा न होने तथा उसका मानसिक दायरा विस्तृत होने के कारण प्राकृतिक रूप से बहुगामी है। इसलिए स्त्री के लिए यौन समस्या बहुत सरल और स्पष्ट है जबकि पुरुष के लिए वह जटिलतर है। यही प्राचीनकाल से लेकर लगभग इस युग तक हितकर और प्राकृतिक सिद्धांत समझा जाता था, चाहे वास्तविक तथ्य इनसे मेल खाएं या न खाएं। एक सौ साल से कुछ कम हुए कि अंग्रेज शल्य-चिकित्सक ऐक्टन ने एक पुस्तक लिखी, जो गत शताब्दी के अंत तक यौन प्रश्नों पर एक आदर्श पुस्तक समझी जाती थी। उन्होंने उस

ग्रंथ में यह लिखा कि स्त्रियों के संबंध पें यह समझना कि उनमें यौन भावना होती है एक बहुत ही नीचतापूर्ण निंदा है। लगभग इसी समय एक अन्य ऊंचे दरजे के चिकित्सा-संबंधी ग्रंथ के रूप में स्वीकृत पुस्तक में यह लिखा गया कि केवल कामुक स्त्रियां ही पति से आलिंगन के सुख के शारीरिक चिन्ह प्रदर्शित करती है। और मजे की बात यह है कि यह असंभव ढंग की मूर्खतापूर्ण उक्तियां साधारण रूप से मान्य थीं।

आज हमारे सामने एक दूसरा ही आदर्श है, जिसमें केवल स्त्रियों और पुरुषों को समान करके देखने की इच्छा ही नहीं बल्कि प्राकृतिक तथ्यों के अनुसार सारी बातें देखने की इच्छा प्रतिफलित है। यहां हम जिस क्षेत्र की बात कर रहे हैं उसके बाहर भी हम पहले की तरह स्त्रियों और पुरुषों में कोई भेदभाव स्वीकार नहीं करते। हां, हम ऐसी भिन्नताओं को स्वीकार करते हैं जो सचमुच मौलिक और असंख्य हैं, पर वे सूक्ष्म भिन्नताएं हैं। उनको स्वीकार करने का अर्थ दो तरह की मानवीय प्रकृतियों की स्वीकृति नहीं है। मानवीय प्रकृति एक ही है, उसमें प्रवृत्तियां कुछ अलग हैं। पुरुष में ये प्रवृत्तियां एक दिशा में परिवर्तन और स्त्री में दूसरी दिशा में परिवर्तन की ओर ले जाती हैं, फिर भी मानवीय प्रकृति में अनिवार्य रूप से वे ही विशेषताएं रहती हैं।

हम पहले ही उस पुरानी उक्ति का उल्लेख कर चुके हैं जिसका बार-बार उल्लेख किया जाता है कि पुरुष बहुगामी है और स्त्री एकगामी। हम यह भी देख चुके हैं कि यह पुरानी उक्ति कहां तक सत्य है। बात यह है कि प्रकृति में जो स्थिति है उसके अनुसार स्त्री के क्षेत्र में यौन मिलन का अधिक गम्भीर परिणाम होता है, इसलिए साथी चुनने में स्त्री अधिक सावधानी बरतती है। यह प्रभेद हमेशा स्पष्ट रहा। फिर भी थोड़ी-सी स्त्रियां ऐसी हैं जो मातृत्व के प्रति उदासीन होने के कारण औसत पुरुष की तरह आसानी से यौन संबंध स्थापित कर सकती हैं, जबकि आम तौर पर स्त्रियां पुरुषों की तरह विविधता पसंद करती हैं और यदि उनसे अच्छी तरह नहीं तो उन्हीं की तरह एक साथ दो व्यक्तियों से प्रेम कर सकती है। अन्य क्षेत्रों की तरह इस क्षेत्र में स्त्रियों और पुरुषों में बहुत कड़े और तगड़े प्रभेद करने का तरीका एक मिनट भी ठहर नहीं सकता, यद्यपि इसकी प्रवृत्ति अभी नष्ट नहीं हुई है। लड़कियों के भी, अपने भाइयों की तरह ही बाप होते हैं और पुरुष की प्रकृति से स्त्री की प्रकृति में भले ही कितने ही छोटे-मोटे प्रभेद हों, वे उसी मौलिक मानवीय प्रकृति को उत्तराधिकार सूत्र में प्राप्त करती हैं। असल में दो प्रकृतियों का सवाल नहीं है, यह जो विरोध है यह दो आदर्शों का विरोध है जो संस्कृति के दो अलग सोपानों के बीच है। आज के परिवर्तन में हम इन्हीं आदर्शों के संघर्ष को देख रहे हैं।

इसीलिए यह उचित है कि हम स्त्री-संबंधी यौन स्थिति का बड़े पैमाने पर बहुत ही नपा-तुला तथा सांख्यिक अध्ययन करें, ऐसा करते समय हम पुरुषों के साथ तुलनात्मक रूप से स्वस्थ या विशेष वर्ग की स्त्रियों का अध्ययन करें। महज दिलचस्प आम ढंग के वक्तव्य, मनोवैज्ञानिकों तथा दूसरे लोगों के कठमुल्लापन से भरे हुए साधारणीकरण जो अनिवार्य रूप से उनके कुसंस्कारों तथा वक्तव्य देनेवाले के सीमित तजुर्बों के रंग में होते हैं, अब कोई महत्त्व नहीं रखते और सौभाग्य से अब ऐसे वक्तव्यों की कोई जरूरत भी नहीं। अब विभिन्न वर्ग के निश्चित आंकड़े एकत्रित किए

जा रहे हैं। सच तो यह है कि अब वे प्राप्त होने लगे हैं और इस प्रकार हमारे सामने कैथराइन बी. डेविस, आर. एल. डिकिंसन और जी.वी. हैमिल्टन आदि योग्य प्रशिक्षित लोगों के द्वारा एकत्रित मूल्यवान् आंकड़े हैं।

प्रश्न यह है कि स्त्रियों में जो अधिक निष्क्रियता दिखाई पड़ती है, क्या उसका अर्थ यह है कि कोई मौलिक भावनागत पार्थक्य है या भौतिक दृष्टि से जरूरतें कुछ अलग हैं। हैमिल्टन, डेविस और डिकिंसन ने इस विषय की अच्छी तरह थाह लेने के लिए एक सुविधाजनक मापदंड यह बनाया कि तुलनात्मक रूप से किस परिमाण में पुरुषों और स्त्रियों में यौन आवेग की आत्ममैथुनिक अभिव्यक्तियां प्रचलित हैं। जब कोई पुरुष या स्त्री कोई आत्ममैथुनिक कार्य करती है तो हम भले ही यह विश्वास करने से अस्वीकार करें कि यह आवेग बहुत ही दुर्धर्ष था, फिर भी हमें मानना पड़ेगा कि सक्रिय यौन इच्छा मौजूद थी। शोधकर्ताओं ने जो आंकड़े प्रस्तुत किए हैं उनमें, जैसाकि हम आशा करते हैं, फर्क है और हमें यह याद रखना चाहिए कि उन लोगों ने जिन पर प्रयोग किए वे किसी भी तरह पूछे गए प्रश्न का उत्तर देने के लिए मजबूर नहीं थे अतः वे कई बार प्रश्नों का कोई उत्तर नहीं देते थे। कुछ लोग यह विचार करेंगे कि इस प्रकार उत्तर न देनेवालों में स्त्रियों का ही अनुपात अधिक होगा। इसलिए यह अर्थपूर्ण है, जैसा कि तीसरे अध्याय में बताया गया है, कि उन लोगों ने अक्सर सक्रिय आत्ममैथुन करना स्वीकार किया। इस प्रकार डिकिंसन को मालूम हुआ कि सब वर्गों की 70 प्रतिशत स्त्रियां यथेष्ट यौन आवेग अनुभव करती थीं और साधारणतः वे आत्ममैथुन भी करती थीं। कैथराइन डेविस ने एक हजार अविवाहित कालेज की स्नातिकाओं पर शोध करके यह पता लगाया कि जिन लड़कियों ने प्रश्न का उत्तर दिया उनमें उन्होंने यह माना कि वे हस्तक्रिया करती थीं; इनमें से आधी ने यह माना कि वे अब भी ऐसा करती हैं। अब भी करनेवाली लड़कियों का स्वास्थ्य उन लड़कियों की तुलना में जो ऐसा करना छोड़ चुकी हैं या जो इस तरफ कभी बढ़ी ही नहीं, अधिकतर प्रतिशत बहुत अच्छा पाया गया। बात यह है कि तगड़ा स्वास्थ्य ही तगड़े यौन आवेग में पुष्पित और पल्लवित होता है।

हैमिल्टन ने औसत से अधिक हैसियत तथा योग्यता रखनेवाले विवाहित लोगों के संबंध में जांच की और वे इस नतीजे पर पहुंचे कि 26 प्रतिशत स्त्रियों ने निश्चित रूप से कहा कि उन्होंने कभी हस्तमैथुन नहीं किया और उन्होंने स्त्रियों में यह प्रवृत्ति पाई (जिसे मैंने भी बहुत दिनों से देखा है) कि स्त्रियां बचपन के बाद भी कई बार पुरुषों की तुलना में अधिक उम्र में इस कार्य को करती हैं। यह देखा गया है कि 25 साल की उम्र के बाद केवल 1% पुरुष इसके शिकार होते हैं जबकि 6% स्त्रियां इस उम्र के बाद इसकी शिकार होती है। और कई बहुत मजेदार तथ्य सामने आए। यह देखा गया कि लोगों को यह काम सिखाया नहीं गया जैसा कि आमतौर से विश्वास किया जाता है। पुरुष और स्त्रियों के अधिकांश क्षेत्रों में यह मालूम हुआ कि उन्होंने खुद-ब-खुद यह काम सीखा था। यह भी अर्थपूर्ण है कि 17% पुरुषों तथा 42% स्त्रियों ने विवाह के बाद हस्तमैथुन करने की बात स्वीकार की है। जिन स्त्रियों ने विवाह के बाद अक्सर ऐसा करने की बात स्वीकार की है उनकी संख्या उसी प्रकार के पुरुषों के बराबर है।

शोध से पता लगता है कि विवाहित पुरुषों में यह टेव कुछ अधिक पाई जाती है। इसका मतलब यह हुआ कि विवाहित पुरुषों में यह काम उसी समय चालू होता है जबकि वे घर से दूर होते हैं या इस किस्म का कोई बाहरी कारण होता है, पर विवाहित स्त्रियों में इसका प्रचलन इस कारण पाया गया है कि उनमें विवाह से असंतोष अपेक्षाकृत अधिक मात्रा में पाया जाता है। इस संबंध में यह भी जानने योग्य है कि पुरुषों में ऐसा विश्वास करनेवालों का अनुपात स्त्रियों से अधिक है जो यह समझते हैं कि यह कार्य शारीरिक या मानसिक रूप से हानिकर है।

ऊपर गिनाए गए तीन शोधकर्ताओं में हैमिल्टन ही एकमात्र अन्वेषक थे जिन्होंने लोगों से सीधे-सीधे यह पूछा कि तुम किस हद तक विवाह से खुश हो। इस प्रकार पतियों में अधिक संतोष होता है या पत्नियों में, इसका तुलनात्मक शोध वे ही कर पाए। उन्होंने जिन लोगों में जांच की उनमें पतियों और पत्नियों की संख्या बराबर थी और शोध का तरीका भी दोनों क्षेत्रों में एक जैसा रहा। उन्होंने विवाह से संतोष को 14 सोपानों मे विभाजित किया था। जब शोध का सारा परिणाम वर्गीकृत किया गया तो मालूम हुआ कि 51% पतियों को संतोष का सातवां उच्चतम सोपान प्राप्त हुआ था, जबकि 45% स्त्रियों को ही यह अवस्था प्राप्त हुई थी। स्त्रियों को एक वर्ग के रूप में लिया जाए तो वे तुलनात्मक रूप से विवाह के मामले में अत्यंत निराश हुई थीं। कैथराइन डेविस ने भी इस परिणाम का समर्थन किया, यद्यपि वह इस संबंध में प्रत्यक्ष रूप से तुलनात्मक शोध नहीं कर सकीं। पत्नियों ने उन्हें बताया कि उनके पति कई बार विवाह से खुश थे, जबकि स्वयं पत्नी विवाह से खुश नहीं थी। मैंने भी अमेरिका तथा इंगालिस्तानी विवाहों पर शोध किए हैं। वे शोध इतने संतोषप्रद नहीं थे, फिर भी जो परिणाम निकला वह उल्लिखित परिणामों से मेल खाता था। प्रभेद उतना अधिक नहीं है, पर इतना तो है ही कि पकड़ में आए।

यह दिन-ब-दिन स्पष्ट होता जा रहा है कि स्त्रियों का कोई विशिष्ट यौन मनोविज्ञान नहीं होता। साधुओं तथा भिक्षुओं ने यह गलत धारणा उत्पन्न की थी, और उसे खत्म करते-करते बहुत समय लग गया है। स्त्रियों और पुरुषों में भिन्नता है और वह हमेशा रहेगी। जब तक पुरुषों और स्त्रियों का शरीर पृथक् रहेगा, तब तक उनका चिंतन भी कुछ न कुछ अलग रहेगा, पर मनोवैज्ञानिक दृष्टि से यह भिन्नता महत्त्वपूर्ण नहीं है। अब हम जानते है कि स्त्रियों और पुरुषों की यौन बनावट वही है और यह पुरानी धारणा कि स्त्रियों के संबंध में इस प्रकार सोचन गलत है, हमें बिलकुल ऊलजलूल मालूम होती है।

हम यह भी देखते हैं कि स्त्रियों के यौन जीवन को मुख्यतः परंपरागत अज्ञान तथा भूतकाल के कुसंस्कारों के कारण ज्यादा हानि उठानी पड़ती है। विवाह में कहां तक संतोष मिला, इस प्रश्न पर स्त्रियों ने पुरुषों से अधिक असंतोष का प्रदर्शन किया है। पुराने जमाने में तो यह कहा जाता था कि पुरुषों ने स्त्रियों की भलाई के लिए उदारता से विवाह-प्रथा का प्रवर्तन किया, पर स्त्रीरोग संबंधी प्रमाणों से कुछ दूसरी ही बात मालूम होती है। डिकिंसन ने 175 ऐसे मामलों के विषय में लिखा है जिनमें स्त्रियों को मैथुन से

कमोबेश कष्ट मिलता था और उन्होंने 120 ऐसे मामलों के संबंध में लिखा जिनमें यौन उदासीनता किसी हद तक पाई जाती थी, यानी मैथुन लगभग कष्टकर था। पतियों के क्षेत्र में इस तरह की किसी स्थिति का पता नहीं है। हां, यह कहा जा सकता है कि कई क्षेत्रों में पत्नी से असंतोष होने के कारण पुरुष उस हद तक नपुंसक हो जाता है। पर यह एक बिलकुल नकारात्मक स्थिति है। कुल मिलाकर स्त्रियों में अधिक असुविधा है, इसमें संदेह नहीं।

कहां तक स्त्रियों की यह असुविधा वस्तुस्थिति के कारण है और कहां तक ऐसी परिस्थितियों के कारण है जिनपर हम नियंत्रण कर सकते हैं? दोनों बातें अंशतः ठीक हैं। दूसरे शब्दों में कहा जा सकता है कि साधारण परिस्थितियों में स्त्रियां यौन संबंध के प्रति मनोवैज्ञानिक तथा शरीर-वैज्ञानिक दृष्टि से कम संतुलन प्राप्त कर पाती हैं। यह एक प्राकृतिक असुविधा है, पर इसे प्रकृति से ही दूर किया जा सकता है। हमारे सामने जो समस्या है वह यह है कि यह आंशिक रूप से प्राकृतिक असुविधा पहले के युगों की तुलना में अधिक पाई जाने लगी है। डा. डेविस ने जिन पर जांच की, उनमें से एक स्त्री ने अपने कष्टकर तजुर्बों का ब्योरा देते हुए कहा—"पतियों को और शिक्षा क्यों न दी जाए?"

ये कष्टकर तजरबे किस प्रकार के हैं, इसका कुछ आभास हमें उन उत्तरों से मिल सकता है जो विवाहित स्त्रियों ने विवाह के प्रति पहली प्रतिक्रिया व्यक्त करते हुए दिए—'मनोरंजन हुआ', 'आश्चर्य हुआ', 'स्तंभित रह गई', 'निराशा हुई', 'डर गई', 'गुस्सा आया', 'अपने को भाग्य पर छोड़ देना', 'मानसिक धक्का लगा', 'दिल बैठ गया'। 173 ने तो यह कहा—'हमने इसे अनिवार्य मानकर ग्रहण किया।' स्वाभाविक रूप से इस प्रकार के उत्तर देनेवाली स्त्रियों में उनकी संख्या अधिक थी जो बिना जाने-बूझे कि विवाह का क्या अर्थ है, उसमें कदम रख चुकी थीं। और इस प्रकार अंत में हम वहीं पहुंचते हैं जहां से हमने शुरू किया था।

पहले के जमाने में सतह पर ही सही, एक यौन संतुलन हो जाता था, क्योंकि स्त्रियों को अपने जमाने के जीवन के साथ तालमेल रखते हुए यह शिक्षा दी जाती थी कि वे विवाह से क्या पा सकती हैं और क्या आशा कर सकती है। इसके विपरीत हाल के जमाने में यदि उन्हें कोई सही या गलत शिक्षा मिली तो उन्हें ऐसी शिक्षा मिली कि वे विवाह से ऐसी बातों की आशा करें जो उन्हें मिलती नहीं हैं। दूसरे शब्दों में स्त्रियों की स्थिति तथा उनके प्रत्येक कार्यक्षेत्र में एक नीरव क्रांति होती रही है। यद्यपि उसका संबंध प्रत्यक्ष यौन क्षेत्र से नहीं है, फिर भी प्रत्येक दिशा से उस आवेग पर उसका असर तो पड़ता ही है। पुरुषों की स्थिति तथा कार्यक्षेत्र में इस प्रकार की कोई क्रांति नहीं हुई है और इसलिए यौन संतुलन का अनिवार्य अभाव रहा है। हम यह तो आशा नहीं कर सकते, न चाह सकते हैं कि स्त्री-जीवन में होनेवाली क्रांति के असरों का निराकरण हो जाए, इसलिए वर्तमान समय की यौन परिस्थिति ऐसी है जिस पर पुरुषों को ही प्रयत्न करना है। नवयुग की पत्नी के सामने पति को भी नवयुग का बनकर आना पड़ेगा।

जैसा मैंने कई बार इस ओर ध्यान दिलाया है कि सब जीवन ही कला है। ऐसे लोगों ने इस वक्तव्य का विरोध किया है जो कला के साथ सौंदर्यानुभूति को गड़बड़ा

देते हैं, जो बिलकुल ही दूसरी बात है। सब सृजन तथा कृति कला की तरह है। यह किसी मनुष्य के क्रिया-कलाप तक ही सीमित नहीं है और शायद सारी प्रकृति के विषय में ही यह बात अज्ञात रूप से सही है। सच्ची बात तो यह है कि जीवन कला है, यह उक्ति बिलकुल रोजमर्रा की मामूली बात हो जानी चाहिए। ऐसा हो भी जाता यदि ऐसे लोग इससे इंकार न करते और उदासीनता के साथ इसकी अवहेलना न करते, जो इसे मानने का दावा भी करते हैं। जो परिस्थिति है उसे देखते हुए यही कहने को जी चाहता है कि यदि जीवन कला है तो अधिकांश रूप में एक बुरी कला है।

जीवन का शायद कोई भी क्षेत्र ऐसा नहीं है जिसमें वक्तव्य को इस रूप में संशोधित करना पड़ता है, जैसे प्रेम का क्षेत्र है। यह अक्सर कहा जाता है कि मादा के मुकाबले में नर में ही प्राकृतिक अवस्था में कला के लिए तुलनात्मक रूप से तगड़ा आवेग पाया जाता है, और इसमें संदेह नहीं कि कई प्राणिवर्गों में ऐसा ही दृष्टिगोचर होता है। चिड़ियों के विषय में सोचते ही पता लगेगा कि यह बात कितनी सत्य है। पर इस प्रकार का साधारणीकरण प्रेम के क्षेत्र में आधुनिक मनुष्य पर लागू है, ऐसा हैमिल्टन, डेविस और डिकिंसन के शोधों से नहीं ज्ञात होता। यह बहुत दुःख की बात है क्योंकि प्रेम यौन संबंध का मानसिक पहलू होने के कारण स्वयं जीवन ही है। इसके बिना, जहां तक हम लोगों का संबंध है, जीवन की ही समाप्ति हो जाएगी। आज हम प्रेमकला के तिरस्कृत, अवहेलित तथा गर्हित समझे जाने के बहुत से धार्मिक, नैतिक, आध्यात्मिक तथा सौंदर्यशास्त्र-संबंधी कारण दे सकते हैं। हम आज यह भी देख सकते हैं कि यह कथित धार्मिक कारण आदि कितने छिछोरे थे। कहना न होगा कि प्रेमकला की उन्नति के लिए इस बात को समझना बहुत जरूरी है। हम जानते हैं कि प्रेमकला की स्थिति उन्नत हो रही है, पर अभी उसकी उन्नति सभी क्षेत्रों में सही ज्ञान पर आधारित नहीं है। कुछ लोगों ने तो सारी समस्याओं का समाधान इस प्रकार कर लिया कि उसे महज एक दिनचर्या का अंग मान लिया। नतीजा यह है कि वे उसपर खाना-पीना या नाच अथवा टेनिस की तरह मनोरंजन से अधिक ध्यान देना उचित नहीं समझते। ऐसा उन्होंने बुद्धिहीन सहजात के कारण नहीं किया, जैसा कि कभी किया जाता था, बल्कि सिद्धांत के नाम पर किया है। ऐल्डस हक्सले जीवन तथा प्रेम में आधुनिक फैशनों के एक बहुत तीक्ष्ण और बुद्धिमान समालोचक हैं, उन्होंने राबर्ट बर्न्स का अनुकरण करते हुए सही ढंग पर कहा है—'योंही बिना किसी आवेग के, ठंडे ढंग से यौन परितृप्ति से बढ़कर कोई भयंकर बात नहीं हो सकती। जब हल्केपन के साथ कामतृप्ति की जाती है तो उसके फलस्वरूप प्रेम आवश्यक रूप से ठंडा हो जाता है और उसमें कुछ दम नहीं रहता।" इसके अलावा यदि हम प्रेम की इस प्रकार बुरी गत कर देते हैं तो उसके बाद तो पुरुष और स्त्री में संतुलन की समस्या को सुलझाने का प्रश्न ही नहीं आता। जिस युग में हम यौन कार्य को महज एक कर्तव्य समझकर करते थे, चाहे हम उसके दौरान में कुछ भावुकता और रोमांस भी पैदा करते, हम प्रकृति से बहुत दूर थे, पर हम यदि इसे दिनचर्या का एक अंग बना लेते हैं या इसे एक मनोरंजन-मात्र समझ लेते हैं तो भी हम प्रकृति से दूर रह जाते हैं। केवल सभ्य मानव में ही नहीं, बल्कि यदि हम स्तनपायी जानवरों के नीचे की सृष्टि में प्रकृति के शरीर-वैज्ञानिक तथ्यों में उतर जाएं तो भी हम देखते हैं कि यह एक ऐसा कार्य है जिसके

करते हुए साधारण रूप से प्रतिरोध का सामना करना पड़ता है और पूर्ण संतोष के साथ इसे करने के लिए आवेग और कला की आवश्यकता होती है। यदि हम किसी न किसी बहाने इस अनिवार्य तथ्य को न मानें तो उसका नतीजा यह होता है कि हमें कष्ट मिलता है।

इसके आगे बढ़ने पर हम प्रेमकला के आरोग्य-संबंधी महत्त्व पर जोर देने के लिए बाध्य होते हैं। प्राचीनकाल में न केवल इस प्रकार जोर देना असंभव था, बल्कि लोग इस विचार को कतई समझ नहीं पाते थे। इस संबंध में प्रेमकला की अवहेलना की जा सकती थी या वह तिरस्कृत हो सकती थी क्योंकि न तो उस जमाने में स्त्रियों की काम-संबंधी आवश्यकताओं पर कभी विचार किया जाता था और न हम उस प्रचलित विचार से मुक्ति पा सकते थे कि पतियों की प्रेम-संबंधी आवश्यकताएं चुपचाप विवाह के बाहर तुप्त हो सकती है। अब इन दोनों मामलों में हमारा रुख बदल चुका है। अब हम यह मानने लगे हैं कि स्त्रियों के भी प्रेम-संबंधी वे ही अधिकार हैं जो पुरुषों के हैं, साथ ही हम यह भी मान रहे हैं कि वर्तमान समय की तरह एकविवाह को नाम-मात्र का न रखकर उसे अंतिम रूप से वास्तविक बनाना है। इस प्रकार से प्रेमकला की चर्चा एकविवाह के अनुशीलन से अच्छेद्य रूप से बंधी हुई है, क्योंकि इसके बिना धारणाओं के अनुसार कोई भी विवाह संतोषजनक नहीं हो सकता। स्थिति तो यह है कि प्रेमकला में कमी न होने पर भी विवाह में बहुत-सी कठिनाइयां पैदा हो सकती हैं।

अपनी सूक्ष्मतम तथा सुंदरतम अभिव्यक्तियों में प्रेमकला पुरुष या स्त्री के अत्यंत अंतरंग व्यक्तित्व का प्रकाशन है। पर इसके निम्नतर सोपानों में यह यौन स्वास्थ्य-विद्या का ही एक प्रसारित रूप है, और इस दृष्टि से यह उस डाक्टर के दायरे में आ जाती है जिससे दांपत्य-जीवन में उठनेवाली कई कठिनाईपूर्ण स्थितियों पर सलाह देने के लिए कहा जा सकता है। यौन स्वास्थ्य-विद्या के प्रतिपादक अब भी प्रेमकला को अक्सर अवहेलना की दृष्टि से देखते हैं पर यह रुख चल नहीं सकता और सच तो यह है कि तेजी से इस रुख का अंत हो रहा है। अब यह कहना संभव नहीं है कि प्रेमक्रीड़ा तथा मैथुन के सारे तरीकों के संबंध में ज्ञान प्रकृति से ही प्राप्त होता है। जैसा कि पाजे ने बहुत पहले ही बता दिया, यह निश्चित है कि सभ्य लोगों को शिक्षा के द्वारा इसका ज्ञान देना पड़ता है। यह और बता दिया जाए कि यह बात बहुत बड़ी हद तक असभ्य जातियों के संबंध में भी सही है और कई जातियों में तो इन मामलों का ज्ञान जीवन में गंभीर रूप से प्रवेश करने के लिए बाक़ायदा दिया जाता है। इसके अलावा अक्सर लोग इस बात को भूल जाते हैं कि जो जातियां प्राकृतिक अवस्था में रहती हैं उनमें अक्सर प्राक्क्रीड़ा पर बहुत ध्यान दिया जाता है और मैथुन के बहुत-से तरीके प्रचलित होते हैं। ये दोनों बातें बहुत ही महत्त्वपूर्ण हैं। मैथुन के पहले प्राक्क्रीड़ा का दीर्घ होना शारीरिक दृष्टि से जरूरी है, जिससे कि यौन उत्तेजना पूर्ण हो। इस प्रकार से मानसिक दृष्टि से भी यह जरूरी है क्योंकि इसके बिना वास्तविक विवाह के लिए आवश्यक प्रेम का आदर्श उपादान विकसित नहीं हो सकता। प्रेमकला की सफलता के लिए इस बात को भी मानना जरूरी है कि मैथुन के बहुत-से तरीके हो सकते हैं, और ये तरीके पापपूर्ण विच्युतियां होने के बजाय विचित्र प्रकारों के स्वस्थ मानवीय दायरे में आते हैं, क्योंकि

अक्सर ऐसा देखा जाता है कि जब एक तरीके से पूर्ण तृप्ति नहीं होती तब दूसरा अधिक सफल होता है। कई बार सालों के प्रयोग के बाद वे स्थितियां तथा तरीके प्राप्त होते हैं जिनसे स्त्री के लिए मैथुन सुखकर या कम से कम सहनीय हो जाए। स्त्रियों में पाई जानेवाली उदासीनता के अधिकतर मामलों में, प्राक्क्रीड़ा पर उचित ध्यान तथा सही आसन आदि के प्रयोग से अधिकांश गड़बड़ी लुप्त हो जाती है।

अब हम यह समझने लगे हैं कि डाक्टर उन बातों की अवज्ञा नहीं कर सकता। स्त्री की पूर्ण यौन परितृप्ति प्रजनन का एक अंग है क्योंकि यह समझना गलत है कि इस कार्य में उसका भाग संपूर्ण रूप से निष्क्रिय है। पहले की पुश्त के एक प्रसिद्ध स्त्री-रोग-विशेषज्ञ मैथ्यूस डंकन ने गर्भाधान को निश्चित बनाने के लिए स्त्री की यौन परितृप्ति को आवश्यक बताया और किश तथा अन्य अधिकारी विद्वानों ने बाद को चलकर इस मत का अनुमोदन किया। जब हम यह देखते हैं कि हजारों बच्चे मां की पूर्ण यौन परितृप्ति के सुख के बिना ही संसार में आए हैं तो इस सिद्धांत पर कुछ संदेह होने लगता है। पर किश ने यह मालूम किया कि बांझपन अक्सर उन स्त्रियों में होता है जो मैथुन में सुख प्राप्त नहीं करतीं। उन्होंने बांझपन के 38% मामलों में स्त्री का सुख न मिलना पाया, पर उन्होंने यह नहीं बताया कि यह औसत रूप में किस हद तक मौजूद है।

जिस प्राथमिक तथ्य पर इस प्रसंग में बार-बार ध्यान आकर्षित किया गया है। वह यह है कि हर बार मैथुन करने के पहले प्राक्क्रीड़ा एक प्राकृतिक बल्कि अनिवार्य मंगलाचरण-सा है। साधारण रूप से इस मामले में पुरुष को ही उस समय आगे बढ़कर क्रियाशील होना पड़ता है जब वह समझता है कि सही मुहूर्त आ चुका है। बात यह है कि यह आशा नहीं की जा सकती कि स्त्री पुरुष को इसकी सूचना दे। यहां यह बता दिया जाए कि यदि स्त्री अधिक क्रियाशील भाग ग्रहण करे तो यह कोई अस्वाभाविक बात नहीं है और सच तो यह है कि स्त्री एकदम निष्क्रिय रहे तो चाहे जितनी ऊंची प्रेमकला हो, वह काम नहीं दे सकती। यदि विशुद्ध शारीरिक दृष्टि से देखा जाए तो जिस समय प्राक्क्रीड़ा के फलस्वरूप स्त्री की जननेंद्रिय सुखानुभूति के कारण ग्रंथिगत क्षरण से आर्द्र हो जाए, उसी समय मैथुन सुखकर होता है। ऐसा न होने पर मैथुन आसान नहीं होता, इसलिए क्षरित द्रव के स्थान पर कई कृत्रिम चीजें इस्तेमाल की जाती हैं। अव्वल तो इसकी जरूरत नहीं होनी चाहिए, पर यदि हो तो उनका इस्तेमाल होना चाहिए।

सभ्यता में अक्सर इन बातों पर कम ध्यान दिया जाता है, पर कम 'आगे बढ़ी हुई' जातियों में यह बात अच्छी तरह समझी जाती है। इस प्रकार ब्रिटिश न्यूगिनी के मेलानेशिया में साथी या साथिन चुनने में बड़ी स्वतंत्रता रहती है बशर्ते कि प्रचलित टोटेम (पशु-पक्षी-प्रतीक) के नियमों और रक्तजनित संबंधों का ख्याल रखा जाए। वहां कई महीनों तक अंतरंगता रहने के बाद ही शादी का प्रश्न उठता है। कई क्षेत्रों में एक रिवाज यह है कि लड़का रात-भर लड़की के साथ आलिंगनबद्ध होकर उसके शरीर के ऊपरी हिस्से को दुलारते हुए सो सकता है। फिर भी बहुत कम क्षेत्रों में यौन संबंध होता है, और यदि होता है शादी हो जाती है। कहना न होगा कि इस पद्धति में कामकला के प्राथमिक सिद्धांत अंतर्निहित हैं।

मैथुन के पहले प्राक्क्रीड़ा में यह प्राकृतिक भी है और वांछनीय भी कि भगांकुर को छुआ जाए, दबाया जाए तथा उसको सहलाया जाए क्योंकि स्त्रियों में पहले से ही यह अंग यौन अनुभूति का मुख्य केंद्रस्थल होता है। कई बार मनोविश्लेषक यह कहते हैं कि किशोरी के लिए यह बात सत्य है और यौवनोद्गम के साथ यौन अनुभूति साधारण अवस्था में भगांकुर से योनिगह्वर में स्थानांतरित हो जाती है। पता नहीं, इस धारणा की उत्पत्ति कहां से हुई। ऐसा मालूम होता है कि अध्ययनकक्ष में इस लालबुझक्कड़ी का उद्भव हुआ। कुछ भी हो, स्त्रियों के संबंध में जरा भी वास्तविक ज्ञान से यह अज्ञान दूर हो सकता था। भगांकुर यौन अनुभूति का स्वाभाविक केंद्रस्थल है और वह इसी रूप में यदि एकमात्र केंद्रस्थल नहीं तो मुख्य केंद्रस्थल के रूप में कायम रहता है। मैथुन के आरंभ के साथ-साथ योनि-गह्वर का सुखकेंद्र के रूप में परिणत होना स्वाभाविक है पर इस संबंध में स्थानांतरण की बात करना गलत है। डिकिंसन की तरह प्रामाणिक स्त्रीरोग-विशेषज्ञ का यह बहुत सही कथन है कि अधिकांश स्त्रियों को भगांकुर के क्षेत्र में दबाव पड़ने से ही पूर्ण परितृप्ति होती है और यह बिल्कुल स्वाभाविक है।

मैथुन में आसन के संबंध में यह समझा जाता है कि इसका एक ही आसन है, जिसमें स्त्री चित लेटी होती है और बाकी सब आसन पापपूर्ण नहीं तो अप्राकृतिक जरूर हैं। पर यह गलत है। मानवीय इतिहास के एकखास अध्याय में या किसी एक जाति में यदि कोई रिवाज हो तो उसे दूसरे युगों तथा दूसरी जातियों के लिए नियम नहीं मान लेना चाहिए। मैथुन के उपलब्ध चित्रों में जो सबसे पुराना चित्र है वह पुराप्रस्तर-सोलुट्रियन युग का है, और डोरडोनी में पाया गया है। उसमें पुरुष चित्त लेटा हुआ और स्त्री बैठी हुई दिखाई गई है। वर्तमान युग में विभिन्न जातियों में तरह-तरह के आसन प्रचलित हैं। वानडेवेल्डे का कहना है कि यूरोपियनों में पतिगण इस बात को बिलकुल नहीं समझते कि दांपत्य-शय्या की एक-रसता विभिन्न प्रकार के आसनों से दूर की जा सकती है, और यदि वे इसे समझ भी जाएं तो वे तैश में आकर इसे कामुकतापूर्ण करार देकर दूर कर देते हैं। इस संबंध में और भी गंभीर बातें हैं। प्रश्न केवल आसन बदलकर नयापन लाने का नहों है, बल्कि कई क्षेत्रों में तो मामला बहुत ही दूसरे ढंग का होता है। कुछ स्त्रियों के लिए कई बार प्रचलित आसन कठिन और असहनीय हो जाते हैं, जबकि दूसरे और शायद अप्रचलित आसन आसान और सुखकर हो सकते है।

यदि यौन संबंधों को विस्तृत अर्थ में पर शारीरिक दायरे के अंदर ही लिया जाए तो यह हमेशा याद रखना चाहिए कि जिससे दोनों पक्षों को आनंद तथा तृप्ति मिले वह अच्छा और सही है और सबसे अच्छे अर्थ में भी स्वाभाविक है, बशर्ते कि (जैसा कि सहीदिमाग और स्वस्थ लोगों में नहीं होगा) किसी को कोई नुकसान न पहुंचाया जाए। लिंग-चुंबन तथा योनि-चुंबन इस प्रकार के संपर्कों में गिनाए जा सकते हैं। इसके लिए अक्सर स्वतः स्फूर्त रूप से ऐसे लोगों में भी आवेग उत्पन्न होता है जिन्होंने इनके संबंध में कभी सुना नहीं है। कमजोर स्नायुवाले तथा विकेकयुक्त व्यक्ति अक्सर ऐसा पूछा करते हैं कि यौन परितृप्ति का यह और वह तरीका गलत और हानिकर है या नहीं? कई बार जब लोग स्वतः स्फूर्त रूप से ऊपर बताई गई बातों को अपनाते हैं तो उन्हें एक धक्का-सा लगता है और

ऐसा मालूम होता है कि उन्होंने कुछ असुंदर बात कर दी। ऐसे लोग यह भूल जाते हैं कि मैथुन के जो स्वीकृत तरीके हैं वे भी मुश्किल से ही सुंदर कहे जा सकते हैं। लोग यह नहीं समझते कि प्रेम का एक ऐसा क्षेत्र है जिसमें विज्ञान या सौंदर्यशास्त्र के निर्जीव तथा बाल की खाल निकालने वाले दृष्टिकोण अप्रासंगिक हैं, जब तक कि उनका संपर्क और भी विशिष्ट रूप से मानवीय भावों के साथ न हो। इस मामले में जो लोग महज स्वरूप पर जान देते हैं उनका उद्देश्य अच्छा होने पर भी वे अज्ञ होते हैं; इस कारण वे गड़बड़ा जाते हैं, उन्हें हम शेक्सपियर के उस ज्ञान-गर्भ वाक्य की याद दिला देना चाहते हैं—"प्रेम अधिकतर ज्ञान के साथ वार्ता करता है और ज्ञान प्रियतम प्रेम के साथ।"

हैमिलटन ने जिन 100 विवाहित स्त्रियों पर शोध किया वे बिलकुल स्वस्थ और सहीदिमाग होने के साथ ही अच्छी सामाजिक हैसियतवाली थीं। उन्हें यह मालूम हुआ कि उनमें से 13 को लिंग-चुंबन, योनि-चुंबन या दोनों का तजरबा रहा है। पर किसी भी क्षेत्र में कोई बुरा नतीजा नहीं देखा गया। हैमिल्टन ने इसपर बुद्धिसंगत रूप से यह उपसंहार निकाला है कि प्रेमक्रीड़ा में कोई भी बात मनोवैज्ञानिक रूप से निषिद्ध नहीं है, बशर्ते कि कुछ बातें न हों, जिनमें से सबसे महत्त्वपूर्ण बात यह है कि शारीरिक ढांचे को कोई नुकसान न हो और कोई गंभीर अपराध करने की प्रतिक्रिया बाद को दोनों में से किसी के मन में न आए। यह बात महत्त्वपूर्ण है। हैमिल्टन ने यह लिखा है कि उन्हें कुछ सरल व्यक्तियों की बात मालूम है जो इस प्रकार की 'विच्युतियों' का मजा लेते रहे क्योंकि उन्हें मालूम नहीं था कि दूसरों लोगों को यह बात कितनी भयंकर और आपत्तिजनक मालूम होती है। जब मालूम हुआ तो उन्हें एकाएक यह विश्वास हो गया कि वे बहुत घृणित और गर्हित कार्य करते रहे हैं, इसलिए उनमें गंभीर मानसिक गड़बड़ी का सूत्रपात हुआ। उससे यह अच्छी तरह पता चलता है कि इन मामलों में स्वस्थ विचार प्रचारित करने की कितनी जरूरत है। डिकिंसन की तरह बुद्धिमान् तथा तजुर्बेकार स्त्री-रोग-विशेषज्ञ का यह कहना है कि स्त्री को यह आश्वासन देना चाहिए कि कामवासना के पूरे दायरे में कोई भी बात ऐसी नहीं है जो आध्यात्मिक प्रेम के उच्चतम आदर्शों के साथ असामञ्जस्यपूर्ण हो, और व्यवहार की पूर्ण पारस्परिक अंतरंगता पति और पत्नी में सही है।

इस सरल उपक्रमणिका में हमसे यह आशा नहीं की जा सकती कि हम प्रेमकला पर ब्योरेवार विचार करें, पर इतना तो बता ही देना चाहिए कि यह कला केवल प्रेम के शारीरिक पहलुओं तक सीमित नहीं है। यह एक कला है और उस हालत में भी कठिन है जिस हालत में कि दैहिक प्रेम का प्रत्यक्ष संबंध नहीं है या यह पृष्ठभूमि में चला गया है या जब दैहिक संबंध होते ही नहीं हैं। आदर्शों के संबंधों में मौलिक एकता स्थापित होने पर भी वैयक्तिक स्वतंत्रता को मानकर चलना पड़ेगा, साथ ही यह समझना पड़ेगा कि रुचि तथा प्रवृत्तियों की भिन्नता है। हर समय परस्पर का ध्यान रखना पड़ेगा। यह मान लेना पड़ेगा कि दूसरे में जो दोष तथा कमजोरियां हैं वे अपने में भी हैं। कभी न कभी ईर्ष्याजनक बातें किसी न किसी रूप में सामने आएंगी, ऐसी हालत में उनपर विजय पाप्त करनी पड़ेगी, यद्यपि ईर्ष्या प्रकृति में अंतर्निहित-सी है। यौन प्रवृत्ति के संकीर्ण दायरे के बाहर इस प्रकार की न जाने कितनी ही कठिनाइयां हैं। इन कठिनाइयों में

संतुलित व्यवहार करना, चाहे वे कठिनाइयां कितनी बड़ी हों, कामकला का एक अंग है। यदि इनमें से किसी भी क्षेत्र में अकृतकार्यता हुई तो वह दुख का कारण हो सकती है और संभव है कि उससे जीवन की सारी कला में ही कमजोरी आ जाए।

दांपत्य जीवन का अर्थ क्या है, इसे उसकी समग्रता में समझने के लिए हमें दांपत्य-संबंध के विषय में एक विस्तृत दृष्टिकोण अपनाकर ही चलना है, यह तो साफ ही है। सारी बातों में संतोष और तृप्ति वैयक्तिक कल्याण के लिए अनिवार्य है। ऐसा होने पर दोनों रोग से बचे रहते हैं। इसके अलावा इसका सामाजिक महत्त्व भी कम नहीं है क्योंकि संतुलित व्यवहार यह सूचित करता है कि दोनों के इस बंधन में चिरस्थायी होने की संभावना है।

1908 में फ्रायड ने यह कहा था कि चिकित्सक का काम यह नहीं है कि वह सुधार के प्रस्ताव लेकर सामने आए। अब यह धारणा बहुत पुरानी समझी जाती है, जैसा कि जान पड़ता है कि स्वयं फ्रायड़ ने बाद को चलकर समझ लिया; क्योंकि तबसे उन्होंने जीवन के बृहत्तर प्रश्नों पर चिंतन किया। आज हम इस बात को खुले तौर पर कह सकते हैं (यद्यपि यह एक तरह से चिकित्सा की आदिम धारणा को उलट देना होगा) कि अब चिकित्सकों का काम यह नहीं है कि वे बुराइयों को सुरक्षित रखें ताकि वे उसमें टीमटाम कर सकें। आरोग्यशास्त्र के प्रत्येक विभाग में और अब अंत में चलकर उनमें से सबसे अंतरंग विभाग में हमारा यह कार्य है कि जीवन को इस प्रकार संतुलित करें कि यदि संभव हो तो ये बुराइयां पैदा ही न हों। जिस क्षेत्र पर हम विचार कर रहे हैं, उस क्षेत्र का यह तकाजा है कि चिकित्सक विस्तृततर ज्ञान प्राप्त करे और कुशाग्र बुद्धि से काम ले।

सहायक पुस्तक-सूची

जूल्स गेयट—A Ritual for Married Lovers (Part translation of Breviaire de l' Amour Experimental, by Gertrude M. Pinchot)

हैवलाक एलिस—'The Art of Love', Studies in the Psychology of Sex, Vol. VI; also Vol. III.

हेलेना राइट—The Sex Factor in Marriage.

वान डे वेल्डे—Ideal Marriage.

ऐक्सनर—The Sexual Side of Marriage.

डब्ल्यू. एफ.रोबी—The Art of Love.

आर. एल. डिकिन्सन—Premarital Examination as Routine Preventive Gynaecology.

डगलस ब्रायन—'Bisexulity', International Journal of Psycho-analysis, April, 1930.

किश—Sexual Life of Women.

सी. जी. सेलीमन—The Melanesians of British New Guinea.

अध्याय-8

उपसंहार

यौन आवेग की गतिशील प्रकृति

सभ्य सामाजिक जीवन की साधारण अवस्थाओं में तीन ऐसी धाराएं हैं जिनके जरिये यौन शक्ति परिचालित की जा सकती है : (1) हम सारी ऊपरी अभिव्यक्तियों से दबकर यौन आवेग की अपनी गतिशील शक्ति को—स्वाभाविक या अस्वाभाविक चाहे मार्ग में, जिधर भी वह जाए—बिखरने दे सकते हैं। (2) हर सामयिक या महज यदा-कदा होने वाले यौन संबंधों से संतुष्ट रह सकते हैं। वेश्यागमन इनमें से एक अतिपरिचित रूप है। (3) हम विवाह कर सकते हैं। यानी हम यौन संबंध का एक तरीका अपना सकते हैं जिसका उद्देश्य यह है कि हो सके तो यह संबंध स्थायी हो और यौन संबंधों से परे दूसरे संबंध उत्पन्न हों। कोई चाहे किसी धर्म या नैतिक सिद्धान्त का माननेवाला हो या यही क्यों, वह चाहे धर्म या नैतिक सिद्धान्त न माने, फिर भी इसमें सन्देह नहीं कि बच्चे न होते हुए भी तीसरी स्थिति को अपनाने पर ही जीवन सबसे अधिक ऐश्वर्यशाली हो सकता है और उसमें गहराई आ सकती है। इस प्रकार से यह मार्ग सबसे अच्छा है पर साथ ही यह एक कठिन मार्ग है। हम इस पुस्तक के दौरान में देख चुके हैं कि जो लोग स्नायविक रोग से पीड़ित हैं, केवल वे ही नहीं बल्कि स्वस्थ व्यक्तियों के लिए भी यौन कार्यकलाप खतरे से खाली नहीं हैं। इसका आंशिक कारण यह है कि दूसरे आवेगों के मुकाबले में यौन आवेग तुलनात्मक रूप से देर में पूर्ण विकसित होता है, यद्यपि इसका प्रारंभ बहुत पहले ही होता है, और इसका आंशिक कारण यह है कि इस आवेग की प्रकृति बहुत जबरदस्त होती है। एक आंशिक कारण यह भी है जो अन्य कारणों से किसी प्रकार कमजोर नहीं है कि धर्म, नीति-शास्त्र, कानून और परम्परा ने यौन क्षेत्र में बहुत बड़े नियम बना रखे हैं। इस क्षेत्र में हर समय बहुत सजग और बुद्धिमत्तापूर्ण ढंग से सफाई तथा आरोग्य के नियमों को बरतना चाहिए। यह इसलिए और भी जरूरी है कि जब इस संबंध में कोई त्रुटि होती है तो ऐसी स्थितियां पैदा हो जाती हैं जिनको वश में लाना हर समय डाक्टर की सामर्थ्य से बाहर होता है। हमें यह समझना चाहिए कि यौन

आवेग भीतर से उत्पन्न होनेवाले शक्तिशाली खमीरों से उत्पन्न होनेवाली एक शक्ति है जो ऐसे अनन्त, स्वस्थ और रोगग्रस्त, स्वाभाविक और अस्वाभाविक स्वरूप धारण कर सकती है जो यौन रूप में बिलकुल पहचान में नहीं आते। इन्हें हम कुछ हद तक नियन्त्रित या नियमित कर सकते हैं, पर इन्हें दमित करना हमारे वश की बात नहीं है। अब तक यौन आवेग के संबंध में इस प्रकार की क्रान्तिकारी घोषणा अस्पष्ट रूप से ही थी। अर्धशताब्दी पहले ऐनस्टी ने बाद को चलकर न्यूरस्थिनिया नाम से परिचित रोग की व्याख्या करने में कुछ ऐसी बातें कहीं, जेम्स हिण्टन ने विशेषकर इसके नैतिक पहलुओं को विकसित किया। आत्ममैथुन की धारणा में यह अन्तर्निहित है, फ्रायड ने अनन्त सूक्ष्म रूपों में इस पर विवेचन किया है।

मैंने यौन कर्मशक्ति को तगड़े खमीरों से उत्पन्न एक शक्ति के रूप में कहा है। यह अस्पष्ट है। यदि हम इसकी पहले से अधिक स्पष्ट रूप में व्याख्या करना चाहें तो हम ऐसा कह सकते हैं कि काममय व्यक्तित्व मस्तिष्क, क्षरण-ग्रन्थियों की पद्धति तथा स्वयंचालित स्नायु-यन्त्र के त्रिभुजात्मक मिलन पर निर्भर है। स्वयंचालित स्नायु-यन्त्र की बात प्रमुखता के साथ सामने नहीं आई, पर यहां इसका महत्त्व बता देना जरूरी है। इसमें हजम करानेवाली, रक्त को परिचालित करने वाली, सांसवाली, पेशाबवाली पद्धतियां एवं क्षरण-ग्रन्थियां तथा उनकी गैंगलियोनिक स्नायविक पद्धतियां आ जाती हैं। इस प्रकार से यह यन्त्र उस प्रक्रिया को नियन्त्रित करता है जिसे जीवन की मौलिक क्रिया कहा जा सकता है। केम्फ ने व्यवहार की नियामक शक्ति के रूप में स्वयंचालित पद्धति के महत्तव पर बहुत जोर दिया है। उनका कहना है कि यह यन्त्र परिस्थितियों के अनुसार ग्रहण करनेवाली तथा बचाव करनेवाली वृत्तियों को काम में लाता है। जब आदिम स्वयंचालित पद्धतियों से युक्त प्राणी तनाव की परिस्थिति में पड़ जाते थे तो वे अपनी रक्षा करना चाहते थे, और जब वे अपनी रक्षा कर पाते थे तो उनके यह तनाव बाद को उत्पन्न होनेवाले उच्चतर प्राणियों में संचरित हो गए। इस प्रकार से भीतर-भीतर होनेवाली क्रियाओं के कार्य-कारणों तथा मानसिक रूप से होनेवाले कार्य-कारणों को हम एक पंक्ति में रखकर यह समझ सकते हैं कि किस प्रकार से व्यक्ति एक इकाई के रूप में काम कर रहा है।

इन बातों को समझ जाने पर हम ज्ञान तथा इच्छाओं की धारणा को और अच्छी तरह समझ जाते हैं। इसे हम जिजीविषा या लिबिडो कहना पसंद करेंगे। इसे शोपेनहावेर की भाषा में इच्छाशक्ति भी कहा जा सकता है, जिसका हवाला यौनआवेग के दार्शनिक दिया करते हैं। कार्लाइल ने बहुत पहले ही लिखा था—"शायद सबसे पहले जिस प्रख्यात देवता की बात सुनाई पड़ती है, वह है भगवती इच्छा जिसका कि ग्रिम नामक जर्मन वैयाकरणिक ने पता लगाया है।"

फ्रायड ने 1912 से लेकर बराबर अपनी अनुकरणीय सुंदर भाषा में उन विविध परिस्थितियों का वर्णन किया है जिनमें यौन जीवन की कठिनाइयों से स्नायविक गड़बड़ी पैदा हो सकती है। उनकी व्याख्या बहुत महत्वपूर्ण है क्योंकि मनोविश्लेषण-संबंधी जो अनेक विवादग्रस्त सिद्धान्त हैं उनमें स्वतन्त्र रूप से उनकी

व्याख्या विद्यमान है। फ्रायड स्वयं मानते थे कि जो विशेष मामले डाक्टर के सामने जांच के लिए उपस्थित होते हैं उनका मामलेवार वर्गीकरण संतोषजनक नहीं कहा जा सकता क्योंकि विभिन्न समयों में एक ही मामला बिलकुल भिन्न परिस्थितियों को प्रतिफलित कर सकता है, बल्कि कुछ हद तक तो एक ही साथ भिन्न स्थितियों को प्रतिफलित करता है। हां, इस वर्गीकरण से एक लाभ होता है, वह यह है कि इन स्थितियों का ज्ञान हो जाता है इस प्रकार चार टाइप सामने आते हैं। (1) स्नायविक गड़बड़ी कर सबसे सरल और बहुतायत से पाया जानेवाला कारण यह है कि प्रेम में प्रत्याख्यान का सामना हुआ हो। सब लोग एक न एक हद तक इसके शिकार होते हैं। पात्र तब तक बिलकुल स्वस्थ होता है जब तक कि बाहरी जगत् के एक वास्तविक पात्र (या पात्री) में उसकी प्रेमेच्छा परितृप्ति होती है। वह तभी स्नायविक रोगी हो जाता है जब कि वह बिना उपयुक्त क्षतिपूर्ति के इस पात्र से वंचित किया जाता है। ऐसी हालत में यौन आवश्यकताओं की अपरितृप्ति के बावजूद स्वास्थ्य कायम रखने की दो सम्भावनाएं हैं, या तो मानसिक तनाव व्यावहारिक जगत् में कार्य करने की ओर परिचालित हो और अंततोगत्वा वास्तविक कामपरितृप्ति हो, या यदि इस प्रकार के संतोष को त्याग कर दिया जाए तो निरुद्ध वासनाओं का ऐसी कर्मशक्ति में उदात्तीकरण हो जो कामेतर लक्ष्य की ओर परिचालित हो। इस प्रक्रिया में एक संभावना यह है, जिसे सी. जी. जुंग अन्तर्मुखिता कहते हैं, यानी निरुद्ध यौन आवेग उदात्तीकृत होने के बजाय वास्तविक परितृप्ति की धाराओं से हटकर काल्पनिक धाराओं में प्रवाहित हो, जंहां वह स्वप्नेच्छाओं के सृजन में व्यस्त हो जाए। (2) दूसरे टाइप के व्यक्ति बाहरी जगत् के किसी ऐसे परिवर्तन के कारण नहीं, जिसके कारण परितृप्ति का मार्ग छोड़कर त्याग का मार्ग अपनाना पड़े, बल्कि बाहरी जगत् में तृप्ति-प्राप्ति करने के अपने भीतरी प्रयासों से ही रोगग्रस्त हो जाते हैं। ऐसा व्यक्ति उन आन्तरिक कठिनाइयों को जिन्हें कि वह वास्तविक जगत के साथ अपने को संतुलित करने में अनुभव करता है तथा यौन परितृप्ति, जिसके लिए वह अभी तक अयोग्य है, प्राप्त करने के स्वाभाविक तरीके को पा जाने के प्रयास में अव्यवस्थित हो जाता है। (3) तीसरा टाइप उन लोगों का है जिनमें विकास के निरोध के कारण तरह-तरह की गड़बड़ियां उत्पन्न होती हैं। सच पूछा जाए तो यह टाइप दूसरे टाइप का ही उग्र रूप है और उस पर अलग विवेचन करने का कोई सैद्धान्तिक कारण नहीं है। उसकी यौन तृप्ति ऐसे बचकाना उद्देश्यों से बंधी होती है जो अब उसके विकास के सोपान से ताल-मेल नहीं खाते और इस प्रकार से उन पुराने पड़े हुए बचकाने आवेगों पर रोकथाम करने के प्रयास में एक संघर्ष की उत्पत्ति होती है। बात यह है कि ये बचकाने आवेग अब भी सिर उठाकर तृप्ति का मार्ग खोजते रहते हैं। (4) चौथे वर्ग में वे व्यक्ति आते हैं जो पहले स्वस्थ थे, पर बाद को चलकर (यद्यपि इस बीच में बाहरी जगत् के साथ उनके संबंध में कोई परिवर्तन नहीं आया है) रोगग्रस्त हो जाते हैं। और भी ध्यान से जांच करने पर यह मालूम होता है कि ऐसे क्षेत्रों में जीववैज्ञानिक कारणों से, जैसे यौवनोद्‌गम या रजोनिवृत्ति के फलस्वरूप यौन वासना

की मात्रा में कुछ परिवर्तन हुआ है। केवल इतने ही से स्वास्थ्य का संतुलन बिगड़ जाता है और स्नायविक रोग उत्पन्न हो जाता है। बाहरी कारणों से यौन आवेग को निरुद्ध करने से रोग की हालत पैदा हो जाती है। ऐसे क्षेत्र में यौन वासना की मात्रा मापनीय तो नहीं है, गड़बड़ी इस कारण होती हैकि तुलनात्मक रूप से परिवर्तन हुआ है और तुलनात्मक रूप से परिवर्तित इस मात्रा के संघर्ष में व्यक्ति भारग्रस्त हो जाता है।

यद्यपि इस प्रकार के सूक्ष्म विश्लेषणात्मक वर्गीकरण को चिकित्साशास्त्र की दृष्टि से वस्तुगत रूप से सही नहीं कहा जा सकता, फिर भी उसमें सुविधाजनक रूप से वे भिन्न-भिन्न स्थितियां आ जाती हैं जिनपर हम विचार करते रहे हैं। इससे वे विधियां मालूम हो जाती हैं जिनसे स्नायविक तथा मानसिक क्षेत्र की विभिन्न यौन गड़बड़ियों का इलाज हो सके और इससे भी अधिक यौन जीवन के आरोग्यशास्त्र का पता लगता है।

व्यक्ति का गठन चाहे कितना स्वस्थ हो, यौन जीवन की अनिवार्य कठिनाइयों तथा परिस्थितियों में होनेवाले बाहरी और भीतरी परिवर्तनों के प्रति निरंतर होनेवाले संतुलनों के कारण उस प्रकार की कठिनाइयां हो जाती हैं जिनपर हम विचार कर चुके हैं। यदि उत्तराधिकारसूत्र से कुछ रोगग्रस्त प्रवृत्ति प्राप्त हुई हो तो कठिनाइयां और भी बढ़ जाती हैं। यौन आवेग एक शक्ति है और कुछ हद तक एक अपरिमेय शक्ति है और इस शक्ति को परिचालित करने के संबंध में मनुष्य का संघर्ष—जब कि मनुष्य और यह शक्ति बराबर परिवर्तित हो रही है, साथ ही जिन परिस्थितियों में वे क्रियाशील रहती हैं वे भी परिवर्तित हो रही हैं—खतरों से पूर्ण हैं। यहां तक कि जब आवेग स्वाभाविक है और हर हालत में स्वाभाविक रहना चाहता है तब भी ये खतरे सामने आते हैं।

उस हालत में परिस्थिति जटिल हो जाती है जबकि आवेग अस्वाभाविक होता है। अस्वाभाविक से यहां मतलब केवल यह नहीं कि मात्रा अत्यधिक हो या आवेग अनुचित मार्गों में प्रवाहित हो बल्कि जब यह निश्चित रूप से अस्वाभाविक रूप धारण कर ले, और जिस सीमा तक यौन आवेग के रूपों को जन्मजात कहा जा सकता है, उस सीमा तक यह अस्वाभाविकता जन्मजात कही जा सकती है।

यह अब तक अच्छी तरह स्पष्ट हो गया होगा कि यद्यपि हम सेक्स शब्द या जिसे फ्राइड लिबिडो या जिजीविषा कहते हैं उसकी सही परिभाषा किए बगैर ही चल रहे हैं, फिर भी ज्यों-ज्यों हम इस शब्द का परीक्षण करते हैं त्यों-त्यों यह विस्तृत होता जाता है। स्वयं फ्रायड बराबर जिजीविषा की विस्तृततर धारणा का प्रतिपादन करते रहे। उनके कुछ भूतपूर्व शिष्य और मनोविश्लेषक सेक्स के आवेग के दायरे को इतना घटा देते हैं कि उसमें साधारण रूप से समझी जानेवाली धारणा का बिलकुल निराकरण हो जाता है। इसी प्रकार से एफ. एल. वेल्स कामात्मक के स्थान पर हेडोनिक यानि सुखात्मक (हेडोन शब्द का अर्थ ग्रीक भाषा में 'सुख' है) और आत्मकामात्मक या आत्ममैथुनिक शब्द की जगह आत्मसुखात्मक शब्द की सिफारिश करते हैं। सिरिल बर्ट के अनुसार जिजीविषा का यह विस्तार मनोविज्ञान की साधारण प्रवृत्ति के मुताबिक है। अब मनोविज्ञान में वे अन्तर्निहित प्रवृत्तियां, जिन्हें हम अपने इतर प्राणी पूर्वपुरुषों में उत्तराधिकार सूत्र से प्राप्त

करते हैं, एक ही जीवन-आवेग के महज विशिष्ट रूप से समझी जाती हैं। मैक्डूगल ने सहजातों-सम्बन्धी अपने सीमित विचार को अब विस्तृत कर दिया है; अब वे उन्हें सब जीवित प्राणियों को संजीवित करनेवाले महदुद्देश्य के अंग के रूप में एकीभूत करने के लिए लगभग तैयार है। उनके अनुसार इस महान् उद्देश्य के लक्ष्य की हम बहुत अस्पष्ट रूप से धारणा और वर्णन इस रूप में कर सकते हैं कि जीवन को चिरस्थायी बनाना है और उसकी वृद्धि करनी है।

इस संबंध में यह जानना दिलचस्प है कि जुंग ने पहले के फ्रायडीय पूर्णतः यौन अर्थयुक्त जिजीविषा के अर्थ का जो विस्तार किया और जिसके कारण उसकी बड़ी आलोचना हुई, वह वास्तव में आवेग या वासना के मौलिक प्राचीन अर्थ में प्रत्यावर्तन-मात्र था। इस प्रकार से यह शोपेनहावेर की इच्छा या बर्गसां के 'एलांवीताल' या जीवनवृत्ति के साथ एक पंक्ति में है। बर्ट ने इसकी व्याख्या करते हुए कहा है कि यह सब सहजातों से आनेवाली सामान्य संज्ञानात्मक शक्ति है।

यदि हम सहजात शब्द का प्रयोग करें तो यह बता दिया जाए कि सहजात को भाव के मुकाबले में अधिक आदिम तथा मौलिक मानना ही उचित होगा, न कि जैसा कई बार किया जाता है, भावात्मक गुणों को सहजात के केन्द्रीय भाग के रूप में समझा जाए। गार्नेट के साथ हम शायद ऐसा कर सकते हैं कि जहां सहजातों का सामना है, वहां हम अपने को भावात्मक पद्धतियों के सामने न समझकर संज्ञानात्मक पद्धतियों के सामने समझें। यह संयुक्त आवेग मौलिक संज्ञान-संबंधी है।

1918 में फ्रायड ने यह सुझाव रखा था कि जीवन में जो सहजात्मक घटक हैं वह मन के उस तलदेश-स्थित भाग का उत्पत्ति-केन्द्र बन सकता है जिसे वे अवचेतन के रूप में इतना प्रभावशाली मानते हैं। यह एक आदिम तरह की मानसिक क्रिया होगी, जिसपर मानवीय बुद्धि की परत चढ़ी हुई है, जो इतर प्राणियों में प्राप्त होनेवाले सहजातात्मक ज्ञान से मिलती-जुलती है। फ्रायड के अनुसार अवदमन का अर्थ इस सहजात्मक सोपान में प्रत्यावर्तन है और मनुष्य को अपनी नई प्राप्तियों का दाम स्नायविक रोग की कर्जदारी के खाते में नाम लिखाकर चुकाना पड़ता है।

इस प्रकार से हम अभिव्यक्ति और अवदमन के उस छन्दयुक्त संतुलन में पहुंचते हैं जो हमारे सभ्य जीवन का इतना प्रमुख भाग है और सभ्य जीवन ही क्यों, मनुष्येतर प्राणी में भी यह देखा जा सकता है। जैसा कि मैंने पहले ही बता दिया, अपने विशेष तजरबों के अनुसार मनोरोगविश्लेषकगण अक्सर इसमें स्नायविक गड़बड़ी की संभावना को ही मुख्य रूप से देखते हैं।

यह अच्छी तरह समझ लेना चाहिए कि स्वस्थता के दायरे में और स्वस्थ शरीर में अभिव्यक्ति और अवदमन की क्रीड़ा हितकर और अहानिकर होती है, बल्कि यह धूप-छांह जीवन के विकसित स्वरूप के लिए आवश्यक है। ऐसा समझना गलत है बल्कि सत्य का अपलाप है कि अवचेतन हमेशा या यहां तक कि अक्सर सचेतन जीवन के साथ संघर्ष करता है। निस्संदेह वह व्यक्ति बहुत अभागा है जिसका अवचेतन हर समय उसके सचेतन जीवन से ताल-मेल नहीं खाता। थोड़ा सोचने पर यह मालूम होगा

कि हममें से अधिकांश के लिए स्थिति इस प्रकार नहीं होती। इस संबंध में हम स्वप्नों का हवाला दे सकते हैं जिसमें अवचेतन की सबसे परिचित अभिव्यक्ति होती है। अधिकांश स्वस्थ व्यक्ति यह मानेंगे कि हमारे सचेतन जागरित जीवन के भावों तथा तथ्यों को ही स्वप्न में उच्चतर सौंदर्य तथा कोमलता के साथ प्रतिफलित देखा जाता है। पर स्वप्नों में कई बार छिपे हुए असामञ्जस्यों की भी अभिव्यक्ति होती है। इसके साथ ही उनमें हमें अपने सचेतन और अवचेतन जीवन में मौजूद और अकल्पित सामञ्जस्यों का सबसे अच्छा प्रमाण मिलता है। हममें यह प्रवृत्ति होती है कि हम अक्सर स्वप्नों के सतही पहलुओं को देखते हैं और उनके सुप्त और अधिक अर्थपूर्ण अन्तर्गत वस्तु से वंचित रह जाते हैं।

सहायक पुस्तक-सूची

ई.जे. केम्फ—The Autonomic Factors in Personality.

मैक्डूगल—Psychology: The Study of Behaviour.

सी.बर्ट—Eugenics Review, Jan. 1918.

फ्रायड—Collected Papers. Vol. III, 'An Infantile Neurosis'.

सी. जी. जुंग—Psychology of the Unconscious.

उदात्तीकरण

एक स्वस्थ शरीर में कुल मिलाकर अभिव्यक्ति और अवदमन का चाहे जितना प्रयास किया जाए, संतुलन कठिनाई से ही होता है। यदि शरीर-यन्त्र अस्वस्थ हुआ तो ऐसी कठिनाइयां भयंकर हो सकती हैं। आमतौर से उदात्तीकरण के रूप में एक समाधान पेश किया जाता है। सच तो यह है कि बिना समझे-बूझे ही हलकेपन के साथ इस समाधान की सलाह दी जाती है। कई लोगों में यह विश्वास पाया जाता है मानों यौन समस्या से उत्पन्न संघर्ष बहुत आसानी से सुलझाया जा सकता है। कई लोगों के क्षेत्र में तो यह बात सही है, पर दूसरों के क्षेत्र में ऐसा बहुत प्रयास करने पर भी नहीं हो पाता। मांसपेशियों को चलाने या मानसिक रूप से दूसरी तरफ ध्यान बंटाने से काम नहीं बनता। विद्यालय के शिक्षकों को कुछ खेलों पर बहुत विश्वास है पर वे भी यौन क्रियाशीलता की रोकथाम नहीं कर पाते, हां यदि वे खेल बहुत अधिक यहां तक कि क्षतिकर हद तक खेले जाएं तो बात दूसरी है। यह कहा जाता है कि स्कूलों में जो व्यायाम आदि में सबसे अच्छे रहते हैं वे ही अत्यन्त प्रमुख दुश्चरित्र होते हैं, फिर भी हमें इस बात की बहुत स्पष्ट धारणा होनी चाहिए कि हम क्या करना चाहते हैं, गार्नेट साहब का विश्वास है कि हमें सहजात के रूप में सेक्स और भूख के रूप में सेक्स को गड़बड़ाना नहीं चाहिए। गार्नेट के अनुसार फ्रायड इन्हें गड़बड़ा देते हैं। सहजात तो तभी जागरित होता है जब कि यौनतृप्ति का कोई मौका सामने आता है और इस प्रकार के

मौके से बचना सम्भव है पर भूख के रूप में जो सेक्स है उसे भीतर से आवेग प्राप्त होता है न कि बाहर से, इसलिए यह फिर भी रह जाता है। जैसा कि अर्नेस्ट जोन्स ने बाताया है, "यहां हमारा सामना संकीर्ण अर्थ में सेक्स से नहीं होता, बल्कि सहजात के जीववैज्ञानिक अंगों के साथ है यानी उसकी विभिन्न बचकाना प्रवृत्तियों के साथ है, जो बाद को चलकर कामात्मक इच्छा और साथ ही बहुत-सी दूसरी अयौन दिलचस्पियों के आधार बन जाती है। इसे यूं भी कहा जा सकता है कि यह दिलचस्पी के एक क्षेत्र से कर्म-शक्ति का दूसरे क्षेत्र में विशिष्ट ढंग का स्थानान्तरण है।" इसी के साथ यह स्मरण रखना महत्त्वपूर्ण है कि प्रारंभिक जीवन में यह समस्या सामने नहीं आती। मात्सुमातो ने यह दिखाया है कि अण्डकोश-ग्रन्थि के अन्तरवर्ती कोश जन्म के तुरन्त बाद ही एक विश्रामस्थल में पहुंच जाते हैं और वे आगे चलकर तभी क्रियाशील होते हैं जब यौवनोद्‌गम होता है। इससे प्रारंभिक जीवन में तगड़ी यौन भावना प्रकट नहीं होती। यहां यह बता दिया जाए कि हम यौन आवेग के सारे स्रोतों के संबंध में अभी तक कोई निश्चित ज्ञान नहीं रखते। अण्डकोश-ग्रंथियों के संबंध में जो बात बताई गई वह तो पुरुषों के सम्बंध में हुई। पर स्त्रियों का जहां तक संबंध है यौन भावनाएं बहुत ही प्रसुप्त या बहुत फैली हुई होती हैं, जो कई बार तीस साल की उम्र तक जोर नहीं पकड़तीं, फिर भी देर या सवेर में उदात्तीकरण की समस्या तो आती ही है और सबसे तन्दुरुस्त लोगों में यह समस्या और भी तेजी के साथ आती हैं।

अफलातून ने कहा था कि प्रेम एक पौधा है। यदि हम इससे यह अर्थ लेते हैं कि यह एक ऐसा पौधा है जिसकी जड़ें तो जमीन में हैं पर उसके पुष्प दिल में, तो इस अलंकारिक वक्तव्य के संबंध में यह कहा जा सकता है कि उसमें वस्तुगत तथा प्रयोगसिद्ध वैज्ञानिक सत्यता है। यह एक ऐसा सत्य है जिसे कवियों ने हमेशा समझा है और उसे मूर्त करने की चेष्टा की है। महाकवि दांते की कविप्रिया बेयात्रिजे फ्लोरेंस की एक वास्तविक कन्या थी। वह कवि की कल्पना में स्वर्ग में कवि की मार्गप्रदर्शिका बन जाती है। इससे बहुत अच्छी तरह वह प्रक्रिया सामने आती है जिसके द्वारा यौन आकर्षण आध्यात्मिक कार्यकलाप के लिए एक उत्तेजक के रूप में हो जाए।

इस सिद्धान्त पर स्पष्ट रूप से विवेचन अफलातून ने ही नहीं, बल्कि उनके मुकाबले में अधिक वैज्ञानिक अरस्तू ने पहले-पहल किया था, ऐसा पता लगता है। लेसिंग ने अरस्तू के कैटहार्सिस सिद्धान्त को इस रूप में समझा था कि वह काम या साधारण भाव को सद्‌वृत्तियों में परिणत कर देता है। पर यह सही नहीं मालूम होता क्योंकि अरस्तू के मन में करुणा या भय के आवेगों की मुक्ति के द्वारा कष्टशमन की बात ही थी। गार्नेट ने सही तौर पर यह दिखलाया है कि किसी तरह एक आवेग को उड़ा देना उदात्तीकरण नहीं है।

ईसाइयत के पहले उदात्तीकरण की धारणा को निर्दिष्ट मूर्त रूप प्राप्त नहीं होता । मिस्त्र की मरुभूमि के अब्बा मकारियस महान् नामक एक प्राचीन पादरी कई बार ईसाइयत के प्रथम वैज्ञानिक सूफी समझे जाते हैं और एवेलिन अण्डरहिल ने अपनी 'मिस्टिक वे' नामक पुस्तक में दिव्य अग्नि के प्रभाव में आत्मा के उपादान के क्रमशः

कम घने और शुद्ध आध्यात्मिकता के रूप में परिणति-संबंधी उनके मनोवैज्ञानिक विचार का प्रतिपादन किया है। इस मत में आत्मा निरवच्छिन्न रूप से अभौतिक नहीं मानी गई है। उनका कहना है—"जैसे धातुओं को आग में तपाने से उनकी स्वाभाविक कठोरता दूर हो जाती है, और वे जितनी ज्यादा देर भट्ठी में रहती है, आंच से उतनी ही नरम होती जाती है, उसी प्रकार यह प्रक्रिया कार्य करती है।" कष्टकर अग्नि जलकर दिव्य-ज्योति बन जाती है और मैकेरियस की दृष्टि में ज्योति और जीवन अभिन्न हैं। यहां जहां तक स्पष्ट होना संभव है, उदात्तीकरण की आधुनिक धारणा प्राप्त होती है। मैकेरियस संत बासिल के मित्र थे। शेषोक्त संत ईसाई-परम्परा की मुख्य-धारा में थे, इसलिए यह विचार बाद के ईसाई रहस्यवादियों में बराबर दिखाई पड़ता है और जेनोवा की संत कैथराइन के दोजख या परगेटरी के सिद्धान्त की जड़ में है। इस सिद्धान्त का रूप यह है कि दोजख की आग से पाप रूपी जंग जल जाता है।

बाद को चलकर धार्मिक सिद्धांत से अलग यह विचार कवियों तथा उससे भी आगे चलकर नीतिशास्त्रियों की रचनाओं में उदात्तीकरण के नाम से ही आगे आता है। उदात्तीकरण का अर्थ किसी चीज़ को तपाकर उसके स्थूलतर अधिक भौतिक तथा गंदे रूप से उसको भाप के रूप में पहुंचा देना है, जिसे हम आमतौर पर अधिक उच्च तथा परिमार्जित समझते हैं। कवियों ने इस प्रक्रिया को मानवीय आत्मा में होने वाली प्रक्रिया के प्रतीक के रूप में लिया और उन लोगों ने अक्सर इस विचार को सत्रहवीं सदी के प्रारंभ में उपयोग किया। इस प्रकार डेविस ने 'आत्मा का अमरत्व' नामक अपनी पुस्तक में अद्भुत उदात्तीकरण से शरीरों को आत्माओं में परिणत करने की बात गाई। गद्य-लेखकों ने, चाहे वे धार्मिक हों या दूसरे प्रकार के हों, इस धारणा को अपना लिया। जर्मी टेलर ने विवाह को एक पवित्र कार्य में उदात्तीकृत करने की बात कही। 1711 में शेफ्ट्स बरी ने यह कहा कि एक प्रकार की आध्यात्मिक रसायनविद्या से मानवता के मौलिक सरल सिद्धांतों को उच्चतर स्वरूपों में परिणत किया जा सकता है। इसके बाद 1816 में पिकाक हमारे विचार के और करीब पहुंच गए। उन्होंने उस उच्छ्वसित उदात्तीकरण की बात कही जो बड़प्पन तथा कर्मशक्ति का स्रोत है। शोपेनहावेर ने बाद में इस धारणा को महत्त्व दिया।

यौन मनोविज्ञान के क्षेत्र में उदात्तीकरण का अर्थ यह है कि यौन शारीरिक आवेग या संकीर्ण अर्थ में जिजीविषा को उच्चतर मानसिक क्रिया के आवेग में इस ढंग से परिवर्तित किया जा सकता है कि शारीरिक आवश्यकता के रूप में वह अत्यावश्यक न रह जाए। जनता में प्रचलित मनोविज्ञान में यह धारणा अब बहुत चालू है। पर जो लोग इस विचार के संबंध में चर्चा करते हैं वे अक्सर इस बात को नहीं समझते कि उदात्तीकरण की यह प्रक्रिया अपने मौलिक रूप में भी बहुत शक्ति के खर्च का तकाज़ा करती है और अलंकारिक तथा आध्यात्मिक स्वरूप में इसकी बातचीत करना बहुत आसान है पर इसे प्राप्त करना बहुत कठिन है। उदात्तीकरण का अर्थ शारीरिक आवेगों का ऐसा वास्तविक मानसिक परिवर्तन है जिसके द्वारा स्थूलतर शारीरिक इच्छाएं एक ऐसे उच्च धरातल पर ले जाई जाती हैं जहां वासना-तृप्ति की कोई आवश्यकता नहीं रहती।

वहां जिन्हें हम उच्च मानसिक बातें कहते हैं उन्हीं में वह शारीरिक शक्ति घुल-मिल जाती है। इसमें संदेह नहीं कि इस प्रकार का परिवर्तन असंभव नहीं है, पर ऐसा न तो आसानी से होता है और न जल्दी हो सकता है। सच तो शायद यह है कि जिन लोगों की स्नायविक प्रकृति साधारण से कुछ ऊंची है वे ही इस क्षेत्र में सफलता प्राप्त कर सकते हैं। इस प्रकार से हिर्शफेल्ड उदात्तीकरण की बात को मानते हुए बहुत सावधानी बरतते हैं और वे केवल इतना ही कहते हैं कि एक यौन वृत्ति के बदले दूसरी यौन वृत्ति हो सकती है, यानी यौन वृत्ति एक धारा से दूसरी धारा में प्रवाहित हो सकती है। वे इस बात को मानने से इन्कार करते हैं कि कला या विज्ञान के क्षेत्र में ब्रह्मचारियों का दान अब्रह्मचारियों से किसी प्रकार श्रेष्ठ है। हिर्शफेल्ड के अनुसार केवल धार्मिक व्यक्तियों में, और सो भी उनमें जो बहुत कड़ाई के साथ कृच्छ्र तथा जपतप में लगे रहते हैं, उदात्तीकरण संभव है।

पर फ्रायड उदात्तीकरण का अस्तित्व स्वीकार करते हैं और यहां तक कह जाते हैं कि स्वयं सभ्यता ही सहजात शक्तियों का उदात्तीकरण है, जिसमें यौन शक्ति भी आ जाती है। यहां तक कि उन्हें विभिन्न पात्रों की ओर परिचालित किया जा सकता है। उनका कहना यह है कि यौन आवेग बहुत ही अधिक नमनीय है, उन्हें कई भिन्न आकारों में ढाला जा सकता है। उनका यह भी कहना है कि यह संभव है कि अक्सर कलाकारों में उदात्तीकरण का बहुत अधिक माद्दा होता है।

हाल के वर्षों में मनोविश्लेषकों ने उदात्तीकरण की बहुत स्पष्ट व्याख्या की है और साथ ही उसे उन प्रक्रियाओं से अलग किया है जिनके साथ इसे गड़बड़ाना संभव है। उदाहरणस्वरूप एडवर्ड ग्लोवर ने इस विषय का बहुत ही दीर्घ और ब्यौरेवार विवेचन किया है, पर उन्होंने इस विषय पर जो आलोचना की है वह मुख्यतः उन्हीं को पसंद आएगी जो मेटासाइकोलोजी या परामनोविज्ञान में दिलचस्पी रखते हैं। इसके संबंध में मोटे तौर पर यह कहा जा सकता है कि यह मनोविज्ञान की मेटाफिज़िक्स है। ग्लोवर का मुख्य कथन यह था कि यद्यपि अभी उदात्तीकरण की धारणा के ईर्द-गिर्द कुछ गड़बड़ी है और हम बिलकुल नपी-तुली बातें नहीं कह सकते, फिर भी उदात्तीकरण शब्द का व्यवहार वैध है।

मामूली व्यावहारिक उद्देश्यों के लिए यह जरूरी नहीं है कि हम यह अच्छी तरह समझें कि किस प्रकार उदात्तीकरण होने पर कर्मशक्ति में परिवर्तन होता है। इस संबंध में यह स्मरण रखना चाहिए कि यह प्रक्रिया चेतना की सतह के नीचे ही मुख्यतः कार्यशील होती है और चाहे इच्छाशक्ति इसमें कितना भी हाथ बटाएं, केवल इच्छाशक्ति इसे आगे बढ़ाने में यथेष्ट नहीं है। इसके अलावा अपरिवर्तित यौन क्रिया को दूसरी धारा में, यहां तक कि रोगग्रस्त धारा में, बहाना उदात्तीकरण नहीं कहा जा सकता क्योंकि उदात्तीकरण का अर्थ ही यह है कि उच्चतर धारा की दिशा में परिवर्तन हो, उसका अर्थ उच्चतर सांस्कृतिक सतह की ओर जाना है। कामचौर्य के शिकार को, जिसने यौन क्रिया को चौर्यवृत्ति में परिणत कर लिया है, उदात्तीकरण का उदाहरण नहीं माना जा सकता। कई बार बेवकूफी से इस प्रकार की बातें कही जाती हैं इसलिए यह

बात यहां पर कहनी पड़ी।

फ्रायड ने यह जो कहा था कि स्वयं सभ्यता ही जिजीविषा का उदात्तीकरण है, इसे कुछ मनोविश्लेषक अति के दर्जे तक ले गए हैं। इस प्रकार से मनोविश्लेषकों का स्विस गुट, जिनके मेडेर कभी प्रतिनिधि थे, यह कहता था कि उदात्तीकरण से एक प्रकार का मानसिक समन्वय—यहां तक कि धार्मिक अवस्था उत्पन्न हो जाती है, जिसमें डॉक्टर उसी प्रकार से आत्मा को नरक अथवा दोज़ख के ज़रिए से स्वर्ग में ले जाता है जैसे महाकवि दांते की कविता में वर्जिल दांते को ले गए थे।

इटालियन मनश्चिकित्सक आसाजिओली उदात्तीकरण पर मामूली तौर से आस्थावान् हैं। उनका कहना है कि यह उसी समय बहुत काम देता है जब आत्यन्तिक यौन शक्ति के मार्ग में बाधाएं होने के कारण उसकी स्वाभाविक परितृप्ति नहीं हो सकती और इसके फलस्वरूप संघर्ष तथा विरोध उत्पन्न होता है। आसाजिओली सभी उच्चतम मानसिक वृत्तियों को प्राथमिक आवेगों की उपज के रूप में मानने के लिए तैयार नहीं हैं और वे मनोविश्लेषण द्वारा प्रत्यक्ष इलाज की चेष्टा करने की बजाय, आत्म-उदात्तीकरण को महत्व देते हैं। वे कहते हैं कि हम इस बात को घूमते हुए सिलेण्डर पर चढ़ाकर टेढ़ी-मेढ़ी रेखाओं में उसके असर को लिपिबद्ध नहीं कर सकते, इसलिए यह कम वास्तविक नहीं है। वे सही तौर पर यह कहते हैं कि उदात्तीकरण के लाभ प्राप्त करने के लिए इस धारणा का परित्याग कर देना चाहिए कि यौन इच्छा या यौन कार्य पाशविक और लज्जाजनक है, इसलिए इसका अव दमन होना चाहिए। यौन उत्तेजना अधिक हो सकती है, पर साथ ही इसे उच्चतर भावगत तथा आध्यात्मिक कार्यों के साथ विशेषकर किसी सृजनात्मक कार्य में परिणत किया जा सकता है। बात यह है कि कलात्मक सृजन का यौन उदात्तीकरण की प्रक्रिया से बहुत गहरा, पर अस्पष्ट संबंध है। हिर्शफेल्ड ने तो यहां तक कहा है कि प्राणिवर्गवाचक 'जेनस' शब्द और प्रतिभावाचक 'जीनियस' शब्द की एक व्युत्पत्ति है। आसाजिओली ने वैगनेर रचित 'ट्रिस्टान' को उदात्तीकरण का एक बहुत सुंदर उदाहरण माना है क्योंकि इस रचना में माथिलडे वेसण्डांक नाम तरुणी के प्रति रचयिता के अतृप्त प्रेम की आग दृष्टिगोचर होती है।

आसाजिओली ने जो सलाह दी है उससे हमें उदात्तीकरण की सीमाएं मालूम हो जाती हैं। ताप-गतिशास्त्र के द्वितीय नियम के अनुसार कोई भी मशीन प्राप्त सारे ताप को कार्य में परिणत नहीं कर सकती। उसमें से बहुत कम भाग ही कार्य में परिणत होता है, बाकी अवनत ताप के रूप में बाहर निकाला जाता है। जब हम उदात्तीकरण की बात कह रहे हैं तो हम शरीरयंत्र के विषय में गति-शास्त्रीय दृष्टि से बातचीत कर रहे हैं और हमें यह मान लेना पड़ेगा कि यौन शक्ति का कुछ भाग अवनत ताप के रूप में निकाल दिया जाएगा, रहा यह कि वह अवनत रूप क्या होगा, यह दूसरी बात है। जिस समय दांते ने 'डिवाइन कामेडी' की रचना की थी उस समय भी उसकी पत्नी और परिवार था।

फ्रायड ने सही तौर पर अपने प्रारम्भिक व्याख्यानों में कहा है—"औसत आदमी अपने ऊपर अतृप्त जिजीविषा की जो मात्रा ग्रहण कर सकता है वह सीमित है। जिजीविषा की नमनीयता तथा गतिशीलता हममें से किसी में पूर्ण रूप से कायम नहीं

रहती और उदात्तीकरण की प्रक्रिया से जिजीविषा का एक थोड़ा-सा ही हिस्सा काम में आ सकता है। इसके अलावा बहुत-से लोगों में उदात्तीकरण की सामर्थ्य बहुत कम होती है।" इस प्रकार एक तरफ तो हर समय यह याद रखना चाहिए कि इसके परिणाम दूर तक पहुंचे हुए होते हैं, दूसरी तरफ यह भी याद रखना चाहिए कि उदात्तीकरण की प्रक्रिया में भी यौन आवेग का कुछ हिस्सा हितर कपर आदिमतर तरीकों में बिखर जाएगा या स्नायविक रोगों की धारा में रास्ता ढूंढेगा।

सहायक पुस्तक-सूची

फ्रायड—Introductory Lectures.

अर्नेस्ट जोन्स—Papers on Psycho-analysis.

एस. हरबर्ट—The Unconscious in Life and Art.

ए. सी. गार्नेट—The Mind in Action.

एडवर्ड ग्लोवर—'Sublimation, Substitution and Social anxiety', International Journal of Psycho-analysis, July, 1931.

यौन विज्ञान संबंधी पारिभाषिक शब्द

[यह पारिभाषिक शब्द अनुवादक की 'यौन विज्ञान' तथा 'सेक्स का स्वभाव' नामक पुस्तकों में व्यवहृत शब्दों के अनुसार हैं।]

Albinism	:	एल्बिनवाद, बाल और चमड़े का सफेद तथा आंखों का गुलाबी होना
Algolagnia	:	सहयौन सुख-दुःखास्तित्व
Alienist	:	मनोरोग-चिकित्सक
Anesthesia	:	अनुभूतिहीनता
Anhedonia	:	अनेडोनिया, पूर्णयौन अनुभूतिहीनता
Aphrodisiacal	:	कामोद्दीपन
Atavistic	:	पूर्वजानुग
Coitus interruptus	:	स्तम्भित समागम, स्तम्भित मैथुन
Constitutionology	:	शरीर-रचनाविज्ञान
Convulsion	:	अंग-विक्षेप
Coprolagnia	:	मल में सुखानुभूति
Courtship	:	प्राक्क्रीड़ा या पूर्वराग
Cunnilingus	:	योनिचुम्बन
Eonism	:	एओनवाद, भिन्नलिंगीय परिच्छदासक्तिवाद या सौन्दर्यक्षेत्रीय विपरीतता
Eonist	:	विपरीत लिंग के कपड़े, आदतों तथा भावों को अपनाने का आवेगयुक्त व्यक्ति
Esprit de corps	:	दलप्राणता
Exhibitionism	:	कामांगप्रदर्शन
Fellatio	:	लिंगचुम्बन
Hetrogamy	:	विषमस्वभाव-प्रेम
Hetrosexual	:	भिन्नलिंगगामी
Homogamy	:	समस्वभाव-प्रेम

Homosexual	:	समलिंगगामी या सममैथुनकारी
Hypertrichosis	:	अतिकेशरोग
Hypoesthesia	:	अल्प-अनुभूतिशीलता
Libido	:	जिजीविषा
Maladjustment	:	कुसन्तुलन
Masochism	:	मासोकवाद
Menopause	:	रजोविरति
Morbid	:	रोगग्रस्त
Necrophily	:	शव के प्रति यौन आकर्षण
Neuralgia	:	वातशूल
Neurosis	:	स्नायविक विकृति
Obsession	:	दुरावेश
Osphresiolagnia	:	शरीर की गंध से होने वाली सुखानुभूति
Paedication	:	मलद्वार-मैथुन
Perversion	:	विपरीतता
Psychosis	:	मनोविकृति
Pyrolagnia	:	अग्निकाण्ड में यौन आनन्द
Sadism	:	सादवाद
Transvestism	:	भिन्नलिंगीय परिच्छदासक्तिवाद या सौन्दर्यक्षेत्र विपरीतता
Undinism	:	जल तथा मूत्र में यौन आनन्द
Zooerastia	:	मनुष्येतर प्राणियों से यौन आनन्द की इच्छा।

एक अत्यंत महत्त्वपूर्ण पुस्तक

फ्रायड : मनोविश्लेषण

इस ग्रंथ में फ्रायड की मनोविश्लेषण-संबंधी संपूर्ण स्थापनाओं का समावेश है। यह ग्रंथ पाठकों के सामने उन आधारभूत सिद्धांतों को रखता है, जिन पर आधुनिक मनोविश्लेषण आधारित है। इतने पर भी ये सरल-सुबोध हैं, और बातचीत की शैली में हैं। ये सिद्धांत फ्रायड की आजीवन साधना और खोज का परिणाम हैं।

फ्रायड ने मनोविश्लेषण की विधियों, परिणामों, कठिनाइयों और सीमाओं का जिस स्पष्टता से विवेचन किया है, वह उन जैसा अपने विषय का अधिकारी विद्वान और मौलिक विचार-क्षेत्र का क्रांतद्रष्टा और स्रष्टा ही कर सकता था।

फ्रायड का नाम उन्नीसवीं शताब्दी के उन दो-तीन गिने-चुने रचनात्मक प्रतिभावान व्यक्तियों में लिया जाता है जिन्होंने हमारे युग के विचारों को सर्वाधिक प्रभावित किया।

यह ग्रंथ मनोविज्ञानवेत्ता फ्रायड के अट्ठाईस व्याख्यानों पर आधारित है, जो उन्होंने मनोवैज्ञानिकों और चिकित्सा-शास्त्रियों के समक्ष दिए थे।

साहित्य, समाज और दर्शन पर फ्रायड के चिन्तन का विशेष प्रभाव पड़ा है।

इस पुस्तक का नया संस्करण नई सज-धज के साथ शीघ्र ही पाठकों के हाथों और बुक स्टालों पर उपलब्ध करवाने का प्रयत्न किया जा रहा है।

राजपाल एण्ड सन्ज़